Jazz in Nordrhein-Westfalen
seit 1946

MUSIKLAND NRW

Herausgegeben von

LandesMusikRat
Nordrhein-Westfalen e.V.

Band 1

Gefördert vom Ministerium für Arbeit, Soziales
und Stadtentwicklung, Kultur und Sport **NRW.**

Jazz in Nordrhein-Westfalen seit 1946

HERAUSGEGEBEN VON ROBERT V. ZAHN

EMONS VERLAG KÖLN

Umschlagfotos:

Vorderseite: Illinois Jacquet in einer Garderobe bei den Leverkusener
Jazztagen. Foto: Hans Harzheim.

Rückseite: Klaus Doldinger 1963. Foto: Hans Harzheim.
Roland Kirk in Essen. Foto: Hans Harzheim.
Jazz-Zaungäste bei einem Konzert mit Bill Coleman am 19. Januar
1949 in der Kölner Messehalle VIII. Foto: Peter Fischer.
Historisches Archiv der Stadt Köln.
Der Geigenkoffer von Stephane Grappelli in einer
Leverkusener Garderobe. Foto: Hans Harzheim.
Heino Ribbert. Foto: Klaus Pott.

© Hermann-Josef Emons Verlag
Alle Rechte vorbehalten
Redaktion: Robert von Zahn
Gestaltung: Weusthoff & Rose, Köln
Druck und Weiterverarbeitung: Kösel GmbH, Kempten
Printed in Germany 1999
ISBN 3-89705-152-4

Danksagung

Das Konzept dieses Bandes ist von den Teilnehmern des Arbeitskreises, dessen Zusammensetzung im Vorwort genannt ist, mit vielen Anregungen begleitet worden. Bei der konkreten Zusammenstellung von Themen und Autoren war Karsten Mützelfeldt ein wertvoller Ratgeber. Heinz Protzer sowie Brigitte und Hans-Jürgen von Osterhausen gaben viele Anregungen in der redaktionellen Arbeit. Bei der Bebilderung erwiesen sich die Archive von Hans Harzheim und Hyou Vielz als selten versiegende Quellen fotografischer Kleinode. Auch Ernst Dieter Fränzel, Bernd Hoffmann, Gerhard Hund, Heinz te Poehl, Heinz Protzer, Dietrich Schulz-Köhn u.a. entliehen Stücke aus ihren Sammlungen. Wertvolle Fotos von Peter Fischer stellte das Historische Archiv der Stadt Köln zur Verfügung. Allen Helfern sei an dieser Stelle herzlich gedankt.

R. v. Z.

Vorwort

Das Jubiläum des Landes Nordrhein-Westfalen 1996 war Anlaß für die im selben Jahr erschienene Publikation »ZeitKlänge – Zur Neuen Musik in NRW 1946-1996«. Es erhebt sich rasch die Frage bezüglich der Auseinandersetzung mit dem potentiellen Gegenstück, der »U-Musik«, wenn man – bei allen berechtigten Bedenken gegen eine solche Diktion – dies als eine Aufarbeitung und Dokumentation des sogenannten »E-Musik«-Bereichs versteht.

In der Tat fanden sich dann ein Jahr später – im Juni 1997 – Experten zu einer ersten Gesprächsrunde zu diesem Thema in der Kölner Musikhochschule ein: Neben Matthias Pannes und Dr. Heike Stumpf vom Landesmusikrat NRW waren das Prof. Harald Banter, Christine Flender, Uwe Husslein, Dr. Ansgar Jerrentrup, Dirk Schortemeier, Dr. Gabriel Steinschulte und Dr. Robert v. Zahn. Bei dem ersten Treffen kristallisierten sich zwei Erkenntnisse heraus:

- Der für »Zeitklänge« gewählte Ansatz ist nicht übertragbar auf eine Dokumentation des Bereichs »U-Musik«.
- Die Thematik »U-Musik« verlangt von vornehherein eine Eingrenzung, will man nicht einem jeder Systematik entbehrenden Sammlertrieb verfallen.

Gleichzeitig erschien von Anfang an eine einbändige Darstellung auch unter Berücksichtigung dieser Eingrenzung kaum möglich, zu groß ist die Vielfalt der zu behandelnden Themen und Genres. Die nunmehr vorliegende Konzeption von fünf Bänden und ihren jeweiligen Schwerpunkten ist der hoffentlich gelungene Versuch, dieser Problematik so weit als möglich Rechnung zu tragen.

Die fünf Schwerpunkte sind

- Jazz
- Rock/Pop
- Folk/Liedermacher
- Laienmusik
- Schlager/gehobene Unterhaltungsmusik

Einleitende Essays sollen in jedem Band Überblick und Orientierung auch bezüglich der Zeitschiene von fünfzig Jahren ermöglichen. Die zahlreichen Detailinformationen in den Beiträgen eines Bandes erschließt jeweils ein Register.

Die Redaktionsgruppen, die mit der Entwicklung der jeweiligen Bände betraut wurden, hatten wahrlich keine leichte Aufgabe: übliche Verfahren in anderen Bereichen – etwa Komponistenportraits oder Diskographien – stellten sich sehr schnell als methodisch ungeeignete Instrumente der Darstellung heraus. Statt dessen erschien es den Experten sinnvoller, neben Beiträgen zu übergreifenden Themen zeitliche und lokale Schwerpunkte (»time slot analysis«) zur exemplarischen Beleuchtung der unterschiedlichen Genres zu verwenden. Dies wird – so die Überzeugung – der extrem heterogenen Szene am ehesten gerecht und vermeidet eine ansonsten zu befürchtende Nivellierung.

Auch die Relation zwischen »großen Namen« und der »Alltagsszene« stellt ein Problem dar, kann man doch einerseits besonders populäre oder für die musikalische Entwicklung entscheidende Persönlichkeiten nur individuell würdigen, während andererseits in vielen Fällen oft nicht eindeutig zu identifizierende »Keimzellen« in der Szene – eigentlich müßte man sagen: in den unterschiedlichen Szenen – Träger einer später überaus erfolgreichen Musikrichtung waren.

Die hohe fachliche Kompetenz, die alle Autorinnen und Autoren mitbringen, bietet die bestmögliche Gewähr dafür, daß die benannten und viele weitere methodische Probleme in kundiger Weise erkannt und gelöst wurden. Ihr überaus engagiertes Arbeiten wird es hoffentlich auch ermöglichen, alle fünf Bände innerhalb eines vergleichsweise sehr kurzen Intervalls – geplant sind zwei Jahre bis zum Erscheinen des letzten Buches – fertigzustellen und der interessierten Öffentlichkeit unseres Landes (und vielleicht auch darüber hinaus) vorzustellen.

Damit wird nicht nur ein in Quantität und Qualität sehr hoher Anspruch eingelöst; ich hoffe auch, daß diese Publikation insgesamt dazu beiträgt, zum einen die Kenntnis über alles das, was in unserem »Musikland NRW« in einem halben Jahrhundert passiert ist und passiert, zu erhöhen, zum anderen das Augenmerk der musikwissenschaftlichen Forschung vermehrt auf diesen Bereich zu lenken, der diesbezüglich doch zumeist im Schatten des Bruders »E-Musik« steht.

Allen ist Dank zu sagen, die die Realisierung dieses Projekts ermöglicht haben. In besonderer Weise gilt dies für die Herausgeber der jeweiligen Bände, den Kölner Verleger Hejo Emons und für das Ministerium für Arbeit, Soziales und Stadtentwicklung, Kultur und Sport des Landes NRW.

Prof. Dr. Werner Lohmann, Präsident des Landesmusikrates Nordrhein-Westfalen

Inhalt

JAZZ IM RUNDFUNK

Para Trans mit Orchester am 5. Juni 1995 in
Moers. Foto: Hyou Vielz.

Nordrhein-Westfalen und der Jazz

von Robert v. Zahn, Köln

I. DIE KULTURPOLITISCHE AUSGANGSSITUATION NACH 1945

Jazz in Kunst und Kultur eines Bundeslandes – was für ein Thema könnte das sein?! Eine Musik, die geradezu exemplarisch Charakteristika und Tendenzen einer homogenen und geschlossenen Kulturlandschaft präsentiert, und mehr noch, eine Musik, die sinnbildlich für gesellschaftliche und politische Strömungen steht und die interdisziplinäre Erscheinungen quasi auf den Ton bringt. Hört man das nicht, daß der nordrhein-westfälische Jazz durch die Sanges- und Weinfreudigkeit des Rheinländers, durch die dunkle Staublunge des Ruhrarbeiters und durch die phlegmatische Trockenheit des Westfalen zu einer unverwechselbaren künstlerischen Identität gefunden hat, die gänzlich anders klingt als der höhenluftige Jazz der Bayern und der schlichtsture Jazz der Friesen? Nein, man hört es nicht, und wer es doch hört, ist vielleicht Ministerialrat im Düsseldorfer Kultusministerium oder in einer ähnlichen Position.

Die kulturelle Identität des »Bindestrichlandes« ist schon oft gesucht worden, ja, die Artikel und Beiträge, die diese ausgemacht haben oder zumindest einfordern, sind zum Teil fast so alt wie das Land selbst. Oft stand politisches Wunschdenken dahinter, das zu heimatverbundenen Ästhetik-Konstruktionen führte, oft wurde der Schlüssel zum Auffinden dieser Kultur in der Geschichte geortet. Ansatzpunkte gibt es dort einige, wenn auch bei weitem nicht so viele wie in der Geschichte Bayerns, auf das manche nordrhein-westfälische Politiker mit unverhohlenem Neid schielen.

Immerhin waren Westfalen und Rheinland von 1815 bis 1945 beide preußische Provinzen. Geteiltes Leid ist halbes Leid, doch eint das kulturell? Was einte, war, daß der überwiegende Teil der Behörden in NRW an die gemeinsame preußische Verwaltungspraxis anknüpfen konnte, ohne dabei nach außen hin allzuviel Kontinuität zeigen zu dürfen, denn der preußische Geist galt 1945 bei den Siegermächten und auch bei vielen Deutschen als die Keimzelle der Effektivität in der nationalsozialistischen Vernichtungsmaschinerie. Über die Verwaltungspraxis hinaus hatte die beiden preußischen Provinzen wenig verbunden. An kulturelle Identitätsfindung in gemeinsamer Tradition war so nicht zu denken, hatten doch auch schon im 19. Jahrhundert die betroffenen Rheinländer und Westfalen genug Probleme damit. So gab es wenig Konsens im Kulturaufbruch des Landes. Und die Rahmenbedingungen für die Entwicklung auch des Jazz in NRW wurden letztlich von den Briten gesetzt. Deren Militärs hatten zwar Konzepte für den kulturellen Neubeginn in ihrer Zone und zur »Reeducation«. Die Förderung der Jazz-Musiker hatte darin jedoch keinen rechten Platz, lief den Strategien sogar teilweise zuwider.

Hungerdemonstration am 27. März 1947 vor dem Kölner Rathaus. Foto: Peter Fischer.
Historisches Archiv der Stadt Köln

KULTURELLE NEUORDNUNG

Als es ab 1945 um die geistige und kulturelle Neuorientierung Deutschlands ging, war die materielle und geistige Lage so katastrophal, daß vor allem unmittelbares, pragmatisches Zupacken gefordert war. Das galt zumal für die Städte an Rhein und Ruhr, war doch kein anderes Gebiet während der letzten Kriegsjahre einem derart vernichtenden Bombardement ausgesetzt gewesen. Auffallend ist aber, daß die Ausgaben der öffentlichen Hand für Kunst und Kultur in dieser Katastrophenzeit relativ hoch waren und auch in den nächsten Jahren in keine tiefgreifende Legitimationskrise gerieten. Ja, man kann getrost behaupten, daß in der Zeit, in der wirklich alles wieder neu aufgebaut werden mußte, die Bedeutung von Kunst und Kultur unbestrittener war als in den achtziger und neunziger Jahren.

Die Kulturarbeit der Briten in der Sparte Musik bestand vor allen Dingen in der Förderung des Wiederaufbaus von städtischen Spielstätten, in der Wiedererrichtung von Oper und Konzert. Die »Reeducation« richtete sich vor allem auf die Kontrolle der Spielpläne, die allerdings überraschend moderat ausfiel.[1] Das »freie« Kulturleben erlebte die »Reeducation« zunächst als Lizenzpolitik. Zu lizensieren war alles, sei es eine private Konzertreihe, ein wiederzuerrichtender Buchverlag, ein Kunstverein oder ein Hot Club. Denn zunächst einmal war durch das Gesetz Nr. 191 der Alliierten, das bereits vom 24. November 1944 stammte und am 12. Mai 1945 modifiziert worden war,[2] praktisch jede Kulturarbeit verboten worden: das Erzeugen, Publizieren und Verbreiten jeglichen Schrifttums, der Betrieb von Nachrichten- und Bilddiensten, von Theatern, Kinos, Opernhäusern, Filmstudios, Jahrmärkten, Zirkusvorführungen und – als spezieller Schlag für Düsseldorfer und Kölner – von Karnevalsveranstaltungen. Jazz-Konzerte bildeten keine Ausnahme. Anfangs mußten alle durch die örtlichen Militärbehörden einzeln genehmigt werden, wobei sich das noch im Herbst 1945 auf die Veranstalter der Konzerte reduzierte und die einzelnen Abende nicht mehr betraf. Entscheidungskriterium war dabei nicht nur der politische Gehalt, sondern auch die Seriosität der Unternehmung. Und als Dietrich Schulz-Köhn noch am 27. August 1949 gegenüber der Militärregierung die Gründung des »Hot Club Düsseldorf« rechtfertigte, beeilte er sich zu versichern, daß die Clubtreffen streng wissenschaftlichen und seriösen Zwecken dienten, daß es weder Tanz noch Parties gebe.[3]

Der Hunger der Bevölkerung nach Kultur war enorm. Die provisorisch vorbereiteten und künstlerisch oft erheblich beeinträchtigten Veranstaltungen waren zumindest bis zur Währungsreform 1948 bestens besucht. Diesen Hunger wollten die Alliierten für ihre Politik der »Reeducation« nutzen. Zudem hielt die kulturelle Ablenkung der Deutschen das Konfliktpotential kleiner. Damit war für den Jazz in der britischen wie in den beiden übrigen Westzonen doch eigentlich eine ideale Ausgangsposition gegeben. Bot er sich als Musik der »Reeducation« nicht geradezu an – tolerant, multinational, rassenübergreifend und zum Beispiel im nahen Paris eng verbunden mit der kritischen Intelligenz, mit Freigeistern aller Art, mit Existentialisten? Außerdem gab es ja schon die Jazzfans, die ihrer Leidenschaft auch während der nationalsozialistischen Herrschaft nachgekommen waren, die sich als Tanzmusiker verdingt oder amerikanische Platten in Kellerräumen abgespielt hatten. Sie waren eine winzige Minderheit in der Bevölkerung, aber sie schlossen sich bald nach 1945 an etlichen Orten zu Vereinen, meist zu Hot Clubs, zusammen. Spätestens 1948 gab es organisierte Hot Clubs in Essen, Kleve, Düsseldorf, Köln, Bergisch Gladbach und Honnef.[4] Wahrscheinlich waren es mehr. Hinzu kommen die Zusammenschlüsse, die eher losen Zirkeln glichen.

Die Mitglieder der Hot Clubs aber gaben sich Regeln und Satzungen, hielten untereinander oder auch Außenstehenden missionarische Vorträge und zogen mit Veranstaltungsreihen durch die Region. »Missionen« dieser Art betrieben zum Beispiel der Hot Club Düsseldorf und der interdisziplinäre Künstlerzusammenschluß »Die Werkstatt« in Köln. Sie stellten der rheinischen Bevölkerung eine Musik und Geisteshaltung vor, in der wesentliche Rollen schwarzen Musikern zukommen und die vom Individualismus innerhalb eines Regelwerks geprägt ist. Diese »Reeducation« betrieben beide Initiativen mit deutschen Musikern und deutschen Referenten. Beide Vereinigungen waren offiziell lizensiert, waren für die Briten kontrollierbar und konnten jederzeit zur Verantwortung gezogen werden.

»Trizonesier« beim Rosenmontagszug am 28. Februar 1949.
Foto: Peter Fischer. Historisches Archiv der Stadt Köln.

Damit war ein zwar rudimentärer, doch wesentlicher Anknüpfungspunkt für die Arbeit der Militärbehörden im Westen gegeben. Immer noch galt auch im britischen Sektor die vom amerikanischen General Lucius D. Clay in Berlin formulierte Richtlinie: »Es gibt keinen leichten Weg zur Demokratie. Die Deutschen müssen den Weg selber finden, und auch die Lotsen auf diesem Weg müssen Deutsche sein.«[5] In diesem Sinne setzten die örtlichen Militärbehörden in der Kulturarbeit weniger auf die direkte Einflußnahme auf die Bevölkerung als auf die Kontrolle der deutschen Kulturträger (»indirect rule«), seien es kommunale Kulturämter, Vereine oder einzelne Personen. Doch wenn sich der Jazz der Deutschen also zur »Reeducation« anbot, so wurde die Offerte nicht angenommen, weder von den Briten noch von den deutschen Administratoren. Mehrere Faktoren spielten dabei eine Rolle:

Ein erster Grund war eine gewisse Zersplitterung der deutschen Akteure. Sie folgten divergierenden Idealen, und die Hot Clubs wurden oft von einem Generationskonflikt geteilt, bei dem die jüngere in der älteren ein stark restauratives Element sah, das sich an der Swing-Kultur um 1930 orientierte, während die Älteren dem Nachwuchs Tanz- und Vergnügungssucht vorwarfen. Das machte die Vereine nicht zum idealen Träger eines Kulturauftrags. Gab es zudem in einem Hot Club eine Gruppe von Mitgliedern, die den Jazz dezidiert nach »draußen« tragen wollte, so stand dieser meistens eine Fraktion gegenüber, der die Arbeit innerhalb des Vereins genügte, die die früher erfahrene Stigmatisierung in der deutschen Gesellschaft so verinnerlicht hatte, daß sie dem geistigen Exil einen Altar errichtete – eine Tendenz, die weite Bereiche des deutschen Jazz noch lange prägen sollte.

Der zweite Grund lag in der Haltung der Briten gegenüber dem Jazz. Gabriele Clemens hat 1997 gezeigt, daß deren Kulturpolitik etliche konkret anti-amerikanische Züge trug.[6] Der Verlauf des Zweiten Weltkriegs hatte das britische Selbstbewußtsein beeinträchtigt. Für alle unverkennbar hatte Großbritannien die Niederlage nur mit massiver amerikanischer Hilfe abwenden können. Gleichzeitig verfügte es nach Kriegsende nur noch über einen Restbestand des einstigen prestigeträchtigen Empires. Zu den Folgen zählte eine offensive, geradezu missionarische Kulturpolitik zunächst einmal im eigenen Land, aber auch in der besetzten deutschen Zone – eine Arbeit, die die britische kulturelle Identität vorbildhaft herausstrich. Die britische Zone wurde, soweit es ging, mit britischem Kulturgut versorgt – wobei das gegenüber den Deutschen oft mehr einen Angebotscharakter als den einer Oktroyation hatte. Dort, wo das Angebot nicht ausreichte, setzte die Politik der Militärregierung entgegen den ursprünglichen Zielen eher auf alte deutsche Kulturwerte als auf amerikanische, war die Amerikanisierung der Deutschen doch schon auffällig und für die Briten besorgniserregend genug. Und der Jazz schien nicht weit vom Kaugummi entfernt zu sein. Besonders drastisch fiel diese britische Umorientierung auf dem Gebiet der Kinos aus, die den Deutschen binnen kurzem großzügig alte deutsche Streifen bescherte und zwar nicht unbedingt nur die, die von den Nationalsozialisten verboten worden waren.

Was übrigens die Amerikaner selbst angeht, so ist jenes alte Phänomen zu konstatieren, das den deutschen Jazzfan immer wieder aufs Neue staunen läßt: Der Jazz galt zu wenig, war zwar die Musik der Offiziersclubs, in denen auch deutsche Musiker spielen durften, doch wurde er kaum als kultureller Exportartikel gesehen (auch die berühmten V-Discs waren es kaum).

Der Hauptgrund allerdings für die Marginalisierung des Jazz lag in einer faktischen strukturellen Veränderung der britischen Kulturpolitik ab 1946. Es ist das gleiche Geschehen, das auch den Initiativen für Neue Musik und für andere Kunstsparten 1945-46 zu schaffen machte.[7] Während das britische Kulturleben im eigenen Lande sehr stark von kleinen Verbänden und einzelnen Personen getragen wurde und wird und das anfangs auch für die britische Zone in Deutschland ins Auge gefaßt war, gelang es der Militärregierung nicht, diese Struktur auch in ihrer Zone aufzubauen. Zwar wurde die deutsche Verwaltung in allen Westzonen dezentralisiert, zwar wurde die kommunale Verwaltung durch die Briten in Exekutive und Legislative getrennt, d.h. dem neu installierten Amt des Stadtdirektors als Verwaltungsleiter die »Allzuständigkeit des Rates« als Korrektiv gegenübergestellt.[8] (Und das war für die früheren preußischen Provinzen Rheinland und Westfalen ein deutlicher Wechsel gegenüber der Zeit, als noch ein Bürger-

Pressestand am 8. Juni 1949. Foto: Peter Fischer. Historisches Archiv der Stadt Köln.

Inge Brandenburg und Musiker des Orchesters Kurt Edelhagen im Bahnhof Rolandseck 1963.
Foto: Ines Kaiser.

meister sowohl der Verwaltung als auch dem Gemeinderat vorstand.) Doch die erstarkten kommunalen Kulturämter sahen sich nun als eigentliche Garanten des Kulturlebens, was der Kulturdezernent des Städtetages in der britischen Zone, Otto Benecke, ebenso eloquent wie entschieden durchzusetzen wußte. Seine Denkschrift vom 14. Dezember 1946 beschrieb die Kommune als eigentlichen Träger und Motor von Kunst und Kultur.[9]

Es gehört zu den Rätseln deutscher Nachkriegsgeschichte, wie es der Städtetag und die Kommunen hernach bis hin zu den »Stuttgarter Richtlinien«[10] von 1952 so geschickt verstanden, sich vor Briten, Amerikanern und Franzosen als unersetzbare Kulturlenker, ja fast als das Kulturleben selbst, in Szene zu setzen. Immerhin sahen sie das Alleinvertretungsrecht auch als Pflicht, und so heißt es in den »Stuttgarter Richtlinien«: »Die Städte sind sich bewußt, daß gemeindliche Kulturpflege sich nicht in Verwaltung erschöpft und vor allem nicht äußerliche Betriebsamkeit sein darf, sondern daß es darauf ankommt, echtes kulturelles Leben in der Bürgerschaft zu wecken und zu wahren.«[11] Ob hierin das Motiv der Briten begründet lag, den Kommunen so einseitig die Kulturarbeit zuzuerkennen, oder ob die neu geschaffene Struktur mit dem Kulturamt einerseits und dem Kulturausschuß des Rates andererseits so verführerisch übersichtlicher war als das Konglomerat von oft kurzlebigen Initiativen und Vereinen? Die meisten der örtlichen Kulturausschüsse in NRW waren jedenfalls für viele Jahre mehrheitlich von Personen besetzt, die vor allem repräsentativen oder restaurativ bürgerlichen Kulturidealen folgten, allenfalls der allseits postulierten Idee einer »hohen Kunst für jedermann«.[12] Aber auch die schien einer Unterstützung des Jazz entgegenzustehen.

Plakat einer Jazz-Werbeveranstaltung des »Hot Club Düsseldorf« und des »Hot Club Köln« im britischen Kulturhaus »Die Brücke« in Solingen am 22. August 1948. Sammlung Heinz Protzer.

An den Diskussionen von 1945/46, aus welchen Gebieten sich die neu zu bildenden Bundesländer zusammensetzen sollten, hatten die künftigen »Nordrhein-Westfalen« praktisch keinen Anteil. Nordrheinprovinz und Westfalen zusammen oder separat? Und wo steht dabei das Ruhrgebiet? Das machten die Briten weitgehend unter sich aus, und viel Zeit brauchten sie dafür nicht, vom März bis zum Juni 1946.[13] Und wenn die meisten Grenzen des neugeschaffenen Landes auch historische Vorbilder zu irgendwelchen Zeiten hatten, die darin enthaltene *Nord*rheinprovinz war jedenfalls ein Novum, konstruiert erst von den Alliierten 1945. Dazu kam dann noch das einstige Fürstentum Lippe, das erst nach der Gründung Nordrhein-Westfalens im Zuge von Verhandlungen des ersten Ministerpräsidenten Rudolf Amelunxen vor allem mit dem lippeschen Landespräsidenten Heinrich Drake 1948/49 zum Lande kam[14] – gegen Zugeständnisse, von denen u.a. die Nordwestdeutsche Musikakademie Detmold profitierte.[15]

Die britischen Überlegungen waren u.a. gegen das sowjetische Interesse an der Industrie des Ruhrgebiets gerichtet, gleichfalls gegen französische Pläne, im Rheinland ein eigenes Staatsgebilde zu errichten und das Ruhrgebiet Paris zu unterstellen. So entstand NRW im Gegenspiel der Mächte, nicht auf Wunsch der dort Lebenden und schon gar nicht als Institutionalisierung eines geschlossenen Kulturraums. In der Präambel der Landesverfassung von 1950 sieht das anders aus: »In Verantwortung vor Gott und den Menschen, verbunden mit allen Deutschen, erfüllt von dem Willen, die Not der Gegenwart in gemeinschaftlicher Arbeit zu überwinden, dem inneren und äußeren Frieden zu dienen, Freiheit, Gerechtigkeit und Wohlstand für alle zu schaffen, haben sich die Männer und Frauen des Landes Nordrhein-Westfalen diese Verfassung gegeben.«

In einem Verfassungsentwurf vom 27. November 1947 war noch deutlicher zu erkennen, daß hier ein sehr heterogenes Gebilde entstand: »Das Volk von Westfalen, vom Rhein und von der Ruhr ist in Wirtschaft und Kultur zu einer Schicksalsgemeinschaft eng verbunden.« Hingegen hieß es in einem vorangehenden Entwurf vom Januar 1947 deutlich: »Durch Anordnung der Militärregierung ist das Land Nordrhein-Westfalen gebildet worden.« Erst dann folgt die wunschhafte Feststellung: »Die rheinisch-westfälische Bevölkerung ist durch jahrhundertelange Schicksalsgemeinschaft und in der Gegenwart durch vielseitige wirtschaftliche und kulturelle Beziehungen miteinander verbunden.«[16] Der erste Satz gelangte nicht in die Landesverfassung von 1950. Der Grund liegt auf der Hand: Er kennzeichnet NRW als willkürliches Kunstprodukt und wirft ein Problem auf, das Landespolitiker bis heute beschäftigt.

Politiker befassen sich gerne mit Kunst und Kultur einer Landschaft, wenn die Identifikation der Bewohner mit ihrer Administration gefördert werden soll. Kein anderes Bundesland hatte solche Schwierigkeiten mit der Landesidentität wie NRW. Das war so lange kein Problem, wie das Heimatgefühl nahe am Patriotismus und am Nationalismus geortet wurde und damit durch die deutsche Vergangenheit einen anrüchigen Beiklang hatte. Der Mangel an Identifikation mit dem Land kann ebensogut als anti-ideologischer Pragmatismus, aber auch als Weltoffenheit oder gar als übergreifende politische Toleranz gesehen werden.

Ministerpräsident Franz Meyers sah nach seinem Regierungsantritt im Juli 1958 den Mangel an kultureller Landeseinheit als ein Hauptproblem, und es war sein erklärtes Ziel, NRW zu einer Einheit zusammenzufügen. Er förderte entsprechende kulturelle Projekte, die landesgeschichtliche Information in den Schulen und öffentliche Darstellungen von Landesgeschichte und -kultur.[17] Er ließ von Richard Schwarzhaupt ein neues Landeswappen entwickeln, das das gültige dreigeteilte ersetzen sollte. Als die nordrhein-westfälische Öffentlichkeit im Juni 1960 von dem neuen Entwurf erfuhr, hagel-

te es in den Medien Hohn und Spott, und binnen kurzem war das Kunstwerk vom Tisch.[18] Doch kaum ein anderes Symbol scheint sinnfälliger einen Konglomerat-Charakter des Bindestrichlandes auszudrücken als das dreigeteilte Wappen. Als das Bundesland sein Dasein begann, war die Zeichensprache deutlich: Bei der ersten Landtagssitzung am 2. Oktober 1946 im städtischen Opernhaus Düsseldorf wurde die Stirnwand der Bühne von einer großen britischen Flagge bedeckt. Daneben hingen, sehr viel kleiner, das Wappen des Rheinlandes mit dem silbernen Strom auf grünem Grund und auf der anderen Seite das von Westfalen mit dem weißen Roß auf rotem Grund.[19]

In den achtziger Jahren wurden – zumindest in der Politik – die Angriffe auf den Bindestrich häufiger. Die CDU in NRW, deren oppositionelle Schlagkraft durch die Aufsplitterung in zwei Landesverbände geschwächt erschien, versuchte dabei eine Einigung zur geschlossenen Landespartei, und Kurt Biedenkopf verkündete am 17. August 1985 auf dem CDU-Parteitag Westfalen-Lippe in Paderborn: »Inzwischen ist aus dem Bindestrichland Nordrhein-Westfalen eine Einheit geworden.«[20] Die Wahlkampfstrategie der SPD setzte vor der Landtagswahl desselben Jahres vor allem auf den Slogan »Wir in Nordrhein-Westfalen«. Er prangte von Plakaten und durchzog die Reden der werbenden Politiker bis hin zu denen von Ministerpräsident Johannes Rau. Inwieweit das Wir-Gefühl faktisch existierte, sei dahingestellt – Rau gewann jedenfalls. Doch hat sich das in der Kulturpolitik ausgewirkt?

»Jazzmeeting WDR«: Theo Jörgensmann am 10. Februar 1984 in der Comedia Colonia. Foto: Hyou Vielz.

Jazzfans im Kölner Williamsbau am 19. August 1951. Foto: Peter Fischer. Historisches Archiv der Stadt Köln.

Erst Anfang März 1999 sind von der Landesregierung neue Anstrengungen angekündigt worden, NRW zum Image eines Kulturlandes zu verhelfen, hatte der 3. Kulturwirtschaftsbericht doch 1998 der Stadt Köln in dieser Hinsicht ein gutes Zeugnis ausgestellt, dem Land jedoch nicht. Die Landes-SPD hat sich deshalb der Suche nach kulturellen »Leuchttürmen« verschrieben. Auf diese »Highlights« soll gesetzt und das nordrhein-westfälische Kultur-Image dadurch verbessert werden. Ob ein Jazz-Festival zum »Leuchtturm« erkoren wird? Oder sieht man den Jazz nicht eher als Subkultur, quasi als »Höhlenfeuer«? Der Jazz profitiert jedenfalls von einer Art kultureller Identitätsstiftung der Landesregierung im Ruhrgebiet.

II. DAS ENGAGEMENT DES LANDES

Für die Anfangszeit des Landes sei festgehalten: Nachdem das Grundgesetz der Bundesrepublik Deutschland 1949 die Regelung der Kulturarbeit den Landesverfassungen überlassen hatte, nachdem die Kulturhoheit der Länder unumstritten war und nachdem sich die Länder dabei praktisch ganz auf die Schul- und Bildungspolitik beschränkt hatten, waren die kommunalen Kulturbehörden und -ausschüsse mächtiger denn je – was für Nordrhein-Westfalen mehr als beispielsweise für Bayern und Baden-Württemberg gilt. Die nordrhein-westfälische Landesverfassung von 1950 entzieht die Schulpolitik den Gemeinden und überläßt ihnen einen gänzlich unbestimmten Bereich des Kulturlebens. Dabei regelt sie in Artikel 17 auch die Gleichberechtigung von freien Trägern (auch Kirchen) mit staatlichen wie städtischen Trägern, aber nur in der Erwachsenenbildung, nicht in der Kunstförderung oder auf anderem Gebiet. Artikel 18 sieht vor: »Kultur, Kunst und Wissenschaft sind durch Land und Gemeinden zu fördern.« Eine Teilung der Kompetenzen wird nicht angesprochen. Die Gemeindeordnung von 1952 drückt sich nicht klarer aus. Durch diese Lücken in der Aufgabenzuteilung wurde das kulturelle Engagement der Kommunen zur freiwilligen Selbstverwaltungsangelegenheit.[21] Die Förderung und Steuerung der Kunstförderung, auch der Musikpflege, oblag den Kommunen als Recht, nicht als Pflicht – unabhängig von den Selbstverpflichtungen des Städtetages –, und das wiederum bedeutete im restaurativen Klima der fünfziger Jahre eine Marginalisierung von freien Kunstformen wie der des Jazz im bei weitem überwiegenden Teil Nordrhein-Westfalens – bis hin auch zur völligen Bedeutungslosigkeit von Jazz in der Kulturpolitik vieler Städte.

Das gilt es, im Hinterkopf zu bewahren, wenn wir aus den nachfolgenden Beiträgen, vor allem denen von Bernd Hoffmann und Heinz Protzer, erkennen, daß NRW im krassen Gegensatz zu diesen kulturpolitischen Voraussetzungen schon in den fünfziger Jahren eine erstaunliche Dichte von Jazz-Unternehmungen erlebte. Oftmals waren es kurzlebige, was die Spurensuche erschwert, und doch folgten ihnen meist neue Initiativen. Das gilt für die Aachener Grenzregion nicht weniger als für Ost-Westfalen, das gilt zumal für die Rhein-Ruhr-Schiene. Es konnte nicht ausbleiben, daß die Fülle dieser Unternehmungen zusammen mit der neueren künstlerischen Wertschätzung, die der europäische Jazz im Zuge seiner Emanzipation weg von der plagiatorischen Phase erlebte, sich irgendwann auch in das Gesichtsfeld der Kulturausschüsse und -ämter schob.

Auch die politischen Orientierungsänderungen nach den 1968er-Unruhen taten ihren Teil zur Integration des Jazz in die kulturpolitischen Konzepte. »Kultur für alle«, »Stadtteilkultur«, später auch die »multikulturelle Gesellschaft« – das waren politische Schlagworte, von denen der Jazz profitieren konnte. Und im Verlauf der siebziger Jahre wurde er zumindest im Bildungssektor selbstverständlicher, fanden sich Jazzkurse immer häufiger in den Angeboten der städtischen Musikschulen, flankiert von den pionierhaften Kursen an der Akademie für musische Bildung in Remscheid und nicht selten überleitend in die Jazz-Klasse an der Staatlichen Hochschule für Musik in Köln, die 1981 sogar das erste Jazz-Vollstudium in der Bundesrepublik anbot. Kommunal- und auch Landespolitiker beachteten ab den siebziger Jahren den Jazz stärker.

Das bis heute prägendste Engagement des Landes zeigt sich im JugendJazzOrchester NRW mit Sitz in Dortmund, das vom Kulturministerium seit 1975 finanziert wird, seit einiger Zeit über den Landesmusikrat als Träger. Die Big Band, die auf Betreiben Glen Buschmanns als Gegenstück zum Jugendsinfonieorchester NRW gegründet wurde, war die erste ihrer Art in Deutschland und diente dem späteren Bundesjugendjazzorchester als Vorbild. Das Land fördert zudem die Kurse in der Akademie für musische Bildung Remscheid, die jährlichen Berklee-Kurse in der Landesmusikakademie Heeck und zeitweilig Projekte der Kölner »Offenen Jazz Haus Schule«, der »Initiative Kölner Jazz Haus« sowie des »Netzwerks Neue Improvisierte Musik und Zeitgenössische Musik in NRW«. Außerdem erhält der Wettbewerb »Jugend jazzt« über den Landesmusikrat Mittel des Kultusministeriums.

Dieser Wettbewerb wurde erstmals 1978 ausgetragen. Auch hier war Reiner Buschmann maßgeblich beteiligt, zusammen mit Wolf Escher von der Dortmunder Musikschule, der den Wettbewerb seit dem Tode Buschmanns als organisatorisches Haupt vorbereitet. Viele Hunderte von Teilnehmern sind seit 1978 durch diese Talentschmiede gegangen. Während der in den achtziger Jahren jährliche Rhythmus einem zweijährigen gewichen ist, nehmen die Zahlen der Wettbewerber weiter zu: zuletzt waren es

Christoph Haberer am 10. November 1984 beim 7. »Kölner Jazz Haus Festival« in der Staatlichen Hochschule für Musik Köln. Foto: Hyou Vielz.

Georg Ruby am 9. November 1984 beim 7. »Kölner Jazz Haus Festival«
in der Staatlichen Hochschule für Musik Köln. Foto: Hyou Vielz.

über zweihundert, davon allein fünfzig bei Solowertungen, die anderen bei Gruppenwertungen. Für das JugendJazzOrchester ist dieser Wettbewerb eine erstklassige Rekrutierungsschiene. Gezielt werden dort einzelne Musiker angesprochen, die dann für etwa zwei bis drei Jahre in der Big Band Erfahrung sammeln können, um sie anderenorts anzuwenden und weiterzugeben. So zeitigen die Landesmittel in diesem System einen sinnvollen Multiplikatoreffekt.

Mit der Unterstützung der Jazz-Kurse in der Akademie für Musische Bildung Remscheid, die nunmehr unter dem Namen »Remscheider Sommerkurse« stehen, beteiligt sich das Land an der langjährigen Grundlagenarbeit der »Landesarbeitsgemeinschaft Musik« (LAG Musik). Ende der fünfziger Jahre fanden sich Bruno Tetzner, Dietrich Schulz-Köhn und Glen Buschmann zusammen und führten in Remscheid erste Kurse durch, die sich mit der Vermittlung der musikalischen Tugenden des amerikanischen Jazz – Straight ahead – im Kontext der europäischen Musikwelt befaßten. »Spontaneität in der Musik – gezeigt an Folklore und Jazz« hieß es 1958, »Improvisation in der Kirchenmusik und im Jazz« 1959.[22] Tetzner, Schulz-Köhn, Buschmann und Akteure der Landesarbeitsgemeinschaft veranstalteten ab 1959 eine regelmäßige Reihe von Kursen, die Amateur-Jazzmusiker, aber auch Pädagogen und Interessierte aller Art ansprachen. Zu den aktiven Musikern, die hier schon in der Frühzeit mitwirkten, zählt Klaus Doldinger. Sein Quartett mit Ingfried Hoffmann, Helmut Kandlberger und Klaus Weiss war ein Stützpfeiler der Ensemble-Arbeit. Und so manche später vielbeschäftigte, professionelle Musiker des europäischen Jazz waren bereits im Remscheid der sechziger Jahre sehr präsent, wie Rainer Brüninghaus, Frank Chastenier, Udo Dahmen, Jasper van't Hof etc.

Die Kurse entwickelten sich zu mehrtägigen Allround-Ausbildungen. Die Dozenten vermittelten nicht nur Jazz pur, sondern auch Musiktheorie, später auch Bühnenwirksamkeit und Beherrschung der konzert- und aufnahmetechnischen Ausrüstung. Auch die musikalischen Inhalte änderten sich. Mit Manfred Schoof, Alexander von Schlippenbach, Peter Trunk u.a. rückten Musiker in die Dozentenreihe, die den deutschen Free Jazz mitgeprägt hatten, die eine Brücke zur Avantgarde der Neuen Musik geschlagen hatten und die sich mit großer Aufgeschlossenheit mit neuen Konzepten aller Art auseinandersetzten. Auch der Siegeszug des Jazzrock um 1970 färbte auf Remscheid ab. Es konnte dabei nicht ausbleiben, daß das Teilnehmerfeld jünger wurde, daß neben 20 bis 40 Jahre alten musizierenden Jazzfans und Pädagogen auch Schüler die Kurse besuchten, die ihre eigene musikalische Sprache suchten und weniger an den amerikanischen Heroen als an populären Musikformen ihrer Zeit interessiert waren. Was nicht heißt, daß die Originale nicht mehr zu hören waren: Gerry Brown, Bobby Burgess, kein geringerer als Ed Thigpen und viele weitere zugkräftige Musiker gaben Workshops in Remscheid.

Der Wandel, den das Grundkonzept der Kurse bis in die achtziger Jahre hinein erlebte, glich dem einer alternativen Musikschulform wie der »Offenen Jazz Haus Schule« in Köln – die bei ihrer Gründungsphase Unterstützung durch die LAG erhielt. Es ging und geht der LAG nicht mehr darum, sich einer bestimmten Musikart wie dem Jazz vollständig zu verschreiben, sondern junge Menschen bei ihrer Kultur »abzuholen« und die jeweilige Jugendkultur in der Kursarbeit zu vertiefen. Das reicht bis zum Drum'n'Bass. Der Jazz kann hinzugenommen werden. Vom ihm haben sich dabei die Themen mancher Kurse in einer Weise entfernt, die den »Schmelztiegel der Sounds«, wie Michael Brüning die Kurse nennt,[23] für manche Jazzfans uninteressant machte. Der Landeskulturpolitik mag dieser Trend eher entgegenkommen, macht die Förderung der »reinen« Jazzlehre und -praxis für sie doch weniger Sinn als die Vermittlung eines Breitspektrums populärer Musiken – auf einem höheren Niveau als dem kleinsten gemeinsamen Nenner.

Seit den achtziger Jahren gab das Land etliche Jahre Zuschüsse nach Leverkusen und nach Moers, und im Zuge der massiven Kulturförderung durch das Land im Ruhrgebiet fließen über die »Ruhr Kultur GmbH« auch Landesgelder in die Festivals von Bochum und Dortmund. Das Engagement ist hier umso naheliegender, als diese Festivals wie auch die Duisburger »Akzente« anders als frühere Vorläufer die kulturelle Identität ihrer Region aktiv zu definieren helfen. (Vgl. hierzu Hans-Jürgen von Osterhausen und Wilfried Schaus-Sahm in diesem Band.)

»9. Leverkusener Jazztage« im Oktober 1988. Foto: Hyou Vielz.

Laut dem »Wegweiser Jazz« des Darmstädter Jazz-Instituts hat das Land 1995 100 000 DM und 1996 170.000 DM für den Jazz aufgewandt. Mancher mag das mit gutem Recht als immer noch sehr wenig ansehen. Doch es sei nicht verschwiegen, daß NRW damit unter den Bundesländern neben Berlin und Baden-Württemberg einen Spitzenplatz einnimmt.

III. DER LANDESFUNK

Wenn die Landespolitik zudem indirekt eine Art Jazzkultur in NRW beeinflußt hat, dann bereits mit der Verselbständigung des Westdeutschen Rundfunks 1956 als Landessender aus dem vorherigen übergreifenden Nordwestdeutschen Rundfunk (NWDR) mit Hauptsitz in Hamburg. Während die Amerikaner für jedes Land ihrer Besatzungszone in München, Stuttgart, Frankfurt und Bremen eine eigene Rundfunkanstalt errichten ließen, bestanden die Briten für die vier Länder ihrer Zone auf jener Zentrale in Hamburg, deren Sendeanlagen den Krieg unversehrt überstanden hatten, und stießen dabei in Westfalen und im Rheinland auf wenig Gegenliebe.

Das Drängen auf die Verselbständigung eines Senders für Rhein und Ruhr geht bis Anfang 1946 zurück und wurde schon zu jener Zeit von Teilen der Presse unterstützt.[24] Noch vor der Landesgründung beriefen der Oberpräsident Westfalens, Rudolf Amelunxen, und sein Kollege für das Rheinland, Robert Lehr, jeweils einen Rundfunkausschuß. Diese tagten am 13. März 1946 gemeinsam im Düsseldorfer Oberpräsidium und beschlossen bereits ein halbes Jahr vor der Landesgründung, daß sie die Interessen der beiden Provinzen gemeinsam beim NWDR vertreten wollten. Nach der Gründung des Landes gewann der Druck auf Verselbständigung eines Landessenders Profil, und dieses Profil hatte auch dezidiert kulturpolitische Züge. Das Kultusministerium in Düsseldorf war dabei von Anfang an zur direkten Einflußnahme entschlossen (auf Kosten der Ausschüsse), und Kultusminister Heinrich Konen (CDU) schlug sogar vor, daß das ganze kulturelle Programm direkt im Kultusministerium zusammengestellt werden sollte.[25] 1947 stellte das Ministerium in einer Untersuchung fest, daß die Benachteiligung des Kölner Senders im Programm durch Hamburg gerade auf dem Gebiet der kulturellen und politischen Sendungen jede Entfaltungsmöglichkeit aus der Landschaft heraus unmöglich mache.[26] In den nächsten Jahren versuchten die Landespolitiker zu einem Teil, eine stärkere Vertretung des Landes bei den Rundfunkgremien zu erreichen, zum anderen, eine eigene Anstalt aus dem NWDR herauszulösen. Erst am 2. Februar 1954 konnte ein Gesetz über den WDR in den Düsseldorfer Landtag eingebracht werden. Erst am 31. Dezember des Jahres gab der Hohe Kommissar der Militärregierung bekannt, daß er die Verselbständigung anerkennen wolle. Und erst ab dem 1. Januar 1956 nahm der WDR seine Arbeit auf, fast zehn Jahre nach der Gründung von NRW.

Im NWDR hatte es natürlich schon vorher Jazz-Sendungen gegeben. Doch die Möglichkeit des neuen Landessenders zum wirklich eigenen Handeln hatte positive Auswirkungen auf das ganze Bundesland. Wenn es überhaupt eine Rechtfertigung gibt, von einer Jazzkultur als integralem Teil einer nordrhein-westfälischen Musiklandschaft zu sprechen und dabei mehr als eine rein additive Reihung von einzelnen Aktionen zu meinen, dann liegt sie in der Arbeit des Westdeutschen Rundfunks begründet. Als der Sender 1957 Kurt Edelhagen anwarb, sorgte das nicht nur durch Hunderte von Produktionen und Konzerten ab 1958 für ein neues Big-Band-Niveau, sondern auch für Impulse für die Jazzmusiker des ganzen Sendebereichs. In einer mit der Stadt Köln zusammen veranstalteten Konzertreihe kombinierte Edelhagen seine Band mit regionalen Amateur- und semi-professionellen Bands. Wichtiger war noch, daß der Direktor der Kölner Musikhochschule, Heinz Schröter, den ohnehin in Köln präsenten Bandleader für die Leitung des neuen Jazzstudiengangs gewinnen konnte. Durch die Schule Edelhagens und nach ihm Glen Buschmanns gingen etliche Musiker, die danach selbst zu Jazz-Multiplikatoren im Lande wurden.

Im Verlauf der siebziger Jahre nahm die Pflege der Regionen beim WDR-Hörfunk generell einen höheren Stellenwert ein. Ab 1978 förderte auch die Jazz-Redaktion von Manfred Niehaus verstärkt Musiker und Bands, die in irgendeiner Weise an das Land gebunden waren. Gerade Niehaus verzichtete gern auf die großen amerikanischen Stars, kam er doch selber einst aus der Szene der freien Jazzmusiker und der der Komponisten von Neuer Musik. Bewußt oder unbewußt formte er damit in Ansätzen eine Kultur von Jazz im Sendegebiet – ein Jazz, der auf innovative Konzepte setzte, der grenzüberschreitend, auch zur Rockmusik hin, wirkte, der nicht unbedingt den US-Originalen nacheiferte, dafür keine Scheu hatte, Kulturelemente der Region aufzunehmen. Seine Nachfolger, Ulrich Kurth (ab 1990) und Markus Heuger (ab 1998), haben diese Richtung beibehalten.

In diese Strategie bezog Niehaus vor allem die im November 1977 gestartete Konzertreihe »Jazzmeeting WDR« ein, einerseits schlicht eine Begriffsklammer um eine lang andauernde Serie von Konzerten und Produktionen, andererseits eine bewußte Zusammenführung verschiedenster Orte in NRW und verschiedenster Musiker. Die »Jazzmeetings« zeigten – oft überraschend – regionale Verbindungen und ästhetische Gemeinsamkeiten auf. Es entstand tatsächlich das Portrait einer großen Region – ein Land, in dem Musiker leben, die von internationalen Verbindungen – stets bevorzugt: New York – profitieren, die Kontakte zu ethnisch anderen Musiken kultivieren, die aber eben auch den regionalen Kontext nicht abstreifen. Im Versuch, eine regionale, aber stilübergreifende Musikkultur aufzuzeigen und vielleicht auch anzuregen, entstanden 1984 auch das pilothafte WDR-Projekt »Stadtmusik« und 1988 die Produktions- und Konzertserie »Jazzforum« (in die Silvia Handke einführt).

Jim Black am 2. Juni 1997 nach einer Probe im Kölner »Loft«. Foto: Hyou Vielz.

Dennoch wird man sich letztlich schwer tun, eine spezifisch nordrhein-westfälische Jazzkultur deskriptiv zu identifizieren bzw. von der anderer Länder abzugrenzen. Unverkennbar gibt es in NRW etliche Städte mit einer dichten Musikkultur, die durch die dortige Jazzpflege ein besonderes Profil erhielt – weniger durch kommunalpolitisches Handeln als durch Einzel- und Kollektiv-initiativen. Stellvertretend für die faszinierende urbane Dichte dieses Bundeslandes untersuchen in diesem Band Thomas Mau, Wilfried Schaus-Sahm und Martin Laurentius die Jazz-Entwick-lungen in Wuppertal, Duisburg und Bonn aus verschiedenen Blickwinkeln und mit verschiede-nen Methoden. So schreibt Martin Laurentius eine Geschichte der Struktur von Jazz-Arbeit in Bonn, Thomas Mau hingegen eine von einzelnen stadtprägenden Künstlern in Wuppertal. Aus den vielen Foren, die der Jazz durch Einzelinitiativen erhalten hat, greifen wir den Kölner »Sub-way« (Karsten Mützelfeldt) und das Essener »Satiricon« (Berthold Klostermann) heraus. Daß wir genauso gut das Dortmunder »Domicil« oder etliche andere hätten wählen können, zeigt uns Heinz Protzer in seinem Überblick über die urbane Subkultur. Die Tatsache, daß das hierbei wahr-scheinlich wichtigste Forum und der betriebsamste Akteur des Landes, der Kölner »Stadtgarten«, Teil eines dichten Netzwerks ist, das sich weit über die Grenzen des Landes hinaus erstreckt, untersucht Felix Klopotek. Klostermann und Klopotek schreiben »pro domo«, was in Kauf zu nehmen ist, da es bei ihren Themen nicht um eine kritische künstlerische Bewertung, sondern um die Offenlegung von Funktionsweisen und Tendenzen geht.

Nach wie vor birgt der Jazz in seinen Ausformungen zur heutigen Improvisierten Musik Chancen für die kulturelle Weiterentwicklung des Landes. Welche Kunstrichtung birgt schon im gleichen Maße sowohl die Möglichkeit, eigene Identität zu bewahren und zu gewinnen, als auch die, grenz-überschreitend zu arbeiten und wahrhaft »global« zu denken. Doch nichts von dieser Vielfalt ist materiell langfristig gesichert – eine Herausforderung für die Landes- und Kommunalpolitik.

ANMERKUNGEN

1 Vgl. u.a. Wolfgang Horn: Kulturpolitik in Düsseldorf. Situation und Neubeginn nach 1945, Opladen 1981, S. 19; Thmas Thorausch: Aus den gegebenen Realitäten herausgewachsen. Städtisches Schauspiel in Köln 1945-1959, in: Kunst und Kultur in Köln nach 1945, hg. vom Historischen Archiv der Stadt Köln, Köln 1996, S. 100 ff.; Robert v. Zahn: Kulturhunger und Sättigung. Der Wiederaufbau eines städtischen Musiklebens, ebd., S. 51 ff.

2 Horn, Kulturpolitik, S. 20.

3 Vgl. hierzu Bernd Hoffmann: Zur westdeutschen Hot-Club-Bewegung der Nachkriegszeit, in diesem Band.

4 Hoffmann, Hot-Club-Bewegung.

5 Zitiert nach Horn, Kulturpolitik, S. 19.

6 Gabriele Clemens: Britische Kulturpolitik in Deutschland 1945-1949. Literatur, Film, Musik und Theater, Stuttgart 1997, u.a. S. 284 ff. (= Historische Mitteilungen, HMRG-Beiheft 24).

7 Vgl. Eberhard Illner: Von der Botschaft zur Gesellschaftskritik. Kulturpolitik in Köln 1945-1979, in: Kunst und Kultur, S. 20 f.; Robert v. Zahn: Freie Initiativen und Ensembles für Neue Musik in NRW, in: Zeitklänge. Zur Neuen Musik in Nordrhein-Westfalen 1946-1996, hg. vom Landesmusikrat Nordrhein-Westfalen, Köln 1996, S. 105 ff.

8 Stadtarchiv Düsseldorf, IV 4126, zitiert nach Horn, Kulturpolitik, S. 21.

9 Historisches Archiv der Stadt Köln, Acc. 93, Nr. 260.

10 Leitsätze zur kommunalen Kulturarbeit, in: Adolf Grimme (Hg.): Kulturarbeit der zwanziger Jahre. Festschrift Otto Benecke, Stuttgart 1961.

11 ebd., S. 127, zitiert nach Illner, Botschaft, S. 21.

12 Jost Hermand: Kultur im Wiederaufbau. Die Bundesrepublik Deutschland 1945-1965, München 1986, S. 13; vgl. zu diesem Ideal dens.: Die Kultur der Bundesrepublik Deutschland 1965-1985, München 1988, S. 52 ff.

13 Peter Hüttenberger: Einführung, in: Vierzig Jahre Nordrhein-Westfalen. Historische Entwicklungen und Perspektiven des Landes, hg. von Peter Hüttenberger, Düsseldorf 1986, S. 7 (= Düsseldorfer Schriften zur Neueren Landesgeschichte und zur Geschichte Nordrhein-Westfalens, 17).

14 Peter Hüttenberger: Nordrhein-Westfalen und die Entstehung seiner parlamentarischen Demokratie, Siegburg 1973, S. 310 ff. (= Veröffentlichungen der Staatlichen Archive des Landes Nordrhein-Westfalen, Reihe C, Bd. 1).

15 Hiergegen protestierten u.a. der Direktor der Hochschule für Musik in Köln, Walter Braunfels, 13. November 1946, und der Kölner Oberbürgermeister Hermann Pünder, 26. November 1946; Hauptstaatsarchiv Düsseldorf, NW 60, Nr. 720, Bl. 11 und 10.

16 Zitiert nach Wolfram Köhler: Landesbewußtsein als Sehnsucht, in: Hüttenberger, Vierzig Jahre, S. 173.

17 Vgl. Hüttenberger, Einführung, S. 8.

18 Köhler, Landesbewußtsein, S. 180.

19 ebd., S. 172.

20 Zitiert ebd.

21 Vgl. Karl Zuhorn: Kulturpflege, in: Hans Peters (Hg.): Handbuch der kommunalen Wissenschaft und Praxis, Bd. 2, Berlin 1947, S. 169; Horn, Kulturpolitik, S. 23.

22 Michael Brüning: Jazzkurse in Remscheid und mehr. 40 Jahre Jazz in der LAG Musik, in: Jazz Podium, 4/1999, S. 36.

23 ebd.

24 Eva-Maria Freiburg: Köln und der NWDR, in: Aus Köln in die Welt. Beiträge zur Rundfunkgeschichte, hg. von Walter Först, Köln 1974, S. 280 (= Annalen des Westdeutschen Rundfunks, 2).

25 ebd., S. 282.

26 ebd., S. 287.

50 Jahre urbane Subkultur in Nordrhein-Westfalen

JAZZ IN KELLERN UND CLUBS

von Heinz Protzer, Bad Krozingen

EINLEITUNG

Historische Erkundungen oder Retrospektiven in Sachen Jazz haben seit Jahren Hochkonjunktur, auch bezogen auf die Geschichte der afro-amerikanischen Musik in der Bundesrepublik Deutschland im allgemeinen und in der ehemaligen DDR im besonderen. Im Vordergrund der Untersuchungen stehen allerdings in der Bundesrepublik die urbanen Jazzszenen seit 1945 in den bislang bekannten Publikationen mit dem Titel »Jazz in …«.[1] Nur selten steht die überregionale Entwicklung des Jazz in einzelnen Bundesländern im Mittelpunkt, wie etwa in Bayern.[2] Vielmehr werden die Facetten eines zweiten Jazz-Zeitalters in Deutschland eher auf Symposien Gegenstände der Untersuchungen, an Jazzinstituten in Deutschland und Österreich (Darmstadt, Graz).[3] Für Nordrhein-Westfalen hat der Landesmusikrat bereits im Jahre 1996 eine erste Publikation zur Neuen Musik in der zweiten Jahrhunderthälfte herausgegeben, eine Anthologie, in der Autoren zur Neuen Musik speziell zu Wort kommen und einmal »Fünfzig Jahre Jazz in Nordrhein-Westfalen« behandeln.[4]

Mit der Rezeption der Jazzmusik im 1946 gegründeten Bundesland NRW verbinden wir eigentlich einen Aufbruch und einen Neuanfang kurz vor der Jahrhundertmitte. Mit dem Kriegsende 1945 kündete sich kein »goldenes Jazz-Zeitalter« an, doch etablierte sich in den zerbombten Städten an Rhein und Ruhr eine Musikkultur, die sich bekanntlich genuin auch in der Neuen Welt auf europäische Wurzeln zurückführen läßt und die, nach manchen Metamorphosen, zweimal in Europa vordrang: wie ein Naturereignis[5] bereits nach dem Ersten, vehement und unaufhaltsam nach dem Zweiten Weltkrieg.

Der ursprünglich als fremdartig charakterisierte neue Sound aus den USA hat sich nicht nur etabliert, er hat sich auch national emanzipiert[6] und lebt – wie andere Musizierweisen auch – mit seinen Trägern fort, mit den ungezählten Musikern in zahlreichen Combos, Bands oder Orchestern; mit den vielen Foren, den Spielstätten des Jazz; in den Vereinen und Clubs, in Interessengemeinschaften, an Schulen, Lehrstätten oder Forschungsinstituten oder als Jazzszene insgesamt.[7]

Zum 50jährigen Bestehen des Bundeslandes NRW (1946-1996) untersuchen wir hier als Träger einer Jazzkultur bewußt die Keller und Clubs, ohne die Jazz im Musikland Nordrhein-Westfalen nicht zu verstehen wäre – und mehr: Nach dem Auf und Ab in der Entwicklung der sogenannten populären Musik allgemein und des Jazz, nach dem Aufbruch und Vordringen, nach der Konsolidierung und Emanzipation einer neuartigen Musizierweise sei nach fünf Jahrzehnten ein Resümee gestattet, wohl mit dem Ziel, am Ausgang des 20. Jahrhunderts einen irreversiblen Zustand zu beschreiben.

Wenn der Jazz in den vergangenen fünfzig Jahren auch aus den Kellern und Clubs bis zu den Konzertsälen und Philharmonien »aufgestiegen« sein mag, die Kellerkunst gewissermaßen zur Konzertkultur avancierte, haben sich die »Keimzellen« eines Organismus erhalten; sie bestehen sogar als Subkultur im weiteren Sinne fort, weil der Jazz noch immer vorwiegend in Clubs und Kellern – »sub terram« – fortlebt.[8]

Die nähere Bestimmung und Beschreibung der Jazzkultur im Musikland NRW kann primär in Art einer Zusammenschau, einer Synopse gelingen, ausgehend von der Entwicklung der Keller und Clubs des Landes. Eine Dokumentation fällt nicht leicht, weil die nicht mehr oder noch bestehenden Clubs weitgehend die einzigen Quellen, die Zeitzeugen für eine Erforschung wären. So kann eine Feldforschung auch nur deshalb bedingt zum Ziel führen, weil wichtige Institutionen, Dachorganisationen gar wie die »Deutsche Jazz-Föderation e. V.« (DJF) kein Archiv besitzen oder hinterlassen haben[9] und Forschungseinrichtungen des Landes (Hochschulen, Universitäten, Bildungsstätten) für unsere spezielle Untersuchung nur selten zur Verfügung standen.

Wir berufen uns daher auf die wenigen schriftlichen Zeugnisse der früheren DJF, zumeist aber auf ihr ehemals halbamtliches Organ, auf das Monatsmagazin »Jazz Podium« – hier seit 1952.[10] Wir entnehmen diesem deutschen Magazin – später auch ohne seinen Organ-Charakter – wichtige Mitteilungen über die deutschen Jazzclubs und ihre Programme, zuletzt auch Informationen über andere Foren des Jazz.

Schließlich konnten wir das für unsere Untersuchung notwendige Material u.a. durch Beiträge einer »oral history« zusammentragen, in zahlreichen Gesprächen sichern und fixieren. Die »urbane Subkultur« sollte schließlich anhand von »Profilen« ausgewählter Keller und Clubs in NRW ihre Bestätigung erfahren, und zwar auch anhand eines chronologischen Durchgangs, nach Jahrzehnten geordnet, in folgender Aufteilung: die vierziger, fünfziger und sechziger Jahre; dann die siebziger und achtziger Jahre sowie die Zeit von 1990 bis 1996. Hier gelangen wir mit sogenannten Schnitten und Stichproben – was konkret die Keller und Clubs und ihre Programme betrifft – auch zu annähernd gesicherten Ergebnissen über die Verbreitung und Entwicklung afro-amerikanischer Musik in Nordrhein-Westfalen.

AUFERSTANDEN AUS DEN TRÜMMERN: JAZZ IN KELLERN UND CLUBS IN NORDRHEIN-WESTFALEN SEIT 1946

Nur an relativ wenigen Zeugnissen läßt sich eine Wiedergeburt der Jazzmusik nach dem Zweiten Weltkrieg nachweisen. Dagegen liegen für die Rezeption des neuen Sounds in Deutschland nach dem Ersten Weltkrieg beachtliche Publikationen vor.[11] Allerdings konzentrieren sich die Autoren hier auf die Beschreibung weniger Jazzszenen, an erster Stelle in der Metropole Berlin, dann in den urbanen Zentren wie Hamburg, Leipzig, Frankfurt am Main und München. Westdeutschland bleibt im ersten Jazz-Zeitalter nach 1920 weit zurück. Das Land an Rhein und Ruhr und Lippe, das Areal der früheren Provinzen Rheinland, Westfalen und Lippe (-Detmold) glänzte vor allem mit Opernhäusern und Foren für Operettenaufführungen und mit Konzertsälen. Während man Berlin (und nicht Paris!) im sogenannten Jazz-Zeitalter als »Harlem Europas« bezeichnete, trieb der Jazz an Rhein, Ruhr, Lippe und Weser keine besonderen Blüten. Nur selten erinnern sich Musikfreunde an den Jazz der frühen Jahre wie H. H. Stuckenschmidt:

»Wie ein Naturereignis überfiel uns die erste Jazzmusik bald nach dem Weltkrieg 1914-1918. Ich erinnere mich der ersten amerikanischen Band, die ich gehört habe. Es muß 1920 oder 1921 gewesen sein in einem Düsseldorfer Tanzlokal. Fünf Neger saßen da, auf einem Spruchband war zu lesen: THE FIVE BERKELEYS. Sie spielten ohne Noten. Einer blies Trompete, der zweite Altsaxophon, der dritte Posaune.«

Es folgt der Versuch des Autors, eine bislang fremdartige, improvisierte Musik zu beschreiben.[12] In den zwanziger und dreißiger Jahren unseres Jahrhunderts fehlen weitgehend wichtige Hinweise auf eine Jazzszene am Rhein. Die Presse berichtete gelegentlich über die Auftritte der Tanzorchester von Teddy Stauffer, Arne Hülphers, Heinz Wehner zum Beispiel im Düsseldorfer »Tabaris«.[13] In zweifellos gut besuchten Tanzcafés in den größeren Städten von Münster bis Dortmund und bis Köln entfaltete sich kein echter Jazz. An der Staatlichen Musikhochschule in Köln mag es schon früh Lehrer und Dozenten gegeben haben, die sich seit den zwanziger Jahren mit dem Jazzsyndrom amerikanischer Herkunft befaßten. Und die seriöse Tagespresse kommentierte sporadisch die neue Musik aus Amerika.[14]

Von Jazzclubs oder Zirkeln nach dem Vorbild solcher Gruppen in Berlin, in Leipzig, Königsberg, Breslau, Frankfurt oder am Mittelrhein gibt es nur dürftige Zeugnisse. So gehörte der Düsseldorfer Gymnasiast Werner Daniels 1936 einem »Swing Rhythm Club« an, dessen Mitglieder sich zweimal monatlich trafen, um Schallplatten zu hören, zu tauschen, zu diskutieren. Erstaunlich genug: Clubmitglieder gründeten sogar 1937 eine Amateurband, und Werner Daniels gab in den Kriegsjahren 1940 bis 1943 eine »Musikalische Feldpost« heraus, vergleichbar etwa mit den Mitteilungen des Berliner Melodie-Klubs (Autoren: Blüthner, Pick und Schulz-Köhn).[15] Auch in Münster existierte im Verborgenen seit 1936 ein Jazz-Zirkel im Café am Domplatz, geleitet vom späteren Promoter des Jazz und Herausgeber des »Jazz Podium«, Dieter Zimmerle. Auch im Münsteraner Zirkel trafen sich Jazzfans zur Plattenbörse. Auch in Münster dachte man über die Gründung einer eigenen Band nach.[16] – Über eine dritte Gruppe in Hamm/Westfalen fehlen jegliche Zeugnisse.

Schließlich lesen wir von dem Versuch des britischen Autors Ralph Willett, eine westdeutsche Jazzszene in die Nähe von jugendlichen Widerstandskämpfern in den vierziger Jahren an der Ruhr und in Köln zu bringen. Tatsächlich gab es jedoch keine Kontakte zwischen der bekannten Widerstandsgruppe der »Edelweißpiraten« und der »Swing-Jugend« mit ihren Lokalen »Harlem-Club«, »Cotton Klub« usw. (ohne Ortsangaben).[17]

Im Gebiet des späteren Bundeslandes NRW fristete die Jazzmusik vor 1945 im ganzen ein Diaspora-Dasein. Zwischen Aachen und Minden, zwischen Münster und Siegen gab es auch nur selten Musiksendungen im Rundfunk. Während in anderen Provinzen des Deutschen Reiches schon vor 1933 zahlreiche Sender Tanz- und Jazzmusik-Sendungen brachten, hörte man im Westen die neue Musik eine Zeitlang über einen Sender Elberfeld.[18]

Um so erstaunter registrieren wir heute auch ein Aufleben des Jazz in Westdeutschland nach dem Einrücken amerikanischer und britischer Truppen. Im Gegensatz zum Auftreten der US-amerikanischen Militär-Tanz-Orchester ab 1917 in Frankreich[19] rollte der Jazz 1945 gewissermaßen hinter den alliierten

Panzern im Troß oder in den logistischen Abteilungen über die deutsche Grenze bis an die Elbe und an die Spree (Berlin) oder an die Isar, jedoch nicht unbedingt mit der Wirkung eines Hurrikans (with the impact of a hurricane), wie das Ralph Willett nach einem Zitat aus der Zeitschrift »Vier-Viertel« für den Fall Berlin annimmt. Willett prognostizierte bereits vor Kriegsende mit der Ankunft der amerikanischen Truppen einen Boom für den Jazz in Deutschland und erfand wohl die Bezeichnung »Sound of Democracy«.

Tatsächlich gehörten zunächst Soldatenbands zur »Infrastruktur« der bekannten Militärbasen von München bis Nürnberg, von Frankfurt bis Dortmund und in anderen Städten an Rhein und Ruhr; sie spielten zum Tanz und zur Unterhaltung in Kasernen oder in wenig zerstörten Kinosälen. Auch am Rhein und an der Ruhr verstärkten bald deutsche Musiker die Militärbands; und im Rheinland und in Westfalen bildeten sich erste Zirkel und Jazzclubs nach amerikanischen und britischen Vorbildern oder in Anlehnung an die französischen Hot Clubs.[20]

Keller und Clublokale waren und sind bis in unsere Gegenwart hinein *die* idealen Spielstätten für einen Sound, der in erster Linie von der Musik kleiner Gruppen lebt: Combos, kleine Bands von Amateuren oder Berufsmusikern bestimmen seit der Verbreitung des Jazz die Szene. Zwar blühten im grundwassergefährdeten New Orleans und in Chicago am Michigansee die kleinen Lokale »überirdisch«, ganz selten in Kellern, aber schon in New York stieg man über Treppen in den Untergrund hinab, allein wegen der Lärmdistanz. Wegen der Luftalarme soll sich der Jazz in Kriegszeiten in Paris und London in die Keller begeben haben, was auch für die Niederlande und Belgien sowie für die »Foren« in Kopenhagen oder Stockholm bezeichnend war.

Im Chicago der zwanziger und dreißiger Jahre zählte man Tausende »speak-easies«, jene Flüsterkneipen mit dem verbotenen Alkoholausschank und ständiger Jazzmusik. »Feuchtfröhliche Mistbeete der Jazzmusik« nannte sie einmal der deutsche Schriftsteller und Amerikafahrer H. G. Holthusen.[21] In Nordrhein-Westfalen sollte man eher im Sinne eines verkrampften Euphemismus von »Pflänzlingen« in den oft erhaltenen Kellerhöhlen unter den Ruinen sprechen. Für NRW können auch die Zahlenangaben aus den USA nicht gelten, denn in den ersten Nachkriegsjahren entstanden in unserem Land nur einige Dutzend Keller und Jazzclubs. Die Anzahl reduzierte sich in fünf Jahrzehnten bis 1996. Doch registrieren wir heute zunehmend Spielstätten mit einem ernsthaften Jazzprogramm außerhalb einer Keller- oder Clubszene. Wir werden solche Auftrittsstätten am Schluß noch einmal ins Kalkül ziehen, wenn es darum geht, Jazz in allen seinen Spielarten abschließend zu beurteilen.

Wo deutsche Unterlagen zum frühen Jazz nach 1945 fehlen, schließen in der Literatur auch anglo-amerikanische Beiträge nicht die großen Lücken. Nur wenige Autoren unterziehen sich der Aufgabe, den »Jazz der zweiten Art« im Zuge einer Amerikanisierung Deutschlands eingehender zu beschreiben, und unmittelbare Zeitzeugen äußern sich selten.[22] Ausnahme: Die in England geborene amerikanische Pianistin Marian McPartland (geb. 1920) erwähnt in ihren Erinnerungen »All in Good Times« von 1987 ihren Einsatz in der Truppenbetreuung der britischen Invasionsarmee.[23] Sie trat 1945 u.a. als Jazzpianistin in St. Vith an der deutsch-belgischen

Die Kölner Bohème 1960. Foto: Hans Wilhelm Fuchs

Grenze auf, lernte hier Jimmy McPartland (1907-1991) kennen, der in ähnlicher Funktion als US-Musiker tätig war, und heiratete den bekannten Trompeter im Februar 1946 in Aachen.[24] Zu den Jazz-Auftritten diesseits und jenseits der Grenze gesellten sich weitere amerikanische oder britische Jazzmusiker zur Betreuung der Soldaten hinter den Frontlinien. Hier stand der amerikanische »Sound of Democracy« wörtlich ante portas, auch an der Grenze zum Rheinland.

Nach dieser Einführung legen wir uns in unserem Beitrag auf die folgende Vorgehensweise fest: Jazz in Kellern und Clubs, Jazz als »Kellerkunst« soll im Musikland NRW von den Anfängen im Jahre 1946 verfolgt und dargestellt werden, begleitet von einer »Chronik« vor allem für die ersten Jahrzehnte seit der Jahrhundertmitte. Mit einer ersten und zweiten »Phase« der Entwicklung der afro-amerikanischen Musik in Nordrhein-Westfalen verbinden wir einzelne Profile von Jazzclubs, um Zeiten des Aufbruchs, der Konsolidierung, aber auch Krisenjahre und Jahre des Umbruchs zu bestätigen.

DIE VIERZIGER, FÜNFZIGER UND SECHZIGER JAHRE

Die amerikanische Invasionsarmee besetzte bereits Monate vor dem eigentlichen Kriegsende (9. Mai 1945) jene Städte in Westdeutschland, die wir wegen einer »urbanen Haupt- und Subkultur« aufsuchen wollen. Zuerst erreichten die US-Truppen Aachen (Ende 1944), sodann Düren und Köln (6. März 1945), Bonn (9. März), Dortmund, Detmold (4. April) oder – als letzte Großstadt im Westen – Düsseldorf (17. April 1945). Für alle diese Städte, mit Ausnahme von Düren, beschreiben die Herausgeber und Autoren der Anthologie »So viel Anfang war nie – Deutsche Städte 1945-1949«[25] den kulturellen Wiederaufbau in der sogenannten Trümmerzeit; dabei stellen die Autoren jeder Einzeluntersuchung chronikartig die jeweils ersten Bemühungen um einen Neuanfang in Sachen Kultur voran. So kam es in Köln zu einem ersten Symphoniekonzert bereits am 13./14. August 1945, zu einer ersten Theateraufführung am 17. August und zur ersten Opernaufführung am 25. August 1945. In der Universität der Domstadt begannen die Vorlesungen im Dezember 1945 und am 9. Mai 1946 an der Staatlichen Musikhochschule. Jazz? – Kein Hinweis auf den »Sound of Democracy«, der mit der Besetzung der westdeutschen Städte vordrang, weder für 1945 noch für 1946, dem Geburtsjahr von Nordrhein-Westfalen. So bleibt unser Chronik-Durchgang für die ersten Nachkriegsjahre lückenhaft, sichere Quellen stellen erst später u.a. die Informationen des »Jazz Podiums« dar.

CHRONIK

1945 Zum Vergleich: Im Oktober 1945 lädt Hans Blüthner vom Berliner Melodie-Klub Jazzfreunde zu Plattenabenden ein. Seit dem 10.11.1945 existiert eine Programmfolge des neuen Berliner Hot Clubs.[26] – Am 28.10.1945 spielt – auf Veranlassung der sowjetischen Besatzer in *Berlin* – das RBT (Radio Berlin Tanzorchester) unter der Leitung von Michael Jary im Rundfunk Jazz.

1946 *Westdeutschland*: Die amerikanischen Truppen verlassen das Rheinland, Köln zum Beispiel bereits am 21. Juni 1945. Ihnen folgen britische Soldaten, später auch belgische Einheiten. Zum ersten Male findet ein Jazzorchester Erwähnung: Das Orchester Joe Wick spielt vor englischen Soldaten im Westen des Landes.[27] – Auch in *Köln* gibt es durchziehende Bands, die vor britischen Besatzungssoldaten spielen.[28]

1947 Die Presse berichtet über erste Auftritte des Quintetts »Hot Club 47«. – In *Düsseldorf* wird der Jazzexperte Dietrich Schulz-Köhn für die Britische Militärregierung tätig. Er stellt erste Überlegungen wegen eines Hot Clubs an. (Archiv Schulz-Köhn).

1948 *Düsseldorf*: Am 10. Januar 1948 erfolgt die Gründung des HC Düsseldorf mit Dietrich Schulz-Köhn als erstem Präsidenten. – *Köln*: Mit der Probesendung vom 26.4.1948 beginnt die Tätigkeit des Rundfunkjournalisten Schulz-Köhn. – Im Juli 1948 veranstaltet die »Werkstatt« in der Kölner Universität einen Jazzabend mit Heinz Hackenbroich, Dietrich Schulz-Köhn und dem Sextett des HC Düsseldorf und dem Quintett »Hot Club 47« (vgl. den Beitrag von Bernd Hoffmann).

1949 *Dortmund*: Gründung des HC Dortmund, später Mitglied der Deutschen Jazz-Föderation (DJF). Der Club veranstaltet am 13.11.1949 ein erstes Konzert mit den Musikern Glen und Pit Buschmann. – *Köln*: Zeitzeugen berichten von Jazzbands in Cafés, Bars und in Hotels.

1950 Die Hot Clubs von Berlin, Stuttgart und Frankfurt a. M. schließen sich zur »Deutschen Jazz-Föderation« zusammen. Eine erste Auflistung der Hot Clubs in NRW nennt die Städte: Bochum, Bonn, Dortmund, Düsseldorf, Duisburg, Gelsenkirchen, Kleve, Münster und Solingen (neun Clubs – Archiv Schulz-Köhn).

1951 Gründung des HC *Düren* 51 (Walter Hein). – Gründung des HC *Essen* (Horst Lübbers).

1952 (Angaben nach den Ausgaben des »Jazz Podium«)

6/52: Konferenz der DJF in *Düsseldorf*. Mitgliederclubs erhalten bedeutende Jazzfilme für ihre Clubarbeit.

9/52: *Bonn*: Der HC Bonn (Dr. Peters) veranstaltet regelmäßig Mitgliederabende; Vorträge zur Jazzgeschichte, Schallplattenabende. – Düren: Der HC Düren 51 strebt eine Verbindung zu den Jazzfreunden unter der Studentenschaft der TH Aachen an. – In *Aachen* findet eine Session mit der Studentenband »stud. (sw)ing« und anderen Gruppen statt.

10/52: *Düsseldorf*: Im »tabu«-Keller spielen deutsche Gruppen Swing bis Bop. – Einen Höhepunkt stellt auch der Auftritt des Flötisten Horst Geldmacher im (ungarischen) Lokal »Czikos« dar. – Weil der HC Düsseldorf noch keinen eigenen Clubraum besitzt, spielen Düsseldorfer Amateure im Sommer in den Niederlanden oder in Paris. Der Jazz-Zirkel *Neuss* (JZN) kooperiert mit dem HC Düsseldorf.

11/52: Die I.(nteressen) G.(emeinschaft) Jazz an der Universität *Köln* nimmt am 13. September ihre Arbeit auf (mit Rolf Dötsch vom Archiv der DJF). Zum Programm gehören Musikabende und Diskussionen für Studenten. – Der Jazz-Zirkel *Neuss* im HC Düsseldorf eröffnet seine Tätigkeit mit einem Vortrag von Rolf Dötsch (s.o.). – JC *Münster*, gegründet (Klaus Göhre) für Plattenabende und Vorträge und zur Unterstützung einer eigenen Combo. – Der HC *Dortmund* plant eine »Woche des Jazz« im British Center »Die Brücke« mit einer Ausstellung.

Eine erste Clubcombo, »Jazz Cats« (Leader: Siggi Gerhard), tritt ebenso auf wie der Klarinettist Glen Buschmann, hier mit einem Bericht zur Lage des Jazz.

12/52: In *Iserlohn* besteht seit 1952 ein Hot Club.

1953 2/53: *Wesel*: Ein neuer Jazzclub gegründet. Die Mitglieder treffen sich vierzehntägig zu Referaten, Diskussionen und Musikabenden mit eigener Combo. – *Köln*: Die I.G. Jazz an der Universität heißt jetzt: »Studentischer Arbeitskreis für Authentischen Jazz« (SAAJ); erster Präsident: Rolf Dötsch. – Kölner Szene: Unter dem Patronat des Musikladens Fürth gibt es einen Jazzclub. – In einem kleineren Club »Lemon Drops« in der Aachener Straße treffen sich die Mitglieder im eigenen Künstlerkeller zur »Pflege von Geselligkeit und Jazzmusik«. In Köln tritt ein »Club XX. Jahrhundert«, ein Diskussionskreis, einmal wöchentlich bei Gigi Campi in der Hohe Straße zusammen (Themen: Literatur, Philosophie, Malerei, Musik).

4/53: Der *Kölner* SAAJ (s.o.) plant die Aufstellung einer eigenen Jazzcombo. (Der Senat der Universität läßt den SAAJ als Studentische Vereinigung zu.) – Nach einem Konzert des HC *Düren* 51 mit der Hans Koller Combo, als Einführung in den Cool Jazz, zeigt die Presse Unverständnis. – *Düsseldorf*: Kritische Äußerungen zu einem Konzert mit Dizzy Gillespie in der »Rheinhalle« (1500 Besucher). Lob dagegen für das Hans Koller Ensemble mit der Pianistin Jutta Hipp. – Im Düsseldorfer »Tabaris« (vgl. die zwanziger Jahre, s.o.) gastiert das Orchester Kurt Edelhagen. – Der HC *Essen* plant für den Monat Mai 1953 eine Woche des Jazz. – Der *Kölner* »Club XX. Jahrhundert« veranstaltet am 7.3. Konzerte mit Hans Koller und Jutta Hipp. – Ruhrpott-Jazz: Drei *Dortmunder* Combos repräsentieren den Jazz an der Ruhr: die »HC Jazz Cats«, die »HC Dixielandband« sowie »Wolfgang Sauer & his HCDO Ebony Blue Four«.

7/53: Der größte westdeutsche HC in *Düsseldorf* bezieht im Hause der Europa-Union Räume für Referate und Konzerte. Bereits am 1.5.1953 findet die Gründung des HC *Minden* statt.

8/53: Die »Feetwarmers« vom HC *Düsseldorf* treten in Bonn und im Düsseldorfer »tabu« auf, gefolgt von der »Fatty George Band«. – *Köln*: Der »Club XX. Jahrhundert« löst sich auf, dafür tagt dienstags die SAAJ im Eiscafé Campi. – In einem Jazzkeller in Köln-Niehl spielt die Dixielandband »New Orleans Six« mit Peter Köhler. Patronat: Musikladen Fürth. – *Aachen*: Es treten mehrere Jazzkreise mit unterschiedlichen Ambitionen auf: 1. Der Aachener Jazzclub (AJC) unter der Leitung von Robert J. Wenseler, ein Puristenclub mit wenigen Mitgliedern. – 2. Der AHC (Aachener Hot Club) an der Technischen Hochschule; er bringt an wenigen Abenden modernen Jazz. – 3. Das Studentenensemble »stud. (sw)ing« gibt Konzerte; es spielt Swing bis Bop, aber auch Tanzmusik – Der Jazzclub *Eschweiler* hat sich ebenso aufgelöst wie der »Swingtett Club« in *Euskirchen*. – In einer weiteren Veröffentlichung im »Jazz Podium« nennt die DJF neun Mitglieder aus NRW.

10/53: *Aachen*: Der Jazzclub Aachen veranstaltet mehrere Plattenabende. Der Aachener Hot Club ist aufgelöst; damit gilt das Podium für den modernen Jazz als verwaist – *Düsseldorf*: Die »Feetwarmers« gastieren in *Neuss*; mit Fatty George herrscht im »tabu« eine Atmosphäre à la St.-Germain-des-Prés in Paris vor. Gastspiel Stan Kenton im »Apollo Theater«.

11/53: Der HC *Dortmund* veranstaltet in den Städten *Bielefeld* und *Detmold* vor begeistertem Publikum eine »Jazzparade 53« mit den Bands: »Ebony Blue Five«, »Jazz Cats« und den Dortmunder »Darktown Stompers«. – *Düren*: Peter Köhlers »New Orleans Six« aus Köln spielen erstmals vor deutschen Hörern und belgischen Soldaten. – *Duisburg*: Gigi Campi aus Köln eröffnet den »bohème kunstkeller jazz« mit Fatty George.

1954 7/54: *Düsseldorf*: Am 18.5. eröffnet der HCD sein neues Stammlokal »New Orleans«, das monatlich im »Jazz Podium« mit eigenem Emblem zum Besuch auffordert (s.u.).

9/54: Beim SAAJ in *Köln* tritt mit Erfolg die Jutta Hipp Combo auf.

10/54: *Düren*: Der HC *Düren* 51 veranstaltet vor den Toren der Stadt im Parkrestaurant Schneidhausen Konzerte, u.a. mit Albert Mangelsdorff und Stefan von Dobrzynski. – *Duisburg*: Die große Neuentdeckung des Jahres 1954 auf dem Gebiet des modernen Jazz, die »New Jazz Group Hannover«, gastiert im Jazz-Keller »bohème«.

12/54: *Duisburg*: Der HC veranstaltet im »bohème« weitere Konzerte, u.a. mit Hans Koller und Jutta Hipp. (Hier soll der amerikanische Kritiker und Komponist Leonard Feather die Pianistin Jutta Hipp entdeckt und für Auftritte in den USA gewonnen haben.) – *Dortmund*: Der Dortmunder HC wird als bislang einziger deutscher Club als Kooperatives Mitglied in den »Hot Club of Britain« aufgenommen. – *Rheda*: Gründung eines eigenen Jazzclubs, ebenso in *Wanne-Eickel*. (Im »Deutschen Jazz Adreßbuch 1954« nennt der Autor und Herausgeber Fritz Därr im ganzen 59 Jazzclubs in der Bundesrepublik, davon 19 in Nordrhein-Westfalen.)

1955 1/55: *Duisburg*: Der HC Duisburg e.V. war schon im März 1954 aus dem Vereinsregister gestrichen worden. Neugründung als »IG für Jazzmusik Duisburg«, auch Mitglied der DJF.

3/55: *Düsseldorf*: Der HCD bezieht im Restaurant »Zum goldenen Kessel« endlich einen neuen Club-Keller, auch für Konzerte geeignet. Die »Feetwarmers« treten erstmals in neuer Besetzung auf.

6/55: *Gelsenkirchen*: Gründung eines HC Gelsenkirchen mit eigenem Clublokal in einem ehemaligen Luftschutzkeller (60 Personen). Zur Eröffnung spielten die Dortmunder »Darktown Stompers«. – *Köln*: Nach Schließung des Nachtlokals »St. Pauli« findet die Neueröffnung des Kölner »bohème« statt.

7/55: Der HC *Dortmund* und die DJF planen in der kleinen Westfalenhalle eine Jazzmesse, »Salon du Jazz«. – Der Jazzclub *Rheda* organisiert eigene Konzerte.

8/55: In *Köln* beschließen in einer Konzertpause – anläßlich eines Auftritts der Jutta Hipp Combo – Toni Fürth, Gigi Campi und Paul Franke die Gründung eines »Jazzclub Köln«. – Der HC *Düsseldorf* schränkt die Plattenabende ein und strebt dafür mehr »live-music« mit Tanz an.

12/55: *Dortmund*: Der »Deutsche Jazz-Salon« eröffnet. (Das letzte »Jazz Adreßbuch« von 1955/56 nennt 16 Jazzclubs in NRW.)

1956 4/56: »route 56« heißt eine Quartalsschrift des Jazz-Zirkels in *Rheda*. – Der HC *Dortmund* meldet Erfolge für das »Glen Buschmann Quintett«. Überlegungen, einen IC »Domicile« zu gründen (Archiv des »domicil« Dortmund).

7/56: *Dortmund*: Eine »Arbeitsgemeinschaft Westdeutscher Hot Clubs« – innerhalb der DJF – gegründet (AWHC) für gemeinsame Planungen. – In *Mülheim/Ruhr* gibt es ein »Studio für Jazz«. – *Düren*: Der Gründer des HC Düren 51, Walter Hein, verläßt die Stadt. Ein neuer Jazzclub Düren etabliert sich erst nach vier Jahren, 1960.

1957 5/57: In *Münster* kommen die besonders zahlreichen Amateurmusiker in einem Jazz-Zirkel zusammen. – *Aachen*: Der Ausbau des »Malteserkeller« beginnt (1957 bis 1961).

1958 3/58: »Jazzfreunde *Menden*« heißt ein neuer Jazzclub.

4/58: Das »Studio für Jazz« in *Mülheim/Ruhr* löst sich nach zwei Jahren auf.

6/58: Vorwiegend Lehrer gründen in *Ratingen* einen Jazzclub. – *Rheda*: Im Clubkeller treffen sich zur Bildung einer AG die Vertreter aus folgenden Städten in Ostwestfalen und Lippe: Bielefeld, Bünde, Detmold, Gütersloh, Lippstadt, Lübbeke, Minden und Rheda.

8/58: Mit einem Vortrag von Günter Boas hat der Club der »Jazzfreunde *Oberhausen*« seine Arbeit wieder aufgenommen.

10/58: Ausschließlich für Konzertaufführungen bildet sich in *Duisburg* ein »New Jazz Circle«. Eine neu gegründete »AG für Jazzmusik« eröffnet am 19.9. ihren Jazzkeller.

Das Düsseldorfer »Amateur-Jazz-Festival« 1961: Kurt Bong (links unten), Jürgen Buchholtz und Manfred Lahnstein von den Feetwarmers. Foto: Hans Harzheim.

12/58: Ebenfalls eröffnet der HC *Dortmund* einen neuen Jazzkeller in der Bornstraße.

1959   7/59: *Altenessen*: Ein »jazz club e.V.« mit Clubkeller am Bahnhof Altenessen gegründet. Zwei moderne Jazz-Gruppen gehören diesem Club an.

1960   3/60: Die *Düsseldorfer* »Feetwarmers« feiern ihren siebten Geburtstag im Schumann-Saal. – *Köln*: Die Kölner Stadtverwaltung plant gleich zwei Musik-Jazzkeller für Jugendliche.

4/60: Neue Jazzclubs gehen aus den »bohème«-Betrieben hervor in: Köln, Wuppertal, Duisburg und Aachen. – *Düren*: Ein neuer Jazzclub wird im Mai 1960 gegründet. – Der JC *Krefeld* veranstaltet ein zweites »Niederrheinisches Jamboree«. – Der ehemalige Beisitzer und Geschäftsführer der DJF, Werner Wunderlich, stellt vom Anfang der sechziger Jahre eine

Mitgliederliste zur Verfügung, die allerdings auch Streichungen vorweist, wenn Mitglieder nicht mehr ihre Beiträge entrichten konnten. Registriert waren insgesamt 94 Clubs in der Bundesrepublik, davon 33 in Nordrhein-Westfalen.

1961   3/61: *Herne*: Eine »IG für Jazz« organisiert Konzerte.

4/61: Die »ig jazz *Wuppertal*« findet ein neues Clublokal und feiert ihr dreijähriges Bestehen.

1962   *Aachen*: Der »Malteserkeller« wird amtlich eröffnet. – In *Düren* beginnen die vielbeachteten Jazztage. – Der HC *Düsseldorf* löst sich auf.

1963   1/63: *Düsseldorf*: Die »AG Westdeutscher Jazzclubs« (AWJ) richtet an den Vorstand der DJF eine Resolution wegen der Organisation von Konzerten. Im März 1963 soll die AWJ ins Vereinsregister eingetragen werden.

Das »Storyville« in Köln um 1962. Foto: Ines Kaiser.

Die »Oase« in Düsseldorf. Foto: Hans Harzheim

4/63: Der »hagen town jazzclub« veranstaltet im Mai ein deutsch-französisches Jazz-Festival. (Zwei Sitzungsprotokolle der DJF aus den Jahren 1963 und 1964 nennen als Teilnehmer der Arbeitstagungen einige Clubs aus NRW.) – In *Dortmund* tritt zum dritten Male Louis Armstrong in der Westfalenhalle auf. (Vorher: 1955 und 1961.)

1964, 1965

5/65: Die Jazzclubs in *Rheydt* und *Solingen* haben sich aufgelöst. Der JC *Wuppertal* findet ein neues Jazzlokal: »Impulse«.

7/65: Der »*Krefelder* Jazzkeller« besteht 10 Jahre. – Der *Aachener* »Malteserkeller« gibt ein neues, ausführliches Programm bekannt.

8/65: Der »Jazz-Zirkel *Coesfeld*« besteht 10 Jahre. – Der »*Krefelder* Jazzkeller« kündigt mehr moderne Gruppen an: Doldinger, Viera, Kriegel u.a.

10/65: Der »Club Schloß Gracht« in Liblar bei *Köln* stellt freitags als »Jazz at the Castle« Amateurbands vor. Leitung: Dietrich Schulz-Köhn. »Schlüsselpost« heißt in Liblar ein Mitteilungsblatt.

1966   10.11.: Der JC *Düren* organisiert ein Sonderkonzert »Play Bach« mit J. Loussier.

1967   *Düren*: Zum 6. Male finden die Dürener Jazztage statt, und zwar in den neuen Clubräumen (Ringhotel-Keller) – Zum letzten Male veröffentlicht die DJF eine Mitgliederliste durch Werner Wunderlich: »Die Deutsche Jazz-Föderation e.V.«, in: Claus Schreiner (Hg.): Jazz aktuell, Mainz 1968, S. 250 ff.

1968, 1969

März 1969: *Dortmund*: Der neue Jazzclub »domicil« wird gegründet. Im »Jazz Podium« 1969, Nr. 1 bis 12, stellen sich folgende Clubs aus Nordrhein-Westfalen mit ihren Programmen vor: Altena (Aktion Jazz 69), Dortmund (domicil e.V.), Duisburg (Forum), Essen (Podium), Köln (Jazzclub »Z-moll«), Krefeld (Jazzkeller), Lippstadt (Jazzclubkeller »White Castle«), Lüdenscheid (Studio 19), Viersen (Festhalle-Jazzkeller), Viersen (Blue Note).

RESÜMEE

Bei dem Versuch, die Entwicklung einer Jazzkultur in NRW nachzuzeichnen, hier in einer ersten Periode von 1946 bis 1969, mußten wir aufgrund der Quellenlage an Grenzen stoßen. Mit dem spärlichen Archivmaterial vor allem der DJF läßt sich bislang nur ein Teil-, nicht ein Gesamtüberblick erstellen, wenn auch das Organ der DJF in den ersten Jahrzehnten ein lebendiges Bild der Clubszene in NRW vermitteln konnte. Mit dem »Niedergang« der DJF strebte auch das »Jazz Podium«, das sogenannte Gemeindeblatt der Jazzfreunde in Deutschland, eine neue Zielsetzung und neue Zielgruppen an. Seit Mitte bis Ende der sechziger Jahre erlahmt die Berichterstattung über die Clubszene in der Bundesrepublik, das Monatsmagazin sammelt und veröffentlicht fortan unter den Rubriken »Clubs + Konzerte« die Monatsprogramme zahlreicher Foren aus Deutschland, gelegentlich auch aus dem benachbarten Ausland. Allein eine Chronik der Informationen über den Jazz in Kellern und Clubs in NRW unterstützte unser Vorhaben, die Verbreitung und Entwicklung der afro-amerikanischen Musik nach 1945 zu dokumentieren. Für die erste Periode von 1945 bis 1969 gelangen wir damit zu den folgenden Ergebnissen:

1. Die Anfänge für die Verbreitung des neuen Sounds in Nordrhein-Westfalen liegen zum Teil im dunkeln. Im allgemeinen setzte eine Club-Bewegung in Berlin und im Süden der Bundesrepublik früher ein, so in München und Frankfurt. In NRW registrieren wir die ersten Initiativen erst 1947/48, wenn wir die Gründung von Hot Clubs nach französischen Vorbildern verfolgen. Diese Clubs sind vor allem Interessengemeinschaften, gegründet mit dem Ziel, Freunde der afro-amerikanischen Musik zu Clubabenden mit Vorträgen, Diskussionen, zum Abhören, zum Tausch und zur Kommentierung von Jazzaufnahmen zusammenzuführen. Bald wandeln sich vor allem zahlreiche Keller zu Übungs- und Spielstätten (vgl. die Clubprofile, unten).

2. »Individualisten« der Clubgemeinde organisieren ihre Programme und Aktivitäten selbst, ohne Mitglied in der Dachorganisation DJF oder in regionalen Vereinigungen zu werden. Gleichwohl hilft die DJF in Einzelfällen den Mitgliedern bei Konzertveranstaltungen, später bei der Organisation von Festivals.

3. Die Auflistung der Clubs und Keller in NRW seit 1950 bestätigt eine Gründungswelle am Anfang der fünfziger Jahre und, damit verbunden, die zunehmende Etablierung der Jazzmusik im Musikland Nordrhein-Westfalen, aber auch eine Fluktuation in der Clublandschaft seit den sechziger Jahren: Die Föderation führt nach 1960 jene Mitglieder nicht mehr auf, die mit den Beiträgen in Verzug geraten waren. Von 94 Clubs in der ganzen Bundesrepublik gelten 18 als »gestrichen«, von 33 in NRW allerdings nur fünf Clubs.

4. In den sechziger Jahren stirbt die Hot-Club-Bewegung ab, moderner Jazz bestimmt zunehmend die Programme, aus dem HC (Hot Club) wird des öfteren ein JC (Jazzclub), vereinzelt setzt sich als Bezeichnung die »IG«

oder »AG« durch. Schließlich meldet man nur Vereine und verzichtet auf den Titel »Club« überhaupt: »Malteserkeller« Aachen, »Domicil« (»domicil«) Dortmund, »Jazzkeller« Krefeld, »Studio 19« Lüdenscheid, »impuls« Wuppertal usw. – Dieser Wandel vollzieht sich übrigens vor allem in den Jahren 1963 bis 1972, weil die Jazzmusik auf eine Krise zusteuert, als sich andere Musiken ausbreiten (popular music, Rock und Pop), Diskotheken aufblühen und Clubbetreiber regelrecht in Not geraten (vgl. die Clubprofile).

5. Noch in den fünfziger und sechziger Jahren wächst mit Hilfe der »Keimzellen« des neuen Sounds die Anzahl der Amateurbands in Deutschland, nach einer Untersuchung von Glen Buschmann aus dem Jahre 1962 sollen in diesen Jahrzehnten in NRW mehr als 500 Amateurbands mit einigen tausend Musikern bestanden haben.[29] Unsere Chronik zur Clubsituation in Nordrhein-Westfalen weist in diesem Zusammenhang die Keller und Clubs als Übungs- und Spielstätten für Amateurbands und damit als »Geburtsstätten« für den Amateurjazz aus.[30]

Das Programm der ersten Bands heißt: Oldtime-Jazz, gelegentlich getrennt nach New Orleans, Dixie und Swing – gemäß den großen Vorbildern in den USA. Auch diese Zeit der Nachahmung der älteren Jazzstile nannte Michael Naura einmal »die plagiatorische Epoche«, wohl mit Recht, weil die amerikanischen Truppen 1945 längst fortentwickelte Stile nach Europa brachten.[31] Nach dem Swing (bis etwa 1939) konnten sich in der deutschen »jazz-armen« Zeit kaum neuartige Musizierweisen entwickeln, »Jazzderivate« genannt von Horst Lange, mit dem sogenannten Bebop, dem Cool Jazz, dem progressiven Jazz usw. Der in den fünfziger Jahren aufkommende erste Mainstream, ein Konglomerat aus traditionellen und modernen Musizierweisen (Lange), erreichte Deutschland ebenfalls später.

6. Aus der Clubarbeit heraus entwickelten sich auch in NRW besondere Initiativen für eine überregionale Jazzszene. Einzelne Clubs organisierten Jazztage (Düren, Essen). Aus den Clubs kamen jene Persönlichkeiten, die Festivals organisieren halfen. Schließlich fanden die Rundfunkanstalten in den bekanntesten Kellern und Clubs Foren für Live-Aufnahmen des Hörfunks und des Fernsehens (Köln, Dortmund, Aachen, Essen, Siegen).

7. Im Zuge der Emanzipation der Jazzmusik in der Bundesrepublik wurden Keller und Clubs über Jahre zu wichtigen Auftrittsstätten deutscher Combos und Bands »on tour«, so bereits in den fünfziger Jahren für bekannte deutsche Gruppen: Fatty George, für die Koller-Hipp-Combos, das Mangelsdorff Quintett, für das Michael Naura Quintett, das Quintett mit Dusko Gojkovic u.a.

In dieser ersten Periode von 1946 bis 1969 etabliert sich also die afroamerikanische Musik in NRW in einer irreversiblen Entwicklung, sie konsolidiert sich in den alten und neuen Foren.

Dexter Gordon und Sonny Stitt im »Down Town« Düsseldorf. Foto: Hans Harzheim.

PROFILE I

In den Gründerjahren ab 1947/48 entstehen in NRW über 50 Jazzclubs oder Jazz-Interessen- oder Arbeitsgemeinschaften. Sie geben sich überwiegend einen Vereinsstatus, wählen einen Vorstand und einen Geschäftsführer oder werden im Einzelfall von Angestellten geleitet (»domicil« Dortmund); sie organisieren Konzerte in eigener Verantwortung oder mit der Unterstützung kommunaler Einrichtungen (Minden) oder dürfen bei der Programmgestaltung auf großzügige Sponsoren vertrauen (»Oase« Siegen, gegründet 1982).

Exemplarisch seien zunächst in »Profilen« vier Jazzclubs der ersten Periode vorgestellt, die in den Gründerjahren von 1948 bis 1959 mit ähnlichen Zielsetzungen den Einstieg in die Nachkriegs-Jazzszene versuchten, immer wieder neue Konzepte entwickelten, neue Strukturen überlegen mußten, aber auch nach Jahrzehnten im Musikland NRW fortleben und in jedem einzelnen Fall eigene Aktivitäten und Initiativen entfalten konnten.

1. Hot Club Düsseldorf

Gegründet im Januar 1948, erster Präsident: Dietrich Schulz-Köhn (vgl. den Beitrag von Bernd Hoffmann: Zur westdeutschen Hot-Club-Bewegung der Nachkriegszeit).

2. Hot Club Dortmund/ JC »domicil«

Gegründet: Januar 1949

Im Vorstand 49/54: Rolf Düdder

Vorstand heute: Günter Maiß, Klaus Weskamm, Norbert Eggers.

Geschäftsführer: Waldo Riedl, Technik und Gastronomie: Fritz Rieke

»Vierzehn Stufen abwärts, dann wird's dem Besucher schwarz vor Augen«, »Domicil hat ein Clublokal dort, wo die Stadt am schönsten ist: in der Leopoldstraße«.[32] – Nach dem Pressebericht der WAZ stammt das zweite Zitat aus der Einladung des Jazzclubs zur ersten Veranstaltung im Keller (mit seinen schwarzen Wänden, s.o.) im März 1969 mit Jimmy Horschler. Im Jahre 1984 kommentierte Glen Buschmann, Präsident von 1969-1979, später Ehrenpräsident des Clubs: »Potz Blitz und Donnerwetter, das ›Domicil‹ kommt in die Jahre.«[33]

Anhand dieses Einstiegs in die Beschreibung einer der ersten Clubgründungen nach 1946 lassen sich beispielhaft für ähnliche »Viten« von Jazzclubs in NRW das Auf und Ab, die Höhen und Tiefen, blühende Zeiten und Krisenjahre verfolgen.

Den Hot Club Dortmund sollen im März 1949 etwa 150 junge Leute unter einer Normaluhr am Rheinlanddamm ins Leben gerufen und zu Treffs in Hinterzimmern von Gaststätten, später im Lokal »Plümpe« eingeladen haben.[34] Der Club überspringt gewissermaßen längere Anfängerjahre mit Vorträgen und Treffs der Schallplattenfreunde. Er entwickelt sich vielmehr rasch zum Veranstalter von Konzerten und zur Spielstätte für Jazzmusiker, besonders aber zu einer Art Ausgangsbasis für manche Karriere: für den blinden Pianisten und Sänger Wolfgang Sauer zum Beispiel oder für die ersten Dortmunder Jazzgruppen, für das »Siggi Gerhard Swingtett«, die »Darktown Stompers« und die Brüder Glen und Pit Buschmann und für den Bluesexperten Günter Boas.[35]

Das »domicil« in Dortmund. Foto: Mark Wohlrab.

Zum 10jährigen Bestehen des Clubs traten im Jahre 1959 die legendären Musiker Mezz Mezzrow und Bill Coleman im Stadttheater auf, aber 1962 geriet der Club aus ungeklärten Gründen in eine Krise und löste sich 1963 auf. Doch die alte Hochburg des Jazz, Dortmund, überstand ein siebenjähriges Interregnum, eine clublose Zeit, in der sich nicht nur mehrere Amateurbands fortentwickeln und etablieren konnten (»All City Band«, später als »Pilspickers« bekannt), sondern Sponsoren aus der Wirtschaft auch größere Veranstaltungen und Hot-Jazz-Meetings, darunter einen dritten Auftritt von Louis Armstrong, ermöglichten.

Mit der Gründung eines neuen Jazzclubs »Domicil« (später »domicil e.V.«) im März 1969 gewann Dortmund das Renommee einer bedeutsamen Jazzstadt zurück. Zwar finanzierte sich der neue Club vor allem aus den Einnahmen der jährlich stattfindenden Weihnachtsmatinees und aus den Beiträgen der Mitglieder, aber nach der Anerkennung des »Domicil« als Kulturzentrum förderte die Stadt nicht nur einzelne Aktivitäten, vielmehr legte der Verein die Geschäftsführung in die Hände von zwei Angestellten. Wenn auch der Vorgängerclub, der HC DO, nicht der erste Hot Club in NRW genannt werden sollte,[36] entfaltete sich das »domicil« zu einem gewichtigen Faktor in der Clublandschaft von Nordrhein-Westfalen.

Einen primus inter pares darf man das »domicil« in Dortmund nennen: Eine akribische Auflistung aller Veranstaltungen seit der Eröffnung des Kellers am 14. März 1969 belegt eine Spitzenstellung in der Bundesrepublik mit durchschnittlich achtzig und mehr Auftritten in elf Monaten eines Jahres, das sind zehn bis elf Konzerte je Monat und zwei bis drei in der Woche. Dabei schwankt die Anzahl der Veranstaltungen auch in den achtziger Jahren nur geringfügig, eine Krise des Jazz im Musikland NRW läßt sich hier nicht konstatieren.[37]

Das Dortmunder »domicil« verfolgt auch eine eigene Programmpolitik, wenn die Konzerte mit Musikern unterschiedlicher Stilrichtungen geplant werden. Im alten Hot Club Dortmund traten bis zur Clubauflösung 1963 vorwiegend Oldtime-Bands und zunehmend Vertreter des frühen Mainstream auf. Das jüngere »domicil« steht dagegen seit 1969 »für zeitgenössischen Jazz und neue improvisierte Musik.«[38] Während 1970 im »domicil« noch neun Veranstaltungen dem New Orleans-Jazz, dem Dixie oder Swing vorbehalten waren, vertrat im Jahre 1980 Glen Buschmann gerade einmal den Trad Jazz, der dann in den neunziger Jahren kaum mehr eine Chance für Auftritte in Dortmund besaß. Dieses Forum vermittelt endgültig modernen Jazz. Darum steht das Dortmunder »domicil« auch dem Hörfunk vom WDR und Deutschlandfunk sowie dem WDR-Fernsehen für Aufnahmen zur Verfügung, wie etwa auch das Kölner »Subway« oder mehrere Foren in Moers, Leverkusen, Düren und Siegen.

Im übrigen spielen zunehmend Combos, Bands und vor allem Big Bands aus NRW im »domicil«; man wird an die »Mistbeete des Jazz« in Chicago erinnert: Der Jazz an Rhein und Ruhr besitzt mit dem Dortmunder »domicil« wahrlich ein einmaliges – Domizil.

3. Der HC Düren 51/JC Düren

Als HC gegründet von Walter Hein, 1951

Als JC neu gegründet 1960 mit Ernst Albert Schür

Mit dem Hot Club Düren 51 suchen wir eine Verbindung von Jazzfreunden aus früherer Zeit in einem eher ländlichen Umfeld auf, denn die afro-amerikanische Musik etablierte sich anfangs überwiegend in Großstädten an Rhein und Ruhr. Die noch im November 1944 von alliierten Flugzeugen stark zerstörte Kreisstadt zwischen Köln und Aachen, heute ein bedeutsamer Verkehrsknotenpunkt mit dichter Industriesiedlung, zählte um 1951 kaum 40 000 Einwohner (heute etwa 100 000). Der Jazz faßte in einer vorwiegend durch Besatzungstruppen bestimmten »Landstadt«, in welcher der neue Sound sich anfangs eher innerhalb der militärischen Bezirke entfaltete und deutsche »Jazzfans« draußen vor ließ, nur langsam Fuß. Von strenger Abschottung berichten Zeitzeugen vor 1951, als belgische Soldaten in einem alten Kinosaal Jazzmusik und Tanzmusik ohne deutsche Besucher erleben durften. Erst im November 1953 meldete das »Jazz Podium« den Auftritt der »New Orleans Six« von Peter Köhler aus Köln vor deutschen Hörern *und* belgischen Soldaten.

Zu den Gründern und Organisatoren eines Hot Clubs (und später eines Jazzclubs) gehörten auch hier Studenten und jüngere Jazzfreunde, Walter Hein, Ernst Albert Schür, Wolfgang Breuer u.a. In den ersten Jahren strebte der HC Düren auch immer wieder eine Verbindung zu den Jazzfreunden an der TH Aachen an, deren Studentenband »stud. (sw)ing« mit ihren Sessions die Dürener Jazzfans zu eigenen Live-Musik-Abenden anregten.[39] Wie so oft in NRW dienten auch in Düren die Clubabende zunächst der Information und Diskussion und dem Abspielen von Schallplatten. Als es dann nach Monaten zu Konzertveranstaltungen kam, gaben »klangvolle Namen wie Hans Koller, Jutta Hipp, die ›New Jazz Group Hannover‹ und Jo Klimm den Veranstaltungen ihr Gepräge«.[40]

Archiv Wolfgang Breuer.

P R O G R A M M

Dienstag, den 26. November · 20 Uhr
Aula des Stiftischen Gymnasiums Düren

Öffentliche Aufzeichnung des WDR Köln

Jazzlabor 68

Gerd Dudek
Sopran-, Tenorsaxophon, Klarinette;
Karlhanns Berger
Vibraphon, Klavier, Violine;
Rainer Glen Buschmann
Klarinette;
Wolfgang Dauner
Klavier;
Joe Haider
Klavier;
Jürgen Karg
Kontrabaß;
Eberhard Weber
Cello, Kontrabaß;
Fred Braceful
Cees See
Schlagzeug.

Kompositionen:
Pavel Blatny, Wolfgang Dauner, Joe Haider, Karlhanns Berger, Rainer Glen Buschmann und Wolfgang Breuer.

Gesamtleitung: Wolfgang Breuer.

Am Rande vermerkt ein Bericht im »Jazz Podium« (4/53), daß mit dem Auftritt des Hans Koller Quintetts in Düren, »das den Dürenern Cool Jazz par excellence vorexerzierte«, einige Pressekritiker nichts anzufangen wußten. Und wie so oft in NRW durchlebte auch der Dürener HC seine Krisenjahre: Als der langjährige Vorsitzende und überregional geschätzte Promoter des Jazz, Walter Hein, die Stadt verließ, erlahmte auch in Düren die Aktivität des Hot Clubs, bis im Mai 1960 Jazzfreunde nun einen JC Düren ins Leben riefen, endlich eigene Clubräume (Keller im Ringhotel) mieten konnten und eine eigene Combo vorstellten. Wieder standen ehemalige Studenten und sogar Dozenten zur Verfügung, wie der Kölner Jazzexperte Dietrich Schulz-Köhn von der benachbarten Kölner Musikhochschule und sein ehemaliger Schüler Wolfgang Breuer, später Musikprofessor und einer der künstlerischen Leiter beim Landes JugendJazzOrchester NRW. Die neue Ära bestimmten fortan zwei für das Land neuartige Initiativen, nämlich erstens die seit 1961 organisierten Dürener Jazztage und zweitens die Einrichtung eines Jazzlabors.

1. Zum Programm der Dürener Jazztage gehörten zum Beispiel 1964 ein Konzertauftritt (Klaus Doldinger Quartett), ein Jazz-Film-Abend (Begleitmusik: die Spiritual-Group Düren sowie das Wolfgang Breuer Trio), ein Jazzlabor-Abend zum Thema »Third Stream-Music« mit der Aufführung von Kompositionen der Komponisten Buschmann, Breuer, Ferstl und Ingfried Hoffmann – auch eine Veranstaltung des WDR Köln. Ein Clubabend mit dem Gunter Hampel Quintett fand am vierten Abend der Dürener Jazztage 1964 statt, dem am letzten Tage ein Jazzband-Ball mit den »Londoner City Stompers« folgte, in anderen Jahren immer wieder mit der Band von Chris Barber.

2. Seit 1964 nahmen der WDR und der DLF die Konzerte des Jazzlabors unter der Leitung von Wolfgang Breuer auf. Mit der Aufführung von Kompositionen bekannter Jazzmusiker entwickelte sich das Dürener Jazzlabor zu einer bemerkenswerten Institution in NRW, finden wir doch unter den Komponisten Namen wie Wolfgang Dauner, Reiner Glen Buschmann, Wolfgang Breuer, Peter Trunk und unter den ausführenden Musikern Manfred Schoof, Gerd Dudek, Albert Mangelsdorff u.a. (Programmheft 1967). Der Initiator und Leiter des Dürener Jazzlabors, Wolfgang Breuer, formulierte 1969:
»Das Jazzlabor hat es sich zur Aufgabe gesetzt, (in der Jazzmusik, d. Verf.) Wege für die Möglichkeit formaler Konzeptionen aufzuzeigen.«[41] Vom HC zum JC Düren beobachten wir hier bedeutsame Entwicklungsschritte moderner Musizierweisen, die letzten Endes aufgrund der Initiativen der Clubveranstalter realisiert werden konnten. Heute existiert in Düren ein Jazzclub e.V. nur noch als Veranstalter von wenigen Konzerten, neuerdings auch wieder während der jüngsten Dürener Jazztage.

4. Der Jazz Club Minden e.V.
Gegründet am 1.5.1953
Heute: Hans Joachim Rickert, 1. Vorsitzender; Ralf Hammacher, 2. Vorsitzender; Astrid Görner, Geschäftsführerin

Auch in Minden beschlossen 1953 einige jazzbegeisterte junge Menschen, einen Verein zur Pflege der afro-amerikanischen Musik zu gründen. Ein Keller an der Marienstraße diente den regelmäßigen Zusammenkünften, um Schallplatten zu hören und zu diskutieren sowie um Konzertbesuche zu verabreden. Erst 1956 trat der Club zum ersten

Male an die Öffentlichkeit, und zwar als Veranstalter eines Konzerts im Stadttheater. Weitere Konzertabende, »Zwischen Dixieland und Swing«, bestritten vor allem neue Formationen aus Minden und Umgebung, zum Beispiel die »Bastau Jatzers«, die »Old Rivertown Stompers«, die »2nd Minden Dixieland Jazzband« u.a.m.

Wie oft in den Clubs an Rhein und Ruhr bestimmte auch an der Weser der traditionelle Jazz die Szene. Unter dem Titel »Stationen des JCM« führt das »Magazin Minden« von 1992 zwei weitere wichtige Ereignisse an: So kam es 1960 zu einer ersten Riverboat Shuffle in einer langen Reihe von Konzerten auf Schiffen der weißen Weserflotte. Zum zehnjährigen Jubiläum im Jahre 1963 traten in einer »Woche des Jazz« unter anderem das »Michael Naura Quintett« mit Klaus Doldinger und der Sängerin Inge Brandenburg auf. Im Krisenjahr 1973 löste sich der alte JC Minden kurzfristig auf, um gleichzeitig den neuen »Jazz Club Minden e.V.« zu gründen mit dem Ziel, der Mitarbeit der Mitglieder mehr Aktivität zu verleihen. Zum zwanzigjährigen Bestehen traten darauf der Modern Jazz-Pianist Alexander von Schlippenbach und René Franc et les Bootleggers auf. Ende 1974 bezog der Club die renovierten Kellerräume im Butterhaus und veranstaltete zum ersten Male Konzerte in clubeigenen Räumen. Weiter vermerkt die Clubchronik:

> 1978: Zahlreiche Bands spielen zum 25. Jubiläum auf verschiedenen Plätzen von Minden.
>
> 1982: Der Club organisiert eine erste »Jazz Summer Night«, eine Open-Air-Veranstaltung, seitdem eine feste Einrichtung der Mindener Jazzkultur. (Zur »Jazz Summer Night 1997« kamen über 10 000 Besucher, darunter Gäste aus dem Emsland, aus dem Ruhrgebiet und aus den Niederlanden.)
>
> 1987: Mit dem Umzug ins Bildungszentrum am Weingarten stellt sich der Mindener Club im Rahmen von »Kultur vor Ort in NRW« erneut der Öffentlichkeit vor und entwickelt in den nächsten Jahren ein außerordentlich buntes Konzertprogramm – auch mit Auftritten von internationalen Spitzenmusikern. Zu den sogenannten Highlights in den letzten 25 Jahren gehören unter anderen die Konzerte mit: Bud Freeman (1974), Al Grey (Vertreter des Mainstream, 1981), Arnett Cobb (Saxophonist aus Texas, 1987), Buddy Tate (Saxophon, 1987); ferner: Dizzy Gillespie (1991), Dave Brubeck (1992) u.a.

Mit diesen Aktivitäten rangiert der JC Minden auch im internationalen Vergleich in den oberen Rängen, seine ehrenamtlich tätigen Mitglieder dienen in besonderer Weise der nun seit über vierzig Jahren anhaltenden Rezeption des Jazz im Bundesland Nordrhein-Westfalen.

Ein intern verbreiteter Bericht[42] aus dem Jahre 1995 bestätigt indes weitere Initiativen und damit eine Vorreiterrolle des Clubs in der großen Gemeinde

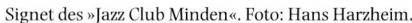

Signet des »Jazz Club Minden«. Foto: Hans Harzheim.

der Foren des Landes. So beteiligt sich der Jazzclub an den »Kulturtagen Jazz« seit 1992; er präsentiert seit 1994 mit der Reihe »Rising Stars« junge, aufstrebende Musiker aus den Bereichen Bebop und spätem Mainstream Jazz – wie ebenfalls seit 1994 – den mehrtägigen »Mindener Jazzfrühling«. Die neuen Kellerräume suchen in einem Jahr bis zu 10 000 Personen auf, zu über fünfzig Konzerten – zumeist zahlende Gäste aus einem beachtlichen Einzugsgebiet über Hannover, Bielefeld, Osnabrück hinaus. Zu den allgemeinen Veranstaltungen des Mindener Clubs gehören schließlich eine monatliche Jam-Session und eine Dance-Floor-Jazz-Night mit Musik vom Plattenteller mit einem DJ (Diskjockey). Kein anderer Jazzclub des Landes dürfte nach über 40 Jahren so kontinuierlich, so konsequent und erfolgreich Club- und Programmpolitik betrieben haben, immer gemessen an den schwierigen Voraussetzungen: erst spät einsetzende Subventionen durch die Stadt oder das Land NRW; bei hohem finanziellem Aufwand für internationale Vertreter der Jazzmusik; bei gerade ausreichenden Einnahmen durch Eintrittsgelder und höhere Mitgliedsbeiträge der zur Zeit 250/270 Clubmitglieder und eine aktive Gastronomie in Eigenverantwortung.

Nicht allein des Honorars wegen, sondern wegen der »einmaligen Atmosphäre« trat noch am 9.12.1991 der damals 74jährige Dizzy Gillespie (verstorben am 6.1.1993) mit seinem Quintett auf. Im Programm finden sich heute Vertreter aller Stile ein, seltener allerdings Bands, die früher den traditionellen Jazz pflegten, zunehmend Musiker des modernen Sounds, unter Ausschluß jedoch der Free Jazz-Vertreter oder der Instrumentalisten der sogenannten Freien Initiativen. Vor dem Abzug der Britischen Rheinarmee traten öfter Bands aus England im Mindener Keller auf. Das Durchschnittsalter des Stammpublikums und der wechselnden Gäste schätzt der letzte Vorsitzende »um 40« ein, und er differenziert allein nach einem nachgewachsenen Stamm von ehemaligen Schülern und Studenten und heute jüngeren Gästen aus dem weiteren Einzugsgebiet mit seinen zahlreichen Hochschulen und Universitäten sowie sonstigen Ausbildungsstätten.[43]

Programmblatt des »Mindener Jazz Frühling '97«.

5. Aachener Jazzclub
DJF von 1953, 1. Vorsitz: Robert J. Wenseler (1953)
»Malteserkeller e. V.« Aachen
Gegründet 1957, Ausbau 1957-1961, Clubkeller-Zulassung 1961
1. Vorsitzender um 1957: Robert J. Wenseler, Geschäftsführer heute: Reinhold Knieps

Mit der Eroberung der ersten westdeutschen Großstadt Ende 1944 durch die amerikanische und britische Invasionsarmee stand der Jazz mit seinen Soldatenbands nicht nur ante portas – unmittelbar an der westdeutschen Grenze, vielmehr dürften alliierte Soldaten hinter der Front, in der ehrwürdigen Kaiserstadt Aachen, mit den Klängen eines neuen Sounds Aufmunterung erfahren haben.[44]

In Aachen setzte sich die Militärregierung für das Erscheinen der »Aachener Nachrichten« bereits im Januar 1945 ein, und sie unterstützte überhaupt den »Kulturbetrieb« der Stadt. Im Juni 1945 gründeten Deutsche eine Journalistenschule, im Oktober fanden erste Theatervorstellungen nach Kriegsende statt, und im Januar 1946 öffnete die Technische Hochschule wieder. Für den Jazz, den Sound of Democracy, gab es noch kein Forum, keinen Club, keine Vereinigung.

Erst Jahre nach den Aufbausemestern an der TH Aachen fanden sich – abermals – Studenten in lockeren Zirkeln zusammen. Ein Club meldete sich nach 1951 bei der DJF, nach deren Unterlagen im »Jazz Adreßbuch« von 1954 gleich zwei Vereinigungen registriert waren: der »Aachener Hot Club« (Horst Weber) und der »Aachener Jazzclub« (Robert J. Wenseler). Der »Aachener Hot Club« (AHC), von Studenten 1952 gegründet, machte mit zahlreichen Jam-Sessions und gelegentlichen Plattenprogrammen von sich reden. Eine eigene Clubcombo stellte sich allerdings mit modernem Jazz vor (in einem Hot Club!). Doch mit dem Fortgang der beiden Gründer der Vereinigung verfiel das Clubleben und damit das erste Podium für moderneren Jazz in Aachen.

Zur gleichen Zeit gab der Aachener Jazzclub sein Debüt mit einem Schallplattenabend »In memoriam Jelly Roll Morton« und unterstrich damit die »puristischen Tendenzen« dieser jungen Jazzvereinigung. Dieser »Puristenclub« mit nur wenigen Mitgliedern lebte im Umfeld der Aachener TH bis 1957 fort, als der Verein – wiederum von Studenten – neu gegründet wurde und Räumlichkeiten in der Malteserstraße bezog. Vier Jahre dauerte fortan der Ausbau des arg ramponierten Kellergeschosses eines ehemaligen Luftschutzkellers, bis die städtische Gewerbeaufsicht endlich 1961 den vollen Betrieb des Malteserkellers gestattete.

In den Jahren 1957 bis 1961 konsolidierte sich das Clubprogramm stetig mit den Konzerten zahlreicher Amateurbands, die übrigens zum 10jährigen Bestehen des Clubs noch 1967 in einer ersten Aachener Dixie-Jubilee vom Bahnhof der Stadt bis zum Malteser zogen. Der Keller

Donnerstag, 5.7.73

CHARLIE MARIANO GROUP

Ein Erlebnis auch für Sie.

Die Charlie Mariano Gruppe kann ohne Übertreibung als neue Supergruppe des europ. Jazz bezeichnet werden. Diese Gruppe sollten Sie sich nicht entgehen lassen. Sie werden Ihren Besuch bestimmt nicht bereuen.

Programm des »Malteserkeller«
Aachen, März 1970.

habe »den kalten Winter 1961 und die Beatwelle [...] überlebt – wohl auch die Rock-, Punk- und Diskowelle.«[45] In diesen Jahren des Übergangs, der Turbulenzen in den sechziger Jahren, kam es immerhin zu Gastspielen von bekannten Jazzmusikerinnen und -musikern: Carla Bley, Wolfgang Dauner, Albert Mangelsdorff, Peter Brötzmann traten auf, ferner Archie Shepp, Klaus Doldinger, Gerd Dudek, das George Maycock Trio, die Brüder Kühn, Volker Kriegel, doch auch Chet Baker, Oscar Peterson oder die Kölner Boogie Woogie Company.

> Der Aachener Malteserkeller öffnete also seine schwere Eisentür (am Kellerzugang, seit Kriegszeiten erhalten) langsam, aber stetig auch Vertretern des moderneren Jazz; ein Vergleich der Programme sagt etwas aus über die »synchronisierten Stile«: So spielte im Januar 1967 das Heinz Sauer Quartett modernen Jazz.[46] Monate später lobte die Presse den Auftritt der »Barrelhouse Jazzband«, jener bekannten Oldtime-Formation aus Frankfurt (Mai 1967). Zum zehnjährigen Bestehen des »Malteser« reiste eine Combo von Edelhagen-Musikern an (darunter Wilton Gaynair und Bora Rokovic), drei Tage darauf gastierten im Aachener Keller Gäste aus Lüttich. Anfang 1971 standen im Programm hintereinander die Krefelder »Darktown Strutters« (Dixie) und das Peter Brötzmann Trio, »die populärste Truppe der deutschen Jazz-Avantgarde« (Programmauszug 1971). Zum 25jährigen Jubiläum beschreibt die Presse das Auf und Ab im Leben des Malteserkellers zutreffend: »Dem Club erging es über zwei Jahrzehnte wie dem Jazz allgemein. Er schwappte zwischen den Modewellen des Beat, des Rock in der Disko-Ära hin und her, ging zeitweise unter, um dann wieder frisch aufzutauchen. Was nach Pleiten und Erfolgen, leeren Kassen und vollen Rängen blieb, ist eine Institution, die immer noch ein wichtiges Domizil für Aachener Jazzmusiker und Jazzfans ist.«[47]

Danach kündigt der Berichterstatter das Programm in der Jubiläumswoche an mit: »Bill Ramsey & das Ron Wilson Trio«, mit Popjazz aus Frankreich und mit »Toshinori Kondo & Ima« (Free Jazz aus Japan). Im November 1997 gibt der Programmgestalter eines anderen Aachener Forums, Hermann Cremer vom »Liveclub Jakobshof«, ein Interview und meint: In den neunziger Jahren wird »vielleicht der Malteserkeller – auch bedingt durch die musikalischen Vorlieben des Vorsitzenden Reinhold Knieps – etwas avantgardistischer oder neutönerischer in seiner Programmgestaltung, wobei ich mich nicht unbedingt als Mainstreamfanatiker bezeichnen will«.[48] Der Vertreter des seit Jahren bestehenden Jazz- und Kabarettforums »Jakobshof« in Aachen zieht hier gewissermaßen eine Bilanz der letzten Jahre. Reinhold Knieps vom Malteserkeller beschrieb einen Monat zuvor in der gleichen Publikation die Schwierigkeiten mit der afro-amerikanischen Musik im Aachener Keller, der nun, nach notwendigen Renovierungsarbeiten im Jahre 1995, mit zwanzig ehrenamtlichen Vereinsmitgliedern den modernen Jazz pflegen will. Die Verdienste des Aachener Malteserkellers liegen überdies darin, immer wieder Gruppen aus den Nachbarländern eingeladen zu haben, aus Frankreich und Belgien und aus den Niederlanden.

Alle bisher untersuchten Jazzclubs in NRW haben spätestens in den sechziger Jahren ihre Clubarbeit, ihre Programme umzustellen versucht. Nach der ersten Phase der Oldtime-Rezeption drängten immer mehr modernere Gruppen in die Keller an Rhein und Ruhr; der Aachener Malteserkeller wagte in den letzten Jahren sogar eine neue Vereinssatzung mit der Zielsetzung: den Jazz zu fördern und zu verbreiten von den »klassischen« Spielarten bis hin zur Neuen Musik.

6. JC Lippstadt
Gegründet Herbst 1956

In keiner Liste der Deutschen Jazz-Föderation, in keinem Jazz Adreßbuch der fünfziger Jahre erscheint der Jazzclub Lippstadt. Am Rande erwähnen ihn nur Berichterstatter des »Jazz Podium«, zum Beispiel als Mitglied der AG der Jazzclubs aus Ostwestfalen und Lippe (8/58) in Rheda sowie in Bielefeld (12/58). Aus mehreren Beweggründen halten wir jedoch das »kurze Leben« des Clubs für bemerkenswert. (Sporadisch zeigt in den sechziger und achtziger Jahren ein Veranstalter Jazz-Konzerte an, darunter ein »IC Don Quichotte« in Lippstadt.)

Auf ganzen sechs Seiten eines Programmheftchens vom 23.10.1957 stellt uns unter dem Kürzel »G.D.C.« ein Insider den »Jazz in Lippstadt« vor, und der Jazzexperte Dietrich Schulz-Köhn beschreibt für die Konzertbesucher die beiden auftretenden Bands, die »Feetwarmers« sowie das »Kölner Jazz Quartett«.[49]

Der Besucher/Leser erfährt, daß der Jazzclub Lippstadt im Herbst 1956 von einigen Jazzliebhabern gegründet wurde, die sich am Anfang in Privatwohnungen trafen, später einmal pro Woche im Weinhaus Bodega zusammenfanden, um Platten zu tauschen usw. (Die meisten Clubs in NRW dürften sich ähnlich aus privaten Zirkeln entwickelt haben.) Nach einem Jahr trat der Club zum ersten Male mit einem Konzert an die Öffentlichkeit. Dem gingen aber zahlreiche Clubabende voraus mit folgenden Vortragsthemen: »Big Band Jazz«, »Das Carnegie Hall Konzert«, »Pianisten des Jazz«, »Boogie Woogie – viel genannt, oft verkannt« sowie die Entwicklung zahlreicher Jazzorchester und Solisten des Jazz (Armstrong, Basie, das Modern Jazz Quartett, Charlie Parker und der Bebop, Dave Brubeck und Duke Ellington).

Die geradezu pädagogische Ausrichtung des JC Lippstadt fällt ebenso ins Auge wie das auf zwei Seiten des Programmheftchens abgedruckte Konzertprogramm: Der Ansager Dietrich Schulz-Köhn stellt, nach einem Kurzauftritt der »Feetwarmers«, mustergültig didaktisch (und methodisch) ausgerichtet, ein Programm entlang der Jazzgeschichte vor: Unter dem Titel »Das Musizierprinzip einer Dixielandband« (History of Jazz: New Orleans, Chicago) führen die »Feetwarmers« den Jazz mit zahlreichen Standards vor. Erst nach der Konzertpause tritt das »Kölner Jazz Quartett« mit modernerem Jazz auf. Veranstalter und Promoter begaben sich hier auf eine Art Gratwanderung mit der vorsichtigen Einführung in die in Deutschland bereits etablierte moderne Musik. Wir kennen ähnliche Vorgänge und »Umbrüche« von anderen Jazzclubs; die Kellerkunst stagniert nicht, die längst fälligen neuen Jazzstile beginnen sich durchzusetzen.

Zur weiteren Clubarbeit vermerkt übrigens der Verfasser des Aufsatzes »Jazz in Lippstadt«: »Anknüpfen von Verbindungen zu anderen Clubs, auch im Ausland (Schweiz, England, Polen), den Kreis der Jazzfreunde erweitern durch Konzertveranstaltungen.« In nuce erfahren wir in dieser gedrängten Darstellung von der Entstehung und den Lehrjahren eines zufällig ausgewählten Jazzclubs in Nordrhein-Westfalen. Dem Club- oder Vereinsstatus geht also der »Zirkel« voraus mit Treffs in Privaträumen zur Diskussion und zur Plattenbörse. In einem zweiten Schritt organisiert der Club oder Verein Clubabende in »Hinterzimmern« von Gaststätten oder Weinstuben oder in eigenen Clubräumen. Eine Bühne und eine Gastronomie kommen hinzu, der Club wird zur Spielstätte für eigene oder fremde Musiker. Er veranstaltet Konzerte in eigenen Räumen oder sucht Foren für öffentliche Auftritte. Die Lehr- und Lernjahre enden, das didaktische Ziel, die Lehre vom Jazz zu verbreiten, wird nun fortentwickelt.[50] Der Club strebt nach örtlich und regional ausgerichteten Programmen zu überregionalen Aktivitäten. Diese erlauben eine Teilnahme an Festivals sowie die Mitgliedschaft in Institutionen und die Organisation von Konzertveranstaltungen in eigener Regie. Der Club oder der Verein kann zu einem Wirtschaftsfaktor werden, eine Kommerzialisierung der Jazzmusik läge dann nahe. – Das trifft jedoch für den JC Lippstadt nicht zu, seiner Entwicklung sollte man eher einen Modellcharakter zusprechen.

EXKURS: KELLERKUNST PUR ODER MUSIK UND KOMMERZ: »TABU«, »BOHÈME« UND »NEW ORLEANS«

Die urbane Subkultur in NRW hat vornehmlich in den fünfziger und sechziger Jahren ganze Ketten von Foren, Spielstätten, Jazzkellern hervorgebracht, die vor allem mit den Namen »tabu«, »bohème« und »New Orleans« verbreitet waren. In kurzer Zeit organisierten die Kölner Blatzheimbetriebe – übrigens auch jenseits der Landesgrenzen – die »tabu«-Keller, u.a. in Bonn, Düsseldorf und Köln – mit dem Untertitel »existentialistenkeller nach montmartre«.

Nun gründeten deutsche Jazzfreunde schon zahlreiche Hot Clubs nach den Vorbildern im Nachbarland Frankreich, aber inzwischen bestimmten die Vertreter des französischen Existentialismus (Sartre, Camus) mit ihrer Philosophie die Geisteswissenschaften überall in Europa. Deutsche Professoren und Studenten diskutierten die neue Lehre auch an der Kölner Universität. Der sogenannte Existentialistenkeller, das »Tabou« in Paris, entwickelte sich zwar zu einem Jazzkeller für die Studenten, seine Atmosphäre ließ sich aber nie auf die deutschen »Ableger« übertragen. Die deutschen »tabu«-Betriebe waren Spielstätten für Jazzmusiker, primär als Gastronomiebetriebe organisiert. Das Publikum nutzte die »tabu«-Keller als Stammgaststätten mit Musik; Schüler und Studenten, Angestellte und Beamte der Behörden, Künstler und Sportler, Soldaten der Besatzungsarmeen gehörten zu den regelmäßigen Besuchern, unter denen sich auch Verleger und Redakteure aller Medien befanden. Denn in den Kellern erlebte man auch guten Jazz zum Hören und Musik zum

Tanzen. In Köln und Düsseldorf traten dann auch regelmäßig auf: Die Gebrüder Grah, André Persiany, George Maycock, Wallace Bishop, Heinz Allhoff, Rob Pronk (aus Holland) u.a.[51]

Der Kölner Impresario und Jazzpromoter Gigi Campi gründete seinen »bohème«-Keller in Duisburg mit dem programmatischen Zusatz »künstlerkellerjazz«. Auch in diesen Keller zog rasch der neue Sound ein, vertreten zumeist durch in- und ausländische Musiker »on tour«, Jazz Trios, Quartette und Quintette, Combos und kleinere Gruppen, wie die Räumlichkeiten es zuließen. In typischer Nachtclubatmosphäre feierte hier die Verbindung von Jazzmusik, Tanz und Gastronomie gewissermaßen Urständ – und zwar auf höherem Niveau. Die im »Jazz Podium« veröffentlichten Programmanzeigen des »bohème« und seiner Nachfolger unter Th. Bollwahn in Köln, Wuppertal, Aachen u.a. waren Markenzeichen: Von einem »bohème« zum anderen ziehend, gaben vor allem deutsche Gruppen Gastspiele und förderten mit diesem Musiker-Tourismus die sogenannte Emanzipation in Deutschland, als »der westdeutsche Jazz in den Jahren zwischen 1950 und 1970 eine eigene Gestalt erhielt.«[52]

Das »Down Town« in Düsseldorf. Foto: Hans Harzheim.

Die oben erwähnten Programmanzeigen der »bohème«-Betriebe kündigten in der Tat die Auftritte bekannter deutscher Jazzgruppen an: Fatty George und Hans Koller, Albert Mangelsdorff, Fred Bunge und immer wieder Jutta Hipp, die der amerikanische Jazzkritiker Leonard Feather im Duisburger »bohème« gehört und aufgefordert haben soll, in die Staaten überzuwechseln.[53] Ein langes Leben für seine »bohème«-Gründung erwartete Gigi Campi aus Köln wohl nicht. Schon 1955 gab er den Duisburger Keller an das Ehepaar Geiger ab.

In Köln eröffnete 1955 Theo Bollwahn anstelle seines Clubs »St. Pauli« am Eigelstein noch eine »bohème«, ein »Mekka des deutschen Jazz im Kölner Raum«, allerdings auch »ein hartes Brot für die hier engagierten Musiker«, wie sich Jutta Hipp und Michael Naura erinnerten.[54] Diese Herrlichkeit der Jazz-Nightclub-Konstruktion fand 1960 ein Ende. Im April dieses Jahres meldete das »Jazz Podium«: »Neue Jazzclubs gingen aus den »bohème«-Betrieben in Köln, Wuppertal, Duisburg und Aachen hervor.«

Eine ähnliche Rolle war dem Düsseldorfer »New Orleans« zugedacht, gegründet von R. Vortmann, einem Jazzfreund und Gastronomen aus dem Ruhrgebiet, eröffnet am 18. Mai 1954. Zur Eröffnung hatten R. Vortmann und Günter Boas die französische Revival Band »Les Dixie Jazz Pals« eingeladen, bekannt durch ihr Auftreten im »Tabou« und im »Riverside Club« im Pariser St.-Germain-des-Prés – ein möglicher Botschafter der französischen Existentialistenkeller? Das jedoch hätte der Zielsetzung des Lokalgründers Vortmann widersprochen, der nach einem Bericht im »Jazz Podium« (6/1954) davon ausging, daß man erfahrungsgemäß mit halbstarkem Kitsch nur vorübergehend, nicht aber auf die Dauer operieren könne. Er verzichtete daher auf alle pseudo-existentialistischen Werbesprüche.

Für die Ausstattung seines »New Orleans« gewann er den Düsseldorfer Karikaturisten und Jazzmusiker Horst Geldmacher (Flöte und Sopransax.), der die Wände des neuen Lokals mit Szenen aus dem alten New Orleans ausstattete. Zum Stammlokal des HC Düsseldorf erkoren, entwickelte sich das »New Orleans« für viele Monate tatsächlich zu einem Mekka der rheinischen Jazzfans. Nach der französischen Band (s.o.) folg-

Das »New Orleans« in Düsseldorf. Foto: Hans Harzheim.

ten die Gastspiele der »Feetwarmers« aus Düsseldorf, der Fatty George-Pressler Combo, der »Dixieland Pipers« aus Holland usw. Bald kamen Klaus Doldinger sowie Ken Colyer, Günter Boas und Alex Welsh. Dann fehlte in der Mitte der sechziger Jahre das gewohnte Emblem im »Jazz Podium« mit der Programmanzeige. Die »Kellerkunst pur« begann zu verstummen. Nach den »tabu«-Betrieben schlossen die »bohème«-Keller 1960 (s.o.), neue Jazzclubs gingen aus den Kultstätten der fünfziger und sechziger Jahre hervor.

BILANZ

Die in den fünfziger und sechziger Jahren kommerziell orientierten und privatwirtschaftlich organisierten und geführten Keller stellten nur vorübergehend einen neuen Typ von Forum für eine »Auch-Spielstätte« des Jazz dar. Diese Konstruktion von Kellerbar mit einem Bandstand für kleine Gruppen und einer Mini-Tanzfläche (»tabu« Köln) folgte kurzfristig einem Modetrend und überlebte sich schließlich selbst.

Bis zur Mitte der sechziger Jahre und darüber hinaus hielt die zahlenmäßige Abnahme der Jazzlokale an, übrigens auch in den USA. In heftigen Auftritten äußern sich Jazzmusiker, Promoter und Jazzologen kontrovers zur »Krisensituation« des Jazz in Deutschland.[55] Berufsmusiker sähen allerdings im Sterben der Nachtclubs eine erfreuliche Entwicklung, denn »der Musiker wurde doch ausgebeutet und spielt(e) unter seiner Gesundheit abträglichen Bedingungen.«[56]

Für die Kellerkunst der ersten 25 Jahre von NRW bemühen wir am Ende der sechziger Jahre noch einmal die Statistik, wenn es um die seit 1946/48 notierte Anzahl der Keller und Clubs im Musikland an Rhein und Ruhr geht: Es bestanden nach ihren Mitteilungen in NRW:

1950	10 solcher Keller und Clubs (Archiv Schulz-Köhn)
1953	11 (DJF)
1954	19
1955/56	15 (Därr)
um 1961	31 (DJF)
1967	23
1969	12 (»Jazz Podium«).

Nach 1969 registrieren wir nur noch die bekannten Programmanzeigen, und zwar aller Foren mit mindestens einem wöchentlichen Auftritt. Schließlich sollen alle Orte, die 1996/97 in dem einzigen zuverlässigen »Adreßbuch« erfaßt werden, nämlich im »Wegweiser Jazz« des Darmstädter Jazz-Instituts, in einer »Dichte-Karte« erscheinen. (s. S. 58)

DIE SIEBZIGER UND ACHTZIGER JAHRE

In Fortsetzung der zuletzt genannten Daten notieren wir für die siebziger und achtziger Jahre folgende Zahlenangaben:

1970 7 genannte Foren oder Spielstätten aus NRW
1972 12
1974 20
1984 25
1989 20
1994 an die 50

Der rapiden Abnahme Ende der sechziger und am Anfang der siebziger Jahre folgte – zahlenmäßig – eine Konsolidierung seit 1974 bis 1994. Allerdings verbergen sich hinter der niedrigen Anzahl an Jazzlokalen, Spielstätten usw. ein allgemeiner Wandel in der Entwicklung der afroamerikanischen Musik in NRW sowie eine deutliche Umschichtung, die Foren allgemein betreffend. Podien und Foren für Berufsmusiker vor allem sind nicht mehr die Keller und Clubs der fünfziger und sechziger Jahre einschließlich der Nightclub-Ketten. Große Konzertagenturen und städtische Ämter organisieren die zahlreichen Tourneen der Giants of Jazz aus den USA in großen Hallen und Konzertsälen, in der Dortmunder Westfalenhalle zum Beispiel oder in der Düsseldorfer Tonhalle, in der Duisburger Mercatorhalle oder in den Kölner Messehallen sowie in der Philharmonie der Domstadt. Auch deutsche Big Bands bemühten sich um größere Säle, und doch warteten vereinzelte Jazzclubs mit größeren Foren auf, wie in Dortmund, in Minden und Siegen. Natürlich führt diese neue Strukturierung mehr und mehr zu den mehrfach genannten kommerziell orientierten oder privatwirtschaftlichen Einrichtungen, doch kristallisiert sich hier seit Jahrzehnten zugleich ein neuer Typ Jazzforum heraus, der auch auf der Basis eines eingetragenen Vereins seine Lebensfähigkeit zu beweisen gewillt ist *und* bewußt den Berufsmusikern des moderneren Jazz Auftrittsmöglichkeiten bietet. Drei ehemalige Hot Clubs konnten wir für die fünfziger und sechziger Jahre in »Profilen« vorstellen (Dortmund, Minden, Aachen), sie bleiben die alten und neuen Standbeine einer Jazzkultur in NRW.

»Dr. Jazz« in Düsseldorf. Foto: Hans Harzheim.

Auch in den 20 Jahren danach, zwischen 1970 und 1990, gehen und kommen alte und neue Foren für die Jazzausübung. Wenn es um die anhaltende Lebensfähigkeit solcher Foren geht, beruft man sich indes auf solche Neugründungen, die sich als krisenfest erwiesen haben und überregional Aufsehen erregen konnten. Pars pro toto stellen wir zwei Foren der siebziger und achtziger Jahre vor, wegen des Status eines Jazzclubs zunächst den JC »Oase« e.V. Siegen, dann jedoch, als Beispiel für mehrere Foren ähnlicher Art, das Mekka der Oldtime-Bands am Rhein: Joe Buschmanns »Em Streckstrump« in Köln mit täglichem Musikbetrieb.

PROFILE II

1. JC »Oase« e.V. Siegen
Gegründet am 12.7.1982
Erster Vorsitzender: Klaus Elleringman; Stellvertreter: Dieter Gerst; Geschäftsführer: Jürgen Ebener mit zwei Assistenten, Dieter Kircher und Ulli Vollmer. Heute liegt die Geschäftsführung in Händen von Ulrich Vollmer.

Nach zwei Quellen gab es bereits in den fünfziger Jahren einen JC Siegen und ein »Studio JC Siegerland«, als zahlendes Mitglied am Anfang der sechziger Jahre.[57] Finanzielle Schwierigkeiten sollen zur Aufgabe der Aktivitäten im Siegerland, südliches Westfalen, geführt haben. Für die Mitglieder des neuen Jazzclubs »Oase« fand sich 1982 kein Keller als Domizil, sondern eine Art Dachgarten im sogenannten SI-Haus, wegen der Kulisse hinter Glaswänden eben »Oase« genannt. In wenigen Wochen organisiert, trat der Jazzclub sogleich

Albert Mangelsdorff im Jazz Club »Oase« Siegen 1983. Foto: Club-Archiv.

mit einem Festival an die Öffentlichkeit, »zwei Tage Jazz-Geschichte auf der Bühne«. »Im Zeitraffer geht es mit Oldtime-Jazz, Swing, klassischem, modernem Jazz, Bebop, Post-Bop, Rock-Jazz bis hin zu neueren Formen (durch) die Landschaft des Jazz«.[58] Mindestens sieben Bands führten die Siegener Gäste durch die Jazzgeschichte, sie gaben sozusagen die Richtung vor, die der moderne Club im Siegerland einzuschlagen gedachte: Für die Vertreter aller Stile ein Podium schaffen, und das neben der Clubarbeit mit wöchentlichen Live-Aufführungen oder Film- und Plattenabenden. Und immer wollte man den Nachwuchs fördern – von den Schulbands der Umgebung bis zu den Amateurbands des Einzugsgebietes.

Foto: Hans Harzheim

In einer Retrospektive schauen die Mitglieder heute auf eine besonders intensive Clubpolitik zurück: Die in der Vereinssatzung festgelegte Förderung der regionalen Jazzszene und des Musikernachwuchses war nach einem Tätigkeitsbericht von 1997 ausgesprochen erfolgreich. »Von 18 Veranstaltungen waren allein elf oder rund 61% heimischen Formationen vorbehalten.«[59]

Als Highlights des Konzertprogramms zählen in den achtziger Jahren im übrigen die Auftritte von: dem Trompeter Benny Bailey, dem Saxophonisten Arnett Cobb, dem Vokalensemble »Five Pipes«, dem Peter Brötzmann Trio, dem Roma Häns'che Weiß, dem Trio McCoy Tyner (Pianist). Von den deutschen Musikern traten auf u.a.: Barbara Dennerlein mit Oskar Klein und Charlie Antolini (1990), das Duo Wolfgang Dauner (Piano) und Albert Mangelsdorff (Posaune) im Jahre 1990, Gerd Dudek & Friends (1991) oder das Spitzentrio Charlie Mariano – Jasper van't Hof – Philip Catherine. Nach dem Umzug von den ersten »Oase«-Clubräumen in die »Braustube« der Privatbrauerei IRLE und schließlich in das Medien- und Kulturhaus »LYZ« in Siegen traten immer mehr Big Bands auf, von Lionel Hampton bis zur WDR Big Band unter der Leitung von Jiggs Whigham und Bill Holman.

Finanzielle Krisen sind überstanden, die Clubleitung setzt auf einen treuen Stamm von 200 Mitgliedern und Besuchern sowie auf großzügige Sponsoren und auf Subventionen von der Kommune, und sie beteiligt sich als eine »örtliche, nichtkommerzielle Privatinitiative« auch an wichtigen Veranstaltungen unter dem Signet »SI-Jazz«. Und: Vor dem Club-Domizil im Medien- und Kulturhaus in der St.-Johann-Straße stehen immer wieder die Übertragungswagen des WDR Köln. Sie dokumentieren mit ihren Aufnahmen die überregionale Bedeutung eines gerade 15 Jahre bestehenden Jazzclubs.

»Das eigentliche Herz der Jazzszene machten und machen natürlich die Amateurmusiker aus«, stellt der Autor Robert v. Zahn in seiner Arbeit zum »Jazz in Köln seit 1945« fest.[60] Wir konnten bislang für den ersten und zweiten Untersuchungszeitraum (1946 bis 1989) immer wieder die Keller und Clubs als die »genuinen« Geburts- und Spielstätten für den Amateurjazz bestimmen. (Ein weiterer Beitrag in diesem Buch ist der Amateurszene in NRW vorbehalten, womit wir primär die sogenannten Oldtime-Bands meinen.) Die zahlreichen Bands der Nachkriegszeit lassen sich heute noch nicht statistisch erfassen, zu stark fluktuieren auch diese Gruppen in allen Landesteilen. Doch lebt der Oldtime-Amateurjazz fort, rund 16 Foren in NRW führen den traditionellen Jazz in den Programmen,[61] öfter mit wöchentlichen Auftritten. Mehr als zwanzig Veranstaltungen im Monat meldete einst das »Dr. Jazz« in Düsseldorf. Über 400 Band-Auftritte im Jahr, also fast täglich – an Sonntagen zweimal – meldet dagegen das Kölner Jazzlokal »Em Streckstrump« des Gastronomen Josef Wilhelm »Papa Joe« Buschmann.[62]

2. »Em Streckstrump« in Köln, Am Buttermarkt 37
Gründer und Inhaber: Joe Buschmann,
der auch »Papa Joe's Biersalon Klimperkasten« leitet.

»Man kommt sich beinahe vor wie im guten alten New Orleans: Das Altstadtviertel um den Buttermarkt herum ist das French Quarter, nicht weit davon fließt der Mississippi, hier Rhein genannt.«[63] Und der Verfasser fährt in seiner Laudatio zum zehnjährigen Jubiläum fort: »in jedem Jahr 400 Auftritte organisiert, das sind 4080 täglich wechselnde Gruppen in 10 Jahren bei fünf Stunden Musik pro Tag, also insgesamt 20.400 Stunden Jazzmusik in einem Jahrzehnt.«

In einem Interview ergänzt Joe Buschmann 1996: »Fast 10 000 Auftritte in 22 Jahren, kein anderes Jazz-Lokal mit Oldtime-Jazz in Deutschland erreichte ein solches Ansehen«,[64] so daß ein Amerikaner vor der berühmten »Preservation Hall« in New Orleans gegenüber einem deutschen Posaunisten aus Köln äußerte: »There are only two places in the world where they play real jazz – the Preservation Hall in New Orleans and the STRECKSTRUMP at Cologne.«[65]

Das Hausmitteilungsblatt von »Klimperkasten« und »Em Streckstrump«, »Papa Joe's Kunst & Bier Blatt«, in einer Ausgabe vom Juli 1981.

In der Tat stehen sich beide Foren nahe, denn einzelne Bands vom Kölner Lokal reisen immer wieder nach New Orleans, und noch in den siebziger und achtziger Jahren standen New Orleans-Musiker auf dem Kölner Bandstand. Wenn man das Kölner Lokal aufsucht, betritt man keinen Keller, eher einen engen Gastraum mit nur wenigen Sitzgelegenheiten. Die Besucher trinken Bier, Säfte und anderes aus großen Gläsern und verzehren Erdnüsse. Sie sehen und hören die täglich wechselnden Gruppen auf der Bühne von kaum fünf Quadratmetern Größe, sie beklatschen nur selten ein Solo. Aber im Lokal herrschen Heiterkeit und Lachen vor; nicht nur für Kölner Jazzfreunde bleibt der »Streckstrump« eine Kultstätte, kein Relikt etwa aus alten Zeiten, eher immer wieder ein junges Forum für den New Orleans-Jazz, für den Dixieland und den Swing, das auch gelegentlich durchreisende Gruppen aus Ost- und Westeuropa vorstellt. Letztlich kam dieser Jazz doch aus einer Hotelbar oder einem »Keller« in Köln bis an das kaum hundert Meter entfernte Rheinufer; der Rezeption dieses Sounds blieben bisher Umbrüche oder Krisen erspart. »Modern Jazz kommt selten zum Zuge«, meint wohl Joe Buschmann in seinem Interview. Eher bestehen einzelne Bands auf New Orleans, Dixieland oder Swing pur, auch wenn semi-professionelle Gruppen oder sogar »Berufsmusiker« im Kölner Oldtime-Mekka auftreten – wie im Mai 1997 – die russischen »Igor Bourco's Uralsky Jazz Men« aus Tscheljabinsk, östlich des Urals, oder die »Down Town Jazzgang« aus Belgien oder die Legenden aus New Orleans: Kid Thomas Valentine und Chester Zardis (1983) und der Posaunist Louis Nelson und die Maryland Jazzband aus Köln – im Juni 1985.

DIE LETZTEN JAHRE: JAZZ IN NRW VON 1990-1996

Jazz in Kellern und Clubs, Jazz als Kellerkunst in fünf Jahrzehnten zu dokumentieren und zu beschreiben, war unsere Aufgabe. In einem Resümee erinnern wir an die Ergebnisse unserer Untersuchung, und wir gehen zum Schluß noch einmal der urbanen Subkultur an Rhein und Ruhr, an Lippe und Weser nach anhand eines letzten Situationsberichts für die Zeit von 1990 bis 1996.

1. Am Anfang der Jazzrezeption stand die Gründung privater Zirkel überall in NRW, die bald – in erster Linie nach französischen Vorbildern – als Hot Clubs an die Öffentlichkeit traten. Aus unterschiedlichen Gründen begann ein Clubleben vor allem in Kellern, die sich schließlich zu Spielstätten für eigene Amateurbands, später zu Foren für Jazz-Konzerte mit Musikern und Gruppen »on tour« entwickelten. Hier wurzelte die »Kellerkunst«, bis der Jazz die Keller verlassen und zur »Konzertkultur« aufsteigen konnte. Trotz aller Krisen und Umbrüche in den sechziger Jahren blieben zahlreiche Clubs und Keller erhalten, und zwar die zunehmend privatwirtschaftlich organisierten Foren ebenso wie auch Clubs mit Vereinsstatus.

2. Bereits in den fünfziger Jahren treten die Clubs als Konzertveranstalter auf, und das sozusagen parallel zu den Konzertagenturen in diesen Jahren, die in einer lange andauernden Periode vor allem die Giants of Jazz aus den USA und Kanada in die Ton- und Messehallen, in die großen Konzertsäle oder Philharmonien brachten. In den Kellern und Clubs traten die Großen des Jazz seltener auf, dagegen suchten die deutschen Vertreter des neuen Sounds weitgehend die kleinen Bühnen, für zahlreiche Berufsmusiker vor allem die einzigen Domizile.

3. Die Umbruchszeiten der sechziger und achtziger Jahre überstanden nur jene Clubs oder Vereine, die sich mit kompetenten Geschäftsführern oder Vorsitzenden durchsetzen konnten, abhängig auch von der Akzeptanz der Vereinsmitglieder und des Publikums einer Stadtregion oder eines Landesteils.

4. In den Krisenzeiten wandelten sich nicht nur die Organisationsformen oder die Strukturen in der Club- und Kellerlandschaft, vielmehr kam es auch, vornehmlich in den siebziger Jahren, mit den Turbulenzen innerhalb der stärker hervortretenden Populärmusik sogar zu Verzerrungen in der Programmpolitik der Jazzclubs, bis sich am Ende der achtziger Jahre die sogenannte Jazzszene in NRW stabilisieren konnte. Wir registrieren zum 50jährigen Bestehen des Landes eine gewachsene, nach wie vor lebendige Jazzkultur. Der Jazz konnte sich konsolidieren, sich integrieren in eine im ganzen höchst differenzierte Musiklandschaft.

5. Natürlich mußten sich die Zielsetzungen der Jazzclubs und der Vertreter einer »Kellerkunst« überhaupt einer ständigen Korrektur unterziehen. Kamen in den Anfangsjahren Jazzfreunde zur Pflege und Verbreitung der älteren Jazzmusik zusammen, stehen später die zahlreichen Foren im Lande NRW vor allem den Vertretern eines modernen Jazz zur Verfügung – wobei Lokale als Pflegestätten des Oldtime-Jazz auch weiterhin ihr Publikum anziehen dürften.

   Zu den neueren Zielsetzungen gehört auch die verstärkte Förderung des Nachwuchses, der Schüler- und Studentenbands, zum Beispiel in Siegen und Dortmund oder in Minden. Es bleibt noch ein Hinweis auf die außerordentlich angewachsene Öffentlichkeitsarbeit der Clubleiter oder der Vereinsvorsitzenden, was ja in allen Bundesländern bedeutet: Festivals, Konzerte, Matineen oder Jazztage zu organisieren (Düren, Minden, Siegen, Dortmund, Aachen); der Darmstädter »Wegweiser Jazz« von 1996/97 vermerkt Clubs und Vereine, die ausschließlich zum Zwecke der Organisation von Veranstaltungen gegründet worden sind (Jazzclub Düren e.V., Jazz Rally Düsseldorf, Jazzmusik Förderverein Duisburg e.V., Ruhr Jazz Festival Dortmund u.a.m.)

TENDENZEN IN DEN NEUNZIGER JAHREN

Der Jazz amerikanischer Prägung konnte nach 1946 mit der »Geburt« des Landes Nordrhein-Westfalen wörtlich aus den Trümmern auferstehen und sich als urbane Subkultur fortentwickeln. In der Retrospektive blieb der neue Sound real und im übertragenen Sinn eine Kellerkunst, die den Wandel vom »Sound of Democracy« bis zum »Sound des 20. Jahrhunderts« schlechthin erst ermöglichte. Die oft konstatierten und prognostizierten Boom- und Baisse-Zeiten für den Jazz insgesamt (Jazz-Boom in den fünfziger und achtziger Jahren, Baisse-Zeiten in den sechziger oder in den neunziger Jahren?) führen uns zum Schluß zu den Tendenzen einer Jazz-Entwicklung in NRW in den letzten Jahren. Dem immer wieder beschworenen Jazz-Hoch in den achtziger Jahren und einem möglichen Tief im letzten Jahrzehnt begegnete in letzter Zeit Ekkehard Jost in einer Abhandlung »Zur Situation des Jazz heute«[66] mit einer Überprüfung der Jazzszene in der Bundesrepublik Deutschland. Für das Musikland NRW gelten in den neunziger Jahren ähnliche Befunde: Eine Jazz-Baisse ist nicht zu erkennen, wenn wir eine zunehmende Anzahl von Foren in den Jahren 1990 bis 1996 registrieren können. Der Darmstädter »Wegweiser Jazz« führt für Dortmund zum Beispiel 13 Spielstätten für Jazzmusik auf neben drei Jazzclubs oder Vereinen. Für Düsseldorf lauten die Zahlen: 10 Spielstätten, 3 Vereine; für Köln 27 (!) Foren und 3 Initiativen o.ä.

> Einen Jazzclub melden u.a. noch folgende Städte: Bielefeld, Detmold, Dortmund, Düren, Gladbeck, Hagen, Harsewinkel, Hürth, Iserlohn, Jülich, Kleve, Krefeld, Leverkusen, Lüdenscheid, Lünen, Minden, Mülheim, Münster, Paderborn, Rheda, Wiedenbrück, Siegen, Viersen (Jazz Circle), Werne und Wuppertal (Jazz AG e.V.). In zahlreichen, mit steigender Tendenz aufkommenden Foren sehen wir keine »Nachfahren« der Keller und Clubs seit den vierziger und fünfziger Jahren.

– Der Jazz bleibt in als Keller bezeichneten Spielstätten oder in ehemaligen Clubräumen – heute unter anderen Namen – lebendig.
– Im internationalen Vergleich nimmt Nordrhein-Westfalen mit seinen zahlreichen Foren für Musikaufführungen sogar eine Spitzenstellung ein. Zwar hatte Fritz Därr in seinem ersten »Jazz Adreßbuch« von 1954 für England 104 Jazzclubs registriert, in Frankreich insgesamt 79, in Deutschland 59 (davon 19 in NRW), aber etwa 30 Jahre danach galt es, diese Angaben zu relativieren. In der Anthologie »Jazz in Europa«[67] beschreiben verschiedene Autoren eine deutliche Abschwächung der Clubbewegung seit den achtziger Jahren. Danach sollen in Paris kaum Clubs bestanden haben, nach einer Schätzung für Deutschland immerhin 80-90 Spielstätten mit Live-Musik. Im Jahre 1994 bestanden allein in NRW über 50 Foren für Jazzmusik live – nach den monatlichen Angaben unter der Rubrik »Clubs + Konzerte« im »Jazz Podium«. Der oben genannte Darmstädter »Wegweiser Jazz« veröffentlichte 1997 die Anschriften von 147 Clubs und Spielstätten für Jazzmusik!

Der Jazz in Kellern und Clubs und Foren verschiedener Art gehört damit ohne Unterbrechung zur Entwicklungsgeschichte einer neuen Musikkultur und zur 50jährigen Geschichte des Landes Nordrhein-Westfalen.

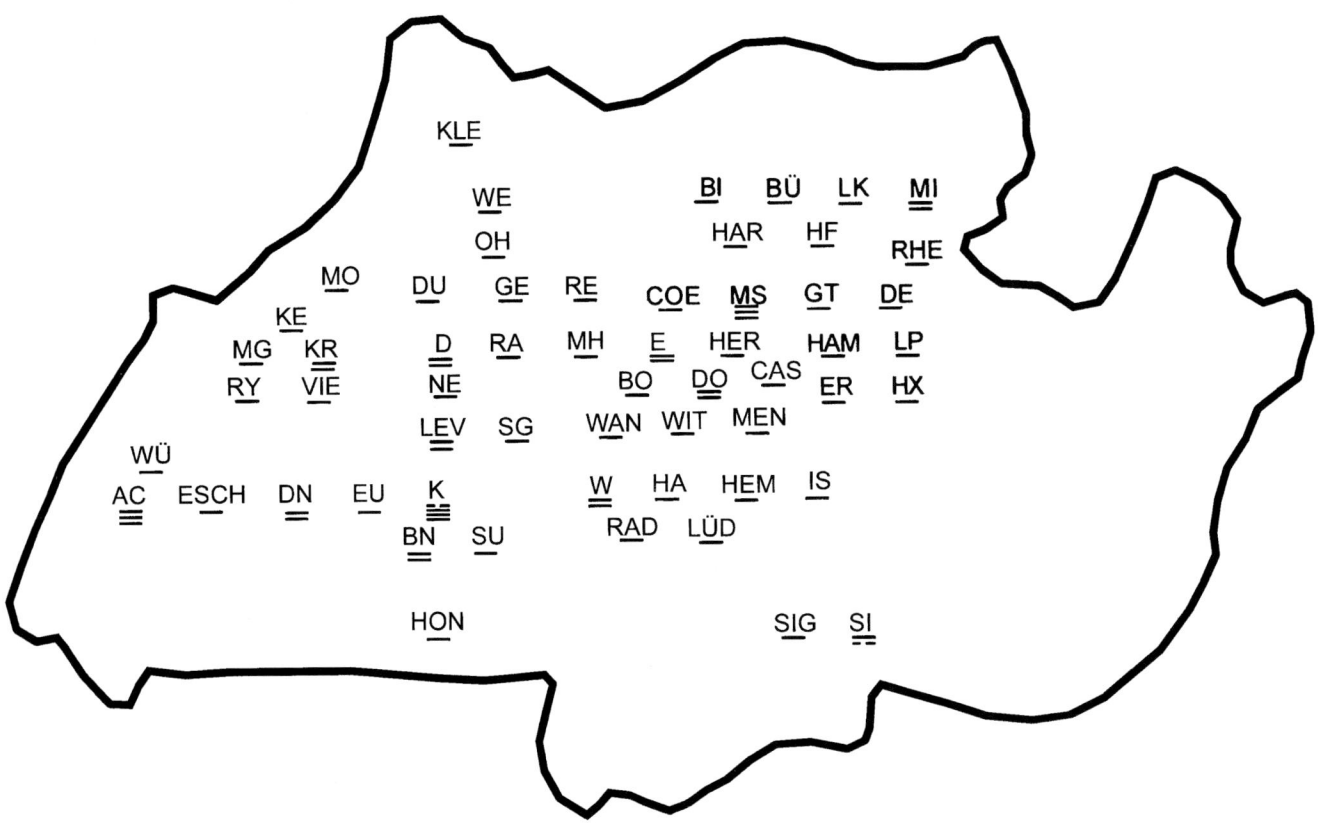

ZUSAMMENSTELLUNG DER JAZZCLUBS, VEREINE UND WICHTIGER SPIELSTÄTTEN IN NRW

Quellen: Deutsche Jazz-Föderation (DJF), Fritz Därr: Jazz Adreßbuch, Jazz Podium, Wegweiser Jazz (Darmstadt).

Abkürzungen:

AG	Arbeitsgemeinschaft
F	Forum
HC	Hot Club
IG	Interessengemeinschaft
JC	Jazzclub
JF	Jazz-Forum
JKe	Jazz-Keller
JZ	Jazz-Zirkel
Ke	Keller
Kr	Kreis
SAAJ	Studentischer Arbeitskreis für Authentischen Jazz
SC	Swingtett-Club

	DJF 1951	DJF 1953	DJF 1954	Därr 1954	Därr 1955/56	DJF 1961	DJF 1967	JP 1974	JP 1984	JP 1994	Wegweis. F/Club
Aachen	JC	JC	JC	HCIG	JC		JC	JC	JC	JC	3/1
Bielefeld							JC	F	JC	JC	2/1
Bochum	HC					JF	JF	JF		F	4/1
Bonn	HC	HC	HC	HC				F	F	2F	9/1
Bünde						JC					1/–
Castrop Rauxel				HC	HC						
Coesfeld					JZ		JZ				1/–
Detmold						JC					3/1
Dortmund	HC	HC	HC	HC	HC	HC		JC	JC	JC	13/3
Düren	HC	HC	HC	HC	HC	JC	JC			F	2/1
Düsseldorf	HC	HC	HC	HC	HC	HC			2F	2F	10/2
Duisburg	HC		HC		JC					2F	4/1
Erkelenz						JC					
Erwitte						IG					
Eschweiler		JC									–/1
Essen	HC	HC	HC	HC	HC	JC	JC	F	JC	3F	11/1
Euskirchen		SC	SC								
Gelsenkirchen	HC				HC			F			2/1
Gütersloh									F	F	2/1
Hagen						JC			JC	F	3/1
Hamm						AG					1/–
Harsewinkel							JC		JC	JC	–/1
Hemer							JC				
Herford							JC	F			1/–
Herne						IG			2F		2/1
Höxter						JC					
Bad Honnef							JC				
Iserlohn		HC	HC	HC	HC						2/1
Kleve	HC										–/1
Köln		JC	JC	JC	SAAJ/JC	JC		JCF	3F	3F	28/3
Krefeld						AG	JKe	JKe		JC/F	3/1
Leverkusen				JC	JC				JCF		1/1
Lippstadt							JKe	JC	JC		
Lübbeck							JC			F	
Lüdenscheid								F		F	2/1
Menden						JC/58					1/–
Minden		JC	JC	JC	JC	JC	JC	JC	JC	JC	–/1

	DJF 1951	DJF 1953	DJF 1954	Därr 1954	Därr 1955/56	DJF 1961	DJF 1967	JP 1974	JP 1984	JP 1994	Wegweis. F/Club
Mönchen-Gladbach								F			1/–
Moers						JF		F			1/–
Mülheim/Ruhr		IG	IG	IG	IG	IG				JC	2/1
Münster	HC								JCF	2F	5/1
Neuss					JKr	JKe					3/–
Oberhausen						JC					3/–
Radevormwald								F			
Ratingen						JC					1/–
Rheda						JC	JC				1/1
Rheydt					JC		IG				
Siegburg						JC					2/–
Siegen				JC					JC		–/1
Siegerland						JC					
Solingen							JKe		F	F	2/–
Viersen							JC				1/1
Wanne-Eickel								F			1/–
Wesel		JC	JC	JC	JC			F			
Wuppertal						IG	IG	F	AGF	2F	7/1

ANMERKUNGEN:

1 Vgl. die Arbeiten von Horst Lange, Michael Kater, Christian Kellersmann, Bernd Polster, Hans-Helmut Jöhnk, Wolfgang Sandner, Robert v. Zahn in der nachfolgenden Bibliographie.

2 Werner Kraus (Hg.): Jazz in Bayern, Regensburg 1997.

3 Wolfram Knauer (Hg.): Jazz in Deutschland, Darmstadt 1996 (Darmstädter Beiträge zur Jazzforschung, 4).

4 Landesmusikrat NRW (Hg.): Zeitklänge. Zur Neuen Musik in Nordrhein-Westfalen 1946-1996, Köln 1996. – Darin: Rolf-Dieter Weyer: Fünfzig Jahre Jazz in Nordrhein-Westfalen, S. 95 ff.

5 H. H. Stuckenschmidt: Jazz in Europa, in: Ausstellung »Jazz in USA«, o.O. 1957, S. 25.

6 Vgl. Knauer, Jazz in Deutschland, S. 141.

7 Eine jüngere Definition von Ekkehard Jost lautet: »Verstehen wir unter ›Jazzszene‹ die historisch veränderliche Gesamtheit der Organisationsformen jazzmusikalischer Produktion, Distribution und Rezeption einschließlich der an den verschiedenen Stufen des Prozesses beteiligten Gruppen [...]«. Aus: Ekkehard Jost: Reflexionen zur Jazzgeschichte, in: Alfred Smudits und Heinz Steinert (Hg.): Jazz als Ereignis und Konserve, Wien 1997, S. 13.

8 Zur Verteidigung der Subkulturszene vgl. Heinz Steinen: Modelle der Jazzgeschichte. Jenseits von Werk- und Rezeptionsästhetik, in: Smudits/Steinert, Jazz als Ereignis.

9 Nach Auskunft des Geschäftsführers des Nachfolge-Vereins der Deutschen Jazz-Föderation e.V., Rechtsanwalt Peter Look, Kronau.

10 Vgl. Anm. 9.

11 Vgl. die Arbeiten von Horst Lange, Bernd Polster, Michael Kater, Mike Zwerin.

12 Vgl. Anm. 5.

13 Vgl. Michael Kater: Gewagtes Spiel. Jazz im Nationalsozialismus, Köln 1995, S. 157.

14 Vgl. dazu: Robert v. Zahn: Jazz in Köln seit 1945. Konzertkultur und Kellerkunst, hg. vom Historischen Archiv der Stadt Köln, Köln 1997, S. 11. – Pressekommentare u.a. in: Kölnische Zeitung, Jg. 1919.

15 Vgl. Bernd Hoffmann: Die Mitteilungen, in: Knauer, Jazz in Deutschland, S. 93.

16 Kater, Gewagtes Spiel, S. 156.

17 Ralph Willett: The Americanization of Germany 1945-1949, New York 1992, S. 86-98.

18 Reinhard Fark: Die mißachtete Botschaft. Publizistische Aspekte des Jazz im soziokulturellen Wandel, Berlin 1971, S. 16.

19 Vgl. Ekkehard Jost: Jazz in Europa. Die frühen Jahre, in: Klaus Wolbert (Hg.): That's Jazz. Der Sound des 20. Jahrhunderts, Darmstadt 1988, besonders S. 300 ff.

20 Vgl. Bernd Hoffmann: Zur westdeutschen Hot-Club-Bewegung der Nachkriegszeit, in diesem Band.

21 Hans Egon Holthusen: Chicago. Metropolis am Michigan See, München/Zürich 1981.

22 Willett, Americanization.

23 Marian McPartland: All in Good Times, New York 1987, S. 56.

24 Weitere Quellen zum Fall McPartland: Elliot Carlson: Jazz with an English accent, in: AARP Bulletin, 7/8 (1994), S. 4 (Archiv Jutta Hipp, NY). James Brady: Marian McPartland, in: Parade Magazine, NY 8 (1995), S. 14 (Archiv Jutta Hipp).

25 Hermann Glaser, Lutz von Pufendorf und Michael Schöneich (Hg.): So viel Anfang war nie. Deutsche Städte 1945-1949, Berlin 1989.

26 Rudolf Käs: Hot and Sweet. Jazz im befreiten Land, in: Glaser, So viel Anfang, S. 250 ff.

27 Käs, ebd.

28 v. Zahn, Jazz in Köln, S. 19.

29 Reiner Glen Buschmann: Amateurjazz in Nordrhein-Westfalen, in: Resonanzen, 7. Rundbrief der Landesarbeitsgemeinschaft NRW, Remscheid 1962, S. 33 ff.

30 Vgl. auch Bernd Hoffmann, Hot Clubs, in diesem Band.

31 Vgl. Horst Lange: Als der Jazz begann, Berlin 1991, S. 112 ff.

32 WAZ, 21.6.1997.

33   ebd.

34   Dortmunder Zeitung, 25.11.1993.

35   ebd.

36   Dortmunder Zeitung, 15.11.1993.

37   Vgl. die Jahresprogramme des »domicil«, hier 1969.

38   Weyer, Fünfzig Jahre Jazz, S. 100, in: »Zeitklänge«, a.a.O., S. 100.

39   Telefon-Interview mit Waldo Riedl, 11.11.1998.

40   Ernst Albert Schür im Programmheft »Dürener Jazztage 1961«.

41   Wolfgang Breuer in: »Konzertgesellschaft Wuppertal: Programm, jazzlabor 1969«.

42   Der Jazzclub Minden e.V. vorgestellt vom Vereinsvorstand, 1995.

43   Telefongespräch mit Hans Joachim Rickert, 17.10.1998, und Briefwechsel mit Friedrich Hachenberg, Minden.

44   Vgl. oben Marian Mc Partland's Bericht.

45   Aachener Prisma, 11/1967.

46   Aachener Nachrichten, 21.1.1967.

47   Aachener Volkszeitung, 23.5.1986.

48   Interview mit dem Programmgestalter Hermann Cremer vom Liveclub »Jakobshof« in Aachen, in: »Klenkes«, 11/1997.

49   Konzertprogramm Lippstadt, 23.10.1957.

50   ebd.

51   Vgl. v. Zahn, Jazz in Köln, S. 54/55.

52   Vgl. Wolfram Knauer: Emanzipation wovon? Zum Verhältnis des amerikanischen und des deutschen Jazz in den 50er und 60er Jahren, in: Knauer, Jazz in Deutschland, S. 141 ff. Ferner: Joachim-Ernst Berendt: Ein Fenster aus Jazz, Frankfurt 1977, S. 222 ff.

53   Leonard Feather: Una to Jutta, in: The Jazz Years. Earwitness to an Era, London 1988, S. 135. Die Angaben bestätigt und korrigiert Jutta Hipp, New York, in einem Brief an den Verfasser vom 7.2.1998.

54   u.a. bei v. Zahn, Jazz in Köln, S. 57 (Naura).

55   Jazz Podium, 12/1965, S. 320.

56   ebd.

57   Vgl. Fritz Därr: Deutsches Jazz Adreßbuch 1954, Würzburg 1954, S. 30. – Ferner: Mitgliederliste der DJF, Anfang 1960, Archiv Werner Wunderlich, Baden-Baden.

58   Westfalenpost, 28.8.1982.

59   IC »Oase« Siegen e.V., Tätigkeitsbericht 1997.

60   v. Zahn, Jazz in Köln, S. 59.

61   »Wegweiser Jazz«, Jazz-Institut Darmstadt, 1997.

62   Dietrich Schulz-Köhn: Laudatio zum 10jährigen Bestehen, in: Papa Joe's Kunst & Bier Blatt, April 1984, Nr. 60.

63   Bericht von Gerhard »Doggy« Hund ebd.

64   Interview-Aufnahme mit Joe Buschmann, die Robert v. Zahn freundlicherweise zur Verfügung stellte.

65   Papa Joe's Kunst & Bier Blatt, April 1984.

66   Ekkehard Jost: Zur Situation des Jazz heute, in: Musikforum, Mainz 1998, S. 30 ff.

67   Armando Bausch: Jazz in Europa, Echternach, Luxemburg 1985, S. 90, 168.

BIBLIOGRAPHIE

Armando Bausch: Jazz in Europa, Echternach/Luxemburg 1985.

Joachim-Ernst Berendt: Ein Fenster aus Jazz, Frankfurt 1977.

Jacques Chesnel: Le Jazz en Quarantaine 1940-1946, Cherbourg 1992.

Fritz Därr: Deutsches Jazz Adreßbuch/Jazz Adreßbuch, Würzburg 1954-1955/56.

Reinhard Fark: Die mißachtete Botschaft. Publizistische Aspekte des Jazz im soziokulturellen Wandel, Berlin 1971.

Hermann Glaser, Lutz von Pufendorf und Michael Schöneich (Hg.): So viel Anfang war nie. Deutsche Städte 1945-1949, Berlin 1989.

Eric Hobsbawm: The Jazz Scene, New York 1993.

Hans-Helmut Jöhnk: Jazz in Kiel, Kiel 1994.

Michael Kater: Gewagtes Spiel, Köln 1995.

Christian Kellersmann: Jazz in Deutschland 1933-1945, Hamburg 1990.

Wolfram Knauer (Hg.): Jazz in Deutschland, Darmstadt 1996.

Werner Kraus (Hg.): Jazz in Bayern, Regensburg 1997.

Horst Lange: Jazz in Deutschland, Berlin 1966.

Ders.: Als der Jazz begann 1916-1923, Berlin 1991.

Bernd Polster: Swing Heil. Jazz im Nationalsozialismus, Berlin 1989.

Wolfgang Sandner: Jazz in Frankfurt, Frankfurt 1990.

Claus Schreiner (Hg.): Jazz aktuell, Mainz 1968.

Coco Schumann: Der Ghetto-Swinger, München 1997.

Alfred Smudits und Heinz Steinert (Hg.): Jazz als Ereignis und Konserve, Wien 1997.

Vierzig Jahre Jazz-Studio Nürnberg. Schriftenreihe des Bayerischen Jazzinstituts, Regensburg 1994.

Ralph Willett: The Americanization of Germany 1945-1949, London, New York 1992.

Robert v. Zahn: Jazz in Köln seit 1945. Konzertkultur und Kellerkunst, hg. vom Historischen Archiv der Stadt Köln, Köln 1997.

Zur westdeutschen Hot-Club-Bewegung der Nachkriegszeit

von Bernd Hoffmann, Köln

VORBEMERKUNG

Ein wenig erforschtes Feld westdeutscher Jazzgeschichtsschreibung ist die Rezeption afro-amerikanischer Musik nach dem Zweiten Weltkrieg. Als politisch propagierte Klangfarbe alliierter Siegermächte läßt diese amerikanische Improvisationsmusik die nationalsozialistische Stigmatisierung der Entartung hinter sich und wird faszinierender Bestandteil einer neuen Jugendkultur in den Trümmern des Dritten Reiches. Die verschiedenen Ausformungen amerikanisch orientierter Tanzmusik erfahren nun ungewohnte publizistische Aufmerksamkeit und viele begeisterte Hörer bekennen sich öffentlich zum Jazz, schließen sich in diversen Zirkeln zusammen, die allmählich Clubstatus erreichen. Besonders ältere Jazzfans sehen den plötzlich einsetzenden Rummel um ihre geliebte Musik mit gemischten Gefühlen. Zwar erfährt diese amerikanische Jazz- und Swing-Musik eine enorme – politisch motivierte – soziale Aufwertung, doch scheinen die Bereitschaft und der Mut, Jazz im Dritten Reich gehört und »gelebt« zu haben, nun allzu schnell in Vergessenheit zu geraten.

Die Traumatisierung dieser Rezipienten, die trotz nationalsozialistischen Verbotes sogenannte Feindsender mit amerikanischer und englischer Unterhaltungsmusik abhörten, die beispielsweise schon 1941 im Frankfurter Raum eine Organisationsstruktur nach dem Vorbild anderer europäischer Clubs wie in Paris, London, Brüssel oder Kopenhagen initiiert hatten[1] oder die in unzähligen Fällen durch staatliche Stellen verhört, gefoltert und in Konzentrationslager verbracht wurden,[2] läßt nun zum Teil eine Vermittlungshaltung entstehen, die sich überbetont seriös, d.h. pseudo-wissenschaftlich mit improvisierter Musik auseinandersetzt,[3] obwohl diese Herangehensweise dem damaligen Image des Jazz in Deutschland so völlig widerspricht. Gleichwohl verdeutlicht eine Befragung von Zeitzeugen, die über ihre Jazz-Musikgewohnheiten zu Zeiten des Nationalsozialismus Auskunft geben,[4] Traditionen im Umgang mit afro-amerikanischer Musik, die schon während der Weimarer Republik entstanden sind.[5] So erscheint die Aufarbeitung der Jazz-Rezeption in einem ca. 10jährigen Zeitraum nach der Beendigung des Zweiten Weltkrieges als das Aufgreifen von sichtbaren und versteckten Handlungssträngen in der Geschichte des deutschen Jazz. Dabei steht hier nicht das künstlerische Umfeld, also Improvisations- und Gruppenkonzepte amerikanischer oder einheimischer Musik im Vordergrund, sondern die Wirkungsweisen afro-amerikanischer Musik als Reflex in der westdeutschen Hot-Club-Bewegung sowie die hiervon auch tangierte Konstituierung einer nationalen Jazzszene wie sie sich mit der Gründung der *Deutschen Jazz-Föderation* im Oktober 1951 manifestiert.[6]

Schallplattengeschäft Anfang der fünfziger Jahre. Foto: Peter Fischer. Historisches Archiv der Stadt Köln.

Das Aufgreifen der ehemals französischen Hot-Club-Idee in einigen westdeutschen Städten ab 1947, nachweislich dokumentiert durch Konzeptpapiere, Richtlinien und daraus hervorgehenden Satzungen der Clubs, entwickelt eine regional stark ausdifferenzierte Szene. Nicht nur unterschiedlich aktive Hot Clubs tragen mit Jazzkonzertbesuchen, Vorträgen von thematischen Schallplattenprogrammen oder musikalischen Darbietungen der Mitglieder zur Vielfalt einer disparaten westdeutschen Jazzlandschaft bei. Oft ist es auch die Hilfestellung der alliierten Militärregierung, die fördernd oder hemmend in diese Entwicklung eingreift; vor allem die Nähe zu einem *Amerikahaus* schlägt sich relativ positiv im jazzorientierten Umfeld einer entsprechenden Stadt nieder.[7] Aus musikalisch-stilistischer Sicht stützt sich der Hot-Club-Gedanke auf jene Spielmanieren[8] früher Jazzformen der afro-amerikanischen Musik, die durch spezielle expressive und intonatorische Instrumental- sowie Vokaltechniken bei europäischen Rezipienten die Vorstellung eines authentischen, des »echten« Jazz nähren. Hervorgehoben werden dabei die Hot-Soli eines Louis Armstrong, die Ursprünglichkeit eines Lionel Hampton oder das orchestrale Kolorit der Band Duke Ellingtons. Synonym für schwarze amerikanische Jazzmusik der Stilistiken bis zum Ende der dreißiger Jahre ist der Hot-Begriff zwar weiterhin fließend, wird aber für die europäische Jazzpublizistik französischer und belgischer, später auch deutscher Feder zum definitorischen Kern dieser Improvisationsmusik. Während die amerikanische Szene recht pragmatisch mit der vermeintlichen Trennung in »echten« und »unechten« Jazz umgeht, lassen sich frühe Spuren einer entsprechenden Abgrenzung zur populären Tanzmusik und der Betonung auf dem »wahren« Jazz finden. Aus Sicht der Hot Jazz-Freunde erscheint es notwendig, die Qualität dieses »echten« Jazz zu propagieren, seine authentischen Elemente herauszuarbeiten, um diese unter der Begrifflichkeit der Hot-Eigenschaften afro-amerikanischer Musik gleich für verschiedene Argumentationslinien aufbereiten zu können.

> Das Hot-Phänomen hilft primär bei der Argumentation zur Abgrenzung nicht Hot Jazz-konformer, populärer Tanzmusik; gleichzeitig erlauben strukturelle Stilfragen einen analytischen Blick und eine Herangehensweise wie an ein »Kunstwerk« der ernsten Musik. Schließlich dient das Hot-Element im Jazz-Kanon selbst sogar der Negation und Abschottung gegenüber stilistischen Veränderungen. So entwickelt diese vielschichtige Argumentationslage eine schwer nachzuvollziehende Unschärfe im Jazz-Diskurs nach dem Zweiten Weltkrieg; trotzdem bleibt eine spannende Gemengelage, deren argumentative Ausformung sich in diversen Hot-Club-Programmen spiegelt. Gilt der Hinweis des Pianisten Georg Haentzschel, sein Berliner Tanzorchesterleiter, der Geiger Marek Weber, habe die Hot-Music »gehaßt wie die Pest«[9] für das Jahr 1928, so beschreibt der Schweizer Autor Jan Slawe die direkte Nachkriegssituation: »Einerseits besitzt er (der Jazz – B.H.) zahlreiche, meist leidenschaftliche *Anhänger* (hotfans); andererseits verurteilen und bekämpfen ihn noch zahlreichere *Gegner*.«[10] Für den westdeutschen Musikpädagogen Wilhelm Twittenhoff umgibt den »echten, den authentischen oder ›real jazz‹ [...] ein breiter Ring jazzhafter Tanzmusik«,[11] und der französische Publizist Hugues Panassié malt die amerikanischen Begebenheiten aus seiner europäischen Sicht in düsteren Farben: »Niemals befand sich der Jazz in einer schlechteren Situation als 1948. Musiker und Orchester litten nicht nur unter der Finanzkrise, sondern auch unter dem Verruf, in den die ›bopper‹ den Jazz gebracht hatten, indem sie als Vertreter des ›modernen‹ Jazz ausgegeben wurden, während ihre unverdauliche Musik die Gäste aus den Nachtclubs verjagte.«[12]

Hier spricht ein Traditionalist, der militant das Einzigartige seiner Musik verteidigt, ohne stilistische Veränderungen in der afro-amerikanischen Musik und speziell im Jazz mit Interesse nachzuvollziehen. Ausgerichtet auf das – in den USA – von historisch interessierten Jazzhörern begleitete New Orleans Revival, gilt der Blick den vermeintlich archaischen Formen improvisierter Musik der Jahrhundertwende. Diesem beharrenden Moment folgen – in der Einflußsphäre der französischen Argumentation – die überwiegenden thematischen Schallplattenprogramme des Hot Clubs Düsseldorf; es entsteht ein Repertoiredialekt, der sich beispielsweise von den Vortragsabenden des Hot Clubs Frankfurt absetzt, dessen Programme stärker über aktuelle Strömungen des amerikanischen Jazz informieren. Neben diesen thematisch so unterschiedlich ausgerichteten Informationsschwerpunkten einzelner Hot Clubs schlägt sich natürlich Twittenhoffs Hinweis auf die Hörer »jazzhafter Tanzmusik« als auszugrenzende Fans in einer Reihe von Club-Satzungen nieder. Schon den »Swing-Heinis« der Weimarer Republik waren die Vorlieben für tanzbare populäre Musik zum Verhängnis geworden. Die Clubs empfinden sie nun als unseriöse Mitstreiter im Kampf um die kulturelle Akzeptanz des Jazz.[13]

ERSTE HOT-CLUB-AKTIVITÄTEN IN DEN DREI WESTLICHEN ZONEN

Recht lückenhaft ist zur Zeit noch die Dokumentation der Hot-Club-Entwicklung nach dem Zweiten Weltkrieg. Deshalb ergibt sich für die Beschreibung dieses Aspektes der westdeutschen Jazz-Landschaft ein mehr mosaikartiges Raster, in dem noch wesentliche Flächen durch spätere Forschungen aufgefüllt werden müssen. Der geringe Materialbestand beleuchtet nur einzelne, isolierte urbane Jazzszenen, die in ihrer konzeptionellen und organisatorischen Entwicklung zuerst einmal parallel betrachtet werden, obwohl relativ schnell Kontakte zwischen einzelnen Gruppen entstehen und vorbildlich wirkende Club-Konzepte bald Nachahmung, zum Teil in Neugründungen, finden. Sowohl die überregionalen wie die lokalen Aktivitäten, speziell das regelmäßige, meist vierzehntägige Versammeln bei den Vortragsabenden oder das Organisieren von Konzerten mit ausländischen und einheimischen Jazzmusikern, geschehen in den ersten Nachkriegsjahren unter direkter Kontrolle von seiten der Besatzungsmacht in der entsprechenden amerikanischen, britischen oder französischen Zone. Der Hinweis des Düsseldorfer Hot-Club-Präsidenten Schulz-Köhn an eine englische Düsseldorfer Regierungsstelle: »these meetings are strictly scientific and serious; there is no dancing or ›behavior as on a party‹«,[14] läßt den formalen Druck dieser Besatzungsmächte erahnen, dem die Club-Aktivitäten ausgesetzt sind. Registriert als »Verein« bei der Düsseldorfer Polizei, stehen die Zusammenkünfte auch in anderen westdeutschen Städten unter diesem Legitimationszwang,[15] während sich einheimischen Jazzmusikern der amerikanischen und britischen Zone ein reichhaltiges und finanziell attraktives Betätigungsfeld in Form von Clubauftritten für alliierte Soldaten bietet.[16]

Mit der Bildung des Landes Nordrhein-Westfalen am 23. August 1946 und dem Doppelabkommen, das zum 1. Januar 1947 zwischen Amerikanern und Engländern in Kraft tritt und dem sich 1948 Frankreich anschließt, vereinfacht sich die Informationslage zwischen den Clubs. Trotz einer gewissen Instabilität einzelner lokaler Initiativen kann für das Jahr der Entstehung »Trizonesiens«[17] die Existenz der Hot Clubs in Düsseldorf,[18] Köln,[19] Bergisch Gladbach,[20] Honnef,[21] Essen[22] und Kleve[23] nachgewiesen werden. Ausdrücklich sei darauf hingewiesen, daß andere Hot Clubs in Nordrhein-Westfalen schon früher haben existieren können (hier müssen gesonderte Untersuchungen Klärung bringen); entscheidender scheint der Nachweis der Hot Clubs Westdeutschlands – Stand: 1. Juni 1950 –[24] der für das Gebiet der späteren Bundesrepublik 20 Clubs aufzählt, darunter neun in diesem Bundesland: erwähnt werden die Ansprechpartner der Hot Clubs aus Bochum, Bonn, Dortmund, Düsseldorf, Duisburg, Gelsenkirchen, Kleve, Münster und Solingen. Nur wenige Anhaltspunkte lassen Rückschlüsse auf die personelle Stärke der Vereine, auf das Alter, Geschlecht und das berufliche Umfeld der Hot-Club-Mitglieder zu, auch hier stößt die Beschreibung einer möglichst vollständigen Jazz-Club-Szene an ihre dokumentarischen Grenzen.[25]

Gelegentlichen Jahresrückblicken der Club-Journale verdanken wir Angaben zur Mitgliederstärke. So stellen im Dezember 1947 32 »Damen und Herren« des seit 1941[26] existierenden Hot Clubs Frankfurt ein Weihnachtsprogramm aus 28 Titeln zusammen; ein ähnliches Wunschkonzert auf Schallplatte läßt 22 Teilnehmer des Hot Clubs Düsseldorf im März 1949 aktiv werden.[27] Stolz vermeldet der Hot Club Köln in seinem Journal – Anfang November 1948 – eine Mitgliedsstärke von 60 Personen[28] und die vorliegenden Satzungen der Hot Clubs aus Bergisch Gladbach (März 1948: 7 Mitglieder)[29] und Duisburg (Oktober 1949: 8 Mitglieder)[30] geben Auskunft über die organisierte Vereinsstärke. Die Hot Oase Kleve meldet Ende der vierziger Jahre ca. 30 Mitglieder[31] und nur der Würzburger Jazzclub, gegründet am 6. Mai 1948, listet relativ genau seine personelle Entwicklung auf: die Teilnehmerliste – zwischen 16 und 28 Jahren liegt das Alter der Mitglieder – weist eine fünfzehnprozentige Frauenquote auf; vor allem Studenten, Angestellte und Kaufleute, jedoch keine Handwerker, verzeichnet die Würzburger Chronik, die eine sinkende Mitgliederzahl von 1948 (30 Personen) bis Ende 1950 (15 Personen) dokumentiert.[32]

Dabei deutet die Zusammensetzung der Altersstruktur des Clubs – mit einer Spannbreite von 12 Jahren – einen Trend an, der durch Zeitzeugenbefragungen zur NS-Jazzrezeption[33] gestützt wird. So sind die älteren Fans, die »ihre« Musik bereits während des Dritten Reiches hörten, Ende der vierziger Jahre ungleich stärker in die organisatorischen Strukturen der Hot Clubs eingebunden und bestimmen somit auch weitgehend die kulturelle Perspektive der Hot-Club-Bewegung. Ihr Informationsvorsprung, gegenüber den zum Teil wesentlich jüngeren Mitgliedern, flankiert durch die erlebten Erfahrungen der Stigmatisierung afro-amerikanischer Musik zu Zeiten des Nationalsozialismus, schafft ein spannungsreiches Ungleichgewicht im sozialen Kontext der Initiativen. Unseriös erscheinen offenbar Privatgespräche im Auditorium während der Schallplattenvorträge oder unpünktliches Erscheinen, Diskussionsstoff, der sich beispielsweise im »Programmstreik« dreier älterer Experten[34] des Hot Clubs Düsseldorf äußert.

Die Zielsetzung der Hot-Club-Bewegung schlägt sich 1948/49 in einer Reihe von Satzungen nieder, die mehr oder minder ausführlich als veröffentlichte Vorgabe das Vereinsleben definiert. Dabei garantiert die Auflistung der diversen Vereinsparagraphen auch eine eventuell benötigte Camouflage in Richtung entsprechender Besatzungsmächte, die Versammlungen der Hot Clubs zu legitimieren.[35] Die »Mitteilungen« des Hot-Circle-Darmstadt sprechen diese organisatorische Außenansicht der Hot Clubs konkret an:

»Wir führen hier Programmpunkte auf, die der Hot-Circle Darmstadt zum Zwecke der Lizensierung bei der Militärregierung eingereicht hat.« In den allgemeinen Ausführungen heißt es, daß der HCD den *echten Jazz* pflegen will.

»Er möchte die Art der Jazzmusik, die die ursprüngliche war und heute fast ganz durch die Übermacht des kommerziellen Stoffs verdrängt worden ist. Es sollen also keine ›Swing-Heinis‹ in unseren Club kommen, sondern Leute, die einen FLETCHER HENDERSON wohl von einem HARRY JAMES unterscheiden können! Punkte: 1. Jam-Session mit hiesigen und auswärtigen Gästen. 2. Schallplattenabende mit Vorführung u. Besprechung historischer und moderner Platten u. Diskussionen. 3. Anlegen eines klubeigenen Schallplattenarchivs zur Ausleihe und für Klubzwecke. 4. Archiv mit Fachzeitschriften und -büchern des In- und Auslandes zur Ausleihe. 5. Vermitteln von Lehrstellen für junge Jazzmusiker. 6. Herausgabe eines eigenen Mitteilungsblattes an Mitglieder u. Freunde des Circles [...] 7. Veranstaltungen größerer Art wie Jazzkonzerte oder Gastspiele bekannter Orchester und Musiker. 8. Vermittlung zum bevorzugten Einlaß von Mitgliedern zu Veranstaltungen anderer Clubs.«[36]

Jazzfans bei einem Konzert Benny Goodmans am 25. Oktober 1959 in Köln. Foto: Peter Fischer. Historisches Archiv der Stadt Köln.

Dieser Mitteilungstext streift die verschiedenen Arbeitsschwerpunkte der westdeutschen Hot-Club-Bewegung und zeigt darüber hinaus den hohen organisatorischen Grad ihrer Vereine. So setzt sich der Duisburger Vorstand aus acht gewählten Vertretern zusammen, deren Aufgaben und Kompetenzen die Statuten vom 12. Oktober 1949 festlegen (vgl. Abb. S. 70):

» a)   Der Präsident vertritt den Club in der Öffentlichkeit. Er ist zeichnungsberechtigt.

   b)   Der künstlerische Leiter berät alle Mitglieder in Musikfragen. Er ist neben dem Präsidenten zeichnungsberechtigt.

   c)   Der Referent für Recht vertritt den Club in allen juristischen Angelegenheiten.

   d)   Der Referentin für Presse und Werbung obliegt Reklame und Werbung, Besuch anderweitiger Veranstaltungen, Beschaffung von Pressematerial.

   e)   Der Schriftleitung obliegt die gesamte Clubkorrespondenz.

   f)   Dem Kassierer obliegen Verwaltung der Clubgelder und Quittierung auf den Mitgliedskarten.

   g)   Die Archivare verwalten das Archiv.

   h)   Die Organisationsleiterin organisiert alle Veranstaltungen des Clubs.«[37]

Statuten des »Hot-Club of Duisburg«
von 1949. Sammlung Bernd Hoffmann.

Im Satzungsvergleich lassen sich leichte Akzentverschiebungen in der Ausrichtung verschiedener Clubs und spezielle Arbeitsfelder finden:

– es wird die Kenntnis und die »wissenschaftliche« Vermittlung[38] des Hot-Repertoires explizit herausgestellt;[39]
– die Erstellung von Schallplattenkatalogen zur gegenseitigen Information für Mitglieder;
– die Schaffung einer Club-Bibliothek zum Thema Jazz;
– ausführliche Informationen über das aktuelle europäische Rundfunkangebot zu Jazz-Sendungen.

Später wird die Vortragszeit auf die Erarbeitung des Schallplattenmaterials bekannter amerikanischer Improvisatoren im Vorfeld einer Deutschland-Tournee verwendet und werden Busfahrten zu den Konzerten in anderen Städten organisiert, Gruppenreisen zu Auftritten der Formationen von Rex Stewart (1947/48), Don Byas (1949) und Duke Ellington (1950).[40] Fällt auch die durch mehrere westdeutsche Städte führende Tournee der Ellington Band historisch schon in die Zeit nach den Wahlen zum 1. Bundestag (14. August 1949), so setzt sich jedoch diese Form der Clubarbeit in Fahrten zum Red Nichols-Konzert (1951) und zu Lionel Hampton (1953) fort.[41]

Zwar mag der Camouflage-Aspekt der Hot-Club-Satzungen in Richtung der Besatzungsmächte auf den ersten Blick interessant erscheinen, die eigentliche Sorge der Clubverantwortlichen gilt jedoch der negativen Außenwirkung durch ein nicht konformes Auftreten der Mitglieder. Entsprechend drastisch fallen Methoden und Wortwahl aus: »reinen Tisch«[42] zu machen. »Es hatten einige Elemente den Weg in den Club gefunden, die seinen Zielen zumindest nicht förderlich waren. Diese Kreise, die man wohl treffend als ›Swing-Heinis‹ bezeichnet hat, sind leider bei uns in Deutschland überall zu finden, und sie betrachten den Jazz nicht als Musik, sondern als Mode und Kulisse für Exzesse.«[43]

Den »Exzessen« der Mitglieder Einhalt zu gebieten, regelt ein aufwendiges Club-Ausschlußverfahren. Aber schon die Aufnahme in den Club durchläuft ein Gremium, das mit einer unterschiedlichen Anzahl von Bürgen – das variiert von Hot Club zu Hot Club – die neuen Mitglieder auswählt. Relativ konsequent wird dann das Ausschlußverfahren vollzogen. Einige Hot- und Jazzclubs geben in ihren Satzungen über das Erlöschen der Mitgliedschaft Auskunft:

– wenn »ein Mitglied in grober Weise oder mehrfach gegen Ziele und Wesen des Clubs verstößt«.[44]
– »Wer durch lautes Reden, ungebührliches Benehmen und offensichtliche Uninteressiertheit auffällt, kann durch ein Vorstandsmitglied von der betreffenden Veranstaltung weggewiesen werden. Im Wiederholungsfall erfolgt Entzug der Mitgliedschaft.«[45]

Eine harte Strafe für Unaufmerksamkeit beim Anhören von Schallplatten, verfügt vom Jazzclub Zürich, aber die vielfältigen Klagen über ein »sensationslüsternes Jitterbug-Publikum«,[46] dem nur die Anwesenheit der Polizei »Benehmen« lehrt,[47] erhöht den Argumentationsdruck, einen »Ausleseprozeß stattfinden (zu lassen – B.H.), der das Publikum und die Stands absondert«.[48] So entwickelt sich innerhalb nur weniger Jahre eine Hot-Club-Kultur in den drei westdeutschen Besatzungszonen, die, geprägt von ihren elitären Vorstellungen, die undogmatische Vermittlung afro-amerikanischer Musik zum Teil konterkariert, da sie sich in ihrem Expertentum als alleinige Vertreterin der »reinen« Lehre versteht und der aufkommenden Tanz-Rezeption des Jazz entgegenwirken möchte.

CLUB AKTIVITÄTEN DES HC DÜSSELDORF

»Mehr als äußerliche Erfolge bedeutet uns der innere Gewinn, den wir dem Club zu verdanken haben: Freude, Kameradschaft, gemeinsam verbrachte schöne Stunden, Schärfung des Gehörs, Bildung des Geschmacks, Schulung der Kritik. Was hat es überhaupt mit dem Jazz auf sich? Er ist Ausdruck eines ganz bestimmten Lebensgefühls: er ist optimistisch, jugendlich, kompromißlos lebendig [...] Wir können manches von ihm lernen: Toleranz und die Synthese von Individualismus und Kollektivismus, wie sie sich im Solo, der Improvisation einerseits und dem Rhythmus, welcher das ganze bindet und ordnet, äußern. Für uns ist jedoch der Jazz *nicht* eine Mode, eine Eintagsfliege, der Ausdruck von Zügellosigkeit, von verdrängten erotischen Komplexen oder eine Kulisse, ein Freibrief für lümmelhaftes Benehmen.«[49]

Jazzfans bei einem nicht näher bekannten Konzert 1959. Foto: Peter Fischer. Historisches Archiv der Stadt Köln.

Was der scheidende Hot-Club-Präsident Dietrich Schulz-Köhn in seinen »Reflexionen und Maximen« zum zweijährigen Bestehen des Düsseldorfer Clubs vorlegt, wirft ein bezeichnendes Licht auf den Hot Jazz-Gedanken der Nachkriegszeit. Bis Ende 1949 hat der nach Hannover wechselnde Rundfunk-Autor die Club-Entwicklung vorangetrieben – immerhin lassen sich allein 52 Programmabende in dieser Zeitspanne nachweisen, denen bis Ende 1954 weitere 159 Clubtreffen mit Schallplattenvorträgen, Diskussionen und Konzertbesprechungen folgen; aus dieser offensichtlich erfolgreichen Arbeit entstehen zwei weitere Hot Clubs (in Solingen und Neuss) direkt aufgrund der Düsseldorfer Initiative. Aus der Sicht soziokultureller Fragestellung bieten Schulz-Köhns »Reflexionen und Maximen« jene spärlich vorhandenen Informationen zur personellen Zusammensetzung der Initiative an, die im Mai 1952 55 Mitglieder namentlich aufführt. Mit seiner Bemerkung »die Mehrzahl der Hot Clubs« seien »leicht eine Angelegenheit von jungen Männern«, setzt sich der ehemalige Clubpräsident von der gängigen Clubstruktur anderer Initiativen ab und verweist auf den älteren Hotfan: »Sind die Halbwüchsigen und Halbgebildeten in der Überzahl, so wird ein Club oft nur ein mitleidiges Lächeln hervorrufen und nie ernst genommen werden.«

Bemerkenswert ist die Beschreibung der geschlechtsspezifischen Struktur, indem Schulz-Köhn direkt die weiblichen Mitglieder anspricht: »Es muß ganz besonders gewürdigt werden, daß im hcd eine Reihe von jungen Damen regelmäßig teilnimmt, die das Bild auflockert und dem Club eine gesellschaftliche Note gibt, die man sonst schmerzlich vermissen würde. Daß die Damen nicht nur eine dekorative Rolle spielen, sondern auch etwas vom Fach verstehen, wissen die Mitglieder selbst am besten.«

Diese Textpassage ist mehr als nur eine Ansammlung unglücklicher Formulierungen. Zwar bestätigt das Mitgliederquiz, veröffentlicht im Programm 77 vom 27.1.1950, die These, daß die weiblichen Mitglieder des Clubs die schwierigen biographischen Fragen und vorgelegten Hörproben gleich gut wie ihre männlichen Kollegen beantworteten. Doch in solchen Beschreibungen offenbart sich leider auch ein abschätziges Frauenbild, das mit den propagierten »Idealen« des Clubs und seiner Musik nicht immer deckungsgleich erscheint. Wie heißt das 11. Gebot in Schulz-Köhns »15 Gebote für den Jazz-Fan«? »Der echte Fan ist tolerant.« (»Jazz Podium«, 9/1952, S. 4.)

Abschließend erhalten wir einen Einblick in die berufliche Situation des Düsseldorfer Mitgliederstamms: »Studenten, Schauspielerinnen, Graphiker und künstlerisch Interessierte beiderlei Geschlechts,«[50] und damit unterscheidet sich dieser Hot Club wenig von anderen Initiativen, die sich zur gleichen Zeit entwickeln. Leider sind die Mitgliederlisten über die Jahre verteilt zu fragmentarisch, um Zu- oder Abgänge einzelner Personen gezielt recherchieren zu können; hier würden die Unterlagen der Mitgliederkasse entsprechendes Material liefern.

Hingegen läßt sich besonders gut die Kopplung von den historisch und theoretisch ausgerichteten Vortragsabenden und praktischen »Jam-Sessions« nachweisen, die mit öffentlichen Auftritten der clubeigenen Hot-Combo – (Spieler »müssen über ausgezeichnete Kenntnisse instrumentaler Fertigkeiten verfügen«[51]) – in erläuternden Konzert-Texten zur improvisierten Musik vor allem in Diskussionen »Pro und contra Jazz«[52] neue Argumente bringen. Gerade die akribische Vorstandsarbeit der ersten Jahre, die selbst an Vortragsabenden des Hot Clubs Schallplattenaufnahmen sinfonischer Werke von Mozart, Schubert oder Bruch vorführen und erklären läßt,[53] belegt den heute übertrieben erscheinenden Wunsch nach kultureller Akzeptanz. Dabei steht dieser versagten Anerkennung bürgerlicher Kreise eine freudige Aufbruchstimmung einzelner Clubs gegenüber, die dank der von seiten der englischen Besatzungsmacht verfügten und lizensierten übergeordneten Clubkonstruktion »Hot Club 47« im mittelrheinischen Raum auf lokaler Initiativ-Ebene Köln, Düsseldorf und Bonn einen intensiven Dialog führen.

»Im Westen scheint sich glücklicherweise eine Einigung und Konsolidierung anzubahnen, die vom Geist der echten Anhängerschaft zum Jazz getragen wird. Der ›Hot Club 47‹, der von der Militärregierung lizensiert ist, ist als Dachorganisation für örtliche Clubs gedacht, die durchaus ihre Selbständigkeit behalten sollen.«[54]

Das für den 1. Juli 1948 anberaumte Treffen zwecks Angliederung diverser Clubs schafft keine Neuorganisation des Clubwesens mit lokalen Dependancen. Von der Konstruktion der Dachorganisation für die örtlichen Clubs ausgehend, entwickelt der Düsseldorfer Clubpräsident Schulz-Köhn nur wenig später das Konzept eines Verbandes der Hot Clubs West. Für ein Treffen der Verantwortlichen verschiedener Initiativen am 22. Juli 1948, dessen Versammlungsort nicht festzustellen ist, fertigt der Clubvorsitzende eine Tischvorlage (vgl. Abb. unten), die recht umfassend inhaltliche und organisatorische Gedanken für eine überregionale Standesvertretung behandelt.

Weit blickt Schulz-Köhn mit diesem Papier über den Tellerrand einzelner lokaler Initiativen hinaus, und von diversen Aspekten der Düsseldorfer »Satzungen« ausgehend, ist sein Vorstoß in Richtung Wettstreit der Jazz-Orchester in der Westzone oder die Verleihung eines Schallplattenpreises verschiedenster Kategorien besonders umsichtig. Auch die Forderung einer musikhochschulspezifischen Ausbildung an die politischen Vertreter der Zone – später sind das die Ländervertreter –, ein Lehrfach für den Jazz an Konservatorien zu etablieren, hat die Zukunft der improvisierten Musik vor Augen. Angeknüpft wird dabei an die Etablierung einer Saxophonklasse am Hoch'schen Konservatorium Frankfurt, die im Dritten Reich geschlossen wurde. In modifizierter Form wird diese Vorschlagssammlung immer wieder bei diversen Treffen der Jahre 1948 bis 1951 eingebracht, so in die Diskussion der Arbeitstagungen westdeutscher Hot Clubs, die ab dem Mai 1950 in halbjährlichem Turnus zusammentreten.

Die Arbeit des Düsseldorfer Hot Clubs möchte ich nun mit folgenden Schwerpunkten vorstellen:

– den Strukturen der »Satzungen« vom Dezember 1948 und der Neufassung vom 29. Dezember 1953;
– den inhaltlichen Aspekten der Schallplattenvorträge, aufgeteilt in Themen historischer oder aktueller Jazzlandschaften, in Portraits bekannter Künstler und in diskographischen Informationen; und
– der Außenarbeit mit der Organisation von Konzerten und entsprechenden Jam-Sessions.

Natürlich drängt sich als Exkurs ein Vergleich dieses Programmrepertoires mit dem Inhalt des Frankfurter Hot Clubs auf, zu unterschiedlich akzentuiert erscheint zeitweise die Themenpalette an Rhein und Main.

Unterlagen für die Tagesordnung des Verbandes der »Hot Clubs West« am 22. Juli 1948. Sammlung Bernd Hoffmann.

Ab dem Januar 1948, also knapp ein Jahr vor der Drucklegung der ersten »Satzungen« des Hot Clubs Düsseldorf, »fand sich eine kleine Gruppe begeisterter Jazzfans, die wöchentlich einmal zusammentrafen, um ihre Hot-Platten zum Vortrag zu bringen. Aus diesen Zusammenkünften entstand schließlich ein Hot Club, der in der Privatwohnung eines seiner Mitglieder tagte.«[55] Ganze 33 Vortragsabende verzeichnet die Chronik des Hot Clubs für das Jahr 1948, in dem die »Satzungen« entstehen; vervielfältigt und auf drei Seiten veröffentlicht, tragen sie das Datum: 1. Dezember 1948 (vgl. Abb. S. 75). »Im Dezember fand schließlich die offizielle Gründungsversammlung statt, auf der die Clubsatzung und die Eintragungen in das Vereinsregister beschlossen wurden.«[56]

Dieser acht Paragraphen umfassende Text stützt sich auf im Wortlaut identische Vorlagen, die einmal das Datum: 1. Juli 1948 und November 1948 tragen. So dienen die mit Datum 1. Juli 1948 versehenen Düsseldorfer »Satzungen« als Vorlage für eine handschriftlich redigierte Fassung des Hot Clubs West (Bergisch Gladbach), der seinerseits eine wesentlich gekürzte Düsseldorfer Fassung dem Protokoll der Mitgliederversammlung vom 29. Mai 1948 beilegt.[57] Auch die von Schulz-Köhn handschriftlich eingetragenen Veränderungen der Düsseldorfer »Satzungen« für den Hot Club Hannover, leider ohne aktualisiertes Datum, legen den Schluß nahe, daß die Düsseldorfer Fassung anscheinend Vorbildcharakter für andere Hot Clubs aufweist; ebenso beziehen sich der Text des Duisburger Hot Clubs (12. Oktober 1949)[58] und die beiden Kölner Fassungen vom 16. Juni 1955[59] sowie 26. Juli 1957[60] auf die Düsseldorfer Ausgabe vom Dezember 1948.

Die ersten »Satzungen« erfahren Änderungen und Erweiterungen, niedergelegt in einem neuen Text, datiert auf den 29. Dezember 1953. Nun ist der Hot Club Düsseldorf nicht mehr dem Jazz Club West angeschlossen, sondern, als eingetragener Verein, Mitglied der »Deutschen Jazz-Föderation«. *Ziel und Zweck* des Clubs (§2) werden ohne Veränderung übernommen, erst das Thema *Mitgliedschaft* (§3) zeigt einige Erweiterungen. Diese gelten explizit dem Personenkreis der Amateurmusiker, die von Mitgliedsbeiträgen befreit ihren Status durch unentgeltliches Auftreten bei Clubabenden rechtfertigen können. Den *Organen des Clubs* (§6) wird die Position des Kassierers neu hinzugefügt und seine Tätigkeit beschrieben. Schließlich informieren die »Satzungen« im Dezember 1953 über den neu entstandenen *Neusser Jazz-Kreis im Hot Club Düsseldorf* (§9), der sich in einer späteren Clubphase dann verselbständigen wird.

Die Konsolidierungsphase des Düsseldorfer Clubs dient nicht nur der Schaffung eines äußeren Rahmens wie Lizensierung, Clubräumlichkeiten und Personal, sondern vor allem der Orientierung des inhaltlichen Profils. Mit dem Hinweis auf die weltweite Tradition der Club-Bewegung und der Kontinuität, die durch den amtierenden Präsidenten Schulz-Köhn als Mitbegründer eines der »ersten deutschen Hot Clubs«[61] 1934 in Königsberg gewährleistet ist, beginnt eine zuerst noch unterschwellig geführte Diskussion über die Wertigkeit verschiedener Jazzstilistiken. Auch wenn der kooperative Gedankenaustausch in der Tradition der Hot-Club-Bewegung betont wird, belegt doch der folgende Auszug einer programmatisch gehaltenen Beschreibung zum *Hot Club Düsseldorf* im Programmblatt 21 (17.9.1948)[62] gelinde gesagt eine nicht ganz vorurteilsfreie Auseinandersetzung mit der Person des Bebop-Trompeters Dizzy Gillespie.

Daß die tatsächliche Ausrichtung der Clubprogramme dieser dokumentierten, negativen Vorstellung entspricht, wird die Analyse der Vortragsabende des Jahres 1948 ergeben. Den Düsseldorfer Mitgliedern werden durchweg jazzmusikalische Ereignisse in Expertenvorträgen vermittelt, die nicht gerade dem Focus aktueller stilistischer Entwicklung der amerikanischen Jazzszene entsprechen. Von einer umfassenden, allen Strömungen improvisierter Musik nachspürenden Aufarbeitung kann in der Anfangsphase des hcd nicht die Rede sein.

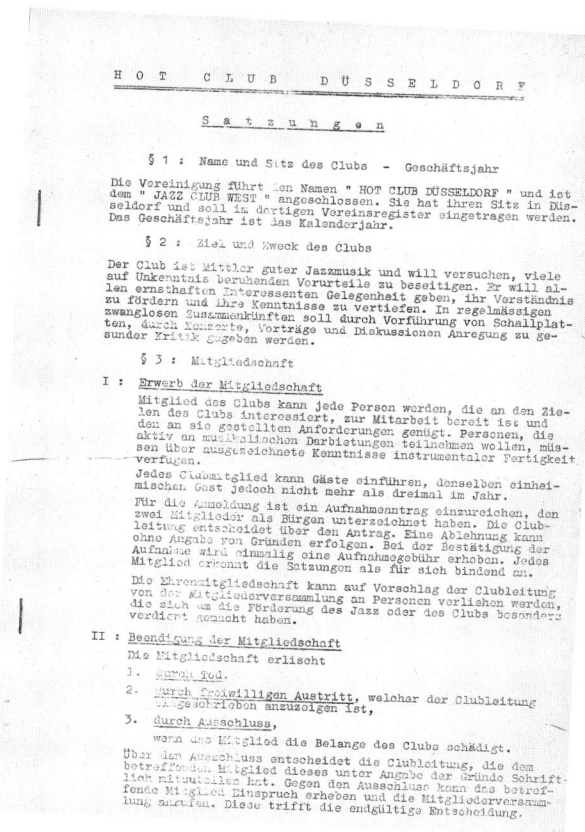

HOT CLUB DÜSSELDORF

S a t z u n g e n

§ 1 : Name und Sitz des Clubs - Geschäftsjahr

Die Vereinigung führt den Namen " HOT CLUB DÜSSELDORF " und ist dem " JAZZ CLUB WEST " angeschlossen. Sie hat ihren Sitz in Düsseldorf und soll im dortigen Vereinsregister eingetragen werden. Das Geschäftsjahr ist das Kalenderjahr.

§ 2 : Ziel und Zweck des Clubs

Der Club ist Mittler guter Jazzmusik und will versuchen, viele auf Unkenntnis beruhenden Vorurteile zu beseitigen. Er will allen ernsthaften Interessenten Gelegenheit geben, ihr Verständnis zu fördern und ihre Kenntnisse zu vertiefen. In regelmäßigen zwanglosen Zusammenkünften soll durch Vorführung von Schallplatten, durch Konzerte, Vorträge und Diskussionen Anregung zu gesunder Kritik gegeben werden.

§ 3 : Mitgliedschaft

I : Erwerb der Mitgliedschaft

Mitglied des Clubs kann jede Person werden, die an den Zielen des Clubs interessiert, zur Mitarbeit bereit ist und den an sie gestellten Anforderungen genügt. Personen, die aktiv an musikalischen Darbietungen teilnehmen wollen, müssen über ausgezeichnete Kenntnisse instrumentaler Fertigkeit verfügen.

Jedes Clubmitglied kann Gäste einführen, denselben einheimischen Gast jedoch nicht mehr als dreimal im Jahr.

Für die Anmeldung ist ein Aufnahmeantrag einzureichen, den zwei Mitglieder als Bürgen unterzeichnen haben. Die Clubleitung entscheidet über den Antrag. Eine Ablehnung kann ohne Angabe von Gründen erfolgen. Bei der Bestätigung der Aufnahme wird einmalig eine Aufnahmegebühr erhoben. Jedes Mitglied erkennt die Satzungen als für sich bindend an.

Die Ehrenmitgliedschaft kann auf Vorschlag der Clubleitung von der Mitgliederversammlung an Personen verliehen werden, die sich um die Förderung des Jazz oder des Clubs besonders verdient gemacht haben.

II : Beendigung der Mitgliedschaft

Die Mitgliedschaft erlischt

1. durch Tod,

2. durch freiwilligen Austritt, welcher der Clubleitung schriftlich anzuzeigen ist,

3. durch Ausschluss, wenn das Mitglied die Belange des Clubs schädigt.

Über den Ausschluss entscheidet die Clubleitung, die dem betreffenden Mitglied dieses unter Angabe der Gründe schriftlich mitzuteilen hat. Gegen den Ausschluss kann das betreffende Mitglied Einspruch erheben und die Mitgliederversammlung anrufen. Diese trifft die endgültige Entscheidung.

Satzung des »Hot Club Düsseldorf«.
Sammlung Bernd Hoffmann.

»In allen Clubs hat man sich die Pflege der Jazz-Musik zur Aufgabe gemacht, d.h. einmal die Vermittlung der nötigen Kenntnisse von Namen, Solisten, Orchestern und Stilarten, dazu kommen Diskussionen, die oft hitzig und kompromißlos geführt werden. Denn die meisten Jazz-Fans sind jung, und der Jazz selber schillert in manchen Farben: große Orchester wetteifern mit Jam-Ensembles, der Jazz des ›Golden Age‹ hat ebenso seine fanatischen Anhänger (daher der Ausdruck ›Fan‹) wie der progressive Jazz eines Stan Kenton oder der Be-Bop. In einem Club sollen ALLE zu Wort kommen. Es müssen jedoch die einfachsten Regeln des ›fair play‹ und des Anstandes berücksichtigt werden. Denn die Betonung bei der Jazz-Musik liegt nach wie vor auf: dem Wort MUSIK. So wie es in der Klassischen Musik verschiedene Richtungen und dementsprechende Anhängerkreise gibt: Kammermusik und Oper, Lied und Sinfonie, so auch bei der Jazz-Musik. Und wenn die Anhänger des Be-Bop sich bereits vor 15 Jahren mit der Jazz-Musik beschäftigt hätten, würden sie sicher auch mehr Verständnis für die Aufnahmen eines Jelly Roll Morton und einer Bessie Smith haben. Wir lehnen es daher ab, die Jazz-Musik mit einer *Mode* zu verquicken. Wenn für jemanden der Jazz erst anfängt, wenn er eine große Sonnenbrille aufhat, möglichst ein Ziegenbärtchen dazu und 2 Töne höher bläst als der Trompeter der letzten Saison und außerdem noch 30 cm hochspringt, so hat er sich in einen Hot Club verirrt. Jazz gibt es heutzutage in Lokalen und Rundfunk genügend zu hören. Die Arbeit eines Clubs erstreckt sich auf andere Gebiete. Ein Club steckt sich zum Ziel, gewisse Kenntnisse zu vermitteln und das Gehör zu schulen, das Urteilsvermögen zu schärfen und ihn über alle einschlägigen Ereignisse auf dem Laufenden zu halten: das Entstehen neuer Kapellen, neuer Stilarten, neuer Schallplattenfirmen. Darüber hinaus sollten Platten und Meinungen ausgetauscht werden; viele wollen die Stars im Bilde kennenlernen, Zeitschriften werden herumgereicht. Auch das gesellschaftliche Zusammensein soll gepflegt werden, und vor allem soll die Jazz-Musik in lebendiger Form geboten werden: in Jam-Sessions, im Wege des Austauschs mit anderen Clubs, durch Verpflichtung namhafter Solisten und Orchester.«[63]

Ein programmatischer Text, geschrieben von Dietrich Schulz-Köhn im Programmblatt 21, dem eine langandauernde Wirkung im Clubleben attestiert werden muß – jedenfalls für einen bestimmten Aspekt dieser Aussage. Denn exakt 141 Programme später zitiert Dr. Waldick – 1953 – die zentrale Passage erneut und reflektiert anhand ihrer Prämissen über die ersten fünf Jahre des Düsseldorfer Clubs. Wie wirkte, fragt Waldick, die nach innen gerichtete Programm- und Informationstätigkeit für Mitglieder, wie die nach außen getragene Konzert- und Vortragsarbeit, die den Jazz-Idealen der Hot Clubs generell mehr öffentliche Anerkennung bringen sollte? Die Antwort, im Licht des fünfjährigen Clublebens, fällt eindeutig aus:

»Nun hat die zuerst benannte Clubarbeit einen wesentlichen Vorteil gegenüber der zweiten: Sie läßt sich mit erheblich geringerem Aufwand und ohne jedes finanzielle Risiko durchführen, ganz abgesehen davon, daß ich die Heranbildung einer Gruppe von einigen 10 Mitgliedern zu guten Kennern der Jazzmusik für erfolgreicher halte, als eine Reihe von Konzerten durchzuführen, von denen die Kenner meist enttäuscht und die Gegner nicht bekehrt werden. So läßt sich denn faktisch auch feststellen, daß der Ruf und die Tradition des HCD zum größten Teil auf der inneren Clubarbeit beruhen.«[64]

Wie bescheiden wirken da die Anfänge, Mitte 1948, und die stolze Meldung, im Besitz eines transportablen 8-Watt-Verstärkers zu sein, auf ein Reservoir von viertausend Platten zurückgreifen zu können und zu den Rundfunkprogrammen der NWDR-Sendereihe *Jazz Almanach* über den Clubpräsidenten Schulz-Köhn als ihrem Autor beteiligt zu sein. Lediglich die Ankündigung eines neu zu konzipierenden »hcd Circulars«[65] wird wenige Wochen später aus technischen und finanziellen Gründen zurückgenommen. Und mit dem lobenden Hinweis auf die Frankfurter *Hot Club News*, herausgegeben von Horst Lippmann, wird auch die Idee einer Jazz-Zeitschrift auf der Grundlage des zu entwickelnden Club-Circulars nicht weiter verfolgt. Schulz-Köhn möchte im Vorfeld eines zu erwartenden regelmäßigen Printmediums keine Konkurrenzsituation schaffen,[66] denn »es wäre nur bedauerlich, wenn die liebe deutsche Einheit sich auch hier wieder wie so oft von der negativen Seite zeigen würde und in Eifersüchteleien, Neid und Mißgunst äußern würde«.[67] So bleibt den Mitgliedern des HC Düsseldorf ein doppelseitig bedrucktes, im »Fotokopierverfahren« hergestelltes Informationsblatt,[68] das die gängigen diskographischen Daten des jeweiligen Programmthemas, meist eine jazzhistorische Bewertung der vorzustellenden Persönlichkeit, Textpassagen aus unzugänglicher ausländischer Literatur und – manchmal – die Rubrik: »der hcd teilt mit« enthält.

Die ersten sieben Clubjahre spiegeln also ihre inhaltliche und organisatorische Struktur in 211 veröffentlichten Programmblättern wider, die durchweg vom Vortragenden des jeweiligen Abends geschrieben und vervielfältigt werden. Die durchlaufende Numerierung und Datierung erleichtert aus heutiger Sicht eine historische Orientierung, da die Informationsblätter für die Jahre 1948 bis 1954 die Anzahl der Vereinstreffen dokumentieren.[69] Bezogen auf die Vortragsarbeit im Club gab es 1948: 31, 1949: 40, 1950: 39, 1951: 29, 1952: 21, 1953: 22 und 1954: 29 Programme. Eine enorme Leistung der Erarbeitung wie der Präsentation improvisierter Musik, und die Fragen, Anregungen und Diskussionsbeiträge zu den inhaltlichen Perspektiven der thematisch gebundenen Clubabende durchziehen immer wieder die Mitteilungsspalten der Clubinformationen. Ein umfassendes und gleichzeitig wegweisendes Konzept veröffentlicht Schulz-Köhn gegen Ende seiner Präsidentschaft, in der zweiten Hälfte des Jahres 1949. Die detaillierte Auflistung ordnet die Problemfelder inhaltsreicher Vorgaben und ist aus Sicht der Vermittlung dieser Musik von großem pädagogischen Einfühlungsvermögen:

»Das Problem der Programmgestaltung eines Hot Clubs ist nicht leicht zu lösen. Es spielt eine große Rolle, ob einzelne Mitglieder in der Lage sind, selbständig einen Clubabend zu bestreiten, was a) von den Kenntnissen und b) vom Plattenrepertoire abhängt. Wünsche der Clubmitglieder sollen selbstverständlich weitgehend berücksichtigt werden. Jeder, der einem Hot Club als Mitglied beitritt, sollte zum Gelingen des Ganzen beitragen und gewisse Unbequemlichkeiten auf sich nehmen und z.B. jede Neuerwerbung mit: Orchester, Titel, Fabrikat, möglichst auch mit Besetzung auf einen besonderen Zettel schreiben (möglichst mit Schreibmaschine) und dem Clubmitglied geben, das es sich zur Aufgabe gemacht hat, sozusagen einen Gesamt-Katalog anzulegen über sämtliche Platten, die sich in Händen der Mitglieder befinden. Zu den Programmen selbst möchte ich einige ganz einfache Vorschläge machen. Ich bin mir im klaren darüber, daß sie für Anfänger gedacht sind. Sie haben jedoch den Vorteil, systematisch aufgebaut zu sein. Einen Punkt möchte ich ganz besonderer Beachtung empfehlen: es kommt *nicht* auf die große Zahl der gespielten Platten an! Deshalb schadet es auch nichts, wenn sich einzelne Platten in mehreren Programmen hintereinander wiederholen.

1. Evergreens (zum Kennenlernen und Einprägen der Melodie)
2. Versionen, Gegenüberstellungen (alt – modern, arrangiert – improvisiert)
3. Blues
4. Große Solisten (Armstrong, Carter, Hampton, Hawkins, Parker, Bechet, Lester Young, Fats, Teagarden, Bix, Chick Webb usw.)
5. Große Orchester (Ellington, Basie, Henderson, Lunceford, Luis Russell, Don Redman, Chick Webb, Goodman, Herman, Dorsey, Shaw)
6. Fachausdrücke erläutern (Chorus, Blues, Break, Riff, Section, Team-Work, Hot, Commercial, Dixieland, Growl, Scat, Filling-in)
7. Neuerscheinungen (ja, die gibt es wieder: Odeon, Brunswick, Telefunken-Capitol, Amiga usw.) Je nach Lage alle 2-3 Monate:
8. Portraits (falls genügend Material vorhanden, d.h. also: ein ganzes Programm einem Solisten oder Orchester widmen)
9. Wunschprogramm, evtl. Quiz-Programm
10. Klassisches Programm. Dies halte ich für SEHR wichtig. Man versuche, einen Fachmann hierfür zu gewinnen. Was wurde früher getanzt? Sarabande, Gigue, Gavotte, Menuett, Walzer, Allemande usw.[70]
11. Terminologie des Jazz (Chorus, growl, dirty, riff, filling-in, scat vocal, team-work, commercial, break, rhythm section usw.)
12. Wunsch-Programm
13. Stilkunde-Abend (Quiz-Programm)
14. Die besten Instrumentalisten (Serienprogramm)
    a) Trompete (Armstrong, Ladnier, Cootie, Rex, Muggsy, Bix etc.)
    b) Posaune (Harrison, Higginbotham, Wells, Tricky Sam, Teagarden)
    c) Klarinette (Noone, Dodds, Mezzrow, Bigard, Teschemacher usw.)
    d) Altsaxophon (Carter, Hodges, Parker, Smith, Brown, Jefferson)
    e) Tenorsaxophon (Hawkins, Young, Webster, Thomas, Evans, Choo)
    f) Klavier (Hines, Fats, The Lion, Tatum, Mary-Lou, Wilson usw.)
    g) Baß (Foster, Braud, Blanton, Morgan, Kirby, Bernstein etc.)
    h) Guitarre (Casey, Bunn, Reinhardt, Addison, Lang, Christian etc.)
    i) Drums (Webb, Catlett, Cole, Tough, Wettling, Krupa, Rich etc.)
    j) Vocal (Armstrong, Bessie, Ella, Mildred Bailey, James Rushing)
    k) Arrangeur (Ellington, Oliver, Carter, Redman, Mundy, Mary-Lou)
    l) Diverse (Bechet, Hampton, Norvo, South, Grappelli, Carney etc.)

Sämtliche vorstehenden Programme lassen sich mit einem Minimum an Platten durchführen. Es läßt sich natürlich nicht vermeiden, daß einzelne Platten öfter herangezogen werden müssen; doch soll ja ein Club mehr in die Tiefe gehen im Gegensatz zum Rundfunk. Unter Umständen empfiehlt es sich, nur alle 14 Tage einen Clubabend abzuhalten. Die Abende selbst könnten zweckmäßigerweise folgendermaßen aufgezogen werden. Zunächst Bericht über neue Ereignisse (an Hand von Down Beat, Melody Maker, Mitternacht in München usw.), evtl. mit Untermalung von 1-2 Platten (z.B. bei Todesfällen bekannter Musiker oder Gedenktagen). Anschließend folgt das eigentliche Programm. Es empfiehlt sich, dies zu vervielfältigen und außer den Titeln die Besetzungen (unter Benutzung der »Diskographie«) evtl. auch biographische Notizen usw. anzugeben. Wesentlich erscheint es mir, am Jahresschluß eine Bilanz zu ziehen, etwa: an 40 Club-abenden wurden 600 Platten gespielt, und zwar: (alphabetische Aufzählung). Die prozentuale Verteilung sieht folgendermaßen aus: Armstrong 12%, Ellington 15%, europ. Aufnahmen 8%, Klaviersoli 11%, weiße Orchester 18%, Be-Bop-Aufnahmen 16% usw. Dies soll zur Kontrolle dienen, ob sich die Darbietungen auch in normalen Proportionen bewegen.«[71]

Eine gut dosierte Mischung aus Analyse, Information und Wunschkonzert umfaßt dieses 14-Punkte-Programm, entwickelt anhand der Erfahrungswerte einer knapp anderthalbjährigen Clubpräsidentschaft; es ist eine markante inhaltliche Ausrichtung, die für viele Jahre trägt und zu dem von Waldick schon erwähnten Ansehen des Hot Clubs Düsseldorf beiträgt.

Die geforderte Transparenz auf der Basis der Repertoire-Bilanz eines Jahres bietet in der Tat einen interessanten Schlüssel zur stilistischen Analyse des vorgestellten Materials. Verteilt auf die einzelnen Programm-Jahre ergibt sich die folgende Aufstellung:

1948, vorgestellt 31 Programme, gespielte Plattentitel: 525;

1949, vorgestellt 40 Programme, gespielte Plattentitel: 632;

1950, vorgestellt 39 Programme, gespielte Plattentitel: 493;

1951, vorgestellt 29 Programme, gespielte Plattentitel: 331;

1952, vorgestellt 21 Programme, Titelliste nicht vollständig;

1953, vorgestellt 22 Programme, Titelliste nicht vollständig;

1954, vorgestellt 29 Programme, Titelliste nicht vollständig.

Diese quantitative Aufstellung läßt sich nur für den Zeitraum der ersten vier Jahre (1948-1951) prozentual aufteilen; hiermit erstellt der Club selbst eine interne Rangliste, die gleichzusetzen ist mit der Rezeption bestimmter Jazzmusiker bei den Vortragsabenden. Eine Unschärfe in der diskographischen Dokumentation ergibt sich bei den folgenden Listen durchgängig, da zur Auswertung nur Namen der Bandleader herangezogen werden, die auf dem Etikett des Plattentitels ausgedruckt sind, »während in Wirklichkeit viele Solisten bei den verschiedenen Kapellen mitwirken. Trotzdem ist damit ein Anhalt gegeben, ob die Programme einigermaßen ausbalanciert sind [...]«.[72] Aufgeschlüsselt nach der Quote der Vorstellungen einzelner Plattentitel ergeben sich:

Erstes Clubjahr: 1948[73] (31 Programme, gespielte Plattentitel: 525 = 100%)
Plattentitel mit amerikanischen Besetzungen 91,77%

Duke Ellington	9,12%	48 Plattentitel
Jimmie Lunceford	7,79%	41 Plattentitel
Louis Armstrong	6,08%	32 Plattentitel
Lionel Hampton	5,70%	30 Plattentitel
Benny Carter	5,51%	29 Plattentitel
Fats Waller	5,51%	29 Plattentitel
Quintett Hot Club de France	4,37%	23 Plattentitel
Count Basie	4,19%	22 Plattentitel
Bix Beiderbecke	3,61%	19 Plattentitel
Tommy Dorsey	2,85%	15 Plattentitel
Earl Hines	2,85%	15 Plattentitel
Benny Goodman	2,66%	14 Plattentitel
Venuti-Lang	2,09%	11 Plattentitel
Don Redman	2,09%	11 Plattentitel
Ladnier-Bechet	2,09%	11 Plattentitel
Fletcher Henderson	1,90%	10 Plattentitel
Coleman Hawkins	1,71%	9 Plattentitel
Rex Stewart	1,71%	9 Plattentitel
Red Nichols	1,71%	9 Plattentitel
Muggsy Spanier	1,52%	8 Plattentitel

Zweites Clubjahr: 1949[74] (40 Programme, gespielte Plattentitel: 632 = 100%)
Plattentitel mit amerikanischer Besetzung 90,24%

Duke Ellington	9,81%	62 Plattentitel
Louis Armstrong	6,33%	40 Plattentitel
Woody Herman	4,75%	30 Plattentitel
Dizzy Gillespie	3,48%	22 Plattentitel
Stan Kenton	3,32%	21 Plattentitel
Lionel Hampton	3,16%	20 Plattentitel
Jimmie Lunceford	2,69%	17 Plattentitel
Benny Goodman	2,69%	17 Plattentitel
Count Basie	2,53%	16 Plattentitel
Charlie Parker	2,21%	14 Plattentitel
Django Reinhardt	2,21%	14 Plattentitel
Fats Waller	1,90%	12 Plattentitel
Tommy Dorsey	1,90%	12 Plattentitel
Jazz at the Philharmonic	1,74%	11 Plattentitel
Coleman Hawkins	1,42%	9 Plattentitel
Fletcher Henderson	1,27%	8 Plattentitel
Rex Stewart	1,11%	7 Plattentitel
Teddy Wilson	1,11%	7 Plattentitel
Tommy Ladnier	1,11%	7 Plattentitel
Casa-Loma-Band	1,11%	7 Plattentitel

Drittes Clubjahr: 1950[75] (39 Programme, gespielte Plattentitel: 493 = 100%)
Plattentitel mit amerikanischen Besetzungen 92,09%

Count Basie	6,29%	31 Plattentitel
Tommy Dorsey	6,09%	30 Plattentitel
Louis Armstrong	5,27%	26 Plattentitel
Stan Kenton	4,67%	23 Plattentitel
Duke Ellington	4,46%	22 Plattentitel
Benny Goodman	4,26%	21 Plattentitel
Glenn Miller	2,84%	14 Plattentitel
Artie Shaw	2,84%	14 Plattentitel
Bob Crosby	2,23%	11 Plattentitel
Sidney Bechet	2,03%	10 Plattentitel
Lionel Hampton	2,03%	10 Plattentitel
Chick Webb	2,03%	10 Plattentitel
Session-Aufn. Hot Club Düsseldorf	2,03%	10 Plattentitel
Quintett des Hot Club de France	1,83%	9 Plattentitel
Dizzy Gillespie	1,62%	8 Plattentitel
Tommy Ladnier	1,62%	8 Plattentitel
Jimmie Lunceford	1,42%	7 Plattentitel
Jazz At the Philharmonic	1,22%	6 Plattentitel
Coleman Hawkins	1,01%	5 Plattentitel
Charlie Parker	1,01%	5 Plattentitel

Viertes Clubjahr: 1951[76] (29 Programme, gespielte Plattentitel: 331 = 100%)
Plattentitel mit amerikanischen Besetzungen 95%

Duke Ellington	11,48%	38 Plattentitel
Louis Armstrong	10,57%	35 Plattentitel
Bob Crosby	5,74%	19 Plattentitel
Chick Webb	4,23%	14 Plattentitel
Count Basie	3,93%	13 Plattentitel
Bunk Johnson	2,42%	8 Plattentitel
Doc Evans	2,11%	7 Plattentitel
Benny Goodman	2,11%	7 Plattentitel
Jelly Roll Morton	2,11%	7 Plattentitel
Sidney Bechet	1,81%	6 Plattentitel
Tommy Ladnier	1,51%	5 Plattentitel
King Oliver	1,51%	5 Plattentitel
Muggsy Spanier	1,51%	5 Plattentitel
Jack Teagarden	1,51%	5 Plattentitel
Lu Watters	1,51%	5 Plattentitel
Dutch Swing College Band	1,51%	5 Plattentitel
Eddie Condon	1,21%	4 Plattentitel
Coleman Hawkins	1,21%	4 Plattentitel
Fletcher Henderson	1,21%	4 Plattentitel
Jimmie Lunceford	1,21%	4 Plattentitel

Bei aller Unzulänglichkeit der statistischen Erhebung belegen diese Aufstellungen jedoch die bis ins Detail gehende Arbeit einiger Clubmitglieder in den ersten vier Jahren der Vereinstätigkeit. Leider gibt es keine Hinweise auf die Fortführung der Dokumentation und damit beschränkt sich ein späterer Blick ins Vortragsrepertoire auf wenige erhaltene Informationsblätter.

Die ersten 26 Clubabende (11. Januar 1948-21. Oktober 1948) werden ausschließlich vom Rundfunkautor Schulz-Köhn gestaltet und dokumentieren den Einfluß des amtierenden Clubpräsidenten auf die Geschmacksbildung der Düsseldorfer Hot-Club-Mitglieder. Die Themen dieser ersten 26 Programme des Hot Clubs Düsseldorf lauten:

Programm für einen Vortrag mit Musik von Dietrich Schulz-Köhn, 11. Januar 1949. Sammlung Bernd Hoffmann.

1. Die 25 größten Solisten des Jazz (11.1.48, vgl. Abb. S. 80)
2. Evergreens (18.1.48, vgl. Abb. S. 81)
3. What makes a good band? (30.1.48)
4. Django Reinhardt (22.2.48)
5. A Battle of Swing: Ellington versus Lunceford (8.3.48)
6. Die Violine im Jazz (13.3.48)
7. Zweimal Bix (21.3.48)
8. Jack Teagarden (1.4.48)
9. Jonny Hodges im Rahmen des Ellington-Orchesters (9.4.48)
10. Coleman Hawkins (30.4.48)
11. Lionel Hampton (11.5.48)
12. Benny Carter (28.5.48)
13. Fats Waller (4.6.48, vgl. Abb. S. 82)
14. Don Redman (11.6.48)
15. Louis Armstrong (18.6.48)
16. Stilkunde-Abend (25.6.48)
17. Harlem in Paris (2.7.48)
18. Sy Oliver (2.7.48)
19. Earl Hines (16.7.48)
20. Blues in Kontrasten (23.7.48)
21. Eröffnungsprogramm (17.9.48)
22. Count Basie – powerhouse band par excellence (23.9.48)
23. Portrait Rex Stewarts (1.10.48)
24. Hoagy Carmichael – the »Stardust« Boy (8.10.48)
25. Die Version (14.10.48)
26. Swingin' The Classics (21.10.48)

Konzept Dietrich Schulz-Köhns für den »Hot Club Düsseldorf«, 18. Januar 1948. Sammlung Bernd Hoffmann.

Schon bei diesem kleinen Programmsegment fällt die geringe Berücksichtigung »moderner« und aktueller Jazzmusiker wie Dizzy Gillespie, Woody Herman, Stan Kenton oder Charlie Parker ins Auge (vgl. Jahresliste 1948). Werden die dem Autor zugänglichen Materialien des Hot Clubs Frankfurt, die Programmblätter Nr. 19[77] bis Nr. 42[78] vergleichend zu Rate gezogen, tauchen neben einer ähnlichen Referatsfolge zwei Porträtvorträge zu Stan Kenton[79] und Woody Herman[80] auf, beide gehalten von Horst Lippmann. Auch das »Weihnachtswunschprogramm«[81] und die Retrospektive des Jahres 1947[82] weisen ungewöhnlich aktuelle Plattentitel auf, u.a. Aufnahmen wie »ARTISTRY IN BOOGIE« und »ARTISTRY IN PERCUSSION« vom Orchester Stan Kenton (Juni und Juli 1946), »LOVERMAN« von Charlie Parker (Juli 1946), »DAILY DOUBLE« von Buddy Rich oder »I CAN'T GET STARTED«, eingespielt vom Lennie Tristano Trio. Neben dem regulären amerikanischen Schallplattenmaterial, das zwischen den beiden »Recording bans«, also zwischen 1945 und 1948 auch nach Westdeutschland exportiert wurde, ist es die ungewöhnlich hohe

Programm Dietrich Schulz-Köhns für den »Hot Club Düsseldorf« vom 4. Juni 1948. Sammlung Bernd Hoffmann.

Anzahl der V-Disc-Veröffentlichungen, die eigentlich nur militärischem Personal der US-Streitkräfte zugänglich waren. Wie freizügig aber die amerikanische Besatzungsmacht das V-Disc-Material verteilte, beschreibt der Jazz-Forscher Alfons M. Dauer in seinen Erinnerungen an jene Zeit.[83] Machen sich hier die unterschiedlichen Besatzungszonen bemerkbar?

Die offensichtliche Unausgewogenheit in Richtung des modernen Jazz spricht der Düsseldorfer Clubpräsident in einem Brief an den »Statistiker« des Vereins an,[84] und dem folgt im Frühjahr 1949 mit den Programmen Nr. 40 bis 44 ein Schwerpunkt: aktuelle Improvisierte Musik. Die herausragenden Positionierungen der Jazzmusiker Herman, Gillespie, Kenton und Parker auf der Jahresliste 1949 erklärt sich aus dem Gastvortrag von Joachim-Ernst Berendt am 11. März,[85] u.a. mit jeweils drei Plattentiteln, eingespielt von Charlie Parker und Dizzy Gillespie. An diesem Abend schließt acht Tage später Schulz-Köhns Vortrag über Woody Herman[86] an, den Rudolf Meyer mit dem Portrait Stan Kentons[87] ergänzt. Ein zweiter Gastvortrag bringt den Frankfurter Horst Lippmann nach Düsseldorf, natürlich referiert er über »Be-Bop«.[88] Abgerundet wird dieser Programmakzent von der Vorstellung einiger V-Discs,[89] bevor sich die Vortragsabende wieder den »alten Jazz-Classics« zuwenden.

Nach dem Wechsel der Clubpräsidentschaft fehlen solche konzentrierten Themenschwerpunkte Anfang der fünfziger Jahre; moderne Stilistiken des Jazz werden wieder auf eine maximale Vorstellungsquote von zwei bis drei Titeln – pro Jahr und Musiker – reduziert. Diesen Beobachtungstrend flankiert die Auswertung jenes Schallplattenpools, auf den die vortragenden Mitglieder bei Bedarf zurückgreifen können und der – in Textverzeichnissen vervielfältigt – den Plattenbestand einzelner Mitglieder dokumentiert.[90] Auch hier manifestiert sich der Eindruck, daß swingorientierte

Jazzmusik zum bevorzugten Sammel-Repertoire Düsseldorfer Hot-Club-Mitglieder zählt. Diese revivalartige Bewegung, die innerhalb der verschiedenen Facetten des Swing das afro-amerikanische Element stark betont, führt stilistisch konsequent in den Rezeptionsschatten traditioneller Formen; plötzlich auftauchende Musikernamen wie Jelly Roll Morton, Bunk Johnson oder die Dutch Swing College Band sind hierfür wesentliche Indikatoren. Wahrscheinlich forciert der Anfang der fünfziger Jahre einsetzende Mitgliederschwund die Hinwendung zum traditionellen Jazz. In einem Rundbrief beklagt der amtierende Clubpräsident Karl-Heinz Lyrmann das schwindende Interesse an den Vortragsabenden und fordert die Mitglieder auf, den Hot Club wieder regelmäßig zu besuchen. Diesem Schreiben ist bereits eine Senkung der Clubbeiträge vorausgegangen:

»Zu unserem Bedauern mußten wir feststellen, daß unsere Bemühungen, das Clubleben interessant zu gestalten, in der letzten Zeit nicht das Echo gefunden haben, auf das wir glaubten hoffen zu können. Wir müssen es ablehnen, uns um namhafte Referenten für unsere Clubabende zu bemühen, wenn wir feststellen müssen, daß diesen Programmen nicht das zu erwartende Interesse entgegengebracht wird. Sie werden verstehen, daß die wenigen Mitglieder, die dem Club einen großen Teil ihrer freien Zeit zur Verfügung stellen, dazu nur ungerne bereit sind, wenn sie keinen Erfolg ihrer Arbeit sehen. Wir laden daher alle Mitglieder nochmal herzlich ein und geben uns der angenehmen Hoffnung hin, daß sich in Zukunft auch diejenigen Mitglieder hin und wieder in das Musikhaus Jörgensen verirren, die uns fast nur noch den Namen nach bekannt sind und mit dem Club nur noch über das Postscheckkonto verkehren. Übrigens häufig noch nicht einmal mehr das.«[91]

Noch vor den Feiern zum fünfjährigen Bestehen schränkt der Verlust des Clubraumes im Musikhaus Jörgensen die Aktivitäten für ein halbes Jahr drastisch ein. Ab dem Januar 1953 dient das Residenz-Studio in der Graf-Adolf-Straße als Treffpunkt, im August wechselt man in das Haus der Europa-Union in der Kölner Straße. Die Entscheidung der Clubleitung, Information über Themen der Clubabende nicht mehr im Vorhinein bekanntzugeben, um eine Auswahl der Themen und damit verbundene Einschränkungen des regelmäßigen Clubbesuchs zu verhindern, deutet auf unterschiedliche Interessenslagen: »weil wir die sogenannten ›Puristen‹ und die Anhänger des modernen Jazz hin und wieder mit einer musikalischen Kost überraschen wollen, die sie bisher – meistens ganz zu Unrecht – für völlig unverdaulich gehalten haben«.[92]

Mit dem Einstellen der Programmblätter entfällt nach der Sommerpause 1954 ein wesentlicher Bestandteil der informellen Clubarbeit, doch die zumindest in zwei Lager gespaltenen Mitglieder verhindern ein Aufeinanderzugehen und eines der Treffen. Diese Polarisierung des Hörerverhaltens schwächt ebenso die Vereinsstruktur anderer Hot Clubs und trägt zur teilweisen Auflösung der Hot-Club-Bewegung ab der Mitte der fünfziger Jahre bei. Die Düsseldorfer Clubleitung entfernt sich zum damaligen Zeitpunkt ebenso von der ursprünglichen Konzeption der Schallplattenprogramme und damit dem Kernelement von Information und Austausch.

Sie folgt »nach reiflicher Überlegung [...] dem Beispiel der englischen und holländischen Clubs« und verlagert die »Clubtätigkeit weitgehend auf die Durchführung von Veranstaltungen mit ›live-music‹, auf denen auch getanzt werden kann.«

»Wir wollen daher – versuchsweise zunächst einmal bis zu den üblichen Sommerferien – anstelle der vorgesehenen Plattenprogramme Clubabende mit ›live-music‹ durchführen, die in der

MUSIKALISCHEN KOMÖDIE,
Düsseldorf, Klosterstraße 10a
am Martin-Luther-Platz stattfinden werden.
Folgender Veranstaltungsplan ist vorgesehen:
DONNERSTAG, 16. 6. 55, 20. 30 Uhr
The Feetwarmers, HCD + Klaus Doldinger Trio
MITTWOCH, 29. 6. 55, 20. 30 Uhr
Heinz Allhoff Combo mit Günther »Bud« Hermkes ts,
Shorty Roeder b, Herbert Fialla dr, Ingfried Hoffmann p als Gast
FREITAG, 15. 7. 55, 20. 30 Uhr
Jan Wellem Stompers, Düsseldorf + Gastmusiker
FREITAG, 29. 7. 55, 20. 30 Uhr
The Feetwarmers, HCD + Klaus Doldinger Trio
Es ist vorgesehen, im Verlauf dieses Abends Düsseldorfer Amateurmusiker,
die bisher nicht öffentlich gespielt haben, zu Wort kommen zu lassen.«[93]

Das Konzept der Plattenabende wird daraufhin in den privaten Raum zurückgedrängt – aus dem es einst entstand – und verliert endgültig an Bedeutung. Es sind, so argumentiert die Düsseldorfer Clubleitung, die Wünsche des größten Teils der Mitgliederschaft, es ist – aus heutiger Sicht – der Wechsel von der Information zur Unterhaltung. Nach den ersten zwölf Clubprogrammen kündigt Schulz-Köhn Mitte 1948 die Bildung eines eigenen Orchesters an.[94] Gerade in seinem Konzept für die öffentliche Präsentation des Jazz erscheint das Erlebnis spontan geschaffener Improvisationsmusik in Kombination mit Vortrag und Schallplattenmaterial im Rahmen einer vom Hot Club organisierten Veranstaltung besonders aussagekräftig. So mag der von ihm überschwenglich gelobte Auftritt des Düsseldorfer Hot Club Quintetts im Kasseler Kabarett »Bohème« durchaus ermutigend für die Musiker gewesen sein, zumal die Gleichstellung mit einer »Reihe von Jam-Sessions im Ausland«[95] die Wirklichkeit eines ersten Auftritts möglicherweise verzerrt. Für die in der Aula der Kölner Universität geplante Veranstaltung »Jazz – pro und contra« am 11.7.1948 soll nach Diskussionen mit einem »klassisch geschulten Musiker [...] im dritten Teil (der Veranstaltung) lebendige Musik gebracht werden.«[96]

Soweit die Planung dieses »Werkstatt«-Gesprächs, bei dem das Sextett des Hot Clubs in der Besetzung: Eddy Reisner – Altsaxophon, Rolf Rabold – Tenorsaxophon, Karl Noehles – Trompete, Theo Hoeren – Klavier, Hans Schmitz – Baß und Johnny Boes – Schlagzeug vor dem Quintett des Kölner »Hot Club 47« auftritt. »Es gelangten drei Stücke zum Vortrag: ›I'm in the mood for love‹ als Beispiel für einen ›commercial‹-

Schlager, sodann ›Whispering‹ als bekannter Evergreen und zum Abschluß ein Blues. Das Orchester hatte großen Beifall. Leider gingen bei ›Whispering‹ einige Feinheiten verloren, da ein Teil des Publikums auf die Takt(zeit) 2 & 4 klatschte.«[97]

Zwar treten bei dieser Veranstaltung die Gegensätze der Jazzbefürworter und -gegner offen zutage, im Publikum beschimpfen ältere Zuhörer Musiker und Teilnehmer dieser »Werkstatt«-Gesprächsrunde, aber unbeirrt setzt der Hot Club Düsseldorf seine pädagogische Arbeit fort. Schon 14 Tage nach dem Auftritt in der Kölner Universität wird ein Gesprächskonzert in der Düsseldorfer Floraschule veranstaltet, auch hier spricht das Programmblatt 39[98] von einem großen Erfolg. Die Ankündigungen von eigens organisierten Treffen mit einheimischen und ausländischen Jazzmusikern nehmen nun einen größeren Raum im Rahmen der organisatorischen Meldungen ein. Die Programmblätter kündigen natürlich diese *Jam-Sessions* an, über Veränderung von Bandstrukturen oder Vorstellung des gespielten Materials sagen sie nichts. Noch vor der öffentlichen Gründungsversammlung im Dezember 1948 tritt die Düsseldorfer Hot Club Combo bei einem Konzert im Funkhaus des NWDR Köln auf; eine Aufwertung der praxisorientierten Arbeit des Clubs ist das allemal, auch wenn hier vermutlich die Protektion des Clubpräsidenten und Rundfunkmitarbeiters Schulz-Köhn in Betracht gezogen werden muß. Für die regionale Szene bedeuten diese Konzerte einen starken Impuls, demonstrieren sie darüber hinaus die Zusammenarbeit einiger befreundeter Hot Clubs im Rheinland. Stolz listet Programmblatt 55 gleich 18 Veranstaltungen, »und zwar je eine in Köln, Dortmund und Solingen, 15 in Düsseldorf«,[99] auf und verweist darüber hinaus auf ihre Tourneeunterstützung ausländischer Jazzsolisten wie Bill Coleman und Don

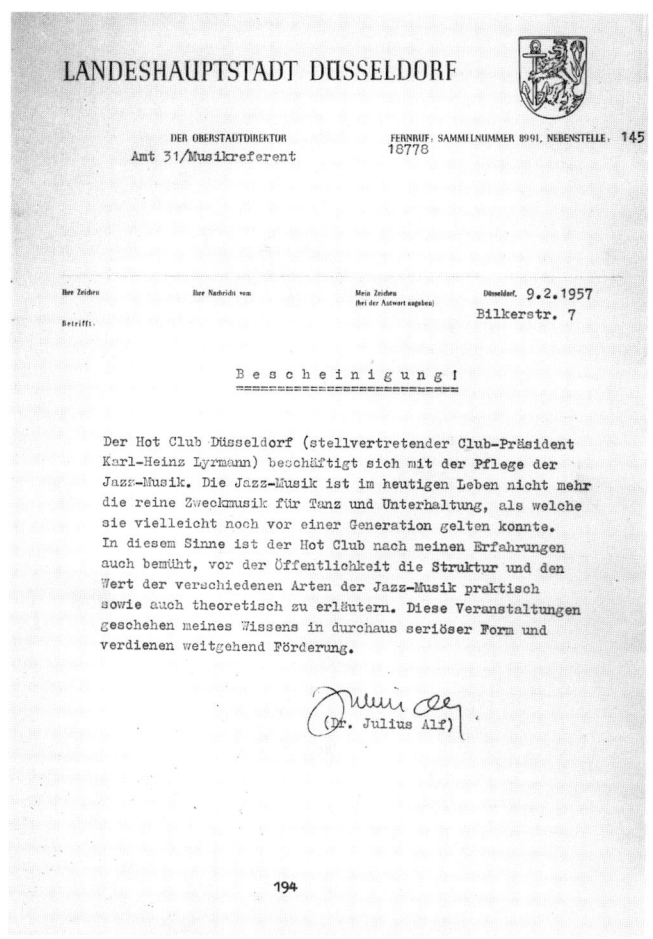

Beurteilung des »Hot Club Düsseldorf« durch Julius Alf, Musikreferent in der Stadtverwaltung Düsseldorf, vom 9. Februar 1957. Sammlung Bernd Hoffmann.

Byas. Mit dem Beginn der fünfziger Jahre verändert sich dieser praxisorientierte Aspekt der Düsseldorfer Clubarbeit ganz wesentlich. Äußeres Zeichen ist der Wechsel der Präsidentschaft und die Unterstützung für auswärtige Gäste, die clubeigene Combo tritt im Oktober 1950 ein letztes Mal in Erscheinung.

Die anschließende Auflistung stellt eine – bei zwei Programmabenden vorgestellte – Auswahl der vom Club initiierten oder unterstützten Konzertereignisse in Düsseldorf dar. Diese Präsentation anläßlich des zwei- und fünfjährigen Bestehens demonstriert die Bemühungen der Clubleitung, das städtische Jazzleben zu vitalisieren.

31. Oktober 1948, Rheinterrassen: Freddy Randell, Benny de Weille, King Koles, Hcd Combo
21. Januar 1949, Rheinhalle: Bill Coleman, Don Byas, Bernhard Pfeifer, Inez Cavanaugh
2. April 1949, Metropol: Helmut Zacharias Quintett, H. Buschmann, Hcd Combo
1. Juli 1949, Die Brücke: Jam-Session mit Mitgliedern des Orchesters Vic Lewis, u.a. Ronnie Chamberlain (as), Cathleen Stobart (ts), Dill Jones (p), Peter Coleman (dr)
27. August 1949, Rheinhalle: Jaime Camino
30. Oktober 1949, Kleines Theater: North-South Jam-Session mit Solisten aus den Kapellen Thore Ehrling und Jaime Camino sowie José Silva (Combo) Paris, Hcd Combo
Oktober 1950, Kleiner Kongreßsaal: Konzert mit der Chic Combo und der Hcd Combo
Juli 1951, Filmpalast: Konzert mit der No Name Band und dem Orchester des Dutch Swing College
September 1951, Robert Schumann Saal: Konzert mit Big Bill Broonzy und der Graeme Bell Band
Dezember 1951, Europa Palast: Konzert mit Nelson Williams, Don Byas, Art Simmons und dem Dutch Swing College.

»Der HCD trat im Laufe seines nunmehr fünfjährigen Bestehens häufig mit Konzerten und Jam-Sessions an die Öffentlichkeit. Bei einer rückschauenden Betrachtung der Jam-Sessions, die vor allem während der ersten drei Jahre der Clubtätigkeit durchgeführt wurden, muß man zu dem Ergebnis kommen, daß nur die wenigsten dieser Sessions dazu angetan waren, den Ruf des Clubs nach außen hin zu festigen – zumindest bei Menschen mit Urteilsvermögen. Das Publikum, das zu diesen Sessions erschien, wie auch die gespielte Musik, standen durchaus nicht auf einem sonderlich hohen Niveau.«[100]

Diese harsche Kritik des Clubmitgliedes Stefan Buchholtz überrascht nach den vielen positiven Kommentaren zur Jam-Session-Reihe der Düsseldorfer Initiative. Aber der Autor des Programmblattes 166 begründet die Abkehr von Clubsessions und die Reduzierung des Umfangs, als Veranstalter von Konzerten aufzutreten, mit der stark veränderten Konzertsituation, da Deutschland, wieder in den Kreis europäischer Länder aufgenommen, nun von allen namhaften Solisten aus den USA besucht werde. Buchholtz empfiehlt daher die Ausrichtung kleinerer Konzerte vor geladenen Gästen, auf denen Amateurmusiker auftreten. Flankiert von der Änderung der Clubsatzung, die diesen Musikern den Mitgliedsbeitrag erläßt, öffnet sich der Hot Club deutlich in diese Richtung und unterstützt jenes *Deutsche Amateur-Jazz-Festival*, das im Oktober 1955 zum ersten Mal stattfindet. Mit der Bescheinigung des Musikreferenten der Landeshauptstadt Düsseldorf, Julius Alf (vgl. Abb. S. 85), erhält der Club jene kulturpolitische Anerkennung, für die er knapp ein Jahrzehnt gekämpft hatte. Das 10jährige Jubiläum feiern die Mitglieder des Hot Clubs Düsseldorf auf einem Raddampfer der »Köln-Düsseldorfer« bei der fünften Riverboat Shuffle 1958. Sie schwingen das Tanzbein zu den Klängen der Dutch Swing College Band, der Feetwarmers, der Jan Wellem Stompers und der Papa Bue's Viking Jazzband.

Den vielen aktiven Jahren im Clubleben der Düsseldorfer Initiative folgt Anfang der sechziger Jahre jene ernüchternde Frage der Leitung: »Woran krankt unser Club?« und unter Punkt 8: »Halten Sie das alles für überholt und wünschen Sie eine Auflösung des HCD?«[101] Vier Antworten erhält die Clubleitung, die daraufhin bei der Mitgliederversammlung am 30. Dezember 1961 den Punkt »Auflösung des Hot Clubs« auf die Tagesordnung setzt. Nach heftiger Diskussion wird eine Auflösung von den anwesenden 21 Mitgliedern abgelehnt,[102] aber das wenig später einsetzende Auslaufen des Düsseldorfer Clubmodells wird nicht mehr verhindert.

ANMERKUNGEN

1   Bericht über das »11jährige Bestehen des HC Frankfurt« auf Hot-Club-Seite »Rundblick über Westdeutschland«, in: Herbert Weiß (Hg.): Das internationale Podium, mit den offiziellen Mitteilungen der Deutschen Jazz-Föderation, Wien, September 1952, Heft 56/57, S. 14.

2   Christian Kellersmann: Jazz in Deutschland von 1933-1945, Hausarbeit Magister Artium Universität Hamburg, MS., Hamburg 1989; Michael Kater: Different Drummers, Oxford 1992, deutsch: Gewagtes Spiel, Köln 1995.

3   Brief Dietrich Schulz-Köhns vom 27. August 1949.

4   Bernd Hoffmann: Der un-heimliche Widerstand. Jugendkultur im Rezeptionsschatten einer kollektiven Entlastungs-strategie, in: Theo Mäusli (Hg.): Jazz und Sozialgeschichte, Zürich 1994, S. 83-96.

5   Bernd Hoffmann: Alptraum der Freiheit oder: Die Zeitfrage »Jazz«, in: Helmut Rösing (Hg.): »Es liegt in der Luft was Idiotisches [...]«, Populäre Musik zur Zeit der Weimarer Republik, Beiträge zur Popularmusikforschung 15/16, Baden-Baden 1995, S. 69-81.

6   Jahresbericht 1949/50 des Würzburger Jazzclubs, maschinenschriftlich, S. 2; Gespräch mit Hans Hebben von der Hot Oase Kleve am 12. Oktober 1998, hierzu auch Maria Raudszus: Verklemmte Saiten freigestimmt, Jazz war nach Kriegsende zunächst Luxus wie Schokolade und Nylonstrümpfe, in: Alois Puyn (Hg.): Kalender für das Klever Land 1990, Kleve 1990, S. 175-179.

7   Werner Schwörer: Jazzszene Frankfurt. Eine musiksoziologische Untersuchung zur Situation anfangs der achtziger Jahre, Mainz 1989, S. 40.

8   Bernd Hoffmann: Sacred singing (Stichwort), in: Ludwig Finscher (Hg.): Die Musik in Geschichte und Gegenwart, 2. Ausgabe, Band 8, Kassel 1998, Spalte 826.

9   Vgl. Anm. 5.

10 Jan Slawe: Einführung in die Jazzmusik, Basel 1948, S. 5.

11 Wilhelm Twittenhoff: Jugend und Jazz. Bausteine für Musikerziehung und Musikpflege, Mainz 1953, S. 10.

12 Hugues Panassié: Die Geschichte des echten Jazz, Gütersloh o. J., S. 168.

13 Gespräch mit Dietrich Schulz-Köhn am 22.12.1988 in Liblar, maschinenschriftlich, S. 21.

14 Vgl. Anm. 3.

15 Vgl. Gespräch mit Hans Hebben – Anm. 6.

16 Vgl. Schwörer, S. 41; dazu auch Gespräch mit Hans Hebben – Anm. 6.

17 Der Kölner Musiker Karl Berbuer nahm am 17.12.1948 seinen »Trizonesien-Song« auf.

18 Hot Club Düsseldorf, Satzungen, vom 1. Dezember 1948, maschinenschriftlich, 3 Seiten.

19 hck (Hg.): Der hotclub, Heft 2 – November 48.

20 Satzung des Vereins »Hot Club West« (Abschrift maschinenschriftlich, 2 Seiten, Anlage zum Protokoll der Mitglie-derversammlung vom 29.5.1948).

21 Vgl. Erwähnung in Anm. 19, S. 10.

22 Erwähnung in Absage Schulz-Köhns der Jam-Session der Deutschen Hot Clubs, am 29. April 1949 in Köln.

23 Vgl. Maria Raudszus – Anm. 6.

24 Anschriften der zur Zeit im Bundesgebiet bestehenden Hot Clubs (Blaupause)-Vermerk: Stand vom 1. Juni 1950. Die 21 aufgeführten Clubs: Hamburg, Hannover, Braunschweig, Dortmund, Berlin, Münster, Solingen, Kiel, Gelsenkir-chen, Frankfurt, Darmstadt, Karlsruhe, Heidelberg, Leipzig, München, Stuttgart, Kleve, Düsseldorf, Duisburg, Bonn, Bochum sind mit den Adressen der Ansprechpartner aufgelistet.

25 Programmblatt 21 des Hot Club Frankfurt vom 22.12.1947.

26 Vgl. Anm. 1.

27 Vgl. Anm. 18.

28 Vgl. Anm. 19.

29 Vgl. Anm. 20.

30 Statuten des Hot Club of Duisburg, maschinenschriftlich, 2 Seiten, vom 12. Oktober 1949.

31 Vgl. Anm. 6.

32   Fünf Jahre Würzburger Jazz-Club-Rückblick 1948-1952, geheftetes Exemplar 6 Seiten, Würzburg, 6. Mai 1953.

33   Vgl. Anm. 4. In den Gesprächen der 18 Befragten erinnern sich 15 der Teilnehmer an eine teilweise Mitarbeit in Hot Clubs.

34   Vgl. »Protokollarische g-Heinis« aus dem Initiative-Leben zurück, Notiz von Eddy Waldick, in: Programmblatt 84 des Hot Club Düsseldorf vom 17.3.1950.

35   Bernd Hoffmann: Die Mitteilungen – Anmerkungen zu einer »verbotenen« Fanpostille, in: Wolfram Knauer (Hg.): Jazz in Deutschland, Darmstadt 1996, S. 93-136 (Darmstädter Beiträge zur Jazzforschung, 4). Vgl. hier den Camouflage-Aspekt der »Mitteilungen« und die von Schulz-Köhn beabsichtigte Tarnung mittels Bild in Uniform auf der ersten Seite.

36   Mitteilungen des Hot-Circle-Darmstadt, Nr. 1, Januar 1948, maschinenschriftliche Kopie, 2 Seiten.

37   Vgl. Anm. 30; im Hot Club Duisburg gehören 2 Frauen zum achtköpfigen Vorstand.

38   Vgl. Anm. 30.

39   Satzungen des Hamburger Hot Club, Blaupause, 2 Seiten, Hamburg im Juni 1948.

40   Vgl. Alfons M. Dauer: Jazz – die magische Musik, Bremen 1961, S. 153; Horst Lange: Jazz in Deutschland, Berlin 1966, S. 166; Programmblatt 22 des Hot Club Düsseldorf vom 1.10.1948. Die Jahresangaben differieren zwischen den Quellen.

41   Programmblatt 129 des Hot Club Düsseldorf vom 18.5.1951 und 176 vom 29.9.1953.

42   Programmblatt 39 des Hot Club Düsseldorf vom 4.3.1949.

43   Vgl. Anm. 42.

44   Vgl. Anm. 39, dort §4.

45   Statuten des Jazzclub Zürich, gedruckte Vorlage, 4 Seiten, Zürich, den 29. Januar 1948, A. 2, S. 1.

46   Programmblatt 14 des Hot Club Düsseldorf vom 11.6.1948.

47   Monatsbericht vom Oktober 1950 des Hot Club Duisburg vom 28.10.1950, S. 1.

48   Jahresbericht des Würzburger Jazzclubs 1948/49, vgl. Anm. 32, S. 1.

49   Programmblatt 75 des Hot Club Düsseldorf vom 13.1.1950.

50   Programmblatt 154 des Hot Club Düsseldorf vom 23.5.1952; vgl. Anm. 49.

51   Vgl. Anm. 18, dort §3, Absatz 1.

52   Diskussion »Pro und contra Jazz« im Programmblatt 17, 18 und 19 des Hot Club Düsseldorf vom 2.7., 9.7. und 16.7.1948.

53   Programmblatt 55 des Hot Club Düsseldorf vom 8.7.1949 und Programmblatt 66 des Hot Club Düsseldorf vom 21.10.1949.

54   Programmblatt 15 des Hot Club Düsseldorf vom 18.6.1948.

55   Programmblatt 39 des Hot Club Düsseldorf vom 4.3.1949.

56   Vgl. Anm. 55.

57   Vgl. Anm. 20.

58   Vgl. Anm. 30.

59   Satzung des Jazzclub Köln, gedruckte Fassung, 4 Seiten, Köln 16.6.1955.

60   Jazzclub Köln e. V. Satzungen, Blaupause, 3 Seiten, Köln 26.7.1957.

61   Programmblatt 21 des Hot Club Düsseldorf vom 17.9.1948. Die Rolle Schulz-Köhns als Gründer des 1. Deutschen Hot Clubs in Königsberg ist von Michael Kater, Gewagtes Spiel, S. 140 ff., in Frage gestellt worden. Vgl. hierzu Heinz Protzer über Dietrich Schulz-Köhn in diesem Band.

62   Vgl. Anm. 61.

63   Vgl. Anm. 61.

64   Programmblatt 162 des Hot Club Düsseldorf vom 23.1.1953.

65   Programmblatt 13 des Hot Club Düsseldorf vom 4.6.1948.

66   Vgl. Anm. 54.

67   Vgl. Anm. 54.

68   Programmblatt 23 des Hot Club Düsseldorf vom 1.10.1948.

69   Ab 1955 wird der kontinuierliche Materialfluß der Programmblätter im vorliegenden Archiv zu lückenhaft, um zutreffende Aussagen zum inhaltlichen Profil der Clubprogramme machen zu können.

70   Programmblatt 58 des Hot Club Düsseldorf vom 19.8.1949.

71   Programmblatt 62 des Hot Club Düsseldorf vom 7.10.1949.

72   Programmblatt 40 des Hot Club Düsseldorf vom 11.3.1949.

73   Vgl. Anm. 72.

74   Programmblatt 78 des Hot Club Düsseldorf vom 3.2.1950.

75   Programmblatt 133 des Hot Club Düsseldorf vom 3.8.1951.

76   Programmblatt 147 des Hot Club Düsseldorf vom 21.3.1952.

77   Programmblatt 19 des Hot Club Frankfurt vom 8.12.1947.

78   Programmblatt 42 des Hot Club Frankfurt vom 24.5.1948.

79   Programmblatt 27 des Hot Club Frankfurt vom 2.2.1948.

80   Programmblatt 34 des Hot Club Frankfurt vom 29.3.1948.

81   Programmblatt 21 des Hot Club Frankfurt vom 22.12.1947.

82   Programmblatt 22 des Hot Club Frankfurt vom 29.12.1947.

83   Bernd Hoffmann: ... und der Jazz ist nicht von Dauer, in: B. Hoffmann – H. Rösing (Hg.): ... und der Jazz ist nicht von Dauer – Aspekte afro-amerikanischer Musik, Karben 1998, S. 27.

84   Brief von Dietrich Schulz-Köhn an Eddy Waldick, Datum nicht vorhanden – betrifft Auszählungs-Modalitäten des Jahres 1948.

85   Programmblatt 40 des Hot Club Düsseldorf vom 11.3.1948.

86   Programmblatt 41 des Hot Club Düsseldorf von 18.3.1948.

87   Programmblatt 42 des Hot Club Düsseldorf vom 25.3.1948.

88   Programmblatt 43 des Hot Club Düsseldorf vom 1.4.1948.

89   Programmblatt 44 des Hot Club Düsseldorf vom 8.4.1948.

90   Die Plattenbestände der Mitglieder H. Voigt, H. U. Hill, K.-H. Lyrmann, S. Buchholtz, H. Fusbahn sowie die der club-eigenen Sammlung liegen schriftlich vor.

91   Rundbrief an die Mitglieder, Düsseldorf 11.6.1952.

92   Rundbrief an die Mitglieder, Düsseldorf 10.9.1954.

93   Rundbrief an die Mitglieder, Düsseldorf 8.6.1955.

94   Programmblatt 13 des Hot Club Düsseldorf vom 4.6.1948.

95   Programmblatt 17 des Hot Club Düsseldorf vom 2.7.1948.

96   Programmblatt 14 des Hot Club Düsseldorf vom 11.7.1948.

97   Programmblatt 20 des Hot Club Düsseldorf vom 23.4.1948.

98   Programmblatt 39 des Hot Club Düsseldorf vom 4.3.1948.

99   Programmblatt 55 des Hot Club Düsseldorf vom 8.7.1949.

100 Programmblatt 166 des Hot Club Düsseldorf vom 20.2.1953.

101 Rundbrief an die Mitglieder, Düsseldorf 10.10.1961.

102 Protokoll der Mitgliederversammlung vom 30.12.1961 in der Tanzschule Kaechele.

Illinois Jacquet in einer
Garderobe beim Festival
in Leverkusen.
Foto: Hans Harzheim.

Jazzland – Festivalland

von Hans-Jürgen von Osterhausen, Köln

1. EINFÜHRUNG

Natürlich ist jedes Land stolz auf seine Kultur, die Produkte, die es hervorbringt. Die Lehre des Marketing, die wir über Medien, von Berufs wegen oder auch nur als Konsumenten täglich eingehämmert bekommen, die uns vermittelt, daß wir uns im klaren darüber sein müssen, wo wir besonders gut, einmalig sind, einmal beiseite gelassen: die Feststellung, daß Nordrhein-Westfalen ein Zentrum des Jazz in Europa ist, kann man getrost treffen, ganz für sich, unangefochten von den genannten Gesetzen des öffentlichen Lebens. Und man kann sicher sein, mit dieser Feststellung richtig zu liegen, um wieder mit einem Werbeslogan, diesmal aus den sechziger Jahren zu argumentieren. Eine unendliche Zahl von Musikern, Spielorten, CD-Labels, die Besucherzahlen bei Veranstaltungen, zwei der drei großen Jazzmagazine in Deutschland kommen aus NRW (Jazz thing/Köln, Jazzthetik/Münster), und eine unglaublich große Zahl von Festivals, in den Ballungszentren wie in kleineren Orten, auch auf dem Land, all das sind Indikatoren für die Feststellung, daß Nordrhein-Westfalen ein – vielleicht sogar das – Zentrum des Jazz in Deutschland und in Europa ist.

Der Indikator Festival ist sehr geeignet, dies zu belegen, hat doch schon Leonard Feather in der ersten Ausgabe der Encyclopedia of Jazz festgestellt, daß zwischen der allgemeinen Akzeptanz des Jazz und der Veranstaltung von Festivals eine eigenartige Wechselbeziehung besteht.[1] In der ersten Blütezeit von Festivals in der Mitte der fünfziger Jahre, als in den USA die Festivals in Newport, Chicago und Monterey entstanden, wurden sie einerseits vom besonderen Interesse des Publikums und der Medien für den Jazz begünstigt, lösten andererseits dessen deutlichen weiteren Anstieg aus.

BEGRIFF

Nichts ist schlimmer, als daß Menschen einen Begriff verwenden, von dem sie unterschiedliche Vorstellungen haben, den sie unterschiedlich definieren. Daher soll am Anfang eine Definition des Begriffs »Festival« stehen, fängt doch ohnehin jede ernsthafte Untersuchung mit einer solchen Erläuterung an.

Der New Grove, derzeit umfangreichstes, aktuelles – und lieferbares – Jazzlexikon, definiert es so: »Ein Musik-Festival ist eine Folge von Aufführungen, von einer besonderen feierlichen Natur, von einer großen Zahl von Künstlern und Gruppen über eine bestimmte Zeit hinweg veranstaltet. Das typische Festival läuft jährlich über mehrere Tage, zu einer festen Jahreszeit und in einer bestimmten Stadt, manchmal auch an einem bestimmten Ort im Freien. Die meisten Jazz-Festivals sind ausschließlich dem Jazz gewidmet, in anderen Fällen ist Jazz nur Teil eines größeren Ereignisses.«[2]

Damit sind schon wesentliche Erscheinungsformen angesprochen, die sich auch in Nordrhein-Westfalen feststellen lassen. In aller Regel stehen Festivals in unmittelbarer Beziehung zu einer örtlichen Jazzszene, sind das Produkt – meist jahrelanger – Aktivitäten, wodurch sie ganz wesentlich zum Indikator für die Aktualität des Jazz am jeweiligen Ort, in der jeweiligen Region werden.

Jazz zeigt sich als eine lebendige, kreative Musik mit sich häufig verändernden Stilen, Richtungen, Schwerpunkten, oft auch nur in der Kommunikation zwischen Musikern und Publikum Hörgewohnheiten und Trends wiedergebend. Für das Phänomen des Festivals bedeutet dies, daß viele von ihnen relativ kurzlebig sind, nur einige wenige halten sich über viele Jahre, ständig ein klares Profil voraussetzend. In besonderen Zentren wie in Köln, Essen oder Dortmund haben sich nie längerfristige Festivals etablieren können, um so mehr dagegen an kleineren Orten, wie in Moers, Leverkusen oder Münster, wo es bis heute möglich war, ein bestimmtes Ziel über Jahre beizubehalten.

Jackie McLean bei einer Probe in Leverkusen. Foto: Hans Harzheim.

Das Attribut »feierlich« im New Grove ist sicherlich übertrieben, aber eine besondere – sei es musikalisch ansprechende oder gesellschaftlich entspannte Atmosphäre, wie im Fall Moers mit nahezu volksfesthaftem Charakter – gehört immer dazu, macht gerade den Besuch eines Festivals besonders attraktiv.

An etlichen Orten zeigt sich, daß Konzertreihen in regelmäßiger Wiederkehr und komprimierter Form angeboten werden, was streng genommen den Begriff des herkömmlichen Festivals übersteigt. In ganz besonderen Ausnahmefällen werden solche Veranstaltungen hier dennoch einbezogen, wie auch Jazzveranstaltungen im Rahmen der kommunalen sogenannten »Sommer«. Reine Blues-Festivals werden grundsätzlich ausgespart. Deren Einbeziehung würde den Rahmen dieser Darstellung sprengen.

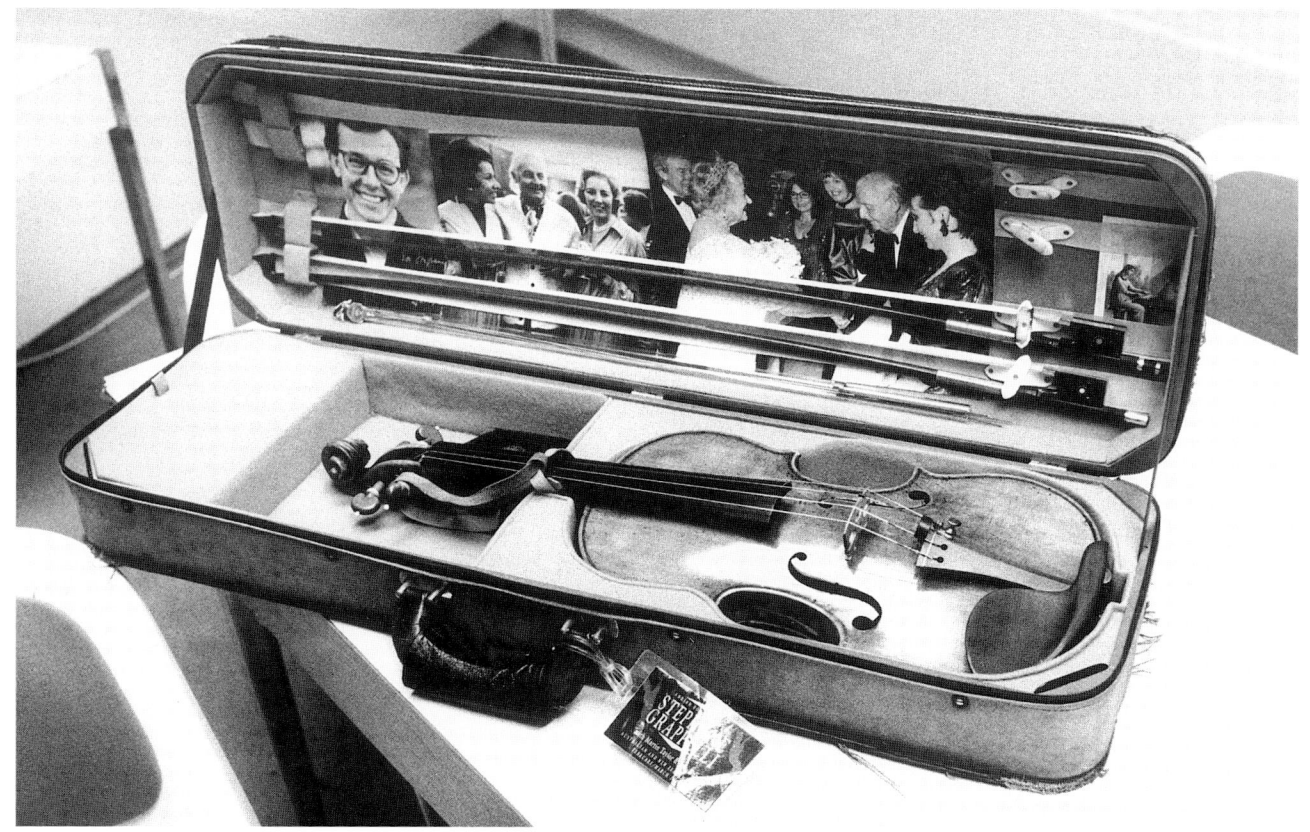

Der Geigenkoffer von Stephane Grappelli in einer
Leverkusener Garderobe. Foto: Hans Harzheim.

HISTORISCHE ENTWICKLUNG

Historisch gesehen ist das Festival nahezu so alt wie der Jazz selbst. Der New
Grove datiert das erste Erscheinen in das Jahr 1926, ein sechstägiges Festival
unter der Leitung von Paul Whiteman in Chicago.[3] Durchgesetzt hat es sich allerdings erst in den fünfziger Jahren, als ein Ausweg aus dem besonderen Spannungsverhältnis zwischen modernem konzertorientiertem und dem tanzbaren
Jazz früherer Jahre, dessen Aufführungsort neben dem Club der Ballsaal oder das
Varieté war.[4]

Damals wie heute stellen Jazz-Festivals eine »Leistungsshow« der aktuellen Szene
regional wie überregional bis international dar, präsentieren die Großen der
Welt des Jazz, die zu bestimmten, attraktiven Jahreszeiten durch die ganze Welt
von Festival zu Festival reisen. Ein Blick in das Verzeichnis von Jazztimes,[5] dem
amerikanischen Magazin, zeigt, daß sich Festivals über die ganze Welt ausgebreitet haben. Seit der »Revolution« des Free Jazz in den sechziger Jahren haben sich
Festivals mit einem Workshopcharakter herausgebildet, Orte, an denen sich Tendenzen der Avantgarde entwickeln können. Festivals sind aber auch zunehmend
Mittel der Attraktivitätssteigerung im kommunalen Kulturleben geworden, ganz
bewußt zu diesem Zweck etabliert.

Für Nordrhein-Westfalen stellt sich die Entwicklung ungefähr in folgenden Zeitstufen dar:
– In den fünfziger Jahren beschränkte sich das Jazzleben auf die großen Städte, zum Beispiel Köln, Dortmund, Essen, Düsseldorf, in denen die Wirtschaft boomte, die sich dem internationalen Geschehen und damit zwangsläufig auch dem Kulturleben öffneten, woraus sich Berührungen mit der internationalen Kulturwelt entwickelten. Dies waren Zentren, in denen alle Tendenzen des aktuellen modernen Jazz existierten, wenn auch daneben, wie zu allen Zeiten, der traditionelle Jazz seine Gemeinde pflegte, allerdings von den Musikern wie vom Publikum her gesehen zwei verschiedene Welten. Der Hinweis von Joachim-Ernst Berendt in seinem »Ein Fenster aus Jazz«,[6] daß es im Nachkriegsdeutschland eine Grenze zwischen vorwiegend traditionellem Jazz nördlich des Mains und modernem Jazz südlich des Mains gab, ist nur als Relikt des traditionellen deutschen Nord-Süd-Kulturkampfs zu werten. Robert v. Zahns Untersuchung

Jack DeJonnette beim 2. Internationalen Jazz-Forum Enger am 26.5.1979. Foto: Hyou Vielz.

über den Jazz in Köln seit 1945[7] widerlegt dies zum Beispiel eindeutig. Teil dieser Entwicklung war auch die Entstehung von Festivals in Deutschland, im zeitlichen internationalen Zusammenhang recht früh, noch vor den großen amerikanischen Festivals, aber nach der ersten europäischen Gründung in Nizza 1948.[8] Der Grund für diese frühe Entwicklung – der erste Fall war das Deutsche Jazz-Festival 1953 in Frankfurt – lag sicherlich darin, daß im zerstörten Nachkriegsdeutschland nur begrenzte Aufführungsmöglichkeiten vorhanden waren, so daß eine Konzentration auf große Festivals, vor allem der deutschen Szene wie in Frankfurt, hilfreich war, Veranstaltungen, die gleichzeitig eine intensive Kommunikation ermöglichten, eine wichtige Voraussetzung für die Entwicklung des Jazz seit der Stunde Null nach dem Ende des Krieges. Auf Frankfurt folgte als Gegenpart zu den dortigen Professionals 1955 das Deutsche Amateur-Jazz-Festival in Düsseldorf, auf dem allerdings viele Profi-Karrieren begannen.[9] Im gleichen Jahr startete der Dortmunder Hot Club den Jazz Salon, eine Art Messe, eine Mischung aus Konzerten, Ausstellungen, Diskussionen.[10] Zum Ende des Jahrzehnts folgten 1959 die Essener Jazztage, eine Bühne für die großen Stars, zum Beispiel Norman Granz' Jazz At The Philharmonic, aus der

Lionel Hampton in Wiehl 1991. Foto: Hans Harzheim.

Sicht von Karl Heinz Nass im »Jazz Podium«[11] das größte, was er bis dahin im deutschen Jazzgeschehen erleben durfte. Schon hier zeigt sich die führende Rolle Nordrhein-Westfalens bei dieser Musik.

– In den siebziger Jahren entstanden Festivals in dem Bemühen, sich der Avantgarde zu öffnen (vor allem Moers, Kölner Jazz Haus Festival, auch Münster, Burg Altena, Wuppertal, Balve und Enger), dieser Musik, die bestimmten Hörerkreisen vorbehalten war und nun durch Festivals die Gelegenheit bekommen konnte, im großen Überblick und Zusammenhang angeboten zu werden. Nicht immer gelang dies, da man oft auch bei den Festivals unter sich blieb.

– Nachdem weitere große, international bedeutende Festivals (Leverkusen und etwas bescheidener Viersen) entstanden waren, vervielfältigten sich in den achtziger und neunziger Jahren die Festivals und zogen vor allem aufs Land, eine Entwicklung, deren Ursachen man im einzelnen noch untersuchen müßte. Einerseits kann dies aus der Besiedlung des Umlandes um die Städte zu erklären sein, die natürlich auch die Jazzfreunde erfaßt hat, andererseits entwickeln auch kleinere Orte ein beachtliches Kulturleben, das den Jazz einschließt. Die Festivals in Wiehl, Gummersbach, Düren, Jülich, Hilden, Langenfeld, Coesfeld, Herford oder Detmold sind Beispiele für diese Entwicklung. Andererseits werden Festivals begonnen mit dem Ziel der Definition der kulturellen Identität einer Stadt oder Region. Die Aktivitäten in Duisburg seit etlichen Jahren (Duisburger Akzente) oder die neuen Bemühungen um Etablierung von Festivals im Ruhrgebiet mit Unterstützung der Ruhr Kultur GmbH sind dafür aktuelle Beispiele.

BESONDERE TENDENZEN

Eddie Gomez am 26.5.1979 in der Reithalle Westwenger beim 2. Internationalen Jazz Forum Enger. Foto: Hyou Vielz.

Wie auch der Jazz immer wieder totgesagt wird, wird diskutiert, ob er überhaupt noch, und vor allem in Festivals, aufführbar ist.[12] Die Diskussion, ob es ihn noch gibt, den Jazz in der modernen Musik, ob man den Begriff wenigstens aufgeben muß, wie dies oft erklärt wird,[13] soll hier nicht verlängert werden, nützt sie doch allem, nur nicht der Musik. Daß auf der anderen Seite das Festival immer noch ein überaus geeigneter Aufführungsort für diese Musik ist, belegen dessen Erfolge, allein schon die Besucherzahlen, zum Beispiel in Leverkusen oder Moers, sogar die Kölner Philharmonie war bei dem Festival »post this & neo that« einige Male ausverkauft, was aber leider dessen Beendigung nicht verhindert hat.

Daß Jazz eine Musik ist, die von Kommunikation lebt, die Freude und Atmosphäre vermittelt, wird von den Festivals immer wieder unterstrichen, besuche man nur zum Beispiel Moers, Leverkusen, Münster, Viersen oder Gronau.

Festivals sind immer wieder Orte der Reflektion, der Auseinandersetzung mit neuen Tendenzen, auch Sammelpunkte von Bewegungen, wie das Jazz Haus Festival in den achtziger Jahren in Köln oder die Festivals der Musikerinitiative J·O·E in Essen in den letzten Jahren.

In den Programmen der Festivals werden Berührungspunkte, ja Überschneidungen zu anderen Musikformen deutlich, auch besonders und bewußt praktiziert, um einerseits die Rolle des Jazz als Musik des Jahrhunderts, Teil der aktuellen Musik, zum Beispiel im Rahmen der Kölner Musik Triennale,[14] zu verdeutlichen, oder aber um durch die Hereinnahme von benachbarten Bereichen wie der Pop-Musik den Jazz auch an neue Hörerkreise heranzuführen, wie die Leverkusener Jazztage in den letzten Jahren.

Eine wichtige Rolle spielt dabei die Begegnung mit der Weltmusik, die sich zunehmend in der Weise vollzieht, daß nicht nur europäische oder amerikanische Musiker sich mit anderen Kulturen auseinandersetzen, sondern daß sich Musiker aus aller Welt in ihrer eigenen kulturellen Genese mit dem Jazz beschäftigen und eine eigene, neue Art von improvisierter Musik schaffen.[15]

Woody Shaw in Leverkusen. Foto: Hans Harzheim.

Mehr oder weniger verschwunden aus der Welt der Festivals sind die aus der Zeit der Workshops stammenden Bemühungen, Strukturen zu schaffen, die kontinuierliche Arbeit von Gruppen von Musikern ermöglichen. Auch um die Verleihung von Förderpreisen, was zum Beispiel Ekkehard Jost in seiner Analyse der Situation des Jazz heute empfiehlt,[16] steht es nicht gut, wenn man nur den Wegfall eines der letzten europäischen Förderpreise aus dem Programm in Leverkusen in 1998 registriert.

Peter Herbolzheimer, besonders profunder Kenner der jungen Szene, bemängelte kürzlich in einem Gespräch[17] den ständigen Wechsel von Gruppen auf Festivals, im Sinne eines zunehmenden Konsumterrors, der die Konzentration auf musikalische Ziele und einzelne Projekte verstellt.

Sprichwörtlich ist gelegentlich der Unmut der Kritiker,[18] daß das Angebot kaum noch etwas mit Jazz zu tun habe, entferne man sich bisweilen doch zu sehr von ihm und nähere sich in demselben Maße anderen Kulturen oder auch nur anderen Musikbranchen an.

Inhaltlich orientieren sich Festivals heute an der großen Vielfalt der musikalischen Angebote wie den unterschiedlichen Entwicklungen, für die sogenannten Puristen oft ein Ärgernis,[19] für die Musik selbst ein Glücksfall, besteht dadurch doch die einzige Chance, diese Musik konkurrenzfähig zu machen, vor allem jungen Menschen als besonders hörenswert –

auch wenn abseits der großen Modeentwicklungen – anspruchsvoll wie unterhaltend zu vermitteln. Die puristischen Kritiker übersehen außerdem, daß Veranstalter anders gar nicht überleben können, hängen die Körbe der öffentlichen wie privaten Sponsoren in den letzten Jahren doch sehr hoch.

Hinzu kommt noch, daß erfolgreiche Veranstalter wissen, daß man auch die Produkte des Jazzmarkts mit den aktuellen Mitteln der Werbung anbieten muß, ein Festival verbunden mit einem ansprechenden Merchandising und Catering organisiert.

KULTURPOLITISCHER STELLENWERT/SPONSORING

Betrachtet man die wirtschaftliche Situation der Veranstalter, die Art, wie sie ihre Festivals finanzieren, so ist zunächst kein großer Unterschied zu dem normalen Jazz-Konzert zu sehen.

Da sind die Festivals, die sich überwiegend mit dem traditionellen Jazz beschäftigen, wie auch die, die diesem traditionellen Programm gerne auch einmal einen großen amerikanischen Star hinzufügen, auch wenn er aus dem Bereich der Moderne kommt: Diese Ereignisse finanzieren sich meist auf rein privater Basis. Es finden sich Geschäftsleute, die das Festival zu eigenen Geschäftszwecken als Werbeträger nutzen. Brauereien und viele andere Unternehmen, zum Beispiel Mövenpick im Fall des Mülheimer Jazz im Zentrum, machen hier vieles möglich.

Ganz anders ist es bei den Festivals aus dem Bereich der aktuellen Musik, sei sie auch noch so unterhaltsam. Auch hier finden sich gelegentlich private Sponsoren, wie zum Beispiel die Köstritzer Brauerei, die den Jazz ganz zu ihrem Markenzeichen erhoben hat, bis hin zur Gründung eigener Ensembles unter ihrem Namen, die die Festivals oft auch finanziell absichern. Genauso oft reicht das aber gerade nicht, so daß die Kommunen, auch die Sparkassen, mithelfen müssen. Die finanzielle Lage, aber oft auch nur eine große Distanz zu dieser Musik, erschweren dies dabei manchmal in existenzbedrohender Weise. Die Chronik der großen Festivals ist voll von solchen Momenten. Das Viersener Festival hat bisher keine öffentlichen Mittel gesehen. Münster hatte schon in der Anfangsphase große Probleme und erhielt nur geringe Unterstützung von der Stadt. Beispielhaft in diesem Zusammenhang die Unterstützung der Leverkusener Jazztage durch die Stadt, die erkannt hat, welchen Stellenwert dieses Ereignis für sie hat.

Festzustellen ist aber auch, daß Festivals als konzentrierte und herausragende Ereignisse des Jazz vom Land und den großen, insbesondere Landes-Stiftungen nicht annähernd in demselben Maße unterstützt werden wie vergleichbare Anlässe in anderen Kultursparten, der klassischen Musik, sogar der Neuen Musik und Bildenden Kunst zum Beispiel. Berücksichtigt man, daß gerade in diesem Bereich eine besondere Stärke des kreativen Potentials im Lande liegt und die Hochschulen in Köln und Essen auch regelmäßig große Talente auf den Markt bringen, ist dies unverständlich und nicht zeitgerecht. Wie schon erwähnt, gibt es kaum noch Förderpreise für Jazz oder Jazzereignisse, auch bei allgemeinen Förderpreisen wird der Jazz nie bedacht. Die einzigen Ausnahmen in letzter Zeit waren die Verleihung des Großen Rheinischen Kulturpreises der Sparkassenstiftung zur Förderung Rheinischen Kulturguts an die Leverkusener Jazztage und an André Nendza in 1997, die des Förderpreises der Stadt Düsseldorf in der

Sparte Musik 1998 an Angelica Niescier und der Jazzförderpreis der Stadt Köln.

Welche Möglichkeiten in der gezielten öffentlichen Förderung stecken, zeigen die neuen Aktivitäten im Ruhrgebiet, die beiden Festivals in Dortmund und Bochum, beide von ihrer Thematik her gesehen nicht für eine freie Finanzierung geeignet, und die Konzertreihe »swingbeats«, die im Rahmen der Regionalen Kulturpolitik des Landes mit Unterstützung der Ruhr Kultur GmbH gefördert wird.

Positiv ist zu vermerken, daß die Rundfunk- und Fernsehanstalten ihre Rolle im Rahmen ihrer Möglichkeiten wahrnehmen. Ohne ihre Beteiligung und damit Mitfinanzierung wären sicherlich sogar die großen Festivals in Leverkusen, Viersen und Moers in Schwierigkeiten.

Insgesamt wäre sehr zu wünschen, daß die Kulturpolitik des Landes und der Kommunen in Nordrhein-Westfalen ihr Augenmerk mehr als bisher auf den Bereich des Jazz und speziell der Festivals legt. Allein der Wirtschaftsfaktor, der in dieser Branche steckt, müßte dies nahelegen, ist doch die Betrachtung der kulturellen Szene unter dem Gesichtspunkt der Wirtschaftsförderung und -entwicklung ein sehr aktuelles Thema in Nordrhein-Westfalen.

2. REISE DURCH DAS FESTIVALLAND NORDRHEIN-WESTFALEN

Die Reise – systematisch dem reichhaltig vorhandenen Verkehrsnetz unseres Landes folgend – beginnt im äußersten Westen, in Aachen, und endet im äußersten Osten, in Minden, erfaßt das ganze Land, all seine Landschaften, große wie kleine Städte, um die aufgestellte These von dem Land, in dem sich der Jazz inzwischen epidemieartig ausgebreitet hat, zu belegen.

Die Reise beschäftigt sich da, wo es sich lohnt und die Quellenlage dazu ausreicht, auch mit der Geschichte der Festivals der vergangenen 50 Jahre, wird aber mit Sicherheit nicht alle musikalischen Ereignisse, die den Begriff »Festival« verdienen könnten, erfassen, da sowohl aus Zeit- wie aus Platzgründen eine Beschränkung erforderlich ist.

Eine Übersicht über die Adressen der Festivals, der Veranstalter, der anzusprechenden Personen oder Institutionen ist beigefügt.

Aachen, die alte Kaiserstadt, ist durch ihr zwangsläufiges, schon geographisch bedingtes Profil eine Kultur-Stadt. Vor allem der intensive Austausch mit den angrenzenden Nachbarn, vor allem in Lüttich und Maastricht, aber auch die Technische Hochschule mit ihrer akademischen Klientel, haben dem kulturellen Leben immer einen besonderen Schwung gegeben. Daß dabei auch – neben einer ganz eigenen und einmaligen Rock-Szene – etwas für den Jazz abfällt, ist nur verständlich.

Nach Jahren einer wechselvollen Entwicklung – der Anfang des Jazz liegt in Aachen zu Beginn der fünfziger Jahre – mit den Aktivitäten des legendären Malteserkellers als Grundlage lassen sich verschiedene Ereignisse registrieren, die man unter den Begriff des Festivals fassen kann.

Mitte der achtziger Jahre gab es intensive Bemühungen um eine Stabilisierung der Szene des aktuellen modernen Jazz durch die Aachener Workshops.[20] Organisiert von der Volkshochschule Aachen, aber auch wesentlich beeinflußt von dem Dürener

Wolfgang Breuer, damals Professor am Aachener Grenzlandinstitut der Rheinischen Musikhochschule, und von Manfred Niehaus vom WDR, traf sich Anfang der achtziger Jahre die Creme des deutschen und europäischen Jazz als Dozenten im Rahmen der Aachener Workshops, zum Beispiel Albert Mangelsdorff, Manfred Schoof, Peter Giger und der schon erwähnte Wolfgang Breuer.

In der Gegenwart gibt es zwei Festivals, die man der Avantgarde-Szene zurechnen kann, beide für die Kulturregion des sogenannten Dreiländerecks von großer Bedeutung:

– Das »Internationale Treffen Innovativer Musiker/Innen«, das seit 1991 jedes Jahr im Oktober stattfindet, bis 1998 im Ludwig-Forum, ab 1999 in der Klangbrücke. Jedes Jahr steht das Festival unter einem besonderen Thema, das die aktuelle regionale bis europäische Musikszene abbilden soll. Solche Themen waren bisher zum Beispiel »Musikerinnen/Komponistinnen«, »das Cello«, »Poesie«, »Computer-Musik«. Zu hören waren unter anderen die Gruppe People in Sorrow mit Gitta Schäfer, Art de Fact, Action Direct, Fred Frith, The Blech und Elliott Sharp.[21]

– Einen unüberhörbaren Akzent setzen die Euregio-Musiktage, die 1998 bereits zum 10. Mal stattfanden. Getragen werden sie von der Gesellschaft für Zeitgenössische Musik, die sich als »geistesverwandt« mit der in den siebziger Jahren von Paul Lytton und Paul Lovens gegründeten und Anfang der achtziger Jahre wieder aufgelösten Musikerkooperative versteht. Das Festival widmet sich dem zeitgenössischen überregionalen freien Jazz und brachte bisher die europäische Szene nach Aachen, zum Beispiel Misha Mengelberg, Alexander von Schlippenbach, Barry Guy, Claudius Valk oder die Gruppe Funk Attack.[22]

Schließlich sei noch der Aachener Kultursommer erwähnt,[23] der die Stadt jedes Jahr zwischen Juni und September mit Musik erfüllt und dabei auch den Jazz bedient. So waren in 1998 immerhin Abdullah Ibrahim, die Delbroux Bass Society, Norbert Stein's Pata Trio, James Carter und Martin Weiss' Sinti Jazz Ensemble zu hören.

Diese Kultursommer, in vielen Städten mittlerweile Zentren des sommerlichen Kulturbetriebs, erweitern die Idee eines Festivals zumindest zeitlich mit der Absicht, die Vielfalt der Musik wirkungsvoll abbilden zu können und die Sommerzeit für Bürger wie Touristen attraktiv zu gestalten, ein Stück kommunale touristische Profilbildung. Zu begrüßen ist, wenn der Jazz dabei als selbstverständlicher Bestandteil der aktuellen Musikszene für ein größeres Publikum berücksichtigt ist.

Schon wenige Kilometer östlich von Aachen stößt der Festival-Tourist in *Eschweiler* auf ein seit Anfang der neunziger Jahre alle zwei Jahre stattfindendes mehrtägiges Festival, das sich aus einer privaten Initiative heraus darum bemüht, mit bekannten Namen ein unterhaltsames Programm mit Niveau anzubieten, von Rod Mason und Angela Brown bis zu Klaus Doldinger.[24]

Wieder nur ein paar Kilometer weiter nach Osten kommt man nach *Düren*, in die Stadt auf halber Strecke zwischen Köln und Aachen, im Krieg fast völlig zerstört und im Rahmen des Wiederaufbaus offen für Neues, so auch für den Jazz.

Schon 1951 gründete Walter Hein den »Hot Club 51«, auf den 1960 der Jazzclub Düren folgte.[25] Dieser hob 1961 die Dürener Jazztage aus der Taufe, immer unterstützt von Dietrich Schulz-Köhn, dem legendären »Dr. Jazz«, über viele Jahre hauptverantwortlicher Jazzmoderator des WDR. Das Programm der Dürener Jazztage deckte das Spektrum ab zwischen traditionellem Jazz mit den bekannten Gruppen aus dem Kölner, Aachener, Düsseldorfer Raum, den Cologne Dixieland Steamers, den Darktown Stompers Aachen wie den Düsseldorfer Feetwarmers und dem modernen Jazz mit den wichtigen Musikern der Kölner Szene, zum Beispiel aus dem Kurt Edelhagen Orchester. Eine solche Mischung war zur damaligen Zeit üblich, sogar die Essener Jazztage mit den großen US-Stars praktizierten dies.

So fanden Dusco Gojkovic, Karl Drewo, Rob Pronk, Raymond Droz, Bora Rokovic oder Stuff Combe, aber auch Klaus Doldinger, Peter Trunk, Gunter Hampel, Manfred Schoof, Alexander v. Schlippenbach, Buschi Niebergall oder Wolfgang Dauner den Weg nach Düren.[26]

Integriert in die Jazztage waren unter anderem Aufführungen groß angelegter Kompositionen des schon erwähnten Wolfgang Breuer oder auch von Glen Buschmann aus Dortmund. Teil der Jazztage war dann das von Wolfgang Breuer initiierte und geleitete sogenannte Jazzlabor,[27] eine Form der Auseinandersetzung aktueller Jazzmusiker wie Manfred Schoof, Gerd Dudek, Michel Pilz und vielen anderen mit der Spannung zwischen Konstruktion und Improvisation im Jazz. Bestandteil der Jazztage waren auch die Treffen der »Arbeitsgemeinschaft Westdeutscher Jazzclubs (AWJ)«, die von dem Vorsitzenden des Dürener Jazzclubs, Ernst Albert Schür, 1964 ins Leben gerufen wurden.[28]

Düren war mit dieser Konzeptarbeit in den sechziger Jahren ein wichtiger Ort für die Entstehung des neuen Jazz, des Free Jazz, der vom Rheinland aus, vor allem von Köln und Wuppertal, dem Jazz in Europa eine ganz eigene, dem amerikanischen Jazz gegenüber emanzipatorische Note und Qualität gab. Wie so oft fand diese Entwicklung mit dem Weggang der handelnden Personen, insbesondere von Wolfgang Breuer, ein Ende.

Rund zwanzig Jahre dauerte es, bis 1991 ein immer noch existierender Dürener Jazzclub die Dürener Jazztage wieder zum Leben erweckte, die seitdem regelmäßig jedes Jahr Ende August stattfinden.[29] In einem großen Zelt mitten in der Stadt gab es in den ersten Jahren amerikanische Größen wie Nat Adderley, Les McCann oder Al DiMeola, aber auch Europäer und Deutsche, zum Beispiel Richard Gaillano oder Klaus Doldinger zu hören. Eine Kneipen-Jazz-Tour, eine Streetparade und Open-Air-Jazz für Kids aus der traditionellen Szene gibt es daneben bis heute.

Seit 1993 muß das Festival allerdings ohne öffentliche Mittel auskommen, es wird vollständig von privaten Sponsoren finanziert und kann es sich dabei leisten, keine Eintrittspreise zu nehmen. Mit Barbara Dennerlein, Salsa Picante, der Schääl Sick Brass Band aus Köln, Udo Schild, Charlie Mariano, Jasper van't Hofs Pili Pili konnte ein zwischen Internationalem und Regionalem gemischtes Programm angeboten werden.

Mit der Aufwertung des Kulturstandortes *Jülich,* zum Beispiel im Rahmen der Landesgartenschau 1998, bei der die sinnvolle Nutzung der historischen Bauwerke der Stadt, so vor allem der aus der Renaissance stammenden Zitadelle, neu belebt wurde, hat der Jülicher Jazzclub in 1997 eine erste Jülicher Zitadellen-Jazznacht auf dem Gelände und im Gebäude der Zitadelle veranstaltet. Eine Mischung aus eher traditioneller bis zu modernem Swing orientierter unterhaltsamer Musik unter anderem mit Rod Mason, der Sängerin Pia Maria und Heiner Wiberny, Mitglied der WDR Big Band, machten die Jazznacht zu einem Erfolg, was die Veranstalter veranlaßte, das kleine Festival in 1998 fortzuführen, schon mit deutlich höherem musikalischen Anspruch, unter anderen mit Ali Claudi und Carolyn Breuer.[30]

Der Weg nach Köln ist immer noch weit, er ist gesäumt von kleinen Städten wie *Hürth,* am Südwestrand der Kölner Stadtgrenze gelegen, wo es eine aktive Musikszene gibt. So überrascht es nicht, daß sich in den achtziger Jahren ein Jazzclub gründete, der seit 1990 in dem Gewölbekeller der Brüder-Grimm-Schule in Hürth-Gleuel regelmäßig Jazzkonzerte veranstaltet.

Seit September 1991 steht die Hürther Jazznacht im Mittelpunkt. Sie will dem Publikum einen möglichst breiten Überblick über die Stilrichtungen des Jazz geben. Das Konzept geht auf: Gab es in 1991 noch 450 Besucher, sind es in 1997 schon 1400 gewesen. Zu den Mitwirkenden: Häufig im Land anzutreffende Musiker aus traditionellen Richtungen wie Erroll Dixon, Louisiana Red, Little Willie Littlefield oder der Hot Club Rotterdam werden musikalisch ergänzt durch die Dieter Gärtner Big Band, Klaus Ignatzek oder die NDR Big Band.[31]

Nur wenige Kilometer weiter nach Süden in Richtung Bonn liegt *Wesseling,* bekannt durch gigantische Öl-Raffinerie-Anlagen. Auch in dieser kleinen Stadt am Rande von Köln organisieren schon seit vier Jahren Musikbegeisterte »Live im Lessing«, ein kleines Festival im November in der Aula der Lessing-Schule.

> Die Musiker stammen aus dem unerschöpflichen Reservoir der Kölner Szene, dem Jazz, Blues wie auch sogenannten Folkpop. So haben in letzter Zeit in Wesseling Anne Haigis, Charlie Mariano, Mike Herting oder Peter Fessler gespielt.[32]
>
> *Bonn,* die ehemalige Bundeshauptstadt, widmet sich auch bereits seit den fünfziger Jahren dem Jazz, hat seitdem eine Vielzahl von Spielorten und Veranstaltungen erlebt. Aus Bonn stammende Musiker wie Till Brönner, Norbert Gottschalk, Frank Haunschild, Gunnar Plümer oder Peter Materna zeigen auch, daß Bonn ein gutes Pflaster für Jazz ist, was allerdings nie für größere Festivals gereicht hat, sieht man einmal von dem großen Spektakel »R(h)einkultur« in der Bonner Rheinaue ab, seit 1982 das große »Umsonst- und Draußen-Festival«, in dessen Rahmen es auch Jazz gibt, zum Beispiel in 1997 Pee Wee Ellis und Frank Nimsgern, Trance Groove und die Mardi Gras Band, 1998 dann der Kölner Rainer Witzel, der vietnamesische Gitarrist Nguyên Lê aus Paris oder auch der indische Percussionist Trilok Gurtu.[33]
>
> Eine Jazznacht mit modernem Swing gab es im November 1994 in der Stadthalle Bad Godesberg,[34] oder das 25jährige Jubiläum der Chicago Footwarmers im Dezember 1993 in Bad Godesberg,[35] musikalisch wenig hergebende Aktivitäten für eine Stadt mit dem kulturellen Renommee von Bonn. Bis dann Harry Lintzmeyer 1995 den Jazz-Zirkel gründete und das Jazzleben in Gang brachte, Konzerte von oft internationalem Rang meist in der Harmonie in Bonn-Endenich realisierte. Mit dem Bonner Jazzweekend Ende August 1998, das nach großem Erfolg in den nächsten Jahren fortgesetzt werden soll, gab er ausschließlich Musikern aus der Region eine Chance, so dem Duo Norbert Gottschalk und Frank Haunschild, der Kölner Gruppe Underkarl, den Düsseldorfern Wolfgang Engstfeld und Peter Weiss, Silvia Droste, Gunnar Plümer, Matthias Nadolny aus Dortmund und Klaus Ignatzek. Besonders erwähnenswert ist die Aktivität deshalb, weil sie ohne jede öffentliche Unterstützung, sonst bei Veranstaltungen dieser Art notwendig, finanziert wurde.[36]

»Jazz am Rhein '68«: Maynard Ferguson in Köln. Foto: Hans Harzheim.

Köln ist nicht nur die größte Stadt Nordrhein-Westfalens, sondern auch von dem Angebot für Musiker wie für Hörer in Sachen Jazz ein Zentrum von großer Bedeutung für Europa, eine Metropole ganz besonderer Art. Über die frühen Jahre und die Entwicklung seitdem gibt das Buch von Robert v. Zahn »Jazz in Köln seit 1945« Auskunft.[37]

Die Dichte der Szene hat allerdings dazu geführt, daß es bis heute kein großes Festival gibt, das sich wie Leverkusen, Moers oder Münster über einen längeren Zeitraum gehalten hat, obwohl »post this & neo that« alle Anlagen dazu hatte. Vielleicht kann man das erste Kölner Amateurtreffen am 6. November 1955 in der »Lupe«, Zülpicherstraße, dem legendären Programmkino früherer Jahrzehnte, von Mitgliedern des damaligen »Jazzclub Köln« organisiert, als das erste Festival in Köln ansehen.[38]

Von Zahn berichtet von kleinen Konzert-Festivals[39] im Zusammenhang mit der Verlagerung der Szene aus den Clubs in die Konzertsäle der Stadt, so von dem Combo-Festival im Börsensaal mit den Bands von Johannes

»Jazz am Rhein '68«.
Foto: Hans Harzheim.

Heinz Schröter, Unterhaltungschef beim WDR-Hörfunk, und Gigi Campi, Initiator des Open-Air-Festivals »Jazz am Rhein« 1968 in Köln. Foto: Campi-Archiv.

Rediske, Hans Koller, Helmut Brandt und Fatty George. 1960 fand das »6. Deutsche Amateur-Jazz-Festival Düsseldorf« aus Raumgründen im Kölner Gürzenich statt.[40]

Um die Liste der vielen kleineren Veranstaltungen noch zu verlängern: In der guten Tradition der Jazzkonzerte an Kölner Schulen – damit begann bereits das Neusprachliche Gymnasium Köln-Nippes im Jahr 1955[41] – veranstaltete das Humboldt-Gymnasium 1965 das »Erste Kölner Jazz Festival« mit den Siegern Down Town Six in der traditionellen und dem Wolfram Brunke Quintett in der modernen Kategorie.[42]

Auch die Big Band Battle des Jahres 1969,[43] das legendäre Aufeinandertreffen der Kurt Edelhagen Band, der Clarke-Boland-Big Band und der Thad Jones-Mel Lewis-Big Band, das später noch einmal wiederholt wurde, kann man unter den Festivals einordnen. Einige Jahre vorher hatte es, wieder nur für kurze Zeit, unter dem Titel »Jazz am Rhein« am Tanzbrunnen, zwischen der Messe und dem Rheinpark gelegen, 1967 und 1968 ein großes Open-Air-Festival gegeben, wobei das Eröffnungskonzert 1968 im Großen Sendesaal des Funkhauses stattfand.[44] 1967 bildeten die Musiker aus der Kurt Edelhagen Band den Kern des Geschehens, hinzu kamen Manfred Schoof und Horst Gmeinwieser, erste Anzeichen für die aufbrechende Kölner Free Jazzszene, die in der Skala der musikalischen Bedeutung bald die Big Bands ablösen sollte. Auch Klaus Doldinger und Dusco Gojcovic waren zu hören und natürlich, neben der 17th Army Band und der Ingfried Hoffmann Big Band, die Clarke-Boland-Big Band, Kölns Aushängeschild für weltweit beachteten Jazz.

Noch größer wurde das zweite Festival in 1968 mit 77 Musikern aus 15 Nationen, wieder mit der Big Band von Edelhagen und der Clarke-Boland-Big Band, diesmal ergänzt durch die Maynard Ferguson Big Band, außerdem mit Milt Buckner, George Gruntz, Joachim Kühn, Jon Hendricks, Dexter Gordon, Dave Pike, Hank Mobley im Duo mit Johnny Griffin, ein glanzvolles Fest, man könnte mit damaligen Maßstäben »Newport am Rhein« sagen, in Szene gesetzt von Gigi Campi, dem großen Initiator und Promoter des Jazz in Köln seit den fünfziger Jahren.

1970 folgte die »Week of Jazz in Action«, eine Woche großer Jazz in allen Sälen: Duke Ellington und eine Neuauflage der Big Band Battle im Opernhaus, Slide Hampton und Dexter Gordon, das Modern Jazz Quartett und der neue Free Jazz mit dem Manfred Schoof Quartett, unter anderen mit Gerd Dudek, dann Albert Mangelsdorff, Peter Brötzmann und als Überraschungsgast Don Cherry aus den USA.[45]

Luis Sclavis (mit seinem Quintett) am 2. Januar 1992 beim Kölner Festival
»Post This & Neo That« in der Kölner Philharmonie. Foto: Hyou Vielz.

Die Festival-Traditionen Gigi Campis setzten sich während des sogenannten Kölner Jazzkriegs fort, als es darum ging, wer den Zuschlag für den Stadtgarten bekommen sollte, Campis Jazzboard oder die Initiative Kölner Jazz Haus, die sich als Zusammenschluß Kölner Musiker gegründet hatte. Ende 1979 veranstaltete das Jazzboard im Sartory die »Livehouse Nacht« unter anderem mit Manfred Schoof, mittlerweile im Mittelpunkt der Kölner Szene, Michel Pilz, Jasper van't Hof, den Bands von Carla Bley, Buddy Rich und Tony Coe, in dessen Band der Sänger Herbert Grönemeyer auftrat.[46]

Nach der Niederlage der »Campi-Gruppe« im oben erwähnten Jazzkrieg versuchte Vera Brandes, Organisatorin des berühmten Köln-Concerts von Keith Jarrett, die Festival-Tradition fortzusetzen mit einem Festival am Tanzbrunnen in 1982,[47] dem noch weitere unter dem Titel »Fiesta de Salza« folgten, Grenzgänge zur Weltmusik, auch wenn Jazzmusiker wie Ray Barretto, Benny Bailey oder Mongo Santamaria mit von der Partie waren.[48]

Inzwischen hatte die schon erwähnte Initiative Kölner Jazz Haus (IKJH), unter ihnen Rainer Michalke und Matthias von Welck, heute die Geschäftsführer des »Stadtgarten«, die Initiative für das weitere Jazzgeschehen in Köln selbst ergriffen und in der Folge ein bisher in Deutschland einmaliges Unternehmen gegründet.[49] Die erste musikalische Tat der Initiative war das erste Kölner Jazz Haus

Festival vom 27. bis 29.10.1978 in der Gesamtschule in Köln-Holweide, an dem die ganze Kölner Szene beteiligt war, unter vielen Christoph Haberer, Norbert Stein, Achim Fink, Armin Tretter, Joachim Ullrich, Georg Ruby, Dieter Manderscheid, Gerhard Veeck, Gunnar Plümer, Michael Küttner, Florian Schneider, Hugo Read, Wollie Kaiser, aber auch das Manfred Schoof Quartett. Viertausend Besucher zog dieses erste Festival an, ein Riesenerfolg, auch ein Beleg dafür, wie notwendig die Initiative war.[50] Die IKJH führte das Festival als Schwerpunkt ihres musikalischen Geschehens noch etliche Jahre fort, meist in der Aula der Musikhochschule, bis zur Eröffnung des Stadtgartens in 1986. Das Festival wurde im Laufe der Jahre zu einer Begegnung der Avantgarde der aktuellen improvisierten Musik, gab den Musikern aus der Region ihre Plattform und brachte gleichzeitig die Begegnung mit Musikern aus aller Welt, machte die Initiative zu einem in der Welt geachteten und beachteten Partner. Nur um auch hier ein paar Namen der Teilnehmer an den weiteren Festivals zu nennen: Gianluigi Trovesi, Allan Holdsworth, Gunter Hampel und Jeanne Lee, Doug Hammond, Arthur Blythe, Enrico Rava, Greetje Bijma, Georg Gräwe und das Grubenklangorchester, immer wieder Manfred Schoof, David Moss, Keith Tippett, Paul Motian, Bill Frisell, die Liste läßt sich unendlich verlängern.[51]

Mit einem »Jazz Haus Film Haus Fest« begann es 1986 im neuen Domizil.[52] Auch in den Folgejahren konzentrierte die IKJH ihre Arbeit im Stadtgarten zunächst weiter auf das Jazz Haus Festival, das in den Aktivitäten des Stadtgarten aufging, dann auf kleinere Festivals, um bestimmte Themen oder Projekte deutlich herauszustellen. Es würde zu weit führen, diese nun alle aufzuführen. Letzte Beispiele waren »Loop Factory«, zwei Tage im Dezember 1998 mit Gruppen aus der Region, »Jack Pohl stellt vor«, mehrfach im Jahr, oder das »Poise«-Festival der vergangenen Jahre.[53]

Die kurz nach dem Stadtgarten in 1986 eröffnete Philharmonie eröffnete dann der IKJH die Möglichkeit, die aktuelle improvisierte Musik auch in dieser neuen Konzerthalle zu präsentieren. Von 1989 bis 1996 war das Festival »post this & neo that« das weltweit erste Jazz-Festival als Dialog der Kölner Szene mit der Welt zu besonderen Themen wie Songs & Stories, Milestones – a tribute to Miles Davis, Jazz on the Rock oder Musical Love Affairs mit Aki Takase und Alexander von Schlippenbach, Bill Frisell, den Itchy Fingers, der Kölner Saxophon Mafia, Phil Minton, Dieter Manderscheid, Geri Allen, Tome XX, John Scofield, Gerd Köster, Bill Evans, der Franck Band, Charlie Mariano, Julie Tippett und vielen mehr.[54] Das Ende dann im Jahr 1996 hat bis heute eigentlich niemand vergessen. Musikalisch und wirtschaftlich gibt und gab es keine ernsthaften Gründe für das Ende in der Philharmonie, wie Robert v. Zahn richtig vermutet,[55] es war eher eine Art Austreibung aus dem Tempel.

> Die konzeptionelle Entwicklung der Kölner Avantgarde in die Grenzbereiche der Neuen Musik machte die Beteiligung der improvisierten Musik an den beiden Musiktriennalen 1994 und 1997 leicht, ein großes weltumspannendes Festival der aktuellen Musik, das vier Wochen lang das Kulturleben auf einem besonderen Weltniveau hielt. Ornette Coleman oder John Zorn, Carla Bley mit der Welturaufführung des »Escalator over the Hill«, waren unvergessene Höhepunkte.[56]

Aber es gibt noch mehr Jazz und Festivals in Köln: Im »Subway«, dem inzwischen ältesten Jazz-Live-Club in Köln, veranstaltet der WDR mittlerweile zum wiederholten Mal das »WDR Nachwuchsfestival«, in dem Gruppen aus der Region eine Auftrittschance erhalten, zum Beispiel Paul Heller, Nils Wogram, Peter Autschbach, Thomas Rückert oder Rainer Witzel.[57] Die Tradition der weltmusikorientierten Open-Air-Festivals am Tanzbrunnen wurde in 1998 von Misereor mit dem Festival »1000 Beats für 1 Welt« mit den Gruppen Olodum aus Brasilien, den »afro cuban all stars« und Musikern aus Afrika fortgesetzt.[58]

Auch das Rahmenprogramm für die PopKomm., die große Messe im August, hat inzwischen das Ausmaß und den Charakter eines Festivals angenommen, so mit Maria João und Klaus Doldinger bei der WDR-Nacht, dem Jazz thing Jubiläum und dem Weltmusik-Festival »Global Nights«; beides im Stadtgarten.[59]

Elektronische improvisierte Musik hat sich seit Jahren in Köln etabliert, schon mehrfach fand das VCF1-Festival für improvisierte Musik in der Alten Feuerwache statt.[60] Auch der Stadtgarten widmet sich mit kleinen Festivals diesen Themen, zum Beispiel im Dezember 1998 »Music in Movement Electronic Orchestra« im Rahmen eines Jack-Pohl-Festivals.[61] Da improvisierte Musik sich immer wieder verändert, ist zu vermuten, daß es auch in Köln bald wieder eine neue Art von Festival geben wird.

Bevor die Reise weiter den Rhein abwärts geht, gibt es zunächst einen kleinen Abstecher ins Bergische Land. Da lädt der Luftkurort *Wiehl* seit 1990 ein zu den Internationalen Wiehler Jazztagen, ein bunter Strauß aus der Welt des Jazz mit Anteilen aus dem Bereich des traditionellen Dixieland und New Orleans, einer Blues Night und einigen Konzerten mit den großen meist amerikanischen Stars der Moderne, wobei es allerdings nie zu modern wird. Beispiele waren bisher Stephane Grappelli, Lionel Hampton, Dave Brubeck, Gerry Mulligan, Mike Manieri's Steps Ahead, Maceo Parker und 1998 auch einmal eine bekannte Gruppe aus der Region, Underkarl.[62] Viel Anklang findet das Festival, inzwischen ein großes Ereignis in der ländlichen Region.

Lee Konitz in Wiehl 1996. Foto: Hans Harzheim.

Wenige Kilometer weiter geht es aktueller und zugleich ausschließlich regional und natürlich bei einem solchen Konzept sehr viel bescheidener zu. Im Bruno-Goller-Haus in der Kreisstadt *Gummersbach* organisiert der Pianist Stefan Heidtmann seit 1997 jeweils im März das Jazz-Meeting Oberberg, und zwar an drei Tagen mit Musikern aus der oberbergischen Region.[63] In seinem nahegelegenen Wohnort Bergneustadt gibt es, nebenbei erwähnt, mit dem »SchauSpielhaus« einen kleinen, aber feinen, auf moderne Musik ausgerichteten Spielort.

Hinunter dann in das Tal der Wupper stößt man auf die legendäre Free-Jazz-Stadt *Wuppertal.* Die Bewegung, die Peter Brötzmann und Peter Kowald in den sechziger/siebziger Jahren auslösten, hat Wuppertal in der Jazzwelt mehr als nur bekannt gemacht. Wie überall in unserem Land gehen die Anfänge des Jazz auch in Wuppertal in die frühen fünfziger Jahre zurück. Die besondere Stellung, die Brötzmann und Kowald im Free Jazz der sechziger Jahre einnah-

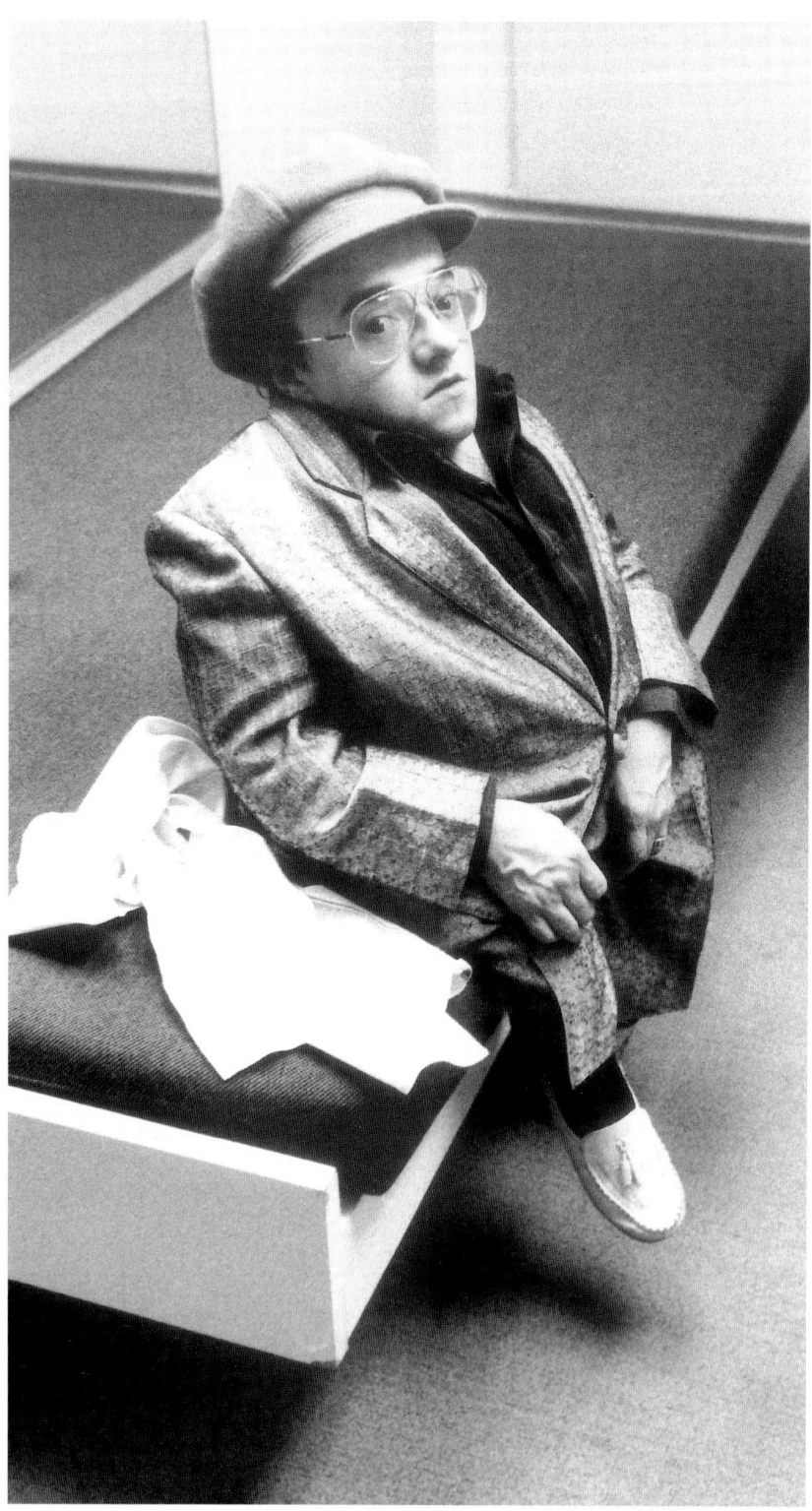

Michel Petrucciano in einer Leverkusener Garderobe. Foto: Hans Harzheim.

men,[64] schlug sich unter anderem in dem Jahrzehnt danach in dem Wuppertaler Free Jazz Workshop nieder, der von 1973 bis in die achtziger Jahre existierte und Musiker aus aller Welt einbezog, sich also musikalisch nicht nur auf die Konzeption der genannten Wuppertaler Protagonisten beschränkte. Neben weiterer Wuppertaler Musikern wie Hans Reichel und Rüdiger Carl waren beispielsweise bei dem 10. Workshop im Jahr 1982 der Gitarrist Fred Frith,[65] Irene Schweizer sowie der aus der damaligen DDR kommende Johannes Bauer dabei.

1983 traf man sich wieder, dieses Mal hieß das Festival »Grenzüberschreitungen«,[66] unter Beteiligung von Gästen wie Derek Bailey, John Zorn, Andrew Cyrille oder Johnny Dyani. In den neunziger Jahren entwickelte sich daraus eine immer stärker werdende Tendenz zur Weltmusik. So organisierte »Jazz Age« unter der Leitung von Uli Armbruster von 1993 an das »Jazz Spektakel Wuppertal« mit der Musik, egal ob man sie Free Funk, Postmodern oder wie auch immer nennt, von James »Blood« Ulmer, Trevor Watts, Don Byron, Steve Coleman, Elvin Jones, Carla Bley und Gruppen aus dem Sudan, aus Kuba, Benin, Rumänien, Bulgarien oder Uganda, jeweils im August des Jahres. Ab dem 4. Spektakel in 1996 nannte sich das Festival dann »Talklänge«.[67]

Im November 1997 setzte die Bochumerin Gerlinde Koschik eher als die Talklänge die Tradition der Wuppertaler Avantgarde fort, indem sie das IMI-Festival im November organisierte.[68] Zu Gast waren Stars der alten und der neuen internationalen Avantgarde, Cecil Taylor, Alexander von Schlippenbach, Evan Parker, Julie und Keith Tippett, das Music in

Movement Electronic Orchestra und natürlich auch Peter Brötzmann. Die Fortsetzung dieses Festivals ist vorgesehen.

1998 verband das Festival »Ecco 98« Tanz- und Musikimprovisationen im Wuppertaler Rex-Theater die Szene der improvisierten Musik mit der des Tanzes, durch Pina Bausch's Tanztheater in Wuppertal weltberühmt.[69] Natürlich gibt es auch in Wuppertal eine Jazzszene jenseits des Free Jazz – man denke nur an René Pretschner –, die sich in Zukunft entwickeln wird. Um dies darzustellen, wird vielleicht auch wieder ein Festival benötigt.

Auch die benachbarte Großstadt *Remscheid* geriet in den sechziger Jahren in den Bann des Free Jazz. Beteiligt war die »Akademie für musische Bildung und Medienerziehung« (bis 1968 die »Musische Bildungsstätte Remscheid«), die für eine ganze Reihe von Veranstaltungen in dieser Zeit verantwortlich war. Der Sommerkurs 1981 mag als Beispiel für diese Aktivitäten dienen,[70] mit Dozenten wie Herb Geller, George Gruntz, Ed Thigpen, Ack van Rooyen, Jasper van't Hof und Joe Viera. Noch ein kleiner Blick auf die Szene des traditionellen Jazz: 1991 feierte man in Remscheid »10 Jahre Jazz Now«,[71] während es ein Jahr später das erste Remscheider Jazz-Festival gab.[72]

Man braucht dann nur noch dem Verlauf der Wupper zu folgen, um an

Mario João in Leverkusen Okt. 1998. Foto: Hyou Vielz.

deren Rheinmündung auf *Leverkusen,* die Stadt unter dem weithin sichtbaren Bayer-Kreuz, zu stoßen, inzwischen nicht mehr nur Wahrzeichen der Chemie-Industrie, sondern seit beinahe zwanzig Jahren Synonym für Jazz in Westdeutschland. Ende der siebziger Jahre gründete sich dort ein Club, Jazz-Leverkusen e.V., dem als Aktivitäten die Organisation eines Konzertprogramms, einer Riverboat Shuffle mit Raddampfer und des Karnevals-Jazzband Balls nicht ausreichte, was im September 1980, dem Jubiläumsjahr der Stadt, zum 1. Festival – Jazz Leverkusen 80 – führte. Erhard T. Schoofs, damals Vorsitzender des Clubs, definierte das Konzept so: »Vitale Stilrichtungen des Jazz sollten vorgestellt, internationale Stars mit herausragenden Formationen der rheinischen Musikszene gemischt und im geselligen Teil im Keller, Restaurant und Eingangsfoyer dem Festival angegliedert werden.«[73]

»Changes« mit Peter Weiss und Wolfgang Engstfeld, Theo Jörgensman, Ali Claudi, die Kölner Jazz Haus Big Band, Yusef Lateef, Jack DeJohnette oder Airto Moreira brachten auf Anhieb ein funktionierendes Festival zustande, was den Verein dazu veranlaßte, noch im Dezember 1980 ein zweites Festival folgen zu lassen, in deutlich kleinerem Rahmen mit einem europäischen Schwerpunkt, zum Beispiel mit Philip Catherine, Charlie Mariano, Lou Blackburn, Kenny Wheeler und Pete York.

Nominell die 2. Leverkusener Jazztage fanden im Herbst 1981 statt, seitdem immer Mitte Oktober, 1981 noch sieben Tage, 1998 inzwischen zehn Tage, ein sich ständig erweiterndes Programm, zuletzt nahezu 50 Gruppen, die sich über 13 Spielorte im ganzen Stadtgebiet verteilen, mit der Hauptbühne im Forum, dem städtischen Kulturzentrum mitten in der Stadt.

Die Vorzüge des Festivals brachte Manfred Schoof im Jahr 1997 zum Ausdruck bei der Verleihung des Großen Rheinischen Kulturpreises der Sparkassenstiftung zur Förderung Rheinischen Kulturguts an die Leverkusener Jazztage sowie an den Bassisten, Komponisten und Bandleader André Nendza, als er den sicheren Instinkt der Verantwortlichen und die Offenheit, mit der das Programm von Anfang an gestaltet wurde, herausstellte, wie auch, daß nicht nur Namen zusammengestellt werden, die ihre Programme abspielen, sondern Zusammenhänge geschaffen und Trends aufgezeigt werden. Er stellte fest: »Die moderne Jazzkultur ist hier lebendig.«[74]

Die von Schoof erwähnten Namen waren zum Beispiel Gerry Mulligan, Jan Garbarek, Jack DeJohnette, Dave Brubeck, Albert Mangelsdorff, Art Blakey, Chet Baker, Ray Charles, Junior Wells, Wayne Shorter, Jimmy Smith, Joe Zawinul, Michael Brecker, Joe Henderson, Joe Lovano, Gonzalo Rubalcaba, Dee Dee Bridgewater, Geri Allen und Miles Davis. Die regionale Szene spielt in der Regel in den kleineren Spielorten, ganz selten – allenfalls einmal ein Programmpunkt – im Forum. Der außerordentlichen Qualität dieser jungen Leute wird dies leider überhaupt nicht gerecht.

Konzeptionelle Veränderungen hat es gelegentlich gegeben. Die traditionellen Dixie-, New Orleans- bis Swing-Anteile sind mittlerweile aus dem Programm getilgt. Das Festival versteht sich als Fenster des aktuellen musikalischen Geschehens, macht einen Bogen um die Avantgarde der zeitgenössischen improvisierten Musik, öffnet sich statt dessen ganz bewußt der Weltmusik und vor allem der Rock- und Blues-Szene, um dem Festival besondere Akzente für ein zahlenmäßig breiteres Publikum zu geben. Wie schwer das sein kann, zeigt ein Vergleich zwischen 1996 und 1998, 1996 besonders gut gelungen, insbesondere durch den Auftritt des blonden Saxophonstars Candy Dulfer mit dem Rocksänger Van Morrison.

1998 dagegen durchaus problematisch mit einer nicht ganz überzeugenden Blues-Night und einem Weltmusikabend mit der französischen Kult-Gruppe Magma, gefolgt von der Lappländerin Mari Boine. Bei aller sicherlich sinnvollen Veränderung des Festivals sollte sein Grundcharakter als Jazz-Festival nicht angerührt werden.[75]

Dennoch sind die derzeitigen Veränderungen – insgesamt als positiv anzusehen – auch Garanten für großes Interesse der Besucher und der Medien, Voraussetzungen für den Erfolg und das Fortbestehen des Festivals. Es wäre ein großer Irrtum, anzunehmen, ein solches Festival habe keine nennenswerten Finanzierungsprobleme. Einmal von der sehr verdienstvollen Stadt in diesem Zusammenhang abgesehen, ringen die Veranstalter jedesmal um eine sichere und beruhigende finanzielle Basis. Ein großes Verdienst des Festivals war bisher die Einbeziehung der European Jazz Competition, mit der bisher 16 Mal Nachwuchsmusiker aus Europa ausgezeichnet und dabei viele Karrieren angestoßen wurden. Der Ausfall in 1998 war hoffentlich nur eine einmalige Unterbrechung, denn wer sonst als ein solches Festival wäre in der Lage, Nachwuchsförderung von dieser Qualität zu garantieren.

Machen zwar die Jazztage einen Bogen um die Avantgarde, muß doch Leverkusen nicht ganz auf sie verzichten. Seit 1982 veranstaltet der Musiker Hans Schneider mit Unterstützung der Stadt die Internationalen Tage für improvisierte Musik. Kreative Prozesse, vorgetragen von der europäischen Creme der freien improvisierten Szene, von Maggie Higgins und Alexander von Schlippenbach, Wolfgang Fuchs und Georg Katzer, wie auch Phil Minton.[76]

Auf dem Weg zur Landeshauptstadt verleiten noch zwei Ereignisse zu einem Zwischenstop: Schon zum dritten Mal veranstaltet die Stadt *Hilden* die Hildener Jazztage,[77] drei Tage im Mai, in 1998 mit 25 Bands und einem unterhaltsamen Programm von Blues und Rhythm & Blues bis Acid Jazz und Ethno Groove. Zu hören waren Little Willie Littlefield, die Vocaleros, Trance Groove mit Helmut Zerlett und Klaus Doldinger mit

Passport. Erwartungsgemäß fällt die Resonanz der Öffentlichkeit auf das Fest aus, das jedesmal Besitz von der Innenstadt ergreift. Ein paar Kilometer weiter gibt es seit dem 13.6.1998 die *Langenfeld*er Jazznacht. In der ausverkauften Stadthalle boten drei Bands einige Stunden unterhaltsamen traditionellen Jazz, so die Maryland Jazz Band of Cologne des Mitorganisators Reinhard Küpper, die Frankfurter Barrelhouse Jazzband und die auf vielen vergleichbaren Festivals im Lande zu hörende französische Band »Les haricots rouges«, die Lieblingsband von Jean Paul Belmondo, wie man erzählt.[78]

Düsseldorf kann für sich in Anspruch nehmen, in den fünfziger und sechziger Jahren die erste Adresse in der deutschen Amateurjazz-Szene gewesen zu sein, nachdem man schon 1953 im Spätsommer von dem Musikprogramm der Rundfunk-, Phono- und Fernsehausstellung gleichzeitig mit der Musikmesse von einem »Kleinen Jazz-Festival« reden konnte.[79] Am 29. und 30.9.1955 fand im Schumann-Saal das 1. Deutsche Amateur-Jazz-Festival im Auftrag der Deutschen Jazz Föderation, vom Hot Club Düsseldorf organisiert, statt, an dem 26 Bands aus ganz Deutschland teilnahmen.[80] Die Magnolia-Jazz-Band aus Hamburg, die Two Beat Stompers aus Frankfurt, die Spree City Stompers aus Berlin, Joe Haider, Klaus Doldinger, Ingfried Hoffmann als Vertreter des modernen Jazz bleiben in Erinnerung.

Etliche der Amateure waren natürlich längst Berufsmusiker, wie Dieter Zimmerle im »Jazz Podium« im Jahr darauf feststellte.[81] Interessant auch die Liste der einzelnen Preisträger, so zum Beispiel 1960 (6. Festival)[82]: der spätere Bundesminister in der Regierung von Helmut Schmidt, Manfred Lahnstein, Posaune, Kurt Bong, heute Leiter der Big Band des Hessischen Rundfunks, Schlagzeug, und natürlich Klaus Doldinger, immer mit Heimspiel in Düsseldorf, Klarinette und Saxophone, oder 1965 Volker Kriegel, Gitarre.[83] Ab 1965 wurde das Festival unter internationaler Beteiligung geführt und nannte sich dann auch »Internationales Amateur Jazz Festival«. Die professionelle Entwicklung des Jazz ging aber sehr bald über diese Art von Festival hinaus, was dessen Ende bedeutete.

Düsseldorf mußte dann mehr als 25 Jahre warten, bis es eine vergleichbare große Veranstaltung erleben konnte, obwohl es in den Jahren dazwischen ein intensives Jazzleben in Clubs wie in Großveranstaltungen gab: Seit 1993 gibt es die Düsseldorfer Jazz Rally, die für drei Tage die Stadt, vor allem die Altstadt, zum Beispiel in 1998 an über dreißig Spielorten, in eine große Bühne mit 102 Konzerten und 73 Gruppen aus 25 Nationen verwandelte. Die Idee wurde aus Brüssel übernommen, weshalb die Rally auch ursprünglich »Brussels Jazz Rally«[84] hieß. Lag anfangs der Schwerpunkt bei traditionellem Jazz, Swing, Blues und Verwandtem, haben sich die Akzente in den letzten beiden Jahren zunehmend zur – auch regionalen – Moderne, wenn auch nicht Avantgarde, verschoben, mit Teilnehmern wie dem Engstfeld-Weiss Quartett aus Düsseldorf, wobei der Schlagzeuger Peter Weiss auch künstlerischer Leiter der Veranstaltung ist, Heinz Sauer, Frank Haunschild & Norbert Gottschalk, Michael Küttner, Charlie Mariano, Candy Dulfer, Ack van Rooyen oder Dusco Gojcovic. Mit 200 000 Besuchern kann man die Resonanz als riesig bezeichnen, wobei das Ganze natürlich Volksfest- oder Altstadtfestcharakter hat und so mit einer normalen Jazzveranstaltung nicht verglichen werden kann.[85] Etwas moderner ging es vom 18.9. bis 3.10.1997 in der Düsseldorfer Altstadt bei dem »Festival für junge Kultur – Düsseldorfer Altstadt Herbst« zu, zum Beispiel mit dem Modern String Quartet, String Thing oder dem Moscow Art Trio.[86]

Auf dem Weg zum Niederrhein passiert man *Neuss*, wo es in den siebziger Jahren die Neusser Jazztage gab.[87] *Viersen*, unweit der niederländischen Grenze bei Venlo, ist die nächste Station. Schon 1969 fand dort das 1. Internationale Jazz-Festival[88] statt, ein Wettbewerb, bei dem der Schlagzeuger Paul Lovens zum besten Solisten gewählt wurde. Außer Konkurrenz spielte das aus dem Ort stammende Ali Haurand Trio (den Namen Haurand muß man sich merken, er kommt noch häufiger vor).

1980 begann eine jährliche Arbeitsgemeinschaft Jazz, von der Volkshochschule ins Leben gerufen. Eine große Zahl bekannter Dozenten, darunter der Niederländer Rob van den Broeck, Tony Oxley, Kenny Wheeler oder Ali Haurand, vermittelten ihre Kunst an den ausgesuchten Nachwuchs.[89] Nachdem der Jazz Circle e.V. Viersen, vor allem auf Initiative von Ali Haurand, das Jazzleben in die kleine Stadt gebracht hatte und dies bis heute tut, etablierte er mit Haurand als künstlerischem Leiter und mit der Organisation der städtischen Volkshochschule unter der Leitung von Helmut Niesters, anfangs zusammen mit Dieter Speck, das »Internationale Jazz Festival Viersen«. Haurand, seit Jahrzehnten bekannter Bassist und Bandleader, unter anderem Gründer des European Jazz Ensembles, stellt inzwischen als Mitarbeiter der Jazz-Redaktion des WDR-Fernsehens auch sicher, daß es weit über Viersen hinaus ausgestrahlt wird.

Randy Weston in einer Viersener Garderobe. Foto: Hans Harzheim

Das Festival findet regelmäßig in der zweiten Septemberhälfte statt, eine sehr beliebte, gut besuchte Veranstaltung, die in dem Veranstaltungsheft der United Jazz Society 1996 treffend charakterisiert wurde[90]: »Schon längst totgesagt, gibt es das Viersener Jazz-Festival immer wieder, und das ist gut so. Denn neben den großen Mammutveranstaltungen ist die Intimität dieses Festivals eine Nische, die es zu bewahren gilt.« Die angesprochene Atmosphäre beflügelt nun schon seit 12 Jahren ein Programm, das sich nach einzelnen traditionellen Einsprengseln in der Anfangszeit auf die Moderne festgelegt hat, auch ohne Angst einer gelegentlichen Berührung mit der Avantgarde. Die europäische Szene steht im Mittelpunkt. In der Nähe der niederländischen Grenze ist man im übrigen ohnehin europäisch orientiert, amerikanische Gäste sind gerne gesehen. Die regionalen Musiker fehlen im Hauptprogramm auf der Bühne der Festhalle, haben aber an jedem der beiden Abende ihre Auftritte im Festhallenkeller, ausgesuchte Gruppen aus der Region, wobei die Zeiten der Konzerte so gelegt sind, daß man sowohl das Programm in der Halle als auch das im Keller genießen kann. Unter den Nachwuchsgruppen waren in letzter Zeit zum Beispiel die Musiker Paul Heller, Nils Wogram, Simon Nabatov, Achim Kaufmann und Jochen Rückert. Ein paar Namen noch aus dem Hauptprogramm zeigen dessen Klasse: Henri Texier, Stan Sulzman & John Taylor, die Brüder Rolf und Joachim

Kühn, Paul Humair, Johnny Griffin, Benny Golson, Aki Takase & Alexander von Schlippenbach, Chick Corea, Joe Pass, Jean Toots Thielemans, die WDR Big Band, Flora Purim, Michel Portal, Richard Gaillano, Joe Zawinul, Don Cherry, Billy Cobham, Stephane Grappelli, Paquito D'Rivera, Eddie Gomez, Jean-Luc Ponty, Lee Konitz und Mike Manieri.[91]

Über Geld soll man auch gelegentlich reden: das Festival wird so gut wie nicht aus öffentlichen Mitteln finanziert, eine örtliche Bank oder Sparkasse, Wirtschaft und Industrie, natürlich der WDR und inzwischen der Deutschlandfunk sorgen für seine jährliche Realisation. Obwohl längst eine der besonderen profilprägenden Veranstaltungen für das Kulturgeschehen am Niederrhein, hat das Festival bisher keine Unterstützung von der Landesregierung oder aus irgendeiner überörtlichen Stiftung erhalten, die sonst bei vergleichbaren Veranstaltungen, auch mit weniger Resonanz, an der Tagesordnung ist.

In *Kempen,* auf halbem Weg zurück zum Rhein, gab es zwei Jahre, in 1994 und 1995, im Mai eine New Orleans Jazz Parade mit Bands des – wie der Name schon sagt – traditionellen Jazz.[92]

Zurück zum Rhein gerät man nach *Krefeld,* wieder eine Stadt mit alter Jazztradition, einem bis heute existierenden, Ende der fünfziger Jahre gegründeten Jazz-Keller und einem 1979 gegründeten »JazzKlub«. Seit 1985 leistet sich der Klub ein eintägiges Festival, »Jazz an einem Sommerabend«, jeweils Juli oder August, in der Burg Linn, Open-air, bei bisher bis auf den verregneten Sommer 1998 gutem Wetter und entsprechend guter Stimmung. Sommerabende am Niederrhein haben ihren besonderen Reiz. Mit eindeutigem Schwerpunkt im modernen Jazz der Gegenwart ist dieser Sommerabend immer wieder ein besonderer Genuß, wobei unter anderen Randy Brecker, Bob Berg, Benny Bailey, Dennis Chambers, John Handy, Michel Petruccia-ni, Mike Stern, McCoy Tyner oder Joe Zawinul ihren Teil dazu beigetragen haben.[93]

Burkhard Hennen und Pharoah Sanders in Moers. Foto: Hans Harzheim.

Nächste Station ist *Moers:* Ende der sechziger Jahre kam hier eine Gruppe junger musikbegeisterter Menschen zusammen, die antrat, um ihre musikalische Welt selbst zu gestalten, in der Zeit des 68er Aufbruchs ein relativ normaler Vorgang, selten aber so erfolgreich und konsequent wie in Moers. Dabei waren unter anderen Hans-Martin Müller, heute erster Flötist im Kölner Rundfunk-Sinfonie-Orchester und Chef des »Loft«, der besonderen Spielstätte für aktuelle improvisierte Musik in Köln, Heiner Müller-Adolphi, der leider 1998 viel zu früh verstorbene Abteilungsleiter Musik im WDR, und schließlich Burghard Hennen, der bis heute in Moers lebt. Hennen leitet alljährlich das Moers Festival, das in den ersten Jahren »New Jazz Festival« zur Charakterisierung des Konzepts hieß, und betreibt außerdem das Unternehmen Moers Music, einen CD-Verlag, Promotion-Büro, Vertretung von Musikern und was sonst zur Organisation von aktueller Musik heute dazu gehört.

Es begann mit der Gründung der bis heute existierenden Szene-Kneipe und Spielstätte für aktuelle Musik, die »Röhre«.[94] Das Festival fand zunächst an verschiedenen Orten statt, zum Beispiel im Schloßhof, bis es seinen heutigen Platz im NRZ-Zirkuszelt am Rande des Freizeitparks fand. Von Anfang an ist Moers über die Pfingsttage mit dem Festival zu einem Wallfahrtsort für junge Leute aus ganz Europa geworden, auch über die sich verändernden Generationen hinweg. Trotz sehr wechselhaftem Wetter, wie meist zu Pfingsten am Niederrhein, waren es 1998 wieder rund 50 000 Camper und rund 25 000 Besucher, die während der vier Tage den Weg in das Zelt[95] zu einem umfangreichen Programm fanden, übertragen vom Mitveranstalter WDR. Finanziell wird das Festival unterstützt durch die Stadt, die – ebenfalls als Mitveranstalter – auf ihre Kosten kommt, durch das Land Nordrhein-Westfalen (seit Jahren regelmäßig), die Kulturstiftung der NRZ und viele Sponsoren. Wie man hört, hat es sich in den letzten Jahren einigermaßen stabilisiert, auch nachdem das Festival nach heftigen politischen Attacken – nicht jedem Politiker gefiel die Völkerwanderung mit dem damit verbundenen gelegentlichen Chaos – zu einer nicht wegzudenkenden Institution am Niederrhein geworden ist. Nach Meinung von Ulrich Kurth, Musikchef von WDR 3, ist es in musikalischer Hinsicht das wichtigste nordrhein-westfälische Festival.[96] Das große amerikanische Jazzmagazin »Down Beat« empfahl seinen Lesern im Sommer 1998 lediglich den Besuch von Moers unter allen Angeboten in Deutschland.

Chico Hamilton in Moers. Foto: Hans Harzheim.

Damit zur Musik: Das Festival war zu Anfang ein ausgesprochener Wallfahrtsort für den Free Jazz aus aller Welt. Es versuchte auch in der Post-Free-Zeit immer wieder, neue Strömungen zu erfassen, so zum Beispiel No Wave oder Free Funk in den achtzigern oder die weltmusikorientierte Musik der Gegenwart.[97] Viele Seiten würde die Liste der Musiker füllen, die in den 27 Jahren in Moers gespielt haben: die vollständige Avantgarde aus den USA, Europa, Deutschland oder aus anderen Teilen der Welt, eine so große Zahl, daß eine Aufzählung einer kleinen Zahl willkürlich wäre und selbst die den Rahmen dieser Darstellung sprengen würde.

Immer wieder hart kritisiert in den Musikmagazinen,[98] bleibt Burkhard Hennen gelassen. Sein Programm kann nur das anbieten, was auf dem Markt ist. Festlegung auf klare Konzepte ist nur da möglich, wo sie in der aktuellen Musik zu finden sind. Musikalisch Neues zu präsentieren, setzt voraus, daß es wirklich Neues gibt. Tendenzen zur Weltmusik kann man oft am besten an Ensembles aus anderen Kulturen darstellen, die selbst nicht dem Jazz zugerechnet werden können. Solche Vergleiche regen die Phantasie zur Entwicklung von Neuem an, ohne die Frage

»Tatoeba«, Theatre Dance Grotesque aus Japan beim Festival in Moers 1989. Foto: Hyou Vielz.

stellen zu müssen, geschweige denn zu dürfen, ob das denn noch Jazz sei. Das Programm ist von seinem Umfang her so gewaltig angelegt, daß es derartige Ausflüge nicht nur zuläßt, sondern überhaupt erst ermöglicht.

Burkhard Hennen wird auch gelegentlich vorgeworfen, daß er manchmal das Programm mit seinen persönlichen Interessen, denen seiner Firma verquickt. Offenbar glauben die Kritiker, daß ein solcher Veranstalter im Schlaraffenland lebt. Kommerz und Kultur sind heutzutage nicht voneinander trennbar. Kein kulturelles Unternehmen kann ohne wirtschaftliches und kommerzielles Denken überleben. Zu verhindern ist dabei nicht, daß auch die Programmauswahl davon berührt wird.

Zum musikalischen Standort zum Schluß noch eine Zusammenfassung von Rainer Weichert aus der Presseschau des Jahres 1997, 1998 veröffentlicht:[99] »ein Programm, das sich eingependelt hat zwischen etablierter Moderne und schriller Postmoderne [...] Die neuen Töne aus dem Bauch der Avantgarde bekamen Tradition und kompositorisches Kalkül. Die Avantgarde alterte, und es wuchsen neue Musikrichtungen heran. Folklore, zumal wenn sie ethnisch verwurzelt ist, hat als Weltmusik längst Eingang in den neuen Jazz gefunden.

Bald brechen alle stilistischen Dämme. Ein stark verjüngtes Publikum läßt alles an Rap und Funk durchgehen, was ein weniger innovativ eingestellter Gasthörer ehedem nur mit Grausen registriert hätte.«

Der Weg zurück über den Rhein führt an *Dinslaken* vorbei, wo es seit Ende der sechziger Jahre mehrfach ein Amateur-Festival gab. Bei einem gewann 1970 Heiner Wiberny einen Preis,[100] heute und seit Jahren im Saxophon-Satz der WDR Big Band tätig.

Duisburg ist der nächste zu besuchende Schauplatz, auch dies eine Stadt mit Jazzvergangenheit seit den fünfziger Jahren, die sich seit einigen Jahren in den Kreis der Festivalveranstalter begeben hat. Das dafür in Zusammenarbeit mit dem Verein JAM verantwortliche Kulturamt hatte vor einigen Jahren erkannt, daß Jazz für Duisburg ein gutes Medium einer kulturellen Profilbildung ist. Außerdem bot sich als besonders geeigneter Veranstaltungsort die große Gebläsehalle in dem eindrucksvollen Landschaftspark Duisburg-Nord an, einem ehemaligen Hochofenwerk. 1993 hat das Festival begonnen, mit einbezogen in die schon über 20 Jahre alten Duisburger Akzente. Konzerte mit Abdullah Ibrahim, Trevor Watts, Ahmad Jamal, Charlie Mariano und vielen anderen bestätigten diesen Weg. 1997 legte es sich zusätzlich den Titel »Traumzeit«[101] zu – vielleicht auch wegen des »verzaubernden« Auftritts von Juliette Gréco –, um sich dann in 1998 endgültig von den Akzenten zu lösen. So fand es im Juli 1998 mit großer Resonanz und Unterstützung der Stadt, des Landes, des WDR und vieler Sponsoren statt, mit einem erlesenen Programm, mit Al DiMeola, Cassandra Wilson, Renaud Garcia-Fons, Abdullah Ibrahim, den Klezmatics und Al Jarreau.[102]

Was Finanzierung und politische Akzeptanz angeht, hat das Festival für die Zukunft ein Problem, das mit der geographisch-politischen Lage der Stadt zu tun hat: Duisburg liegt für die neue regionale Kulturpolitik des Landes zwischen dem Ruhrgebiet, dem Niederrhein und der Rheinschiene. An den Segnungen aus den regionalen Töpfen für das Ruhrgebiet nimmt das Festival bisher nur eingeschränkt teil, gehört nicht zu dem sich dort entwickelnden Kreis, paßt nicht in die dort vorhandenen außerordentlich positiven Tendenzen. Die Stärke der Veranstalter und Spielstätten an der Rheinschiene bis an den Niederrhein haben bisher eine kulturpolitische Vernetzung wie im Ruhrgebiet – was dort den Segen ausgelöst hat – nicht oder nur bedingt zugelassen. Bedauerlich wäre, wenn die Szene am Rhein, weil sie sich nicht an Förderkriterien orientiert, sondern an ihren eigenen Erfahrungen, ihren jahrzehntelang und mühsam, meist ohne öffentliche Unterstützung entwickelten Positionen, das Nachsehen hätte. Dies wäre eine für das Jazzland Nordrhein-Westfalen schlechte und unangemessene Entwicklung.

Nun geht es endgültig ins *Ruhrgebiet,* wo es mit Gelsenkirchen, Mülheim/Ruhr, Essen, Bochum und Dortmund wichtige Orte für den Jazz gibt. Außergewöhnlich ist hier, daß diese sich immer wieder zu Veranstaltungsreihen, Festivals, zu kleinen oder größeren Netzwerken zusammenschließen. Die Festivals werden in diesem Text an dem Ort behandelt, an dem sie entstanden sind.

In *Gelsenkirchen* veranstaltet der Hot House Jazz Club, vor allem Rolf Wagemann, ein regelmäßiges Programm mit traditionellem Jazz. Mehrere Festivals hat es dabei in der Vergangenheit gegeben und gibt es weiter: da ist der Jazz Marathon im Juni, in 1999 mit 14 Bands an drei Tagen in Gelsenkirchen-Buer, dann die 12. Jazztage in Gelsenkirchen unter dem Motto: »Tribute to Louis Armstrong, Happy Birthday 100 Years« im September, und gleich zu Anfang des Jahres im Februar das Mardi Gras mit fünf Bands auf drei Bühnen.[103]

Das Kulturamt der Stadt veranstaltet seit 1993 die Reihe »Solo Virtuos«, damals gestartet von dem libanesischen Oud-Spieler Rhabi Abou-Khalil, eindeutig der Moderne, ohne große Ausflüge in die Avantgarde, zuzuordnen, mit Aki Takase, David Murray, Charlie Mariano, David Friedmann, Gunnar Plümer & Matthias Nadolny, Theo Jörgensmann, Karl Berger, Paul von Kemnade, um auch an dieser Stelle nur einige zu nennen. Das Ganze findet an mehreren Spielorten in zeitlichen Blöcken, dem »Jazzfrühling« und »Jazzherbst«, statt. Das Jahr 1999 steht unter dem Motto »Ausklang. Ein Jazz-Jahrhundert klingt aus«.[104]

Auf dem Weg von Gelsenkirchen nach Mülheim/Ruhr und Essen besteht Gelegenheit, das *Klavier-Festival Ruhr,* ein kleines Netzwerk im westlichen Ruhrgebiet, das in den beiden letzten Jahren mit einem anspruchsvollen Programm in Gelsenkirchen, Mülheim/Ruhr und Essen in Sachen Jazz aufwartete, mitzunehmen. Vom Initiativkreis Ruhrgebiet realisiert, waren 1997[105] von Juni bis August Chick Corea und Gary Burton vor 2000 Zuhörern in der Bundesgartenschau in Gelsenkirchen, Michel Petrucciani und Oscar Peterson in Mülheim/Ruhr und Simon Nabatov in Essen in der Folkwang-Hochschule zu hören. 1998 gab es die WDR Big Band mit den Schwestern Labeque, dann Dave Brubeck und schließlich Herbie Hancock, die dem Klavier-Festival Ruhr einen aktuellen Klang gaben.

Beim Passieren von *Oberhausen,* wo es vor zwei Jahren nach Eröffnung des neuen Einkaufs- und Unterhaltungszentrums Centro den fehlgeschlagenen Versuch der Gründung eines Ablegers des Londoner »Ronnie Scott's« Jazzclubs gab, erinnert man sich daran, daß es dort in 1965 im Rahmen des Oberhausener Musik-Festivals einen Jazzband-Wettbewerb gegeben hat, den die St. John's Jazzmen aus Düsseldorf gewonnen hatten.[106]

Die Stadt *Mülheim/Ruhr* kennt zwei Jazz-Festivals, die Mülheimer Jazztage und Jazz im Zentrum, beide in erster Linie dem traditionellen Jazz zuzuordnen, wobei man auf den Festivals die Gruppen antrifft, die auch landesweit an anderen Orten zu hören sind, offenbar mehr oder weniger davon leben können. Dazu gehören zum Beispiel Erroll Dixon, Gene »Mighty Flea« Connors, gelegentlich Chris Barber und andere Veteranen des europäischen New Orleans der fünfziger Jahre, auch Rod Mason oder Angela Brown. Die Jazztage sind 1997 darüber konzeptionell hinausgegangen, als sie Ali Claudi aus Düsseldorf und Klaus Doldinger mit Passport einluden. Doldinger war auch schon bei Jazz im Zentrum, wo ohnehin eine stärkere Öffnung zur Moderne, genauer gesagt Klassischen Moderne mit Alt-Stars aus den USA stattfand und -findet, zum Beispiel mit Dizzy Gillespie (gest. 1993), Lionel Hampton, Dave Brubeck, Phil Woods oder sogar Albert Mangelsdorff und Wolfgang Dauner.

Bei den Jazztagen,[107] 1998 zum siebten Mal veranstaltet, sind auch viele Gruppen aus dem Revier zu hören, in dieser Konzentration ist das schon selten. Die Jazztage haben mehrere Spielorte, Orte in der Altstadt, eine Riverboat Shuffle auf der Ruhr und eine Jazznight in Schloß Broich. In der Regel nehmen 21 Gruppen teil. Veranstalter ist die Stadt zusammen mit dem Mülheimer Jazz-Club e.V. Jazz im Zentrum,[108] ein privates Unternehmen, ursprünglich von Mövenpick und dem Jazzpromoter Hans A. Pitzke ins Leben gerufen, findet nun schon seit 20 Jahren im Rhein-Ruhr-Zentrum, jeweils Ende April auf vielen Bühnen gleichzeitig statt, sonst wären zum Beispiel die 1999 unter dem Motto »20 Jahre Jazz im Zentrum – 100 Jahre Duke Ellington« auftretenden 16 Gruppen, unter anderen das Count Basie Orchestra, nicht zu verkraften. Ein unterhaltsames Großereignis mit Tradition.

Mit *Essen* verbindet der ältere Jazzfreund automatisch die Essener Jazztage, die Ende der fünfziger/Anfang der sechziger Jahre die Stars des amerikanischen Jazz in der Grugahalle dem deutschen Publikum präsentierten.[109] Drei Jahre lang waren unter der Regie von Ralf Schulte-Bahrenberg, der später die Organisation der Berliner Jazztage in ihrer ersten großen Phase, sozusagen ein Import aus Essen, übernahm, zu hören und zu erleben: Oscar Pettiford, Kenny Clarke, Martial Solal, Lucky Thompson, Bud Powell, Helen Merrill, Coleman Hawkins, Dave Brubeck, das Quincy Jones Orchestra mit Benny Bailey, Julius Watkins, Ake Persson, Jimmy Cleveland, Phil Woods, Jerome Richardson und Sahib Shihab, dann Champion Jack Dupree, Thelonius Monk, J. J. Johnson und Roland Kirk. Joachim-Ernst Berendt erklärte im Down Beat, auf welchem Weg eine solche »Mammut-Show« möglich war: »Judging from the thousands of fans streaming into Essen for the weekend of the festival, one would think that the event was as successful commercially as it was musically. But travel expenses from the U.S. to Europe for the many U.S. musicians who came especially to the festival, in addition to the normal fees, ran so high that the City of Essen had to help the festival organizer to get his budget balanced. Essen, fortunately, is one of the richest cities in Germany.«[110] Welch glückliche Zeiten!

Mit dem Ende der Jazztage war natürlich nicht das Ende des Jazz in Essen verbunden. Das »Jazz Podium« berichtet 1981 von Workshopkonzerten in der Folkwangschule, die sich neben der Rheinischen Musikhochschule in Köln zu der Hauptausbildungsstätte für Jazzmusiker entwickelte. An den Konzerten waren Free-Jazzer aus ganz Deutschland beteiligt: Gunter Hampel mit Jeanne Lee, Peter Kowald, Theo Jörgensmann und Georg Gräwe.[111] Ein weiteres Ereignis für die Avantgarde der Zeit war das Jazz-Fest, das seit 1980 für mehrere Jahre jeweils im Mai stattfand, 1983 zum Beispiel mit dem Grubenklangorchester oder dem Alfred Harth Nonett.[112]

Eine Erneuerung der Szene bahnte sich schließlich Mitte der neunziger Jahre an mit der Gründung der Musikerinitiative J·O·E (Jazzoffensive Essen), die inzwischen seit 1996 bereits viermal jeweils Ende Januar im Satiricon-Theater ein dreitägiges Festival veranstaltete.

Zu hören waren dabei Musikerinnen und Musiker aus der Region, meist ehemalige Folkwangschüler. Auch auf die Gefahr, daß die falsche Auswahl getroffen wurde, hier einige Namen: Ralph Winn, Thomas Hufschmidt, Peter Eisold, Martin Scholz, die neun Bläser umfassende Gruppe Schwarz/Rot Atemgold 09, Helmut Kracht, die Gruppe »Das Böse Ding«, das Peter Materna Quartett, Christian Brockmeier, Stu Grimshaw, Angelica Niscier mit Vierma N., Claudia Anthes, die Sängerinnen Pia Maria und Christiane Weber und meistens das Jazzorchester der Folkwang Musikschule, insgesamt über 70 Gruppen mit rund 200 MusikerInnen bei den vier Festivals. Die Initiative, deren Sprecherin Pia Girkes (Pia Maria) auch in dem neuen Ruhrgebiet-Netzwerk »swingbeats« aktiv ist, sucht nach einem dauerhaften Spielort, vergleichbar dem Kölner Stadtgarten. Überhaupt erinnert manches an den damaligen Aufbruch in Köln vor über 20 Jahren. Mit Hilfe der Stadt wird dies vielleicht im Kellergeschoß des ehemaligen Kinos Lichtburg möglich werden, ein großer Gewinn für den Jazz in Nordrhein-Westfalen.[113]

Die Universitätsstadt *Bochum* bietet einen der beiden Schwerpunkte des modernen aktuellen Jazz im östlichen Ruhrgebiet. Zwölfmal gab es von 1984 bis 1996 das Ruhr-Jazz-Festival, ab 1989 unter der künstlerischen Leitung der 1989 von dem Bochumer Schlagzeuger Martin Blume gegründeten Initiative BIIM, ein Zusammenschluß von Musikern und Musikinteressierten, die sich zum Ziel gesetzt haben, unter anderem zeitgenössischen experimentellen Jazz, improvisierte Musik und deren Grenzbereiche in Bochum zu präsentieren. Das Publikum rekrutiert sich aus Studenten, Intellektuellen und aus der Arbeiterschaft, wie Dita von Szadowski zum Start des Festivals erläuterte.[114]

Berthold Klostermann dagegen bemerkte in seiner Zwischenbilanz zum 5. Ruhr-Jazz-Festival,[115] daß selbst Konzerte der Mingus Dynasty oder von Hermeto Pascoal nicht gut besucht waren. Inzwischen, seit 1997, ist das Festival in einem neuen, »Open Systems« genannt, aufgegangen. Räumlich und musikalisch erweitert ist es nun das »Festival für zeitgenössische Musik und Kunst im Ruhrgebiet« und findet im November in Bochum, Essen, Dortmund und Herne statt. Dita von Szadowski erklärt folgendermaßen das Konzept:[116] »Die ›Grenzenlosigkeit zeitgenössischer Musik‹, Klangkunst, neue und improvisierte Musikformen sollen ›gerade im polyzentrischen Ruhrgebiet‹, das ›hier seine kreativen Kräfte bündelt‹, am Ende des Jahrtausends präsentiert werden.« Grenzenlosigkeit beschreibt auch die Übergänge zur Neuen Musik durch die Aufführung eines Kammermusiktheaterwerks von Eckard Koltermann und als weitere Beispiele Vorführungen des Musikvideo-Künstlers Atsushi Ogata oder das internationale Quintett von Martin Blume, Fred Frith und Adrian Krämer.

Der Jazz in *Dortmund* beginnt mit dem Hot Club, der 1955 im Auftrag der Deutschen Jazz-Föderation den 1. Deutschen Jazz Salon realisierte, eine Art Jazz Messe, bei der im Gründungsjahr der Schwerpunkt auf den Musikveranstaltungen liegen mußte, da die Ausstellungsflächen in der Westfallenhalle nicht rechtzeitig fertiggestellt waren. Hans Koller, Michael Naura und Glen Buschmann waren die wichtigen Musiker bei diesem Ereignis, das von Dr. Dietrich Schulz-Köhn eröffnet wurde.[117]

Doch drehen wir die Uhr ein paar Jahrzehnte weiter und übergehen dabei das »Jazz Live« Festival,[118] das im Oktober 1976 von Ralf Schulte-Bahrenberg ausgerichtet wurde und mit drei Konzerten 10 000 Besucher anzog, ein Programm mit Illinois Jacquet, Elvin Jones, Gil Evans, Roland Kirk, Antony Braxton, McCoy Tyner und Alphonse Mouzon, und auch das Euro Jazz Festival, Anfang der siebziger Jahre, Open-air im Westfalenpark mit großen Ensembles, unter anderen auch der Clarke Boland Big Band aus Köln.[119]

Im Jahr 1989 wurde das domicil, Dortmunds traditioneller Jazzclub, 20 Jahre alt. Gleichzeitig fand in diesem Jahr der »Dortmunder Jazz Frühling« zum ersten Mal statt, zunächst als alle zwei Jahre realisierte, über drei bis vier Monate sich erstreckende Konzertreihe. Allmählich konkretisierte sich das Profil, europäische Musiker wurden eingeladen,[120] der Name verwandelte sich entsprechend in »Europäischer Jazzfrühling«, bis das Festival dann in 1997 endgültig in »europhonics« umbenannt wurde und bis heute so heißt. 1997 war es mit über 30 Konzerten an neun Tagen außerordentlich erfolgreich, unterstützt vom WDR, der Stiftung Kunst & Kultur NRW, dem Kommunalverband Ruhrgebiet und vielen Sponsoren und natürlich Musikern, zum Beispiel Mike Westbrook, Wolfgang Puschnig, Richard Gaillano und Bireli Lagrene, mit denen »Mainstream, Avantgarde, hippe Trends und weltmusikalische Roots eingefangen werden« sollten.[121] Unter dem Titel »digital analog jazz« richtet das Festival den Blick auf die Zukunft des Jazz auf dem Weg zur Jahrtausendwende mit Künstlern wie Django Bates, Steve & Julian Arguelles, Till Brönner, Bugge Wesseltoft, Celine Rudolph und dem Tim Isfort Orchester. Im Rahmen eines Wettbewerbs werden die kreativsten neuen Jazzprojekte gesucht, insgesamt ein vielversprechendes Festival, das den Aufbruch in das neue Jahrtausend schaffen kann, musikalisch natürlich, vom 23.4. bis 1. 5. 1999.[122]

In Dortmund wurde auch »swingbeats – Jazz Podium Ruhr 1999-2000« erfunden, eine Konzertfolge, die zeitlich so dicht ist, daß sie an dieser Stelle als Festival einbezogen wird. Es findet in den Städten Essen, Bochum, Herne, Mülheim, Duisburg, Witten, Moers, Recklinghausen und Dortmund statt, über einen Zeitraum von zwei Jahren, jeweils im März und November, ein Mittel zur Schärfung des kreativen Potentials und kulturpolitischen Profils des Ruhrgebiets, mit Unterstützung der Ruhr Kultur GmbH und der Landesregierung. Zu hören sind Gruppen aus der Region wie Vierma N., Das Böse Ding, Mallett Madness oder Celine Rudolph und »Wild thinx are running fast«,[123] das Essen O-Ton Enterprise Ensemble, das Hans Wanning-Trio, Modern String Quartett, Execution und Dike, »s' geht ab«, aber auch Witzel's venue aus Köln, Theo Jörgensmann und Jasper van't Hof.

Die Stadt *Lünen,* nördlich von Dortmund, leistet sich schon seit Jahren ein Festival, das »Jazzlight Festival Lünen«,[124] vier Tage von Ende Oktober bis Anfang November, eine Mischung aus traditionellem Jazz und modernem Blues bis hin zu modernem Jazz, nach Möglichkeit Größen aus den USA wie John Scofield, Ralph Towner oder Mike Stern, ein Festival, das in der Konzeption anderen Orten, die auch am Rand der Großstädte liegen, wie Wiehl oder Coesfeld, ähnelt.

In *Unna,* gleich hinter Dortmund, wenn man den Weg weiter nach Osten geht, gab es von 1972 bis Anfang der neunziger Jahre eine Jazzreihe unter dem Titel »Jazz Aktuell«. Gelegentlich gehörten zu dem Programm auch Festivals wie das »Jazzfest Unna '82«, Open-air in der Stadt, unter anderem ein verwegenes Projekt von Willem Breuker, der sechs Gruppen ganz unterschiedlicher musikalischer Herkunft zusammengebracht hatte.[125]

Und noch ein Abstecher ins Sauerland: Seit 1995 begeht *Lüdenscheid* jeweils im April im Stern-Center das Lüdenscheider Jazz-Festival, fröhlicher traditioneller »Hot Jazz« mit Gruppen ähnlich wie in Mülheim, Musik zum Feiern und Genießen, wie es in einem Pressebericht heißt.[126]

Eine weitere, von Jazzern fast schon vergessene Station ist die *Burg Altena* in der Nähe von Lüdenscheid, in den siebziger Jahren ein Treffpunkt der Szene des Neuen Jazz. Schön der Satz in einer Besprechung aus dem Jahr 1972: »Berücksichtigt man die Vielfältigkeit der dargebotenen Musik und ihren Bezugsrahmen, so wird ein Festival für improvisierte Musik dem interessierten Zuhörer sehr viel mehr Anlaß zum Nachdenken über Musikalisches und Aufmerksamkeit geben können, als es Rockfestivals dem Rockfan heute bieten können.«[127]

Mit Vielfältigkeit gemeint waren zum Beispiel Gunter Hampel, Willem Breuker, Michel Pilz, Alexander von Schlippenbach, Terumaso Hino, Jean-Luc Ponty, Alan Skidmore, Karin Krog, Stu Martin, Barre Philips und John Surman.[128]

Arnsberg erlebte im Jahr 1997 das erste Jazz & Blues Festival mit traditioneller Musik, zum Beispiel mit Chris Barber.[129] Balve, die *Balver Höhle* genauer gesagt, hatte vor zwei Jahrzehnten einen guten Klang unter den Jazz-Festivals. Seit der ersten Hälfte der siebziger Jahre war die Höhle ein Treffpunkt des aktuellen Jazz, in den achtziger Jahren zeigte sich eine Mischung aus traditionellem Hot Jazz und sogenanntem New Jazz, der auch aktuellen Folk- und Rock-Jazz umfaßte.[130] 1984 wiederum war es eine Mischung aus traditionellem Jazz, Rhythm and Blues und modernem Jazz mit der Kölner Saxophon Mafia, der Sun Ra Big Band, Abdullah Ibrahim und Lester Bowie.[131] Lang ist es her: Heute beschränkt sich das Festival auf den sogenannten Hot Jazz und Blues,[132] aber in dieser Musik ist ja nichts beständiger als der Wandel, wie gerade die Geschichte des Balver Festivals zeigt.

Ein kleiner, weiterer Abstecher in das Siegerland wird nötig: In *Siegen* beginnt der Jazz auch in den fünfziger Jahren. Da sind zum Beispiel die beiden Brüder Ossi und Gerd Dudek, die als Schüler anfingen, Jazz zu spielen, um dann zu versuchen, sich die Welt des Jazz zu erobern, was Gerd auch auf besondere Weise gelang. 1982 beginnt der Jazzclub »Oase« ein Festival mit regionalen Gruppen, die den Rahmen des Jazz von New Orleans bis Hard Bop, Funk und Jazz-Rock abstecken,[133] nachdem es bereits 1981 unter dem Signet »Si – Jazz 81 – live« einen Abend mit Equinox und der Big Band der Uni Siegen unter der Leitung von Jiggs Whigham gegeben hatte.[134] Diese bunte Palette hat sich bis heute gehalten, allerdings steht in den letzten Jahren eher eine Konzertreihe als ein Festival im Vordergrund.

Vom Siegerland geht es zunächst nach Norden in das Münsterland, bevor dann endgültig die Reise zum Osten des Landes weitergeht. In der zweiten Aprilhälfte verwandelt sich *Gronau* mit seinem Jazzfest in eine Jazzstadt. Auch hier gibt es einen breiten konzeptionellen Bogen: Swing, eine Funky Jazz & Blues Night, ein Open-Air-New-Orleans-Fest in der Innenstadt und auch ein wenig Jazz von heute mit der WDR Big Band und Willem Breuker zum Beispiel in 1998. Auch Betty Carter, Albert Mangelsdorff und Manfred Schoof waren schon da, wie auch Brian Auger und Lucky Peterson.[135] Ein Fest mit einer kaum überschaubaren Zahl von Gruppen, die sich fünf Tage lang in der Stadt einrichten.

Coesfeld hat seit 1994 einen Jazzclub und seit 1993 ein Festival, das Coesfelder Jazzmeeting, in das der Jazzclub 1994 einstieg, von Martin Rövekamp und seinem Coesfelder Konzertkontor aber erfunden und meistens auch organisiert. Vier Tage lang im Oktober breitet sich der Jazz in der Stadt aus. Nach unterschiedlichen Programmpunkten, zum Beispiel einer Kneipentour mit traditioneller Musik, gibt es meistens am Schlußtag die Jazz-Gala, den Höhepunkt, den seit 1993 bestritten haben: Klaus Ignatzek mit Claudio Roditi und Gustavo Bergalli, Charlie Mariano mit Jasper van't Hof und Philip Catherine, Joachim Kühn mit Jean François Jenny-Clark, Daniel Humair und Dave Liebman, Bob Berg und McCoy Tyner.[136]

Die Universitätsstadt *Münster* bringt noch einmal einen etwas längeren Aufenthalt und Höhepunkt der Reise: Seit den siebziger Jahren gibt es das Jazz Festival Münster, als Studenten-/AStA-Fest begonnen, das an drei Tagen ein umfangreiches Programm an modernem und aktuellem Jazz anbietet, gelegentlich auch mit deutlichen Avantgardeanteilen. Die deutsche, europäische, internationale, zumeist amerikanische Szene ist dabei, auch hier nur zur Kennzeichnung des Konzepts und Geschehens ein paar Beispiele und Namen: Antony Braxton, Vienna Art Orchestra, Danny Richmond mit The Last Mingus Band, Heinz Sauer/Günter Lenz, Egberto Gismonti, Charlie Mariano, Carla Bley, Tim Berne, Lester Bowie, Arthur Blythe, Lauren Newton, David Friedman, John Tchichai, Archie Shepp, Michael Riessler, James »Blood« Ulmer, Charlie Haden's Liberation Orchestra, Drümmele Ma, Don Cherry, Louis Sclavis, Gianluigi Trovesi, Michel Godard, ein wenig Ähnlichkeit mit Moers, auf jeden Fall eines der vier oder fünf großen Festivals in Nordrhein-Westfalen.

Die Veranstalter, von Anfang an Hartmut Schmitz und Fritz Schmücker, hatten es vor allem in den ersten Jahren nicht leicht, die Unterstützung durch die Stadt fehlte anfangs weitgehend, als geeigneten Raum gab es zunächst nur das Preußen-Stadion, also Open-air. Vom 8. Festival an stand die Halle Münsterland zur Verfügung. Zwischen dem 15. und 16. Festival gab es eine zweijährige Pause, danach findet das Festival nicht mehr im Juni, sondern Anfang Januar in den Städtischen Bühnen statt. Veranstalter sind nun die Stadt Münster, der AStA und der Jazzclub Münster, unterstützt wird das Festival vom WDR und vielen Sponsoren.[137]

Eine erfreuliche Entwicklung hat die *Detmold*er Jazznacht genommen. Seit 1994 gibt es sie, zunächst zwei Nächte Ende April, inzwischen seit 1997 auf drei Nächte angewachsen. Moderner Jazz steht auf dem Programm, international bekannte Musiker, auch gelegentlich – am Anfang waren es etwas mehr – Musiker aus der Region. Benny Bailey war da, auch Charlie Mariano, Pierre Courbois, die WDR Big Band mit Benny Golson, Jasper van't Hof, Joachim Kühn, Eddie Palmieri und viele andere. Die Einleitung des Programmhefts zur 5. Jazznacht weist darauf hin, daß die Jazzszene in Detmold durch die Auswirkungen der Jazznacht boomt.[138]

Der *Kreis Herford* veranstaltet in der Kulturfabrik *Vlotho* seit 1991 das Jazzfest des Kreises, anspruchsvolle moderne Musik aus dem In- und Ausland, zum Beispiel mit Jan von Klewitz, Richard Gaillano oder Louis Sclavis.[139]

Die Reise endet schließlich in *Minden:* 1953 wurde der Jazzclub Minden gegründet, inzwischen einer der ältesten in Deutschland. 1978 feierte man die »1. Internationalen Jazztage«, 1982 die »1. Jazz Summer's Night«.[140] 1993 begann der »Mindener Frühling«, schon früh im Jahr, Ende März, zuletzt mit Kevin Mahagony, Peter Weniger und Roy Haynes, ausschließlich moderner Jazz ohne Avantgarde,[141] sehr selten auch Musiker aus der eigenen Szene. 1998 feierte die Stadt ihr 1200jähriges Jubiläum, natürlich auch mit Jazz, einem Festival mit dem Titel »Jazz Open Mind(en)«.[142]

3. SCHLUSSBEMERKUNG

Einigermaßen erschöpft am Ende der langen Reise durch das Jazzland Nordrhein-Westfalen und seine Festivals wird sich der Reisende sagen, daß eigentlich überhaupt kein Wunsch offengeblieben ist auf dieser Reise. Jede Gruppe von Interessenten hat ihre Musik erleben können.

Da gibt es eine Reihe von traditionellen Bands und Künstlern, die trifft man überall an. Es heißt zwar, sie leben in den USA, Jamaica und wo auch immer, sie sind aber so oft auf den Festivals, daß sie eigentlich in NRW zu Hause sein müßten. Auch die großen deutschen, europäischen und amerikani-

Heinz Sauer beim Festival »10 Jahre Aktuelle Musik« im Kölner Stadtgarten (4. - 14.9.1996). Foto: Hyou Vielz.

schen Musiker halten sich während ihrer jährlichen Tourneen lange in unserem Land auf. Die Avantgarde, sowieso vom Publikum her gesehen keine allzu große Gruppe, kommt etwas zu kurz. Man muß sie schon suchen, in Aachen, Köln, Wuppertal, vor allem in Moers, Essen, Bochum, Dortmund und Münster. Noch schlechter steht es um die einheimischen Musiker, denen man gerade in den letzten Jahren nachsagt, daß sie heute musikalisch weiter und besser sind denn je. Sie haben keinen festen und großen Platz auf der Bühne der Festivals. Ganz deutlich wird dies bei den vielen Festivals außerhalb der großen Städte: Da will man außer fröhlichem Dixieland gerne mal einen großen Amerikaner hören, aber doch nicht den hervorragend spielenden 28jährigen aus der Nachbarschaft.

Dieses Defizits muß sich die Kulturpolitik des Landes, der Kommunen, der Stiftungen und möglichst auch der Sponsoren annehmen. Der kulturelle Ruf dieses Landes hängt nicht nur davon ab, wieviele große Amerikaner ihre Reise in Düsseldorf, Wiehl, Münster oder Minden unterbrechen, auch wenn das oft wichtig für Zuhörer und die eigene Szene ist, sondern welche musikalische Botschaft die jungen Musiker aus Aachen, Bonn, Köln, Gummersbach, Leverkusen, Düsseldorf, Moers, Dortmund, Essen und Münster in die Welt der Musik tragen. Musiker wie Manfred Schoof, Gerd Dudek, Peter Brötzmann, Paul Lovens und die Kölner Saxophon Mafia sind der beste Beweis dafür.

4. ADRESSEN DER FESTIVALS

Aachen

Aachener Sommer
Kulturbüro (der Stadt)
Haus Löwenstein, Markt 39, 52062 Aachen
Tel. 0241 - 501368

Euregio Musiktage
Gesellschaft für Zeitgenössische Musik
Kurhausstr. 2, 52062 Aachen
Tel. 0241 - 501368

Internationales Treffen Innovativer MusikerInnen
Reinhold Knieps
Vaalser Straße 94, 52074 Aachen
Tel./Fax 0241 - 875985

Arnsberg

Arnsberger Jazz & Blues Festival
Bernd Mommertz
Auf der Alm 5, 59821 Arnsberg
Tel. 02931 - 13920

Balve

Balver Jazz- und Blues-Festival
Stadt Balve, Kulturamt
Widukindplatz 1, 58802 Balve
Tel. 02375 - 926110

Bochum

Open Systems
c/o Martin Blume
Alte Bochumer Straße 33, 44803 Bochum
Tel. 0234 - 330460

Bonn

Bonner Jazz Weekend
Jazz-Zirkel Bonn-Bad Godesberg
Harry Lintzmeyer
Bonner Straße 28, 53173 Bonn
Tel. 0228 - 9563733, Fax 0228 - 956 3735

Coesfeld

Coesfelder Jazzmeeting
Förderverein Jazz in Coesfeld e.V.
Postfach 1313, 48633 Coesfeld
Tel. 02541 - 939150

Dino Saluzzi, Aziza Mustafa Zadeh und Al di Meola in Duisburg anläßlich des Festivals »Traumzeit« 1998. Foto: Hans Harzheim.

Detmold

Detmolder Jazz Nacht

Stadt Detmold, Kulturteam

Wittekindstr. 7, 32758 Detmold

Tel. 05231 - 977920, Fax 05231 - 977911

Dortmund

europhonics

Festivalbüro

Kleppingstraße 21-23, 44122 Dortmund

Tel. 0231 - 5025187, Fax 0231 - 5022497

swingbeats

Jazzbüro NRW

Güntherstraße 65, 44143 Dortmund

Tel. 0231 - 528388

Internet www.kulturnetz.de/nrwjazz

Düren

Dürener Jazztage

Dürener Jazzclub e.V.

c/o Niko Bellgardt

Paradiesstr. 64, 52349 Düren

Tel. 02421 - 45156

Internet www.jazzclub-ev.com

Düsseldorf

Düsseldorfer Jazz Rally

Verkehrsverein Düsseldorf

Tel. 0211 - 172020, Fax 0211 - 161071

Destination Düsseldorf

Tel. O211 - 332285, Fax 0211 - 332542

Duisburg

Traumzeit Festival

Kulturamt, Wilfried Schaus-Sahm

Memelstraße 25-33, 47049 Duisburg

Tel. 0203 - 2834434, Fax 0203 - 2832188

Eschweiler

Eschweiler Jazztage

Max Krieger

Preyerstraße 39, 52249 Eschweiler

Tel. 02403 - 22333, Fax 02403 - 32778

Essen

Jazz Festival Jazz Offensive Essen

Jazz Offensive Essen (J·O·E)

Wilhelm-Nieswandt-Allee 100

 (Zeche Carl)

45329 Essen

Tel. 0201 - 8344451

Fax 0201 - 8344459

Gelsenkirchen

Jazz Marathon

Hot House Jazz Club

c/o Rolf Wagemann

Feldmark Straße 205, 45883 Gelsenkirchen

Tel. 0209 - 44646

Fax 0209 - 141428

Solo Virtuos

Kulturamt der Stadt Gelsenkirchen

Paul Baumann

Florastraße 28, 45875 Gelsenkirchen

Tel. 0209 - 169910

 Fax 0209 - 1699173

Gronau

Jazzfest Gronau

Arbeitskreis »Jazzfest Gronau«

c/o Stadt Gronau, Kulturamt

Konrad-Adenauer-Straße 1

48599 Gronau

Tel. 02562 - 120

Fax 02562 - 12-306

Gummersbach

Jazz Meeting Oberberg
c/o shaa-music
Wiedeneststraße 52
51702 Bergneustadt
Tel 02261 - 47537
Fax 02261 - 47596

Herford

Jazzfest Herford
c/o Kulturfabrik Vlotho
Lange Straße 53, 32602 Vlotho
Tel. 05221 - 131420
Fax 05221 - 13171422

Hilden

Hildener Jazztage
c/o Peter Baumgärtner
Schlehenweg 35, 40468 Düsseldorf
Tel./Fax 0211 - 459640

Hürth

Hürther Jazznacht
Jazzclub Hürth e.V.
c/o Peter Schmitt-Sausen
Zur Gotteshülfe 64, 50354 Hürth-Burbach
Tel. 02233 - 31032, Fax 02233 - 32372

Jülich

Zitadellen Jazz Nacht
Jazzclub Jülich e.V.
Mühlengasse 6, 52428 Jülich
Tel. 02461 - 614761

Köln

Stadtgarten
Initiative Kölner Jazz Haus
Venloer Straße 40, 50672 Köln
Tel. 0221 - 95299410, Fax 0221 - 95299490

WDR Nachwuchsfestival
Subway
Aachener Straße 82-84, 50674 Köln
Tel. 0221 - 517969

Krefeld

Jazz an einem Sommerabend
JazzKlub Krefeld e.V.
Postfach 1403, 47714 Krefeld
Tel. 02151 - 29187

Langenfeld

Langenfelder Jazznacht
Schauplatz Langenfeld GmbH
Hauptstraße 129, 40764 Langenfeld
Tel. 02173 - 167711, Fax 02173 - 167713

Leverkusen

Leverkusener Jazztage e.V.
Quettinger Straße 187, 51381 Leverkusen
Tel. 02171 - 767958, Fax 02171 - 767960

Lüdenscheid

Lüdenscheider Jazz Festival
Center Management
Wilhelmstraße 33, 58511 Lüdenscheid
Tel. 02351 - 24061, Fax 02351 - 39213

Lünen

Jazzlight Festival Lünen
Kulturamt der Stadt Lünen
Uwe Wortmann
Kurt-Schumacher-Straße 39, 44532 Lünen
Tel. 02306 - 104299
Fax 02306 - 25286

Minden

Mindener Jazz Frühling
Jazz Summer Night
Jazz Club Minden
Königswall 97, 32423 Minden
Tel. 0571 - 26666, Fax 0571 - 85908

Frank Wright in Moers (Schloßhof). Foto: Hans Harzheim.

Moers

Moers Festival

c/o Moers Music
Postfach 300120
47426 Moers
Tel. 02841 - 7741
Fax 02841 - 762992

Mülheim/Ruhr

Mülheimer Jazztage

Mülheimer Jazzclub e.V.
Kalkstraße 23
45468 Mülheim/Ruhr
Tel 0208 - 390599
Fax 0208 - 382746
Kulturbetrieb der Stadt, Mülheim/Ruhr
Leineweberstraße 1
45468 Mülheim/Ruhr

Tel. 0208 - 995319
Fax 0208 - 995329

Jazz im Zentrum

Hans-A. Pitzke
Programm-Management
Postfach 101564
45470 Mülheim/Ruhr
Tel. 0208 - 995319
Fax 0208 - 995329

Münster

Internationales Jazz Festival Münster

Hartmut Schmitz und
Fritz Schmücker Jazzbüro
Hansaring 22
48155 Münster
Tel. 0251 - 664955
Fax 0251 - 666928

Siegen

Si – Jazz »live«
Jazz-Club »Oase« e.V. Siegen
c/o Ulrich Vollmer
Alte Landstraße 15
57271 Hilchenbach
Tel. 0271 - 4041359
Fax 0271 - 24842

Viersen

Internationales Jazz Festival Viersen
VHS der Stadt Viersen
Am Löhplatz 2, 41747 Viersen
Tel. 02162 - 101522
Ali Haurand
Konrad-Adenauer-Ring 10, 41747 Viersen
Tel. 02162 - 18408, Fax 02162 - 15373

Wesseling

Live im Lessing
Initiative Live im Lessing
c/o Bert Herfen und Klaus Nagel
Friedhofsweg 18, 50389 Wesseling
Tel. 02236 - 45745

Wiehl

Internationale Wiehler Jazztage
Kulturkreis Wiehl, Hans-Joachim Klein
Bahnhofstraße 1, 51674 Wiehl
Tel. 02262 - 99197

ANMERKUNGEN

1 Leonard Feather: The Encyclopedia of Jazz, New York 1960, S. 50.

2 Barry Kernfeld (Hg.): The New Grove Dictionary of Jazz, London/New York 1996, S. 360.

3 New Grove, S. 361.

4 Feather, Encyclopedia of Jazz, S. 50; New Grove, S. 361

5 zum Beispiel Annual Jazz & Blues Festival Guide, in: Jazz Times, May 1997, Collingwood, NJ, USA.

6 Joachim-Ernst Berendt: Ein Fenster aus Jazz, Frankfurt a.M. 1977, S. 208.

7 Robert v. Zahn: Jazz in Köln seit 1945. Konzertkultur und Kellerkunst, hg. vom Historischen Archiv der Stadt Köln, Köln 1997, S.14 ff.

8 New Grove, S. 364; Horst H.Lange: Jazz in Deutschland – Die Deutsche Jazz-Chronik bis 1960,Hildesheim 1966 (2. Auflage), S. 188; Jürgen Wölfer: Handbuch des Jazz, München 1979, S. 78.

9 Dieter Zimmerle: Festtage der Amateur-Musiker – 1. Treffen deutscher Amateur Jazz Bands in Düsseldorf, in: Jazz Podium, 11/1955, S. 13.

10 1. Deutscher Jazz Salon in Dortmund, in: Jazz Podium, 12/1955, S. 18.

11 Karl Heinz Nass: Die Essener Jazz-Tage 1959. Ein Rückblick, in: Jazz Podium, 6/1959, S. 133

12 Wolf Kampmann: Draußen vor der Tür. Jazz Festivals in Europa und Amerika, in: Jazz thing Nr. 20, September/Oktober 1997, S. 62 f.

13 v. Zahn, Jazz in Köln, S. 205.

14 Ulrich Kurth: 10 Jahre Stadtgarten, in: On Stage – 10 Jahre Stadtgarten Köln, Fotografien von Hyou Vielz, hg. von Hans-Jürgen v. Osterhausen, Köln 1996, S. 12.

15 Joachim-Ernst Berendt: Das Jazzbuch, überarbeitet und fortgeführt von Günter Huesmann, Frankfurt 1997, S. 86.

16 Ekkehard Jost: Zur Situation des Jazz heute, in: Musikforum, 4/98, S. 42.

17 Gespräch mit Peter Herbolzheimer, 16.12.1998, Köln.

18 Jost: Jazz heute, S. 42.

19 Günter Huesmann: 14. New Jazz Festival Moers, in: Jazz Podium, 7/1985, S. 12.

20 Fats Lumma: Jazzworkshop. Neues Jazzleben in Aachen, in: Jazz Podium, 1/1985, S. 26.

21 Interview mit Reinhold Knieps, 2.2.1999.

22 Bruno Carnevale: Die 10ten Euregio Musiktage, in: Jazzthetik, 3/1998, S. 11.

23 aachener kultursommer 1998, in: aczente, kulturmagazin für die region aachen, hg. von der Stadt Aachen 1998.

24 Festival-Vorschau, in: Jazz Podium, 6/1994, S. 54.

25 Programmheft 1. Jazztage in Düren vom 23. bis 25. Juni 1961, Einführung.

26 Programmhefte der Dürener Jazztage von 1961 bis 1968.

27 Wolfgang Breuer: Zur Problematik des Jazzlabors, in: Programmheft Jazzlabor (Düren) '67, S.5.

28 Programmheft der 6. Dürener Jazztage 1964, S. 6.

29 Nikolaus Bellgardt: Die Dürener Jazztage – ein tolles Festival, in: Dürener Jazzclub e.V. news, April 1998, S.7; Interview mit Nikolaus Bellgardt, 3.12.1998, Düren; Programmhefte der Dürener Jazztage 1991 bis 1998.

30 Programmheft der 2. Zitadellen-Jazznacht, 16.5.1998.

31 Jazzclub Hürth e.V. und Stadt Hürth, Kulturamt: Konzept der Hürther Jazznacht, 1998, mit Pressemappe und Programmen seit 1991.

32 Programmheft »Live im Lessing«, 29.11.1997.

33   Jazz thing 19/August 1997, S. 8; Jazz thing, 24/August 1998, S. 8.

34   Festival-Vorschau, in: Jazz Podium, 10/1994, S. 74.

35   Festival-Vorschau, in: Jazz Podium, 12/1993, S. 62.

36   Hans-Jürgen v. Osterhausen: Bonner Jazzweekend 98, in: Jazz Podium, 11/1998, S. 42.

37   v. Zahn, Jazz in Köln.

38   ebd., S. 49.

39   ebd., S. 98.

40   ebd, S. 62.

41   ebd., S. 65.

42   Jazz Podium, 10/1965 – jazz activities, S. 233.

43   v. Zahn, Jazz in Köln, S.120; Viola v. Liebig und Hans-Jürgen v. Osterhausen: Köln – Jazzmekka am Rhein, in: Neues Rheinland, 8/1995, S. 9.

44   v. Zahn, Jazz in Köln, S. 147 ff.

45   ebd., S. 173.

46   ebd., S. 211.

47   ebd., S. 215.

48   Wolf Stock: 1. Fiesta de Salza – Köln, in: Jazz Podium, 9/1984, S. 40 f.

49   Kurth, 10 Jahre Stadtgarten, S. 10 ff.; v. Zahn, Jazz in Köln, S. 199 ff.

50   v. Zahn, Jazz in Köln, S. 201 f.; Ludger Hesse: Kölner Jazz-Initiative, in: Jazz Podium, 6/1981, S. 10 f.

51   Beispiele für Berichte über die Kölner Jazz Haus Festivals: Michael Klein: Kölner Jazz Haus Festival, in: Jazz Podium, 1/1982, S. 21 f.; Günter Huesmann: 5. Kölner Jazz Haus Festival, in: Jazz Podium, 2/1983, S. 22 ff.

52   v. Zahn, Jazz in Köln, S. 221.

53   Stadtgarten-Programm 9/97, 12/98, 1/99.

54   Vgl. die Programmhefte »post this & neo that« 1991, 1992, 1994, 1995, 1996; Kurth, 10 Jahre Stadtgarten, S. 12.

55   v. Zahn, Jazz in Köln, S. 232.

56   Hans-Jürgen v. Osterhausen: Der Klang des 20. Jahrhunderts, in: Neues Rheinland 8/1997, S. 46.

57   Subway-Programmheft Herbst 1998.

58   Faltblatt »1000 Beats für 1 Welt«, 13.6.1998, Kölner Tanzbrunnen.

59   Musikwoche – PopKomm. Guide 1998.

60   Wegweiser Jazz, hg. vom Jazz-Institut Darmstadt, Darmstadt 1997, S. 103.

61   Stadtgarten Programm, 12/1998.

62   Programmhefte der 6. und 9. Wiehler Jazztage 1995, 1998; Hans-Jürgen v. Osterhausen: Attraktion abseits der Zentren – 6. Internationale Wiehler Jazztage, in: Neues Rheinland 7/1995, S. 26.

63   Programmankündigung von Stefan Heidtmann, 13.2.1998.

64   Berendt, Jazzbuch, S. 54.

65   Reiner Widmann: 10. Wuppertaler Free Jazz Workshop, in: Jazz Podium, 8/1982, S. 28.

66   Werner Panke: Grenzüberschreitungen, in: Jazz Podium, 12/1983, S. 26.

67   Uli Armbruster: Veranstaltungsinformationen, 12.2.1999.

68   Programmheft IMI Festival, music in movement, 14.-16.11.1997.

69   N. N.: Ecco 98, Tanz und Musikimprovisationen im Wuppertaler Rex-Theater, in: Jazzthetik, 12/5 (Mai 1998), S. 12 f.

70   Werner Panke: Sommerkurs Remscheid, in: Jazz Podium, 10/1981, S. 36.

71   Festival-Vorschau, in: Jazz Podium, 12/1993, S. 62.

72   Festival-Vorschau, in: Jazz Podium, 3/1994, S. 54.

73   Erhard T. Schoofs: Jazz in Leverkusen, in: Jazz Podium, 2/1981, S. 30.

74   Manfred Schoof: Laudatio für die Leverkusener Jazztage, 12.10.1997, Redemanuskript.

75   Literatur über die Leverkusener Jazztage: Detlev Reinert: 2. Leverkusener Jazztage, in: Jazz Podium, 12/1981, S. 24 f.; Michael Lages: 3. Leverkusener Jazztage, in: Jazz Podium, 12/1982, S.27 f.; Rolf Gehrmann: 4. Leverkusener Jazztage, in: Jazz Podium, 2/1984, S. 26; Michael Wangler: Die 5. Leverkusener Jazztage, in: Jazz Podium, 12/1984, S. 38 f.; Michael Wangler: 6. Leverkusener Jazztage, in: Jazz Podium, 12/1985, S. 28 f.; Hans-Jürgen v. Osterhausen: In die Jahre gekommen   und trotzdem frisch wie eh und je – Die 17. Leverkusener Jazztage in: Neues Rheinland, 12/96, S. 8 f.; ders.: Aufregende Tage in Leverkusen – Großer Rheinischer Kulturpreis für die Jazztage, in: Neues Rheinland, 12/97, S. 44 f.; ders.: Leverkusener Jazztage vom 16.-25.10.1998, in: Jazz Podium, 11/1998, S. 33.

76   Helma Schleif: 1. Internationale Tage für Improvisierte Musik Leverkusen, in: Jazz Podium, 5/1982, S. 36; Thorsten Töpp: Tage der Improvisierten Musik Leverkusen, in: Jazz Podium, 3/1992, S. 52.

77   NRZ, 28.5.1998, Nr.117; Zeitung für Hilden, WZ, 25.5.1998; Rheinische Post, 25.5.1998.

78   Lothar Müller: Grüße aus New Orleans aus der Stadthalle, in: WZ, 16.6.1998, Ausgabe Langenfeld.

79   Klaus Fuchs: Düsseldorfer Jazz-Sommer, in: Jazz Podium, 10/1953, S. 9 f.

80   Dieter Zimmerle: Festtage der Amateur-Musiker, in: Jazz Podium, 11/1955, S. 13.

81   Ders.: Der Wert der Amateurmusik, in: Jazz Podium, 9/1956, S. 4.

82   Der Wettkampf der Amateure, in: Jazz Podium, 11/1960, S. 246.

83   Die Sieger im Band-Wettbewerb beim 1. Internationalen Amateur-Jazz-Festival, in: Jazz Podium, 10/1965, S. 246.

84   Festival-Vorschau, in: Jazz Podium, 6/1994, S. 54.

85   Presseinformation und Programmvorschau Jazz Rally Düsseldorf 1998.

86   Festival-Vorschau, in: Jazz Podium, 9/1997, S. 64.

87   Wölfer, Handbuch des Jazz, S. 79.

88   Festival mit Wettbewerb in Viersen, in: Jazz Podium, 3/1969, S. 40.

89   Wieland Klein: 2. AG für Jazz und Blues, in: Jazz Podium, 3/1981, S. 17.

90   United Jazz Society, Heft 4/96, S. 12.

91   Programmhefte des 1.-12. Internationalen Jazz Festivals Viersen; Hans-Jürgen v. Osterhausen: 12. Internationales Jazz Festival Viersen 1998, in: Jazz Podium, 11/1998, S. 37.

92   Festival-Vorschau, in: Jazz Podium, 12/1993, S. 62.

93   Pressemappe des Jazzklub Krefeld 1998.

94   Interview mit Burkhard Hennen, 10.11.1998, Moers.

95   Hans-Jürgen v. Osterhausen: Musikalische Pilgerfahrt an den Niederrhein, in: Neues Rheinland 7/98, S. 10; ders.:27. Internationales Jazz Festival Moers – Schwerpunkt qualitätvolle europäische Szene, in: Jazz Podium, 7/1998, S. 40.

96   Ulrich Kurth: Im Westen nichts Neues? Vorwort im Programmheft Moers Festival 1998.

97   Joachim-Ernst Berendt: Internationales New Jazz Festival Moers 1982, in: Jazz Podium, 7/1982, S. 14 ff.

98   Günter Huesmann: 14. New Jazz Festival Moers, in: Jazz Podium, 7/1985, S. 12; Jost, Situation, S. 42.

99   Rainer Weichert blickt auf 26 Jahre Moers-Festival zurück, in: Moers Festival Pfingsten 16.-19. Mai 1997, Presseschau.

100   3. Amateur Jazz Festival in Dinslaken, in: Jazz Podium, 8/1970, S. 264.

101   Hans-Jürgen v. Osterhausen: Weltmusik im Stahlwerk – Duisburger Akzente, in: Neues Rheinland, 4/97, S. 44 f.

102 Christoph Giese: Duisburg – Traumzeit Musikfestival am Hochofen, 9/1998, S. 10.

103 Programmheft Hot House Jazz Club 1999.

104 Solo Virtuos im Spiegel der Medien von Januar 1997 bis Juni 1998 und Programmankündigung Februar bis Mai 1999.

105 Ute Büchter-Römer: Klavierfestival Ruhr, in: Jazz Podium, 10/1997, S. 33; dies.: Klavierfestival Ruhr 1998, in: Jazz Podium, 9/1998, S. 36.

106 Information in jazz activities, in; Jazz Podium, 7/1965, S. 178.

107 Programmhefte der 3., 5., 6., 7. Jazztage Mülheim.

108 Festival-Vorschau, in: Jazz Podium, 2/1999, S. 48, und Presseankündigung für d. 24.4.1999.

109 Auswahl von Berichten: Karl Heinz Nass: Die Essener Jazz-Tage 1959, in: Jazz Podium, 6/1959, S. 33; ders.: Die Essener Jazztage 1960, in: Jazz Podium, 5/1960, S. 101.

110 Joachim-Ernst Berendt: Festival At Essen, in: Down Beat, 8.6.1961, S. 13.

111 Dita v. Szadowski: Werkstattbeobachtungen und Konzert-Impressionen in Münster und Essen, in: Jazz Podium, 9/1981, S. 16 f.

112 Uta Schmidt: 4. Jazzfest in Essen, in: Jazz Podium, 8/83, S. 20.

113 Interview mit Pia Girkes, 18.1.1999, Essen; Programmhefte des 1. bis 4. Jazz Festivals der Jazz Offensive Essen.

114 Dita v. Szadowski: Das 1. Ruhr-Jazz-Festival, in: Jazz Podium, 5/1985, S. 28 f.

115 Berthold Klostermann: 5. Ruhr-Jazz-Festival Bochum, in: Jazzthetik, 4/1990, S. 6 f.

116 Dita v. Szadowski: Open Systems im Ruhrgebiet, in: Jazz Podium, 1/1998, S. 35.

117 1. Deutscher Jazzsalon in Dortmund, in: Jazz Podium, 12/1955, S. 18.

118 Dortmund, in: Blues Notes, 9/31, 1977, S. 29-32.

119 Interview mit Waldo Riedl telefonisch, 4.2.1999.

120 Interview mit Waldo Riedl, 4.2.1999.

121 Dortmund goes Europe, europhonics 97, in: Jazz thing, 18/1997, S. 5.

122 Presseinformation und Festivalprofil europhonics 99.

123 Pressemappe swingbeats 1999; Interview mit Pia Girkes, 18.1.1999, Essen.

124 Festival-Vorschau, in: Jazz Podium, 10/1994, S. 74, und 10/1996, S. 53.

125 Werner Panke: Jazzfest Unna '82, in: Jazz Podium, 11/1982, S. 24 f.

126 Pressemappe des Center-Managements, 5.2.1999.

127 Karl Lippegaus: Free Music in der Burg, in: Sounds, 10/1973, S. 27.

128 Robert Urbach: Altena, in: Blues Notes 3/12 (1971), S. 18-20; ders.: Altena, in: Blues Notes 4/15-16 (1972), S. 18.

129 Festival-Vorschau, in: Jazz Podium, 11/1997, S. 56.

130 Reinhard Köster: Balver Höhle, in: Jazz Podium, 8/1982, S. 20 f.

131 '84 Jazz-Festival Balver Höhle 21.-24.6.1984, Programmheft.

132 Dirk Föhrs: 9. Jazz- und Blues-Festival Balver Höhle, in: Blues News, 3/9 (Juli/Sept. 1997), S. 34 f.

133 Internationales Jazzfestival im SI-Haus, in: Siegener Zeitung, 28.8.1982.

134 Programmanzeige, 5.12.1981.

135 Programmheft Jazzfest Gronau 1997 sowie Programmankündigung für 1998.

136 Dokumentation von Martin Rövekamp, 9.11.1998, Programmhefte 1993-1997.

137 Programmhefte 8.-17. Internationales Jazz Festival Münster 1986 bis 1999; J. Christian D. Emighok: III. Münsteraner Jazzfestival, in: Jazz Podium, 9/1981, S .42 f.; Horst Krische: 7. Jazz Festival Münster, in: Jazz Podium, 8/1985, S. 18 f.

138   Programmhefte 1.-5. Internationale Jazznacht Detmold 1994-1998.

139   Festival-Vorschau 5. Jazzfest Kreis Herford, in: Jazz Podium, 10/1995, S. 52.

140   Magazin Kulturtage Minden 1992, 16.-25.10., S. 4 f.

141   Programm zum 5. Mindener Jazz-Frühling 27.3.1998; Festival-Vorschau, in: Jazz Podium, 3/1995, S. 53; Festival-Vorschau, in: Jazz Podium, 6/1996, S. 55.

142   Programmheft Jazz Open Mind(en), 17. Juli 1998.

Foto: Hans Harzheim.

Traditioneller Jazz und Amateurbands in Nordrhein-Westfalen

von Heinz Protzer, Bad Krozingen
mit drei Band-Portraits von Reiner Kobe, Freiburg

EINFÜHRUNG UND ABGRENZUNG

In der 100jährigen Geschichte des Jazz, den man auf der Darmstädter Ausstellung von 1988 – ein wahrlich säkulares Ereignis – zum »Sound des 20. Jahrhunderts« gekürt hat, spielen mindestens dreimal Amateure als Träger der modernen Musikkultur eine Rolle. So läßt sich zunächst der Amateurstatus der Musiker in der Frühzeit eines authentischen Jazz zum Beispiel in New Orleans belegen. Hier gingen Musiker im allgemeinen einer Hauptbeschäftigung nach, sie traten jedoch – nebenberuflich – in Ensembles unterschiedlicher Art zu Festlichkeiten, Paraden oder Beerdigungen (funerals) auf. Erst nach der ersten Migration Richtung Norden – vor und nach 1917 – bestritten in erster Linie Afro-Amerikaner in Kansas City, in St. Louis oder Chicago, später auch in New York, ihren Lebensunterhalt als Berufsmusiker. Sie galten vor allem als Vertreter eines sogenannten New Orleans-Jazzstils.

Eine regelrechte Amateurbewegung setzte nach 1939 im Zusammenhang mit einer Renaissance der historischen Stile als »Revival Jazz« ein – primär *weiße* Musiker vertraten nun in ihrer Rückbesinnung auf den Oldtime-Jazz den New Orleans und den Dixieland, zum Beispiel als Amateure in Chicago und um Eddie Condon in New York (Greenwich Village-Stil) – nicht ganz frei vom Einfluß des vorherrschenden Swing in den dreißiger Jahren.[1] In dieser Zeit trat wohl zum ersten Male das geradezu symbiotische Verhältnis zwischen den traditionellen Stilen und dem Amateurjazz zutage. Kritische Stimmen wegen der mangelnden Eigenständigkeit und wegen der Dominanz der Vorbilder wehrten die Amateure schon damals ab.[2]

»Die ab 1939 einsetzende Amateurbewegung ist historisierend eingerichtet und sucht keine Erneuerung, keine Entwicklung eigenständiger Elemente auf der Grundlage der frühen Jazzstile.«[3]

Historisierend heißt auch: Mit der Revivalbewegung wuchs das Interesse an den authentischen, alten Stilen. Hot Clubs entstanden und Jazz-Magazine erschienen; das Materialsammeln durch eine oral history für die Grundlagenforschung setzte sich ebenso durch wie das Sammeln von Schallplattenaufnahmen für die Aufzeichnungen in Diskographien.

Vor diesem Hintergrund verstehen wir auch die nunmehr letzte Amateurbewegung nach 1945 mit ihrem ausgeprägten, gewandelten Erscheinungsbild. Ob nach dem Ende des Zweiten Weltkrieges das Unverständnis am modernen Jazz eine Amateurszene mit ihrer Rückbesinnung auf die traditionellen Stile begünstigte oder einfach die Freude am Musizieren im Kollektiv, in einer Gruppe, zur Unterhaltung und zum Tanz, in Kellern und Clubs, auf Straßen und Plätzen, im Vordergrund stand, darf dahingestellt bleiben. Wir versuchen die Entwicklung des Amateurjazz allgemein in Nordrhein-Westfalen seit einem halben Jahrhundert zu skizzieren, seine Boom- und Baisse-Zeiten zu begreifen und schließlich seinen Beitrag für die Musikkultur eines Landes zu beurteilen.

I. SIMULTANE BEWEGUNGEN: DIE REZEPTION DER TRADITIONELLEN JAZZSTILE SOWIE DIE ENTWICKLUNG DES AMATEURJAZZ IN NRW SEIT 1946

Die Rezeption des traditionellen Jazz erfolgte nach 1945 gewissermaßen simultan. Der neue Sound etablierte sich in NRW nicht allein mit dem Aufkommen der Keller und Clubs, vielmehr bildeten sich gleichzeitig mit den Zirkeln und Clubs – oft spontan – Amateurbands. In dieser Zeit tourten jedoch auch bald die ersten deutschen Berufsmusiker mit ihren Ensembles als Vertreter einer moderneren Musizierweise, und die Gesamtszene geriet in Bewegung. Einmal erlebte der Oldtime-Jazz durch die Bildung zahlreicher Amateurbands einen »Boom« ohne Beispiel, zugleich suchten die Professionellen für ihre Konzerte die gleichen Spielstätten oder Foren. Simultaneität also auf allen Feldern.

Doch gilt es wohl auch zu differenzieren. Die Amateure und »Halbamateure« gaben sich andere Namen; sie traten als Band, Team, Gang, Ensemble auf – oder als »Jazzmen«, Company, Society. Stellten sich die Berufsjazzer gern unter ihrem Namen vor (Albert Mangelsdorff Quintett), wählten Amateure oder sogenannte Semi-Amateure, die nur im Nebenberuf als Musiker wirkten, eher Phantasiebezeichnungen, blumige Namen oder Wortschöpfungen aus dem amerikanischen Slang-Reservoir beziehungsweise der sogenannten Jive-Sprache.[4] So spielten oder spielen in NRW seit Jahrzehnten zum Beispiel »The Happy Wanderers«, »The Happy Cats«, die »Graftschaft Dixie-Gang« (Düsseldorf), die »Jazz Preachers«, das »Traditional Jazzing Team«, das »Jazzkränzchen Immergrün« (Köln) – aber auch die »Feetwarmers« (Halbamateure), die

Themen der Zeitschrift »Jazz Podium« in den fünfziger Jahren

»Maryland Jazzband of Cologne« (noch Amateure) sowie die »Engelbert Wrobels Swing Society« (Berufsmusiker) – drei Ensembles aus NRW, die wir – exemplarisch für die ungezählten Gruppen der Oldtime- und Amateurjazz-Szene – anschließend in diesem Beitrag vorstellen.

Eine nennenswerte Amateurjazz-Szene an Rhein und Ruhr *vor* 1945 läßt sich bis heute nicht mit Dokumenten belegen. Im Deutschen Reich spielten jene bekannten Orchester aus den USA oder deutsche Tanzkapellen bis 1939 ein reduziertes Jazzrepertoire. Bekannt sind ferner jene ausländischen Orchester, die während des Krieges auf zahlreichen deutschen Bühnen Unterhaltungsmusik oder eine Art Pseudo-Jazz aufführen durften.[5]

Die Kölner »Rhinevalley-Stompers« um 1960. Sammlung Heinz Protzer.

Amateur-Jazz Gruppen kennen wir lediglich als Einzelerscheinungen, zum Beispiel Schülerbands an wenigen Gymnasien (Magdeburg, Düsseldorf) oder Ansätze für Amateurgruppen in Clubs, in Leipzig um Kurt Michaelis(»Hot-Geyer«), in Frankfurt am Main um Carlo Bohländer, in Düsseldorf um Werner Daniels und in Münster um Dieter Zimmerle.[6] *Nach* 1945 kann daher in NRW nicht von einer Wiedergeburt des Jazz, geschweige denn von einer Renaissance einer Amateurjazz-Szene die Rede sein. Die afro-amerikanische Musik etablierte sich an Rhein und Ruhr step by step – in einem längeren Prozeß.

Allerdings: Mit der Gründung der Jazzclubs traten – wie oben angedeutet – eben die ersten Amateurensembles an die Öffentlichkeit. Junge Menschen, vornehmlich Schüler und Studenten, bildeten ab 1946/47 nicht nur »Zirkel« oder Clubs mit dem Ziel, Jazzschallplatten zu hören und zu diskutieren, sie übten vielmehr mit Instrumenten vor allem die älteren Stile ein und drängten in die Keller mit jenen Bandstands, den Mini-Bühnen, die wiederum die geeigneten Spielstätten für Jazzmusiker aller Art bleiben sollten – zumindest für eine längere Zeit. Zwar trafen sich Amateure auch in Garagen, verlassenen Hallen, in Schulaulen oder in Hinterzimmern oft abgelegener Gaststätten wegen der Lärmdistanz. Die Jazzkeller jedoch erwiesen sich als die angestammten Foren einer Amateurjazz-Gang.

Insgesamt übernahmen Amateurbands bereits früh eigene Funktionen: Sie verbreiteten den Jazz als neue Musizierweise an sich auf etwas niederem Niveau, und zwar auf Konzerttourneen, im Sitzungs- und Straßenkarneval, als gesuchte Tanzorchester und Vorboten einer sogenannten Gebrauchsmusik. Amateurjazzer erhielten für ihre Auftritte in Tanzsälen, zu Festlichkeiten oder auf Plätzen (1. Mai) bescheidene Honorare und entwuchsen gelegentlich dem Status von Amateuren. Sie übten ihre Auftritte auch als Nebenbeschäftigung aus. Synchron, zu eben dieser Zeit, da einzelne deutsche Jazzmusiker bereits die Amateurbands verließen, den Amateurstatus aufgaben und sich als Profimusiker fortentwickelten, geriet die gesamte Jazzwelt in ein Dilemma, auch in NRW, als sich nämlich einerseits Berufsmusiker und andererseits Amateure und Semi-Professionals kontrovers begegneten.

»Kommerzialisierung«, »commercial jazz«, »Pseudo-Jazz«, »künstlerischer Abklatsch« – hielten Professionelle den Amateuren entgegen.[7] Von Verbalinjurien berichten später Jazzologen, wenn zum Beispiel ein bekannter Berufsmusiker und Vertreter des moderneren Jazz sich abfällig äußerte, der Oldime-Jazz, gespielt von jungen Interpreten in Europa, sei vor allem zur Steigerung des Bierkonsums tauglich.[8] Dieser mangels jeder Seriosität vorgetragenen Beschreibung folgten die Kritiker der fünfziger und sechziger Jahre nicht, doch warnten auch sie die Amateure deutlich vor einer Kommerzialisierung des Jazz und vor dessen Degradierung zur Feierabend- und Gebrauchsmusik. Auch die Jazzszene in NRW war hier mehrfach involviert: So förderte und organisierte beispielsweise die Deutsche Jazz-Föderation (DJF) die Düsseldorfer Amateur-Festivals (seit 1955).[9] Der Präsident der DJF lobte in dieser Zeit den Aufbruch junger Leute, bis es bereits nach dem zweiten Amateur-Festival 1956 zu warnenden

Werbung des »1. Internationalen Amateur-Jazz-Festivals« im Oktober 1965 vor dem Düsseldorfer Hauptbahnhof. Foto: Hans Harzheim.

Äußerungen kam. In seinem »Jazz Podium« stellte Dieter Zimmerle einem Aufsatz mit dem Titel »Der Wert der Amateurmusik« eine Aussage von Gerry Mulligan voran:

»Die Amateurmusiker fügen dem Jazz großen Schaden zu, indem sie einem Publikum, das die erste Bekanntschaft mit dieser Musik macht, Schlechtes bieten und ihm einreden, das sei Jazz.«[10]

In einem späteren Beitrag setzte Dieter Zimmerle noch nach mit seiner Klage über *die* Jazzamateure, die er auch gern als »Laienmusiker« bezeichnete, die den Berufsmusikern Positionen streitig machten, wenn diese von ihren Auftrittshonoraren leben müßten, die Amateure dagegen nur Nebeneinkünfte anstrebten.[11] Die feindlichen Lager diskutierten das Problem auch weiterhin, doch hat sich das Erscheinungsbild des Amateurjazz mehr als in Nuancen verändert, zugleich aber auch gefestigt.

Die Combo des »Hot Club Düsseldorf« um 1960. Sammlung Heinz Protzer.

Das große Düsseldorfer Jamboree der Amateurbands, über Jahre als Deutsches Amateur-Festival organisiert, lebt als »Jazz Rally« fort, auf der 1998 gar 73 Bands mit über 400 Musikern spielten, als Streetbands durch die Stadt marschierten und Open-Air-Konzerte gaben, und das mit herausragenden echten Amateurgruppen, mit Halbamateuren und Professionals des Oldtime-Jazz *und* der Moderne.[12] Inzwischen meldeten andere Städte in NRW ihre Straßen-Jazz-Festivals oder »Rallyes«: In Fortsetzung der Jazztage veranstaltet ein örtlicher Club seit einigen Jahren wieder die »Dürener Jazztage«, mit Band-Umzügen und sogenannten Kneipentouren. Ähnliche Veranstaltungen melden die Städte Kempen (Jazzfrühling 1998), Mülheim/Ruhr (Juni 1998), Minden und abermals Düsseldorf (Hot-Jazz-Meeting im Januar).[13] Darüber hinaus spielen die Amateurmusiker weiterhin zur Unterhaltung und zum Tanz auf, sie nehmen sogar an Parteitagen teil; sie gehören zu den Riverboat Shuffles und spielen zum sonntäglichen Brunch oder Frühschoppen, und sie imitieren in Einzelfällen auch jene Streetbands von New Orleans, die noch heute zu den Friedhöfen (cemeteries) mit den Grabstätten hoch über der Erde ziehen; sie spielen ihre »dirges«, Beerdigungshymnen der ernsten Art auf dem Hinweg und schnellere Rhythmen nach der Bestattungszeremonie. In Nordrhein-Westfalen erinnerte noch 1993 ein Bericht daran, als Dortmunder Schriftsteller unter der Leitung von

Josef Reding (Gruppe 61) 1991 zum Grabe des Dichters der Dada-Bewegung, Richard Hülsenbeck (1892-1974), zogen und an dessen 99. Geburtstag dachten.[14]

Unsere bisherigen Beschreibungen wollen als Hintergrundberichte zur Bestimmung einer Szene verstanden werden, die sich in allen ihren Facetten noch nicht analysieren und endgültig beurteilen läßt. Wir vermitteln daher nur Beobachtungen und Ergebnisse von früheren Untersuchungen mit dem Ziel, den Oldtime-Amateurjazz der ersten Jahre seit Bestehen des Landes NRW mit der Situation der neunziger Jahre zu vergleichen.

1. REINER GLEN BUSCHMANN: »AMATEURJAZZ IN NORDRHEIN-WESTFALEN« (1962)

Reiner Glen Buschmann (1928-1995), Klarinettist, Pianist, Komponist und Leader mehrerer Jazzensembles, Mitbegründer und Präsident des jüngeren Jazzclubs »domicil« in Dortmund, Seminarleiter an der Staatlichen Musikhochschule Köln, trat in den sechziger Jahren besonders als Professor und Dozent an der Musischen Bildungsstätte Remscheid (heute Akademie Remscheid für musische Bildung und Medienerziehung) hervor. Die Jazzkurse, heute die Internationalen Sommerkurse, dienten der Fortbildung von Jazzamateuren (vgl. unten das Kapitel »Zur Ausbildung von Amateurmusikern in NRW«). Im Jahre 1962 veröffentlichte die Landesarbeitsgemeinschaft Musik eine Arbeit von Reiner Glen Buschmann zum Amateurjazz in Nordrhein-Westfalen, den »Abschlußbericht einer Untersuchung des Umfangs und der Art aktiver Jazzgruppen in der Jugendarbeit«.

Buschmann stellt hier zunächst die Untersuchungsmethoden vor (persönliche Besuche, Befragung durch Rundschreiben) und gelangt mit seinem demoskopischen Ansatz zu bemerkenswerten Ergebnissen: Ausgehend von den befragten Jugendämtern, Schulen und Clubs, stellt Buschmann zunächst die Zahl der bekannten aktiven Jazzgruppen fest und registriert 88 Gruppen nach den Meldungen der Jugendämter, 69 nach denen der Schulen und 37 Amateurgruppen nach den befragten Clubs. Der Verfasser geht schließlich in einer Art Hochrechnung für alle Clubs in NRW von 80 aktiven Gruppen aus und nimmt für alle Oberschulen rund 100 und für alle den Jugendämtern des Landes bekannten Ensembles gar 322 Jazzgruppen an. Diese Angaben entsprechen ungefähr den auch anderenorts vorgegebenen Schätzungen von rund 500 aktiven Bands allein in NRW am Anfang der sechziger Jahre.[15] Buschmann stellt sodann nach den Meldungen der Jugendämter eine Art Skala zusammen und veröffentlicht für wichtige Städte in Nordrhein-Westfalen u.a. folgende Zahlen: Düsseldorf 30 Gruppen, Dortmund 18, Köln 15, Bonn 10, Essen 10, Wuppertal 9 usw. Dreißig Jahre danach nehmen die Zentren Köln, Düsseldorf und Dortmund mit ihren urbanen Jazzszenen noch immer Spitzenplätze ein, wenn es um die Anzahl der Clubs, der Spielstätten und Foren geht, doch nimmt der Amateurjazz nach einem langjährigen Strukturwandel andere Positionen ein.

Aufschlußreich bleiben auch Buschmanns Erkenntnisse zur Größe einer Amateurgruppe, zu deren Zusammensetzung und zu deren bevorzugter Stilrichtung. Tatsächlich tritt eine junge Band als Septett auf, vergleichbar mit den Oldtimern aller Jahrzehnte, also mit der Standardbesetzung des traditionellen Jazz: Trompete, Klarinette, Posaune als Bläser – Klavier, Gitarre oder Banjo, Baß und Schlagzeug als Rhythmusgruppe. Die jungen deutschen Amateurjazzer der fünfziger und sechziger Jahre »kopieren« am Anfang ihre Vorbilder in den zwanziger und dreißiger Jahren. Nach Buschmann bevorzugen diese Gruppen an Stilrichtungen des Jazz

> – den Traditionellen Jazz zu 67,8%
> – den Swingstil zu 13,3%
> – den modernen Jazz zu 18,9% (B 62, S. 44).
> Damit musizierten zwei Drittel aller aktiven Jazzgruppen in den ersten Jahrzehnten nach dem Krieg im traditionellen Stil.

Dreißig Jahre später vertreten die Amateurbands an Rhein und Ruhr ältere und moderne Stile, oft als strenge »Puristen« den New Orleans oder den Dixieland, den Swing oder einen abgewandelten Mainstream-Jazz, zunehmend jedoch eine Art mixtum compositum – ausgenommen die sogenannten Jazzderivate einer inzwischen in Umrissen erkennbaren zeitgenössischen Musik.

Im übrigen relativiert Buschmann im letzten Teil seines Berichtes die oben genannten Prozentangaben, wenn er den ersten Liebhabergruppen mit ihrem natürlichen Trend zum Oldtime-Jazz die jüngeren Jazz-Ensembles gegenüberstellt, die sich auch in zahlreichen Jazzclubs (nicht mehr in Hot Clubs) auf ein neues, anspruchsvolleres Publikum einzustellen haben. Die Amateurmusiker vertreten jetzt, vor allem als Mitglieder bestimmter Jazzclubs, gerade zu 50 % den traditionellen Jazz, zu 23 % noch den Swing, aber bereits zu 22 % moderne Stile (B 62, S. 50).

Heute treffen wir auf entscheidende Veränderungen in der gesamten Amateur-Jazzszene; der Oldtime-Jazz sinkt ab, er spielt in den Clubprogrammen eine untergeordnete Rolle, lebt jedoch auf andere Weise in ausgewählten neuen Spielstätten oder »inselartig« in ganz wenigen Kultlokalen des Landes fort (s.u.).

2. ZUSAMMENFASSUNG: DER TRADITIONELLE JAZZ UND DIE AMATEURBANDS DER LETZTEN JAHRZEHNTE

In drei Jahrzehnten nach Buschmanns Bericht haben sich die Strukturen einer Musikkultur in NRW ebenso gewandelt wie ihre Träger sich von überkommenen Funktionen verabschieden, neue annehmen und fortentwickeln mußten. Für die urbane Subkultur des Landes galt es, das Auf und Ab, die Boom- und Baisse-Zeiten zum Beispiel anhand von Clubprofilen oder einer »Topographie« der Keller und Clubs zu dokumentieren (vgl. den Beitrag »50 Jahre urbane Subkultur«). Dabei durften wir immer wieder auf die Rezeption des Traditionellen Jazz durch Amateurbands und auf die Dominanz dieser Ensembles in den ausgedruckten Konzertprogrammen der meisten Jazzclubs hinweisen, besonders in den Jahrzehnten einer Konsolidierung der afroamerikanischen Musik in Nordrhein-Westfalen. Rückblickend auf die Situation des neuen Sounds *vor* dreißig Jahren stellt sich die Situation in den neunziger Jahren sozusagen gefestigt nach innen und außen, als fortgeschritten und lebendig zugleich dar, unumkehrbar, wenn es sich um die Beschreibung eines Trägers innerhalb der gesamten Musikkultur im Musikland NRW handelt.[16]

Ob eine Festigung durch Wandel für die gesamte Jazzszene des Landes gelten könnte *und* für die Amateurmusik im besonderen, sollte in einem Vergleich zu Buschmanns Lagebestimmung gezeigt werden. Gut drei Jahrzehnte nach Glen Buschmann veröffentlichte Ekkehard Jost seine Arbeit mit dem Titel »Zur Situation des Jazz heute«,[17] allerdings nicht auf NRW bezogen, doch gewiß repräsentativ für die Szene in Deutschland und in den Nachbarländern. Jost legt seiner Untersuchung das Studium der Club- und Festivalprogramme, des Repertoires von Jazzbands in den neunziger Jahren, ferner Studien des französischen »Jazz Magazine« (1992) sowie Veröffentlichungen speziell zum Jazzpublikum zugrunde,[18] und er gelangt im Vergleich zu Buschmanns Bericht u.a. zu folgenden Erkenntnissen:

Bei 106 untersuchten Festivals (September 1995 bis August 1996) findet der Verfasser unter 1031 stilistisch auch national identifizierbaren Gruppen zu 30,4% Oldtime-Formationen (inkl. der Vertreter von Blues, Gospel und Swing), zu 21,2% zeitgenössische Ausdrucksformen des Jazz, 20,3% Bebop, Postbop, Mainstream usw. Jost differenziert und stellt für die Festivals in den Wintermonaten (Dezember-April) eine deutliche Vorherrschaft der Oldtime-Formationen fest (im Sommer nur 30%). Speziell bei den »großen« Festivals dominieren in der stilistischen Verteilung neue Ausdrucksformen des Jazz: Moderner Mainstream 33%, Zeitgenössischer Jazz 23%, Rock/Fusion 14%, Oldtime/Swing 11% – bezogen auf die Festivalprogramme von Leverkusen, Berlin, Moers, Nürnberg, Burghausen, Münchener Klaviersommer.[19] Hier treten Oldtime-Swingbands kaum mehr hervor, sie haben sich auf arteigene Festivals oder sogenannte Rallyes zurückgezogen, wie oben beschrieben.

Natürlich fragt der Verfasser nicht nach dem Amateurstatus der Musiker, wie er auch für die stilistische Ausrichtung der Clubprogramme keine Differenzierung vornimmt, nur für das Jahr 1992 noch 555 Angaben in den Clubprogrammen untersucht und folgende Stilkategorien ausmacht:

– Traditioneller Jazz inkl. Swing 47,2%
– Moderner Mainstream 14,6%
– Zeitgenössischer Jazz 11,7%
– Blues, Rhythm & Blues 9,2% usw.

Inzwischen dürfte sich das Bild abermals verschoben haben; in den Programmen der von uns untersuchten großen Clubs in NRW tritt der traditionelle Jazz weiter zugunsten eines modernen Mainstream und anderer Stilkategorien zurück. Für die neunziger Jahre bleiben indes die Hinweise von Jost auf das Jazzpublikum bedeutsam, dreißig Jahre zuvor bei Buschmann noch ohne Relevanz.

Da seien (nach Jost) die Konzertbesucher im Jahre 1976 z.B. im Durchschnitt 23 Jahre alt gewesen, 1990 bereits 29 Jahre. Für die demographische Zusammensetzung des *Publikums* stellt Jost für Deutschland 66% Studenten und Angestellte fest, dagegen nur 3,5% Arbeiter. Glen Buschmann wagte 1962 allenfalls eine Berufsbestimmung für die *Musiker* (39% Schüler, 18,7% Studenten, 4,2% Lehrlinge, 2,5% Kaufleute, 2,75% Akademiker, 1,1% Lehrer). In den neunziger Jahren setzen sich die Amateurbands unterschiedlich zusammen, ihre Mitglieder sind überwiegend Angestellte, Studenten und Beamte, weniger Arbeiter. In sogenannten Profi-Ensembles kennen wir auch ausnahmslos ehemalige Musikstudenten als Mitglieder.

Für Buschmann lag nach einem Diagramm von 1962 das Durchschnittsalter der Musiker zwischen 18 und 25 Jahren, das Alter der Gruppen zwischen zwei und vier Jahren. Nach dem Studium oder nach ihrer Berufsausbildung verlassen die »Hobbymusiker« wieder die Ensembles – in seltenen Fällen setzen älter gewordene Bandmitglieder trotz ihrer Berufstätigkeit und Familiengründung die Musiktätigkeit fort. Unter ähnlichen Bedingungen treten auch Amateurmusiker in den neunziger Jahren zusammen. Ein Stamm von in den fünfziger bis siebziger Jahren gegründeten Jazzbands bleibt bestehen, konzertiert in oft wöchentlichen Auftritten und stellt sich nationalen und internationalen Band-Wettbewerben, und zwar als Halbamateure und selbstverständlich auch als Oldtime- oder Swing-Ensembles mit Berufsmusikern. Hier gilt das »Panta Rei« des Heraklit noch, alles fließt – besonders in der Jazz-Amateur-Szene (vgl. die Portraits dreier Jazzbands von Reiner Kobe).

II. ZUR AUSBILDUNG DER AMATEURMUSIKER IN NORDRHEIN-WESTFALEN

Eine Festigung oder Konsolidierung durch Wandel (s.o.) auf dem Feld des Amateurjazz an Rhein und Ruhr, Lippe und Weser mit dem Ziel, eine Art Niveausteigerung oder Angleichung zu erreichen, wäre ohne besondere Bildungsstätten nicht zu erklären. So lehren Konservatorien, Musikschulen, Hochschulen (Köln, Duisburg) längst die Theorie und Praxis der afro-amerikanischen Musik. Workshops dienen inzwischen ebenso der Musizierpraxis wie weiterbildende Schulen seit den siebziger Jahren Jazz als Unterrichtsfach kennen oder im Musikunterricht vorstellen. Im Musikland NRW gab es schon früh mutige Ansätze für die Einrichtung von Jazzkursen und die Ausbildung von Jazzmusikern.

Die *Staatliche Hochschule für Musik* in Köln berief 1957 den Orchesterleiter Kurt Edelhagen (geb. in Herne) sowie kurz zuvor den Pianisten Heinz Schröter aus Frankfurt an das traditionsreiche Institut in der Domstadt, Schröter als Direktor der Hochschule, der wiederum Edelhagen als Lehrer bzw. Leiter des ersten deutschen Jazzkursus nach dem Kriege bestellte. Dieser Kursus stellte gewissermaßen eine Fortsetzung der Arbeit am Hoch'schen Konservatorium in Frankfurt mit seinen Jazz-Seminaren

Die Atlanta Jazz Band mit Klaus Osterloh (Trompete) im Mai 1973 im Kölner »Townhill«. Foto: Ines Kaiser.

Klaus Doldinger 1963. Foto: Hans Harzheim.

dar – sie endete bekanntlich 1933. Als Dozenten setzte Edelhagen in Köln Musiker seines Orchesters ein, doch auch jene Experten, die im ersten von zwei Studienjahren zum Beispiel in die Improvisation (Carlo Bohländer), in das Arrangieren (Heinz Gietz) und sogar in die Jazz- und Stilgeschichte (Dietrich Schulz-Köhn) einführten.[20]

»Die Praxis steht dabei immer im Vordergrund. Nach erfolgreicher Beendigung des Jazzkursus soll der Studierende in jedem guten Jazzorchester als versierter und willkommener Mitarbeiter spielen können.«[21]

Nun bildete die Musikhochschule vorrangig Musikpädagogen und zukünftige Berufsmusiker aus, aber was man dem oben stehenden Zitat nicht entnehmen konnte: Die Musikhochschule Köln warb auch um Amateurmusiker. Uns liegt dazu ein Aufruf »An alle aktiven Amateurjazzmusiker« vom Oktober 1960 vor. Die Unterzeichner, der Kursleiter Kurt Edelhagen und der Dozent Dietrich Schulz-Köhn, bitten um Aushang und Bekanntmachung und formulieren u.a.: »Amateure, die über gewisse Grundkenntnisse verfügen, haben hier die ideale Möglichkeit, sich zu vervollkommnen, ganz gleich, welcher Stilrichtung sie angehören.«[22]

Damit kreiert man sozusagen den akademisch gebildeten Jazzmusiker und im besonderen Fall auch Hochschulabsolventen für Amateurbands. In Teilnehmerlisten, zum Beispiel für den Jazzkursus Köln 1961/62, finden sich auch die Namen

Teilnehmerliste des Jazz-Kursus an der Staatlichen Hochschule für Musik in Köln, Wintersemester 1961/62. Archiv Dietrich Schulz-Köhn.

angesehener Jazzmusiker, später bekannt geworden in Profi- und Amateurbands.[23] Obgleich die Domstadt am Rhein in den siebziger Jahren keine lebendige Jazzszene vorzuweisen hatte, vergaßen die Kritiker der Zeit, daß Köln mit seinen Ausbildungsstätten zunehmend an Ansehen gewann. Denn an der Städtischen Rheinischen Musikschule hatte der bekannte amerikanische Posaunist Jiggs Whigham ebenfalls einen Ausbildungsgang für Jazzmusiker organisiert, der die Studierenden letztlich auf ein Hochschulstudium vorbereiten sollte. Der Direktor der Staatlichen Hochschule in den Jahren 1978-1997, Franz Müller-Heuser, stellte in den siebziger Jahren ein Jazz-Vollstudium an seinem Institut vor, berief Jiggs Whigham zu seinem Leiter und bot den Absolventen des neuen Studiengangs die Qualifikation eines »staatlich geprüften Musikpädagogen mit Schwerpunkt Jazz« an. Absolventen eines solchen Studienganges finden sich später in Jazzbands wieder, in Oldiebands oder Swing-Ensembles wie in »Engelbert Wrobel's Swing Society« (s.u.).

An alle aktiven A m a t e u r - Jazzmusiker
_____

Vor gut zwei Jahren wurde in Köln eine "Jazz-Klasse" ins
Leben gerufen, die unter der Leitung von Kurt Edelhagen
steht. Sie hat sich in dieser Zeit so bewährt, daß nunmehr nach zwei Jahren ein neuer Kursus vorgesehen ist.
Jeden F r e i t a g findet der Unterricht in den Räumen der Staatlichen Hochschule für Musik in Köln, Dago-
bertstraße statt. Die Absolventen des ersten Lehrgangs
haben sich für Funk- und Schallplattenaufnahmen qualifiziert und sind in öffentlichen Konzerten, u.a. im "Gürzenich" in Köln und beim Amateur-Jazz-Festival in Düsseldorf aufgetreten.

Amateure, die über gewisse Grundkenntnisse verfügen,
haben hier die ideale Möglichkeit sich zu vervollkommnen, ganz gleich, welcher Stilrichtung sie angehören.
Ideal deshalb, weil sie hier in einer zwanglosen Atmosphäre Tips und Hinweise bekommen, die sie viel Zeitver-
geudung und Ärger sparen läßt, wenn sie ganz auf sich
allein gestellt sind. Im Zusammenspiel mit Kollegen und
Edelhagen-Musikern lernen sie neue Nummern kennen und
üben sich im A und O jedes Jazzmusizierens: d e r
d i r e k t e n P r a x i s .

Bis zum 31. Oktober besteht noch eine Frist, in der Nach-
zügler aufgenommen werden können. Interessenten werden
gebeten, die üblichen Angaben zur Person sowie Instrument
und bisherige musikalische Tätigkeit an einen der beiden
Unterzeichneten beim WDR einzusenden.

Köln, im Oktober 1960

gez. K.E.
(Kurt Edelhagen)   (Dr. Dietrich Schulz-Köhn)

Aufruf zum Kölner Jazz-Kursus. Archiv Dietrich-Schulz-Köhn.

Nach dem Fortgang von Kurt Edelhagen übernahm 1963 sein Nachfolger Reiner Glen Buschmann den Kölner Jazzkurs. Der bekannte Musiker,
Komponist und Leiter mehrerer Jazz-Ensembles seit
den fünfziger Jahren, auch Leiter der Städtischen
Jugendmusikschule Dortmund, rief, zusammen mit
Bruno Tetzner und Dietrich Schulz-Köhn, im September 1958 die Jazzkurse an der »Musischen Bildungsstätte Remscheid« ins Leben, später »Akademie Remscheid für musische Bildung und Medienerziehung«.[24] Die äußerst erfolgreiche Einrichtung
arbeitete mit Unterstützung des Arbeits- und
Sozialministeriums des Landes NRW, eng verbunden mit der Landesarbeitsgemeinschaft Musik. Im
Vordergrund stand die Musikpraxis für jugendliche Jazzamateure. In den jährlich stattfindenden
Amateurjazz-Kursen, später Sommerkurse
genannt, übten und üben Jazzmusiker in acht bis
zehn Tagen je nach Ausbildungsstand in jeweils
neu zusammengestellten Ensembles vor allem
Arrangements ein, und zwar auch hier mit dem
Ziel, »zu zeigen, daß sie in der Lage sind, über ihren
manchmal doch recht begrenzten lokalen Rahmen
und über die althergebrachten Formen ihrer Tätigkeit hinauszukommen.«[25]

Ohne Zweifel dienten die Kurse an der Remscheider
Akademie seit je einer »Qualitätsverbesserung« für
das Musizieren in Jazzbands in ganz Europa, da
zahlreiche Musiker aus dem Ausland an den Kursen teilnahmen und zunehmend auch heute Remscheid aufsuchen.

AUSBLICK

Fünfzig Jahre Nordrhein-Westfalen bedeuten auch fünf Jahrzehnte Wandlungen in der Amateurszene.
Brachte der Aufbruch der Jazzmusik in den fünfziger Jahren eine Vielzahl von Jazzbands hervor, die sich den
Stilformen des traditionellen Jazz verschrieben, lebte die Symbiose zwischen Oldtime-Jazz und Amateurbands in den neunziger Jahren fort, allerdings unter anderen Prämissen. Musiker, die ursprünglich auch
den traditionellen Stilen verbunden waren und in Amateurbands auftraten, suchten in neuen Ensembles
modernere Musizierweisen und somit die Fortentwicklung des Sounds des 20. Jahrhunderts.

Auf der anderen Seite hielt sich die Kritik an den jüngeren Oldtime-Amateurbands zurück: Die Laienmusiker von einst vermochten sich zu behaupten, sie wurden zum Beispiel »Notisten« und verbesserten ihre
musikalische Praxis stetig. Nur solche Ensembles bestanden den »Härtetest« und gewannen in nationalen
und internationalen Wettbewerben Kritikerpreise oder sogenannte gute Poll-Plazierungen.[26]

Auch Vertreter des traditionellen Jazz aus NRW bewähren sich grenzüberschreitend mit ihrer Teilnahme an
Amateur-Festivals in Frankreich, in den Niederlanden, in den Oststaaten, in der ehemaligen DDR (Dresden)
und in den USA (New Orleans). Allerdings atmen nur noch wenige Kultstätten den Geist der traditionellen

afro-amerikanischen Musik. Verdrängt aus den Programmen der Keller und Clubs, lebt dieser Geist in NRW vor allem im Düsseldorfer »Dr. Jazz« und im Kölner »Em Streckstrump« weiter – Spielstätten mit oft täglichen Auftritten von Oldtime-Jazzbands. Und die Amateurbands organisieren Mittelmeer-Kreuzfahrten nach dem Vorbild jener Schiffs-See-Festivals in der Karibik, hier allerdings sind unter den Teilnehmern überwiegend Berufsmusiker.

Geblieben sind ebenfalls neue und wechselnde Spielstätten mit dem Angebot »traditioneller Jazz«. Der Darmstädter »Wegweiser« registrierte 1997 noch 16 Foren in NRW, mit Oldtime-Jazz einmal wöchentlich oder an wenigen Abenden eines Monats. Geblieben ist ebenfalls der Bodensatz eines Pseudo-Jazz, wenn sogenannte Amateure auf Betriebsfesten und im Straßenkarneval an Rhein und Ruhr auftreten. Aber: Auch Werke der großen Klassiker in der Kunstmusik können zur »Gebrauchsmusik« absinken. Dem inneren Wert der Musikkultur schaden Laienauftritte auch in der Jazzwelt nicht.

DREI BAND-PORTRAITS

The Feetwarmers

Lange galten sie als erste und beste deutsche Dixieland-Band.[27] In der zweiten Hälfte der fünfziger Jahre errangen die Düsseldorfer »Feetwarmers« fast alle nur erdenklichen Preise bei den alljährlich seit 1955 stattfindenden Deutschen Amateur-Jazz-Festivals. Diese boten »einen Jahresüberblick über den Stand der von deutschen Amateuren gespielten Jazzmusik«.[28] Und auch bei den Polls, den Kritikerumfragen, rangierten die Feetwarmers stets ganz vorn.[29]

Die »Feetwarmers«: Heino Ribbert, Alfons Zschockelt, Kurt Bong und Manfred Lahnstein. Foto: Klaus Pott.

Heino Ribbert. Foto: Klaus Pott.

Die Geschichte der Feetwarmers reicht bis in die späten vierziger Jahre zurück. Der von Dietrich Schulz-Köhn am 28.1.1948 gegründete Hot Club Düsseldorf stand Pate, als die Band offiziell am 1. März 1953 vom Trompeter Jürgen Buchholtz ins Leben gerufen wurde.[30] Man traf sich – drei Pennäler, zwei Lehrlinge und ein Medizinstudent – allsonntäglich zu gemeinsamen Proben im Haus der Familie Buchholtz oder in Räumlichkeiten des Postamts, dessen Leiter der Doldinger-Vater war.[31] Mit dem Namen verwies man ironisch in die europäische Geistesgeschichte, bevor man ihn von Sidney Bechets Band entlehnte. »Den Gedanken, eine Jazzband mit dem Namen ›The Feet-warmers‹ zu betreiben, hatte erstmals der Holländer Erasmus von Rotterdam (1467-1536). Ihm fehlte dann allerdings die Initiative, diesen Gedanken in die Tat umzusetzen. Es ist auch fraglich, ob Erasmus sich mit seiner etwas eigenwilligen musikalischen Auffassung, wie er sie in seinen Schriften vertritt, hätte durchsetzen können: Melodieführung im Kollektiv beim Banjo, Abbau des Schlagzeugs während der Soli, Schlußchorus ohne Musiker.«[32]

Zwei Jahre nach ihrer Gründung, die bereits eine Auflösung und eine Neuformierung mit sich brachten, stellten sich die Feetwarmers im Oktober 1955 beim 1. Deutschen Amateur-Jazz-Festival in Düsseldorf einer breiteren Öffentlichkeit. Zuvor schon, im Juli 1953 bei einem Konzert in Neuss,[33] sorgten die Feetwarmers für ein »einmaliges Erlebnis« und »ein Ereignis, das keiner der Anwesenden vergessen wird«, und bei einer Veranstaltung des Hot Clubs am 18.7.1954 sorgte die Kapelle für eine friedliche Stimmung mit ihrem fix intonierten »A closer walk with thee«, als alles umzukippen drohte.[34] Bereits im November 1955 gab es die ersten Auszeichnungen in Belgien, nachdem Anfang des Jahres durch den Zugang des blendenden Pianisten Horst Mutterer die Feetwarmers an Profil gewonnen hatten. Die ersten Schallplatten entstanden im Jahr darauf [35] trotz fehlender »routinierter Spieltechnik«, die aber durch »ihre hausmusikalische Spielfreude und ihren begeisternden Idealismus« wettgemacht wurde.[36] Konzertreisen nach Frankreich, Belgien, Ungarn und in die CSSR folgten, wo die Gruppe am Tschechischen Jazz-Festival Brünn teilnahm.

Trotz häufiger Besetzungswechsel – Stefan Buchholtz ging in die USA, Pianist Ingfried Hoffmann wechselte zum Cool Jazz, Klaus Doldinger schwebte in moderneren Regionen[37] – stabilisierte sich die Band musikalisch. Einflüsse von King Oliver und Louis Armstrong, Bix Beiderbecke und Eddie Condon wurden zu einer eigenen Identität verschmolzen. Und: mitunter war das halbe Jahrhundert bisheriger Jazzgeschichte verarbeitet.[38] Ursprünglich als Dixieland-Formation begonnen, wurden nach und nach Anleihen beim Jazz der dreißiger Jahre gemacht. Bei weiteren Deutschen Amateur-Jazz-Festivals 1957 und 1959 belegten die Feetwarmers in der Kategorie »Alter Stil« den ersten Platz. Mit vier Bläsern und Rhythmusgruppe überzeugte das Septett in Kansas-City-Manier. Nicht nur das: sämtliche Musiker des Ensembles belegten zusätzlich den ersten Platz auf ihrem Instrument.[39]

Vorwiegend Studenten prägten lange das Bild der Gruppe. Einzig Schlagzeuger Kurt Bong ging einem Beruf nach.[40] Zwei Autounfälle Anfang 1959 kurz hintereinander sorgten für Ungemach. Auf der Fahrt zum Berliner Jazz Salon verunglückte Pianist Horst Mutterer tödlich, zwei weitere Musiker erlitten schwere Verletzungen. Acht Tage darauf hatte der Bandbus einen Unfall, bei dem Heino Ribbert schwer, Klaus Doldinger leicht verletzt wurde. So ergingen sich die Feetwarmers an ihrem siebten Geburtstag in melancholischen Gedanken an ihren verstorbenen Pianisten. Es sah zunächst so aus, »als würde sich die Band von diesem Schlag nicht mehr erholen«.[41] Doch im April 1959 präsentierten sich die Feetwarmers in neuer Besetzung, die aus dem mentalen Tief herausführte.[42] Beim Deutschen Amateur-Jazz-Festival 1960 schließlich räumte die Band erneut ab: In beiden Stilrichtungen, »Oldtime« und »Modern«, wurden die ersten Preise davongetragen. Eine mehrwöchige Tournee durch die USA stand als Lohn anschließend an, bei der Oscars Trio als erste deutsche Jazz-Combo überhaupt in Chicago auftrat.[43] Doch der Publikumsgeschmack hatte sich gewandelt, der alte Jazz galt als überholt. So lösten sich die Feetwarmers um die Jahreswende 1961/62 auf,[44] nachdem sie im Sommer noch einen großen Auftritt bei den Jazztagen Düren hatten. Die letzte Aufnahme der Kapelle freilich stammt von einem Auftritt beim Südwestfunk vom 19.1.1963.[45]

Ein Nachtrag ist unumgänglich: Zu einem umjubelten Auftritt trafen sich die Original-Feetwarmers anläßlich Klaus Doldingers 60. Geburtstag bei den Leverkusener Jazztagen 1994.[46]

Die Maryland Jazz Band 1996 in der Preservation Hall von New Orleans: Gerhard »Doggy« Hund, Peter Wechlin, Gijs van Helden, Dave Bartholomew, Klaus Dieter George und Hans-Martin »Büli« Schöning. Sammlung Gerhard Hund.

Maryland Jazz Band of Cologne

»Da flippt keiner aus, keine Weibergeschichten, kein Haschisch, noch nicht einmal Alkohol – und keine Starallüren [...]«.[47] Hierin liegt vielleicht das Geheimnis der Maryland Jazz Band of Cologne (MJB), von ihrem langjährigen Leiter bündig auf den Punkt gebracht. Das Sextett ist eine der ältesten Oldtime-Bands Nordrhein-Westfalens, wenn nicht Deutschlands. Seine einzigartige, 40jährige Geschichte nahm ihren profanen Anfang in einer Garage in Köln-Lindenthal. Dort probten im Herbst 1959 die Brüder Colditz – Rüdiger spielte Kornett, Peter Klarinette – mit einer Gruppe von Klassenkameraden Oldtime-Titel. Sie orientierten sich an der damals führenden britischen Szene, Bands wie die von Ken Colyer oder an Monty Sunshine.

Das erste gelungene Stück, das bei zahlreichen Proben zustande kam, war »Maryland, my Maryland«. So war der Bandname schnell gefunden.

Nachdem man im Kölner Raum gelegentlich zum Tanz aufspielte, sich zu Parties traf oder durch Clubs tingelte, folgte der erste große öffentliche Auftritt Mitte des Jahres 1961. Den Colditz-Brüdern hatten sich ein Posaunist, ein Schlagzeuger sowie ein Banjospieler hinzugesellt, im Januar 1962 dann Gerhard »Doggy« Hund, der später zum Motor und Spiritus rector der Kapelle werden sollte. Komfortabel war damals das Leben der »Maryland«-Amateure mitnichten. Da zu jener Zeit keiner ein Auto besaß, mußten die sperrigen Instrumente dem öffentlichen Nahverkehr anvertraut, oft selbst geschleppt werden. Das Problem, ob der Kontrabaß den vollen Fahrpreis oder den Kindertarif in Anspruch nehmen konnte, ist inzwischen Legende.[48] Gerhard Hund spielte nur kurze Zeit Klavier, und als er die Posaune übernahm, »war die Besetzung der Band zusammen, die bis 1967 im westdeutschen Raum mit großem Erfolg tätig war«.[49] Doch um die Band war es schon ab 1963 ruhiger geworden, als Hund zur Armee gerufen wurde. Hinzu kam, daß der Publikumsgeschmack im Wandel begriffen war und der aufkommende Beat bei der Jugend tonangebend wurde. So war 1968 das Ende gekommen für die MJB. Ihre Mitglieder widmeten sich von nun an wieder stärker ihren Berufen.

Im Mai 1974 schließlich war es dann wieder soweit: Gerhard Hund trommelte die Ehemaligen im Evangelischen Gemeindehaus in Kerpen, wo er inzwischen als Lehrer tätig war, zusammen: Die MJB war wiederauferstanden. Wenn auch die Instrumente teilweise geliehen waren, war doch die Begeisterung genauso groß wie früher, in den sechziger Jahren. Der Neuaufbau der Band ab 1975 ging mit schnell wechselnden Musikern vonstatten, da berufliche oder persönliche Gründe Kontinuität oft nicht zuließen. Die »entscheidende Wende« in der Musik der MJB setzte ein, wie im Jubiläumsheft 1984 vermerkt wird, als mit Frank Nowak ein Musiker in die Band eintrat, der in Köln und darüber hinaus »als der Verfechter des ursprünglichen New Orleans-Jazz, frei von Arrangements, Absprachen und Zwängen gilt«.[50] Die Hinwendung zum schwarzen New Orleans-Jazz war komplett, als Peter Wechlin die Schlagzeugstöcke übernahm.

Die legendäre Geburtsstadt des Jazz war für die MJB in den Folgejahren Maßstab. 1979 reiste Gerhard Hund erstmals nach New Orleans, um die Wurzeln des Jazz zu studieren. Auf den sich daran anschließenden alljährlichen Reisen schloß Hund Freundschaft mit vielen Jazzmusikern, darunter auch Veteranen des alten New Orleans-Jazz. So war es nicht überraschend, als 1980 erstmals ein Gaststar, der Trompeter Wallace Davenport, dem Namen der MJB zu neuem Glanz verhalf. Immerhin war Davenport seit seinem 12. Lebensjahr, als er in die Band von Papa Celestin eintrat, Profimusiker. Drei Jahre darauf verhalf Davenport Doggy Hund zu seinem ersten Auftritt in New Orleans.

Die Reihe originaler Musiker aus New Orleans, die zu Gastauftritten an den Rhein geholt wurden, war beachtlich. Für den geplanten Art Hodes sprang, ebenfalls 1980, Ken Colyer ein.[51] »Mit Louis Nelson begann in der Geschichte der MJB ein neues Kapitel«:[52] Eine zehntägige Tournee mit dem Posaunisten intensivierte die Zusammenarbeit mit den New-Orleans-Originalen. Bereits im Herbst desselben Jahres kam es zur Zusammenarbeit mit dem Saxophonisten Sam Lee, auf den 1981 Alfred »Father« Lewis folgte. Im Jahr darauf kam es gar zu einer Tournee mit Alton Purnell, dem Pianisten der Bunk Johnson/George Lewis Band. Weitere große Namen folgten auf dem Fuße: Klarinettist Willie Humphrey, »der letzte der wirklichen

Die Maryland Jazz Band im Oktober 1962 in »Abrahams Old House Club 62« in Gummersbach: Dieter Matuschak,
Jürgen Arning, Gerhard »Doggy« Hund, Rüdiger Colditz, Uwe Reitz und Peter Colditz. Foto: Helmut Steickmann.

großen und legendären creolischen Vertreter auf diesem Instrument«, wie es stolz
hieß,[53] der Tenorist Benny Waters sowie Champion Jack Dupree, der Boogie- und
Bluesstar.

Im Laufe der nächsten Jahre hatte die MJB gemeinsame Auftritte mit fast allen nam-
haften Veteranen der Preservation Hall aus New Orleans. Es kamen die Trompeter Jef-
ferson sowie Alvin Alcorn von der Kid Ory Band, die Saxophonisten Ralph Johnson
und Harold »Duke« Dejan von der Olympia Brass Band, der Posaunist Frog Joseph, die
Pianisten Sing Miller und Walter Lewis sowie die damals 90jährige Sadie Goodson
Colar, die Bassisten Chester Zardis, Frank Fields und Placide Adams, die Schlagzeuger
Freddie Kohlman, Erny Elly und Bob French, die Sängerin »Kuumba« Williams aus der
»One Mo' Time Show« und Pap Don Vappie, der Banjospieler und Sänger, der als einer
der meistbeachteten Musiker der jungen Generation gilt. Mit Dave Bartholomew präsentierte die Band zum Ende des Jahrtausends den musikalischen Direktor und Trompeter von Fats Domino. So hatte die MJB am Ende des Jahrzehnts mindestens zwei Gast-
stars an jedem Instrument vorgestellt.

Zwölf Langspielplatten und elf CDs, teilweise auf dem Spezial-Label für New Orleans Jazz GHB Jazzology Records vorgelegt, erzählen jeweils ein Stück Geschichte mit den großen Vorbildern.[54]

Nachdem am 15.6.84 das 25jährige Bestehen der MJB mit einer Internationalen Jazznacht in Kerpen gebührend gefeiert worden war, wurde zum Jubiläum ein Jahrzehnt später eins draufgesetzt. Zum 35. Geburtstag unternahm die MJB eine Reise an den Mississippi. In New Orleans gab sie mehrere Konzerte, eins sogar in der altehrwürdigen »Preservation Hall«.[55] Eine Amateurband, die 40 Jahre besteht, ist nicht gerade alltäglich. Und vor allem: die ihren Idealen treu geblieben ist. Bis heute ist New Orleans Dreh- und Angelpunkt der Musik der MJB. Das Erbe hält Gerhard Hund hoch. »Einer der bewegendsten Momente in meinem Leben war es«, erzählt er, »in New Orleans sein zu dürfen, als Louis Nelson starb.«[56] Neben Nelson's Posaune bewahrt Hund Willie Humphrey's Klarinette als persönliches Erinnerungsstück auf.

Engelbert Wrobel's Swing Society

Als Engelbert Wrobel 1970 den Klarinettenpart in der Trachtenkapelle seines Vaters übernommen hatte, strebte der 10jährige nach Höherem. Die Volksmusik ließ er links liegen, geblieben ist die Liebe zur Klarinette. Ihr frönte er an der Dürener Musikschule, wo er eine besondere Förderung durch den geachteten Musiklehrer Josif Lukenic erfuhr und mit 14 Jahren den alten Jazz entdeckte. Folglich gründete Wrobel mit 16 Jahren am Gymnasium seine erste Band. Die »Happy Jazzmen« errangen nach zwei Jahren beim Landeswettbewerb »Jugend jazzt« den ersten Preis.

Während seines Studiums der klassischen Klarinette in Düsseldorf (1986-1989) frönte Wrobel weiter seiner Liebe, dem swingenden Dixieland. Er schloß sich für drei Jahre Rod Mason's Hot Five an, bevor er 1989 seine »Swing Society« ins Leben rief und endgültig Berufsmusiker wurde. Von seiner »lehrreichen Zeit« bei Rod Mason und Chris Barber, der bei Mason häufig Gast war, hatte sich Wrobel inzwischen emanzipiert und eine eigene Stilistik entwickelt: weg vom Oldtime zum Swing. So sind die großen Bandleader und Solisten des Swing, allen voran Benny Goodman, Barney Bigard und Benny Carter Quelle der Inspiration. Goodman-Standards sind immer im Programm der »Swing Society«. Doch werden stets auch neue Stücke erarbeitet, um keine Routine aufkommen zu lassen. Seit 1990 bildet Wrobel mit seiner Band die Basis für die allabendlichen Sessions beim Kemptener Jazzfrühling. So gab es die Gelegenheit, mit Musikern wie dem Schlagzeuger Louie Bellson oder dem Trompeter Doc Cheatham zu spielen.

Neben Wrobels schlankem, elegantem Ton auf der Klarinette, zu dem sich gelegentlich Ben Webster's[57] warmer Saxophonton gesellt, sind mehrstimmige Sätze Charakteristikum der »Society«. Das Quintett in klassischer Smallband-Besetzung[58] läßt jederzeit alte Swing-Zeiten aufleben, die vom frühen Swing-Stil über Balladen bis zu klassischen Arrangements der Big Band Ära reichen. Die Orchester von Benny Goodman, John Kirby oder Duke Ellington standen Pate. Doch allemal wird der Society-Sound »geprägt durch das kraftvolle, brillante und ausdrucksstarke Spiel des Bandleaders Engelbert Wrobel«.[59]

Die »Swing Society«, die »einzige deutsche Band, die derzeit die heiße Spielweise des Swing interpretiert«,[60] hat inzwischen fünf CD-Produktionen vorgelegt.[61] Freilich ist Wrobel stets bestrebt, seine Musik weiterzuentwickeln. Neben seiner »Swing Society«,

Die Düsseldorfer »Jazz Rally« mit Engelbert Wrobel's Swing Society im Juni 1997. Foto: Egon Knoll.

die komplett aus Berufsmusikern besteht, ist er außerdem Solo-Klarinettist des King of Swing Orchestra, das die Klassiker Benny Goodman's auferstehen läßt. Die »Hot Jazz 3«, ein klassisches Jazz-Trio, das tourende Stars, meist Amerikaner, begleitet, ist eine weitere Wrobel-Formation. Doch bei aller internationalen Beschäftigung bleibt Engelbert Wrobel seiner Heimat treu: Allmonatlich steht das Schloß Lerbach in Bergisch Gladbach im Zeichen des Swing.

Auch Wrobels Mitmusiker sind, wie bereits erwähnt, Berufsmusiker. Sie stellen auch in zahlreichen anderen Zusammenhängen ihr Können unter Beweis. So wird der Gitarrist Rolf Marx immer wieder zu Produktionen der WDR Big Band eingeladen und findet sich gelegentlich neben Größen wie Ray Brown oder Dee Dee Bridgewater. Marx, der an der Musikhochschule Köln klassische und Jazz-Gitarre studiert hat, »besticht nicht nur durch seine brillanten Soli, sondern auch durch seine hervorragende Rhythmusarbeit«.[62] Pianist Christian Hopkins spielt neben der Swing Society in Jojo's Swingband aus den Niederlanden und mit den Swedish Jazz Kings. Sein Spiel wurzelt in der Tradition der Stride-Pianisten Fats Waller, Teddy Wilson und Earl Hines, »deren Einflüsse er zu einer eigenen Sprache auf dem Klavier entwickelt hat«.[63] Bassist Ingmar Heller tourte mit Peter Herbolzheimers Rhythm Combination and Brass sowie mit dem legendären Saxophonisten Johnny Griffin.

Regelmäßig steht Heller am Baß in der von Bob Brookmeyer geleiteten Big Band des Schleswig-Holstein-Musikfestivals. Sein Spiel zeichnet sich durch ausgefeilte Technik wie swingendes Feeling aus. Schlagzeuger Oliver Mewes, ebenfalls Absolvent der Kölner Musikhochschule, sieht sich in der Tradition großer Swing-Schlagzeuger wie Gene Krupa, Sid Catlett oder Jo Jones. Er spielte mit Bill Dobbins, Bart van Lier und wird gelegentlich von Musikern der WDR Big Band eingeladen, wenn diese in kleinen Formationen auftreten. Echoes of Swing nennt sich sein Quartett mit dem Pianisten Christian Hopkins.

ANMERKUNGEN

1 Vgl. Carl Gregor Herzog zu Mecklenburg: Stilformen des modernen Jazz, Baden-Baden 1979, S. 47 ff. (Herzog II).

2 Vgl. Herzog II, S. 47.

3 Vgl. Herzog II, S. 49.

4 Vgl. dazu: Heinz Rogge: Jive – die Sprache der Jazzfans, in: Perspektiven 14/1956, Frankfurt a. M., S. 32 ff. Ferner: Clarence Major: Juba to Jive. A Dictionary of African-American Slang, New York 1994.

5 Horst Lange: Jazz in Deutschland, Berlin 1966; ferner ders.: Als der Jazz begann, 1916-1923, Berlin 1991.

6 Die Situation im Deutschen Reich beschreibt ausführlich Michael Kater: Gewagtes Spiel, Köln 1995.

7 Dietrich Schulz-Köhn: Die Kommerzialisierung der Jazzmusik, in: Ausstellung »Jazz in USA«, o.0. 1957, S. 25.

8 Wolfgang Sandner (Hg): Jazz in Frankfurt, Frankfurt 1990, S. 43.

9 Vgl. auch: Karl-Heinz Nass: Das Amateur Jazz Festival, in: Jazz Podium, 11/58, S. 230.

10 Dieter Zimmerle: Der Wert der Amateurmusik, in: Jazz Podium, 9/56, S. 54.

11 Dieter Zimmerle: Grenzen des Amateurjazz, in: Jazz Podium, 12/61, S. 284.

12 Vgl. Tips und Termine. Beilage des Kölner Stadt-Anzeiger, Juni 1998, S. 8.

13 Nach einer Auswertung der Informationen im Jazz Podium der Monate Januar bis Mai 1998.

14 Heinrich Peuckmann: Dada und Umba aus Dortmund und Bochum, in: Jahrbuch, Westfalen 93, Münster 1992, S. 148 ff.

15 Reiner Glen Buschmann: Amateurjazz in Nordrhein-Westfalen, in: Resonanzen 1962, Remscheid 1962, S. 33 ff. (B 62). Mainz 1998, S. 36.

18 Jost, Situation, S. 37. 16 Vgl. den Beitrag »50 Jahre urbane Subkultur in Nordrhein-Westfalen ...« in diesem Band.

17 Ekkehard Jost: Zur Situation des Jazz heute, in: Musikforum, Mainz 1998

19 Jost, Situation, S. 39.

20 Vgl. Joe Schevardo: Jazz-Kursus an der Musikhochschule Köln, in: Jazz Podium, 2/58, S. 29; ferner: Robert v. Zahn: Jazz in Köln seit 1945. Konzertkultur und Kellerkunst, Köln 1997, S. 54.

21 Vgl. Schevardo, Anm. 20.

22 Bekanntmachung »An alle aktiven Amateurjazzmusiker«. (Staatliche Musikhochschule Köln, Oktober 1960) (Archiv Schulz-Köhn).

23 Teilnehmerliste 1961/62 – Jazzkursus Köln. (Archiv Schulz-Köhn).

24 Einladung des Trägervereins zum 25. Jubiläum der Akademie Remscheid von 1983 (Umbennung in »Akademie Remscheid für musische Bildung und Medienerziehung« 1968).

25 Vgl. »Remscheid: Jazzinteresse wächst«, in: Jazz Podium, 9/68, S. 215.

26 Vgl. »Wegweiser Jazz«, Jazz-Institut Darmstadt, Darmstadt 1997.

27 So etwa: Joachim-Ernst Berendt: Ein Fenster aus Jazz, Frankfurt 1977, S. 208 (»beste traditionelle Jazz-Gruppe im Deutschland der fünfziger Jahre«); Horst H. Lange: Jazz in Deutschland, Berlin 1966 (Neuauflage 1996), S. 137 (»erstklassige Amateur-Dixieland-Band«), Siegfried Schmidt-Joos auf Metronome-Plattenhülle »deutsches amateur-jazz-festival '59 düsseldorf«: »die hervorstechendste der deutschen Amateurbands im traditionellen Sektor.«

28 B. St.: Die Amateure hatten ihre Chance, in: Jazz Podium, 11/61.

29 Vgl. Jazz Podium, 11/59, S. 259.

30 Vgl. Programmheft des Jazzclubs Lippstadt, Jazz im Konzertsaal vom 23.10.57. Die erste Besetzung: Jürgen Buchholtz, Trompete, Stefan Buchholtz, Schlagzeug, Klaus Schmitz, Klarinette, Lutz Nagel, Banjo, Klaus Doldinger, Klavier, Heino Ribbert, Baß.

31 Mitteilung von Jürgen Buchholtz an den Verfasser, 8.12.98.

32 Gruppen-Biographie von 1961 (zur Verfügung gestellt von Klaus Pott, Osnabrück). Vgl.: Programmheft der 1. Jazztage Düren.

33 Vgl. Klara Fuchs: Düsseldorfer Jazzsommer, in: Jazz Podium, 10/53, S. 9 f.

34 Der Chronist des JP notierte damals: »Es begann recht turbulent, als an die hundert Jazzfanatiker versuchten, den schon eine Woche vorher ausverkauften Saal zu stürmen«; so Hans Berenbrok: Kleines Jazz-Festival am Gymnasium, in: Jazz Podium, 9/54, S. 13.

35 Am 2.4.57 wies der Brunswick-Katalog eine Platte mit vier Titeln auf (u.a. »Ich weiß, es wird einmal ein Wunder geschehen«). Dem Feetwarmers-Platten-Debüt bescheinigte Olaf Hudtwalcker im JP eine »kultivierte und swingende Originalität«. Vgl. außerdem Lange, Jazz in Deutschland, S. 138.

36 Berenbrok, Jazz-Festival, S. 13.

37 Neben seinem regulären Spiel bei den Feetwarmers leitete Doldinger seine Modern Jazz Combo »Oscars Trio« (ab 1954/55).

38 So auf einer der zahlreichen »Lehrveranstaltungen« mit Dietrich Schulz-Köhn beim Jazzclub Lippstadt am 23.10.1957. Exemplarisch wurde die »History of jazz zu den einzelnen Stilepochen« vorgeführt (so das Programmheft des Jazzclubs zu besagter Veranstaltung, vgl. Anm. 30).

39 Vgl. Anm. 28.

40 Die Feetwarmers waren stets Semi-Professionals, d.h. sie bekamen Gagen, die aber zum Leben nicht ausreichten. »Professional oder Amateur, diese Frage existiert für mich überhaupt nicht. Ich fühle mich ganz einfach als Musiker«, äußerte sich Klaus Doldinger Ende der fünfziger Jahre in einem Interview.

41 Gruppen-Biographie von 1961 (o. S.).

42 Jürgen Buchholtz, Trompete, Klaus Doldinger, Tenorsaxophon, Klarinette, Heino Ribbert, Baß, Kurt Bong, Schlagzeug, Manfred Lahnstein, Posaune, Alfons Zschockelt, Gitarre, Banjo, Claudio Szenkar, Klavier.

43 Vgl. Jazz Podium, 3/61, S. 68.

44 So äußerte sich Klaus Doldinger in einem Gespräch mit dem Verfasser am 5.12.98: »Der Ausklang kam um die Jahreswende 61/62.« Ähnlich auch Jürgen Buchholtz (Anm. 31).

45 So Jürgen Buchholtz in besagtem Gespräch mit dem Verfasser (Anm. 31). Ähnlich auch sein Brief an Klaus Pott vom 22.11.98: »Danach (Jahresmitte 1961, R. K.) hat man aber noch eine Weile mit Ingfried Hoffmann als Trompeter weitergespielt. Vermutlich immer dann, wenn ein Veranstalter nicht nur das Klaus Doldinger Trio bzw. Quartett engagieren wollte, sondern zugleich auch die Feetwarmers.«

46 Besetzung: Jürgen Buchholtz, Trompete, Klaus Doldinger, Saxophone, Ingfried Hoffmann, Klavier, Erich Schilling, Posaune, Heino Ribbert, Baß, Alfons Zschockelt, Gitarre, Kurt Bong, Schlagzeug.

47 Kölnische Rundschau vom 24.9.89 (Wochenendbeilage).

48 Ebd.

49 Maryland Jazz Band 1959-1984 (Jubiläumsheft), S. 19.

50 Ebd., S. 19.

51 Ebd., S. 25. »Es gibt in Europa kaum einen, der New Orleans als die geistige Geburtsstätte seines Musizierstils so anerkennt und ehrt wie Ken Colyer.«

52 Ebd., S. 25.

53 Ebd., S. 33.

54 LPs: »Streets of the City«, »Louis Nelson & Maryland Jazz Band on Tour«, »Father Al & Maryland Jazz Band live at Schloß Gracht«, »Alton Purnell: This love of mine«, »Willie Humphrey: Memories«, »Kid Thomas/Chester Zardis: On my way to Hollywood«, »Freddie Kohlman: When you hear that Beat«, »Maryland Jazz Band of Cologne, 25 Years of Jazz«, »Louis Nelson live at the Streckstrump«, »Maryland Jazz Band: What a wonderful World«, »Sing Miller & Alvin Alcorn live at the Streckstrump«, »Percy Humphrey at Schloß Gracht«; CDs u.a.: »Maryland Jazz Band & Sing Miller & Sam Lee at the Streckstrump«, »Willie Humphrey meets Maryland Jazz Band in Germany«, »A Kiss To Build A Dream On Willie Humphrey & Maryland Jazz Band«.

55 Gäste von 1984 waren u.a.: Chris Barber, Sammy Rimington, Kid Thomas, Champion Jack Dupree. Vgl. zu 1994 Horst Piegeler: Auftritt im »Heiligtum« des Jazz, in: Kölner Stadt-Anzeiger vom 28.4.1994.

56 In: Raymond Lee, Discography of Gerhard »Doggy« Hund and the MJB, Zwolle 1996, S. 6.

57 Auf dem Tenorsaxophon ist Ben Webster Wrobels großes Vorbild. Aber auch Arnett Cobb oder Johnny Hodges (alto) hinterlassen Spuren.

58 Sie besteht aus einer Bläser- und einer Rhythmusgruppe.

59 Info der Swing Society.

60 Booklet zur CD »Memories of Swing«.

61 Eine weitere CD wurde mit dem Schauspieler Karl Michael Vogeler und der Hot Jazz 3 aufgenommen. Insgesamt hat die Swing Society bislang fünf CDs eingespielt. Diese sind: »Memories of Swing«, SOU 3033901 (1990, vergriffen), »Live at Sägewerk«, »Timeless 588« (1994), »A heartful(l) of Swing, feat. Silvia Droste«, NCC 8502 (1995), »Together, feat. Hazy Osterwald«, NCC 8508 (1998).

62 Info der Swing Society.

63 Ebd.

Die »Clarke-Boland-Band«
bei einer Studioproduktion
1966. Foto: Ines Kaiser.

Big Bands in NRW: Edelhagen, Clarke-Boland und JugendJazzOrchester

von Reiner Kobe, Freiburg

In Deutschland entwickelte sich nach dem Zweiten Weltkrieg eine einzigartige Big Band-Kultur. Zu verdanken war sie den unmittelbar nach Kriegsende gegründeten Rundfunkstationen, die meist in Anknüpfung an die vorherigen Sender entstanden. Sie unterhielten, auf die gesamte Bundesrepublik bezogen, ihre eigenen Orchester. Daß sie sich »zum musikalischen Rückgrat des deutschen Nachkriegsjazz entwickeln konnten, lag nicht zuletzt daran, daß es [...] aufgrund der föderativen Struktur der Bundesrepublik so viele Rundfunkanstalten gab, die fast alle ein eigenes Orchester für sich beanspruchten.«[1] Auch wenn es vorwiegend Tanzorchester waren, die oftmals banale Schlagermusik produzierten, so wurde doch, wie Ekkehard Jost beobachtete, alles absorbiert, »was man hörte: Bebop, Swing, Barmusik, Boogie Woogie und was sonst noch so alles die amerikanischen und britischen Soldatensender, der AFN und BFN, in den Äther schickten.«[2] Vielseitigkeit stand von Anfang an auf dem Programm der Orchester. Sie sind, so schilderte ein Kenner der Szene die Situation, »Universal-Orchester. Sie müssen zum Beispiel beim NDR heute im Hafenkonzert typische deutsche Blasmusik mit Seemannsliedern, Polkas und Märschen spielen, morgen als NDR-Studio-Band [...] ein Avantgarde-Jazz-Konzert geben, am dritten Tag die Background-Musik zu einem Fernsehkrimi liefern und am Wochenende auf einer Tanzveranstaltung Disko-, Pop- und konventionelle Tanzmusik spielen.«[3]

So konnte von einer eigenständigen Entwicklung des Jazz nicht die Rede sein, was nach dem Aderlaß unter den Nazis nicht weiter verwundern dürfte. Man knüpfte bestenfalls dort an, wo man in den dreißiger Jahren stehenblieb: beim Swing.[4] Der Begeisterung eines aufnahmewilligen Publikums tat das keinen Abbruch, im Gegenteil: Die Big Bands trugen entscheidend zur Popularisierung des Jazz im Nachkriegsdeutschland bei.[5] Erstklassige Solisten gingen aus ihnen hervor, so daß in den fünfziger Jahren allmählich Alternativen zum Big Band-Jazz entstanden: die Combos. Mit dem Aufkommen des Rock'n'Roll und neuer Jazzformen Ende der fünfziger Jahre waren die Big Bands in eine Existenzkrise geraten. Nur starke Persönlichkeiten wie etwa Kurt Edelhagen oder Erwin Lehn retteten die Big Bands vor ihrem Ruin, von medialer Schützenhilfe begleitet. Nicht von ungefähr hallte Dietrich Schulz-Köhns publizistisches Plädoyer für jene Spezies wider. Er sah die Big Bands nach wie vor »im Brennpunkt des Jazzgeschehens« und machte klar, »daß es für die Big Band keinen Ersatz gibt.« Und: »nirgends zeigt sich das Auf und Ab der Jazzgeschichte so deutlich wie bei der Entwicklung der Big Band.«[6]

Manfred Schoof und die Media-Band mit Harald Banter. Foto: WDR.

Das Auf und Ab der Jazzgeschichte wird am Beispiel der hier vorgestellten Big Bands von Kurt Edelhagen sowie von Kenny Clarke und Francy Boland dargestellt. Sie werfen zudem ein Schlaglicht auf die Jazzstadt Köln, die mit Harald Banter und Peter Herbolzheimer zwei weitere Orchester-Chefs hervorbrachte. Das JugendJazz-Orchester NRW, das sich auf die große Tradition der Big Bands bezieht, macht schon in seinem Namen deutlich, daß die Entwicklung nicht stehengeblieben ist. Was einst mit der Begleitung großer Sängerinnen begonnen hat, ist heute ein Klangkörper auf der Suche nach neuen Sounds und Formen.

Das Orchester Kurt Edelhagen

Man würde Kurt Edelhagen sicher nicht gerecht werden, wenn man sein Schaffen auf die Zeit beim Kölner WDR reduzieren würde. Mit dem Wechsel des Orchesterchefs vom SWF zum WDR 1957 wurde eine weitere Phase deutscher Rundfunk-Big Bands eingeleitet. Seine ersten Funk-Aufnahmen machte Edelhagen unmittelbar nach dem Krieg bei Radio Frankfurt, nachdem er für die Amerikaner zuerst eine Band in Bad Kissingen, dann in Heidelberg zusammengestellt hatte. Am 5.6.1920 in Herne geboren, studierte Edelhagen an der Folkwang-Hochschule in Essen, an der er Dirigent werden wollte. Nebenbei blies er, zum Leid seiner Lehrer, Klarinette in einer Jazz-Kapelle. Während des Krieges hielt sich Edelhagen in Frankreich auf, wo er viele Jazzmusiker kennenlernte. Doch er wollte weiterhin klassischer Dirigent werden. Sein Studium in Wien abzuschließen, daran war nach dem Krieg nicht mehr zu denken, da Edelhagen Geld verdienen mußte. So gründete er seine ersten Bands. Erst als er 1947 die meisten Solisten des Joe-Wick-Orchesters verpflichtete, darunter den renommierten Trompeter Fred Bunge, begann Edelhagens beständige Big Band-Arbeit, die nachhaltig den deutschen Nachkriegs-Jazz prägte.

Vielerorts wurde im Ausland der Eindruck erweckt, »die Bundesrepublik [sei] in Europa das Eldorado der Big Band-Musik.«[7] Die erste Radio-Big Band, vom Bebop inspiriert, mit vielen Parallelen zum Stan-Kenton-Orchester, stellte Edelhagen beim Bayerischen Rundfunk zusammen, der ihn 1949 für den Sender Nürnberg verpflichtete. Dort entstanden bis 1951 eine ganze Reihe Schallplatten-Aufnahmen für das Label »Austroton«, die erste wurde am 14. Dezember 1949 allerdings nur in den USA veröffentlicht. Dort wurde dem Bandleader der »Ehrgeiz« bescheinigt, »eine Art deutscher Stan Kenton zu werden.« Wurde beim Sender schon vorwiegend »die übliche Schlagermusik«[8] gespielt, so wurde im Schallplattenvertrag mit »Philips« noch mehr Tanzmusik verlangt.

Mit der Übersiedlung nach Baden-Baden begann eine neue Phase im Schaffen Edelhagens. 1952 verpflichtete ihn der SWF, »die Produktion an Tanz- und Unterhaltungsmusik fortzuführen. Und die Jazz-Redaktion benötigte für Studioarbeit und Live-Aktivitäten ein Orchester, das den hohen künstlerischen Erfordernissen dieses musikalischen Bereichs gewachsen war.«[9] Edelhagen stellte ein neues Orchester auf die Beine, das »durch etliche hervorragende Solisten bereichert« wurde.[10] Es kam durch die wöchentliche Mitternachtssendung »Jazztime Baden-Baden« mit mehr Jazz in Berührung.[11] Gleich der erste große Auftritt beim Pariser »Salon du Jazz« im Jahre 1952 sorgte für großes internationales Aufsehen.[12] Und die vom Sender betreuten Donaueschinger Musiktage, ein renommiertes Festival für Neue Musik (»zeitgenössische Tonkunst«) stellten Edelhagen in einem neuen Umfeld vor. 1954 wurde, wie der zuständige Redakteur Joachim-Ernst Berendt feststellte, »das erste konsequente Zwölftonstück, das es in der Jazzmusik gegeben hat, von ihm präsentiert: Heinz Kiesslings ›Scales‹.«[13] Auch die Uraufführung von Rolf Liebermanns »Concerto for Jazzband and Sinfony Orchestra« wurde am gleichen Ort stark beachtet. »Dieses Konzert«, so stellte später Berendt Edelhagens Verdienst heraus, »wirkte wie ein Fanal: Es war der endgültige Einbruch des Jazz in die geheiligten Hallen der E-Musik.«[14] Doch das sollte ebenfalls nicht vergessen werden: Im gleichen Jahr präsentierte Edelhagen erstmals die bislang unbekannte Sängerin Caterina Valente.

Probenpause des Orchesters Kurt Edelhagen im Funkhaus 1962. Foto: Horst Baumann/WDR.

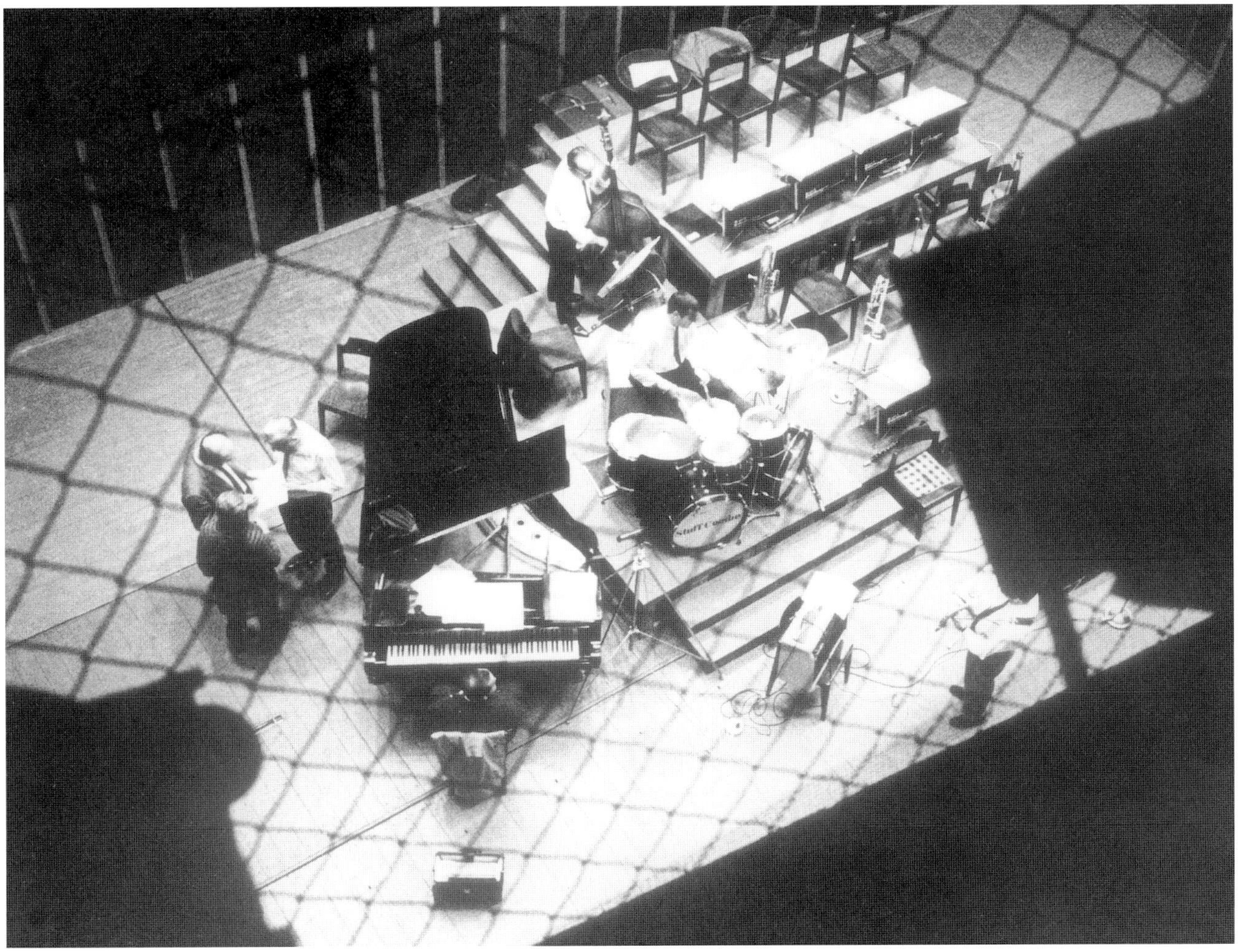

Wenden wir uns nun Edelhagens Hauptphase beim WDR zu. Sie wird allgemein als eine »Erfolgsgeschichte« betrachtet. Sie läßt die unschönen Szenen und allerlei Verdächtigungen vergessen, mit denen der Wechsel zum WDR einherging.[15] Innerhalb von wenigen Wochen gelang es Edelhagen – ein erstaunliches Phänomen – ein komplettes Orchester neu zusammenzustellen und es konzertreif zu machen.[16] Es wurde erstmals präsentiert beim Presseball in Münster, danach beim 6. Deutschen Jazz-Festival in Frankfurt 1958.[17] Ein »profiliertes Orchester von internationalem Rang« war zu hören, wie Beobachter notierten, »mit einer präzisen, glasklaren Blechgruppe amerikanischen Formats, die so vital, aber auch blitzsauber bläst.«[18] Für heutige Ohren mag es ungewohnt klingen, wenn ausdrücklich auf den europäischen Charakter des neuen Edelhagen-Orchesters und, wie es hieß, das »damit geschaffene Vorbild« hingewiesen wurde oder gar von der »Nato des Jazz« die Rede war.[19] Mit dem gelungenen Aufbau einer neuen Big Band in kurzer Zeit war Edelhagens Ruf vom eisenharten Trainer und »unbestechlichen und unerbittlichen Chef«,[20] der die Musiker drillt, doch zugleich »ein Mann mit Engelsgeduld« ist, zementiert. Tatsächlich äußerte Edelhagen immer wieder diesen Gedanken, daß zur Musik harte Arbeit gehört. Seine musikalischen, organisatorischen und pädagogischen Fähigkeiten waren jetzt in weiten Kreisen bekannt.

Der Big Band-Stil wies immer noch Parallelen zu Stan Kenton auf, bestach durch glatte, präzise Satzarbeit. Obwohl das Orchester mittlerweile 200 eigene Arrangements im Repertoire hatte, viele aus der Feder von Francy Boland, Stuff Combe, Jimmie Deuchar und Ernie Wilkins, mit einem neuen Sound die Szenen belebte und »ein solistisches Potential, das in dieser Quantität und Qualität in einer kontinentalen Big Band bisher unbekannt war«,[21] aufwies, wurden bis 1972 keine Jazz-Produktionen auf Schallplatte gebannt. So ist die Chance, sich in Köln mehr auf den Jazz zu konzentrieren, für die Nachwelt kaum nachzuvollziehen. Die vertraglich garantierten sechs jährlichen Konzerte in Köln und anderen Städten sind allenfalls für den Jazz-Historiker ausfindig zu machen.[22] »Von der Tanzmusik müssen wir leben, damit wir Jazz spielen können«, äußerte der Meister einst.[23]

Neben seiner Orchester-Tätigkeit betreute Edelhagen für fünf Jahre die 1958 neu eingerichtete Jazzklasse an der Kölner Musikhochschule. Zur pädagogischen Verpflichtung zählten auch die Jugend-Jazz-Konzerte, bei denen im Prinzip auch Kölner Bands berücksichtigt werden sollten. Doch meist wurden die Stars herausgestellt, nachdem Edelhagen-Förderer Dietrich Schulz-Köhn einführende Worte fand, um Jugendliche für Jazz zu begeistern. »Ein Jazzmusiker«, pflegte der Förderer für gewöhnlich mitzuteilen, »muß Herz, Hirn und Hand haben. Das Herz für sein Gefühl, das Hirn für die Improvisation und die Hand für die Technik, um seine Gefühle und seine Improvisationen auf sein Instrument übertragen zu können.«[24] Daß die Edelhagen-Musiker diese Eigenschaften mitbrachten, das muß wohl nicht eigens angemerkt werden.

In den sechziger Jahren besaß Edelhagen, so die einhellige Meinung der Kritiker und des Publikums, »das angesehenste [Orchester] unter den Big Bands in Deutschland.«[25] »Mit einem Male«, so folgerte Wolfgang Dohl, »ist der europäische Big Band-Jazz

Kurt Edelhagen 1957. Foto: Peter Fischer.
Historisches Archiv der Stadt Köln.

Die WDR-Big Band mit den Gästen Vince Mendoza, Markus Stockhausen,
Simon Stockhausen und Peter Erskine im Studio 4 des WDR. Foto: Ines Kaiser.

interessant geworden.«[26] Die Edelhagen-Band spielte mittlerweile in ganz Europa und
unternahm ab 1964 zahlreiche Tourneen. Die spektakulärste, wegen ihrer politischen Implikationen, dürfte die durch die damalige Sowjetunion gewesen sein. In
mehreren Städten, darunter Moskau und Leningrad, waren die Konzerte, die insgesamt von 180.000 Menschen[27] besucht wurden, innerhalb weniger Tage ausverkauft.[28] Der Chef selbst zog Bilanz: »Gewiß deute ich die Resonanz, die wir gefunden
haben, nicht falsch, wenn ich sie zum größeren Teil der Art unserer Musik und der
Weise unseres Musizierens zuschreibe, zum anderen Teil aber dem Umstand, daß wir
aus einer Welt kamen, musikalisch und politisch verstanden, die den jungen Menschen aus der Sowjetunion nur vom Hörensagen vertraut ist, für die sie sich aber aufs
äußerste interessieren und ohne einen Rest von Feindseligkeit begegnen.«[29] »Eine weitere politische Dimension erhielt die Tournee bei ihrer Fortsetzung in der DDR,«[30] in
der eine ähnliche Begeisterung herrschte. »In Leipzig gab es schon nach der Erken-

nungsmelodie so viel Applaus, daß sie [die Musiker] etliche Minuten nicht weiterspielen konnten.«[31] »Die Zeit« notierte am 26. Juni 1964 politisierend: »Was sich in Ostberlin und Dresden abspielte, war eine Demonstration – nicht nur eine Demonstration für eine bestimmte Musik oder gegen eine gewisse Politik, sondern eine Demonstration für den Anspruch des Menschen auf mehr Glück, als ihm in der Planung eines totalitären Regimes zugestanden wird.«[32]

Um die Jahreswende 1965/66 trat das Edelhagen-Orchester zu einer weiteren Tournee an, diesmal durch Nordafrika. Das Goethe-Institut hatte Konzerte in Casablanca, Algier, Rabat, Tripolis, Tunis, Kairo, Alexandria und auch Beirut organisiert. »Wo im Ausland von gutem Jazz gesprochen wird«, hieß es daraufhin, »fällt ganz gewiß auch heute noch immer der Name Kurt Edelhagen.«[33] So war es nur logisch, daß Edelhagen die Eröffnungsveranstaltung zu den Olympischen Spielen 1972 in München musikalisch gestalten durfte. Jerry van Rooyen, Peter Herbolzheimer und Dieter Reith komponierten eine Big Band-Suite, die Melodien der in das Stadion einmarschierenden Nationen verarbeitete. Edelhagen, zwei Orchester und 33 Zusatzmusiker erzielten einen außergewöhnlichen Erfolg.[34]

Der Vertrag mit dem WDR wurde verlängert und Edelhagen wandte sich verstärkt Pop-Produktionen zu. Auch wenn er rückblickend betonte, »daß mein Hauptgewicht immer auf dem Jazz lag und das Verhältnis zwischen Jazz und kommerzieller Musik immer für Jazz war,«[35] erschien nicht nur das künstlerische Ende der Band besiegelt. Der WDR löste seinen Vertrag mit Edelhagen zum Jahresende 1972, worauf dieser auch die Verträge mit seinen Musikern kündigte. Faktisch bestand das Orchester durch Einzelprojekte weiter. Aber auch mit einem der letzten großen Auftritte bei den Ruhrfestspielen 1973 – im gleichen Jahr wurde Edelhagen mit dem Bundesverdienstkreuz ausgezeichnet – war das Ende nicht aufzuhalten. Es zog sich lediglich bis 1976 hin, und das Orchester wurde »sang- und klanglos aufgelöst.«[36]

Kurt Edelhagens Verdienste für den Jazz sind unbestritten. Er hat viele bekannte Solisten entdeckt und durchgesetzt: Franz von Klenck, Rolf Schneebiegl, Otto Bredl, Jiggs Whigham, Karl Drewo, Peter Trunk, Derek Humble und, wie Berendt meint, »der wichtigste Name« Caterina Valente. Die Entwicklung des Jazz in Nordrhein-Westfalen nach 1945 wurde entscheidend von Kurt Edelhagen und seinem Orchester bestimmt. Die sechziger Jahre sind in NRW, wie Rolf-Dieter Weyer in seiner Bilanz schrieb, »die Jahre Kurt Edelhagens und seiner Musiker.«[37] Und: »Edelhagens Orchester brachte das Kunststück fertig, Tanzmusik und modernen, konzertanten Jazz professionell und in Sound, Dynamik und swingender Präzision mitreißend darzubieten.«[38]

Kenny Clarke. Foto: Hans Harzheim.

Die Kenny Clarke-Francy Boland-Big Band

Bis heute hat die Clarke-Boland-Big Band (CBBB) nichts von ihrer Faszinationskraft eingebüßt; sie ist zum Mythos geworden. Über ein Vierteljahrhundert nach ihrer Auflösung ist ihre Bedeutung nicht verblaßt, ganz im Gegenteil.

Produktion von Musikern des Edelhagen-Orchesters und Gästen 1966: Nathan Davies, Eddie Busnello, Mal Waldron, Peter Trunk, Cees See, Eckart Rahn (Produzent), ein Tonmeister und Dusko Gojkovic. Foto: Ines Kaiser.

Laufende Wiederveröffentlichungen[39] und die Gesellschaft zur Wahrung des Erbes der CBBB halten die Erinnerung wach an »eins der aufregendsten Orchester der Geschichte«.[40] »Schon die Erwähnung des Band-Kürzels läßt die Freunde der modernen Big Band-Musik in Verzückung geraten«, schrieb das Jazz Podium, in einer Nachbetrachtung über diese »beste moderne Big Band schlechthin.«[41] »Die CBBB findet in der Jazzgeschichte nicht ihresgleichen. Sie ist und wird einzigartig bleiben.«[42] Diesen dreißig Jahre alten Befund gilt es im folgenden Beitrag, der die Entwicklung dieses großartigen Orchesters nachzeichnet, zu überprüfen.

Alles fing an mit dem Engagement eines Sextetts, das Gigi Campi, Kölner Gastronom und unermüdlicher Motor der Jazzszene, 1959 in sein legendäres Café zum Karneval geladen hatte. »Ich probiere die Band im Karneval. Ich habe immer im Karneval etwas probiert. Passen die zusammen, verstehen die sich?«[43] Die einzelnen Musiker waren Campi natürlich bekannt, hörte er doch oft Proben des Edelhagen-Orchesters in den WDR-Studios, unweit seines Cafés gelegen. Vom Rodgers/Hart-Standard »Johnny one note« war Campi damals stark angetan, besonders von dem zündenden Arrangement des ihm noch unbekannten Belgiers Francy Boland. Campi hatte lange davon geträumt, ein Orchester zusammenzustellen, das die qualifi-

Gigi Campi, Francy Boland und Wolfgang Hirschmann am 29. Juni 1995 im Kölner Stadtgarten
aus Anlaß eines Festkonzerts der WDR-Big Band für Boland. Foto: Ines Kaiser.

ziertesten und namhaftesten Solisten Europas in sich vereinigt. Und als er sich zu
einer launigen Wette mit Orchesterchef Edelhagen einließ, »der ihm nicht glauben
wollte, daß er in wenigen Tagen eine Band zusammenbekommen würde, die besseren Jazz als dessen renommiertes Orchester machte,«[44] wußte er genau, was er tat.
»Da kam die Verbindung zu Kenny Clarke und Jimmy Woode zustande, aus Amerika
kam Francy Boland, der für Count Basie geschrieben hatte und der für Edelhagen
seine ersten tollen Arrangements schrieb. Da habe ich gesagt: Mit den dreien baue
ich eine Big Band auf! Ich gründete die CBBB.«[45] Tatsächlich kann die eingangs
genannte Karnevals-Kapelle als Grundlage gesehen werden. »Francy Boland, Don
Byas, Fadi Sadi und ich bildeten das Sextett mit Christian Kellens und Jean Warland,
und wir spielten drei oder vier Tage dort [im Café Campi]. Hier entstand die Idee, die
Band zu vergrößern und einen Termin für Schallplatten-Aufnahmen festzulegen«,
erinnerte sich später Kenny Clarke.[46]

Im Mai 1961 schließlich war es soweit, als eine Formation um Kenny Clarke und
Francy Boland, zu der weitere Edelhagen-Musiker stießen, ins Studio ging. Das
Oktett »Golden Eight« legte eine Platte vor.[47] Mit diesem Ensemble war der Kern der
CBBB zusammen. Auf deren unverkennbare Handschrift, die Boland-Arrange-
ments, legte Campi großen Wert. Daneben waren Kenny Clarke und überhaupt die

Rhythmusgruppe die treibende Kraft. Die spezielle Farbe aber gab Boland ab, der nicht nur arrangierte, sondern komponierte und viele Stücke, ganze Suiten schrieb.[48] Sie waren auf Persönlichkeit und Musikalität jedes einzelnen Musikers zugeschnitten. Solisten wurden organisch integriert. Überhaupt die Musiker: Zu allen hatte Campi eine besondere Beziehung. Mit Kenny Clarke, den er erstmals 1948 in Zürich in einem großen Bebop-Konzert mit Miles Davis und Charlie Parker gehört hatte, verband ihn seit 1951 »eine große Freundschaft«. Francy Boland, die »Briefträgerfigur« (Campi), erlebte er erstmals 1955 im Quartett von Chet Baker. Und die »wahnsinnige Qualität« des Altsaxophonisten Derek Humble, dem später als Lead-Figur eine tragende Rolle zukam, kannte er durch die Edelhagen-Band.

Im Dezember 1961 wurden die ersten Aufnahmen mit größerer Besetzung gemacht: als Unterstützung für die Sängerin Billie Poole. Diese Aufnahmen mit dem bezeichnenden Titel »Jazz Is Universal« wurden stark beachtet. Willis Conover schickte sie über den Äther der »Voice of America« und merkte dazu an: »Heute ist die Jazz-Sprache eine lingua franca geworden. Die Anwesenheit von 13 Persönlichkeiten aus sieben Nationen in der Clarke-Boland Band, die in Deutschland eine LP für einen italienischen Produzenten aufnehmen, die jetzt für Amerika von einem türkischen Impresario herausgebracht wird, sagt alles!«[49] Der brillante Toningenieur Wolfgang Hirschmann wurde hinzugezogen, dem dann auch alle weiteren Aufnahmen der CBBB anvertraut wurden. Die ersten Jahre des Orchesters waren voll mit Proben und Studioterminen, so daß erst im Mai 1966 der erste öffentliche Auftritt stattfand. Weitere Studiotermine und ein Vertrag mit der Plattenfirma MPS folgten.

Als Höhepunkt der Schaffensjahre der CBBB gilt gemeinhin das zweiwöchige Engagement im Londoner Club »Ronnie Scott's« vom 17.2.-1.3.1969. Die britischen Zeitungen waren voll des Lobes. »Die CBBB ist ein Vulkan musikalischer Überraschungen«, schrieb die »Sunday Times«, »das Erstaunlichste ist, daß es acht Jahre lang dauerte, bis der frische Sound des Orchesters in Großbritannien zu hören war.« Die »Daily Mail« pflichtete bei: »Die CBBB stellt die Bands von Buddy Rich und Woody Herman mühelos in den Schatten, noch bevor sie ihre dritte Nummer gespielt hat. Es gibt heute auf der ganzen Welt keine andere Band, die über so viel Drive und Elan verfügt.«[50] Die Mitschnitte auf zwei LPs wurden euphorisch »als die besten Big Band-Live-Aufnahmen, die jemals auf Platte erschienen sind,« bezeichnet.[51] Im Sommer 1970, beim Gastspiel auf dem Palermo Pop-Festival, bei dem die CBBB vor 35.000 begeisterten Besuchern gemeinsam mit dem Orchester Duke Ellingtons auftrat, konnte sie »ein Feuerwerk entfachen, das dem berühmtesten Orchester des Jazz, der Ellington-Band, in nichts nachstand«, wie eine lokale Tageszeitung schrieb. »Dies gelang vor allem durch die wunderbar genialen Arrangements von Francy Boland und durch den Einsatz der einzelnen Bandmitglieder, die regelrechte Wunder vollbrachten. Wir, die wir diese Musiker im einzelnen und in verschiedenen Gruppierungen schon öfters gehört haben und von ihren Fähigkeiten wußten, standen sprachlos und versteinert, fasziniert und überwältigt vor diesem außergewöhnlichen Orchester, das die besten in Europa lebenden Amerikaner und die vorwärtsdrängendsten Musiker aus dem alten Kontinent vereinigt.«[52]

Der überraschende Tod des Lead-Saxophonisten Derek Humble am 23.2.1971 - er starb nach einem epileptischen Anfall in einem britischen Pub - leitete das Ende der Band ein. Sie befand sich seinerzeit mitten in einem stilistischen Umbruch. Mit »Off limits« wurde die Platte vorgelegt, »auf der sie zum ersten Mal ausbricht aus dem Schatten des traditionell swingenden Big Band-Jazz.«[53] Und mit der Fusion von Rock-Elementen und freien Kollektiv-Improvisationen war ein brisantes Gemisch entstanden, mit der die Band schließlich nicht fertig wurde. Physische Erschöpfung nach Jahren aufreibender Studio- und Tourneetätigkeit taten ein übriges. Auch die Tatsache, daß Plattenaufnahmen, Rundfunk- und TV-Auftritte nach wie vor dominierten, erzeugte lähmende Müdigkeit. »Die meisten Musiker, darunter auch ich«, gab Kenny Clarke zu Protokoll, »waren es einfach müde, immer nur auf dieser Basis tätig zu sein.«[54]

Mitte des Jahres 1971, als Humbles Tod »mehr als nur Spuren hinterlassen hatte«,[55] wurde die Band neu formiert. Deutsche Musiker wie Manfred Schoof, Gerd Dudek und Albert Mangelsdorff verstärkten den Trend zu freierer Spielauffassung. »Die CBBB bleibt auf dem Vormarsch«, hieß es unverdrossen.[56] Nach dem Gastspiel mit Stan Getz dachte man gar an die Verpflichtung weiterer internationaler Stars, allen voran Miles Davis, mit dem bereits Verhandlungen liefen, und Ornette Coleman. Trotzdem fand im April 1972 das letzte von insgesamt 211 Konzerten der CBBB statt. Als die lange geplante USA-Tournee mit 55 Konzerten in verschiedenen Städten 1972 nicht zustandekam, weil sich die beiden Bandleader wegen finanzieller Ungewißheit nicht entschließen konnten, ihre Unterschriften unter die entsprechenden Verträge zu setzen, warf Campi das Handtuch, desillusioniert. »I was so discouraged by their uncertainty that I gave up. That was the end of the CBBB.«[57]

»Die Band war das Schönste, was ich je in meinem Leben erlebt habe. Das war die schönste Familie, die ich neben meiner Familie hatte«,[58] bekannte Campi nach dem elfjährigen, auf 35 LPs festgehaltenen Experiment, das CBBB hieß. (Zu Campis Vita vgl. Wilfried Schaus-Sahm in diesem Band.)

Kenny Clarke (9.1.1914 bis 26.1.1985), dessen Karriere ein halbes Jahrhundert umspannt, hat zu Beginn der vierziger Jahre eine neue Schlagzeug-Spielweise begründet, nach Sid Catlett und Jo Jones die moderne Form geschaffen. Clarke verlegte den durchgeschlagenen Beat auf das große Becken und setzte mit der Baßtrommel Akzente. So hat er das melodische Potential des Schlagzeugs betont und mehr Eigenständigkeit erlangt. Zwölf Jahre seines Schaffens hat Clarke in Europa verbracht und den dortigen Szenen viele Impulse verliehen. Nachdem er bereits bei seinem ersten Besuch 1937 vom alten Kontinent fasziniert war, verhinderte der Krieg ein früheres Umsiedeln. Seine siebenjährige Tätigkeit im Pariser Club »Blue Note« (1959-1966) brachte ihn Köln ein Stück näher. Die Domstadt wurde nach Paris seine zweite Heimat. Clarke galt als »rhythmischer Steuermann« des Orchesters mit unfehlbarem Geschmack und perfektem Rhythmus.

Das Leitungsteam des JugendJazzOrchesters: Michael Villmow, Wolfgang Breuer und Wolf Escher. Foto: JJO.

Neben der treibenden Kraft Clarkes war die Handschrift Francy Bolands die unverrückbare Grundlage der CBBB. Boland (geb. 6.11.1929) hatte mit acht Jahren Klavierunterricht und schrieb mit 13 Jahren bereits sein erstes Big Band-Arrangement. Er studierte Klavier und Harmonielehre in Lüttich, Komponieren und Arrangieren erlernte er autodidaktisch. Nachdem Boland 1949 beim Jazz-Festival von Paris seinen ersten Auftritt hatte, schlug er sich mit Club-Engagements in Deutschland durch. Ab 1951 war er als Arrangeur in Paris tätig (u.a. für Bobby Jaspar), bevor ihn Chet Baker Mitte der fünfziger Jahre in sein Quartett nahm. So zog Boland nach New York, wo er bis 1958 lebte. Er schrieb Arrangements für Count Basie und Benny Goodman, später für Kurt Edelhagen und Werner Müller. Dem Belgier hatten es die Big Band-Klänge der dreißiger und vierziger Jahre angetan: Jimmie Lunceford und Count Basie waren seine Favoriten.

Das JugendJazzOrchester Nordrhein-Westfalen

NRW war das erste Bundesland, das 1975 ein Jazzorchester für die Jugend ins Leben rief. Gründer Glen Buschmann, ehemals Leiter der Musikschule Dortmund, hatte es verstanden, das Kultusministerium, das den Landesverband der Musikschulen als Partner fand, für seine Idee zu begeistern. Ihm ging es darum, auch auf dem Gebiet des Jazz eine angemessene künstlerische Nachwuchsförderung zu betreiben, oder, wie aus Kreisen des Orchesters heute verlautet, »musikalische Begabungen frühzeitig zu finden, sie langfristig zu fördern und gegebenenfalls auch noch während der ersten Berufsjahre durch Einzelmaßnahmen zu unterstützen.«[59] Inzwischen ist das JugendJazzOrchester NRW (JJO) ein Förderprojekt des Kultusministeriums in der Trägerschaft des Landesmusikrats. Die Mitglieder des Orchesters rekrutieren sich

Das JugendJazzOrchester NRW. Foto: Jürgen Wassmuth.

vornehmlich aus den Preisträgern des Wettbewerbs »Jugend jazzt«, der alljährlich durchgeführt wird, oder sind Musiker, die sich »in ihren heimischen Musikschulen oder anderweits qualifiziert haben.«[60] Jährlich sind zwei Arbeitsphasen, auf denen neue Mitglieder aufgenommen und neue Arrangements erarbeitet werden, angesetzt, durchgeführt von den drei Leitern: Wolfgang Breuer, Wolf Escher und Michael Villmow. »Die bis heute bestehende kollektive Leitungsstruktur [...], die den jungen Musikern verschiedene Möglichkeiten des Komponierens, Arrangierens, Probens und Konzertierens eröffnet«, hat sich bewährt, heißt es in einer Selbstdarstellung. Ergänzt wird das Team während der Probenwochen meist durch einen namhaften Jazzmusiker, »der oftmals selbst früher Mitglied des Orchesters war.«

Das JJO kann als moderne Big Band betrachtet werden, in klassischer Besetzung: mit fünf Trompeten, vier Posaunen, fünf Saxophonen und der Rhythmusgruppe, bestehend aus Baß, Schlagzeug, Klavier und Gitarre. Ihm geht es nicht nur darum, die Jazz-Historie aufzufrischen oder zu konservieren. Neben der Jazz-Tradition bestimmen Arrangements bekannter Spitzenorchester und zeitgenössische Strömungen das Bild, die durch Kompositionen aus den eigenen Reihen einfließen. So hat Wolf Escher etwa Erfahrungen aus einer Indien-Australien-Tournee 1987 in eine Komposition gefaßt. Einen Löwen, der faul im Park herumliegt, hat sich hingegen Meinhard Pfuhl vorgeknüpft. Auf der Grundlage eines zwölftaktigen Blues-Themas produzieren Posaunen mit Plunger-Dämpfern den »Gähn-Effekt« der »Crazy lions«. Der zweite Leiter, Wolfgang Breuer, steuert schließlich die Komposition »Praca camoes« bei, benannt nach dem gleichnamigen Platz im Herzen von Lissabon. So tragen die Kompositionen der Leiter »mit ihrer Erfahrung als Musiker und Pädagogen zum hohen Niveau des JJO« bei.[61] Dem versuchen auch einzelne Mitglieder mit ihren Stücken gerecht zu werden. »Stücke, die auf die Besetzung und spielerischen Möglichkeiten der Band zugeschnitten sind.«[62]

Auf den bisher präsentierten sechs Tonträgern ist jeweils eine höchst lebendige Band zu hören, die sich hinter keinem Schatten zu verstecken braucht. Herausgestellte Solisten halten sich mit kollektiven Sounds die Waage, einem durchaus eigenständigen Sound, der sich von dem anderer Big Bands abhebt.

Nicht nur die Tonträger, sondern auch Tourneen und Projekte (so spielte das JJO auf Edelhagens Spuren in Zusammenarbeit mit einem klassischen Orchester Rolf Liebermanns »Concerto for Jazzband und Sinfony Orchestra«) »sind ein Beleg für die vielfältigen Aktivitäten und stetige Präsenz auf der Jazzszene.« Bisherige Reisen führten nach Afrika, Nord- und Südamerika, Australien, Neuseeland, Indien und China, ganz zu schweigen von anderen europäischen Staaten – keine Ecke unseres Globus wurde ausgelassen. Hervorzuheben wären die beiden China-Reisen 1996 und 1998. Das JJO war erst die zweite europäische Jazzband überhaupt, die im Reich der Mitte zu Gast war.[63] Vom bekannten Standard »On a slow boat to China«, den Wolf Escher für die Konzertreise durch zwölf Städte Chinas 1998 arrangiert hatte, waren die Chinesen ebenso hingerissen wie von neu arrangierten chinesischen Titeln. Sie »lösten wegen des Wiedererkennens ebenfalls Beifallsstürme aus.«[64] »Mit den ungewohnten Jazz-Rhythmen hatten die Zuhörer offensichtlich keine Schwierigkeiten.«[65] So werden die Repräsentanten des Landes NRW und die Botschafter des Jazz auf der ganzen Welt gehört. Sein 25jähriges Jubiläum im Jahr 2000 plant das JJO NRW, mit vielen Stars der deutschen und internationalen Jazzszene in der Kölner Philharmonie zu feiern.

ANMERKUNGEN

1 Ekkehard Jost: Jazz in Deutschland. Von der Weimarer Republik zur Adenauer-Ära, in: Klaus Wolbert (Hg.): That's Jazz. Der Sound des 20. Jahrhunderts, Darmstadt 1988, S. 357.

2 ebd. S. 368.

3 Wolfgang Kunert: Zur Situation der Big Band in den ARD-Anstalten, dargestellt am Beispiel des NDR, in: Jazzforschung/Jazzresearch Band 12 (Graz 1980), S. 129.

4 Dies gilt auch für den Osten Deutschlands: In Berlin trat im ehemaligen Reichssender Berlin, dem »Haus des Rundfunks«, das Radio-Berlin-Tanzorchester bereits im Mai/Juni 1945 auf. Vgl. Horst Lange: Jazz in Deutschland, Berlin 1966, S. 121.

5 Vgl. Michael Kater: Gewagtes Spiel. Jazz im Nationalsozialismus, Köln 1995.

6 Dietrich Schulz-Köhn: Glanz und Elend der Big Band, in: Ken Williamson: Das ist Jazz, Balve 1963, S. 153.

7 Armando Bausch: Jazz in Europa, Luxemburg 1985, S. 75.

8 Lange, Jazz in Deutschland, S. 155.

9 Zitiert nach Viola Edelhagen und Joachim Holzt-Edelhagen: Die Big Band Story, Frankfurt 1988, S. 43.

10 Lange, Jazz in Deutschland, S. 156.

11 Diese Sendung konnte über Mittelwelle in ganz Europa gehört werden. Eingeladen waren die bekanntesten Solisten und Arrangeure wie Gerry Mulligan, Bill Russo oder Bill Holman.

12 Zeitzeuge Joachim-Ernst Berendt notierte: »Die Franzosen erwarteten das deutsche Orchester mit Skepsis; ich hatte sie buchstäblich dazu überreden müssen, eine Band aus Deutschland zu engagieren. Immerhin war dies das Festival, auf dem Kenny Clarke, Charlie Parker und Dizzy Gillespie, Max Roach und Thelonious Monk – die erste Generation des modernen Jazz – zuerst in Europa vorgestellt wurde. Aber dann erwies sich: Kurt Edelhagens Erfolg war nicht geringer als der all dieser großen Namen«, in: Jazz Podium, 4/82, S. 13.

13 ebd.

14 Berendt ebd., hier gibt sich Berendt etwas zu euphorisch. Der endgültige Durchbruch in Donaueschingen wurde erst 1967 erzielt mit der von nun an regelmäßigen Präsentation von Jazz.

15 Robert v. Zahn: Jazz in Köln. Konzertkultur und Kellerkunst, hg. vom Historischen Archiv der Stadt Köln, Köln 1997, S. 91.

16 Der Großteil des alten Orchesters blieb in Baden-Baden, weil in Köln nicht mit einer Festanstellung zu rechnen war. Lediglich Franz von Klenck, einer der wichtigsten jungen Solisten, kam mit nach Köln.

17 In der offiziellen Dokumentation (Deutsches Jazz-Festival Frankfurt 1953-1992, Frankfurt 1994) des veranstaltenden HR sind, wie es auf den Seiten 86-88 heißt, viele »Interpreten nicht mehr ermittelbar«. Laut Jazz Podium, 6/57, S. 15, dürfte das Orchester wie folgt besetzt gewesen sein: Trompeten: Fritz Weichbrod, Heinz Gärtjens, Jimmy Deuchar, Milorad Pavlovic, Dusko Gojkovic; Posaunen: Ken Wray, Helmut Hanick, Christian Kellens; Saxophone: Derek Humble, Franz von Klenck, Bubi Aderhold, Jean-Louis Chautemps; Baß: Johnny Fischer; Klavier: Francis Coppieters; Schlagzeug: Stuff Combe; Gitarre: Eddie Busnello.

18 Jazz Podium, 8/58, S. 162.

19 ebd.: »Kurt Edelhagens Jazz-Nato«.

20 ebd.

21 ebd.

22 So plant Bernd Hoffmann (Köln) in einer auf zwei Jahre konzipierten, monatlich auszustrahlenden Sendung, alle ca. 300 Edelhagen-Titel, die in den WDR-Archiven lagern, zu spielen. Die erste Sendung war am 10.1.99 auf WDR III.

23 Edelhagen, Big Band Story, S. 43.

24 Zitiert nach den Ruhr-Nachrichten (Mülheim), 13.1.1964.

25 v. Zahn, Jazz in Köln, S. 105.

26 in: Jazz Podium, 2/61.

27 Diese Zahl nennt v. Zahn, Jazz in Köln, S. 105.

28 Trotzdem bemerkte Berendt, daß das Orchester »merkwürdig kühl« aufgenommen worden sei, in: Jazz Podium, 4/82.

29 Zitiert nach Edelhagen, Big Band Story, S. 33.

30 ebd., S. 33

31 v. Zahn, Jazz in Köln, S. 105.

32 Zitiert nach Edelhagen, Big Band Story, S. 33.

33 Bausch, Jazz in Europa, S. 77.

34 v. Zahn, Jazz in Köln, S. 106.

35 Bausch, Jazz in Europa, S. 77. So bezog sich Wolfgang Dohl im Jazz Podium. 3/1970, auf »Horst Lippmann, der angesichts der überzüchteten Präzision dieses Orchesters schon 1953 schrieb, man müsse beim Hören von Edelhagen-Musik dann und wann eine Woody-Herman-Platte einblenden, um die Swing- und Jazzgeister nicht ganz absterben zu lassen«.

36 v. Zahn, Jazz in Köln, S. 107.

37 Rolf-Dieter Weyer: 50 Jahre Jazz in NRW, in: Landesmusikrat (Hg.): Zeitklänge. Zur Neuen Musik in NRW, Köln 1996, S. 96.

38 ebd., S. 98.

39 Die beiden spektakulärsten Wiederveröffentlichungen sind auf Campis Label »Emanon« erschienen: »Historically speaking« (Dezember 1993) und »Blowing the cobwebs out« (1994). Zuletzt 1998: »Change of scenes« (mit Stan Getz) auf Verve 557095 und »Our Kinda Strauss« auf Schema rearward RW106 CD.

40 Jazz Podium, 9/70.

41 Jazz Podium, 3/94.

42 Jazz Podium, 1969 (genaue Nummer nicht eruierbar).

43 v. Zahn, Jazz in Köln, S. 68.

44 Hans-Jürgen v. Osterhausen: A Tribute To Gigi, in: Neues Rheinland, 12/1998.

45 v. Zahn, Jazz in Köln, S. 82.

46 Mike Hennessey: Motor der CBBB: Kenny Clarke, in: Jazz Podium, 1969, S. 155.

47 Mit Dusko Gojkovic, Raymon Droz, Christian Kellens, Derek Humble, Carl Drevo, Francy Boland, Jimmy Woode und Kenny Clarke auf Blue Note 4092.

48 »Inferno Suite«, »Faces«, »At her majesty's pleasure«, »Middle East suite«, »The all blues suite«, »Change of scenes«.

49 Jazz Podium, 1969, zitiert nach Mike Hennessey, Klook, London 1990, S. 155.

50 Rüdiger Böttger, in: Jazz Podium, 12/94.

51 Jazz Podium, 12/94, wiederveröffentlicht auf CD, siehe Anmerkung 39.

52 vgl. Jazz Podium, 9/70.

53 Jazz Podium, 5/71.

54 Jazz Podium, 3/71.

55 Jazz Podium, 5/71.

56 Jazz Podium, 8/71.

57 Gene Lees: Singers and the song, Oxford 1987.

58 v. Zahn, Jazz in Köln, S. 119.

59 15 Jahre JugendJazzOrchester Nordrhein-Westfalen, Dortmund 1990. JugendJazzOrchester NRW, Dortmund 1999 o. S.

60 Wenn nicht anders vermerkt, beziehen sich alle Zitate auf die in Anmerkung 59 genannten offiziellen Broschüren.

61 Richard Wiedamann (Hg.): Bavarian first herd. 10 Jahre Landes-Jugendjazzorchester, Regensburg 1998, S.176.

62 ebd.

63 Vgl. Jazz Podium, 7/8/96, S. 43.

64 Westdeutsche Allgemeine Zeitung, 28.5.1998.

65 ebd.

BIBLIOGRAPHIE

Armando Bausch: Jazz in Europa, Luxemburg 1985.

Joachim-Ernst Berendt: Ein Fenster aus Jazz, Frankfurt 1977.

ders.: In memoriam Kurt Edelhagen, in: Jazz Podium, 4/82, S. 12.

Wolfgang Dohl: Big Bands in Deutschland, in: Jazz Podium, 3/70, S. 100.

Viola Edelhagen und Joachim Holzt-Edelhagen: Kurt Edelhagen. Eine Chronik in sechs Bänden, Kiel 1988.

dies.: Die Big Band Story, Frankfurt 1988.

Gudrun Endress: Jazz Podium. Musiker über sich selbst, Stuttgart 1980.

Mike Hennessey: Klook. The story of Kenny Clarke, London 1990.

ders.: Motor der CBBB: Kenny Clarke, in: Jazz Podium, 1969, S. 153.

Dieter Hens und Ali Haurand: Campi's »Amacord« – the power of positive swinging, TV-Sendung des WDR vom 17.12.1998.

Horst Lange: Jazz in Deutschland, Berlin 1966 (Neuauflage 1996).

Gene Lees: Singers and the song, Oxford 1987.

Jürgen Schulz und Michael Frohne: The recordings of Kenny Clarke with Francy Boland and the bands, 1998. (Diskographie im Internet: smartkomp.com/jazzprojekte.)

Dietrich Schulz-Köhn: Glanz und Elend der Big Band, in: Ken Williamson: Das ist Jazz, Balve 1963, S. 152.

ders.: Jazz-Geschichte – made in Cologne, in: Golf-Report, 1/95, S. 14.

Iron Werther: Bebop, Frankfurt 1988.

Rolf-Dieter Weyer: 50 Jahre Jazz in NRW, in: Landesmusikrat NRW (Hg.), Zeitklänge. Zur Neuen Musik in NRW 1946-1966, Köln 1996, S. 95.

Richard Wiedamann (Hg.): Bavarian first herd. 10 Jahre Landes-Jugendjazzorchester, Regensburg 1998.

Robert v. Zahn: Jazz in Köln seit 1945. Konzertkultur und Kellerkunst, hg. vom Historischen Archiv der Stadt Köln, Köln 1997.

Roland Kirk in Essen.
Foto: Hans Harzheim

Jazz in Westfalen

von Rolf-Dieter Weyer, Bergisch Gladbach

WESTFALEN – LAND ZWISCHEN RHEIN UND WESER

Im Verlaufe der gut 1200jährigen Geschichte des europäischen Raumes Westfalen und der mittlerweile 100jährigen Geschichte der in Nordamerika entstandenen Musik Jazz ist der zu beschreibende Horizont lokaler Jazzverbreitung nur ein kurzes, aber gleichwohl in die Zukunft des 21. Jahrhunderts weisendes Kapitel. Das Land »Westfalen« wird im Jahre 775 schriftlich erwähnt. Es ist der Großraum zwischen Rhein und Weser mit dem Kerngebiet der Flüsse Ruhr, Ems und Lippe. Die schwimmenden Grenzen von Westfalen beruhen auf einer geographischen Gegebenheit. »Westfalen war zu allen Zeiten ein ausgesprochenes Durchgangsland. Zwischen den früh ausgebildeten kulturellen Zentren an Rhein, Maas und Schelde im Westen sowie den ganz anders gearteten Brennpunkten im Norden und Osten bildete es selber keinen eigenen Schwerpunkt aus. Uralte Straßen von Utrecht, Köln, Frankfurt und Mainz durchliefen das offene Land hin zu den Nord- und Ostseehäfen, auf dem sogenannten Hellweg nach Magdeburg und weiter nach Osten. Das Flachland bereitete dem weiträumigen Verkehr keine Hindernisse, aber auch die Mittelgebirge südlich der Lippe und an der Weser waren so wenig abweisend, daß sie eher zur grenzüberschreitenden Verbindung einluden, als sie abzuschneiden.«[1] Viele Landstraßen des Mittelalters hießen Hellweg, eine Bezeichnung ohne konkreten geographischen Bezug. »Geblieben ist die Bezeichnung als Name des rheinischen und westfälischen Abschnitts der alten Fernverbindung von Flandern nach Osten. Entlang dieser Strecke wurden als Etappenziele Höfe und Burgen angelegt, [...] quasi frühe Raststätten. [...] Und da zwischen den bedeutendsten Städten auch die wichtigsten Straßen verlaufen, wurde der mittelalterliche Hellweg im wahrsten Sinne des Wortes zum Wegweiser für die heutige Hauptschlagader der Region, den Ruhrschnellweg.«[2]

Gleichwohl gibt es im westfälischen Raum keine »Hinterlassenschaften«, die bisher zum Weltkulturerbe bestimmt worden wären. Der westfälische Gesamtraum liegt europäisch in einer wirtschaftlich prosperierenden Zone, in der Zone der »Blauen Banane«. Der Ausdruck »Blaue Banane« steht für eine geopolitische Karte aus der Sicht Frankreichs, in der die französischen Einschätzungen einer weiteren prosperitiven wirtschaftlichen Entwicklung Europas östlich von Frankreich gekennzeichnet sind (evaluiert von R. Brunet 1989-1993). Westfalen liegt genau in dem europäischen Raum, dem eine solche zukünftige Entwicklung vorhergesagt wird.[3] Dabei zählt die Region Essen-Dortmund heute geopolitisch und wirtschaftlich zu den zwölf metropolitanen Regionen der Bundesrepublik Deutschland. Als metropolitane Region wird ein geschlossenes Siedlungsgebiet bezeichnet, das aus mehreren Städten und Vororten besteht. 2.720.400 Einwohner umfaßt »Metropolis« Essen-Dortmund heute.[4] Westfalen wird heutzutage oft als das Gebiet der preußischen Provinz im 19. Jahrhundert begriffen. In diesem Beitrag wird, auf der Suche nach Jazz und Landschaftsidentität, der Raum im älteren Sinne weiter gefaßt und auch das Gebiet der Ruhr miteinbezogen.

Die »Erfindung« des Jazz verbinden einige Historiker mit der Entstehung des »Charleston Rag« von Eubie Blake (1883-1983) aus dem Jahre 1899.[5] Ebenso aus dem Jahre 1899 stammt der »Maple Leaf Rag« von Scott Joplin (1868-1917). Überhaupt wurden kurz vor der Jahrhundertwende viele Ragtime-Notenalben veröffentlicht.[6] Schon im ersten Jahrzehnt des neuen Jahrhunderts verbreitete sich diese Klaviermusik über viele Teile der Welt. Andere Forscher folgen den Erzählungen des New Orleans-Pianisten Jelly Roll Morton (1885 (?)-1941). »Wenn auch seine Behauptung, der ›Schöpfer des Jazz im Jahre 1902‹ zu sein, unhaltbar ist, seine Kompositionen und Interpretationen hatten große Bedeutung, besonders für die Entwicklung des Jazzpiano-Stils, indem er den Ragtime mit dem Blues verband.«[7]

Die Literatur über die Ursprünge und Vorgeschichte des Jazz ist mittlerweile so umfangreich geworden, daß sie gar einen ganz eigenen Forschungsraum darstellt mit einer fast an märchenhafter Verwunschenheit grenzenden Faszination.[8] Macht man den Beginn der Jazzgeschichte fest an der ersten Einspielung von Jazzstücken auf dem neuen Medium Schallplatte, so tritt als »Erfinder« des Jazz die Original Dixieland Jazz Band auf. Sie gilt in der Geschichte des Jazz als wichtigstes weißes Ensemble des frühen Prämodernen Jazz. Ihre Erstaufnahmen, die weltweit populär wurden, entstanden 1917 in New Yorker Studios. Seit dieser Zeit ist Jazzgeschichte verbunden mit der Dokumentation von Jazz auf Tonträgern. Der Polarität »afro-amerikanisch« (also Blues, Ragtime etc.) – »europäisch« (euro-amerikanische Musikformen) kommt bis in die Jetzt-Zeit eine erhebliche sozio-musikalische Relevanz zu. Diskussionen über afro-amerikanische Musik in den neunziger Jahren rekurrieren auf diese Polarität zwischen Formen und Eigenheiten literater (also schriftlicher) und non-literater (nicht-schriftlicher) Musiktradition und verbinden diese Überlegungen mit Diskussionen zu den künstlerischen Problemen von Tradition und Avantgarde.[9]

»Seit wann gibt es Jazzmusiker?« fragt Ekkehard Jost und antwortet: »Außer Frage steht nach allem, was man weiß, daß Jazz seit jeher eine im wesentlichen urbane Musik war, für deren Hervorbringung zwar eine Reihe von ländlichen afro-amerikanischen Musiktraditionen mitbestimmend gewesen sein dürften, für deren erste volle Entfaltung jedoch letztlich die Stadt New Orleans mit ihrer Konzentration der verschiedensten Bevölkerungsgruppen und deren offenbar immensen Bedürfnissen nach musikalischer Unterhaltung aller Art die eigentliche Voraussetzung bildete. Insofern scheint es legitim, die ersten Jazzmusiker, die sich zwar nicht als solche verstanden, es jedoch de facto waren, in New Orleans zu suchen.«[10]

Jazz, Blues und Ragtime erklangen auch in Orten und Städten des Landes Westfalen. Musiker des prämodernen Jazz wie Günter Boas hatten sie zum Beispiel 1945 aus den amerikanischen Clubs in Frankfurt zu den frühen Jazzclubs in Dortmund und Iserlohn »mitgebracht«. Der Blues-Pianist Boas (1920 in Dessau geboren) leitete die Hot Clubs in Dortmund (1958-1962) und Iserlohn (1963-1966).[11]

Nicht angestammte urbane Verhaltens- und Musizierweisen kamen nach dem Zweiten Weltkrieg nach Westfalen zum Beispiel durch die Soldatenclubs der Besatzungsmächte. In einem englischen Army-Club im westfälischen Herne spielte schon recht früh, 1945, mit einer Combo zum Tanze auf ein Musiker und später ein Dirigent und Bandleader, der zum deutschen Aushängeschild in Sachen Big Band Jazz wurde: Kurt Edelhagen.[12] Die Kurt Edelhagen-Geschichte – er wurde 1920 in Herne geboren und verstarb 1982 in Köln – begann im Juni 1945 in besagtem englischen Soldatenclub. Aus der Kriegsgefangenschaft war er gerade zurückgekommen. Der Hunger war groß. Und vom Musikstudium an der Folkwangschule in Essen konnte der junge Edelhagen nicht leben. Mit drei Freunden fand er einen Job im genannten Club in Herne. Die Gage: ein trockenes Brötchen mit einem Salatblatt belegt. Dazu eine Tasse Tee. Die erste Edelhagen Big Band entstand wenig später dann südlich der Main-Linie im »Stardust-Club« in Heidelberg. Von da an ging die vielfach nachgezeichnete Karriere los.[13] Lokales Wirken (s. als Beispiel Günter Boas) und Ausrichtung nach außen in überregionale Zentren, um international Anerkennung zu finden (s. Kurt Edelhagen), sind zwei Verhaltensmuster, die für die Musiker der westfälischen Region in der Folgezeit typisch werden.

Die hier in Grundzügen zu skizzierende Geschichte der Jazzverbreitung und des Jazzmusizierens im Raume Westfalen beginnt also mit der Beendigung des Zweiten Weltkrieges 1945. Ein Jahr später wurde aus der ehemals 1815 entstandenen Preußischen Provinz Westfalen im Zusammenschluß mit dem nördlichen Teil der Rheinprovinz das Land Nordrhein-Westfalen in der sich allmählich konstituierenden Bundesrepublik Deutschland (West). Westfalen heute bezeichnet zum einen die »Achse« Essen-Dortmund-Soest-Lippstadt. Die Forschungen zur evangelischen Kirchenmusik kennzeichnen zum Beispiel schwerpunktmäßig diesen Raum.[14] Konfessionell katholisch geprägte Teile Westfalens sind vor allem Münster und Paderborn. Christliche Konfessionen und früher Jazz haben schon im Ursprungsland Amerika eine ausgeprägte Relation dargestellt. »Im katholisch-romanischen Süden floß [...] erheblich mehr afrikanisches Kulturgut in die Religionsausübung ein, als im protestantischen Norden (der USA), wo die streng beachteten Normen christlicher Liturgie weniger Spielraum beließen. Zudem kam die Form und Farbenpracht der katholischen Messe den Vorstellungen der Neger mehr entgegen als die kühlen protestantischen Gottesdienste.«[15] Auch in NRW nach 1945 und gelegentlich noch heute begannen und beginnen manche Jazz-Festivals vormittags mit einem Gottesdienst, aus dem heraus sich dann das »weltliche« Musizieren entwickelt(e). Ohne detaillierten, noch ausstehenden Untersuchungen vorzugreifen, gilt auch im Raume Westfalen: Musizieren in den älteren Formen des Jazz ist häufiger im Bereich der Katholizität zu finden, hingegen moderne und avantgardistische Formen mehr in Teilen evangelischer Bevölkerung. Die Veränderungen in der Gesamtbevölkerung Westfalens haben auch hier und besonders heute ihre Spuren hinterlassen.

Zum anderen konstituiert sich gegenwärtig eine urbane Großregion »Dortmund-Essen«, so daß neue Gebietsüberlegungen ins Spiel kommen. Viele Menschen an Rhein, Ruhr, Ems und Lippe sehen heute das Rheinland, das Ruhrland und Westfalen als eigene, gewachsene Regionen an, mit denen sie sich auch identifizieren. Darüber hinaus solle das Ruhrgebiet – also die Städtelandschaft von Duisburg bis Dortmund – den Ehrgeiz haben, als europäische Metropole aufzutreten; so eine Umfrage der WAZ (Westdeutsche Allgemeine Zeitung) vom 3. Februar 1999. Traditionellerweise gelten die Regierungsbezirke Münster, Detmold und Arnsberg als die drei westfälischen Großbezirke. Westfalen 1945 und Westfalen 1999 sind zwei raum-zeitliche Lebenspunkte, die sich zum Teil erheblich unterscheiden. Zudem ist gegenwärtig die Gesamtregion Westfalen ungemein vielen Veränderungen unterworfen.[16] Die Beschreibung der lokalen Jazzentwicklung orientiert sich jedoch raum-zeitlich noch an den überkommen Struktur-Einteilungen. Bestimmte Grundzüge haben sich über die Jahrzehnte hinweg erhalten: der kreative Austausch mit überregionalen und internationalen Musikentwicklungen, die Hinwendung zu modernen und experimentellen Formen des Jazzspielens, falls man international arbeiten möchte, und die lokale Urbanität für die eher traditionellen und popularmusikalischen Klangformen.[17]

Jazz-Workshop Recklinghausen 1964 mit Hans Koller (Mitte). Foto: Hans Harzheim.

Das hat einige, die Daten, Ereignisse, Personen und Entwicklungen ordnende Vorteile für sich. Kreise und kreisfreie Städte lassen sich exakt bezeichnen; der kommunale Kultur-Fleckenteppich wird übersichtlicher. Vergleiche mit Mitteilungen aus Jazz-Zeitschriften – Veranstaltungskalender, Festivalberichte, Interviews und dergleichen – lassen sich gut quantifizieren und statistisch zusammenfassen. Und schließlich können auch Aktivitäten des öffentlich-rechtlichen Rundfunks – hier eben des WDR mit seinen Landesstudios – mit einbezogen werden. Das ist nicht unerheblich, da der WDR gerade mit seinen Konzertveranstaltungen, Kompositionsaufträgen und Festivalunterstützungen eine hohe Förderfunktion auch für die lokale Förderung des Jazz hat. Die WDR-Landesstudios für den westfälischen Raum befinden sich in Münster, Dortmund, Essen, Bielefeld und Siegen. Von Dortmund aus wird die Woche über täglich die Hörfunk-Sendung »Musikszene« ausgestrahlt, die auch für die Berichterstattung der lokalen Geschehnisse zeichnet. Die früheren lokalen Musiksendungen um die Mittagszeit auf WDR Radio 5 als »Musikszene West«, die eben auch aus Münster, Bielefeld, Dortmund, Essen und Siegen im Tagesrhythmus der Wochen berichteten, gibt es nicht mehr. Die UKW-Empfangsbereiche des WDR für das Land Westfalen sind Teile des Ruhrgebiets, das Münsterland, Ostwestfalen, Sauerland und Siegerland.

Listet man zur Orientierung die westfälischen Kreise und ihre kreisfreien Städte auf, so ergibt sich folgendes Bild:

Reg.Bez. Münster:	Reg.Bez. Detmold:	Reg.Bez. Arnsberg:
Borken	Bielefeld	Bochum
Bottrop	Gütersloh	Dortmund
Coesfeld	Herford	Ennepe-Ruhr-Kreis
Gelsenkirchen	Höxter	Hagen
Münster	Lippe	Hamm
Recklinghausen	Minden-Lübbecke	Herne
Steinfurt	Paderborn	Hochsauerlandkreis
Warendorf		Märkischer Kreis
		Olpe
		Siegen
		Soest
		Unna

An welchen Orten Westfalens finden heute besondere oder gar herausragende Jazz-Aktivitäten statt? Fokussiert man den Blick von außen auf die westfälische Region, so sind es besonders vier Ereignisse: das Internationale Jazz-Festival in Münster, die Aktivitäten der Jazzszene in Dortmund (Jazzclub Domizil und Dortmunder Jazzfrühling), das Ruhrjazz-Festival in Bochum, das in den letzten Jahren durch eine weitverzweigte Ruhrgebietsaktion abgelöst wurde, die junge Essener Jazzszene mit ihren »Anbindungen« an die Jazzklassen der Folkwang Hochschule Essen und das traditionsreiche Jazz-Festival im sauerländischen Balve, das übrigens so lange schon besteht wie das Moerser Festival am Niederrhein. Dazu kommen manche Aktivitäten in Minden und Siegen.

Das Balve-Festival ist gerade jenes Festival, das zu Beginn seiner Entwicklung (1969/1973) – es fand damals zunächst auf der Burg Altena in Altena statt – die Konfrontation zwischen älterem Hot Jazz und verstörendem New Thing wagte und erprobte. Ältere amerikanische Jazzmusiker sind in Balve ebenso aufgetreten wie die »jungen Wilden« des europäischen Free Jazz; Peter Brötzmann aus dem benachbarten Wuppertal zum Beispiel, der holländische Schlagzeuger Han Bennink, der Posaunist Albert Mangelsdorff aus Frankfurt, aber auch Chris McGregor mit seiner Brotherhood of Breath oder gar der exaltierte Friedrich Gulda. Das war in den stürmischen siebziger Jahren, als die Kreativität noch grenzenlos und eine neue Welt erschaffbar erschien. In dieser Frühzeit stand

Wolfgang Dauner in Altena 1970. Foto: Hans Harzheim.

dieses sauerländische Jazz-Festival gleichsam in starker Konkurrenz zum beginnenden New Jazz Festival in Moers (1972/1973). Das Schallarchiv des WDR besitzt aus jener Zeit viele bemerkenswerte Konzertmitschnitte. Als Beispiele aus dem Jahre 1973 vom 4. Internationalen New Jazz Meeting Burg Altena im Juni 1973 seien genannt: das Albert Mangelsdorff New Quintett, das Terumasa Hino Quintett aus Japan, die Machi Oul Big Band des Pianisten Manuel Villaroel, das überaus populäre Duo Jiri Stivin (Saxophone/Flöten) und Rudolf Dasek (Gitarre) aus der damaligen CSSR und dann das Duo aus dem Wuppertaler Raum, Günter Christmann (Posaune) und Detlev Schönenberg (Schlagzeug, Perkussion).

Das Balve-Festivalprogramm vom Juni 1996 – das Balve Festival nennt sich nun auch »Internationales Jazz-und Bluesfestival Balver Höhle« – verzeichnete Musikerinnen und Musiker der älteren Jazzformen, des Swing und des Blues. Da waren die Country-Blueser Keith Dunn (harp, voc) und Jim Greene (git, voc) zum Beispiel zu Gast, das Blues Orchestra des Trompeters Calvins Owens, das Trio der amerikanischen Soul-Sängerin Torita Quick und noch andere Bands. »Hot Jazz« und »Crossroads Bluesnacht« waren die Headlines der beiden Jazztage. Dieser sauerländische Teil Westfalens hat sich in den letzten Jahren zur Blues-Hochburg entwickelt. Im benachbarten Altena werden die »Blues News«, die sich als deutsches Bluesmagazin verstehen, herausgegeben und vertrieben.

EINE ERSTE MOMENTAUFNAHME: JAZZ IN WESTFALEN 1998/1999

Drei Jazz-Zeitschriften haben eine große Leserschaft in NRW. Ihre Konzert- und Festivalankündigungen sind daher von erheblicher Bedeutung. Zum einen informiert das »Jazz Podium« aus Stuttgart, dann die »Jazzthetik« aus Münster und schließlich das »Jazz thing« aus Köln/Bonn. Geht man zur Beantwortung der oben gestellten Frage nur einmal die Monate Dezember 1998/Januar 1999 durch, so treten folgende Orte Westfalens besonders in Erscheinung:

Arnsberg	3
Bielefeld	9
Bochum	6
Dortmund	12
Essen	1
Gelsenkirchen	4
Gütersloh	2
Hagen	3
Hamm	3
Herne	1
Iserlohn	7
Lünen	1
Minden	4
Mülheim/Ruhr	3
Münster	14
Recklinghausen	6
Siegen	4
Soest	2

(Auswertung der Club-, Konzert- und Festivalaktivitäten; angegeben in den folgenden Ausgaben: Jazz Podium, 12/98 und 1/99, Jazzthetik, 12/98 mit 1/99 – Doppelheft)

Lucky Thompson in Essen. Foto: Hans Harzheim.

Die Aktivitäten sind ohne eine Differenzierung bezüglich Stilistik, Bands und anderer Besonderheiten gezählt. Viele dieser Ereignisse sind mit der Tätigkeit der vor Ort wirkenden Jazzclubs verbunden: mit den Jazzclubs in Münster, Iserlohn und Minden, dem Domicil in Dortmund, dem Bunker Ulmenwall in Bielefeld und der BIIM in Bochum (Bochumer Initiative für Improvisierte Musik). Eine Reihe der Dezember- und Januar-Veranstaltungen wurden in Kirchen durchgeführt: in der Altstädter Nicolai-Kirche in Bielefeld zum Beispiel, in der Martin-Luther-Kirche in Gütersloh und in der Paulikirche in Soest. Weitere Veranstaltungsorte waren Jugendzentren, Foyers von Musiktheatern, die Westfalenhalle, das Opernhaus in Essen, Internationale Hotels, auch Brauereien, alte Bahn- und Schlachthöfe, die nun als Räume für Kultur-»Events« dienen, Zentren von großen Verkaufshäusern und Räumlichkeiten von Kunstvereinen und Museen. Damit dokumentiert sich die Spannweite heutigen Jazzmusizierens, seine vielfältige Ausdifferenzierung zwischen urbanem Umgangsmusizieren und artifiziellen Klangformen, auch in der Unterschiedlichkeit der Orte und Lokalitäten. Bei den als Spitzenreiter (allerdings nur für die Zeit Dezember 1998/Januar 1999) ausgewiesenen Städten sind die veranstaltenden Clubs und Musiker-Initiativen schon lange Zeit tätig. Der Hot Club

Iserlohn, der heute Jazzclub Henkelmann heißt, existiert seit 1952. Er ist mit dieser Tradition auch der ersten deutschen Jazzclub-Bewegung nach dem Zweiten Weltkrieg verbunden, die sich damals in den frühen fünfziger Jahren zur Deutschen Jazz-Föderation zusammengeschlossen hatte. Zu jenen frühen Clubs gehörte auch der Hot Club Dortmund (Gründungsjahr 1949). Der heutige Domizil-Club in Dortmund ist nicht als »Fortsetzung« des ehemaligen Hot Clubs Dortmund zu verstehen.

Wie also sah der Beginn des Jazz in Westfalen aus? Die Anfänge begannen in den »Kellern« der Hot Clubs, auch der Soldatenclubs der Besatzungstruppen. Es folgten Konzerte großer Jazzmusiker, zum Beispiel das Konzert von Duke Ellington und seinem Orchester im Juni 1950 in Dortmund, und drei große Jazz-Festivals in Essen (1959, 1960, 1961), die zu Vorläufern des Jazzfestes in Berlin werden sollten. Duke Ellington und sein Orchester übten eine sehr große Faszination aus. Der Journalist Rolf Düdder – er verstarb 1988 – gründete den Hot Club Dortmund und konnte als Präsident des Clubs Duke Ellington als Ehrenmitglied gewinnen. Das damalige Ellington-Konzert wurde mit »The Mooche« eröffnet, jenem traditionsreichen Orchesterpiece, das zum »Jungle Style« der frühen Ellington-Musik der endzwanziger Jahre zählt.[18]

ERSTE INTERNATIONALE JAZZ-FESTIVALS: ESSENER JAZZTAGE 1959/1960/1961

Ungemein gesteigert wurde die Jazzpopularität durch ein im Ruhrgebiet stattfindendes, mit internationalen Stars gespicktes Festival: die Essener Jazztage. Sie fanden dreimal in der Essener Grugahalle statt: 1959, 1960 und 1961. Die Geschäftsführung hatte Ralf Schulte-Bahrenberg. Er zog in den Jahren 1960 und 1961 Joachim-Ernst Berendt als künstlerischen Leiter hinzu. Beim 1959er Festival war noch der Amateurjazz-Veranstalter Karl Heinz Lyrmann beteiligt. Aus den Essener Jazztagen sind dann 1964 die Berliner Jazztage hervorgegangen.

In der Grugahalle in Essen konnte man damals an mehreren Tagen der amerikanischen Jazzprominenz begegnen, aber auch europäischen und deutschen Jazzmusikern zuhören. Am 18. und 19. April 1959 traten das Albert Mangelsdorff Jazztet auf (mit Dusko Gojkovic, Trompete; Albert Mangelsdorff, Posaune; Emil Mangelsdorff, Altsaxophon; Joki Freund, Tenorsaxophon; Pepsi Auer, Klavier; Peter Trunk, Baß, und Rudi Sehring, Schlagzeug), dann das Martial Solal Trio mit Oscar Pettiford am Baß und Kenny Clarke am Schlagzeug; dazu in einem weiteren Set zum Quartett erweitert durch den Saxophonisten Lucky Thompson. Die Clara Ward Singers schlossen den ersten Tag mit Spirituals und Gospelgesängen.

Das zweite Konzert begann mit dem britischen Hot-Trompeter Alex Welsh und seinen Dixielanders, dann kam die holländische Fraktion mit der Dutch Swing College Band und dem Trompeter Nelson Williams als Solisten, der damals in Paris lebte, und schließlich noch einmal Großbritannien mit der Humphrey Lyttelton Band. Den Abendteil gestalteten dann der Klarinettist Rolf Kühn mit Oscar Pettiford und Kenny Clarke, der Pianist Bud Powell, ebenso mit Pettiford und Clarke, und dann wieder die Humphrey Lyttelton Band mit einem Star der Swing-Trompete, mit Buck Clayton. Die Moderatoren der damaligen Konzerte waren zwei »Urgesteine« im deutschen Nachkriegsjazz: Dietrich Schulz-Köhn und Olaf Hudtwalcker. (Vgl. zu Schulz-Köhn den Beitrag von Heinz Protzer in diesem Band.) Hudtwalcker zählte mit Horst Lippmann und Heinz Werner Wunderlich zum Vorstand der Deutschen Jazz-Förderation, ein Dachverband der frühen deutschen Hot- und Jazzclubs.

Eröffnet wurden aber die beiden Essener Jazztage 1959 durch die amerikanische Prominenz: das Oscar Peterson Trio mit Ella Fitzgerald, Roy Eldridge und Stan Getz. Sie waren das damalige »Jazz At The Philharmonics«-Paket (JATP) des Impresario Norman Granz; gleichsam ein

Konzert in einem Konzert. Die Essener Jazztage bildeten auf diese Weise auch ein bestimmtes Veranstalter-Konzept aus: Erstens die amerikanische Prominenz, dann zweitens die europäischen und drittens die deutschen Jazzmusiker. Das glanzvolle Programmheft der Essener Jazztage 1959 verzeichnet auch eine Reihe von Publikationen, die auch heute noch durchaus lesenswert sind, im beigesetzten Reklameteil auch viel über Mode und Zeitgeist widerspiegeln. An der Trompetenkunst von Buck Clayton wird über »Mainstream Jazz« philosophiert, ein Begriff, der heutzutage zur Stigmatisierungs-Vokabel geworden ist, Schulz-Köhn schrieb zu Spirituals und zum Gospel-Song, und der Komponist der Moderne, Rolf Liebermann, reflektierte über Jazz und Kunstmusik (einschließlich der »Zwölftonmusik«).

Jazz galt als Ausdruck von Moderne und Fortschritt und zugleich als »Brücke zwischen den Kontinenten«. Dafür standen bei der Firma Teldec damals nicht nur angelsächsischer Mainstream-Jazz, sondern auch John Lewis, der Leiter des Modern Jazz Quartett, mit dem Stuttgarter Symphonie-Orchester, der Pianist Friedrich Gulda mit der Creme der amerikanischen Ostküsten-Musiker und Tony Scott mit schwedischen Musikern. Und was trugen die jungen Leute zum Jazz-Konzert: nun, die jungen Damen (die teenager): »tolle mäntel, totschicke kleider, röcke, blousons, petticoats, pullis«; und die jungen Herren (die twens): »blazer, dufflecoats, anzüge, hosen, lederjacken, pullover, hemden.«[19]

»Rund ein Viertel des Gesamtprogramms bestritt Norman Granz' JATP Truppe, [...] Ella [Fitzgerald] war die Königin der Jazz-Tage. Sie ist schlechthin unübertrefflich und – übertrifft immer wieder sich selbst. Kann man noch schreiben: Sie hat gesungen? Es müßte heißen: Sie hat Hof gehalten. Und ihren 8200 (am ersten Abend) anwesenden Untertanen bot sich das bewegende Bild einer großen Künstlerin, die eine unendlich bescheidene und dankbare Frau geblieben ist.«[20] Das aus Stuttgart kommende »Jazz Podium«, in dem der Artikel von Nass zu finden ist, brachte in seiner Juni-Ausgabe eine mehrseitige Berichterstattung mit zahlreichen Fotos.

Die Essener Jazztage 1960 fanden an zwei Tagen, am 2. und 3. April, statt. Zu Gast waren u.a. Coleman Hawkins, Tenorsaxophon, mit dem Oscar Pettiford Trio, das Dave Brubeck Quartett, der Geiger Stephane Grappelli und Champion Jack Dupree. Einige Aufnahmen wurden als Schallplatte bei METRONOME veröffentlicht. Coleman Hawkins versuchte bei seinem Auftritt in

Bud Powell in Essen. Foto: Hans Harzheim.

Gegenwart der Bebopper Pettiford, Powell und Clarke seine Stilistik zu ändern. Eine Art Hardbop-Phrasierung entstand so in seinem Spiel. Oscar Pettiford verstarb übrigens im September desselben Jahres.

Diese Essener Jazztage 1960 hatten sich in Szene gesetzt durch zwei Markierungen: »das bedeutendste jazzereignis in deutschland« zu sein und »zweites internationales jazz festival der deutschen jazzföderation.«[21] Das änderte sich mit den Essener Jazztagen 1961. Sie waren die letzten dieser Art. (Vgl. hierzu Berthold Klostermann und Hans-Jürgen von Osterhausen in diesem Band.) 1964 entstanden die Berliner Jazztage. Essen hat bis heute kein gleichgewichtiges Jazzfest mehr entwickelt, dafür aber eine Reihe anderer Aktivitäten (Jazzklassen der Folkwang Hochschule, J.O.E., nämlich die junge Jazz Offensive Essen, bemerkenswerte Einzelkonzerte, Veranstaltungen im »Satiricon«; hierzu vgl. Klostermann). Die künstlerische Leitung und die Moderation der Konzerte lag in den Händen von Joachim-Ernst Berendt, damals bereits Leiter der Jazz-Redaktion beim SWF. Der Wiener Tenorsaxophonist Hans Koller präsentierte sich mit der Creme europäischer Jazzmusiker. Darunter waren die Trompeter Ack van Rooyen und Rolf Schneebiegl, der Pianist Hans Hammerschmied, Bob Carter am Kontrabaß und Sperie Karas am Schlagzeug. Letzterer unterrichtet heute an der Folkwang Hochschule das Fach Big Band/Schlagzeug. Aus Holland war die Sängerin Rita Reys zu hören, begleitet vom Pim Jacobs Trio. Als europäische Solistenallianz präsentierten sich Clarke, Boland & Co., die Urzelle der Kenny Clarke-Francy Boland Big Band. Einer der großen Posaunisten des Jazz, ein Stilbildner sozusagen, Jay Jay Johnson, trat als Solist der Herren um Kenny Clarke und Francy Boland auf. Das Thelonious Monk Quartet, die Newport Dixieland All Stars, das Kenny Clarke Trio, das Bud Powell Trio, das Art Taylor-Jackie McLean Quartet, Roland Kirk, die Buck Clayton All Stars und der Sänger Jimmy Witherspoon vervollständigten das Programm. Hans Gertberg (vom NDR) moderierte den zweiten Tag des Festivals. Das »Jazz Podium« stellte in einem mehrseitigen Bericht in seiner Mai-Ausgabe besonders Roland Kirk heraus, dann die Pianisten Bud Powell und Sir Charles Thompson, die Trompeter Buck Clayton, Ruby Braff und Emmett Berry, Jackie McLean, Jimmy Witherspoon und Rita Reys.[22]

Die Essener Jazztage waren damals ein großer Erfolg. Vom Konzept her war das Festival nicht einfach eine Massierung großer Stars gewesen, und es präsentierte auch ohnehin nicht diejenigen Künstler, die gerade in Europa auf Tournee waren. So wird die Pilotfunktion der Essener Jazztage für das Berliner Jazzfest verständlich. Die Philosophie hieß: einen informativen Überblick über die jeweils agierende Szene zu geben. Aber was war eigentlich die Jazzszene in jenen Tagen? Und speziell im westfälischen Raum, einem Durchwanderungs- und Durchfahrland von West nach Ost und von Süd nach Nord (und umgekehrt)?

EINE ZWEITE MOMENTAUFNAHME: JAZZ IN WESTFALEN 1958/1959

Vor dem Hintergrund des allgemeinen Jazzgeschehens in Deutschland (West) gab es in der Phase der Nachkriegszeit von 1945/1946 bis 1960/1961 vier wichtige jährliche Termine: das Deutsche Jazz Festival in Frankfurt am Main, 1953 gegründet, den Salon-du-Jazz, 1955 in Dortmund gegründet, dann später in Berlin als Deutscher Jazz Salon von Ralf Schulte-Bahrenberg fortgeführt, die bereits beschriebenen Essener Jazztage als die großen Jazz-Festivals schlechthin in der damaligen Bundesrepublik und das »Festival der Jazz-Amateure« in Düsseldorf, 1955 gegründet. (Vgl. hierzu den Beitrag von Heinz Protzer und Reiner Kobe in diesem Band.) Aber es gibt im Zusammenhang mit Jazz-Aktivitäten im westfälischen Raum schon früh einige Besonderheiten: einzelne Musikerpersönlichkeiten, intensives Jazzclub-Leben und Gesangsbewegungen im Umfeld von Jazz, Blues, Spiritual und Gospel.

Denjenigen, die mit Jazz in den späten fünfziger Jahren groß geworden sind, ist das Jahr 1958 z. B. mit den Stücken »The Sermon« von Jimmy Smith verbunden, der die Hammond-Orgel zu einem perkussiven Klangfarbeninstrument gemacht hatte; auch mit »Milestones« von Miles Davis, dann mit dem wunderbaren Film »Jazz on a Summer's Day« (»Jazz an einem Sommerabend«) über das Newport Festival von 1958 (es ist heute als Video lieferbar), ein Kultfilm noch Jahrzehnte danach; unter den Gesangsstars machte das Trio Dave Lambert, Jon Hendricks und Annie Ross Furore, und dann natürlich die »Hymne« der Hard Bopper, das »Moanin'« (komponiert von Bobby Timmons) in der Aufnahme des Schlagzeugers Art Blakey mit dem Trompeter Lee Morgan.

»Im Herbst entstand in Paris mit dem Blue Note einer der führenden Jazzclubs in Europa, in dem regelmäßig Spitzenmusiker gastierten. In Wien eröffnete der Klarinettist und Bandleader Fatty George seinen originell ausgestatteten Fatty's Saloon, der bis 1963 bestand.«[23] Hans Koller war in Deutschland einer der großen Spitzenmusiker des Jazz. Er arbeitete im Quartett mit dem ungarischen Gitarristen Attila Zoller, der 1959 in die USA ging, mit dem amerikanischen Schlagzeuger Jimmy Pratt und mit dem Bassisten Oscar Pettiford zusammen.

1959 ist das Jahr mit vielen Neuerungen im Jazz: Charles Mingus verband seinen modernen Jazz mit Traditionen der Bluesmusik und des Gospelsongs, Miles Davis festigte seine Modal-Spielweise (»Kind of Blue«), John Coltrane's »Giant Steps« entstanden, und Ornette Coleman sorgte für erste Irritationen. Durch die Adderley-Brüder meldete sich vehement der Hard Bop zu Wort und schuf eine große Popularitätswelle; eine begeisternde Musik, zu der später der Wiener Joe Zawinul sein bewegendes »Mercy, mercy, mercy« beisteuern sollte. Es ist auch das Jahr des Pianisten Bill Evans, der mit seiner Platte »Portrait in Jazz« vom 28.12.1959 seine erste hervorragende Einspielung vorlegte. In Kopenhagen eröffnete 1959 mit dem Club Montmartre (später Jazzhus Montmartre) ein weiterer wichtiger europäischer Jazzclub seine Veranstaltungen. Unter den europäischen Musikern machte besonders der schwedische Posaunist Åke Persson 1959 von sich reden.

Die Ruhrgebietsjazzer und die Jazzmusiker im weiteren westfälischen Raum nahmen an der frühen Jazzclub-Bewegung teil. Die Hot Clubs in Dortmund, Iserlohn und auch im münsterländischen Coesfeld gehörten dazu. Und so traten dann in Städten, die nicht gerade zu den Metropolen zählen, Jazz-Aktivitäten viel stärker in Erscheinung als in mancher bevölkerungsreicheren Stadt. Zudem ist die Jugend jener Zeit sehr stark vom aktiven Jazzmusizieren angezogen; es entstehen viele Amateurbands.[24] Der Hot Club Dortmund bespielsweise gründete seinen »Salon-du-Jazz«, der zweimal – 1955 und 1957 – stattfand.

Er gab zudem das »West Jazz«, die Jazznachrichten aus Westdeutschland, heraus. Sein Programm des 2. Deutschen Jazz-Salons beschreibt sehr gut die jazzprogrammatische Lage zum Ende der fünfziger Jahre. Er fand vom 11. bis zum 17. März 1957 statt. Es war eine Allround-Wort-Musik-Veranstaltung, um die allgemeine Akzeptanz für Jazz zu erringen. Im Fritz-Henssler-Haus hielten ausgesuchte Fachleute der tradierten Wissenschaft und Kunst Vorträge; zum Beispiel der Musikpsychologe Albert Wellek (»Probleme der modernen Musik«) und der Kulturphilosoph Günther Anders (»Jazz und die Selbstmechanisierung des Menschen«). Im Fritz-Henssler-Haus gab es dann einen Abend »Experimentelle Musik«. Mitwirkende waren das Dortmunder Kammerorchester, das Quartett des Dortmunder Klarinettisten Reiner Glen Buschmann und das Duo Attila Zoller (Gitarre) mit Albert Mangelsdorff (Posaune). Es gab drei Jazz-Konzerte mit traditionellem Jazz, mit modernem Swing und mit dem New Jazz der Hans Koller Combo aus Wien. Koller hatte sich zur Begleitung Dortmunder Musiker ausgesucht. Die Bands der unterschiedlichen Jazzspielweisen kamen aus Hamburg, Köln, Leipzig, Zürich, London, aus Berlin das Johannes Rediske-Quintett und aus Mannheim zum Beispiel das Wolfgang Lauth Quartett. Aus dem Ruhrgebietsumkreis war der »Woodhouse Spiritual Choir« aus Mülheim/Ruhr gekommen. Die Konzerte fanden bis auf zwei im Universum-

Filmtheater statt. Im Gartensaal des Fritz-Henssler-Hauses konnte man außerdem die Woche über Jazz-Fotos, Gemälde, Plastiken, Schallplatten und Jazz-Literatur besichtigen und studieren.

Diese Mischung von Jazzkonzert der überkommenen Stilistiken »Traditionell, Swing, Mainstream, Modern, New« in Verbindung mit Kunst und Modernität des Lebens traf genau den Zeitgeist bzw. wurde genau von den jungen Leuten goutiert, die diese Mischung mit ihrem Lebensstil zu verbinden suchten. Und das war schwierig genug. »Jazz galt zwar nicht mehr als ›entartete Musik‹, zumindest nicht im offiziellen Sprachgebrauch, aber seine künstlerische Seite als Musik- und Kulturform war damit noch lange nicht akzeptiert. Dafür mußte man streiten. Jazzmusiker sprachen bei ihrer Musik von der neu gewonnenen menschlichen und musikalischen Freiheit. Eltern, Lehrer und Pfarrer sorgten sich um die Jugend, die, so fürchteten sie, dem Rhythmus des Jazz verfallen würde.«[25] Das »Dortmunder Tageblatt« vom 16.12.1957 versuchte in einem groß aufgemachten Artikel, die einzelnen Standpunkte zu erläutern: »Jazz – Ausdruck der Unfreiheit, der Freiheit oder ein Kult?« Und es versuchte, das auch optisch darzustellen: Drei Musiker standen mit ihren Vortragshaltungen für »Rhythmus«, »Ekstase« und »Sammlung«; aber am Ende gab es doch einen Trost: »Jazz ist nur Musik«.

Einige wenige, noch abspielbare Aufnahmen vom 2. Salon-du-Jazz aus Dortmund 1957 existieren heute im Schallarchiv des WDR in Köln. Andere wurden damals auf Platten veröffentlicht. Interessant und aufschlußreich im Gesamtzusammenhang ist das Ergebnis des Deutschen Kritiker Polls 1958. Ihm gehörten damals an: Joachim-Ernst Berendt, Günter Boas, Werner Burckhardt, Hans Gertberg, Walter Hein, Franz Heinrich, Olaf Hudtwalcker, Wolfgang Jänicke, Teddy Leyh, Horst Lippmann, Karl Heinz Nass, Joe Schevardo, Siegfried Schmidt, Hermann Schreiber, Dietrich Schulz-Köhn und Dieter Zimmerle; also ein Ensemble von 16 Stimmen. Listet man nur die Höchstwertungen auf, so ergibt sich folgende Verteilung im Deutschen Jazz Kritiker Poll 1958:

> Posaune: Albert Mangelsdorff (14)
> Tenorsaxophon: Hans Koller (11)
> Baritonsaxophon: Helmut Brandt (14)
> Gitarre: Attila Zoller (12)
> Kontrabaß: Peter Trunk (10)
> Vibraphon: Wolfgang Schlüter (10)
>
> voc (Folklore, männl.): Günter Boas (2)
> voc (Jazz, männl.): Wolfgang Sauer (3)
> voc (Jazz, weibl.): Inge Brandenburg (8)[26]

Die beiden Sänger und Pianisten Günter Boas und Wolfgang Sauer sind mit der westfälischen Nachkriegsszene eng verbunden. Bei den Ensembles (Combo trad.: Feetwarmers (4); Combo mod.: Michael Naura (5); Big Band: Kurt Edelhagen (7)) ist in jenem Jahr kein Ensemble aus dem Westfälischen zu finden.

Auch wenn schon damals Jazz-Polls dieser Art umstritten waren, so sagt doch die geringe Nennzahl bei Boas und Sauer einiges über sie als »Repräsentanten der Jazzszene« aus. Lokales Wirken im regionalen Umkreis sichert noch keinen überregionalen Bekanntheitsgrad, sofern ein solcher erstrebt wird. Zugleich muß man dabei berücksichtigen, daß die westfälischen Hellwege zwischen Köln und Hannover und zwischen Frankfurt und Hamburg damals nicht über entsprechende überregional wirksame Medien verfügten.

JAZZMUSIKER DER NACHKRIEGSZEIT UND WESTFÄLISCHE JAZZCLUBS ZWISCHEN GESTERN UND HEUTE

»Die Hauptkriegsgegner des Deutschen Reiches, die USA, Großbritannien und die Sowjetunion, hatten sich seit 1943, endgültig auf der Konferenz von Jalta vom 4. bis 11. Februar 1945, [...] auf die Teilung des deutschen Reichsgebietes westlich der Oder-Neiße-Linie [...] in vier Besatzungszonen geeinigt. Die britische Besatzungszone umfaßte die Provinz Westfalen, den nördlichen Teil der Rheinprovinz, d.h. die Regierungsbezirke Düsseldorf und Köln und den – 1972 aufgelösten und dem Regierungsbezirk Köln eingegliederten – Regierungsbezirk Aachen, die Provinzen Hannover und Schleswig-Holstein, die Länder Lippe, Schaumburg-Lippe, Braunschweig und Oldenburg sowie die Freie und Hansestadt Hamburg; die Freie Hansestadt Bremen (Bremen und Bremerhaven) kam zur Amerikanischen Besatzungszone, die sich im übrigen über Bayern, Hessen und Nordwürttemberg-Nordbaden erstreckte.«[27]

Durch diese Teilung war die Grenze von Westfalen und Hessen zur Zonengrenze zwischen der britischen und amerikanischen Besatzungszone geworden. Die Grenze zwischen den westfälischen Landkreisen Olpe und Siegen und den zum Regierungsbezirk Koblenz gehörenden rheinischen Nachbargemeinden fixierte die Grenze zur Französischen Zone.

Schon 1945 war der westfälische Raum Zielzone vieler Menschen, die aus Ostdeutschland und aus Ost- und Südosteuropa kamen; man sprach von »Umsiedlern«, »Flüchtlingen« und »Vertriebenen«. Zwischen Februar und Herbst 1946 erreichten große Massentransporte mit »Ostflüchtlingen« bzw. »Ostvertriebenen« die Provinz Westfalen. Sie trafen hier auf bombenzerstörte Städte, in die zusätzlich auch die in Westfalen heimischen Evakuierten zurückströmten. »Am 1. August 1947 fand im zwischenzeitig gegründeten Land Nordrhein-Westfalen eine ›Flüchtlingszählung‹ statt. Danach hatte Westfalen (unter Einschluß des ehemaligen Landes Lippe) bis zu diesem Zeitpunkt 566.772 ›Ausgewiesene und Vertriebene‹ und 37.780 ›Flüchtlinge aus der sowjetischen Zone‹ (6,3% der Gesamtsumme), zusammen also 604.552 Personen aufgenommen.«[28] Gut 80% der »Ostflüchtlinge« kamen aus dem ehemaligen Reichsgebiet östlich der Oder-Neiße-Linie. Darunter waren die Schlesier die größte Gruppe (ca. 54%), gefolgt von den Ostpreußen (16,4%) und den Polen mit etwa 8%. Kleinere Gruppen waren aus dem Sudetenland, aus der ehemaligen Freien Stadt Danzig, aus der Sowjetunion, aus Ungarn und Rumänien gekommen, aber auch aus Österreich und den Niederlanden.

In diesem »Melting Pot« aus Einheimischen und der zurück- und zuströmenden Bevölkerung erklang als neues Kulturphänomen eine rhythmische Musik, zu der man tanzen konnte, der man aber auch zuhörte; und es war eine Musik, die mit einer Intensität dargeboten wurde, die die meisten noch nie erlebt und gehört hatten. Die Faszination war so groß und in den einzelnen Aspekten so vielfältig, daß man sich zu Clubs zusammenschloß. In einem Jazz-Adreßbuch 1955-1956 – als Beilage in der Monatszeitschrift »Gondel« aus Hamburg – finden sich zum Beispiel die Anschriften des Hot Club Dortmund (Dortmund-Wickede, Hellweg 62), des Hot Club Essen e.V. (Essen, Postfach 734), des Hot Club Iserlohn (Iserlohn, Hagener Str. 28), einer I. G. Mülheim/Ruhr (Borbeckerstr.101) und des Hot Club New Orleans in Gelsenkirchen (Rheinische Str. 37).[29] Zumeist sind die Jazzclubs ein Zusammenschluß engagierter Laien. Man scharte sich deswegen auch um einen oder mehrere Jazzmusiker. Clubabende waren zum einen Zusammenkünfte, bei denen man gemeinsam Schallplatten abhörte und über sie diskutierte, auch über Jazzliteratur, Jazzfotos und Jazzfilme, aber auch regelrechte kleine Konzertabende. Später führten manche Clubs größere Veranstaltungen durch mit Vorträgen, öffentlichen Diskussionen und Spezialkonzerten – z.B. Gesprächskonzerte zu bestimmten Phänomen des Jazz. Man wollte die größere Akzeptanz der neuen Musikform Jazz erreichen. (Vgl. hierzu die Beiträge von Bernd Hoffmann, Hot Clubs, und Heinz Protzer, Subkultur, in diesem Band.)

Mitte Oktober 1958 führte zum Beispiel die Evangelische Akademie Rheinland-Westfalen im Haus Ortlohn in Iserlohn eine dreitägige Tagung durch, deren Programmabfolge typisch für das Engagement der Jazzfreunde jener Zeit ist. Warum fasziniert uns Jazz? So hieß die Tagungsfrage. Beantwortet wurde sie damals mit einer Ausstellung zu Jazz in den USA, mit einem längeren Vortrag zum Thema von Joachim-Ernst Berendt, mit Ausführungen zu Themen wie »Gottesdienst in Negerkirchen« (Referent: Rolf Düdder, Präsident des Hot Clubs Dortmund), »Jazz – Musik einer jungen Generation« (Referent: Pastor Schimmel aus Hagen) und »Jazz hinter dem Eisernen Vorhang« (Referent: Siegfried Schmidt vom Jazz-Haus Frankfurt). Abends gab es jeweils ein Jazz-Konzert; zum Beispiel mit dem Pianisten und Bluessänger Günter Boas, mit der Club-Kapelle des Hot Clubs Iserlohn und mit dem Siggi Gerhard-Swingtett aus Dortmund. Und morgens konnte man in der Hauskapelle von Ortlohn einen Gottesdienst besuchen.[30]

Ende Juni 1958 hatte die Gewerkschaftsjugend im Rahmen der Ruhrfestspiele Recklinghausen ihre Kulturtage durchgeführt. Auch hier stand Jazz als aktuelles Thema an. Gefragt wurde: »Jazz – eine kulturelle Kraft unserer Zeit?« Im Gymnasium Petrinum wurde vereint eine Antwort gesucht. Zur Entwicklung und zur Soziologie des Jazz sprach Siegfried Heuser aus Bochum, und zur Faszination des Jazz auf junge Menschen referierte Joachim-Ernst Berendt. Musikalisch wurde ein Spiritualkonzert geboten. Es sang der Spiritual-Chor der Gewerkschaftsjugend aus Lübeck.[31]

Zwei Jazzclubs, der Hot Club Dortmund und der Hot Club Iserlohn, sollen als Beispiele für die vielfältigen Aktivitäten der Jazzfreunde bis etwa zur zweiten Hälfte der sechziger Jahre stehen. Sie sind auch unmittelbar mit den wichtigen Jazzmusikern der Nachkriegszeit verbunden. Entwicklungen ab 1969, mit denen das heutige Jazz Domicil in Dortmund verbunden ist, werden im Kapitel »Moderne Entwicklungen im Westfälischen Raum« betrachtet. Der Hot Club Dortmund wurde im Januar 1949 gegründet; am 9. Februar 1949 gaben Musiker eine erste Session im Club, und der Gründer und erste Präsident des HC Dortmund, der Journalist Rolf Düdder, konnte, wie schon erwähnt, zum Ehrenpräsidenten des Clubs Duke Ellington gewinnen (nach dessen Konzert 1950 im wiedereröffneten Dortmunder »Capitol«).[32] Düdder war dann 1954 auch Mitarbeiter des »Jazz Podium« und übersetzte 1960 mit Herbert Schüten das Jazzbuch des Gitarristen Eddie Condon (»We Called It Music: A Generation Of Jazz«) ins Deutsche.[33]

Der Hot Club Iserlohn wurde am 3. Juni 1952 gegründet. Sein erstes Domizil war bis 1977 der Jazzkeller im Iserlohner Haus der Heimat. Dann wurde der Club in Jazzclub Henkelmann umformiert. 1987 war das große Festjahr: 750 Jahre Stadt Iserlohn, 35 Jahre Hot Club Iserlohn, zehn Jahre Jazzclub Henkelmann. An vier Tagen über den September 1987 verteilt wurde ausgiebig gefeiert. Es gab einen Tag der offenen Tür mit abendlicher Live-Musik und einer Session mit Musikern der ehemaligen Hot-Club-Formationen und einen Jazz-Live-Abend. Dann trat der Klarinettist Monty Sunshine auf; und schließlich gab es in Zusammenarbeit mit dem WDR ein Jubiläumsabschlußkonzert.

Elf Vorsitzende hat der Club bis 1987 gehabt. Der erste war Hermann Walter Stein (er gründete als Schlagzeuger den Club); im Jubiläumsjahr präsidierte Dieter Enners. Unter den Vorsitzenden ist als bekanntester Musiker Günter Boas zu verzeichnen (1960-1964). Alle Musiker der ersten 15 Jahre im westfälischen Nachkriegsjazz aufzuzählen, würde den Rahmen dieses Essays sprengen. Jedoch lassen

Arne Domnerus (links) und Ronnie Ross (Mitte) beim Jazz-Workshop in Recklinghausen.

sich eine ganze Reihe von Musikern benennen, die auch in der Folgezeit wichtig geblieben sind oder auch im damaligen überregionalen Schrifttum besonders herausgestellt wurden. Zu diesen Musikern gehören der Klarinettist und Altsaxophonist Reiner Glen Buschmann, der bis zu seinem Tode im Jahre 1995 für die Jazzszene hierzulande und speziell für die in Dortmund tätig gewesen ist,[34] der Sänger und Pianist Wolfgang Sauer, der Bluespianist Günter Boas und der Klarinettist Siggi Gerhard. Alle diese Musiker bildeten in der Folgezeit verschiedenartigste Gruppen, so daß ein ziemlich großer Umkreis an Musikern entstand.

Die ersten Gruppen des westfälischen Raums, die dann über ihre urbane Lokalität hinaus bekannt wurden, zum Beispiel auch auf dem Deutschen Jazz-Festival in Frankfurt vertreten waren oder am Ende des westfälischen Hellwegs in Hannover spielten, waren um diese Musiker versammelt. Da gab es die Wolfgang Sauer Ebony Blue Five und das Reiner Glen Buschmann All Star Quintett; da spielte Günter Boas mit den Oscar Klein's Bluesmen und das Siggi Gerhard Swingtett eiferte der Benny Goodman-Musik nach. Der Trompeter Oscar Klein wurde Mitte der fünfziger Jahre der Trompeter der Dixie-Kombination des Wiener Klarinettisten Fatty George, später dann der Tremble Kids aus Zürich, und auch heute ist er noch auf manchem Hot Jazz-Meeting zu hören.

Der Pianist und Sänger Wolfgang Sauer, stilistisch dem Swing zuzurechnen, stammt aus Wuppertal. Seit frühester Jugend blind, bildete er sich in Klavier, Komposition und Chorleitung aus. An den Universitäten in Marburg und Köln studierte er ab 1946 Englische und Deutsche Literatur. 1949 gründete er in Wuppertal eine Band und zwei Jahre später in Dortmund die »Ebony Blue Five«.[35] Mit dieser Gruppe trat er 1954 beim deutschen Jazz-Festival in Frankfurt auf. Dabei waren die »Ebony Five« aus einer »Jazz-Ehe in Herne« hervorgegangen: Wolfgang Sauer und der Klarinettist Reiner Glen Buschmann hatten sie in einem Herner Café vollzogen. Auf dessen Podium begann einst Kurt Edelhagen als unbekannter Akkordeon-Solist seine Karriere.

Der Dortmunder Reiner Glen Buschmann (1928-1995), stilistisch dem Swing und dem Modernen Jazz zuzurechnen, begann seine Studien in Dortmund und in Essen; zunächst Klarinette, Saxophon und Klavier, später Komposition in Freiburg. In den Jahren 1947-1951 unternahm er viele Reisen als Jazzmusiker und Ensemblespieler. Ab 1952 führte er zahlreiche Konzerte mit eigenen Gruppen durch, arbeitete aber auch als Musikdozent an Volkshochschulen. 1958 war er Cembalist und Dirigent beim Städtischen Kammerorchester Dortmund und seit 1963 Leiter der Musikschule in Dortmund. Er arbeitete auch als Dozent an der Musischen Bildungsstätte in Remscheid und am Jazzseminar der Musikhochschule Köln. Er war zudem Gründer des JugendJazzOrchesters Nordrhein-Westfalen.

Der Blues-Pianist Günter Boas, am 15.2.1920 in Dessau geboren, begann 1945 in amerikanischen Clubs in Frankfurt, war dort am Aufbau eines Hot Clubs beteiligt, gründete dann 1949 die Band »Two Beat Stompers« und machte zudem Rundfunksendungen über Blues (am amerikanischen Sender AFN). Ab Ende der fünfziger Jahre leitete er die Hot Clubs in Dortmund und Iserlohn.

Der Klarinettist Siggi Gerhard kam 1947 erstmalig mit Jazz in Berührung. 1958 gründete er das Siggi Gerhard Swingtett, mit dem er auch an den Ruhrfestspielen in Recklinghausen teilnahm. Teile des Quintetts waren zuvor als »Dortmunder Studenten Tanzorchester« aufgetreten. Sein Swing-Stil ist stark an das Vorbild der Benny Goodman-Gruppen angelehnt. Die Firma Metronome Records nahm vom Auftritt bei den Ruhrfestspielen vier Stücke auf. Ein Stück davon präsentiert Günter Boas solo. Wie Metronome Records im Begleittext mitteilt, ist das aus Versehen passiert, aber dann doch belassen worden, denn »Günter Boas, genannt ›The German Pope of Blues‹, ist in der deutschen Jazzgemeinde ein Begriff«.[36]

Das Jazz-Konzert des Siggi Gerhard Swingtett fand im Rahmen der Jugendkulturtage 1958 statt (s. o.). Dem Swingtett gehörten bzw. gehören an: Siggi Gerhard (Klarinette und Violine), Hilbert Homberg (Gitarre), Klaus Vetter (Piano), Theo Sevin (Vibraphon), Harry Doll (Kontrabaß) und Rolf Beckershoff (Schlagzeug). In den fünfziger Jahren hatte das Swingtett große Erfolge zu verzeichnen. 1987/1988, nach fast 25jähriger Pause, gab es so etwas wie ein Comeback. Überall im Westfalenland konnten sie ihre »swingenden Leckerbissen« servieren und riefen große Begeisterung hervor. »Da hätte selbst Benny Goodman, der King of Swing, seine wahre Freude gehabt: Einen tollen Sound bot gestern das ›Siggi Gerhard Swingtett‹ im Bootshaus des Ruderclubs Hansa am Fredenbaum. [...] Bei legendären Stücken wie ›Avalon‹, ›Moonglow‹ und ›Poor Butterfly‹ wurde die Band immer wieder mit Szenenbeifall überschüttet.«[37]

Popularmusikalisch ist das Siggi Gerhard Swingtett so etwas wie eine westfälische Erfolgsstory; zwar nicht Maloche unter der Erde, wie in weiten Teilen des Ruhrlandes, und dann so langsam nach oben; aber doch »Vom ›unbekannten‹ Westdeutschen Studenten-Orchester zum bekannten Siggi Gerhard Swingtett«, denn »in Dortmund liebt man den heißen Swing«.[38] Und sie sind ganz eng mit der Dortmunder Jazzgeschichte verbunden. Der Hot Club Dortmund bot ein abwechslungsreiches Jazzmusikleben. Der HC Dortmund organisierte aber nicht nur Konzerte, sondern war auch ein eingetragener Verein mit Ausweisen und Mitgliedsnummern. Man traf sich an wechselnden Orten, um über Jazz zu diskutieren. »Wir tauschten Platten und vor allem Information. Daß wir dann zur Live-Musik kamen, ergab sich von alleine«, erinnerte sich 1989 Reiner Glen Buschmann. In einer Konzertveranstaltung am 31. März in der »Live-Station« im Hauptbahnhof (im Rahmen des Dortmunder Jazzfrühlings '89) kamen noch einmal die Musiker aus alten »Hot Club«-Zeiten zusammen. Das waren die »Darktown Stompers«, die ehemalige Club-Kapelle (neben Siggi Gerhard), die wieder zusammengesetzten »Ebony Five« und als Gäste Buschmann und Wolfgang Sauer. Der Kammerschauspieler Heinz Ostermann las Jazz Stories von Eddie Condon. Man gedachte des Todes von Rolf Düdder.

Anfang der sechziger Jahre schloß der Hot Club Dortmund seine Pforten. Auch das Siggi Gerhard Swingtett löste sich auf. Allgemein brach zumindest im Ruhrgebiet eine Dekade an, in der Kritiker beim Ruhrgebietsjazz von einem Jazz in einer Diaspora sprachen.[39] Zum Ende der sechziger Jahre ergaben sich in Dortmund schließlich neue Aktivitäten in Sachen Jazz durch den neuen Club Domicil. Er vertrat die neuen Stilistiken der Jazzmoderne.

Der zweite große Jazzclub im westfälischen Raum ist der Hot Club Iserlohn, heute als Jazzclub Henkelmann geführt. Wie bereits vermerkt, wurde der HC Iserlohn im Jahre 1952 gegründet. Der Club verfügte damals über 30 Mitglieder und eine clubeigene Band, die Casino Stars; im Jubiläumsjahr 1987 verzeichnete der Club rund 200 Mitglieder. »In Ermangelung eines clubeigenen Raumes war man zunächst auf das Entgegenkommen des ehemaligen Gastwirtes vom Sauerländer Hof, Hans Schmidt, angewiesen. Er stellte dem Club einen Raum für die allwöchentlichen Clubabende zur Verfügung und erlaubte die Installation eines Schallplattenschrankes«, heißt es in der kleinen Festschrift im Jubiläumsjahr 1987 in Erinnerung an die erste Club-Zeit.[40]

Der Iserlohner Club verkörpert mit seiner Stellung im Musikleben der Stadt Iserlohn einen Typus von Musikclub, bei dem Musikfreunde und Musiker zusammen ein Stück »ihrer Musik« in das Musikleben vor Ort hineintragen. Viele lokale Musiker stehen am Anfang des ehemaligen Hot Clubs. Mit ihnen entstehen dann auch zahlreiche kleinere und größere Ensembles – die ersten Big Bands des HC Iserlohn gründen sich ab 1953, und eine weitere bildet sich 1960 –, die eine Wirkung nach innen haben, eben die lokale Jazzmusik bilden, und zugleich eine nach außen, die dann Musiker von anderen Regionen anzieht; zum Beispiel den in Paris lebenden schwarzen Trompeter Bill Coleman oder auch den Saxophonisten Sonny Criss oder auch den Pianisten Joe Turner, der ebenfalls Paris zu seiner zweiten Heimat gemacht hatte. Die Internationalität ist also gerne zu Gast in Iserlohn, und umgekehrt finden die einheimischen Musiker Anerkennung. Big Band-Vorbild war das Jazzorchester von Joe Wick. Es war damals zur Betreuung und Unterhaltung der britischen Soldaten in Iserlohn stationiert.

»Musiker aus ganz Nordrhein-Westfalen und darüber hinaus kamen zu den Konzerten, die der HCI veranstaltete, so der hochbegabte, leider viel zu früh tödlich verunglückte Dortmunder Trompeter Horst Himsel, der holländische Pianist Jack van Poll, der spätere Schlagzeuger von Max Greger, Kurt Bong, der farbige George Maycock mit seiner Band, der Kölner Boogie-Pianist Leo von Knobelsdorff, der Wuppertaler Vibraphonist Arno Garwick und viele andere, die aufzuzählen zu weit führen würde.«[41] Der Hot Club hatte in jener Zeit bis in die siebziger Jahre hinein zeitweise mehr als dreißig Musiker zur Verfügung, die sich in den verschiedensten Stilrichtungen des Jazz produzierten. Die eigentliche Club-Arbeit bestand darin – und in Abwandlungen ist sie das auch noch heute –, Schallplattenabende zu organisieren, Diskussionen durchzuführen und die Ausbildung und die Betreuung junger Musiker zu bewerkstelligen.

Nun haben sich die Aufgaben geändert: Der heutige, 1977 gebildete Jazzclub Henkelmann verpflichtet Bands und Musiker, sorgt für die Betreuung und Bewirtung von Gästen, führt nach heutigem Marketing die Geschäfte und vieles andere. 400 Veranstaltungen verzeichnete der Henkelmann bis 1987. »Mal waren sie mager besucht (unter 50 Besucher), mal war es proppenvoll (rund 200 Besucher). Das ist ein grober Durchschnitt von 130 Besuchern (was übrigens belegbar ist). Mithin hat der Henkelmann etwa 40.000 Besucher gehabt.«[42] In den zehn Jahren Henkelmann von 1977 bis 1987 waren Wilton Gaynair und Gunter Hampel dort (1977), dann Johnny Griffin und Gary Burton (1978), und im Herbst des Jahres John Abercrombie, Ralph Towner und Jon Eardley. 1979 kam u.a. Mighty Flea Conners, 1980 Pony Poindexter, Charlie Mariano und Elvin Jones. 1981 spielten Charlie Antolini, Larry Blackshere und John Scofield im Iserlohner Jazzclub. Man kann die Liste noch um viele illustre Musikgäste verlängern. Und auch die damalige NRW-Moderne war zu Gast, zum Beispiel die Gruppe »Key« mit Markus Stockhausen (Trompete) und Hugo Read (Saxophon); letzterer übrigens auch bei den Folkwangs in Essen unter Lehrvertrag. Henkelmanns erster Impresario war Karlheinz Klüter, ohne ihn würde es den Henkelmann überhaupt nicht geben. Erfahrungen hatte er bereits viele Jahre zuvor beim Jazz-Festival auf der Burg Altena und in der Balver Höhle gesammelt.

EINE DRITTE MOMENTAUFNAHME: JAZZ IN WESTFALEN 1968/1969

Die Jahre 1968, 1969 und 1970 veränderten auch in Nordrhein-Westfalen die Jazzwelt. Die Avantgarde aus Fusion, Rock- und Free Jazz faßte nun endgültig für einige Jahre Fuß: in Moers am Niederrhein, auf der Burg Altena und in der Balver Höhle im Sauerland.[43] Schaut man sich fokussierend und von außen nach innen gerichtet die westfälische Jazzszenerie an, so scheint ein Nullpunkt erreicht zu sein. Nur gelegentlich finden sich im »Jazz Podium« aus Stuttgart, das nun seinerseits voll von Artikeln und Bildern des neuen Jazz ist, Meldungen von Clubs, neuen Konzerten und neuen Bands aus dem westfälischen Raum.

>   »Um die Jazz-Aktivitäten im Raum Lüdenscheid-Altena zu steigern, hat sich unter dem Namen ›Jazz 69‹ eine Aktionsgruppe zur Förderung des Jazz im Sauerland gebildet. Die Arbeitsgemeinschaft will mit dem Stadtjugendamt Lüdenscheid (›Club für junge Leute‹), mit dem Jazzclub ›Studio 19‹ in Lüdenscheid und mit Volkshochschulen zusammenarbeiten, um Jazzkonzerte und Club-Veranstaltungen durchzuführen bzw. zu fördern.«[44] Das Studio 19 in der Kersigstraße in Lüdenscheid bot im Dezember 1968 drei Konzerte an: mit der Boogie Woogie Company aus Köln, den Seatown Seven aus Remscheid und der Western Swing Company aus Bonn-Düsseldorf. In Iserlohn hatte zuvor Karlheinz Klüter Interessenten gebeten, sich zur Gründung eines Plattenzirkels zu melden.[45] Im Verlauf des Jahres 1968 hatte der Jazzclub Keller »White Castle« in der Klusestraße von Lippstadt auf seine Veranstaltungen aufmerksam gemacht. Hier tauchten neben den gestandenen Oldtimern und Boogie-Virtuosen auch neue Gruppen auf, zum Beispiel das Walter Strerath Trio und das Wolf Dieter Doldinger Quartett.
>   Im Folgejahr 1969 erschienen diese neuen Gruppen auch im Studio 19 in Lüdenscheid. Die Aktion »Jazz 69« in Altena begann in der Aula der Kaufmännischen Berufsschule mit

Dixie-Swing und Soul Jazz, und im Volksbildungswerk Nachrodt gastierte die deutsche Jazz-Pop-Gruppe des Vibraphonisten Dave Pike und des Gitarristen Volker Kriegel. Im März 1969 meldete sich dann auch aus der Dortmunder Leopoldstraße der neue Jazzclub »domicil e. V.«. Den Eröffnungsabend am 9.3.1969 bestritten die Double Check Stompers aus Köln und, von der Fraktion der reinen Free Jazz-Lehre, die Peter Brötzmann Group aus Wuppertal.[46]

Einen starken Trend zum Free Jazz gab es auch im Juni 1968 beim traditionellen Jazzjamboree in Münster zu verzeichnen. Zwei Abende dauerte dieses Fest. Zehn Bands aus England, Holland, Kanada und Deutschland boten bis weit nach Mitternacht folklorehafte Jazzbezüge; es dominierte stilistisch der Chicago-Blues und der Country-Blues. Der zweite Tag stand im Zeichen des Free Jazz und der künstlerisch engagierten Popmusik. »Die Ensembles von Pierre Courbois und Hendrick Schaper spielten aufschlußreiche Musik. Eine Podiumsdiskussion führte zwei Fachreferenten bzw. Kontrahenten zusammen: Dietrich Schulz-Köhn (Jazz) und Rolf-Ulrich Kaiser (Pop); beiden fehlte jedoch zu sehr der notwendige Gesamtüberblick über den entgegengesetzten Stilbereich, so daß die gültigeren Diskussionen bei einer nächtlichen Session im Vereinslokal eines Clubs für moderne Kunst stattfanden. Hier kamen vor allem auch in einer langen Musik Pierre Courbois und seine Musiker zu geschlossenen Ideen im Free Jazz.«[47] Zeitgenössische Jazzströmungen vertrat damals – komplex und experimentell – eine Musikhochschul-Gruppe aus Detmold. Die Laukamp-Gruppe aus Münster, die Laukamp Trombones, bediente sich elektronischer Klänge und Tonband-Collagen im Hintergrund. Damals durfte auch das Publikum die Band prämieren: Platz eins nahm das Free Jazz Quartett Rüdiger Schulz aus Oldenburg ein; und Platz zwei erreichten die New Orleans Stilisten aus Hamburg, die Blackbirds of Paradise.

Gegen Ende des Jahres 1969 traten dann auch in Altena das Jon Eardley Quintett, das Albert Mangelsdorff Quintett, das Manfred Schoof-Peter Trunk-Cees See Trio, das Joachim Kühn Quartett, das Dave Pike Set, das Modern Jazz Quintett aus Karlsruhe und das einheimische Wolf Escher Quintett auf. In Mülheim an der Ruhr hatte sich währenddessen ein »Jazzlabor« konstituiert. Dieses Ensemble setzte sich damals zusammen aus Gerd Dudek, Evan Parker, Heiner Wiberny, Gunter Hampel, Joe Haider, Isla Eckinger und Han Bennink. Die musikalische Leitung hatte Wolfgang Breuer. Kompositionsar-

Günter Lenz und Stu Martin auf Burg Altena 1970. Foto: Hans Harzheim.

beiten von Pavel Blatny, Wolfgang Breuer, Reiner Glen Buschmann, Joe Haider und Hans Ulrich Humpert kamen damals im November in Mülheim und in Dortmund zur Aufführung. Neben dem »Domicil« in Dortmund bot auch das Podium im Elbinger Knie in Essen moderne und New Jazz-Veranstaltungen an. Damals war auch der Trompeter Uli Beckerhoff dort zu hören, der heute Professor an der Jazzklasse der Folkwang Hochschule in Essen ist.

Auch 1969 führte das Stuttgarter »Jazz Podium« einen Jazz-Poll durch, an dem sich damals die Leserinnen und Leser der Zeitschrift beteiligten. Unterschieden wurden die Kategorien Internationale Musiker und Deutsche Musiker. In der International-Kategorie erschienen auch zwei deutsche Musiker. Der Posaunist Albert Mangelsdorff war mit 195 Stimmen auf dem ersten Platz vor Jay Jay Johnson gelandet. Der Klarinettist Rolf Kühn gewann mit 156 Stimmen den zweiten Platz in der International-Kategorie »Klarinette«. Weit vor ihm, mit 213 Stimmen, befand sich Tony Scott. Bei den Kategorien Deutsche Musiker führten mit sehr hohen Stimmzahlen die Musiker der Moderne: Manfred Schoof, Trompete (543); Albert Mangelsdorff, Posaune (667); Günter Kronberg, Altsaxophon (201); Klaus Doldinger, Tenorsaxophon (221); Peter Brötzmann, Baritonsaxophon (153); Rolf Kühn, Klarinette (570); Emil Mangelsdorff, Flöte (213); Wolfgang Dauner, Klavier (318); Ingfried Hoffmann, Orgel (431); Volker Kriegel, Gitarre (429); Günter Lenz, Baß (216); Ralf Hübner, Schlagzeug (177); Karl Berger, Vibraphon (264); Joki Freund, Arrangement (126); Alexander von Schlippenbach, Komposition (135); Kurt Edelhagen, Big Band (249); Albert Mangelsdorff Quintett, Combo (258); Willi Johanns, Sänger (174); und Inge Brandenburg, Sängerin (228).

Zum Musiker des Jahres wurde Albert Mangelsdorff gewählt, seine Aufnahme »Folk mond and flower dream« zur Platte des Jahres gekürt.[48] Vergleicht man damit die internationalen Nennungen, so erscheinen internationale und deutsche Szene quasi stimmig (Miles Davis, Albert Mangelsdorff, Ornette Coleman, Pharoah Sanders, Gerry Mulligan, Tony Scott, Herbie Mann, Cecil Taylor, Jimmy Smith, Sonny Sharrock, Jimmy Garrison, Elvin Jones, Gary Burton, Jean-Luc Ponty, Oliver Nelson, Duke Ellington, Don Ellis, Miles Davis Quintett, Ray Charles, Aretha Franklin, die Gesangsgruppe Hendricks-Ross-Fame). Musiker des Jahres wurde Pharoah Sanders, seine LP »Tauhid« Platte des Jahres.

Auch in den drei Hörfunkprogrammen des NRW-Landessenders WDR machten sich die Moderne, das New Thing und der Free Jazz vehement hörbar. Dazu kamen umfangreiche Festivalberichte (Berlin, Finnland, CSSR) und essayistische Sendungen zu Themen wie »Das Goethe-Institut und der Jazz«, »Ist Jazz zu subjektiv?«, »Jazz und Politik« und »Die Welt des Blues«. Ausgiebig wurde die Kurt Edelhagen Big Band präsentiert. Im Schnitt gab es an 21 Tagen des Monats Jazz; zumeist ab 19.00 Uhr, 20.00 Uhr, 21.00 Uhr und auch um 0 Uhr 10.[49]

An dieser groben Bestandsaufnahme der internationalen und nationalen Jazzszenerie wird erahnbar, in welche Situationen Musikerinnen und Musiker aus Westfalen, dem überkommenen Durchfahrland mit hohem Industrieanteil im Ruhrgebiet und im Sinne moderner Medien (Rundfunk/Fernsehen/überregional wirksamer Zeitungen etc.) eher zurückgesetzt als prosperitiv für die Zukunft geplant, gerieten bzw. auch geraten mußten: Lokale Tätigkeit mit eher traditionellen Spielweisen und eventuelle überregionale oder gar internationale Tätigkeit mit modernen, avantgardistischen und experimentellen Spielweisen, diese Diskussion und Entscheidung stand für manchen Musiker an.[50] Daß sich nun in der Folgezeit aber doch eine immer größer werdende Anzahl international renommierter Musikerinnen und Musiker aus dem Westfälischen hervortat, hängt mit vielen Aspekten zusammen, die noch zumindest im Ansatz vorzustellen sind. Ein Merkmal springt vielleicht besonders ins Auge. Der international wirksame Jazzmusiker aus Ruhrland und Westfalen ist nie allein an Jazz interessiert, sondern an vielen musikalischen Strömungen der Gegenwart und an zeitgenössischer Kunst (Malerei, Plastik, Skulptur, Installation, Theater, Musical, Performance etc.); quasi »Jazz und ...«

MODERNE JAZZSTRÖMUNGEN IN WESTFALEN

Im März 1969 gab es im Dortmunder Jazzclub Domicil in der Leopoldstraße (im etwas spießig wirkenden »Red Light District« der Kohlenpott-Stadt) das Eröffnungskonzert mit den Double Stompers, der Total Music Group aus Berlin, dort hatte damals das Total Music Meeting das Gegenfestival zu den Berliner Jazztagen gebildet, und dem Duo Peter Brötzmann (Saxophon) und Han Bennink (Schlagzeug). Dann folgten der Bluesbarde Alexis Korner, das Dave Pike-Volker Kriegel Set, das Albert Mangelsdorff Quartett, Ken Colyer von der Fraktion der Skiffle-Group-Bewegung, Joachim Kühn und Hedy West. Schließlich gab es zu Weihnachten im Fritz-Henssler-Haus die erste Weihnachtsmatinee. In den vielen Jahrzehnten des Bestehens ist gerade die Weihnachtsmatinee zum festen Termin geworden. Gut an die tausend Veranstaltungen hat das Domicil in den vergangenen drei Jahrzehnten durchgeführt. Neben den modernen und jeweils zeitgenössischen Spielweisen aus Modern Jazz, New Jazz, Rockjazz, Fusion und Experimentellem Jazz gab es auch traditionelle Klangformen des Jazz und viel Roma-Swing zu hören. Dazu aber, und das ist ein ganz anderer Ansatz als viele tradierte Jazzclubs in der Bundesrepublik damals, traten Kabarett, Pantomime und Performance. Zum Beispiel das politisch links stehende Kabarett Floh de Cologne aus Köln trat auf, auch Hüsch und Süverkrüp und Dusan Parizek (Pantomime). Die europäische Prominenz einschließlich der deutschen Aushängeschilder bildeten die Majorität des Programms. Auch in NRW arbeitende Musiker waren vertreten.

Sucht man bis etwa Ende der siebziger Jahre nur die Namen der westfälischen Musiker auf, so kann man eine beachtliche Anzahl feststellen. Das Domicil ist somit auch zum Podium für die einheimische Szenerie geworden, verbunden zudem mit den unmittelbaren Nachbarn, den Musikern aus den Niederlanden. Zu der zunehmenden Dichte der Konzertveranstaltungen traten ab 1974 noch weitere Veranstaltungsreihen, die von den »Aktivisten« des Domicil durchgeführt werden: Jazz-Seminare und Jazz-Workshops an der VHS Dortmund, Wochenendseminare in Zusammenarbeit mit dem Jugendamt und Filmvorführungen in Zusammenarbeit mit dem Kommunalen Kino. Der Vorstand des eingetragenen Vereins Jazzclub Domicil Dortmund besteht aus dem Präsidenten, dem Sekretär, dem Kassierer und dem Programmkoordinator. Im ersten Jahr waren das Reiner Glen Buschmann, Werner Panke (zugleich auch das Programm koordinierend) und Albert Schimanski. Zehn Jahre war Glen Buschmann Präsident des Clubs.

Das aktuelle moderne Jazzgeschehen konzentrierte sich in den siebziger Jahren im Dortmunder Domicil. Ein überregional, auch vom Fernsehen wahrgenommenes Geschehen war das Internationale Jazz-Festival in Dortmund (nicht vom Domicil veranstaltet, sondern von Ralf Schulte-Bahrenberg mit dem Zweiten Deutschen Fernsehen und der Westfalenhalle GmbH). Es trug den Namen »Jazz-Live '76« und fand vom 29. bis 31. Oktober 1976 statt. Max Schautzer moderierte nicht nur eine feine Gershwin-Nacht, sondern auch die beiden anderen Tage. Das Programm am Samstagabend (30.10.1976) bot Gil Evans und sein Orchester auf mit Roland Kirk; dann auch Elvin Jones, Albert Mangelsdorff und das Philharmonische Orchester Dortmund unter der Leitung von Cedric Dumont. Es gab damals viele technische Pannen und viele, zum Teil rüde Proteste. Dieses erste große Jazz-Festival Dortmund war schlecht organisiert und in der programmatischen Spannweite zwischen dem Beat eines Alphonse Mouzon und dem feinen Filigran des Taktstocks von Herrn Dumont aus der Schweiz die Toleranzgrenze zu weit überdehnend. Das Dortmunder »Jazz-Live '76« ist in die soziologische Untersuchungsliteratur eingegangen. Damals waren Rainer Dollase, Michael Rüsenberg und Hans J. Stollenwerk dem Publikum auf den Fersen, haben es befragt und nach seinen Präferenzen in Musik, Kultur und Politik ausgezählt, aufgelistet und sorgfältig kategorisiert.[51] Wer aber einen schönen, mitreißenden und zeitlos modernen Beitrag sucht, der heute erst auf Tonträger zugänglich ist, der besorge sich den Auftritt des Anthony Braxton Quartetts mit Braxton (Saxophone), George Lewis (Posaune), Dave Holland (Baß) und Barry Altschul (Schlagzeug).

In der ersten Hälfte der siebziger Jahre trat bei den Ruhrfestspielen in Recklinghausen noch einmal das Orchester Kurt Edelhagen aus Köln auf, wie immer international besetzt, aber doch schon am Ende der Vertragsperiode beim WDR angelangt. (Zu Edelhagen vgl. die Beiträge von Reiner Kobe, Big Bands, und Bernd Hoffmann, Edelhagen, in diesem Band.) Sein Konzert vom 9. Mai 1973 fand große Resonanz. In der beabsichtigten Rock-Jazz-Mischung mit einer britischen Rockmusiker-Gruppe (Colin Green, Gary Boyle, Brian Odges und Brian Bennett) präsentierte Edelhagen damals den Wiener Pianisten Fritz Pauer, einst von Gulda in seiner Jazz-Zeit der sechziger Jahre entdeckt, mit seiner längeren Komposition »Asubiha tunpoamka«. Der Saxophonist Hugo Read, heute Professor im Fach Saxophon an der Jazzklasse der Folkwang Hochschule Essen, zählt zur letzten Generation der bei Edelhagen beschäftigten Musiker. Noch 1975 spielte er in Köln bei Edelhagen auch eigene Kompositionen ein. Mit der Gruppe »Key« – eine Kölner New Jazz Gruppe der siebziger Jahre – trat er in einem vielbeachteten Konzert im sauerländischen Balve im Juli 1975 auf. Damals waren dabei: Markus Stockhausen, Trompete, Hugo Read, Saxophone, Reinhard Schmitz, Keyboards, Rainer Linke, Baß, Frank Köllges, Schlagzeug, und Marina Edelhagen, Gesang.

Neben Dortmund ist das sauerländische Festival auf Burg Altena, das ein wenig später in der Tropfsteinhöhle von Balve stattfand als Internationales Jazz-Festival Balve, der zweite attraktive Beitrag des aktiven, modernen und zeitgenössischen Jazzlebens in Westfalen. Zur Erinnerung: das Internationale Jazz-Festival in Münster begann erst 1979, und das Ruhrjazz-Festival im Museum Bochum, ein Festival des Free Jazz und der grenzüberschreitenden Musikkünste, startete drei Jahre später, 1982. Das Bochumer Festival lebt von der Aktivität frei improvisierender Musiker um den Perkussionisten Martin Blume und von der Bochumer Initiative für Improvisierte Musik (BIIM).

In den siebziger Jahren formierte sich in NRW eine vielfältige und rege Jazzszene, ein Konglomerat aus lokal zentrierten Einzelszenen, »die quasi alle Spielweisen und Ausdrucksidiome des modernen Mainstream Jazz, der Fusion Music des Jazz mit Pop, Rock, Funk und Punk, des Free Jazz und der freieren neuen Improvisationsmusik mit ihren Wahlverwandtschaften zur klassischen Moderne unseres Jahrhunderts und neuer E-Musik umfassen.«[52] Musiker haben sich – nach den Vorbildern der Jazzmoderne auch in den USA – zu Initiativen, Kooperativen und Arbeitsgemeinschaften zusammengeschlossen. Die Kölner Szene wurde zur umfangreichsten Szene (Anzahl der Musiker, Konzertaktivitäten und Tonträger-Produktionen). Im westfälischen Raum ist es die Dortmunder Mainstream-Szene um Stephan Bauer und Matthias Nadolny (heute auch Dozent an der Folkwang Hochschule in Essen), im Bochum-Herner Raum eine Szene frei improvisierter Musik in Verbindung mit Kompositionspraktiken neuer E-Musik um Georg Gräwe, Eckard Koltermann, Horst Grabosch und Achim Krämer, alles Namen, die heute auch internationales Gewicht haben; in Bottrop agierte ein Umfeld grenzüberschreitender Improvisationskunst um Theo Jörgensmann und dem E-Musik-Komponisten Dietmar Hippler (Mitte der siebziger Jahre beim New Jazz Festival Moers mit der Gruppe Winnetou auftretend und später mit Kompositionen, die auch die Bochumer Philharmoniker aufführten) und im äußersten Norden und Osten Westfalens die Bielefelder Mainstream und Jazz-Rock-Szene, die wiederum mit dem Osnabrücker Raum und dem Mindener Raum verbunden ist. Diese Szenerie wuchs langsam und generierte sich zusehends zur ganz eigenen Klanglandschaft bis in die späten achtziger Jahre. Und sie ist ständig in Veränderung begriffen; manche der Unternehmungen bestehen heute, 1999, schon nicht mehr. In ungemein starkem Maß am Aufbau der ganzen NRW-Szenerie ist seit Ende der siebziger Jahre der WDR mit Konzertmitschnitten, Kompositionsaufträgen, Studio-Produktionen und Festivalpräsenz beteiligt.

Das »Grubenklangorchester« im Museum Folkwang in Essen 1985. Foto: Sven Thielmann.

EINE VIERTE MOMENTAUFNAHME: JAZZ IN WESTFALEN 1978/1979

Ab dem Ende der siebziger Jahre wächst Nordrhein-Westfalen bis in die neunziger Jahre hinein zu einem Land mit enormer Jazz-Aktivität heran; viele Musikfestivals nahezu aller Stilistiken gibt es heute, eine große Zahl international bekannter Musikerinnen und Musiker läßt sich benennen, und viele Dokumentationen auf Tonträgern, als Fernsehaufzeichnungen, Filme und Videos sind erschienen.

Ist das erste Jahrzehnt von 1977 bis etwa 1987 ein Aufbruch-Jahrzehnt, besonders für die Kölner Szene und die engere Szene im Ruhrgebiet – manche Ruhrgebietler sprechen auch gerne vom »Aufruhr«-Jahrzehnt –, so ist die Zeit ab 1988/1990 nicht als Konsolidierungs-Phase zu betrachten, sondern eher als ein erneuter Auf- und Umbruch. Das hängt zum einen mit den enormen Veränderungen im westfälischen Raum zusammen; an der Ruhr zum Beispiel wurde es nicht nur blauer und die Emscher nicht nur einfach gesäubert, sondern es entstanden generell neue Kultur- und Wirtschaftsformen. Der zeitgenössische Jazz-Historiker kann zur ersten Orientierung nur Schwerpunkte angeben, die auch nach außen eine beachtenswerte Wirkung gezeigt haben.

Als ein solcher Fixpunkt hat sich die Konzertreihe Jazzmeeting WDR erwiesen, die mehr oder weniger überall in NRW Konzertmitschnitte durchführt. Auf diese Weise tritt der WDR auch im Bereich des Jazz als größter Konzertveranstalter auf. Begonnen hatte der WDR seine Reihe Jazzmeeting WDR im November 1977 im Kölner Funkhaus mit dem modernen Swing und Blues von Woody Herman und seinem Orchester. Einen Monat später gab dann als Vertreter des amerikanischen New und Free Jazz der Pianist Cecil Taylor einen Solo-Abend.

Zur Erinnerung: das Dortmunder Domicil hatte ebenfalls 1969 mit den Kategorien »Modern« und »In-Tradition« begonnen; und wiederum zehn Jahre zuvor, 1959, gab es die Kategorien »Oltime-Jazz«, »Swing«, »Modern Jazz« und »Mainstream-Jazz«.

Für eine knappe Momentaufnahme des Jahreswechsels seien die Aktivitäten des westfälischen Raums im November/Dezember 1978 und im Januar/Februar 1979 vorgestellt.

Clubereignisse im November/Dezember 1978:

Dortmund	17
Essen	8
Gelsenkirchen	6
Hameln	4
Iserlohn	5
Minden	4
Mülheim/Ruhr	8
Münster	3
Recklinghausen	2

(Quelle: Jazz Podium, 27. Jg., November und Dezember 1978, S. 38 und S. 28)

Beteiligt an den Konzerten waren viele Clubs. Zum Teil waren sie erst in den siebziger Jahren entstanden. Zudem gab es auch Clubs, die bewußt ihr Programm auf die älteren Formen des Jazzmusizierens spezialisierten. So hatte das Domicil den Hot Club »Zum Landsknecht« in der Kaiserstraße als »Gegenprogramm« bekommen. Herausragende Gäste waren im Domicil zum Beispiel das Benny Bailey Quintett, das Alexander von Schlippenbach/Sven Åke Johannson Duo, das Chet Baker Quartett, das Joe Henderson Quartett und das Alan Skidmore Trio. Im Hot Club »Zum Landsknecht« spielte hingegen am 8. Dezember 1978 Günter Boas mit dem Trompeter Oscar Klein. In Essen gab es nun zwei Podien, die überwiegend traditionelle Jazzformen darboten, den »Domino Jazz Club« in der Holsterhauser Straße und den »Arosa Keller« in der Rüttenscheider Straße. In Gelsenkirchen war mittlerweile das »Birdland« entstanden. Dort gab übrigens ein Klarinettist seinen Einstand, der im Verlauf der nächsten zehn Jahre zu Europas wichtigstem Klarinetten-Musiker werden sollte und der als erster in Frankfurt einen Solo-Abend Klarinetten-Improvisation vorlegte: Die Rede ist von Theo Jörgensmann. Doch zurück zu 1978/1979.

Herb Geller, Stefan Micus und Joe Nay spielten damals mit ihren Gruppen auf, aber auch das Duo Johnny Griffin und Art Taylor. Hameln hatte mit dem Club »Szene« in der Ruthenstraße eine Swing- und Blue Bossa-Szene bekommen; nahe bei Westfalen gab es in Hückeswagen nun das »Jatz« und in Radevormwald den »Jazz Club '73«. In Minden war in Fortsetzung des alten Clubs von 1953 in der Simeonstraße ein Jazzclub entstanden, in dem Erroll Dixon seine Boogies und seine Blues servierte. Mülheim, Nachbar von Essen, formierte die Oldtime-Szene in der Aktenstraße; »Jazz in der Alten Lampe« nannte sich der Standort. In der Münsteraner Frauenstraße präsentierte im November 1978 der »Jazz Club Münster« die Gruppe Third Eye mit Wilton Gaynair und Gerd Dudek, das Chet Baker Quartett und außerdem ein kleines Hot Jazz-Festival.

In Paderborn erweiterte der Gitarrist Toto Blanke seine Gruppe Electric Circus um Matthias Nadolny (heute im Lehrteam der Jazzklasse der Essener Folkwang Hochschule), Adelhard Roidinger und Heinrich Hock. Blanke war damals von der ARD als deutscher Jazzsolist zum Orchester der EBU (European Broadcasting Union) in Perugia entsandt worden.

In Dortmund hatte zudem Reiner Glen Buschmann analog zum Wettbewerb »Jugend musiziert« einen entsprechenden »Jugend jazzt« ins Leben gerufen, wo junge Leute vor schon gestandenen Musikern vorspielen durften. »An zwei Tagen, am 23. und 24. September, spielten in der Dortmunder Musikschule vor: 43 Pianisten, 13 Schlagzeuger, je zehn Saxophonisten und Bassisten, acht Trompeter, sieben Gitarristen und vier Posaunisten.«[53] (Vgl. hierzu Reiner Kobe, Big Bands, in diesem Band.) Gelobt wurde die legere Atmosphäre; kritisiert von Paul Lovens, der neben von Schlippenbach und Schoof zur neunköpfigen, männlichen Jury gehörte, daß es nicht genügt, »ein Brubeck-Songbook zu kaufen und daraus vorzuspielen.« Improvisation und Gruppenspiel blieben generell bei diesem ersten Wettbewerb »Jugend jazzt« auf der Strecke.

Die Januar- und Februar-Aktivitäten des Jahres 1979 sind bei den Clubs mit denen des ausgehenden Jahres 1978 vergleichbar. Kontrastiert man die westfälischen Ereignisse einmal für diese kurze Monatsspanne mit den Jazzereignissen im rheinischen Köln, so erkennt man, daß auch in Köln die modernen Jazzmusiker im Aufbruch waren. Sie spielten im Bayenturm an der Rheinuferstraße. Von hier aus entstand dann Mitte der achtziger Jahre die heutige Kölner Stadtgarten-Szenerie. Damals machten in Köln zwei Altstadt-Lokale Jazzprogramm (»Em Streckstrump« am Buttermarkt und der »Auri«-Keller). Das »Subway«, Kölns Jazzclub für viele Jahrzehnte, an der Aachener Straße, ist beliebter Aufspielort der amerikanischen Gäste und zugleich Aufzeichnungsort des WDR.

Was wurde allgemein am Jahreswechsel in Sachen Jazz diskutiert? Drei Sterbedaten, die von Charles Mingus (5.1.1979), Lennie Tristano (18.11.1978) und Don Ellis (17.12.1978), wurden Inhalt von bemerkenswerten Essays; dann aber erscheinen Aufsätze zur Person, zur Musik und zur bisherigen Karriere von Carla Bley; der neue europäische/deutsche Jazz erfuhr durch Berichte über Globe Unity, Schoof-Beckerhoff und Schlippenbach/Johannson seine publizistische Aufmerksamkeit. Und der Jazz aus Ruhrland und Westfalen?

»Die Ruhrmetropole hat keine Jazz-Szene, heißt es seit Ende der sechziger Jahre. Essen als fünftgrößte Stadt der Bundesrepublik unterhält zwar eine Gesamthochschule mit derzeit über 10.000 Studenten, aber das Publikum scheint sich überall hin zu orientieren, nur nicht dort, wo man wohnt. Bissige Äußerungen reichen bis zu dem lapidaren Satz, daß das Beste an Essen die Auffahrt nach Düsseldorf sei. Das Image einer Kulturdrehscheibe, das die ›Essener Jazz- und Songtage‹ früher vermittelten, haben die Stadtväter [...] verspielt. Nur hie und da wagt sich zaghaft Privatinitiative, bescheidene Clubs machen auf, wie ›La Cave‹ im Stadtteil Überruhr oder ›Domino‹ in Holsterhausen.«[54] Mit dieser Klage begann 1979 das Stuttgarter »Jazz Podium« seinen Bericht von der »Jazz Night 78« in der Essener Grugahalle. Die Songtage waren schon in den Jahren zuvor, zum Teil von Joachim-Ernst Berendt, heftig kritisiert worden. Damals war eine umfangreiche Jazzprominenz auf Europa-Tournee, so daß ein beherzter Zugriff auch ihren Auftritt in Essen ermöglichte: Larry Coryell, Joachim Kühn, John Lee, Gerry Brown, Danny Toan, das Chet Baker Quartett, Marvin Hannibal Peterson & Sunrise Orchestra, mit der Gruppe Mosaik, das Miriam Klein Quintett und das Joanne Brackeen & Joe Henderson Quintett wurden den unterschiedlichen Geschmacksrichtungen gerecht. Als Höhepunkt feierte die Jazzkritik den Trompeter Chet Baker.

ENTWICKLUNGEN IN DEN ACHTZIGER UND NEUNZIGER JAHREN

Während das sauerländische Festival in Balve sich zu einem kleinen, aber feinen Festival der traditionellen Jazz- und zeitgenössischen Popularmusik-Formen entwickelt hat, generierte sich in der Münsterhalle das Internationale Jazz-Festival Münster zur repräsentativen Großveranstaltung über mehrere Tage. (Vgl. dazu Hans-Jürgen von Osterhausen in diesem Band.) Das Ruhrjazz-Festival im Museum Bochum wurde für mehr als ein Jahrzehnt zum eigentlichen Free Jazz-Festival mit Berührungen zur zeitgenössischen Avantgarde-Musik, zumeist im kammermusikalischen Typus. Die Fülle der Veranstaltungen im Dortmunder »domicil« nimmt eminent zu; aber trotzdem können nicht alle Auftrittswünsche von Musikerinnen und Musikern berücksichtigt werden. Dazu reichen die Kapazitäten und Honorar-Möglichkeiten nicht aus. Dieser Umstand deutet schon an, daß die Anzahl von Jazzmusikerinnen und Jazzmusikern im Ruhrgebiet und in Westfalen ungemein gewachsen ist. In der Städtelandschaft Duisburg-Essen-Dortmund gibt es zunehmende Ausbildungsmöglichkeiten (das »Jazz Labor« in Duisburg um Ilse Storb und Joe Viera, vgl. hierzu Wilfried Schaus-Sahm in diesem Band; an der Folkwang Hochschule in Essen die Jazzklasse mit den Professoren Peter Herborn, Uli Beckerhoff, Hugo Read und Thomas Hufschmidt; und die Musikschule von Dortmund mit Reiner Glen Buschmann u.a.; vgl. hierzu Reiner Kobe und Michael Brüning).

Trilok Gurtu, Rainer Brüninghaus und John Abercrombie beim Internationalen Jazzfestival Münster 1985 im Preußenstadion. Foto: Sven Thielmann.

Für den aufmerksamen Betrachter gibt es daher zumindest drei große Bereiche lokaler und regionaler Jazzverbreitung und der aktiven Jazzausübung zu beobachten: zum einen die popularmusikalische Szene mit Dixieland, Swing, Blues und Soul, dann die durch akademische Standards beeinflußte Szene und schließlich eine frei agierende Szene, sozusagen die »Abenteurer«. Gerade die beiden letzten Szenen sind von Subventionen abhängig, da in ihnen neue Klangformen, Kompositions-, Improvisations- und Arrangeurweisen ausprobiert werden, die noch kein Publikum gefunden haben.

Daher nur kurze Schlaglichter auf eine sich im Fluß befindliche Gesamtszenerie über Westfalen hinaus. Im Augenblick erfährt eine in Amerika erstellte Produktion von Peter Herborn hohe und höchste Bewertungen in der Kritik. Peter Herborn hat eine Big Band Musik eingespielt mit international renommierten Solisten wie Gary Thomas, Tenorsaxophon, Greg Osby, Saxophone, Robin Eubanks, Posaune, und Uri Caine, Klavier, als Hauptsolisten.

»Seit 20 Jahren erforscht und erweitert Peter Herborn die komplexen Klangmöglichkeiten größerer Jazz-Ensembles. Bei ›Acute Insights‹ hatte er dafür vier Bläser, beim ›Noctett‹ waren es sechs, und nun sind es 13: eine komplette Big Band. Herborns Arrangements errichten Gebäude aus Flächen und Figuren, schaffen

Charlie Mariano, Joachim Kühn und Eddie Gomez 1984 im Essener Café Click. Foto: Sven Thielmann.

orchestrale Verdichtungen und ineinander verzahnte Abläufe: simultane Entwicklungen auf meh-reren Ebenen, die den rhythmischen Impuls der Musik vertiefen und höchst inspirierte Improvisa-tionen hervorbringen.«[55]

Das Erstellungs- und Vertriebsmuster ist sich nahezu über zwei Jahrzehnte gleich geblieben. Musi-ker aus dem Ruhrland und aus Westfalen müssen nach draußen gehen. »Acute Insights« entstand 1985 beim WDR in Köln. Anderen Musikern geht es ähnlich. Der Pianist Georg Gräwe, Begründer und Leiter des »Grubenklangorchesters« und heute Wanderer zwischen NRW und Chicago,[56] erstellte seine Aufnahmen 1982 in Köln, das Theo Jörgensmann Quartett agierte 1979 von Mön-chengladbach aus, Dietmar Hipplers Pension Winnetou »verzauberte« 1985 Paderborn (immer-hin also in Ostwestfalen) und das Quartett des Pianisten Thomas Hufschmidt machte ebenfalls in Köln seine Aufnahmen (1986), orientierte sich dann aber für Produktionen in den Raum Os-nabrück. Das große Collage Projekt des Herner Baßklarinettisten und Komponisten Eckard Kol-termann begann in Köln 1989.

Um international bekannt zu werden, müssen sich auch die westfälischen Musiker nach draußen begeben. Andererseits installieren sie als hier heimische, lebende und arbeitende Musiker auch Begegnungsprojekte mit ausländischen Musikern, zum Beispiel mit Musikern der Niederlande, England, Kanada und US-Amerika; auch mit italienischen, französischen und Schweizer Kolleginnen und Kollegen werden Projekte und Festivals veranstaltet. An Personen wie Glen Buschmann (Jg. 1928), Theo Jörgensmann (Jg. 1948), Uli Beckerhoff (Jg. 1947), Eckard Koltermann (Jg. 1938) lassen sich mehrere Generationen als Abfolge feststellen, deren musikalisches Wirken sich auch mit stilistischen Unterschieden über viele Jahre und Jahrzehnte gleichzeitig vollzieht. Nicht eine Musik löst die andere ab, also keine neue Jazz-Dekaden-Stilgeschichte, sondern die Skala möglicher Klangformen und Spielweisen differenziert sich immer mehr aus. Viele musikalische Idiome können nebeneinander existieren. Ob ein entsprechend ausdifferenziertes Musikleben diesen Musikern Gestaltungsmöglichkeiten gibt, ist eine Frage der Zukunft. Ein monolithisches Musikleben mit einer einzigen Geschmackspräferenz kann also nicht die Antwort sein.

Mittlerweile treten aber die jetzt jungen Musikerinnen und Musiker mit ihren Wünschen und Hoffnungen an. Dafür hat sich nun im Frühjahr 1999 ein Jazz Podium Ruhr gebildet mit dem Namen »Swing Beats«; eine Initiative aus langjährig professionell arbeitenden Musikerinnen und Musikern und den Talenten der Nachfolge-Generationen. Jazz aus dem Ruhrgebiet soll in den Städten Bochum, Dortmund, Duisburg, Essen, Herne, Mülheim, Moers, Recklinghausen und Witten für zwei Jahre zumindest für neuen Aufwind und Auftrieb sorgen. Sicher wird es davon dann irgendwann auch auf Tonträger Konserviertes geben. Für die Erinnerung ist das schön und vielleicht auch für die Nachgeborenen.

Der Baßklarinettist Eckard Koltermann hat mit seiner Debüt-Platte 1985 bei »AufRuhr Records« in der Mozartstraße von Herne ein wunderbares Beispiel gegeben. Auf der LP »Umtriebe« präsentierte er seine Freunde, seine Collegas. Darunter war auch der Akkordeon-Swinger Helge Schneider, dessen Champion-Bereich mittlerweile in einem anderen Fach liegt.[57] Schneider spielte damals mit Free-Leuten wie dem Schlagzeuger Achim Krämer, dem Posaunisten Radu Malfatti und dem holländischen Klarinettisten Bob Driessen zusammen. Koltermann selbst übernahm das »Kellergeschoß« mit Baßklarinette und Baritonsaxophon.

Vieles ist in diesem Essay zum Jazz in Westfalen noch nicht zur Sprache gebracht worden, zum Beispiel: Die eigentliche Münsteraner Szene wurde an dieser Stelle nicht beschrieben, die Szene in Unna (wer kennt nicht die Jazznächte in Unna?) und der ganze Raum Bielefeld-Osnabrück-Minden wurden nur ansatzweise erwähnt. Wer sich für Bielefeld/Osnabrück/Minden interessiert, der sollte unbedingt einmal die Gruppe »Blasnost« um den Komponisten Peter Witte hören (oder sie auf CD bei Acoustic Records bewundern).[58] In der Tat ist der Raum Westfalen ein offener Raum; ein Raum zudem, der mit seiner Offenheit prägend auf seine Menschen wirkt.

1986/1987 entstand in Münster die Monatszeitschrift »Jazzthetik«. Auch ihre Personalveränderungen und ihre inhaltlichen Schwerpunkte über jetzt nahezu 13 Jahre spiegeln die Jazzentwicklung wider. Unter der Headline »Maschinen stürmen« wurde der Produzent von »AufRuhr Records« und zugleich Musiker bei PöhlMusik vorgestellt: Karl-Heinz Blomann. Auch die neue Improvisationsszene in Münster um den Gitarristen Erhard Hirt kam zu Wort.[59] Und natürlich gab es ein Ruhrpott-Spezial und ein Spezial für die neue Szene in Unna.[60]

Bedanken möchte ich mich nun am Schluß bei Eva Küllmer und ihrem Team vom WDR Landesstudio in Dortmund für die zahlreichen Informationen zur Dortmunder und Iserlohner Jazzgeschichte. Bei einigen ihrer Projekte konnte ich in den vergangenen Jahren mitarbeiten: beim Ruhrjazz-Festival Bochum und bei den ersten Überlegungen zum Jazzwerk NRW, bei der am Anfang auch noch Reiner Glen Buschmann mitwirkte. Dank gebührt zudem dem Jazz-Redakteur des WDR: Markus Heuger. Er half mir bei historischen Recherchen.

ANMERKUNGEN

(zu den ausführlichen Titeln s. die Bibliographie)

1   Kohl 1994, S. 10.
2   Münch 1995, S. 38.
3   Großer Atlas zur Weltgeschichte, Darmstadt 1997, S. 165.
4   Vgl. Knaurs Großer Weltatlas 1998, S. XVI.
5   Montgomery 1973.
6   Dauer 1986.
7   Reclams Jazz Führer 1989, S. 237.
8   Wolbert 1988, S. 79 ff.
9   Broecking 1995.
10 Jost 1982, S.14.
11 Weyer 1993.
12 Weyer 1996.
13 Gravenstein 1970; Weyer 1990; Kobe in diesem Band.
14 Riemann Musiklexikon 1967.
15 Schaper 1979.
16 Klueting 1998.
17 Weyer 1993
18 Duke Ellington 1974, S. 320.
19 Programmheft Essener Jazztage 1959.
20 Karl Heinz Nass 1959.
21 Programm-Prospekt Essener Jazztage 1960.
22 Jazz Podium 1960, Heft 5, S. 125-128.
23 Viera 1992, S. 154 ff.
24 Zimmerle 1968, S.117.
25 Weyer 1993, S. 39.
26 Jazz Podium 1958, Heft 10, S. 210 f.
27 Klueting 1998, S. 416.
28 Ebd., S. 418.
29 Fritz Därr (Hg.): Jazz Adreßbuch 1955-1956.
30 Programmheft Evangelische Akademie Rheinland-Westfalen 1958.
31 Programmheft Kulturtage Gewerkschaftsjugend 1958.
32 WDR, Musikszene West 1989.
33 Condon 1960.
34 Weyer 1993, S. 39; 1996, S. 97.
35 Reclams Jazzführer 1970, S. 566.
36 Metronome Joke Records 1958.
37 Westfälische Rundschau Nr. 2, 1988.
38 Welt am Sonnabend Nr. 24, 1959.
39 Weyer 1993, S.36.
40 35 Jahre HC Iserlohn 1987, S. 4.
41 Ebd.
42 Ebd., S. 18.
43 Weyer 1996, S. 99.
44 Jazz Podium, 18. Jg., Januar 1969, S. 5.
45 Jazz Podium, 17. Jg., November 1968, S. 335.

46   Jazz Podium, 18. Jg., März 1969, S. 72.
47   Jazz Podium, 18. Jg., Juli 1969, S. 238.
48   Jazz Podium, 18. Jg., März 1969, S. 80 f.
49   Vgl. Jazz Podium, 17. Jg., Dezember 1968, und Jazz Podium, 18. Jg., Januar 1969.
50   Vgl. Weyer 1993, S. 36-41.
51   Dollase, Rüsenberg, Stollenwerk 1978.
52   Weyer 1991.
53   Jazz Podium, 27. Jg., November 1978, S. 30.
54   Jazz Podium, 28. Jg., Januar 1979, S. 29.
55   FonoForum, 1/99, S. 87.
56   Jazzthetik, 13. Jg., März 1999, S. 50-52.
57   Koltermann: Umtriebe 1985.
58   Blasnost: »La Tango« und »Anything blows«.
59   Vgl. Jazzthetik, 1. Jg., Juli 1987, S. 11, 20-24.
60   Vgl. Jazzthetik, 1. Jg., Juni 1987, S. 7-13.

BIBLIOGRAPHIE

Joachim-Ernst Berendt: das jazzbuch. Entwicklung und Bedeutung der Jazzmusik, Frankfurt a. M. und Hamburg 1956 (1953).

Ders.: Jazz optisch. Fan-Edition, München 1956.

Ders.: Variationen über Jazz. Aufsätze, München 1956.

Ders.: das neue jazzbuch. Entwicklung und Bedeutung der Jazzmusik, Frankfurt a. M. 1959.

»Blasnost/La Tango« 1991 CD. Acoustic Rec AMC 1023; und »Anything blows« 1993 CD, Acoustic Rec AMC 1049.

Carlo Bohländer: Das Wesen der Jazzmusik. Metrum-Rhythmus-Stil, Frankfurt a. M. 1954.

Ders. und Karl Heinz Holler: Reclams Jazzführer, Stuttgart 1970.

Dies. und Christian Pfarr: Reclams Jazzfüher, Stuttgart 1989.

Anthony Braxton: hatArt CD 6075 Anthony Braxton Quartet, Dortmund, 1976.

Christian Broecking: Der Marsalis-Faktor. Gespräche über afro-amerikanische Musik in den neunziger Jahren, Waakirchen-Schaftlach 1995.

Eddie Condon: jazz – wir nannten's musik, München 1960.

Fritz Därr (Hg.): Jazz Adreß Buch 1955-1956, Würzburg o. J.

Alfons Michael Dauer: Der Jazz. Seine Ursprünge und seine Entwicklung, Kassel 1977.

Ders.: Ragtime. Entwurf eines Entstehungsschemas und einer musikalischen Entwicklungsgeschichte, in: jazzforschung. jazzresearch, 18 (Graz 1986), S.155.

Ders. und Stephen Longstreet: Knaurs Jazzlexikon, München 1957.

Rainer Dollase, Michael Rüsenberg und Hans J. Stollenwerk: Das Jazzpublikum. Zur Sozialpsychologie einer kulturellen Minderheit, Mainz 1978.

Dortmunder Tageblatt, 16.12.1957, »Jazz – Ausdruck der Freiheit«.

Duke Ellington: Autobiographie, München 1974.

Essener Jazztage 1959 (18.-19. April – Essen – Grugahalle): Programmheft; Schirmherr: deutsche jazzförderation e. V.; Organisation: Ralf Schulte-Bahrenberg; Programmorganisation: Karl H. Lyrmann; Graphische Gestaltung: Harald Gutschow; Fotos: Jazz-im-Bild, Hanns E. Haehl.

Essener Jazztage 1960 (2.-3. April – Essen – Grugahalle): Programm-Faltblatt; Schirmherrschaft wie bei 1959; Organisation: Ralf Schulte-Bahrenberg.

Essener Jazztage 1961: Veranstaltung und Organisation: Ralf Schulte-Bahrenberg; Künstlerische Beratung: Joachim-Ernst Berendt; Graphische Gestaltung: Michel & Kieser (Novum); Fotos: Ralf Amber, Joachim-Ernst Berendt u.a.

Evangelische Akademie Rheinland-Westfalen: Programmheft der Tagung für Mitglieder von Jazzbands, Haus Ortlohn in Iserlohn vom 17.-19. Oktober 1958.

FonoForum. Klassik, Jazz und HiFi, 1/1999, S. 87: Besprechung der CD »Large One« von Peter Herborn (Jazzline/Efa CD 1154-2).

Eberhard Gravenstein: Kurt Edelhagens erste Gage ... Zum 25jährigen Jubiläum der Band ..., in: Kölnische Rundschau, 11.10.1970.

Billie Holiday und William Dufty: Schwarze Lady, Hamburg 1957.

Hot Club Iserlohn/Jazzclub Henkelmann: Festschrift 35 Jahre HCI und 10 Jahre Jazzclub Henkelmann, Iserlohn 1987.

Jazz Podium, s. die Einzelnachweise.

Jazzthetik, s. die Einzelnachweise.

Harm Klueting: Geschichte Westfalens. Das Land zwischen Rhein und Weser vom 8. bis zum 20. Jahrhundert, Paderborn 1998.

Knaurs Großer Weltatlas, 18. korrig. Aufl., München 1998.

Wilhelm Kohl: Kleine Westfälische Geschichte, Düsseldorf 1994.

Eckard Koltermann & Kollegas Umtriebe LP AufRuhr Records 670009.

Kulturtage der Gewerkschaftsjugend/Ruhrfestspiele Recklinghausen, 27. Juni 1958, »Jazz – eine kulturelle Kraft unserer Zeit?«

Metronome Joke Records: Die Oscar Klein Bluesmen mit Günter Boas; LP JLP 204 (Aufnahmen vom 26.11.1976).

Metronome Records: Das Siggi Gerhard Swingtett auf den Ruhrfestspielen 1958 (dabei ist ein Titel, das Stück »Blues In G«, ein Solo von Günter Boas), ansonsten Mitschnitt bei den Kulturtagen der Jugend im Rahmen der Ruhrfestspiele.

Michael Montgomery: Eubie Blake Blues & Rags; Hüllentext der LP Biograph BLP 1011 Q Vol.1/ »Eubie Blake: His earliest piano rolls 1917-1921 including Charleston Rag«.

Peter Münch: Schönes Ruhrgebiet, Hamburg 1995.

Musikszene West: Hörfunksendung des WDR vom 11.8.1989 mit dem Thema »Jazzgeschichte der Region, speziell der in Dortmund«, WDR Studio Dortmund, Redaktion: Eva Küllmer.

Heinz-Christian Schaper und Rudolf Krause: Jazz compact – Ursprung. Entwicklung. Spielpraxis, München 1979.

Joe Viera: Jazz. Musik unserer Zeit, Schaftlach 1992.

Rolf-Dieter Weyer (1990): Erinnerungen an Kurt Edelhagen. Seine Zeit in Köln 1957-1973; zwei Hörfunk-Sendungen: WDR 1, 6.6.1990 und 13.6.1990.

Ders. (1991): Jazz in NRW, in: Programmheft 20. Internationales New Jazz Festival Moers, Pfingsten, 17.-20. Mai 1991.

Ders. (1993): Jazz im Ruhrgebiet. Anmerkungen zu seiner Geschichte und zur heutigen Situation, in: Programmheft Rheinisches Musikfest 1993, Essen 21.-30. Mai 1993, S. 36.

Ders. (1996): Fünfzig Jahre Jazz in Nordrhein-Westfalen, in: Zeitklänge. Zur Neuen Musik in NRW 1946-1996, hg. vom Landesmusikrat NRW, Düsseldorf 1996, S. 95.

Klaus Wolbert (Hg.): That's Jazz. Der Sound des 20. Jahrhunderts, Darmstadt 1988.

Dieter Zimmerle: 15 Jahre Jazz in Deutschland. Geschichte des Jazz in Deutschland 1952-1967, in: Claus Schreiner (Hg.): Jazz Aktuell, Mainz 1968.

Archie Shepp am 14. Februar 1997 während eines Konzerts des „Jazz Zirkels" in der Bonner „Harmonie". Foto: Siegfried Haurand-Brendel.

JAZZ ALS URBANE KULTUR

Jazz in Bonn
von Martin Laurentius, Köln

Seit Mitte der fünfziger Jahre gibt es in Bonn eine aktive Jazzszene, die nie provinziell ist und sich stets gegenüber einer Vereinnahmung durch das größere und in Sachen Jazz oftmals aktivere Köln gewehrt hat. Auch wenn die Stadt Köln für den Jazz im Rheinland wegen des Westdeutschen Rundfunks (WDR), wegen einer vielfältigen Medienlandschaft und vor allem wegen der Hochschule für Musik, an der bereits 1958 ein Jazzkurs eingerichtet wurde, eine Vormachtstellung einnimmt, konnte sich dennoch in Bonn eine Jazzszene etablieren, die trotz dieser Übermacht mit ihren bekannteren und unbekannteren Jazzclubs und -veranstaltern, Amateur- und Profimusikern einen eigenständigen Charakter besaß und besitzt. Sicherlich, das Bild von Jazz in Bonn war geprägt durch zahlreiche Amateurbands und -musiker, die in Clubs Auftrittsmöglichkeiten und Zuhörer für ihre vor allem von traditionellen Spielweisen wie Dixieland-Jazz und Swing bestimmte Jazzmusik suchten und fanden.

Carlhelmut Knierim, von Anfang an aktiv in der Bonner Jazzszene tätig, war sozusagen der Spiritus rector dieser Amateur-Jazzmusiker-Szene – zuerst als Mitbegründer des 1965 eingerichteten »Arbeitskreis für Jazz« an der Universität Bonn, später bekannt durch die von ihm geleitete Jazzabteilung an der Musikschule Bonn (1970 bis 1987) sowie seine Veranstaltungs- und Vortragsreihe »Jazz-Szene in Bonn« (1980 bis 1987). Aber schon in den sechziger Jahren gab es in Bonn einige Profimusiker, die sich mit modernem Jazz auseinandersetzten. Einer davon war der Komponist, Arrangeur, Trompeter und Ventilposaunist Hans Thomas, der zu Beginn der achtziger Jahre als Jazz-Redakteur zum Süddeutschen Rundfunk nach Stuttgart ging. Auch der amerikanische Posaunist Jiggs Whigham lebt seit den späten sechziger Jahren in Bonn. Dennoch verdienten diese Musiker ihr Geld hauptsächlich bei der in Köln beheimateten Big Band von Kurt Edelhagen und später bei der des WDR.

Erst in den siebziger Jahren rührte sich eine kleine Szene aufstrebender junger Profimusiker – darunter auch der Kontrabassist Gunnar Plümer, der Schlagzeuger Michael Küttner und der Gitarrist und Jazzpädagoge Frank Haunschild – und schloß sich zur »Initiative Bonner Jazz-Musiker« (IBJM) zusammen. Mit Aktionen wie etwa dem Verteilen des Flugblattes »Wir beklagen schlechte Sitten in der Bonner Kulturpolitik« und Unterschriftensammlungen machten die Mitglieder der IBJM auf ihre mißliche Lage aufmerksam. An dieser war die Stadt Bonn aus Sicht der an der IBJM beteiligten Musiker nicht unbeteiligt, da Bonner Jazzmusiker bei städtischen Veranstaltungen nur selten berücksichtigt wurden. Nachdem die IBJM sich aufgelöst hatte, wurde 1984 mit der Gründung einer weiteren Initiative wiederum ein Versuch gestartet, die Arbeitsbedingungen für Bonner

Musiker zu verbessern: Die »bonnjazz Initiative« (BJI) trat ins Rampenlicht der Öffentlichkeit und verfolgte vergleichbare Ziele wie die IBJM (Beschaffung von Proberäumen, Auftrittsmöglichkeiten, die Errichtung eines Jazz-Zentrums etc.). Sie wurde erneut unter anderem von Musikern wie Plümer, Haunschild, Küttner usw. getragen. Als konkretes Ergebnis der BJI ist die Einrichtung einer weiteren Jazzabteilung an der Musikschule Bonn geblieben, die bis zu Knierims Pensionierung parallel zu dessen 16 Jahre zuvor initiierten Jazzabteilung betrieben wurde.

Ein großer Teil des Bonner Jazz-Konzert-Lebens wurde aber von Privatpersonen veranstaltet: George Hoitz organisierte in seinem Club »Syndikat« von 1989 an ein Konzertprogramm, das bis zur Schließung der Spielstätte – zwischen 1992 und 1994 von einem Trägerverein geleitet – im Sommer 1994 für gleichbleibende musikalische Qualität sorgte. Zahlreiche international namhafte Musiker wie Ray Brown, Bill Evans und Mel Lewis waren dort zu hören. Außerdem sorgte sich Hoitz mit seinen montags stattfindenden Jam-Sessions um den Bonner Nachwuchs. Auch Harry Lintzmeyer verfolgt mit seinem seit 1995 existierenden »Jazz-Zirkel« ein ähnliches Ziel: Zwar verfügt er noch nicht über eine feste Spielstätte in Bonn, dennoch organisiert er seit dem Frühjahr 1995 Konzerte in verschiedenen Bonner Clubs mit Musikern wie Joe Zawinul, Jiggs Whigham und Jeff Hamilton. All diese verschiedenen Aspekte verdeutlichen, daß das Attribut »provinziell« für die Bonner Szene eben keine Gültigkeit besitzt.

JAZZ MUCKT AUF – JAZZ IN BONN ZWISCHEN 1950 UND 1980

Über einige frühe Jazz-Initiativen in Bonn ist wenig bekannt. Ab 1950 bestand ein »Hot Club Bonn«, für den im »Jazz Podium« (9/1952, S. 14) ein Dr. Peters als Ansprechperson genannt wird, der 1953 von Franz Carl Jansen geleitet wurde und seinen Sitz in der Bonner Kirschallee hatte (»Jazz Podium«, 5/1953, S. 4). Im Sommer 1953 traten die Düsseldorfer »Feetwarmers« auch in Bonn auf (»Jazz Podium«, 8/1953), im Dezember 1953 berichtete diese Zeitschrift über Jazz im Bonner »Tabu« und im nächsten Jahr über die »Jazz Time Bonn« in der Mensa der Bonner Universität (»Jazz Podium«, 10/1954). Diese Einrichtungen tauchen in der Berichterstattung nicht mehrfach auf, so daß es wohl am dauerhaften Wirken gemangelt hat.

»Die Idee, kontinuierlich eine Jazzkonzertreihe zu schaffen, kam aus dem Kreis der Bonner Amateurjazzmusiker. Es war aber nicht das erste Mal, daß Jazzaktivitäten – nach 1945 wieder möglich und seit den frühen fünfziger Jahren hier ›in‹ geworden – zu kulturellen Erlebnissen von Dauer wurden.«[1]

Der 1922 geborene Musikwissenschaftler Carlhelmut Knierim trug Anfang der fünfziger Jahre maßgeblich dazu bei, daß Jazzmusik auch in Bonn modern wurde – er hielt unter anderem ständigen Kontakt zu der Düsseldorfer Dixieland-Band »Feetwarmers«, in der Ingfried Hoffmann, Klaus Doldinger und Klaus Arens zu hören waren. Arens war es aber, der als Medizinstudent 1955 den »Arbeitskreis für Jazzmusik« an der Bonner Universität ins Leben rief, an dem auch Knierim beteiligt war. Dieser Arbeitskreis »hielt Schallplattenvorträge ab und veranstaltete in der Mensa Jazzkonzerte ›bei 50 Pfg. Eintritt‹ mit bekannten Jazzbands aus Düsseldorf, Frankfurt/M., Dortmund, sogar aus Berlin kommend.«[2] Bis zur Auflösung des Arbeitskreises 1959 gründeten sich die ersten Bonner Jazzbands wie zum Beispiel die »Black Bottom Brass Band« und die »Western Swing Company«, die unter anderem durch ihre Teilnahme am Düsseldorfer Amateur-Jazz-Festival auch überregional Bedeutung erlangten. »Die ›Black Bottom Brass Band‹ hat es nur rund acht Jahre gegeben: von 1955 bis 1963. Doch trotzdem hat sie sich einen unvergeßlichen Ruf in der Bonner Jazz-Geschichte gesichert. Sie setzte sich aus Musikern des Schulorchesters des Ernst-Moritz-Arndt-Gymnasiums zusammen: Um den Bandleader Jochen ›Mecky‹ Zeitschel formierten sich damals Helmut Heide (Trompete), Gerald Routschka (Posaune), ›Ossi‹ Ostwald und Volker Weiß (Banjo und Gitarre), Manni Langer (Tuba und Sousaphon) sowie ab 1959 Heinz Mertens am Baß und – natürlich – Martin ›Calle‹ Anders am Schlagzeug, das er heute noch für die ›Semmel's Hot Shots‹ rührt.«[3] Ende der fünfziger Jahre betrat Hans Thomas die Jazzszene in Bonn:

»Damals schon gab es tierische Jazz-Clubs. Einer davon war die ›Müllerin‹ am Bahnhof, ein altes Jugendstilhaus. Daneben gab es in Poppelsdorf einen Club, der hieß ›Kolibri‹ und wurde vom Sohn des Besitzers des Sporthauses ›Rebo‹ gemeinsam mit einem iranischen Medizinstudenten namens Sala geleitet. Dort traten dann auch Musiker auf, die sich ›Gebrüder Hochreuter‹ nannten. Bei denen durfte ich dann hin und wieder einsteigen.«[4]

Thomas, 1937 geboren, hatte Klavier und Trompete gelernt. Als er in den späten fünfziger Jahren beim Theo Stemmler Trio anfing – Theo Stemmler (Klavier), Karl-Heinz Büschel (Baß) und Gerd Boht (Schlagzeug) –, stieg er für einige Jahre auf Ventilposaune um. »Ich spiele ja eigentlich Trompete. Damals war aber schon Bob Brookmeyer mit Stan Getz aktuell, und man bat mich, doch Ventilposaune zu spielen. Wir waren dann das erste modern spielende Jazz-Quartett in Bonn.«[5]

1959 gewann Thomas beim Amateur-Jazz-Festival in Düsseldorf den 1. Preis für Posaune. Dort hörte ihn der Pianist Werner Giertz, der ihn dazu aufforderte, mit der »Werner Giertz Combo« unter anderem im Hamburger Club »Barrett« aufzutreten:

»Werner Giertz war in den späten fünfziger Jahren der erste Jazzmusiker in Deutschland, der so spielen konnte wie Russ Freeman. Und in der Werner Giertz Combo spielte auch ein weiterer Musiker aus Bonn, der Bassist Heinz Mertens, der aber kurze Zeit später ausstieg.«[6]

Nachdem Thomas 1963 nach Bonn zurückgekehrt war, mußte er feststellen, daß hier »im Grunde mit modernem Jazz nichts mehr los«[7] war. Er trat in die »Western Swing Company« ein. »Die ›Western Swing Company‹, die zuletzt von Hans Thomas in Bonn geleitet wurde, war vier Jahre lang (1963-67) in Düsseldorf erstplaziert.«[8] Unter seiner Leitung entwickelte sie sich aber zu einer Formation, die modernen, zeitgenössischen *Straight-Ahead-Jazz* spielte, so daß er sie 1968 in »Mainstream« umbenennen mußte, in der neben Thomas an der Trompete auch der Posaunist Jiggs Whigham (später dann Sam Napiraj), der Altsaxophonist Karlheinz Wiberny und der Baritonsaxophonist Frank Lemaire die Hornsection bildeten. »Im Grunde war ›Mainstream‹ später dann so etwas wie eine Nachwuchsschule unter anderem auch für junge Bonner Musiker, wie zum Beispiel Gunnar Plümer.«[9]

Mit beiden Formationen schuf sich Thomas national und international einen hervorra-

Hans Thomas, Ventilposaune, Bonn. Foto: unb.

genden Ruf als Komponist und Arrangeur: So gewann er 1967 mit der »Western Swing Company« auf dem »2. Internationalen Jazz Festival Düsseldorf« ein Stipendium für eine Studienreise nach Newport, USA, spielte später mit »Mainstream« auf zahlreichen Festivals und nahm 1980 das Album »Carefree Dance« auf: »Spiritus rector der Gruppe ist der Arrangeur Hans Thomas [...] Er kann die vier Bläserstimmen so kompakt und vielschichtig einsetzen, daß der Sound-Eindruck einer kleinen Big Band entsteht und – vor allem – er kann seine Musik so schreiben, daß sie swingt und zum Improvisieren herausfordert.«[10]

JAZZ GOES UNIVERSITY

1965 wurde erneut ein »Arbeitskreis für Jazz« an der Bonner Universität eingerichtet. Knierim schlug der Kommission für das »Studium Universale« vor, den bereits bestehenden Gruppen des »Collegium Musicum« eine weitere für Jazz hinzuzufügen: Es »mag dieses Ansinnen manchem der Kommissions-Mitglieder als höchst bedenklich und für eine Universität unangemessen erschienen sein. Es ist diesen Herren aber zu danken, daß sie damals trotzdem über ihren Schatten gesprungen sind und zugestimmt haben, vom Wintersemester 1965/66 ab einen ›Arbeitskreis für Jazz‹ einzurichten, der die bislang eher spontan in Erscheinung tretenden inoffiziellen Jazz-Aktivitäten der Studenten zusammenfassen und durch systematische Schulung auch weiterentwickeln sollte«.[11]

Ziel dieses Arbeitskreises war es, Studenten die Möglichkeit zu geben, Jazz kennenzulernen und zu spielen. Darüber hinaus versuchte man, Proberäume zu bekommen, in denen nicht nur geübt, sondern auch Vorträge und Workshops stattfinden konnten. Außerdem wurden die für die Studenten so wichtigen Semesterabschlußkonzerte des »Collegium Musicum« »nun auch für den ›Arbeitskreis für Jazz‹ im Theatersaal der Uni zur regelmäßigen Einrichtung. In einem zweistündigen Jazzkonzert spielten fünf bis sechs Gruppen jeweils 20 Minuten, das schaffte Querverbindungen zu allen Musikern, es führte zur Kooperation, es war Ansporn zur Leistungssteigerung, das Wissen, was die andere Gruppe macht, aber auch zum Austausch von Musikern untereinander (Synchronarbeit), man half sich aus, wenn ein Kollege verhindert war. Es war ein echtes Pendant zum Collegium Musicum entstanden. Die Regie des Arbeitskreises verstand sich als Überbau, die einzelnen Gruppen waren wichtig«.[12]

Der Erfolg von Knierims Engagement für den »Arbeitskreis für Jazz« ließ nicht lange auf sich warten: So stellte ein früher Höhepunkt »die Teilnahme am Jazz-Festival der tschechischen Hochschulen in Budweis im März 1967 dar, bei dem die ›modern swing group‹ mit einem Sonderpreis für die beste Gruppe ausgezeichnet«[13] wurde. Und auch eine der dienstältesten und erfolgreichsten traditionellen Jazzbands aus Bonn, die »Chicago Footwarmers«, hatte 1968 ihren Start bei einem vom »Arbeitskreis für Jazz« in der Pädagogischen Hochschule Rheinland organisierten Konzert: Dort »spielte Norbert Kemper Solostücke und Kemper mit Huppertsberg im Duo. Bald trat die neuseeländische Studentin Mary Ann Whittle in die Gruppe ein, die Chicago Footwarmers waren für lange Zeit die einzige Jazzgruppe mit Sängerin in Bonn.«[14]

DIE INITIATIVWÜTIGEN SIEBZIGER JAHRE

»Zur Verbesserung der wirtschaftlichen und sozialen Lage und zur Wahrung der beruflichen Interessen der deutschen Jazzmusiker ist am Wochenende (5.-7. Januar 1973) die UNION DEUTSCHER JAZZMUSIKER (UDJ) ins Leben gerufen worden. Sie versteht sich als Basis einer künftigen gewerkschaftlichen Organisation der Jazzmusiker im DGB und eines Zusammenschlusses aller am Jazz Interessierten. Anlaß für den Beschluß, eine Interessengemeinschaft deutscher Jazzmusiker zu gründen, war die allgemeine Erfahrung, daß die Jazzmusiker entgegen der Bedeutung des Jazz und im Gegensatz zu vergleichbaren Berufsgruppen sowohl in kulturpolitischer wie in beruflicher Hinsicht erheblich benachteiligt werden.«[15]

Frank Haunschild, Gunnar Plümer, Michael Küttner, Fried Bauer und Michael Heupel Silvester 1987. Foto: unb.

Diese auf der Tagung der deutschen Jazzmusiker vom 5. bis 7. Januar 1973 in Marburg geäußerte Forderung fand fünf Jahre später auch in Bonn Gehör: Mit dem Flugblatt »Wir beklagen schlechte Sitten in der Bonner Kulturpolitik« forderte die gerade gegründete »Initiative Bonner Jazz-Musiker« (IBJM) die Stadt Bonn auf, in Bonn lebende Musiker verstärkt in ihrer städtischen Kulturplanung zu berücksichtigen: »Die Stadt Bonn ist stolz auf ihre Kulturpolitik, wie zum Beispiel die Entwicklung des Bonner Sommers, der eine breite Resonanz in der Bevölkerung findet. So gelungen der Bonner Sommer von außen betrachtet erscheint, so sehr verschärfen sich intern die Probleme für die daran beteiligten Bonner Akteure. Zwar ist die Stadt jederzeit bereit, für die technische Ausrichtung (Scheinwerfer, Mikrofon-Anlagen etc.) und für gelegentlich auftretende ›Star‹-Gruppen tief in den Säckel des Kulturetats zu greifen. Für diejenigen aber, die als ›echte Bonner‹ Kulturträger kontinuierlich aktiv sind, ist in der Kulturplanung und im Kulturetat offenbar nur wenig Raum [...] Wir meinen: dies ist nicht nur ein Verfall der guten Sitten, die Stadt Bonn erweist sich damit auch einen schlechten Dienst: wird damit doch ein besonders aktiver Teil der Bonner Kulturszene in einer Weise vernachlässigt, die kulturpolitisch kaum zu verantworten ist.«[16]

Aber zuerst einmal ist an der Gründung der IBJM nichts besonderes: Keines der IBJM-Mitglieder nahm 1973 am Marburger Jazz Forum teil, und außerdem zeichneten sich die reform- und initiativwütigen siebziger Jahre gerade durch solche Interessengemeinschaften aus. Doch mit diesem Protestaufruf Bonner Jazzmusiker und der Gründung der IBJM traten zum ersten Mal Bonner Jazzmusiker mit Forderungen wie etwa nach angemessener Bezahlung und Berücksichtigung bei durch die Stadt Bonn organisierten Veranstaltungen an die Öffentlichkeit und verlangten von den städtischen Kulturschaffenden, bei Veranstaltungen der Stadt Bonn miteinbezogen und darüber hinaus angemessen für Konzerte bezahlt zu werden. In der IBJM organisierten sich junge, aufstrebende Musiker aus Bonn, wie zum Beispiel der Kontrabassist Gunnar Plümer, der Gitarrist und Pädagoge Frank Haunschild, der Schlagzeuger und Percussionist Michael Küttner sowie der Flötist Michael Heupel – Musiker also, die sich nicht als Amateure, sondern als Profis bezeichneten.

Bereits drei Jahre vorher, 1975, hatten Knierim und der Pianist und Jazzlehrer Norbert Kemper eine gegensätzliche Position formuliert. Forderte Knierim in seinem im Mai 1975 in der Fachzeitschrift »Diskussionsforum Jazz« veröffentlichten Aufsatz »Wie kann sich der Jazzinteressierte informieren«[17] unter anderem Jazzfachleute auf, Stellung zu beziehen hinsichtlich bestimmter, den Jazz betreffender Probleme und Fragestellungen, so unterstrich Kemper in seinem in der gleichen »Diskussionsforum Jazz«-Ausgabe erschienenen Aufsatz »Die systematische Entwicklung des Jazz zum Stiefkind deutschen Kulturlebens«: »Alle Versuche, Jazz an Hochschulen zu lehren, sind aus bestimmten Gründen zum Scheitern verurteilt. Es muß unbedingt festgehalten werden, daß man diese Kunst nicht ausschließlich mit Kenntnis europäischer Musikkultur durchleuchten kann.«[18]

Und weiter heißt es dort: »Zusammenfassend kann man behaupten, daß es im Zuge der 25jährigen Jazzgeschichte der Nachkriegszeit eine Menge ›Oberflächenamateure‹ und andererseits ›Intellektmusiker‹ gibt, die beide nicht die rechte Beziehung zu dieser Musik gefunden haben, die einen erreichten nicht einmal ein Minimum in Theorie und Praxis, die anderen sind in ihrer Entfaltung durch falsche theoretische und praktische Ausbildung gehemmt.«[19]

Vier Jahre später kam es dann doch zwischen beiden Seiten zu einer Annäherung: »Etwa 30 Jazzmusiker gründeten im Jahre 1979 eine ›Interessengemeinschaft Bonner Jazz-Musiker‹ (es handelt sich hierbei um die IBJM, Anm. d. Autors). Diese ermächtigte ihren Vorstand, insbesondere bei der Bonner Kulturverwaltung vorstellig zu werden, damit die Stadt den Jazzmusikern künftig Auftrittsmöglichkeiten anbietet. Es kam zu Gesprächen beim Kulturdezernenten; schließlich wurde die Musikschule, die seit 1970 eine Jazzabteilung hat, beauftragt, ein Förderungskonzept zu entwickeln.«[20] Und auch Knierim stellte hierzu fest: »Und siehe da, man wurde gehört. Als Auftakt finanzierte das Kulturamt der Stadt Bonn ein von der I.B.J.M. organisiertes ›1. Bonner Jazz Festival‹ in der Endenicher Burg vom 22. bis 24. Juni 1979.«[21]

Auf diesem ersten großen Jazzereignis in Bonn waren Musiker und Bands des modernen Jazz ebenso zu hören wie solche, die der traditionellen Amateurjazz-Szene zuzuordnen waren. Dort traten neben anderen das »Art Hoc Ensemble« mit Haunschild, Plümer und Küttner, »Dialogue« mit den beiden Gitarristen Alexander Sputh und Paul S. Haltod, Hans Thomas' »Mainstream«, »Sadba« mit Küttner, dem Tenorsaxophonisten Friedrich Kullman und dem Bassisten Jochen Schmidt, »Dat Bönnsche Swingtrüppche« mit dem Posaunisten Walter Kettmann und dem Bassisten Heinz Mertens, die »Chicago Footwarmers« mit dem Saxophonisten und Klarinettisten Guy Hupertsberg und Kemper, »Semmel's Hot Shots« mit dem Kornettisten Rainer Brothuhn und dem Schlagzeuger Martin »Calle« Anders sowie »Dr. Jazz Ambulanz« mit dem damaligen Besitzer und Gründer der Bonner »Jazz Galerie«, dem Schlagzeuger Stefan Roth, und dem Pianisten Franz-Josef Lübken auf.

So begrüßenswert dieses Zusammenkommen von Profi- und Amateurmusikern auch war, organisiert und durchgeführt wurde dieses Festival eben nicht von der IBJM, sondern von Wolf Jeske und dem Betreiber des Bonner Jazzclubs »Session«, Ralf Burhenne, in Verbindung mit dem Kulturamt der Stadt Bonn.[22] Und obwohl die IBJM eine entsprechende Bezahlung der Bonner Musiker bei Veranstaltungen der Stadt Bonn gefordert hatte, unterstrich Jeske erneut in seinem Vorwort zum Programmheft den Amateurstatus der an diesem Festival beteiligten Musiker: »Ergreifen Sie als Bewohner oder als Besucher dieser Stadt, als Jazzfan oder als Jazz-Interessierter oder gar als jemand, der selbst Jazz macht, die Chance, bei diesem jazzmusikalischen Ereignis dabei zu sein, sich einen Eindruck von dem zu verschaffen, was der Amateurjazz in Bonn repräsentiert.«[23]

Darüber hinaus gab es bei den Vorbereitungen und während des Festivals organisatorische und technische Probleme, wie zum Beispiel, daß zu spät plakatiert wurde und am gleichen Wochenende das Uni-Sommerfest stattfand. Des weiteren ließ ein Kurzschluß die Stromversorgung am Festival-Sonntag zusammenbrechen. Als Resümee faßte die IBJM zusammen: »Aufgrund dieser Pannen muß uns der Eindruck entstehen, daß das ›1. Bonner Jazz-Festival‹ lediglich als Lückenbüßer im Bonner Kulturprogramm gedacht war.«[24]

KNIERIMS »JAZZ-SZENE IN BONN«

1979 begann Knierim auch mit der Arbeit an dem bereits angesprochenen Projekt »Förderung der Jazzmusik«, das von 1980 an auch unter der Bezeichnung »Jazz-Szene in Bonn« in der Öffentlichkeit bekannt war. Nach seinen Vorstellungen sollten jede Woche in einem der vier Bonner Stadtbezirke Beuel, Bad Godesberg, Bonn-Mitte und Hardtberg/Tannenbusch Konzerte mit Bands unterschiedlicher Jazz-Stile veranstaltet werden, wobei »der inhaltliche

Howard Johnson am 6. Mai 1998 während eines Konzerts des »Jazz Zirkels« in der Bonner »Harmonie«. Foto: Siegfried Haurand-Brendel.

Bereich sich an den schon vorhandenen, weiter oben geschilderten Bonner Jazzaktivitäten, einschließlich der pädagogischen Aufbauarbeit, einen fachkundigen, jazzinteressierten Hörerkreis heranzubilden«,[25] orientieren sollte.

Dies bedeutete, »dem Hörer Programme mit qualifizierten Jazzgruppen anzubieten, den Bonner Jazzmusikern damit Gelegenheit zu Auftritten zu geben, jüngeren angehenden Jazzmusikern im Kreise der Bonner Jazzmusiker Fortbildungsmöglichkeiten zu bieten, die Anfänger unter den Jazzschülern im Unterricht an der Musikschule zu fördern, die Schüler an öffentlichen Schulen, insbesondere Gymnasien, durch in den Musikunterricht integrierte Vorträge oder Workshops für den Jazz zu interessieren, im Rahmen der Altenbetreuung bestimmte ältere Jazzbereiche anzubieten, im Rahmen der VHS fachkundige Jazzreferenten für Vortragsreihen zu gewinnen, mit dem Jugendamt Gruppenveranstaltungen (z.B. im Kinderforum) einzurichten«.[26]

Die Finanzierung dieses Projektes sollte durch die Stadt Bonn erfolgen. Die ersten Veranstaltungen fanden dann 1980 statt, und Heinz Dietl urteilte im »General-Anzeiger« über den »Jazz-Szene in Bonn«-Workshop mit den »Chicago Footwarmers« im Kulturforum Bonn-Center: »Die neue Konzertreihe ist in ihrer jetzigen Form noch ein Experiment, und Experimente haben es an sich, daß sie keinen Anspruch auf Endgültigkeit stellen. So besteht auch in diesem jazz-didaktischen Versuch noch die Möglichkeit, Breite und Intensität der Informationen zu erweitern.«[27]

Aber entgegen dem von Knierim erarbeiteten Plan, der eine jährliche Steigerung der finanziellen Mittel vorsah, kam es 1982 und 1983 zu Etat-Kürzungen, die sich vor allem auf die Zahl der Konzerte negativ auswirkten: »Im Jahr 1983 führt eine weitere Verkürzung der Gesamtkosten um ca. 10 000 DM zu erheblich weniger Konzerten (39).«[28]

GENERATIONSWECHSEL

Da die Mitgliederzahlen der IBJM Anfang der achtziger Jahre zurückgingen und »die Bonner Musiker weiterhin den Eindruck hatten, daß die Stadt Bonn zeitgenössischen, modernen Jazz nicht ernst nahm und links liegen ließ«,[29] löste sich diese erste Jazzmusikerinitiative auf. 1983 wurde aber mit der Gründung der »bonnjazz Initiative« (BJI) erneut der Versuch gestartet, die Interessen der in Bonn lebenden, zeitgenössischen Jazz spielenden Musiker gegenüber der Bonner Kulturverwaltung zu vertreten. Im Gegensatz zu den Forderungen der IBJM ging es der BJI aber »nicht um Auftrittsmöglichkeiten, Proberäume, finanzielle Unterstützung für bestehende Gruppen und Bands. Dafür gibt es die Jazz-Galerie, die ohnehin schon die unumstrittene Heimat der Bonner Jazzer ist. Nein, die neue Initiative will Basisarbeit leisten. In Kursen soll Nachwuchsmusikern das theoretische und praktische Grundwissen vermittelt werden, sogar ganze Bands sollen rundum unterrichtet und beraten werden«.[30]

Dadurch würde man in Konkurrenz treten zu Knierims Jazzabteilung an der Musikschule Bonn, die bekanntermaßen seit 1970 bestand. Doch anders als Knierim, der den Schwerpunkt seiner jazzpädagogischen Arbeit auf ein »nicht-intellektuelles« Erfassen dieser Musik legte, forderte die BJI, daß eine kompetente Nachwuchsarbeit sich an die »Ausbildung an einer Hochschule für Musik anlehnt, die in drei Bereiche aufgeteilt ist: 1) jazzspezifischer Instrumentalunterricht, 2) theoretische Nebenfächer (Gehörbildung, Harmonie- und Improvisationslehre) und 3) Ensemble-Unterricht (keine Big Band)«.[31]

Im »General-Anzeiger« hieß es dazu, daß Knierims Jazzabteilung an der Bonner Musikschule »ganz ohne Zweifel schon Lobenswertes leistet, aber offenbar laufen die Interessen und Auffassungen über das Wie und Was zwischen den Bonnjazzern und der Musikschule ein wenig auseinander. Eine gewisse Bereitschaft zur Kooperation von beiden Seiten wäre da sicher zu begrüßen«.[32] Doch eine Zusammenarbeit zwischen der BJI und der Jazzabteilung kam vorerst nicht zustande, vielmehr wandte sich Haunschild am 2.

Die »Mu Schu Combo«, geleitet von Frank Haunschild, in einem Konzert der »bonnjazz«-Initiative in der Bonner Musikschule am 16. März 1987. Foto: Franz Riener.

Mai 1985 an den Leiter der Musikschule der Stadt Bonn, Professor Diethard Wucher:

»Bezugnehmend auf unser Gespräch im Sommer 1984 hinsichtlich einer möglichen Zusammenarbeit der bonnjazz-Initiative und der Musikschule Bonn im Bereich Jazzpädagogik, möchte ich Ihnen hiermit unser Konzept übersenden, welches unsere Vorstellungen für Sie vielleicht etwas klarer und verständlicher werden läßt.«[33]

In dem von Haunschild und Plümer erstellten »Konzept zum Aufbau von Jazzabteilungen an kommunalen und städtischen Musikschulen« wurde auf die »Andersartigkeit des Jazz« hingewiesen, was »eine neue Unterrichtsform« zur Folge haben müsse: »So müssen gleichzeitig mit dem Erlernen von instrumentalen Fertigkeiten musiktheoretische Grundlagen erworben werden; außerdem sollte das Zusammenspiel in Ensembles (Combos) angestrebt werden. Dazu ist es unerläßlich, daß der Unterricht in zwei Bereichen (instrumentales Hauptfach und Theorie), später in drei Bereichen (plus Combo) parallel erteilt wird.«[34]

Das New York Swing Trio: Bucky Pizzarelli und Jay Leonhard am 29. April 1997 bei einer Veranstaltung des »Jazz Zirkels« in der Bonner »Harmonie«. Foto: Walter Schnabel.

Im April 1986 begann dann unter der Bezeichnung »Jazzinitiative an der Musikschule« die Unterrichtsarbeit: In den Räumen der Musikschule in Bonn-Bad Godesberg wurden neben Instrumentalunterricht auch vier Jazz-Ensembles unter der Leitung der Dozenten Haunschild, Plümer und Andreas Genschel in verschiedenen Jazzstilistiken unterrichtet. Und »nach nur drei Monaten Arbeit stellte die Abteilung Jazz-Initiative der Musikschule Bonn am Montagabend ihre bereits erzielten Ergebnisse in Form eines Jazz-Konzertes mit Schülern und Lehrern vor«, hieß es im Bonner »General-Anzeiger«: »›Wichtig ist es, darauf hinzuweisen‹, meinte Haunschild, ›daß der gesamte Unterricht von praktizierenden Berufsmusikern abgehalten wird. Nach den Sommerferien werden neue Kurse stattfinden, für die sich jeder, unabhängig von seinen Vorkenntnissen, ab sofort anmelden kann.‹«[35]

Im Mai 1987 legten Haunschild und Plümer ihre »Bilanz und Perspektiven der Bemühungen um eine künstlerische und pädagogisch kompetente Jazz-Edukation« der Leitung der Musikschule Bonn vor. Darin verwiesen die beiden Autoren auf ihr 1985 vorgelegtes Konzept und unterstrichen, daß seit dem Start der »Jazz-Initiative an der Musikschule« die Unterrichtsstunden pro Woche von 19 im Jahr 1986 auf 37 im Schuljahr 1987/88 angewachsen waren und die Zahl der Schüler von anfänglich 28 auf 257 im Mai 1987. Abschließend stellten die Verfasser fest, »daß im Unterrichtsalltag des vergangenen Jahres sich das in unserem ›Konzept zum Aufbau von Jazz-Abteilungen an kommunalen und städtischen Musikschulen‹ vorgestellte dreigleisige Unterrichtskonzept (instrumentales Hauptfach, Combo und Theorie) bestens bewährt hat«.[36]

Die zeitliche und räumliche Reduzierung auf einen einzigen Wochentag, fehlende Unterrichtsräume und die Nutzung der Unterrichtsmittel und Instrumente durch andere stellten die beiden Autoren als Haupthindernisse im Unterrichtsalltag des ersten Arbeitsjahres heraus. Für die Fortsetzung der erfolgreichen Unterrichtsarbeit hielten es die beiden Autoren für unerläßlich, zum Beispiel eine engere Zusammenarbeit mit dem Bonner Kulturamt anzustreben, Workshops mit amerikanischen Dozenten verstärkt in die Unterrichtsplanung einzubeziehen, Kontakte zu knüpfen zu anderen, vergleichbaren Initiativen wie der »Initiative Kölner Jazz Haus« und eine Vorbereitung auf den Studiengang an einer Musikhochschule auch im Bereich Jazz zu ermöglichen. »Unter Hinweis auf unsere Vorstellungen bezüglich einer sowohl künstlerisch als auch pädagogisch-didaktisch kompetenten Jazz-Erziehung ist unserer Ansicht nach der Ausbau aller bisherigen Jazz-Angebote an der Musikschule der Stadt Bonn zu einer Jazz-Abteilung [...] anzustreben.«[37]

Zur Zusammenlegung aller bisherigen Jazz-Angebote zu einer Jazz-Abteilung hätte es 1987 kommen können: Aufgrund der Tatsache, daß Knierim altersbedingt zu Beginn des Jahres 1988 in den Ruhestand versetzt werden sollte, trafen sich am 6. Juni auf Veranlassung der Musikschulleitung die Lehrkräfte der von Knierim geführten Jazzabteilung mit denen der »Jazz-Initiative« zu einer Konferenz, um »eine gemeinsame Unterrichtskonzeption für die künftige Arbeit der Jazzabteilung (nach meinem Ausscheiden wegen Erreichen der Altersgrenze) zu erarbeiten«.[38]

Bei der Konferenz im Hause Didinkirica in der Graurheindorfer Straße in Bonn waren für die »Jazz-Initiative« Haunschild, Plümer und Genschel anwesend, für die Jazzabteilung Knierim, Kemper und Ansgar Bergmann. Sieben Tagesordnungspunkte wurden vereinbart, darunter die »Weiterführung der Jazzabteilung nach der Pensionierung von Herrn Knierim«. Dazu heißt es im Protokoll: »Die Weiterführung aller bisherigen Aufgabenbereiche des Leiters der Jazzabteilung der Musikschule wird ab Januar 1988 bis zum Ende des Schuljahres 1987/88 von Herrn Haunschild und Herrn Plümer kommissarisch wahrgenommen. Diese Übergangslösung muß zu Beginn des Schuljahres 1988/89 durch die Einrichtung einer Planstelle beendet werden [...] Herr Haunschild und Herr Plümer bekundeten ihr gemeinsames Interesse an dieser Planstelle.«[39]

Knierim war mit dieser Formulierung nicht einverstanden und ergänzte das Protokoll: »Die Jazzabteilung ist keine autonome Einrichtung innerhalb der Musikschule. Ich möchte wie folgt formulieren (und das trifft auch, was besprochen war): Frank Haunschild und Gunnar Plümer wünschen sich, die bisherigen Aufgabenbereiche des Leiters der Jazzabteilung der Musikschule ab Januar 1988 bis zum Ende des Schuljahres 1987/88 kommissarisch weiterführen zu dürfen [...] Nach dieser Übergangslösung (also beginnend mit dem Schuljahr 1988/89) sollte diese Arbeit wieder von einer hauptamtlichen Lehrkraft wahrgenommen werden. Frank H. und Gunnar Pl. bekunden ihr Interesse an einer solchen Planstelle, die sie gemeinsam erfüllen wollen.«[40]

Doch die Musikschulleitung verweigerte Haunschild und Plümer diese Planstelle, so daß sie nicht als hauptamtliche Lehrkräfte der Jazzabteilung an der Musikschule Bonn eingestellt wurden: »Als Knierim 1988 in den Ruhestand ging, wurde sein freiwerdendes Stundenkontingent vom damaligen Musikschulleiter, Professor Diethard Wucher, auf uns übertragen«,[41] erinnert sich Plümer zwar. Aber Haunschild faßt das Ergebnis pessimistischer zusammen: »Als es dann soweit war, eröffnete man Gunnar und mir, daß Knierims ›A15‹-Stelle dem Stadtarchiv zugeschlagen wird. Deshalb mußten wir uns – wie bisher – mit 13 Stunden pro Woche als Aushilfskräfte begnügen. Mit 14 Stunden hätten wir eine halbe Stelle gehabt, die nach BAT hätte vergütet werden müssen. In diesem Zustand hat man uns seitdem gehalten, auch wenn wir mit anderen Kollegen 1990 eine anteilige BAT-Vergütung erstritten haben. So arbeiten wir alle bis heute mit Verträgen, die von einem Monat auf den anderen (!!!) gekündigt werden können.«[42] Dennoch ist Plümer sicherlich zurecht der Meinung: »Knierim hat uns also sein jazzmusikalisches und -pädagogisches Erbe aus den sechziger, siebziger und achtziger Jahren gleichsam übergeben.«[43]

Nichtsdestotrotz durchlief die von der BJI[44] an der Musikschule Bonn initiierte Jazzabteilung in ihrer zwölfjährigen Geschichte eine rasante Entwicklung, denn mittlerweile wird an drei Tagen im Haus Didinkirica und in den Räumen der Musikschule in der Kurfürstenallee 8 das dreigliedrige Unterrichtskonzept (jazzspezifischer Instrumentalunterricht, Ensemblespiel, jazztheoretische Ergänzungsfächer) bei konstant bleibenden Schülerzahlen praktiziert: »Im Verlauf der vergangenen Jahre war für alle Beteiligten der Musikschule der Bundesstadt Bonn bei den verschiedensten Anlässen hörbar, daß diese Unterrichtskonzeption erfolgreich ist. [...] Die von der Jazzabteilung geleistete ganzheitliche Unterrichtsarbeit hat ihr weit über die Grenzen der Stadt Bonn hinaus einen exzellenten Ruf verschafft. Bei den Musikhochschulen des Landes NRW, auch auf der Ebene von Landesinstitutionen wie dem ›Netzwerk Jazz NRW‹, bei den leitenden Mitarbeitern des WDR Köln, wie Herrn Dr. Ulrich Kurth und Frau Dr. Eva Küllmer«,[45] so Plümer.

Mit der von ihm 1995 zusammengestellten Liste ehemaliger Schüler der Jazzabteilung belegte Plümer den Erfolg der dreigliedrigen Nachwuchsarbeit: Musiker wie Axel Dörner, Trompeter bei der RIAS Big Band in Berlin, und Jarry Singla, der an der Musikhochschule Köln Jazz-Piano studierte und nun selbst an der Jazzabteilung der Musikschule der Stadt Bonn als Klavierlehrer unterrichtet, wurden dort ebenso unterrichtet wie zum Beispiel der Autor dieses Aufsatzes, der 1995 Produktmanager beim Kölner Label »Jazzline« war und mittlerweile Redakteur der Zeitschrift »Jazz thing«[46] ist.

SYNDIKAT UND JAZZ-ZIRKEL

Vor allem privat betriebene Jazzclubs sorgten in den letzten 40 Jahren dafür, daß hochkarätige, national und international namhafte Musiker auch in Bonn Station machten.[47] Dazu zählen zum Beispiel Konzertstätten wie die bereits oben genannten »Traube« und »Kolibri« sowie später dann, in den siebziger und frühen achtziger Jahren, das »Session« und die »Jazz Galerie«. Einen besonderen Weg in der Bonner Clubszene haben George Hoitz mit seinem »Syndikat« und seit dreieinhalb Jahren Harry Lintzmeyer mit seinem »Jazz-Zirkel« verfolgt.

Als Hoitz gemeinsam mit seiner Lebensgefährtin Heidemarie Weide die Pforten für das in der Bonner Thomas-Mann-Straße gelegene »Syndikat« öffnete, war es den beiden Organisatoren noch nicht klar, daß dort ein Jahr später neben der Modegalerie gleichen Namens eine Jazz-Bühne betrieben wird: »Während George Hoitz detaillierte Pläne für Ausstellungen mit eingebautem Theaterspektakel und für eine (Klein-)Kunstbühne entwickelt. Dafür bietet sich der Keller unter der Halle an«,[48] hieß es noch 1988 im »General-Anzeiger«. Ein dreiviertel Jahr später verkündete der »General-Anzeiger« dann aber die Gründung einer neuen Jazz-Initiative, des Vereins »Jazzin' Bonn e.V.«: »100 Mitglieder stärken der Jazz-Initiative von Anfang an den Rücken. Die ›Jazzin' Bonn‹ hat bereits in die Hände gespuckt und eine neue Veranstaltungsreihe ins Leben gerufen. Eine Jam-Session gab es dieser Tage schon. Künftig sollen zweimal im Monat im ›Syndikat‹, Florentiusgraben 17, Konzerte und Jam-Sessions stattfinden.«[49]

Howard Johnson & Gravity am 6. Mai 1998 während eines Konzerts des
»Jazz Zirkels« in der Bonner »Harmonie«. Foto: Siegfried Haurand-Brendel.

Doch Hoitz wollte neben traditionellem auch zeitgenössischen, modernen Jazz und Improvisationsmusik auf die Syndikat-Bühne bringen. So schrieb schon im Dezember 1989 das Bonner Stadtma-
gazin »De Schnüss«: »Das Jazzprogramm im Syndikat wird immer umfassender: Nachdem René
Franc aus Paris zu Gast war, folgte vier Tage später ein einmaliges Club-Konzert von Mel Lewis,
einem der besten Drummer des Jazz, lange Jahre Leiter der Mel Lewis – Thad Jones Big Band.«[50] Und
im Oktober desselben Jahres waren dort Vertreter der zeitgenössischen Avantgarde zu hören, wie
zum Beispiel der Schlagzeuger Joey Baron, der Saxophonist Norbert Stein mit seinem »Pata Trio«
und ein Konzert mit Stücken des Komponisten Michael Denhoff.

Neben den Oldtime-Jazz-Konzerten des »Jazzin' Bonn«-Vereins und den von ihm veranstalteten Modern-Jazz-Kon-
zerten schuf sich Hoitz ein drittes Standbein, den »Blue Monday«: Jeden Montag trafen sich im »Syndikat«
hauptsächlich junge Nachwuchsmusiker, um zu jammen. Für Hoitz war das praktizierte Nachwuchsarbeit, denn, so
schreibt die »Bonner Rundschau«, »seine Talente kommen fast ausschließlich von der Kölner Musikhochschule. Die
dortigen Jung-Cracks kommen zum großen Teil aus Bonn und bleiben der Stadt, vor allem ihm, Hoitz und dem Syndikat, treu«.[51] Und weiter heißt es in der »Bonner Rundschau«: »Jedenfalls ist es nicht richtig, wenn behauptet wird,
daß der Jazz größtenteils von außerhalb nach Bonn importiert wird, meint Hoitz. ›Das Syndikat‹ ist der Gegenbeweis.
Die Leute, die bei mir spielen, studieren und wohnen zwar in Köln. Die meisten von ihnen sind aber echte Bonner«.[52]
Aus ganz anderen Beweggründen startete 1995 Lintzmeier seinen »Jazz-Zirkel«: Als er 1990 aus Nürnberg nach

Grooveyard: Houston Person und Red Holloway am 16. März 1997 bei einer Veranstaltung des »Jazz Zirkels« in der Bonner »Harmonie«. Foto: Walter Schnabel.

Bonn zog, stellte er fest, daß Bonn über keine vergleichbare jazzmusikalische Infrastruktur verfügte, wie er sie vom renommierten und traditionsreichen Nürnberger Club und Verein »Jazz-Studio« kannte. »Begonnen hatte alles an der Theke im Peperoni, einem kleinen, unscheinbaren Lokal in Godesberg. Dort diskutierte man abends beim Bier über Jazz, machte Pläne, wann man wieder einmal nach Köln fahren müsse, um irgendeinen bekannten Musiker live zu erleben, und bedauerte sehr, daß es nur hin und wieder mal in Bonn Konzerte mit modernem Jazz gibt.«[53] Und Lintzmeier weiter: »Es war halt eine Schnapsidee.«[54]

Doch anders als Hoitz hat Lintzmeyers »Jazz-Zirkel« bis heute keine feste Spielstätte: Nachdem das »Peperoni« schließen mußte, veranstaltete man zuerst in der vom »Verein Bonner Rockmusiker« (VBR) betriebenen »Klangstation« im Godesberger Bahnhof sowie in dem ebenfalls in Bad Godesberg gelegenen Club »Live« die »Jazz-Zirkel«-Konzerte: »Doch die Zuhörer fehlten. Bis heute ist es schwer, in Godesberg modernen Jazz zu präsentieren.«[55] Aber Lintzmeyer machte aus der Not eine Tugend und verwirklichte in der »Harmonie« im Bonner Stadtteil Endenich und im »Bahnhof Oberkassel« im rechtsrheinischen Beuel auf privatwirtschaftlicher Basis Knierims ständige Forderung, Jazzmusik gleichsam dezentralisiert dem Publikum in allen Bonner Stadtgebieten zugänglich zu machen.

Obwohl der »Jazz-Zirkel« kein Verein ist, hat Lintzmeyer bis heute bereits 136 Jazzfans für den »Jazz-Zirkel« rekrutieren können, die seine Arbeit finanziell und ideell unterstützen. »Pro Konzert fehlen mir aber noch immer durchschnittlich 50 Zuhörer, ohne die ich die Konzerte nicht kostendeckend veranstalten kann«,[56] so Lintzmeyer. Dennoch sind seine Verluste nicht nur durch fehlende Zuhörer zu erklären, denn dadurch, daß Lintzmeyer seine »Jazz-Zirkel«-Konzerte nicht in einer eigenen Spielstätte veranstalten kann, verliert er Einnahmen, zum Beispiel aus dem Verkauf von Getränken, womit das Konzertprogramm von vergleichbaren Clubs (unter anderem auch dem »Stadtgarten« in Köln) finanziert wird. »Bisher hat es viel privates Geld gekostet, die Modern-Jazz-Szene in Bonn aufrecht zu erhalten«,[57] resümierte Lintzmeyer Anfang 1998.

Mit ganz anderen Problemen hatte Hoitz zu kämpfen: Obwohl er mit seinem »Syndikat« 1991 fest in der Bonner Jazzszene etabliert war und zahllose namhafte Musiker und Musikerinnen wie den Kontrabassisten Nils-Henning Ørsted-Pedersen und die Sängerin Maria João nach Bonn holte,[58] griff er 1991 die schon früher einmal geäußerte Idee auf, seine bis dahin privat betriebene Bühne und Galerie in einen Trägerverein zu überführen – auch, »um der Stadt Bonn die herrschenden Mißstände im hiesigen Kulturleben zu verdeutlichen«, sei, so Hoitz, »der Schulterschluß aller freier Kulturgruppen in Bonn fällig, eine Lobby muß geschaffen werden«.[59] Deshalb rief Hoitz am 1. Januar 1992 den »Syndikat-Trägerverein« ins Leben, denn schon »im Januar sollen Gespräche mit allen kulturellen Gruppen stattfinden. Thema: ›Solidarität statt Rivalität‹«.[60] Und »wir übergeben dem Verein das Syndikat quasi besenrein. Er kann finanziell bei plus/minus Null anfangen«[61], wußte Hoitz der »Bonner Rundschau« zu berichten.

Gleich zu Beginn der Arbeit des »Trägervereins Syndikat« stand in der zweiten Februarhälfte die Finanzberatung des Bonner Kulturausschusses für das Haushaltsjahr 1992 an. »Zudem beschloß der Kulturausschuß, das ›Jubiläumsensemble‹, das ›Pantheon‹, das ›Syndikat‹, das Theater ›Die Raben‹ und die Entwicklungswerkstatt für Computermedien in die ständige Förderung zu übernehmen [...] Dem ›Syndikat‹ wurden allerdings gegen die Stimmen der CDU überraschenderweise 45000 Mark zugestanden«,[62] schrieb der »General-Anzeiger«. Mit diesen Finanzmitteln konnte der Syndikat-Trägerverein seine Arbeit satzungsgemäß[63] für das Jahr 1992 beginnen.

Aber obwohl in beiden Bereichen der Konzertbühne und der Ausstellungshalle der »Trägerverein Syndikat« die von Hoitz etablierte Konzert- und Ausstellungtätigkeit in den Jahren 1992 und 1993 erfolgreich weiterführte, kam es im November 1993 zwischen dem Verein

Die American Swing All Stars: Jiggs Whigham am 26. März 1997 bei einer Veranstaltung des »Jazz Zirkels« in der Bonner »Harmonie«. Foto: Walter Schnabel.

und dem Kulturamt der Stadt Bonn zum Streit: »In einem offenen Brief an den Kulturdezernenten Jochem von Uslar wehren sie (die Vereinsmitglieder, Anm. d. Autors) sich gegen die geplante Zuschuß-Streichung für das Syndikat, dem Musikertreff Nummer Eins in Bonn.«[64] Zuvor hatten die Mitglieder des Kulturausschusses auf ihrer Sitzung vom 8. November 1993 in den Haushaltsberatungen für das Jahr 1994 beschlossen, die städtische Bezuschussung des »Trägervereins Syndikat« ersatzlos zu streichen, was das Ende nicht nur des Vereins, sondern auch des Jazzclubs bedeutete.

Auch Lintzmeyer denkt darüber nach, einen »Förderverein Jazz-Zirkel« zu gründen, um Fördermaßnahmen bei der Stadt Bonn beantragen zu können. Doch »solange ich den Jazz-Zirkel mache, wird daraus kein regulärer Verein werden. Es gibt aber Überlegungen, einen Förderverein mit dem Ziel zu gründen, daß dieser die Arbeit des Jazz-Zirkels zwar unterstützt, aber ich weiterhin für das Programm verantwortlich bin«,[65] hebt Lintzmeyer hervor. Weiterhin wird er versuchen, Konzerte des »Jazz-Zirkel« durch Rundfunkanstalten wie WDR und Deutschlandfunk mitschneiden zu lassen und andere Sponsoren zu finden – auch deshalb, weil es sein Traum ist, »in Bonn ein Jazzhaus aufzubauen. Darin sollte sich dann neben mehreren Bühnen auch ein Aufnahmestudio, eine Bibliothek und Audiothek befinden. Wenn ich dafür einen Sponsoren finde, dann kann dieses Zentrum von mir aus auch ›Haribo Jazzhaus‹ heißen«.[66]

Diana Krall mit Russel Malone und Ben Wolfe am 18. April 1998 bei einer Veranstaltung des »Jazz Zirkels« in der Bonner »Harmonie«. Foto: Walter Schnabel.

LEBENDIG UND KREATIV – JAZZ IN BONN

Ausgelöst durch die oben geschilderten Initiativen und Vereine sowie die Nachwuchsarbeit der beiden Jazzabteilungen an der Musikschule, konnte sich trotz aller Hindernisse und Widerstände in den vergangenen zehn bis fünfzehn Jahren eine lebendige und kreative Jazzszene in Bonn entwickeln. Das hatte zur Folge, daß das Konzertangebot für eine Stadt in der Größe von Bonn reichhaltig ist: Neben den stilistisch breitgefächerten Jazz-Veranstaltungen des »Jazz-Zirkel« gibt es in Bonn den bereits angesprochenen »Jazzin' Bonn e.V.«, der seit nunmehr 10 Jahren – auch nach der Schließung des »Syndikat« – Knierims Arbeit für die Amateur-Jazzmusiker und die Swing-, Oldtime- und Dixieland-Jazz-Szene mit zahllosen Veranstaltungen erfolgreich fortzuführen weiß. Außerdem werden seit der Schließung von Hoitz' »Syndikat« im Sommer 1994 in der Bonner »Kunst- und Ausstellungshalle der Bundesrepublik Deutschland« Jazz-Konzerte veranstaltet: »Trotz seiner gastronomischen, räumlichen und akustischen Unzulänglichkeiten riß die Schließung der Syndikat-Bühne in diesem Sommer ein großes Loch in das Bonner Kulturleben. Dem soll Abhilfe geschaffen werden. Ab Oktober wird es im Forum und Café der Kunst- und Ausstellungshalle der Bundesrepublik Deutschland eine neue Reihe geben, die sich dem Jazz widmet.«[67]

Ähnlich wie im Syndikat treffen sich dort jeden Montag junge Musiker im Café zur Jam-Session. Im sogenannten »Forum« finden dann die eigentlichen Konzerte statt, bei denen neben anderen Lee Konitz, Bobo Stenson und Illinois Jacquet zu hören waren. Der jährliche musikalische Höhepunkt in Bonn ist das im Sommer in den Bonner Rheinauen stattfindende, vom »Verein Bonner Rockmusiker« (VBR) organisierte und durchgeführte Festival »R(H)EINKULTUR«: Dort treten seit nunmehr 15 Jahren neben Pop- und Rockbands auch zahlreiche renommierte Musiker aus dem Jazz- und Weltmusik-Bereich auf, wie zum Beispiel Joe Zawinul, Tania Maria, Trilok Gurtu und Sally Nyolo. Doch die eigentliche Arbeit des VBR konzentriert sich auf die Etablierung bzw. den Ausbau einer die Bonner Musiker unterstützenden Infrastruktur, mit deren Logistik unter anderem Proberäume und Auftrittsmöglichkeiten geschaffen worden sind.

> Zeitgleich mit den ersten Konzerten im Syndikat rief auch der Bonner Grafiker Axel Grundhöfer in der in Bonn-Beuel ansässigen »Brotfabrik« die Reihe »Jazz in der Brotfabrik« ins Leben: »In ein soziokulturelles Zentrum gehört Jazz, und bisher fehlte diese Sparte noch im Programmangebot der Brotfabrik. Wir wollen damit eine Art Marktnische für Jazzmusik anbieten. In Bonn gibt es sehr gute Musiker dieser Richtung, und wir können damit auch unserem Anspruch gerecht werden, Künstlern mit Bonner Bezug ein Forum anzubieten«,[68] gab 1989 Grundhöfer dem »General-Anzeiger« zu Protokoll. Später konnte er die beiden Kölner Rundfunkanstalten WDR und Deutschlandfunk für Mitschnitte gewinnen, so daß die einmal im Monat stattfindende Veranstaltungsreihe in der Zeit von 1990 bis 1992 durch Konzerte unter anderem mit dem Saxophonisten Bennie Wallace und dem Klarinettisten Louis Sclavis auch überregional einen hervorragenden Ruf genoß. Doch bedauerlicherweise gibt es heutzutage nur noch selten Jazz-Konzerte in der »Brotfabrik«, weil in den Jahren zuvor die Zuhörerresonanz auf das Konzertangebot oftmals nicht den Wünschen der Macher der Reihe »Jazz in der Brotfabrik« entsprach. Und eben »auch mit unserem Jazzprogramm tritt man in Konkurrenz zu allem anderen, was sonst noch in Bonn und Umgebung an kulturellen Veranstaltungen stattfindet. Und das ist mittlerweile qualitativ und quantitativ hochkarätig«,[69] so Grundhöfer.

Die für den Jazz in Bonn kreative Atmosphäre hat aber dafür gesorgt, daß Musiker wie Plümer, Haunschild, Küttner und Whigham weiterhin in oder bei Bonn leben. Andere, wie zum Beispiel der Sänger und Trompeter Norbert Gottschalk, sind sogar nach bzw. in die Nähe von Bonn gezogen. Dadurch begünstigt, sind in Bonn Musiker herangewachsen, die mittlerweile auch international für Beachtung sorgen. Zu nennen sind hierbei neben den beiden Saxophonisten Peter Materna und Wolfgang Fuhr sowie dessen Bruder, der Kontrabassist Dietmar Fuhr, vor allem der Trompeter Till Brönner, der nach vier Alben für verschiedene kleinere Jazzlabels gerade seine erste CD »Love« auf dem Traditionslabel »Verve« veröffentlicht hat. Und Materna freut sich über die einmalige Gelegenheit, als Musiker in Bonn zu leben und zu arbeiten: »Ich bin sehr zufrieden damit, in Bonn geblieben zu sein. Man hat hier als Musiker einfach einen besseren Stand, wenn man nicht einer von vielen ist, wie etwa in Köln. Was die Jazzmusiker-Szene in Bonn betrifft, ist sie sehr interessant und qualitativ sehr hochwertig. Und das Konzertangebot in Bonn ist allein schon durch Harry Lintzmeyers ›Jazz-Zirkel‹ erstklassig.«[70]

ANMERKUNGEN

1 Carlhelmut Knierim: Sieben Jahre »Jazz-Szene in Bonn«, in: Sieben Jahre »Jazz-Szene in Bonn«, Abschnitt 1, Bonn 1987.

2 Knierim, ebd.

3 Cem Akalin: Dem Jazz-Bazillus neue Nahrung gegeben, in: General-Anzeiger, Bonn, 1. Dezember 1989.

4 Interview mit Hans Thomas, 7. September 1998, Sankt Augustin.

5 Interview Thomas.

6 Interview Thomas.

7 Interview Thomas.

8 Carlhelmut Knierim: Zwischenbilanz Jazz in Bonn und Auswirkungen auf die Umgebung, in: Sieben Jahre, Abschnitt A 1, Bonn 1987.

9 Interview Thomas.

10 Rüdiger Böttger: Platten-Rezension »Carefree Dance«, in: Jazz Podium, 11/1980.

11 Emil Platen: Jazz Akademisch, Brief an Carlhelmut Knierim, in: Sieben Jahre, Abschnitt 3: Meinungen, Eindrücke, Urteile und Erfahrungen unserer Zielgruppen.

12 Knierim, Sieben Jahre.

13 Platen, Jazz Akademisch.

14 Carlhelmut Knierim: Chicago Footwarmers, in: Sieben Jahre, Abschnitt 5a: Bands, tradit. Spielweisen.

15 Albert Mangelsdorff und Claus Schreiner: Erklärung auf der Tagung Marburger »Jazz Forum '73« der deutschen Jazz-musiker, in: Dominik Wagner: Materialsammlung 25 Jahre Union Deutscher Jazzmusiker, Bonn 1998.

16 Gunnar Plümer: Wir beklagen schlechte Sitten in der Bonner Kulturpolitik, in: Frank Haunschild: Initiative Bonner Jazz-Musiker. Eine Dokumentation, Bonn 1982.

17 Carlhelmut Knierim: Wie kann sich der Jazzinteressierte informieren?, in: Diskussionsforum Jazz, Bonn 1975.

18 Nobert Kemper: Die systematische Entwicklung des Jazz zum Stiefkind deutschen Kulturlebens, in: Diskussionsforum Jazz.

19 Kemper, Entwicklung.

20 Informationen zur »Jazz-Szene Bonn«, in: Unterlagen zur IBJM und BJI, zusammengestellt von Frank Haunschild, Bonn, 1984.

21 Knierim, Sieben Jahre, Abschnitt 1.

22 Programmheft 1. Bonner Jazz-Festival, Bonn April 1979.

23 Wolf Jeske: Auch der Jazz in Bonn macht von sich reden, in: Programmheft 1. Bonner Jazz-Festival, Bonn April 1979.

24 1. Bonner Jazz-Festival, Eine Einschätzung/Kritik, in: Haunschild, Initiative.

25 Knierim, Sieben Jahre, Abschnitt 2.

26 ebd.

27 Heinz Dietl: Jazzdidaktik begrüßenswertes Experiment, in: General-Anzeiger, Bonn, 18. April 1980.

28 Informationen zur »Jazz-Szene Bonn«, in: Haunschild, Unterlagen zur IBJM und BJI.

29 Interview mit Gunnar Plümer, 26. August 1998, Bonn.

30 Jochen Diederichs: Wie geht es weiter mit dem Bonner Jazz?, in: General-Anzeiger, Bonn, 10. Februar 1984.

31 Interview Plümer.

32 Diederichs, Wie geht es weiter.

33 Frank Haunschild: Brief vom 2. Mai 1985 an Professor Diethard Wucher, in: Haunschild, Unterlagen zur IBJM und BJI.

34 Frank Haunschild und Gunnar Plümer: Konzept zum Aufbau von Jazzabteilungen an kommunalen und städtischen Musikschulen, erstellt von der bonnjazz-initiative e.V., Bonn 1985.

35 Jazz-Musiker stellten sich vor, in: General-Anzeiger, Bonn, 16. Juli 1986.

36 Frank Haunschild und Gunnar Plümer: Bilanz einjähriger Arbeit der »Jazz-Initiative« an der Musikschule der Stadt Bonn, in: Bilanz und Perspektiven der Bemühungen um eine künstlerisch und pädagogisch kompetente Jazz-Eduka-tion, Bonn 1987.

37 Frank Haunschild und Gunnar Plümer: Perspektiven unserer Arbeit im Hinblick auf den Ausbau einer Jazzabteilung

an der Musikschule der Stadt Bonn, in: Bilanz und Perspektiven.

38 Carlhelmut Knierim: Brief vom 21. Juni 1987 an die Schulleitung der Musikschule der Stadt Bonn zur Konferenz der Jazzlehrer vom 6. Juni 1987.

39 Protokoll der Konferenz der Jazzabteilung an der Musikschule der Stadt Bonn. Samstag, den 6. Juni 1987, 10 bis 12 Uhr.

40 Carlhelmut Knierim: Maschinenschriftliche Ergänzungen zum Protokoll der Konferenz der Jazzabteilung an der Musikschule der Stadt Bonn. Bonn, 21. Juni 1987.

41 Interview Plümer, 26. August 1998.

42 Frank Haunschild: eMail vom 14. Oktober 1998.

43 Interview Plümer.

44 Die BJI löste sich in der zweiten Hälfte der achtziger Jahre auf. Als einziges Ergebnis dieser Jazzmusiker-Initiative blieb die mittlerweile von Plümer geleitete Jazzabteilung an der Musikschule der Bundesstadt Bonn übrig.

45 Gunnar Plümer: Über die Entwicklung und den Stellenwert der Ensemble-Ergänzungsfächer im dreigliedrigen Unterrichtskonzept der Jazzabteilung seit deren Gründung im Jahre 1986. Bonn 1995.

46 Die Redaktion der Zeitschrift Jazz thing hatte für die Null-Nummer und die erste Ausgabe ihren Sitz in Bonn, bevor sie dann nach Köln umzog.

47 In der Zeit von ca. 1978 bis 1982 gab es im vom Kulturamt betriebenen Kulturforum im Bonn-Center die Konzertreihe »Internationaler Jazz im Bonn-Center«. Dort traten Tete Montilieu mit Joe Henderson, John Scofield, das »Art Ensemble of Chicago«, Elvin Jones u.a. auf. Das Kulturamt teilte aber auf Anfrage mit, daß sämtliche Unterlagen zu dieser Reihe vernichtet worden seien.

48 Imke Knuth: Avantgarde, in: General-Anzeiger, Bonn, 27./28. August 1988.

49 Heinz Dietl: Die Alt-Jazzer geben nicht auf, in: General-Anzeiger, Bonn, 25./26. März 1989.

50 Jazz im Syndikat, in: De Schnüss, Dezember 1989.

51 Carl Herrlich: Und die Szene lebt doch ..., in: Bonner Rundschau, 15. August 1991.

52 ebd.

53 Harry Lintzmeyer: 3 Jahre 100 Konzerte eine kleine Bilanz, in: Pressemitteilung »Jazz-Zirkel«, Bonn, Januar 1998.

54 Interview mit Harry Lintzmeyer, 2. September 1998, Bonn.

55 Lintzmeyer, 3 Jahre.

56 Interview Lintzmeyer.

57 Lintzmeyer, 3 Jahre.

58 Außerdem hatte Hoitz Pfingsten 1991 versucht, mit dem dreitägigen »Europe Jazz Meeting« erneut ein Jazz-Großereignis in Bonn zu etablieren. Doch auch dieses Jazz-Festival blieb ein einmaliges Ereignis, da im folgenden Jahr die Sponsoren nicht mehr mitzogen.

59 Martin Laurentius: Kulturarbeiter sollen Solidarität üben, in: Bonner Rundschau, 27. Dezember 1991.

60 Carl Herrlich: Raum für Experimente muß bleiben, in: General-Anzeiger, Bonn, 27. Dezember 1991.

61 Laurentius, Kulturarbeit.

62 Dieter Gerber: Kulturausschuß: Die Hauptprobleme soll der Finanzausschuß lösen, in: General-Anzeiger, Bonn, 22./23. Februar 1992.

63 §2 Abs. 2 Zweck, Aufgabe und Ziele: Der Verein hat die Aufgabe, die Kulturarbeit in der Syndikat-Bühne (für insbesondere Musik, Tanz, Literatur und Kabarett/Theater) und der Syndikat-Halle (für insbesondere Bildende Kunst) zu gestalten und zu betreiben, in: Satzung des Trägervereins Syndikat, Bonn 1992.

64 Elisabeth Tschapke: Syndikat: Musiker-Aufstand, in: Express, Bonn, 24. November 1993.

65 Interview Lintzmeyer.

66 Interview Lintzmeyer.

67 Martin Laurentius: Bühnenwechsel, in: Bonner Rundschau, 29. September 1994.

68 Claudia Lübbert: Neu: Jazz in der Brotfabrik, in: General-Anzeiger, Bonn, 27. September 1989.

69 Interview mit Axel Grundhöfer, 30. Juli 1998, Köln.

70 Interview mit Peter Materna, 28. August 1998, Bonn.

JAM-Konzert in der
Kraftzentrale 1994 mit
der Jan Garbarek Group.
Foto: Ulla Michels.

Jazz in Duisburg

von Wilfried Schaus-Sahm, Duisburg

In den siebziger und achtziger Jahren erhielt der aktuelle Jazz in NRW die längst überfällige Anerkennung. Es entstanden international beachtete Festivals (Leverkusen, Moers, Köln, Münster, Bochum etc.). Städtische Kulturämter bezogen den Jazz in ihre Konzepte freier Kulturarbeit ein. An Duisburg ging diese Entwicklung allerdings weitgehend spurlos vorüber. Lag es vielleicht daran, daß der WDR seine Lokalstudios in anderen Städten aufbaute? Das umfassend zu klären, könnte Thema einer ausführlichen wissenschaftlichen Arbeit sein: Welche Wechselwirkungen bestehen zum Beispiel zwischen Kulturpolitik und Jazz-Angebot? Warum war der zeitgenössische Jazz in den siebziger und achtziger Jahren wenig bis kaum präsent? Lag es am Siegeszug der Rockmusik oder auch an kulturpolitischen Weichenstellungen der Stadtverwaltung?

An dieser Stelle seien jedoch lediglich markante Punkte in der Entwicklung des Jazz in Duisburg genannt – Ecksteine, deren Aufzählung keinen Anspruch auf vollständige Nennung der verdienten Künstler und Akteure erhebt. Ein wesentliches Signal ging 1953 von der Gründung des kurzlebigen Jazzlokals »Bohème« aus, das eine Reihe von Nachfolgern hatte. Ein Phänomen ist dabei evident: Zwar ist »Jazz der Grund, warum dieses Jahrhundert anders klingt als andere« (Dizzy Gillespie). Doch weil er nicht in den Kanon der etablierten Kultur übernommen wurde, sondern als Zwitter zwischen Kunst- und Unterhaltungsmusik lange Zeit ein Eigenleben jenseits städtischer Kulturangebote führte, war er immer auf das oftmals auch finanzielle Engagement von Privatpersonen angewiesen.

Nach den Jahren der Naziherrschaft und der Stigmatisierung des Jazz als »artfremde« Musik schlug den Klängen und Rhythmen aus Amerika bei vielen Jugendlichen und Studenten eine heute unvorstellbare Begeisterung entgegen. Künstlerlokale und Jazzkeller mit Namen wie »Tabu«, »Bohème« und »New Orleans« schossen aus dem Boden. Der Jazz war Vehikel der Befreiung aus dem beengten gesellschaftlichen Klima der vergangenen Zeit und Sinnbild für Exotismus und Modernität. Begleitet wurde der Einzug des Jazz in das deutsche Konzertleben durch eine hitzige Kulturdebatte zwischen teilweise reaktionären Verwaltern des »abendländischen Kulturguts« und progressiven Künstlern, Musikern und Musikwissenschaftlern.

Zum Duisburger Jazzleben der frühen Nachkriegsjahre lassen sich nur noch kursorische Nachweise finden. Am 12. Oktober 1949 gründeten mindestens neun Jazzfreunde einen »Hot Club of Duisburg«. Musikdirektor Gerhard Adolph war dessen künstlerischer Leiter, Horst Wolff der Vorsitzende. Die Geschäftsleitung befand sich in der Wohnung von

Schriftleiter Rolf Leers in der Prinz Albrecht Straße 9. In den Statuten des Clubs wurden die Zuständigkeiten genau verteilt: Die Rechtsfragen oblagen Kurt Maaßen, die Kassengeschäfte Egon Kurt Hoffmann, die Organisationsfragen Erika Harms, und für das Archiv sorgten Friedhelm Jacobs und Horst Jans. Dietrich Schulz-Köhn scheint in der Gründerzeit Pate gestanden zu haben: Am 18. März 1950 wurde er per Urkunde offiziell zum Ehrenmitglied ernannt. Die Zeitschrift »Jazz Podium« nimmt erst 1953 von diesem Verein Notiz und meldet als Ansprechpartner Klaus Frahn in der Duisburger Hochfeldstraße. In Fritz Därrs »Deutsches Jazz Adreßbuch 1955/56« ist Frahn dann mit einer »I[ntcressen-] G[emeinschaft] für Jazzmusik Duisburg« aufgeführt. Bald danach scheint die Initiative ihre Arbeit eingestellt zu haben.[1]

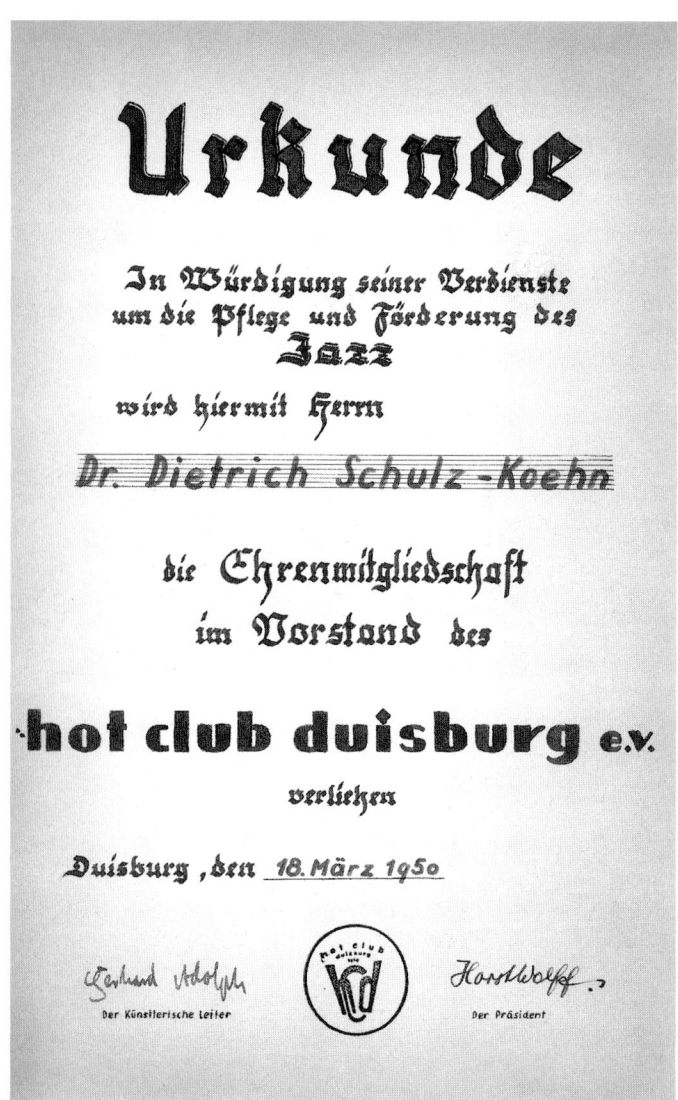

Urkunde des »Hot Club Duisburg« vom 18. März 1950. Sammlung Heinz Protzer.

»BOHÈME«

In der Erinnerung der Zeitzeugen hat ein anderes Unternehmen deutlichere Spuren hinterlassen: Im Oktober 1953 eröffnete Gigi Campi in der Duisburger Münzstraße die (umgangssprachlich: das) »Bohème«, eine Art Nachtclub für »Künstlerkellerjazz«. Campi, heute Betreiber des Restaurants »Campi« im WDR-Funkhaus in Köln, war die zentrale Figur des Nachkriegsjazz in der Region. Er betrieb seit 1949 in Köln zusammen mit seiner Mutter ein Eiscafé, das in Windeseile zum Zentrum des Jazzlebens der Domstadt avancierte. Pierluigi »Gigi« Campi, 1928 in Köln geboren, hatte bereits als Schüler und Mitglied einer antifaschistischen Gruppe in einem italienischen Jesuiteninternat die verbotene Musik heimlich unter der Decke gehört. Während seines späteren Architekturstudiums und der Tätigkeit in der Mailänder »Avanti«-Redaktion wurde der glühende Verehrer der Musik Charlie Parkers mehr und mehr zum professionellen Jazzveranstalter.

In den folgenden Jahrzehnten entwickelte sich Campi neben Toni Fürth zum bedeutenden Jazz-Impresario, der für viele amerikanische Jazzgrößen Tourneen organisierte; Dizzy Gillespie ließ es sich nicht nehmen, bei der Heirat von Gigi und Margot Campi als Trauzeuge dabeizusein. Campis Name ist vor allem aber auch mit den Anfängen eines eigenständigen deutschen Jazz verbunden. Er gründete 1954 das erste unabhängige europäische Jazz-Schallplattenlabel, dessen Name MOD programmatisch für Modern Jazz steht. Stilistisch orientierte er sich zu jener Zeit seit der Bekanntschaft mit den ersten Aufnahmen von Lennie Tristano am Cool Jazz, von dem ausgehend vor allem

Hans Koller, der österreichische Pianist Roland Kovac und Albert Mangelsdorff begannen, ihre eigenen musikalischen Ideen zu entwickeln.

Sein Club »Bohème« wird in einem Artikel des noch jungen »Jazz Podium« folgendermaßen beschrieben: »Eine undefinierbare Mischung aus moderner Kunstausstellung, Montmartre und exclusivem Nachtclub von eigenartigem Reiz.«[2] 117 Plätze hatte der Club. Einer der beiden uniformierten Türsteher war der damals sehr bekannte Boxer Oskar Bisold. Die Ausstattung hatte Campi selber entworfen, Duisburger Künstler sorgten für die Wandgemälde.

Beim Eröffnungskonzert spielten die »Two Beat Stompers« von Fatty George Dixieland und Cool Jazz. Das Spannungsverhältnis zwischen dem eher Dixie- und Swing-orientierten Publikum und den Anhängern der Avantgarde trat aber schon bei den Auftritten von Hans Koller zutage. Der Club hatte in der kurzen Zeit seiner Existenz von Oktober 1953 bis April 1954 unter Campis Regie riesigen Zulauf. Monatlich wurden 90 000 DM

Im »Bohème«, links Heinz te Poehl. Sammlung Heinz te Poehl

Jutta Hipp und Attila Zoller im Juni 1955 im Duisburger Raum. Sammlung Heinz Protzer.

Umsatz erzielt. Campi hat nie öffentliche Gelder erhalten oder beantragt, auch nicht, als man sie ihm in Köln später seitens der Kulturverwaltung für verschiedene Projekte beinahe aufdrängen wollte. Er ist stolz darauf, daß seine Konzepte sich immer selbst getragen haben.

Das Publikum des »Bohème« teilt Campi heute in drei Hauptgruppen: Erstens Studenten, die ein vergleichbares Flair wie in dem berühmten Pariser Existentialistenclub »Tabou« suchten, in dem Juliette Gréco ihre Karriere startete. Zweitens Familien guter Herkunft, drittens Publikum aus Düsseldorf, denn »zu der Zeit spielte die Musik in Duisburg!«.[3]

Der damalige Oberstadtdirektor Gustav Klimpel war häufiger Gast, Firmenmanager luden Geschäftsfreunde ins »Bohème«. Die Stadt Duisburg war stolz auf den Jazzclub. Zu Campis Konzept gehörte es, daß die Bands die Aufgabe hatten, die Menschen ins Schwitzen zu bringen. Einen Grund, weshalb der Jazz sein weibliches Publikum verloren habe, sieht Campi darin, daß man nicht mehr dazu tanzen kann, daß »die Frauen ihr Becken nicht mehr dazu bewegen können«.

»Künstlerjazzkeller«, Zeichnung von Jutta Hipp. Sammlung Heinz te Poehl.

Mittwochs wurde sogar ein Tanzwettbewerb um den Preis einer Flasche Sekt durchgeführt. Der heute 85jährige Heinz te Poehl leitete damals die Jury. Er war schon in Amsterdam mit der Musik von Coleman Hawkins bekannt geworden und wurde nach seiner Umsiedlung einer der feurigsten Mitarbeiter des »Bohème«. Als kostbarstes Souvenir jener Zeit hängt in seiner Wohnung ein Saxophon, das Hans Koller auf der Weltausstellung in Brüssel 1958 bei einem Auftritt mit Benny Goodman gespielt hatte. Te Poehl nennt Campi noch heute fast ehrfürchtig den »Lehrmeister für den Jazz in Westdeutschland«.[4]

Die junge Pianistin Jutta Hipp wurde im »Bohème« von Leonard Feather entdeckt, der sie überredete, in die USA auszuwandern. Te Poehl war als Kunsthändler recht vermögend geworden und bezahlte den Flug. Als Dank schenkte ihm die talentierte Grafikerin einige Zeichnungen, die ebenfalls zu den stolzen Schätzen von Heinz te Poehl gehören. Leonard Feather schreibt anläßlich des Auftritts von Jutta Hipp in Duisburg: »Finding her was a problem, but on reaching Düsseldorf we learned that she was leading her own quintet in Duisburg [...] As we entered a crowded cellar club in Duisburg, music floated up to our ears that we could hardly believe was the work of five Germans [...] To encounter the finest European Jazz we had discovered thus far, played in a country that had been deprived of the sight and sound of real jazz during so many years of Nazism and war – this was incredible.«[5] Jutta Hipp wurde in den USA als »Europe's First Lady Of Jazz« angepriesen, machte in den Staaten auch Schallplattenaufnahmen, mußte jedoch nach einiger Zeit von Attila Zoller finanziell unterstützt werden, der ebenfalls in die USA gegangen war und mit Werbung für eine Gitarrenfirma gutes Geld gemacht hatte.[6]

Klaus Doldinger, der im benachbarten Düsseldorf wohnte, hatte als blutjunger Jazzer seine ersten Auftritte, als er bei »Hans Koller's New Jazz Stars« und der Werner Giertz Combo in Duisburg einstieg. »Ungefragt übrigens«, wie Campi rückblickend spöttisch vermerkt. Doldinger sei damals eher ein musikalisches Störelement gewesen, ein Amateur, der nicht zum Konzept der anderen Bands paßte. Später spielte Doldinger dann auch mit den »Feetwarmers« im »Europa-Palast«.

Amerikanische Größen wie Buddy DeFranco und Red Norvo waren im »Bohème« zu Gast. Campi erzählt, daß Billie Holiday über eine Feuerwehrleiter aus dem Hotelzimmer im Düsseldorfer »Breitenbacher Hof« geflohen sei, um im »Bohème« zu singen. Ihr Mann, ein berüchtigter Schläger, hatte sie eingesperrt. Er verprügelte sie nach dem Auftritt so, daß sie am folgenden Tag bei dem Kölner Konzert mit einer Sonnenbrille auf die Bühne kommen mußte, um ihre Blutergüsse zu verbergen. Sie eröffnete den Abend mit dem Song »I love my man«.[7]

Nach nur sechs Monaten und täglicher Arbeit bis in die frühen Morgenstunden gab Campi auf Anraten seiner Mutter trotz des auch finanziell großen Erfolgs auf; der Streß war nicht mehr zu bewältigen. Er verkaufte an den Gastronomen Theodor Bollwan, der wohl glaubte, mit dem eingekauften Namen »Bohème« eine Goldgrube gefunden zu haben und nach Goldgräbermanier weitere Clubs gleichen Namens in Aachen und Wuppertal aufmachte. Nachdem der Club bald darauf wieder geschlossen war, versuchte Heinz te Poehl zusammen mit dem Jazzenthusiasten Joe Hinsche eine Art Nachfolgeeinrichtung, den »Modern Jazz Club«, aufzuziehen. Hier traf sich für kurze Zeit zwar ein Fachpublikum, doch das Gros wanderte zum »Dr. Jazz« nach Düsseldorf ab.

Der ungeheuer vitale Campi, dem man seine jetzt siebzig Jahre überhaupt nicht glauben mag, ist eine Institution in Köln und zu seinem Geburtstag verdientermaßen mit Ehren überhäuft worden.[8] Er ist immer noch ein streitbarer Kopf. In seiner Mischung von scharfem Intellekt und rhetorischer Brillanz erinnert er ein wenig an den Literaturkritiker Reich-Ranicki. »Jazz ist im Prinzip schwarze Tanzmusik« – dabei bleibt er und sieht die heutige Entwicklung des Jazz als Kunstmusik, die an Hochschulen gelehrt wird, mit Grausen. »Alles, was mich am Jazz geil macht, steckt in Louis Armstrong's ›Westend Blues‹. Im Prinzip ist Jazz tot. Die Zeit ist vorbei.«

Lee Konitz im »Europa-Palast«. Sammlung Heinz te Poehl.

»EUROPA-PALAST«

Eine enge Kooperation des »Bohème« ergab sich mit dem »Europa-Palast«, einem Großkino auf der Düsseldorfer Straße. Die Unternehmerkarriere des Betreibers Hanns Eckelkamp begann 1948 nach Erhards Währungsreform. Ein Münsteraner Schuhfabrikant hatte 40 000 Holzsandalen gehortet, die er »nach der Währung« mit Reingewinn für 2 DM verkaufte. Für 40 000 DM erstand er ein Grundstück des Vaters von Hanns Eckelkamp, der wiederum von dem Kaufpreis das halb-zerstörte »Deli«-Kino in Duisburg-Neudorf erwarb. Es folgte zusätzlich das »Rialto« und schon bald lockte die Innenstadt. An der Düsseldorfer Straße, die noch bis zum Kantpark eine einzige Ruinenreihe darstellte, entstand dann 1954 für die damals immense Summe von 400 000 DM ein Objekt mit Warenhaus, zwei Kinos, Restaurant und Wohnungen, um dessen Realisierung fünf Architekten wetteiferten. Paul Bode aus Kassel entwarf schließlich den vielleicht schönsten Kino-saal Deutschlands mit 1200 Sitzplätzen, ein wahrer Kino-Palast.

Für Eckelkamp lag es nahe, den wundervollen Saal auch zu bespielen, zumal die Mercatorhalle noch nicht gebaut war. Der Jazzfreund Eckelkamp war Stammgast des »Bohème« und konzipierte das Pro-gramm seines Kinosaals in zwei Strängen. Der erste Strang war die direkte Kooperation mit dem Jazzclub. Er holte die Musiker aus dem Künstlerjazzkeller auf die große Bühne des Kinotheaters vor ein Konzertpublikum, was im übrigen auch Campis späterem Anliegen als Jazzpromoter entsprach, der Jazzmusik Respekt zu verschaffen. Vor 400 bis 800 Zuschauern spielten Albert Mangelsdorff, Michael Naura, der blinde Blues-Sänger Wolfgang Sauer, Hans Koller, Fatty George, die Dutch Swing College Band u.a. Als zweiten Strang stellte Eckelkamp mit den großen Konzertveranstaltern jener Zeit jeweils donnerstags ein breitgefächertes Angebot zusammen, das von Ballettvorstellungen über Schlagerabende mit Fred Bertelmann oder Gerhard Wendland, Filmpremieren mit dem Duis-burger Opernsänger Rudolf Schock, Rockveranstaltungen mit Herrman Brood bis zu regelmäßigen Kabarettabenden des Düsseldorfer »Kommödchen« reichte. Im Rahmen dieses Highlightprogramms traten im »Europa-Palast« die Jazzstars Oscar Peterson, Ella Fitzgerald, Sidney Bechet, das Modern Jazz Quartett, Buck Clayton, Buddy Tate, Jimmy Rushing, Lee Konitz, Jacques Loussier u.a. auf.

Hanns Eckelkamp war zwischenzeitlich sehr erfolgreich mit seiner Firma »Atlas« in das Kino-Ver-leihgeschäft eingestiegen, hatte u.a. mit Ingmar Bergmanns »Schweigen« finanziellen Erfolg und gewann durch die Produktion verschiedener Fassbinder-Filme auch künstlerisch hohes Ansehen. Dennoch mehrten sich 1966 die Verleihverluste so sehr, daß Eckelkamp seine Kinos verkaufen mußte. Die Ära »Europa« war beendet. Das Kino wurde von den Neuerwerbern rigoros zerstückelt. Eckelkamp unternahm noch verschiedene Versuche, die Firma »Atlas« neu zu strukturieren und andere Marktchancen aufzugreifen. Seit 1989 lebt er in Berlin, seit 1997 leitet er die Abwicklung der »Atlas« von seinem Berliner Büro aus. Der 72jährige Kino-Enthusiast Eckelkamp will aber auch wei-terhin ab und an vielleicht wieder Stoffe für Film und Kino entwickeln. Er hat sechs Kinder und vier Schwiegerkinder, sie alle sind heute aktiv in der Filmbranche.[9]

»BIERDORF«

Die Geschichte des »Bierdorf« ist verbunden mit dem Namen von Wilfried Schittler, der 1978 nach Duisburg kam. Schittler stand als gelernter Wohnungswirt vor der Aufgabe, eine marode, 800 qm große, fensterlose Immobilie in der Duisburger Innenstadt für Banken wiedervermietbar zu machen. Als gebürtiger Düsseldorfer hatte er Ende der fünfziger Jahre seine Liebe zum Jazz bei Konzerten von Chris Barber und Acker Bilk entdeckt. Seine Idee war, nach dem Vorbild des Hamburger Lokals »Bier-dorf« in Duisburg Live-Musik anzubieten. Ein Hamburger Architekt baute das Lokal – mit Marktplatz und Buden – nach den Plänen des Hamburger Originals. Musik sollte zu volkstümlichen Preisen (2 bis 6 DM) angeboten werden. Für die Programmauswahl war neben Schittler Klaus B. Paul zuständig. Die Bands traten dreimal 45 Minuten auf, um genug Pausen für den Verkauf der insgesamt 18 Biersorten zu bieten. Schittler sagt dazu heute: »Ich empfinde es nicht als ehrenrührig zu sagen, daß der Jazz nur die Kulisse für den Bierverkauf war, mit der die Immobilie wieder rentabel wurde.«[10] Zwischen Mai 1981 bis Mai 1985 erlebte das »Bierdorf« insgesamt 500 Auftritte. Zeitweise wurden bis zu 20 000 Adressen vierteljährlich mit dem Programm beschickt. Neben den zugkräftigen Stars wie Chris Barber, der insgesamt 25mal (!) auftrat, Acker Bilk, Monty Sunshine u.v.a. präsentierte das »Bierdorf« 1981 auch den ersten Auftritt der »Harlem Jazz und Blues All Stars« in Duisburg, die später Dauergäste im Konzertleben der Stadt werden sollten. Auch Namen wie Miriam Makeba oder Luther Allison finden sich im Programm.

Trotz der sehr populären Ausrichtung zog der Jazz alleine nicht genügend Publikum, und man richtete eine zweite Programmschiene ein. Rock- und Pop-Oldies mit ehemals großen Namen (Steppenwolf, The Hollies, The Kinks, Gerry and the Pacemakers, Glorya Gaynor ...) sorgten für den nötigen Umsatz. Illustre Persönlichkeiten wie Götz George oder der damals noch wenig bekannte Helge Schneider waren Stammgäste.

Wilfried Schittler erzählt eine Anekdote, die zeigt, wie sehr sich inzwischen das Verhältnis zur Kulturverwaltung gegenüber den Zeiten des »Bohème« geändert hatte. Der damalige Kulturdezernent Konrad Schilling, wohl in der Absicht, Kultur in den Laden zu bringen, verordnete ihm zum Karnevalsfest auf Kosten der Stadt den Auftritt einer russischen Opernsängerin, die den Saal – wrong place, wrong time! – in nur zehn Minuten leersang und auf Schittlers Drängen gegen Bezahlung der kompletten Gage auf den zweiten Auftritt verzichtete.

Schittler hatte seine neue Aufgabe als Musikkneipier mit sehr viel Herzblut verfolgt, mußte aber nach vier Jahren wegen beruflicher Überlastung sein stressiges Hobby aufgeben. Wichtig scheint aus heutiger Sicht, daß das »Bierdorf«, in dem jetzt die Diskothek »Club Plastique« heimisch ist, wenn auch nur für kurze Zeit, ein Podium für Duisburger Musiker war. Das »Bierdorf« bot Gelegenheit zu Jam-Sessions, bei denen verbürgtermaßen auch ein Art Blakey eingestiegen ist – ein leider nur kurzes Zwischenspiel in einer an Clubs armen Stadt. In gastronomischer Hinsicht ist Duisburg danach wieder in die bekannte, beklagenswerte Agonie zurückgefallen.

»JAZZ LIVE« IM HOTEL STEIGENBERGER

In anderer Form wird das Jazzprogramm des »Bierdorf« seit 1989 von Schittlers Freund Bernd Albani fortgeführt, der sein mit New Orleans-Jazz stilistisch klar umrissenes Programm von der Kneipenatmosphäre des »Bierdorf« in das exklusive Ambiente des Steigenberger Hotels verlegte. Bernd Albani, Duisburgs einziger privater Jazz-Promoter, hatte seine 25jährige Firmenzugehörigkeit als Geschäftsführer eines Duisburger Büro-Einrichtungshauses stilecht mit einem Konzert von »Chris Barber's Jazz and Blues Band« gefeiert. Nach der Schließung des »Bierdorf« wurde er daraufhin gedrängt, diese Szene wiederzubeleben.

Die Konzerte sind seit nunmehr zehn Jahren sehr erfolgreich und ständig ausverkauft. Das Publikum, mit einem verständlicherweise relativ hohen Altersdurchschnitt, stammt zum Teil sogar noch aus dem Kreis der Jazzfans des »Bohème«. Heinz te Poehl und andere sind regelmäßige Besucher. Gut die Hälfte des Publikums kommt jedoch aus dem näheren und ferneren Ruhrgebiet. Albanis Interessentenkartei ist auf 1600 Namen angewachsen.

Neben den schon im »Bierdorf« gewesenen Monty Sunshine, Acker Bilk, Papa Bue, Rod Mason und vielen anderen konnte Albani auch die drei Jazz-Legenden Peanuts Hucko, Humphrey Lyttelton und, kurz vor dessen Tod, den 96jährigen Benny Waters präsentieren. Exklusive Sonderkonzerte des traditionellen Jazz wie die »Barrelhouse Gala« muß er wegen der großen Nachfrage im kleinen Saal der Mercatorhalle durchführen. Für das Jahr 2001 steht das 100. Konzert an. Als Erinnerung daran, wie alles begann, soll dann Chris Barber wieder auf der Bühne stehen.

JAZZFÖRDERKREIS

Seit 20 Jahren leitet Ferdinand »Ferdy« Brockerhoff[11] die Jazzkurse der Volkshochschule in Duisburg. Der Sohn eines Berufsmusikers, der selber Geige lernte und zunächst Musik studieren sollte, erinnert sich noch an die ersten Berührungen mit dem Jazz in seiner Kindheit. Es war die Musik der Britischen Soldatensender und Harry James's »Trumpet Blues« aus dem Film »Badende Venus«, die sein Feuer für den Jazz entfachten. Das erste Konzert mit Wolfgang Sauer besuchte er dann 1947, später konnte er die amerikanischen Jazzgrößen im »Europa-Palast« bewundern. Ab Ende der fünfziger Jahre entstand ein großes Loch. Der Jazz war aus der Stadt verschwunden, ein Zustand, den Brockerhoff verändern wollte.

Al Jarreau bei der Duisburger »Traumzeit« 1998. Foto: Volker Beushausen.

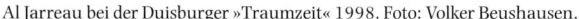

1978 wurde er selber zum Promoter. In der Gaststätte »Zum Knorrigen im Sterneck« des Gastronomen Hans-Günther Wörg stellte er für kurze Zeit das Programm mit Bud Freeman, Peanuts Hucko u.a. zusammen. 1979 gründete er den Jazz-Förderkreis und nahm 1980 die seit 1972 verwaiste Kursleiterstelle in der VHS an. Seit 1979 begann auch seine rege Konzertveranstaltertätigkeit mit Musikern, an denen auch Gigi Campi seine helle Freude gehabt hätte: Barney Kessel, Benny Waters, Arnett Cobb, Sir Roland Hanna, Jay McShann, Dorothy Donegan, Monty Alexander, Jimmy Smith, Bill Holman, Mel Lewis, Benny Bailey, Slim Gaillard holte er über die Jahre nach Duisburg. Die Suche nach einem geeigneten Veranstaltungsort geriet dabei zu einer Odyssee durch Schulaulen, Stadtbüchereien, das »Bierdorf«, das Filmforum und viele andere Säle, selbst auf der Duisburger Regattabahn veranstaltete Brockerhoff Konzerte. Besonders eng verbunden ist er mit den »Harlem Jazz and Blues All Stars«, die er regelmäßig auftreten ließ, mit Benny Carter, den er 1983 erstmalig in Kooperation mit dem WDR präsentieren konnte, ist er seitdem befreundet. Zu den schönsten Erinnerungen gehört das Benefizkonzert von Dizzy Gillespie, das er 1986 zusammen mit der Duisburger Jazzsängerin Judy Rafat zugunsten der »Stiftung Entwicklung und Frieden« organisierte.

Zweimal hat Brockerhoff das Programm für die »Jazzgala der Sparkasse« am Innenhafen zusammengestellt, u.a. mit Bucky Pizzarelli und der Count Basie Big Band unter der Leitung von Grover Mitchell. Eine eindrucksvolle Veranstaltung mit jeweils weit über 2000 Zuschauern, die jedoch leider nicht zur Tradition geworden ist. Brockerhoff ist vor allem auch ein wichtiger Sammler von klingenden und gedruckten Zeugnissen über den Jazz.

DIE TENNE

Brockerhoffs Freund Peter Hein betreut seit 17 Jahren die sonntäglichen Jazzmatineen im Revierpark Mattlerbusch. Bei Eröffnung des Revierparks suchte der damalige Programmdirektor Wilhelm Brückmann ehrenamtliche Mitarbeiter, die kulturelle Angebote »von Bürgern für den Bürger« organisieren sollten. Peter Hein war sofort zur Stelle und gründete 1981 die Jazz-Initiative im Mattlerbusch. Seitdem stellt er jeden ersten Sonntag im Monat für die stolze Aufwandsentschädigung von 25 DM ein Programm zusammen, das seit langem eine feste, eingeschworene Fangemeinde hat. Der Eintritt zu den Veranstaltungen in der urigen Atmosphäre der »Tenne«, die 150 Zuschauer faßt, liegt seit 17 Jahren unverändert bei 7 DM. Der Revierpark sponsert die Gagen. Stilistisch umschreibt Peter Hein das Programm als Oldtime-Jazz bis Mainstream, als »Musik für den Bauch, weniger für den Kopf«.

Eine Reihe von Musikern aus dem Umfeld der WDR-Big Band wie Jiggs Whigham oder Klaus Osterloh mit seiner »Atlanta Jazz Band« traten auf. Eine alte Freundschaft verbindet Peter Hein auch mit Silvia Droste, die des öfteren mit Engelbert Wrobel gastierte. Neben Angela Brown, Bill Ramsey, Jean Shy gehörten die Konzerte mit Greetje Kauffeld und das Open-air mit Barbara Dennerlein zu den Highlights. Eine verdienstvolle Reihe mit bewundernswerter Kontinuität im Norden dieser flächenmäßig so riesigen Stadt, deren Randbezirke schnell zur kulturellen Diaspora werden![12]

»JAZZ LABOR«

Eine Sonderrolle im Jazzleben der Stadt spielt das »Jazz Labor« der Gesamthochschule Duisburg. Es wurde 1971 von Ilse Storb und Joe Viera gegründet und bildete als »Institut im Institut« einen besonderen Schwerpunkt innerhalb der Musiklehrerausbildung der Universität. Ziel war es, künftigen Musiklehrern einen Standpunkt zu ermöglichen, der über die traditionelle Vermittlung von klassischer und Neuer Musik hinausgeht. Die Absolventen sollten sowohl als Musiker, Wissenschaftler

Das Tim Isford Orchestra bei der Duisburger »Traumzeit« 1998. Foto: Volker Beushausen.

und Lehrer vermittelbar sein. Zahlreiche renommierte Pädagogen, unter ihnen Theo Jörgensmann, Horst Grabosch, Remy Filipovitch, Reinhard Glöder, Peter Ortmann u.a., unterrichteten Theorie und Praxis des Jazz. Zum Ende eines jeden Semesters wurden die Arbeitsergebnisse in einem Konzert der Öffentlichkeit vorgestellt. Es fanden Austauschkonzerte mit anderen Universitäten statt. 1985 spielten sechs Gruppen des »Labors« im Rahmen des »North Sea Jazz Festivals« in Den Haag. Es bestehen Kontakte zu bedeutenden Instituten wie der »National Association of Jazz Educators« und den Berklee-Kursen in der Landesmusikakademie Heeck.

Die 17köpfige Big Band der Universität unter der musikalischen Leitung des Komponisten und Arrangeurs Reinhard Glöder hat sich inzwischen ein eindrucksvolles Programm von über drei Stunden erarbeitet, zu dem neben Titeln von Thad Jones und Bob Mintzer auch Eigenkompositionen des Leaders gehören. Einer der Höhepunkte war sicherlich der gemeinsame Auftritt mit Peter Herbolzheimers »Bundes Jugend Jazz Orchester« im Rahmen der Duisburger Akzente »Jugend und Aufbruch«. Da die Dozenten des »Jazz Labors« ihren Wohnsitz ausnahmslos außerhalb von Duisburg hatten, war die Ausstrahlung des »Labors« auf das Konzertleben der Stadt relativ gering. Ein Manko, auf das Joe Viera mehrfach hingewiesen hatte.

Zweifellos gebühren dem »Jazz Labor« und speziell der rührigen Jazzprofessorin Ilse Storb[13] Verdienste darum, dem Jazz in der eher »klassisch« ausgerichteten Stadt kulturelle Anerkennung verschafft zu haben. Dem Engagement von Ilse Storb ist es auch zu verdanken, daß Dave Brubeck 1997 zum Ehrendoktor der Universität Duisburg ernannt wurde. Nach der

Schließung des Fachbereichs IV konnte das »Jazz Labor« 1993 auf Betreiben von Ilse Storb in das neugegründete Zentrum für Musik und Kunst der Gesamthochschule eingebunden und gerettet werden. Die Rolle des »Jazz Labors« hat sich seitdem verändert. Es ist nun nicht mehr Bestandteil der Lehrerausbildung, sondern ein Element des Studium Generale, es wird jetzt von dem Saxophonisten Martin Claasen geleitet.

JAM

Dem aktuellen Jazz, angrenzenden Musikstilen und der sogenannten Weltmusik ist in den letzten Jahren vor allem durch den »Jazzmusik Förderverein« (JAM) Geltung verschafft worden. Der Verein wurde 1990 vom Autor und einigen Enthusiasten aus Verärgerung über ein fehlendes Angebot an zeitgenössischem Jazz in Duisburg gegründet. Er erhielt in seiner ersten Phase hauptsächlich Zulauf von jungen Musikern aus dem Umfeld der Universität sowie der Rock-Pop-Abteilung der Niederrheinischen Musikschule um den sehr engagierten Leiter Volker Greve. Die Aktivitäten im Bürgerhaus des Stadtteils Hagenshof, einer Trabantenstadt im Duisburger Norden, bestanden 1990 und 1991 in einer von Musikern selbst organisierten Jam-Session-Reihe, in Auftritten von Nachwuchsbands und gelegentlichen Konzerten mit professionellen Künstlern wie dem Pianisten Simon Nabatov, dem Gitarristen Uwe Kropinski und dem Duo Lindsay Cooper und Ulrike Haage. Spätere Versuche, trotz eines fehlenden Clubangebots in Duisburg kontinuierliche Reihen mit jungen Musikern zu etablieren, schlugen fehl. Für die Zukunft besteht jedoch die Hoffnung, daß durch das Programm des neuen soziokulturellen Zentrums »Hundertmeister« diese Lücke geschlossen wird.

JAM-Konzert mit Charlie Mariano und Jasper van't Hof (links) im Bürgerhaus Hagenshof. Foto: Gerhardt Siefert.

Cassandra Wilson bei der Duisburger »Traumzeit« 1998. Foto: Volker Beushausen.

1992 erhielt der JAM mit Unterstützung des Rockbüros NRW (damaliger Geschäftsführer Dieter Gorny) sowie des Jugendamts und des Kulturamts der Stadt erstmals die Gelegenheit, ein zweijähriges Projekt durchzuführen, das neben einer Workshop-Reihe und einem kleinen Festival am zweiten Weihnachtstag auch den Auftritt einiger wichtiger Jazzmusiker vorsah. Das Solokonzert des Pianisten Joachim Kühn, das vom WDR mitgeschnitten wurde, war der Beginn einer sehr erfolgreichen internationalen Konzertreihe in der anregenden Atmosphäre des Museums. Es war zugleich auch der Abschied vom Domizil des Vereins im Hagenshof. Neue Spielstätten wurden erprobt.

Der wachsende Erfolg des Vereins führte 1994 zum ersten Schritt in den Landschaftspark Duisburg Nord. Die damalige Duisburger Kulturdezernentin Iris Magdowski beauftragte den JAM mit einer Konzertreihe im Rahmen der Zwischenpräsentation der Internationalen Bauausstellung (IBA). Das Programm, dem man Populismus nicht vorwerfen konnte und das Resonanz im gesamten Ruhrgebiet fand, bewies endgültig, daß für eine jahrelang vernachlässigte, wichtige Facette des Musikangebots in Duisburg Bedarf bestand. Vom frenetisch umjubelten Free Jazz des Duos Willem Breuker und Han Bennink über den klassischen Cool Jazz des damals 74jährigen Jimmy Giuffre, die kammermusikalischen Dialoge von John Surman und John Taylor, das Jazzkabarett von Kate und Mike Westbrook bis hin zu Jan Garbareks nordischen Klangbildern umfaßten die fünf Konzerte ein Spektrum, das in Duisburg noch nie zu hören war.

Als Novum in der Geschichte der Duisburger »Akzente« wurde dem Verein daraufhin 1995 die Planung und Durchführung eines Jazzprogramms für das jährliche städtische Kulturfestival übertragen. Mehr als 3500 Zuschauer sahen »Viva La Black«, eine Konzertreihe zum »Akzente«-Thema »Afrika. Wurzeln und Visionen«, Trevor Watts Moiré Music Drum Orchestra, Slagerij Van Kampen, Louis Moholo, Manu Dibango, Abdullah Ibrahim und Gail Thompson's Gail Force. Zum »Akzente«-Thema »Die Kraft des Alters« folgte im Jahr darauf die Konzertreihe »LEGENDS« mit Milt Jackson, Ahmad Jamal, Benny Golson, dem Duo Albert Mangelsdorff und Wolfgang Dauner sowie Charlie Mariano im Trio mit David Friedman und John Taylor. Der Auftritt des legendären, damals 88jährigen Jazzgeigers Stephane Grappelli war dabei zugleich Höhepunkt und gefeierter Beweis für die vielbeschworene »Kraft des Alters«. Der Jazz hatte sich neben dem renommierten Theatertreffen als festes Programm-Highlight der »Akzente« etabliert.

Im gleichen Jahr funktionierte der JAM im Rahmen des nordrhein-westfälisch-niederländischen Projekts »Dialoog Cultuur« die rustikalen Räumlichkeiten der ehemaligen Küppersmühle im Innenhafen zur reizvollen Spielstätte eines zweitägigen Avantgarde-Festivals um. »Twee Dagen Muziek« präsentierte mit Greetje Bijma, Jasper van't Hof, dem Trio Clusone und dem Willem Breuker Kollektief u.a. wichtige Künstler der improvisierten Musik unseres holländischen Nachbarn. Zum Abschluß des Jahres gab das wiederbelebte »Guitar-Trio« John McLaughlin–Paco de Lucia–Al Di Meola sein einziges und sehr schnell ausverkauftes westdeutsches Konzert nicht in Köln oder Düsseldorf, sondern – »Tuesday Night in Duisburg« – in der Mercatorhalle.

Als Vorstoß in eine neue Dimension wertete die Presse die Entwicklung des Jahres 1997. Zu dem »Akzente«-Thema »Schöne Aussichten. Träume. Visionen. Utopien« schlug der JAM dem vorbereitenden Komitee der »Akzente« vor, die eingeführten Spielstätten zu verlassen und das Musikprogramm in den Landschaftspark zu verlegen. Wenn schon »Träume und Visionen«, dann an einem für Duisburg visionären Ort! Die marode Kraftzentrale des ehemaligen Hüttengeländes wurde im Auftrag von Professor Ganser (IBA) in einem von vielen Skeptikern für unmöglich gehaltenen Zeitraum zur Konzerthalle umgebaut. Ein brillantes Akustikkonzept sorgte dafür, daß die riesige Halle »gut klang«. Ganze drei Wochen vor Beginn der Veranstaltungen wurde der Fußboden gegossen, zwei Tage vor den ersten Konzerten schweißten die Arbeiter noch an den Fluchttüren.

Doch das Abenteuer hatte sich gelohnt: »Traumzeit«, das Musik-Festival im »Akzente«-Festival, zog an vier Tagen über 8000 Zuschauer an. Musikalisch wurde das Spektrum ausgeweitet. Das Programm reichte von der Performance der Amerikanerin Laurie Anderson bis zum Auftritt von Juliette Gréco, beschäftigte sich im Kern jedoch mit den spannenden Wechselwirkungen zwischen Jazz und Weltmusik (Joe Zawinul, Trilok Gurtu, Rabih Abou Khalil, Maria João, Michael Riessler, Miriam Makeba ...). Nach dem Motto »Wenn die Qualität stimmt, heben sich die Sparten auf« war erstmals erkennbar, wohin sich das Festival in der Zukunft entwickeln könnte.

Aufgrund des Erfolges wurde »Traumzeit« durch den neuen Duisburger Kulturdezernenten Gerd Bildau aus den »Akzenten« verselbständigt und 1998 erstmals als eigenes Sommerfestival durchgeführt. Weltstars wie Al Jarreau und Cassandra Wilson traten auf, die im Jahr zuvor eingeschlagene Programmlinie wurde mit spannenden Projekten von zum Beispiel Renaud Garcia-Fons und den New Yorker Klezmatics weiterverfolgt. Zudem kamen mehrfach vielversprechende heimische Musiker ins Programm.

Ein Kritiker resümierte, daß dieses Festival die Ohren öffne für den Reichtum fremder Musikkulturen. In diesem Sinne will »Traumzeit« in Zukunft mit internationalen Highlights das Festival populär machen, Worldmusic-Acts, die in Deutschland oder Europa noch nicht bekannt sind, vorstellen, aber auch Musiker aus der Region präsentieren. Mit dem Westdeutschen Rundfunk und dem Initiativkreis Ruhrgebiet haben sich dazu starke Kooperationspartner gefunden. Qualität und Anspruch des Programms sollen dazu beitragen, die (inter-)kulturelle Identität Duisburgs und des Ruhrgebiets zu profilieren. Mit dem Landschaftspark hat Duisburg den idealen Ort für ein derartiges Festival. Hier arbeiteten bis in die achtziger Jahre Menschen unterschiedlichster kultureller Herkunft, und hier entstand über die gemeinsame Arbeit im Hüttenwerk häufig genug auch eine wahrhaft interkulturelle Lebensgemeinschaft. Ein Blick auf fremde Kulturen gehört schon deshalb in diese Stadt, weil sie selbst ein Schmelztiegel der Nationen ist.

Es bleibt zu hoffen, daß die Stadt, die sich auf ihre Internationalität viel zugute hält, die enormen Chancen dieses Festivals erkennt. Die Kraftzentrale versorgte früher das Hüttenwerk mit Energie. Das könnte eine Metapher auch für die neue Nutzung sein: »Künftig werden von hier neue elektrisierende Impulse ausgehen: Die Kraftzentrale als kultureller Brennpunkt, der weit über Duisburg hinaus als Ort für die ganz besonderen Ereignisse von sich reden machen wird.«[14]

ANMERKUNGEN

1 Vgl. zu den Statuten das Faksimile im Beitrag von Bernd Hoffmann. Die weiteren Daten zum Club sind freundliche Hinweise von Heinz Protzer. Weitere Erwähnungen von Jazz in Duisburg im Jazz Podium, 12/1954, S. 14 (Zusammenarbeit mit Düsseldorf), 1/1955, S. 10 f. (Hans Koller in Duisburg) oder 5/1955, S. 16 (Jazz goes to school). Urkunde über die Ehrenmitgliedschaft Schulz-Köhns im Hot Club Duisburg im Besitz von Heinz Protzer, Bad Krozingen.

2 Zitat aus Robert v. Zahn: Jazz in Köln seit 1945. Konzertkultur und Kellerkunst, Köln 1998, S. 54.

3 Interview mit Gigi Campi, 22.1.1999.

4 Interview mit Heinz te Poehl, 20.1.1999.

5 Leonard Feather: The Jazz Years – Earwitness To An Era, London 1986, S. 127 ff.

6 Interview te Poehl.

7 Vgl. Billie Holiday und William Dufty: Lady Sings The Blues, Harrisonburgh/Virginia, S. 176 ff. Die Schilderung bezieht sich dort auf Köln, nicht auf Duisburg. Die Örtlichkeiten gehen aber in der Rückschau Holidays mehrfach durcheinander. Die Zuordnung zu Duisburg beruht auf den Erinnerungen Gigi Campis.

8 Robert v. Zahn (Hg.): Campiana. Ein Stück vor dem Beat, Köln 1998.

9 Telefoninterview mit Hanns Eckelkamp, 18.1.1999.

10 Interview mit Wilfried Schittler, 6.1.1999.

11 Interview mit Ferdinand »Ferdy« Brockerhoff, 25.1.1999.

12 Telefoninterview mit Peter Hein, 26.1.1999.

13 Vgl. Ilse Storb: Jazz meets the world – the world meets Jazz, Münster 1998 (= Populäre Musik und Jazz, 4).

14 Aus der Einladung der IBA zum Traumzeitfestival 1997.

Peter Kowald 1967.
Foto: John Kilby.

Jazz in Wuppertal

von Thomas Mau, Köln

»IF YOU WANT THE KERNELS, YOU HAVE TO BREAK THE SHELLS«[1]

Zu Beginn der sechziger Jahre war das Free Jazz-Spielen gefährlich. Das mußte der Saxophonist Peter Brötzmann schmerzlich am eigenen Leib erfahren. Im Trio mit dem Bassisten Peter Kowald und dem Schlagzeuger Gerd Panzer trat er 1964 in einem Club ganz in der Nähe von Wuppertal auf. Ein junger Mann im Publikum war so empört über Brötzmanns Spielweise, daß er auf die Bühne stürmte und ihm geradewegs ins Gesicht schlug.[2]

Das Infragestellen jeglicher Regeln im Free Jazz war eine Provokation für den traditionellen Jazzfan und sorgte für handfeste Auseinandersetzungen. Der Verzicht auf einen durchgehenden Beat, die Absage an die jazztypischen Formschemata und die Betonung der Intensität des Spiels verstörte viele Hörer. Mit ihren Experimenten sorgten Brötzmann, Kowald und später der Gitarrist Hans Reichel dafür, daß Wuppertal zu einem Zentrum der Improvisierten Musik wurde. Vergleichbar lebendige Entwicklungen gab es in Europa nur noch in Amsterdam und London.

MACHINE GUN

Peter Brötzmann schrie und brüllte in das Saxophon, als wollte er das ganze Elend der Welt auf einmal in seinen Ton packen. Mit einer Kraft und Wut, die in England häufiger als »sehr teutonisch« beschrieben worden ist. Aber das einzige, was zählte, war der pure Ausdruck. Dafür setzte sich Brötzmann über alle Konventionen des Saxophonspiels hinweg. »Machine gun« nannte er seine 1968 aufgenommene zweite Langspielplatte. Das Feuern der drei Saxophone von Brötzmann, Evan Parker und Willem Breuker zu Beginn des Titelstückes sei das Intensivste, was er jemals gehört habe, schreibt der Journalist Steve Lake über »Machine gun«, Musik, die bewaffnet und gefährlich klinge.[3] Brötzmann betont, daß sie damals alle drei völlig anders spielten als alle Saxophonisten jemals zuvor. Evan Parker sei so bedeutend für die englische Szene gewesen wie Willem Breuker für die holländische und er selbst, wie er hoffe, für die deutsche.[4] Obwohl Parker und Breuker am dynamischen Limit ihrer Instrumente spielten, setzte sich Brötzmann mit seinem Bariton deutlich durch.

Bernd Köppen. Foto: Ilka Schuster.

Mit 16 Jahren hatte der 1941 in Remscheid geborene Brötzmann noch Klarinette in einer Dixielandband gespielt. Als sich in der Gruppe mehr und mehr modernere Spielarten wie Swing und Bebop durchsetzten, wechselte er zum Tenorsaxophon. Bald merkte er, daß ihm auch Bebop und Hardbop zu enge Grenzen setzten. Er machte sich auf die Suche nach neuen Klangmöglichkeiten.

Ursprünglich hatte Brötzmann an der Wuppertaler Werkkunstschule Malerei und Werbegraphik studiert. Die Bilder, die er mit zwanzig Jahren gemalt hat, könnten auch heute noch bestehen, davon ist Peter Kowald überzeugt.[5] Aber Bilder für Ausstellungen zu malen war Brötzmann irgendwann nicht mehr genug: »Ich wollte auf die Bühne, darstellen, direkt sein.«[6] Und der Video-Künstler Nam June Paik, dessen Assistent er zeitweise war, unterstützte ihn darin, seinen Weg zu verfolgen. »Bis heute bin ich mit ihm sehr gut befreundet«, erzählt Brötzmann. »Er hatte einen großen Einfluß auf mein Denken und Tun.«[7]

Mit Peter Kowald traf Brötzmann auf einen Musiker, der seine Unzufriedenheit mit der traditionellen Jazzauffassung teilte: »Zu Beginn der sechziger Jahre war der Jazz in bestimmte Formschemata erstarrt, es gab zuviele Konventionen. Es ging uns darum, zu dem zurückzukehren, was den Jazz seit seiner Entstehung ausgezeichnet hatte: zum unmittelbaren Ausdruck der Gefühle.«[8] Kowald hatte auch in einer Schülerband mit Dixieland begonnen, aber nach dem ersten Treffen mit Brötzmann hörte er damit auf.

Brötzmann und Kowald lernten sich 1962 über Ernst Dieter Fränzel kennen. Der frühere Referent für interkulturelle Angelegenheiten bei der Stadt Wuppertal hatte Kowald erzählt, daß Brötzmann einen Bassisten suche. Zu einem ersten Auftritt kam es an der Werkkunstschule bei einer Karnevalsfeier, der sogenannten »Mondschaukel«. Kowald erinnert sich mit einem Schmunzeln an diesen Auftritt, denn der Schlagzeuger sei schon so betrunken gewesen, daß ihn Brötzmann nur mit einem Eimer Wasser zur Besinnung bringen konnte, und der Pianist sei so müde gewesen, daß er zum Solo immer geweckt werden mußte.[9]

Peter Kowald war erst 17 Jahre alt und lebte noch bei seinen Eltern. Deshalb konnte er nicht in der Nacht spielen. Er habe um zehn Uhr abends zu Hause sein müssen und noch Milch getrunken, behauptete Brötzmann, aber das hätten sie sehr schnell geändert.[10] Geprobt wurde im sogenannten »Jazz Labor« in der Aderstraße, einem Keller, der wegen Kohlemangels oft ungeheizt blieb. Im Trio mit dem Schlagzeuger Dietrich Rauschtenberger spielten sie zunächst noch mit durchgehendem Beat. Von Schallplatten hörten sie sich Stücke von Ornette Coleman und Eric Dolphy ab.

Den Übergang zum freien Spiel beschreibt Kowald als einen langsamen Prozeß. Die Erfordernisse des Bebop wollten sie nicht erfüllen, aber wie es anders gehen sollte, wußten sie noch nicht. Angeregt durch Kompositionen von Ornette Coleman gaben sie zuerst die Form auf. Als Schlüsselerlebnis beschreibt er ein Konzert mit dem Carla Bley Quintet von 1965 mit Steve Lacy, Mike Mantler, Kent Carter und Aldo Romano. In einer anschließenden Session stellten Brötzmann und Kowald fest, daß sie beide bereit waren, völlig frei zu spielen, auch wenn sie es bis dahin so radikal noch nicht gemacht hatten. »Aldo war, glaube ich, der erste wirklich freie Trommler, den wir gehört haben. Er war der erste, der die Zeit verließ. Ein wirklich verrückter Trommler, weil er das Set reduziert hatte auf eine Snaredrum, ein Becken und eine Highhat und damit den ganzen Abend gestaltete, und es war nie langweilig. Der war wirklich verrückt damals und sehr radikal.«[11] Ein Jahr später gingen die beiden mit der Carla Bley/Mike Mantler Band auf Europatournee. Wieder gibt es heftige Reaktionen auf die Musik. Bei einem Konzert in Hildesheim griff ein wütender Zuschauer ein Mikrofon und schlug es Carla Bley auf den Kopf.[12]

Vielen Hörern ging der radikale Anspruch von Kowald und Brötzmann zu weit. Ein Kritiker der »Aachener Zeitung« schrieb im Juli 1966: »Schrilles musikalisches Geschwätz eines jungen Mannes in Lederjacke. Brötzmann entlockt seinem Saxophon Laute, die – schlicht gesagt – das menschliche Gehör quälen.«[13] Der Rezensent des Wuppertaler »General Anzeiger« konnte nur »ein Gejaule, ein Gepfeife und ein wütendes Umherirren«[14] erkennen. Selbst Musikerkollegen wie Klaus Doldinger machten sich über Brötzmann und Kowald lustig, berichtet Ernst Dieter Fränzel. Brötzmann könne doch gar nicht spielen, hieß es.[15]

Fränzel gehörte schon sehr früh zur Wuppertaler Jazzszene. Eine Platte von Charlie Parker hatte den siebzehnjährigen Schlosser auf den Geschmack gebracht. »Ich habe die Musik zwar nicht verstanden, aber ich war so fasziniert, daß ich mir die Platte immer wieder angehört habe.«[16] Über Bekannte erhielt Fränzel Mitte der fünfziger Jahre Zugang zum »New Jazz Circle«, dem ersten Wuppertaler Jazzclub. Er galt als »schick« und war nur für Mitglieder geöffnet. In einem Partykeller im noblen Briller Viertel trafen sich seit 1954 regelmäßig die Jazzfans, meist Schüler und Studenten, die sich um die neuesten Schallplatten die Köpfe heiß redeten. Es war die Zeit, als der damals moderne Cool Jazz von der amerikanischen Westküste die Anhänger des traditionellen Hot Jazz schockierte. Die Hausband des

Im Bunker am Platz der Republik März 1955. Foto: Archiv E. Dieter Fränzel

»New Jazz Circle« um den Vibraphonisten Arno Gawlick bevorzugte den Cool Jazz, erzählt Dieter Fränzel.[17] Manchmal sei auch der Saxophonist Klaus Doldinger aus Düsseldorf zu einer Session gekommen. Einige Konzerte veranstaltete der »New Jazz Circle« sogar im Saal des Polizeipräsidiums.

1958 gründete Fränzel seinen eigenen Jazz-Zirkel: die »Interessengemeinschaft Jazz Wuppertal«. Treffpunkt war eine Gartenlaube, wo die Mitglieder gemeinsam Platten hörten und sich gegenseitig Vorträge über Jazzmusiker hielten. Später schaufelten sie einen im Krieg verschütteten Gewölbekeller am Oberdörnen frei. Die »Katakombe« wurde zum ersten Club der Interessengemeinschaft. Bei geringem Eintritt und improvisiertem Getränkeausschank trafen sich dort viele Studenten der Werkkunstschule.

DICHTER QUALM LIEGT IN DER LUFT

Am Platz der Republik baute Fränzel den »Bunker« zu einem Club aus, wo man sich Sonntag morgens zu Dixie und Swing traf. »An der Wand stehen hölzerne Stühle und Bänke ohne Lehnen. Der kleine Raum, der von einigen schwachen Lampen in trübes Licht getaucht wird, kann die vielen jungen Leute kaum fassen. Dichter Qualm liegt in der Luft. Am Ende des Raumes stehen auf einem kleinen

Podium die Musiker, sechs junge Männer, die temperamentvoll und begeistert musizieren, von ihren Zuhörern durch Zurufe immer wieder angefeuert.«[18]

Der Reporter des »General Anzeiger« schreibt im März 1959 ausdrücklich, daß die jugendlichen Zuschauer im »Bunker« friedlich blieben. Damals hatte es einige Berichte über Tumulte bei Jazzkonzerten gegeben. »Abgesehen von der natürlich lautstarken Begeisterung, die sich vor allem an Stücken wie ›When the saints go marching in‹ entzündet, geht es sehr manierlich und gesittet zu. Kein Gedanke an Randalieren und an die Zertrümmerung des Mobiliars. Die jungen Leute haben sich diese Möglichkeit, ihr Steckenpferd zu reiten, mit manchem Opfer geschaffen und hüten sich, diese Chance durch Übermut aufs Spiel zu setzen.«[19]

Diese Begeisterung, von der im Bericht des »General Anzeiger« die Rede ist, konnten die Jazzfans Ende der fünfziger Jahre in erstaunlich vielen Clubs in Wuppertal ausleben. In einer alten Ziegelei in Barmen gab es den »Breakhouse Jazz Club«, in einem Wichlinghauser Kohlenkeller die »Jazz-Klappe«, am sogenannten Wunderbau die »Gerumpelkammer« und im Fünf-Theater-Palast das »Jazzhome«.[20]

Über die Schwierigkeiten, die die Jugendlichen hatten, einen Platz für ihren Jazz zu finden, schreibt die »Bild«-Zeitung am 3. Dezember 1959: »Sie kamen aus kahlen Kellern und warmen Wohnstuben, aus düsteren Dachluken und windschiefen Werkstätten – überall waren sie vertrieben worden, nur weil sie Musik machten, geräuschvollen Jazz. Aber die Jungen gaben nicht auf. An einem abgelegenen Wuppertaler Bahndamm bauten sie eine Baracke: Ihr ›Jazz-Studio‹ [...] Aus einem abbruchreifen Kaffeehaus holten sie ausgediente Sitzsofas, auf denen einst ihre Großmütter wiegenden Walzern gelauscht hatten. Vom Schrottplatz schleppten sie verrostete Kanonenöfen und stilvolle Laternen herbei. Das Podium zimmerten sie selbst. Und das Spiel konnte beginnen [...] Einmal in der Woche, Freitag abends, ist großes ›Meeting‹. Dann sind alle zum feurigen Jazz-Wettstreit eingeladen. Auch Freunde, Frauen und die Eltern haben Zutritt. Dann ist die Baracke immer brechend voll.«[21]

Im »Jazz-Studio« kümmerte sich der Musikstudent Lothar Schnell als musikalischer Leiter um die Organisation der Sessions. Der Trompeter machte später mit seiner Band »Blue Note Juniors« Karriere.

Eine richtige Nachtbar war das »Bohème« im Keller des Lichtburg-Kinos am Alten Markt in Barmen. Profimusiker

Im Bunker März 1955. Foto: Archiv E. Dieter Fränzel

spielten dort oft für mehrere Wochen. Jede Nacht von acht Uhr abends bis vier Uhr morgens. Dieter Fränzel gehörte zu den Stammgästen. Dort hörte er so bekannte Solisten wie den Gitarristen Attila Zoller, den Saxophonisten Hans Koller und den Pianisten Joe Zawinul. Besonders beliebt waren die schwarzen Musiker der »George Maycock Combo«.

Im August 1951 trat der Pianist Maycock mit seinen Chic-Combo-Solisten zu einem musikalischen Wettstreit im Thalia-Theater an. Gegner war die Wuppertaler No-Name-Band mit dem blinden Sänger Wolfgang Sauer am Flügel. Schon 1947 gab es die erste Besetzung dieser Band.

RINGELSOCKEN, KREPPSCHUHE UND SWINGPULLOVER

»Das Thalia-Theater war zum Bersten voll. Die Gemeinde der Jazzfans hatte hohen Feiertag. Ringelsocken, Kreppschuhe und Swingpullover bestimmten das Bild farblich, Hörner, begeisterte Pfiffe, verzücktes Gestöhne und dankbarer Applaus nach jedem interessanten Solo, gaben die Geräuschkulisse ab.«[22]

Das Publikum hatte Kuhglocken, Fahrradklingeln und Trillerpfeifen mitgebracht. Ein allzu enthusiastischer Besucher wollte sogar mit einer Luftschutzsirene seiner Begeisterung Ausdruck verleihen. Er wurde aber am Eingang abgewiesen. Trotz der lautstarken Unterstützung blieb die Wuppertaler No-Name-Band chancenlos gegen die amerikanische Konkurrenz. Für den Berichterstatter des »Rhein Echo« war klar: »Und selbst, wenn sie es gekonnt hätten – Weiße sind eben keine Neger.«[23] Der Rezensent des »General Anzeiger« war gleich so hingerissen, daß er glaubte, kommenden Zeiten ins Auge geblickt zu haben: »Was wir auf der Bühne sehen, ist der entleerte Mensch, der völlig im Banne des Rhythmus lebt. Er ist der Typus des modernen Menschen in Reinkultur. Ihm im Spiegel zu begegnen ist vielleicht auch der tiefere Grund für den frenetischen Applaus.«[24]

Fast 4000 Jazzfans wurden an den beiden Abenden des Wettstreits gezählt, berichtete die »Westdeutsche Rundschau«. Auch in späteren Jahren gab es im Thalia-Theater bemerkenswerte Jazz-Konzerte. Unter anderem spielte im Oktober 1952 Louis Armstrong im Rahmen seiner ersten Europa-Tournee in dem traditionsreichen Theater. Werner Kraft, der damalige Manager der Schau- und Varietébühne erinnert sich an den ausverkauften Abend: »Louis gab ein fabelhaftes Konzert. Er war ein ungewöhnlich warmherziger Mensch, aber er litt so unter den Strapazen der Konzerttourneen, daß er zu erschöpft war, um nach seinem Auftritt noch Autogramme zu geben. Also sagte er: ›Werner, mach Du das für mich!‹«[25] 1967 wurde das Thalia-Theater abgerissen.

Den Stil des frühen Armstrong pflegten englische Offiziere in den Kasernen auf dem Lichtscheid. Dieter Fränzel schreibt in einem Artikel für das Buch »Das andere Wuppertal«, daß sich Engländer und Deutsche in dem 1963 gegründeten »Lion's Jazz Club« zum Oldtime-Jazz trafen. Dort spielten die englischen Bands originalgetreu die Stücke ihrer amerikanischen Vorbilder nach.[26]

SOLOKONZERT IM HOTELZIMMER

Als ein Höhepunkt der Wuppertaler Jazzgeschichte gilt das Konzert der Charles Mingus Band im April 1964 in der Stadthalle. Im Quintett des amerikanischen Bassisten spielte damals Eric Dolphy die Baßklarinette. An dieses Ereignis kann sich die Wuppertalerin Ingrid Schuh lebhaft erinnern. Sie hatte mit ihrem Auto beide Musiker vom Flugplatz abgeholt. Als Dank gab ihr Charles Mingus ein kleines Solokonzert im Hotelzimmer. »Eric Dolphy wollte nach der Autofahrt so schnell wie möglich irgendein Glas Honig kaufen«, erzählte Ingrid Schuh. »Damals wußte keiner der Beteiligten, daß er zuckerkrank war.«[27] Zwei Monate nach dem Konzert starb Dolphy in Berlin. Dieses Konzert ist auf zwei erst in den achtziger Jahren veröffentlichten Schallplatten dokumentiert: »Mingus in Europe«. Es sind die letzten gemeinsamen Aufnahmen von Mingus und Dolphy.

Das Stadthallen-Konzert hatte der Verein »Zeitkunst – Gesellschaft zur Förderung zeitgemäßer Kunst und Kultur« organisiert. Er tritt an die Stelle der »Interessengemeinschaft Jazz Wuppertal«, die 1964 aufgelöst worden ist. Anders als die Interessengemeinschaft, die sich vornehmlich um Musik kümmerte, ging es dem Zeitkunst-Verein auch um die Förderung von zeitgenössischer Kunst. Vor allem die Galerie Parnass, die Künstler wie Joseph Beuys, Nam June Paik und Wolf Vostell nach Wuppertal holte, übte großen Einfluß auf die sich entwickelnde Free Jazz-Szene aus.

Für drei Jahre zieht der Zeitkunst-Verein in ein Kellergeschoß am Döppersberg. Es wird das Clublokal »Impuls«. Nach dem Umzug aus dem Keller an der Wupper in eine alte Wäscherei am Viehhof wandelt sich das »Impuls« von 1967 bis 1973 in ein Kultur- und Aktionszentrum. In einem schmalen, langgezogenen Kellerraum drängte sich das Publikum, um Musiker wie den norwegischen Gitarristen Terje Rypdal, den polnischen Geiger Michal Urbaniak gemeinsam mit der Sängerin Urszula Dudziak, den Bluespianisten Champion Jack Dupree und viele andere zu sehen. Oft spielte ein Teil der Band in einem Nebenraum, denn die Bühne war viel zu klein, um alle Musiker aufzunehmen.

DIESER KRACH, DIESER LÄRM

Im November 1974 eröffnete das Kommunikationszentrum »Die Börse«. Das erste Konzert bestritten unter anderem Julie und Keith Tippett. Für die Programmgestaltung im Jazzbereich übernahm bald der Verkehrsplaner Rainer Widmann die Verantwortung. Er war ein paar Jahre zuvor wegen des Studiums nach Wuppertal gekommen. Schon beim ersten Besuch in der Stadt habe ihn im Bahnhof Elberfeld ein Plakat von Peter Brötzmann angesprochen, erzählt er. Als er den Saxophonisten dann zum ersten Mal hörte, war er verwirrt und beeindruckt: »Daß es dann so heftig war, hatte ich nicht erwartet. Dieser Krach. Dieser Lärm. Das hat einen schon umgepustet.«[28]

Im Bunker. Foto: Archiv E. Dieter Fränzel

Peter Brötzmann und Leo Smith 1980 in Wuppertal. Foto: unb.

Für mehrere Jahre plante Widmann das Jazzprogramm für »Die Börse«. Wegen unterschiedlicher Ansichten über die Programmgestaltung, vor allem in bezug auf den freien Jazz, kam es 1979 zur Gründung der Jazz AG W'tal, einem Verein zur Förderung der improvisierten Musik. Zu den Gründungsmitgliedern gehörten unter anderem Peter Kowald, der Pianist Bernd Köppen und der heutige Geschäftsführer des Musiksenders VIVA, Dieter Gorny. Das erste Konzert war eine gemeinsame Veranstaltung mit dem Westdeutschen Rundfunk in der Reihe »Jazzmeeting WDR« im November 1979. Es spielte unter anderem die Gruppe »Voices«, die sich um die beiden Saxophonisten Heinz Sauer und Christof Lauer gebildet hatte. Ein kurzfristig gemeinsam mit der Stadt Wuppertal organisiertes Sonderkonzert brachte ein Quartett mit Peter Brötzmann, den beiden Bassisten Harry Miller und Peter Kowald sowie dem Schlagzeuger Günter Sommer.

Im Januar 1980 präsentierte sich die Jazz AG W'tal im Rahmen eines langen Samstags in der Volkshochschule. Diese Veranstaltung war das Ergebnis eines mit Ingrid Schuh geplanten Jazzkurses in der VHS. An diesem Samstag spielte unter anderem der Schlagzeuger Detlef Schönenberg, der viele Jahre im Duo mit dem Posaunisten Günter Christmann aufgetreten ist. Für Widmann war Schönenbergs Solokonzert der

Höhepunkt des Abends, aber 1983 zog sich der Schlagzeuger völlig aus der Jazzszene zurück.[29] Seit 1979 leitet Ingrid Schuh den Jazzkurs, der Hunderte von Kursteilnehmern mit dem Jazz bekannt gemacht hat, sei es in Form von Vorträgen bekannter Musiker oder gemeinsam besuchter Konzerte.

Die JAZZ AGE hat bis heute weit mehr als 500 Konzerte veranstaltet, an Spielorten wie dem Opernhaus, dem Von-der-Heydt-Museum, der Aula der Musikhochschule, dem Ottenbrucher Bahnhof und einigen weiteren Plätzen, denn eine eigene Spielstätte hatte die JAZZ AGE nie. Das Programm der vielen Jahre liest sich wie eine Geschichte des modernen Jazz: Fred van Hove, Steve Lacy, Evan Parker, Phil Minton, Alexander von Schlippenbach, Han Bennink, Gerd Dudek, Anthony Braxton, Eddie Gomez, Toshinori Kondo, Willem Breuker, Shannon Jackson, Jan Garbarek, Jasper van't Hof und viele andere. Auf den beim Senti-Label erschienenen Schallplatten dokumentierte die JAZZ AGE ihre Arbeit mit neuer improvisierter Musik aus Wuppertal. Unter anderem gibt es Aufnahmen mit dem Pianisten und Organisten Bernd Köppen, dem Trompeter Heinz Becker, und dem Reinhard Giebel/Dieter Nett-Duo.

JAHRMARKT/LOCAL FAIR

Peter Kowald war häufig an der Organisation von Konzerten beteiligt. Während es ihm zu Beginn vor allem darauf ankam, selbst spielen zu können, wollte er später auch die Stadt, in der er lebte, mit der Kunst und der Musik konfrontieren.[30] 1973 organisierte er mit finanziellen Mitteln der Wuppertaler Stadtverwaltung die Reaktivierung des »Globe Unity Orchestra«. Auf der Schallplatte »Live in Wuppertal« ist diese Phase des »Globe Unity« festgehalten. Der Kern des ersten »Globe Unity Orchestra« bestand 1966 aus dem Alexander von Schlippenbach Quintett mit dem Trompeter Manfred Schoof und dem Trio um Brötzmann, Kowald und dem Schlagzeuger Sven-Åke Johansson. Ergänzt wurde die Besetzung um weitere Bläser und den Vibraphonisten Karl Berger. Seine Entstehung verdankt das Orchester einem Kompositionsauftrag des RIAS Berlin an Schlippenbach für die Berliner Jazztage 1966, schreibt Ekkehard Jost.[31] Das gewaltige kollektive Powerplay, das sich mit einzelnen Solisten abwechselte, löste bei den Kritikern Befremden aus. In der »Bild«-Zeitung hieß es sogar: »Männer-ulk in der Philharmonie«.[32]

Wie groß der Einfluß von Kowald auf das Orchester war, zeigte sich im Juni 1976, als er für ein Konzert auf dem Elberfelder Laurentiusplatz 65 Musiker zusammenbrachte, darunter das Blasorchester »Wuppermusikanten«, das Akkordeonorchester »Wupperspatzen«, eine griechische Volksmusikkapelle,

Peter Kowald. Foto: unb.

Drehorgelspieler und Alphörner auf den Dächern rund um den Platz. Das Konzept für diese musikalische Aktion stammte von Kowald. Unter dem Titel »Jahrmarkt/Local fair« ist das Konzert auf Schallplatte veröffentlicht worden. Dieses Ereignis war ein Teil der insgesamt zehn »Free Jazz Workshops«, zu denen von 1973 bis 1982 jedes Jahr Musiker aus aller Welt kamen, um in Wuppertal neue Spielformen auszuprobieren, die sie dann in mehreren Konzerten dem Publikum vorstellten.

Damit sich Künstler entwickeln können, brauchen sie Orte, an denen sie die Möglichkeit zum Wachsen haben. Davon ist Peter Kowald überzeugt, auch und gerade dann, wenn viele ihrer Experimente nicht überleben.[33] In seiner unmittelbaren Nachbarschaft, in einem Hinterhof der Luisenstraße, initiierte er Ende der siebziger Jahre zusammen mit bildenden Künstlern den Kunstraum »360 Grad – Spielraum für Ideen«. Er bestand nur für etwa anderthalb Jahre, aber in dieser Zeit gab es jede Woche Ausstellungen, Konzerte und Performances, insgesamt 85 Veranstaltungen.

Der »Free Jazz Workshop« wurde 1982 eingestellt. Mit einem neuem Konzept löste ihn ein Jahr später das Festival »Grenzüberschreitungen« ab, zu dem sich 1983, 1985 und 1987 nicht nur Musiker, sondern auch Schriftsteller, Maler und Tänzer trafen. Ziel des Festivals sollte der grenzüberschreitende Dialog zwischen den einzelnen Künsten sein. Das Kommunikationszentrum »Die Börse« war Schauplatz der Workshops und Konzerte.

EINIGE SIND AUSGESPROCHENE BRÜLLAFFEN

Der Gitarrist Hans Reichel gilt vor allem wegen seiner faszinierenden Klangwelten als ein bemerkenswerter Vertreter der Wuppertaler Jazzszene. Er war aus Hagen wegen seines Studiums an der Werkkunstschule nach Wuppertal gezogen. Die Free Jazz-Szene bot ihm das kreative Umfeld, seine eigenen musikalischen Ideen zu entwickeln. Er sieht sich aber nicht als Jazzmusiker, sondern als Improvisator, der sich aus vielen Stilen bedient. »Ich bin eigentlich nie Free Jazz-Musiker gewesen, obwohl ich oft dazugerechnet worden bin, einfach zwangsläufig, weil ich auf denselben Festivals gespielt habe oder viele Leute aus der Ecke kenne. Leute, die mich wirklich kennen, finden, daß ich überhaupt nicht einzuordnen bin, daß ich eben eine sehr merkwürdige Figur bin, die von Anfang an den eigenen Kram gemacht hat. Ich übertreibe nicht, es gibt nichts Vergleichbares.«[34]

Auf der Suche nach neuen Klangmöglichkeiten hat Hans Reichel die Gitarre auf ganz unterschiedliche Weise umgebaut oder erweitert. Er entwickelte Instrumente mit zusätzlichen Bünden oder ganz ohne Bünde, verschiebbaren Tonabnehmern, Greifmöglichkeiten hinter dem Steg, verschiedenen Vibratosystemen und mit mehreren Hälsen. Mit jedem neuen Instrument mußte Hans Reichel zwangsläufig auch eine neue Spieltechnik entwickeln. Bei der aus zwei Hälsen montierten Gitarre schlagen die Fingerkuppen beider Hände direkt auf die Griffbretter. Die strikte Trennung zwischen Greif- und Zupfhand, wie bei der normalen Gitarre, gibt es bei Hans Reichel nicht. Je nach Bedarf übernehmen beide Hände die gerade nötige Aufgabe.

Seine bislang spektakulärste Erfindung ist das sogenannte Daxophon. Ein Instrument, das im wesentlichen aus einem Stück Holz besteht, das mit einem Cellobogen in Schwingung gebracht wird. Es ist verblüffend, wie täuschend echt das Daxophon Menschen- und Tierlaute erzeugen kann. Aber nicht nur das: Auf der CD »Shanghaied on Tor Road – The World's 1st Operetta Performed on Nothing but the Daxophone«, ist tatsächlich jeder Klang ausschließlich auf diesen Hölzern gespielt. Mittlerweile hat Reichel Dutzende von den Holzstücken geformt, die alle ihren eigenen Klangcharakter haben. »Einige sind ausgesprochene Brüllaffen, andere murmeln lieber still vor sich hin.«[35]

Aus Berlin war der Saxophonist und Akkordeonspieler Rüdiger Carl nach Wuppertal gekommen. Seit etwa 1968 bewegte er sich in der Szene des freien Jazz. Seine erste Schallplatte veröffentlichte er 1972 mit dem Schlagzeuger Detlef Schönenberg und dem Posaunisten Günter Christmann: »King Alcohol«. Vor allem mit Hans Reichel verbindet Rüdiger Carl eine langjährige Partnerschaft. Ihr Bergisch-Brandenburgisches Quartett ergänzen Ernst-Ludwig Petrowsky und Sven-Åke Johansson.

Bernd Köppen. Foto: unb.

365 TAGE AM ORT

Brötzmann, Kowald, Reichel und Carl. Es waren vor allem diese vier Musiker, die den Ruf Wuppertals als Stadt der Improvisierten Musik in die Welt getragen haben. Dafür sind sie ständig auf Reisen gewesen, gestern in Antwerpen, heute in New York, morgen in Tokio. Peter Kowald stellte Anfang der neunziger Jahre fest, daß er nach 30 Jahren Unterwegssein und mehr als 120 Konzerten pro Jahr das Bedürfnis hatte, eine Zeitlang ohne Konzertreisen zu verbringen und an einem Ort zu bleiben. Er entschied sich, vom 1. Mai 1994 bis zum 30. April 1995 überhaupt nicht zu reisen und in dieser Zeit kein anderes Verkehrsmittel als sein dreirädriges Fahrrad zu verwenden. Und mit »ganz wenigen und kleinen Ausnahmen« will er es auch geschafft haben, schreibt er in seinem »Almanach der ›365 Tage am Ort‹«.[36]

Für ein Jahr lebte und arbeitete Peter Kowald in und für seinen »Ort«. In diesem atelierähnlichen Arbeitsraum im Luisenviertel gab es an fast jedem Samstag Veranstaltungen: Konzerte, Ausstellungen, Lesungen und öffentliche Gespräche. Jeweils zu Beginn spielte Kowald meist ein Baß-Solo. Es kamen so berühmte Künstler wie Felix Droese, die Tänzer Jean Laurent Sasportes, Malou Airaudo und Julie Stanzak vom Tanztheater Wuppertal Pina Bausch, der Leiter des Wuppertal Instituts für Klima, Umwelt und Energie, Ernst-Ulrich von Weizsäcker, und Musiker wie Heiner Goebbels, Myriam Marbé, Butch Morris und Evan Parker. Aber es kamen auch Nachbarn, die wie viele Musiker, die aus Freundschaft zu Peter Kowald ohne Gage auftraten, auf ihre Weise die Idee des »Ort« unterstützten.

Zu einem wichtigen Bezugspunkt während dieses Jahres wurde das Ort-Ensemble, an dem sich bis zu 20 meist junge Musiker aus Wuppertal und Umgebung beteiligten, um mit Peter Kowald zu arbeiten. Als eine Bilanz zu »365 Tage am Ort« schreibt Wolfgang Sachs vom Wuppertal Institut: »Hier wurde ein Stück sozialer Ästhetik ausprobiert, deren Kern darin liegt, langsamere Zeitmaße und kürzere Entfernungen als besonders gelungen zu empfinden. Man könnte darin sogar eine Lösung für eine zukünftige Gesellschaft entdecken, die sowieso wird lernen müssen, mit Eleganz innerhalb von Naturgrenzen zu leben: Seßhaft und voller Bewegung.«[37] Anders als Kowald ist Peter Brötzmann vor allem außerhalb Wuppertals aktiv. Für ihn sei es genug, ein- oder zweimal im Jahr dort zu spielen, ansonsten lebe er einfach da.[38]

Im Bunker März 1955. Foto: Archiv E. Dieter Fränzel.

Schon seit vielen Jahren gibt es in Wuppertal keine Clubs mehr, in denen Jazzmusiker auftreten können, und auch die »Börse« und das »Forum« waren vorübergehend geschlossen. Dennoch ist die aktuelle Szene in Wuppertal so breit gefächert wie der Jazz selbst. Das Spektrum reicht vom alten Jazz der Seatown Seven bis zu der Verbindung von Rock, Hip Hop und Jazz, die der Bassist Jan Kazda und der Saxophonist Wolfgang Schmidtke verfolgen. Beide schreiben regelmäßig Musik für Schauspielinszenierungen am Schillertheater NRW und treten dort als Bühnenmusiker auf. Mit ihrer gemeinsamen Gruppe »Das Pferd« sind sie weit über Wuppertals Grenzen hinaus bekannt.

Vielen Einzelinitiativen ist es zu verdanken, daß der Jazz auch heute seine Auftrittsmöglichkeiten hat. Seit mehreren Jahren organisiert eine Gruppe von Musikern um den Pianisten Ulrich Rasch regelmäßig Jazz-Sessions in Wuppertal. Zunächst im Restaurant »Merz« und im »Forum« am Arrenberg, später in der Bar »Lounge«, in der Diskothek »Beatbox« und heute in dem ehemaligen Kino »Rex«. Die Sessions haben sich im Laufe der Zeit einen so guten Ruf erworben, daß junge Jazzmusiker aus ganz Nordrhein-Westfalen mit ihren Instrumenten zum Spielen anreisen. Zur festen Begleitband dieser Sessions gehören unter anderem der Schlagzeuger Michael Träger und der Bassist Hendrik Gosmann. Bei Sonderkonzerten im Rahmen dieser Sessions tritt manchmal der Wuppertaler Sänger Ulrich Wewelsiep auf. Im Bebop gilt er als virtuoser und eleganter Scatter, und seit ein paar Jahren ist er wegen seiner souligen Stimme in der Musicalszene ein gefragter Darsteller.

Als ein neues Forum für improvisierte Musik hat sich die Konzertreihe »Unerhört!« in der Neuen Reformierten Kirche in der Sophienstraße etabliert. Der Verein, der die Konzerte organisiert, entwickelte sich um den Pianisten und Organisten Bernd Köppen. Er arbeitet in der Gemeinde nebenamtlich als Kirchenmusiker. Joachim-Ernst Berendt hat ihn als einen der wichtigen freien europäischen Pianisten beschrieben.[39] Mit ihrem Programm wollen die Mitglieder des Unerhört!-Vereins Kompositionen und Performances auf die Bühne bringen, die nur selten im Konzertsaal zu hören und zu sehen sind. Dabei soll das Angebot nicht auf Neue Musik oder Improvisierte Musik beschränkt sein.

Für fünf Jahre präsentierte das sogenannte Talklänge-Festival ein ambitioniertes Jazzprogramm. Zunächst war der Offenbacher Bahnhof der Veranstaltungsort des »Internationalen

Jazzspektakels« unter der Leitung der Wuppertaler Jazz AGE. Wegen des wachsenden Zuschauerzuspruchs wechselten die Veranstalter in den Biergarten der »Börse« und zuletzt in den Garten der Stadthalle am Johannisberg. Im dritten Jahr wurde der Jazz aus der Festival-überschrift gestrichen. Er machte nur noch einen Teil des Programms aus. Das Programm öffnete sich zu Hip Hop, Reggae, Blues Rock, rumänischem Swing und der sogenannten Weltmusik. Der künstlerische Leiter des Talklänge-Vereins, Uli Armbruster, präsentierte neben den bekannten Wuppertaler Musikern unter anderem Angelique Kidjo, David Murray, Jazzmatazz, die Carla Bley Big Band und das Kronos Quartet. Das Streichquartett aus San Francisco führte 1997 eine Auftragskomposition an Hans Reichel für fünf Daxophone auf. Im März 1998 gab der Talklänge-Verein das Ende des Festivals bekannt. Nach fünf erfolgreichen Jahren sahen sich die Veranstalter wegen des mangelnden Engagements der Stadt Wuppertal nicht mehr in der Lage, die Talklänge fortzusetzen.[40]

Immerhin hat die Stadt Wuppertal im Laufe der Jahre die wichtigsten Musiker der improvisierten Musik mit dem Eduard von der Heydt Preis ausgezeichnet: 1971 erhielt Peter Brötzmann und 1979 Detlef Schönenberg den Förderpreis sowie Peter Kowald 1984 den Hauptpreis. Die Stadtsparkasse Wuppertal hat 1998 ihren alle zwei Jahre vergebenen Kunstpreis in der Sparte zeitgenössische und experimentelle Musik an Hans Reichel verliehen.

WAS IST JAZZ?

Die Graphikerin Gerlinde Koschik will mit ihrem IMI-Festival der improvisierten Musik eine neue Plattform bieten. »Music in movement« hieß die erste Ausgabe des Festivals 1997 in der Immanuelskirche. Mit dem Pianisten Cecil Taylor, Peter Brötzmann, Alexander v. Schlippenbach und Toshinori Kondo traten Musiker auf, die schon lange zur Szene der Improvisierten Musik gehören. »Was denn, das sind doch immer und immer noch dieselben Namen?«, läßt der Jazzautor Bert Noglik einen fiktiven Kritiker in seinem Text zum Programmheft fragen. Und er hat auch eine Antwort auf seine rhetorische Frage: »Großartig, daß diese erst ein paar Jahrzehnte existierende Musik bereits ihre Klassiker hervorgebracht hat.« Klassiker, die keinen Wert darauf legen, ihren Stil zu konservieren: »Wer eine Identität ausgeprägt hat, braucht sich nicht mehr abzugrenzen, kann Beziehungsgeflechte aufbauen«, ergänzt Bert Noglik.[41] Mit Gerhard Stäbler bezog das Festival »Music in movement« auch einen Komponisten aus der zeitgenössischen ernsten Musik mit ein. Das für 1998 geplante zweite Festival ihrer Organisation IMI, »Informal musical impact«, mußte Gerlinde Koschik aus finanziellen Gründen aufgeben.

Viele Konzerte waren nur möglich, weil der Westdeutsche Rundfunk die Produktionen unterstützt hat. Das Radio gehört zu den frühesten Zeugnissen der Wuppertaler Jazzgeschichte. Schon die erste Ausgabe der »WERAG«, des wöchentlich erscheinenden Programmheftes der Westdeutschen Rundfunk AG, verzeichnete am 10. Dezember 1926 für den Sender Elberfeld die Sendung: »Was ist Jazz? Vortrag von Dr. Eugen Rosenkeimer, Wald, mit musikalischen Erläuterungen (anschließend die neuesten Tanzschlager auf Schallplatten)«. Die Stadt Wuppertal gab es damals noch gar nicht. Erst drei Jahre später sollte im Zuge der kommunalen Neugliederung aus Elberfeld, Barmen, Cronenberg, Langenfeld, Beyenburg und Vohwinkel die Großstadt Wuppertal werden.

Rainer Widmann geht heute davon aus, daß für Konzerte mit den großen Stars des Free Jazz das Publikum in Wuppertal ausbleibe. Das Risiko für früher so erfolgreiche Gastspiele wie mit dem Art Ensemble of Chicago oder dem Sun Ra Arkestra wolle kein Veranstalter mehr tragen. Es sei kein junges Publikum nachgewachsen. Widmann will die Akzente jetzt vor allem auf die Förderung der lokalen Musikszene setzen.[42] Daß die Jazzszene auch ein Organ braucht, war ihm schon früh bewußt. Gemeinsam mit der Jazz AGE unterstützte er die Gründung des Programm-Magazins »iTALien«. Dieses gemeinsame Organ der Kulturszene bot erstmals eine Übersicht über das gesamte Programmangebot in Wuppertal. Außerdem gehörte Widmann mit Dietrich Rauschtenberger zu den Mitbegründern der in Münster erscheinenden Zeitschrift »Jazzthetik«.

Auch von seiten der Musiker wurde ein Medium gegründet, um die improvisierte Musik zu fördern und weiterzubringen. Es ist heute kaum zu glauben, daß Peter Kowald und Peter Brötzmann zu den Initiatoren der späteren Popzeitschrift »Sounds« gehören.[43] Auf dem ersten Titelbild der Musikzeitschrift war 1966 Peter Brötzmann abgebildet. »Sounds« ist in der Zwischenzeit aufgelöst worden. So werden künftig andere Zeitschriften über Musiker aus Wuppertal berichten, die vielleicht einmal so bekannt werden wie der 1912 in Barmen geborene Ernst Höllerhagen. Der »deutsche Benny Goodman« galt seinerzeit als einer der besten Klarinettisten Europas.

JAZZ IN WUPPERTAL – DISKOGRAPHIE

Peter Brötzmann

1968   The Peter Brötzmann Octet: Machine gun. FMP CD 24

1975   Globe Unity Orchestra: Jahrmarkt/Local fair. Po Torch PTR/JWD 2

1994   Peter Brötzmann Solo: Nothing to say. FMP CD 73

1997   Die like a dog quartet: Little birds have fast hearts. FMP CD 97

Peter Kowald

1975   Globe Unity Orchestra: Jahrmarkt/Local fair. Po Torch PTR/JWD 2

1986   Peter Kowald: Duos, Europa Amerika Japan. FMP CD 21

1990   Kowald, Lüdi, Morris, Namtchylak: When the sun is out you don't see stars

1994   Peter Kowald Solo: Was da ist. FMP CD 62

Hans Reichel

1982   Bergisch-Brandenburgisches Quartett (mit Johannsson, Carl, Petrowsky). Amiga 856031

1988   Hans Reichel, Duo mit Tom Cora: Angel carver. FMP CD 15

1992   Hans Reichel: Shanghaied on Tor Road, FMP CD 46

Rüdiger Carl

1975   Globe Unity Orchestra: Jahrmarkt/Local fair. Po Torch PTR/JWD 2

1982   Bergisch-Brandenburgisches Quartett (mit Johannson, Reichel, Petrowsky). Amiga 856031

1993   Rüdiger Carl: Solo. FMP CD 86

Bernd Köppen

1996   Bernd Köppen Trio (mit Kent Carter und Bill Elgart): The suffering of the working class. AHO CD 1020

Das Pferd

1991   Das Pferd: Blue turns to grey. VBr 2065

ANMERKUNGEN

1 Titel einer CD von Peter Kowald.
2 Interview mit Peter Kowald, 24. Oktober 1998.
3 Steve Lake: Wire, März 1985; zitiert nach: Booklet, CD Peter Brötzmann »Machine gun«, FMP CD 24.
4 Mike Heffley: Interview mit Peter Brötzmann, in: Programmheft IMI-Festival, 1997.
5 Interview mit Peter Kowald, 24. Oktober 1998.
6 Martin Zitzlaff: Der Urschrei des Jazz, in: Kölner Stadt-Anzeiger, 6. April 1996.
7 Heffley: Interview mit Brötzmann, in: Programmheft IMI-Festival, 1997.
8 Heiner Bontrup: Wuppertal, Weltdorf des Jazz, in: Bergische Blätter, 9/1994.
9 Interview mit Peter Kowald, 24. Oktober 1998.
10 n. n.: Peter Kowald. Elektronische Publikation. URL, 30. Oktober 1998: http://www.shef.ac.uk.misc/rec/ps/efi/mkowald.html.
11 Interview mit Peter Kowald, 24. Oktober 1998.
12 Interview mit Peter Kowald, 24. Oktober 1998.
13 Bontrup, Wuppertal.
14 Bontrup, Wuppertal.
15 Interview mit Ernst Dieter Fränzel, 28. Februar 1997.
16 Bontrup, Wuppertal.
17 Interview mit Ernst Dieter Fränzel, 28. Februar 1997.
18 n.n.: Heißer Jazz erklingt im kalten Bunkerraum, in: General Anzeiger, Wuppertal, 23. März 1959.
19 ebd.
20 Interview mir Ernst Dieter Fränzel, 28. Februar 1997.
21 R.H.: Jazz-Baracke am Bahndamm, in: Bild-Zeitung, 3. Dezember 1959.
22 n.n.: 4000 Jazzfans pilgerten zur Jam-Session, in: Westdeutsche Rundschau, 25. August 1951.
23 n.n.: Weiße sind keine Neger, in: Rhein Echo, 25. August 1951.
24 n.n.: Jazz-Wettstreit in Wuppertal, in: General Anzeiger, 24. August 1951.
25 Bontrup, Wuppertal.
26 Ernst Dieter Fränzel, Christian Graef, Björn Ueberholz (Hg.): Ein anderes Wuppertal, Wuppertal 1998.
27 Bontrup, Wuppertal.
28 Interview mit Rainer Widmann, 23. Juli 1998.
29 Interview mit Rainer Widmann, 23. Juli 1998.
30 Interview mit Peter Kowald, 24. Oktober 1998.
31 Ekkehard Jost, in: Klaus Wolbert (Hg.): That's Jazz. Der Sound des 20. Jahrhunderts, Frankfurt/M. 1988.
32 Interview mit Peter Kowald, 24. Oktober 1998.
33 Interview mit Peter Kowald, 24. Oktober 1998.
34 Interview mit Hans Reichel, 5. Februar 1996.
35 Interview mit Hans Reichel, 5. Februar 1996.
36 Peter Kowald (Hg.): Almanach der »365 Tage am Ort«, Köln 1998. Vgl. Rezension von Reiner Kobe, in: Jazz Podium, 12/1999, S. 66.
37 Wolfgang Sachs in: Kowald, Almanach.
38 Heffley, Interview Brötzmann.
39 Joachim Ernst-Behrendt: Jazzbuch, Reinbeck 1994.
40 Uli Armbruster: Aus für Talklänge-Festival in Wuppertal, in: Presseerklärung, 3. März 1998.
41 Bert Noglik: Places. Traditions. Existence and movement, in: Programmheft IMI-Festival, 1997.
42 Interview mit Rainer Widmann, 23. Juli 1998.
43 Interview mit Peter Kowald, 24. Oktober 1998.

Chet Baker am 16.
Februar 1987 im
»Subway«.
Foto: Hyou Vielz.

Jazz im Kölner »Subway«

von Karsten Mützelfeldt, Köln

»I FELT GOOD IN THAT LITTLE AREA THAT LOOKS BIGGER THAN IT IS«[1] (GEORGIE FAME)

»Die Bahn verbindet.« Mit diesem sinnigen Motto wirbt ein deutsches Transportunternehmen. Ein Slogan, der auf die jazzmusikalische Landschaft Kölns kaum zu übertragen ist. Denn auch wenn mit dem »Subway« und dem »Stadtgarten« die beiden überregional und international bekanntesten Improvisationszentren der Stadt in unmittelbarer Nähe ein und derselben Eisenbahnstrecke und zweier Brücken liegen (und gerade einmal einen Straßenblock voneinander entfernt), kann von ästhetischer Nachbarschaft und programmatischer Verbundenheit nicht die Rede sein. Künstlerisch liegen die Spielplätze an der Aachener Straße 82-84 und der Venloer Straße 40 so weit auseinander, daß womögliche Berührungsängste erst gar nicht entstehen.

Der »Stadtgarten« (Konzertsaal): Forum für zeitgenössische Musik mit improvisatorischem Charakter, für Vertreter einer »europäischen« Spielkultur, für Amerikaner fernab des Mainstream, für musizierende Weltbürger und – wenn auch nicht mehr in dem Maße wie etwa noch vor 10 Jahren – für das, was einst unter dem wenig aussagekräftigen, aber doch mit bestimmten Assoziationen besetzten Begriff »Kölner Szene« firmierte. Sitz der Kölner »Jazz Haus Initiative«. Bevorzugter Ort für Rundfunkmitschnitte. Konzertanter Rahmen. Ebenerdig.

Das »Subway«: Bühne für Bebop, Hardbop und Mainstream, hin und wieder für Blues und Boogie-Woogie, für US-Stars, für führende europäische Straightahead-Spieler und für kurze Zeit Podium für Domstädter jenseits jener »Kölner Szene«, für Mitglieder der Mainstream-orientierten »AIKJM« (Alternative Interessengemeinschaft Kölner Jazzmusiker). Auch wenn ein Freund Mitteilhaber ist, funktioniert der Club seit Anbeginn als privatwirtschaftlicher Einmannbetrieb. Zu Beginn Rundfunkmitschnitte, seit den achtziger Jahren häufige Fernsehaufzeichnungen. Keller.

Da Jazz die am stärksten individualistisch geprägte Musikform darstellt, stehen einzelne Namen für einzelne Programme, für personalstilistische Ausformungen, für bestimmte Klangbilder. Deshalb soll an dieser Stelle eine kleine Auswahl von Musikern stehen, die für sich und zugleich für die Programm-Philosophie des »Subway« sprechen (und das heißt – wenn wir schon bei Namen sind – in diesem Falle für die des Besitzers Klaus Appelt).

Clark Terry, Dizzy Gillespie, Chet Baker, Freddie Hubbard, Nat Adderley, Art Farmer, Benny Bailey, Woody Shaw, Thad Jones, Randy Brecker, Johnny Griffin, Dexter Gordon, Stan Getz, Joe Henderson, Benny Golson, Archie Shepp, Pharoah Sanders, Dewey Redman, Dave

Das »Subway« aus der Fischaugenperspektive. Foto: Hyou Vielz.

Liebman, George Adams, George Coleman, Jimmy Heath, Eddie Harris, Scott Hamilton, Arnett Cobb, Buddy Tate, Charles McPherson, Joe Farrell, Junior Cook, Clifford Jordan, Frank Foster, Houston Person, Teddy Edwards, Wilton Gaynair, Ferdinand Povel, Jackie McLean, Lou Donaldson, John Handy, Richie Cole, Art Pepper, Pepper Adams, Mingus Dynasty, J. J. Johnson, Jimmy Knepper, Jiggs Whigham, Peter Herbolzheimer, Klaus Lenz Big Band, Curtis Fuller, Robin Eubanks, Horace Silver, Hank Jones, Cedar Walton, Gil Evans, McCoy Tyner, Don Pullen, Monty Alexander, Les McCann, Gene Harris, Michel Camilo, Gonzalo Rubalcaba, JoAnne Brackeen, Mulgrew Miller, Kirk Lightsey, James Williams, Ray Bryant, Junior Mance, Art Hodes, Tete Montoliu, Abdullah Ibrahim, Stu Goldberg, Joachim Kühn, Paul Kuhn, Wolfgang Sauer, Kurt Edelhagen, Christoph Spendel, Fritz Pauer, Jacques Loussier, Mike Carr, Georgie Fame, Barbara

Dennerlein, Jim Hall, Barney Kessel, Charlie Byrd, Herb Ellis, Larry Coryell, Emily Remler, John Scofield, Philip Catherine, Christian Escoudé, Jim Hall, Milan Lulic, Milt Jackson, Bobby Hutcherson, James Newton, Chris Hinze, Jean »Toots« Thielemans, Jean-Luc Ponty, Didier Lockwood, The European Jazz Ensemble, Ray Brown, Percy Heath, Niels-Henning Ørsted-Pedersen, Peter Trunk, Buster Williams, Clint Houston, Pierre Michelot, Jean Warland, Art Blakey, Max Roach, Tony Williams, Mel Lewis Big Band, Philly Joe Jones, Danny Richmond, Billy Higgins, Cindy Blackman, Alphonse Mouzon, Pete York, Anita O'Day, Betty Carter, Etta Jones, Miriam Klein, Hot Club de Rotterdam, Bill Ramsey, Luther Allison, Bernard Allison, Louisiana Red, Carey Bell, Ali Claudi, Boogie Woogie Company, Axel Zwingenberger, Jeanne Caroll, Angela Brown – »you name them«, wie die Amerikaner sagen, und im musikalischen Sinne ist das Amerikanische ohnehin die Umgangssprache Nummer eins im »Subway«.

Der Weg, sich das Renommee eines führenden europäischen Mainstream-Clubs zu erarbeiten, war vor allem zu Beginn ein ausgesprochen steiniger – im wahrsten Sinne des Wortes. Klaus Appelt im Rückblick:

»Dort, wo in der Aachener Straße jetzt der Neubau steht, gab es in den sechziger Jahren ein Trümmergrundstück mit einem vermeintlich völlig erhaltenen, wunderbaren Keller der nicht mehr existierenden ›Winter Brauerei‹. Die Obergeschosse waren im Krieg zerstört worden. Ein Freund von mir und ich hatten ursprünglich den Plan, in diesem Gewölbekeller einen Jazzclub zu installieren. Dann gab es, ich glaube, es war 1968, einen wunderbaren Termin der Stadt Köln: Es wurde fröhlich – und bis dahin kostenlos – entschuttet und bei den Entschuttungsarbeiten brach der wunderbare Brauereikeller völlig in sich zusammen – was blieb, war ein riesiger Trümmerhaufen. Also mußte zwangsweise neu gebaut werden, und wir fragten uns, machen wir nun ein Lokal auf oder lieber nicht? Ich war eher etwas zögerlich, dachte daran, daß alles neu entstehen müsse, daran, daß alles in die Hose gehen könnte, an einen Berg von Schulden – aber, langer Rede kurzer Sinn: mit kleinem Budget ist es dann doch nagelneu gebaut worden, so, wie es jetzt noch dasteht.«[2]

Dieser nicht leichten Entscheidung ging eine andere von kaum geringerer Tragweite voraus. Und die wollte – aus der Sicht eines Ökonomen – wohl überlegt sein. Appelt brach sein Betriebswirtschaftsstudium kurz vor dem Ende ab, denn die Diplom-Arbeit zu schreiben, nebenbei zu jobben und noch einen Jazzclub zu führen, überstieg die Grenzen des Machbaren. Er entschied sich für das »Subway«, eine Wahl, die ihn »zunächst ein bißchen ärgerte, denn so nah an einem Abschluß hört man nicht einfach auf. Heute ärgert es mich aber nicht mehr«. Die Eröffnung fiel auf den 4. Dezember 1970, ein ambitionierter, wenn auch von gelegentlichem Stromausfall begleiteter Auftakt mit nicht weniger als sieben Formationen, dabei u.a. der damalige Kurt Edelhagen-Bassist Peter Trunk, die Dixieland-Band »The Feetwarmers« und Leo von Knobelsdorff, lange Zeit Pianist der »Boogie Woogie Company«, die nunmehr 28 Jahre »Subway«-Geschichte mitgeprägt hat. Von Knobelsdorff kann sich an die Eröffnung kaum noch erinnern:

Archie Shepp am 25. Januar 1988 im »Subway«. Foto: Hyou Vielz.

»Aber ich weiß noch ganz genau, daß mich Klaus Appelt, ein Freund von ihm und Kalle Hoff-meister, Schlagzeuger der ›Boogie Woogie Company‹, runter geführt haben, als es noch eine Bau-stelle war, und da wurde mir schon gezeigt, wo später das Klavier stehen sollte. In den ersten Jah-ren haben wir im Frühling, Sommer, Herbst und Winter jeweils einen Auftritt gehabt. Und das Publikum war immer sehr euphorisch, so daß Appelt irgendwann sagte: ›Mit dem Jazz gibt's immer nur Ärger, ich engagiere jetzt nur noch die ›Boogie Woogie Company‹, da ist die Bude wenigstens voll!‹ Danach haben gelegentlich Dixielandbands angefragt, worauf Appelt sagte, er wolle eigentlich keinen Dixic, und die wiederum konterten, die ›Boogie Woogie Company‹ dürfe ja immerhin spielen. Darauf sagte er, wir seien ja schließlich auch so etwas wie die Haus-Band des ›Subway‹! Komisch, die Leute kamen in Strömen, obwohl der Prophet ja eigentlich nichts gilt im eigenen Lande! In letzter Zeit kommen wir nicht mehr mit einem Abend aus, sondern machen zwei hintereinander: Das sind die letzten Konzertabende vor Weihnachten, die wir seit Jahren spielen und an denen ich dann ein Weihnachtslieder-Medley als Boogie Woogie zum besten gebe! Dann war ich noch bei anderen Gelegenheiten dabei, an Abenden, die unter dem Motto ›1000 heiße Tasten‹ standen, mit Klavier und auch mal mit einer Hammond B 3. Und ich mach-te hin und wieder Schallplatten-Abende, an denen ich mehr oder weniger Diskjockey war und interessante LPs aus meinem Archiv mitbrachte.«[3]

Dexter Gordon (rechts) im Januar 1983 im »Subway«. Foto: Hyou Vielz.

In einem Punkt – und zwar einem ganz wesentlichen, der diversen Clubs in Köln ein allzu kurzes Leben bescherte – waren die Voraussetzungen für einen kontinuierlichen Betrieb geradezu optimal. So sehr das »Subway« mit seiner Theke, einer kleinen Bühne und den um sie herum gruppierten Zuschauern den Charakter eines intimen Wohnzimmers haben mag, so wenig trifft dies auf den Rest des Gebäudes zu – mit anderen Worten: Das leidige Lautstärken-Problem stellte sich erst gar nicht. Klaus Appelt:

»Erst einmal haben wir eine hervorragende Schallisolierung, zweitens sind über unserem Club im Erdgeschoß ein Autogeschäft und im ersten Stock Büroräume. Ich kann mich an ein einziges Konzert erinnern mit einer Gruppe namens ›Ocean‹ (um Dieter Flimm), eines der wenigen Rockjazz-Konzerte im ›Subway‹: Die waren so laut, daß jemand die Polizei rief. Als die kam, war gerade Pause, und sie rückten wieder ab. Als sie wenig später nach einem zweiten Anruf erneut ankam, war wieder Pause. Beim dritten und letzten Mal war das Konzert voll im Gange. Da habe ich mir eine Anzeige eingehandelt. Ansonsten hat es nie Ärger gegeben.«[4]

Gewarnt durch unzählige gescheiterte Versuche, in Köln einen Jazzclub mit höherer Lebenserwartung zu etablieren, entschloß sich Appelt – akustisch bereits genügend »abgesichert« – zu »schadensbegrenzenden Maßnahmen« ökonomischer Art. Für einen studierten Betriebswirtschaftler wie Appelt stehen ästhetische und kulturpolitische Überlegungen niemals an erster Stelle, etwas, was ihm seit Anbeginn Respekt und Kritik gleichermaßen eingebracht hat. Jürgen Jagla urteilte 1990 in einer Sendung des WDR-Fernsehens über Appelt:

»Tatsächlich ist der Klaus Appelt alles andere als ein Phantast. Klaus Appelt ist ein ganz rational denkender Geschäftsmann mit einer kühlen Liebe zu dieser Musik. Und er hat sich nie von seinen Gefühlen tragen lassen, sondern sich immer davon tragen lassen, was habe ich am Abend in der Kasse? Und das ist auch die einzige Basis, um diese Musik als Geschäftsmann am Leben zu halten. Klaus Appelt hat es immer verstanden, die Waage so zu halten, daß die Rechnung aufgeht.«[5]

Zum einen beschränkten sich die Jazzkonzerte auf die aus der Sicht des Veranstalters »kostengünstigeren« Montage und Dienstage, Abende, an denen Improvisatoren traditionsgemäß seltener oder eben schlechter bezahlte Jobs bekommen. US-Prominenz ließ sich in den frühen Jahren auch deshalb finanzieren, weil a) die Gagenforderungen im Vergleich zu heute eher gering waren, b) die Stars häufig als Solisten auftraten und dabei von europäischen und lokalen Musikern begleitet wurden (vor allem aus dem Edelhagen-Umfeld) und c) ein Teil der Amerikaner ohnehin im europäischen Exil lebte. Zum anderen erklärte Appelt den Rest der Woche zum Diskotheken-Betrieb, »um an den anderen Tagen nach Möglichkeit ein bißchen Geld zu verdienen«. Eine Entscheidung, die in Teilen der Szene zur Auffassung führte, das »Subway« sei »kein richtiger Jazzclub«, schon gar keiner, der die heimische Spielkultur fördere. Klaus Appelt:

»Es war immer ein Spagat zwischen Diskothek und Jazzclub. Wir haben versucht, alles so neutral wie möglich zu halten, um weder die einen noch die anderen zu verschrecken. Nur als Disko im klassischen Sinne kann man es heute auch nicht mehr guten Gewissens bezeichnen, heute gehören zu einer Disko 2000 Leute, Licht und Nebel! Das gibt's im ›Subway‹ nicht! Am Anfang war die Einrichtung natürlich das Modernste vom Modernen, wir haben damals, vor 28 Jahren, alles reingepackt, was gut und teuer war. Wer weiß, vielleicht wird es irgendwann wieder einmal modern sein, vielleicht brauchen wir nur ein bißchen zu warten!«[6]

Des weiteren konzentrierten sich die Konzert-Aktivitäten seit Anbeginn auf die Saison Oktober bis April/Mai, beginnend pünktlich eine Woche nach den Leverkusener Jazztagen (»wenn sich ein gewisser Sättigungsgrad wieder legt«) und pünktlich schließend, bevor Ferien und Sommertemperaturen einen einschneidenden Wandel im kölschen Freizeitverhalten auslösen (»da könnte ich Freibier ausschenken, dann kommen die immer noch nicht«). Fernsehaufzeichnungen erweisen sich in diesem Zeitraum als problematisch, da die ohnehin schon erhöhte Club-Temperatur noch weiter steigen würde. Und zusätzlich anzumietende Industrie-Klimaanlagen werfen nicht nur die Kosten-Nutzen-Frage auf, auch die Platz-Frage.

Schließlich kamen externe Überlebenshilfen hinzu, die dem »Subway« die Existenzsicherung zunächst erleichterten, später garantierten, und zwar durch finanzielle Unterstützung einerseits und Publikmachung des Namens andererseits. Das Interesse der Massenmedien schlug sich bereits knapp drei Jahre nach Gründung des »Subway« in einer ersten Zusammenarbeit nieder: Am 23.11.1973 begann der WDR unter dem damaligen Jazz-Zuständigen Franz-Josef Schwarz sein Engagement im Club mit einer Aufzeichnung des »Hot Club de Rotterdam«, weitere Hörfunk-Mitschnitte folgten zunächst in lockerer, vereinzelter Reihenfolge, später – vor allem während der redaktionellen Betreuung durch Manfred Niehaus ab 1978 – relativ regelmäßig – Auftritte, die u.a. in Sendereihen wie »Jazz ... leif« (kein Schreibfehler!) ausgestrahlt wurden und heute zu den Schätzen des umfangreichen WDR-Archivs zählen. In den frühen achtziger Jahren folgte der Deutschlandfunk. Dessen Beteiligung bekam zusätzliche Aufmerksamkeit, als es sich um Direktübertragungen, nicht um Aufzeichnungen handelte. Unter dem Reihen-Titel »Jazz Direkt« wurde von 23.10 bis 24.00 Uhr live aus dem »Subway« gesendet, beginnend mit einer kurzen Einleitung des von der Theke aus moderierenden Redakteurs Walther Krause (»In der Regel brauchten wir uns nicht einblenden, sondern die Musiker warteten auf mein Zeichen. Als besonders kooperativ erwies sich dabei Chet Baker.«[7]).

Die Zusammenarbeit zwischen »Subway« und den elektronischen Massenmedien gewann an Kontinuität, als mit dem Ausstieg des WDR-Hörfunks das WDR-Fernsehen einstieg. Zweierlei kam hier zusammen: das Bewußtsein über mangelnde Jazz-Präsenz auf dem Bildschirm und ästhetischer Gleichklang zwischen Club-Besitzer Klaus Appelt und Fernseh-Redakteur Dieter Hens:

»Für uns war das Neuland, es gab nichts Vergleichbares in Deutschland. Die einzigen Jazz-Konzerte, die ein- bis zweimal im Jahr über den Sender gingen, auch über den WDR, waren damals die von den Berliner Jazztagen. Mein verstorbener Kollege Knut Fischer und ich haben dann darüber nachgedacht, das Interesse für den Jazz seitens des Fernsehens zu verstärken. Und nachdem wir überlegt hatten, welche Form sich anbieten würde, kamen wir auf die Idee, große Stars an die Quellen des Jazz zurückzuholen, in einen kleinen Keller, Leute wie Tony Williams, Art Blakey und Dizzy Gillespie vor 80, 100 Leuten spielen zu lassen. Das ›Subway‹ war ja existent, es gab montags und dienstags Jazz-Konzerte, und Klaus Appelt war schon immer bekannt als Liebhaber für Mainstream und Bebop –, und das war auch meine Lieblingsrichtung.«[8]

Mochten für manchen »Subway«-Besucher – zumindest während des Konzertes – die Segnungen einer Kamera-Präsenz nicht immer »ersichtlich« sein (gelegentliche Sichtbehinderung, Lampenhitze, ungewohnte Helligkeit) – für den Fernseh-Redakteur lagen hier weniger ungeahnte denn bis dato ungenutzte Möglichkeiten. Dieter Hens:

»Die Vorteile sind die Dichte, die Atmosphäre, das Unmittelbare, das du in einem Keller wie dem ›Subway‹ hast. Du bist hautnah an den Künstlern, die du sonst nur aus der Distanz siehst. Das vermittelt sich durch die engen Bilder, d.h. es gibt nicht mehr diese Guckkasten-Situation, die du bei großen Festivals oder in der Kölner ›Philharmonie‹ hast, sondern du bist unmittelbar beteiligt. Außerdem senden wir inzwischen auch in Stereo, und damit hat natürlich auch der Ton eine ganz andere Dimension bekommen. Auch der ›Subway‹-Besucher spürt diesen engen Kontakt, und wenn er Glück hat, kann er anschließend ein Glas Wein oder Bier mit den Künstlern an der Theke trinken.«[9]

Publikum im »Subway«. Foto: Ines Kaiser.

Was im übrigen nicht bedeutet, daß er während des Konzertes auf Flüssignahrung verzichten muß, denn von vornherein wurde vereinbart, daß auch bei Kamera-Rotlicht der trockene Weiße und das kühle Blonde an den Tisch gebracht werden (»da haben Kameramann und Bedienung vom Augenzwinkern bis zum Winken alle möglichen Zeichen vereinbart, wann es geht und wann nicht – und wenn die Bedienung mal durchs Bild läuft, läuft sie eben durchs Bild, das ist live!«).

Die Jazz-Sendungen des WDR-Fernsehens werden vierzehntägig ausgestrahlt, wobei es sich bei einem Drittel um Aufzeichnungen aus dem »Subway« handelt, Produktionen, die zunächst nach dem Club benannt wurden und heute im Rahmen der Reihe »Round Midnight« laufen. Das schließt auch vom Fernsehen initiierte Reihen, wie das seit 1993 existierende »Piano Solo« ein, Abende, an denen drei amerikanische und europäische Pianisten ein jeweils 45minütiges Solo-Programm geben, und das erstmals 1994 realisierte »WDR Festival«, bei dem junge europäische und deutsche Bands (inklusive der Gewinner der »European Jazz Competition« in Leverkusen) ein Forum bekommen. Bei allen Aufzeichnungen ist der WDR Veranstalter, während das »Subway« als Co-Partner den Club zur Verfügung stellt sowie die Werbung und Betreuung der Musiker übernimmt.

Die Aktivität des Senders hat, was das Programm-Angebot betrifft, zwei offensichtliche Konsequenzen: Zum einen können Produktionen mit teuren US-Amerikanern

Milgrew Miner mit dem Tony Williams Quintett im »Subway«. Foto: Ines Kaiser.

verwirklicht werden, die ohne die Gagenübernahme durch den WDR nicht möglich wären. Und damit gelingt es dem »Subway« auch in wirtschaftlich schwierigeren Zeiten, das selbst aufgebaute Image weiterzupflegen, die Prominenz von den Höhen der Konzerthallen- und Festivalpodien in die Niederungen der Keller zu führen. Zum anderen haben Reihen wie »Piano Solo« und das »WDR Festival« (mittlerweile wurde der bei Veranstaltern nicht allzu beliebte Zusatz »Nachwuchs« aus dem Titel gestrichen) eine etwas stärkere Präsenz der europäischen Szene mit sich gebracht – und damit bedingt und mittelbar zusammenhängend: gelegentliche Abweichungen vom Mainstream, von der Standardnorm, Standards zu spielen (was im übrigen in führenden US-Clubs weiterhin »zum guten Ton« gehört und eine nicht nur unausgesprochene, sondern häufig auch vom Besitzer ausdrücklich eingeforderte Pflicht darstellt). Da hier die künstlerische Federführung allein beim WDR liegt und neben Dieter Hens seit einigen Jahren auch der Bassist Ali Haurand seine (vor allem europäischen) Szene-Kenntnisse und Kontakte mit einbringt, wird das von vielen kritisierte Übergewicht amerikanischer Präsenz ein wenig reduziert. Ali Haurand:

> »Was für mich erfreulich ist: daß es in den letzten zwei, drei Jahren möglich war, mehr europäische Künstler vorzustellen, denn die mentale Haltung – auch beim Publikum – ist schon ein bißchen in die Richtung gewachsen, daß das Angebot nur bieder und reiner Bebop ist oder daß andere Teile sogar sagen, der ›richtige‹ Jazz komme nur von Schwarzen. Der Meinung bin ich heutzutage überhaupt nicht. Wir dürfen nicht nur sagen, wir wollen wieder Johnny Griffin, so toll

er auch spielt – Jazz kann nicht nur von einer bestimmten Klientel gespielt werden, in Europa gibt es so viele Beispiele für die Verbindung von Jazz mit folkloristischen Elementen, mit europäischen Traditionen, diese Auseinandersetzung muß gesucht werden. Natürlich ist im Club ein Publikum gewachsen, auch ein Anspruch gewachsen, und die ›Subway‹-Sendungen mögen vielleicht auch einen pädagogischen Sinn erfüllen, weil der publikumsfreundlichere Bebop und Mainstream geholfen haben, Leute an diese Musik, an den Jazz heranzuführen. Das ist wichtig, denn ich bedauere, daß auch im ›Subway‹ in den letzten Jahren das junge Publikum ausbleibt, wir müssen auch Strömungen wahrnehmen, um bei ihnen Interesse zu wecken. Was junge Musiker betrifft, besteht manchmal die Gefahr, daß es – da das Medium Fernsehen dabei ist – ins Negative umschlägt, die Relaxtheit nicht da ist und Nervosität aufkommt. Aber bei Amerikanern haben wir häufig die Erfahrung gemacht, daß sie es als Phänomen betrachten und darüber staunen, daß das Fernsehen in Deutschland in so einen Club kommt und das auch noch überträgt, weil das in Amerika völlig unüblich ist – in dem Land, aus dem der Jazz kommt, hat diese Musik die geringste Wertschätzung.«[10]

So sehr die Botschafter aus dem Mutterland das Engagement der Medien im »Subway« zu schätzen wissen, und zwar um so mehr, als sie sich den geschätzten Wert ausbezahlen lassen – Klaus Appelt kann aus eigener

Paul Kuhn im »Subway«. Foto: Ines Kaiser.

Erfahrung bestätigen, daß viel Zeit bei der »Musikerbetreuung« auf die Erklärung des scheinbar »unerklärlichen Phänomens« vergeht.

»Wenn ich den Amerikanern versuche zu erklären, was öffentlich-rechtliches Fernsehen ist, dann gucken die mich nur an und fragen, was in Gottes Namen ist das denn?!? Die Verwirrung ist komplett, wenn ich dann noch erzähle, daß die ARD anteilig beteiligt ist am 3Sat-Programm, daß also, wenn etwas aufgenommen wird, 3Sat nicht ausgeschlossen werden kann. Infolgedessen rede ich mir den Mund fusselig! Und ganz schwierig wird es, wenn ich damit komme, daß das Deutsche Fernsehen auch noch in der Schweiz und in Österreich zu sehen ist!«[11]

Ohne die Präsenz des WDR und ohne dessen Übernahme der Gagen wäre die Präsentation teurer US-Stars heute kaum denkbar. Das gilt erst recht seit der Erhöhung der Ausländersteuer, die einen Amerika-orientierten Club wie das »Subway« in besonderem Maße trifft.

»Wir haben vieles absagen müssen, weil wir die Steuern nicht mehr zahlen konnten. Früher haben wir 7,5% auf die Netto-Gage gezahlt, heute über 40%! Und diese 40% werden ja auch noch auf jedes Abendessen, das wir übernehmen, auf jedes geliehene Instrument erhoben. Wenn irgendwie publik wurde, daß wir ausländische Musiker per Taxe durch die Stadt kutschierten – 40% Aufschlag!«[12]

Nicht nur die Steuern stiegen. Mit dem Revival des akustischen, bop-orientierten Straightahead-Jazz Mitte der achtziger Jahre gewannen auch die Musiker bei Gagenforderungen an Selbstbewußtsein. Was bei Veranstaltern großer europäischer Jazz-Festivals hilflose Krisensitzungen, Solidaritätsbekundungen und die verbale Verdammung der Preisspirale auslöste, führte bei Clubbesitzern nicht selten zur Aufgabe.

»Einen Wynton Marsalis könnte ich nie bezahlen – mit oder ohne Fernsehen. Mit ihm hat eine Ära begonnen, die eigentlich weniger schön war, die der immer weiter steigenden Kosten und Gagen, der steigenden Ansprüche. Dann durfte es plötzlich kein ›Yamaha‹-Flügel mehr sein, sondern ein ›Steinway‹ oder ›Bösendorfer‹. Sie wollen Business-Class fliegen, in einem 4-Sterne-Hotel wohnen, in einem 4-Sterne-Restaurant essen. Das ist dann auch mit 30, 40 Mark Eintritt nicht mehr finanzierbar. Was die Besucherzahlen angeht, hat sich das Revival nicht bemerkbar gemacht. Bei großen Namen war es immer ausverkauft – und es gehen nun einmal nicht mehr als 120 Leute hinein. Voll ist voll!«[13]

Eine Maßnahme, die vor diesem Hintergrund zur Kostendämpfung hätte beitragen können, wurde angedacht. Doch es blieb bei Gedankenaustausch und einigen Telefonkontakten.

»Es ging um die Idee, daß wir Musiker nicht tage-, sondern wochenweise einkaufen. Einen bekannten Mann für eine komplette Woche buchen und ihn dann durch NRW-Clubs schicken, was natürlich sehr viel preisgünstiger ist. Im Gespräch waren Aachen, Bonn, Wuppertal, Dortmund, Bielefeld und Köln. Dann sollte ein zentrales Hotel für die ganze Woche gebucht werden und die Musiker von diesem zentralen Ausgangspunkt per Bus durch NRW kutschiert werden. Nachteil der Geschichte: Weil ich mit dem ›Subway‹ offensichtlich der solideste war, sollte ich für alle anderen geradestehen. Und so war, als es an den finanziellen Teil ging, die Sache schnell gestorben. Ich habe einfach ›nein‹ gesagt, weil ich nicht für eine Wochen-Gage geradestehen kann, ohne zu wissen und sicher zu sein, wie ich das Geld wieder zurückbekomme, denn keiner war bereit, irgendwelche Vorauskassen oder Bürgschaften zu leisten. Daran ist es gescheitert. Die Idee war sehr, sehr gut, davon bin ich nach wie vor überzeugt.«[14]

Gescheitert ist auch der Versuch, lokale Improvisatoren in das Programm einzubinden, zumindest auf langfristiger Basis. Zu Beginn der neunziger Jahre gründeten Kölner Stadtmusikanten den Verein »AIKJM« (»Alternative Interessengemeinschaft Kölner Jazz-Musiker«), um sich in organisierter Form Gehör zu verschaffen und initiativ zu werden angesichts einer immer dramatischere Formen annehmenden Auftritts-Situation.

»In Köln gibt es ein Riesenpotential an Musikern, deren Musik nicht im angemessenen Rahmen präsentiert wird. Wir haben uns unter Kollegen zusammengesetzt, haben die bestehende Lage analysiert und kamen zu dem Entschluß, daß nur durch eine gemeinsame Aktivität, sprich durch eine Organisation oder einen Verein, die Situation verändert werden kann. Denn Einzelkämpfer-Dasein führt zu nichts.« (Peter Feil, 1. Vorsitzender »AIKJM«)[15]

Auch wenn »AIKJM« sich nicht als Gegenpol zur Kölner »Jazz Haus Initiative« verstanden wissen wollte, sah sie sich u.a. als Sprachrohr von Pflegern gerade jener Stilformen, die etwa im »Stadtgarten« kaum ein Forum finden (»Wir versuchen, zum Bestehenden ein zusätzliches Programm zu schaffen, in dem auch Richtungen wie Moderner Mainstream vertreten werden«). Da lag es aus ihrer Sicht nahe, den Club anzusprechen, der wie kein anderer in Köln für Straightahead-Jazz steht. Neben der »Ruine« wurde das »Subway« vorübergehend zum Spielplatz lokaler Musiker, ein Jahr lang, jeden Sonntag, sowohl in Form von Sessions als auch von Konzerten (u.a. Jörg Kaufmann Trio, Schickentanz Quintett, Paul Shigihara Trio, Peter Feil Quintett). Der Eindruck »mangelnder Professionalität und fehlender Organisation, auch was Auf- und Abbau betraf«, bewog Appelt, dieses Kapitel nach 12 Monaten für beendet zu erklären. Inzwischen hat sich die Auftritts-Situation allgemein noch verschlechtert, und Köln – einst etwas vorschnell zur deutschen Jazz-Hauptstadt und später zu einer der bedeutendsten europäischen Metropolen für Improvisierte Musik erklärt – könnte zur jazzmusikalischen Provinz werden. Erfreulicher scheint da schon eher das Schließen eines anderen Kapitels: So sollen voraussichtlich noch vor dem 30. Club-Jubiläum am 4. Dezember 2000 die Diskotheken-Abende ganz wegfallen und statt dessen die Anzahl der Konzerte erhöht werden.

P.S.: SUBWAY-GESCHICHTEN

»Es war ein Dezember-Abend, es war fürchterlich kalt. Chet Baker kam ins ›Subway‹ und hatte Gummi-Latschen an, das sah wirklich ärmlich und traurig aus, setzte sich neben das Klavier und schlief ein. Das Konzert konnte nicht stattfinden. Aber alle sind am nächsten Abend wiedergekommen, und dann hat er das Konzert gegeben, relativ wenig Trompete gespielt, aber sehr viele Balladen gesungen. Ein Abend, der alle betroffen machte. Wenig später ist er in Amsterdam tödlich verunglückt.«[16]

»Mit Chet Baker gab es die üblichen Stories. Drei Abende gebucht, nur einen gespielt. Da saß er dann mit seinen Gummi-Latschen ...«[17]

»Dexter Gordon war nie der pünktlichste. Er kam wieder einmal mit drei Stunden Verspätung, gegen 23.30 Uhr im ›Subway‹ an, 80% des Publikums waren schon nach Hause gegangen, denen habe ich dann ihr Eintrittsgeld zurückgegeben. Und er stand im Eingang, das Saxophon haltend, und sagte: ›Ich kann die Aufregung nicht verstehen, hier bin ich, hier ist mein Saxophon, ich heiße Dexter Gordon und ich spiele jetzt.‹ Dann hat er sich an die Theke gesetzt, noch einige Cognacs getrunken. Gegen vier Uhr habe ich ihm gesagt, ›ich möchte jetzt eigentlich nach Hause, ich bin müde‹. Das wäre ja das Allerletzte, erst einmal würde er so unfreundlich empfangen

Dieter Hens, Allan Banks, Knut Fischer, Richie Cole und Klaus Appelt im »Subway«. Foto: Ines Kaiser.

und jetzt würde ich, der Clubbesitzer, sein bester Freund, plötzlich sagen, ich sei müde! Er habe doch schließlich die lange Reise hinter sich gebracht, doch nicht ich! Unmöglich! Jetzt müßten wir noch einige zusammen trinken. Dann wurde es fünf, dann wurde es sechs. Morgens um halb sieben schwankten wir beide aus der ›Subway‹-Tür, zwei Schritte vor, einen zurück, dann sind wir glücklicherweise bis zur Brüsseler Straße gekommen, da fiel ihm ein, daß er doch noch nicht müde genug war – wieder zurück ins ›Subway‹, noch eine halbe Flasche Cognac. Um acht trudelten wir dann im Hotel ein. War ein lustiger Abend!«[18]

»Das Größte, was wir je im ›Subway‹ hatten, war Clark Terry mit 21 Musikern! Ich kann mich nicht erinnern, wie viele Gäste noch in den Club hineinpaßten. Ich wollte das eigentlich nicht machen, aber die Agentur fuhr durch Köln, hatte gerade keinen Job für die Musiker. Und dann haben sie gesagt: besser im ›Subway‹ vor einer Handvoll Leute als gar nicht, dann haben wir wenigstens die Übernachtung bezahlt!«[19]

»Arnett Cobb hat bei mir gespielt, und ich bekam ihn über eine Agentur, die zufällig auch die nächsten drei Bands unter Vertrag hatte. Wer krabbelte jedesmal aus dem Bandbus raus, völlig unbestellt und ohne Gagenforderung? Arnett Cobb! Der hat jedesmal mitgespielt!«

»Mit die schönsten Erinnerungen habe ich an Johnny Griffin, so etwas wie ein Stammgast im ›Subway‹. Hochgradig angenehm. Residiert ja mittlerweile in einem Schloß in Frankreich. Wir haben ihn oft eingeladen, auch zu besonderen Anlässen, zum Beispiel zum 75. Geburtstag von Dietrich Schulz-Köhn, und wenn ich das 30. Jubiläum vom ›Subway‹ schaffen sollte – wovon ich ausgehe –, dann hole ich mir zu meinem Privatvergnügen Johnny Griffin!«

»Klaus is my man! And the ›Subway‹ is a fantastic club, I like it very much. It started when I was living in Holland, I was living near Rotterdam and it was nothing for me to drive from Rotterdam over to Cologne and going to play there – quite a few times, with Cedar Walton, with Woody Shaw, and, of course, shows with Dutch musicians. Nice club, nice atmosphere, a little America!«[20]

ANMERKUNGEN

1 Interview mit Georgie Fame, 15.10.1998, Köln.
2 Interview mit Klaus Appelt, 1.10.1998, Köln.
3 Interview mit Leo von Knobelsdorff, 11.10.1998, Köln.
4 Interview Appelt.
5 Jürgen C. Jagla in: »20 Jahre Subway«. WDR-Fernsehsendung vom 8. 12. 1990.
6 Interview Appelt.
7 Interview mit Walther Krause, 12.10.1998, Köln.
8 Interview mit Dieter Hens, 19.9.1998, Viersen.
9 Interview Hens.
10 Interview mit Ali Haurand, 19.9.1998, Viersen.
11 Interview Appelt.
12 Interview Appelt.
13 Interview Appelt.
14 Interview Appelt.
15 Peter Feil, zitiert nach Olaf Weiden: Vom Einzelkämpfer-Dasein haben sie die Nase voll, in: Kölnische Rundschau, 8.1.1992
16 Interview Hens.
17 Interview Appelt.
18 Klaus Appelt in: »20 Jahre Subway«. WDR-Fernsehsendung vom 8.12.1990.
19 Interview Appelt.
20 Interview Johnny Griffin, 28.10.1998, Köln.

Das Foyer des »Satiricon« in Essen September 1996. Foto: Satiricon.

Fünf Jahre
»Satiricon«, Essen

Von Berthold Klostermann, Essen

Träume, die mit flüchtigen Schatten
Unsern Geist im Schlaf umspielen,
Senden nicht aus ihren Tempeln
Götter oder höh're Wesen.
Jeder schafft sie sich alleine.
Petronius, *Satiricon*[1]

Auf einen neuen Spielort für Jazz schien die deutsche Szene nicht eben gewartet zu haben, als das Essener »Satiricon«-Theater im Januar 1994 an den Start ging. Unter der Headline »Alles hin« hatte »Der Spiegel« noch kurz zuvor die Schließung alteingesessener Jazzclubs (z.B. »Domicile« und »Allotria« in München, »Downbeat« in Düsseldorf) und den Niedergang der Clubszene insgesamt beklagt. Zwar seien »Lebensgefühl, Mode und Sprache des Jazz in der deutschen Jugendkultur wieder populär, seit der Jazz Verbindungen mit anderen Musikgenres wie Hip Hop, House und Funk eingegangen ist«,[2] doch aufgrund sinkender Besucherzahlen seien Clubbetreiber nicht mehr in der Lage, auch nur die Künstlergagen, geschweige denn die Begleitkosten einzuspielen. Selbst renommierte Musiker fänden kaum noch Publikum, und die Stars seien für Clubs eh unbezahlbar. Allein hochgesponserte Festivals oder öffentlich subventionierte Veranstalter wie Kulturämter, Theater, Opernhäuser und soziokulturelle Zentren könnten da noch mithalten. Immer häufiger seien sie es, die den Clubs attraktive Bands wegschnappten. Eine zutreffende Bestandsaufnahme, die bis heute nicht an Gültigkeit verloren hat.

Das »Satiricon« ist kein Jazzclub; es ist ein kleines, freies Theater. Daß es von Anfang an auch Jazz als festen Bestandteil des Programms vorsah, hieß, improvisierter Musik in Essen überhaupt einen festen Ort zu geben. Verfügte doch Deutschlands sechstgrößte Stadt, die sich gern als »Ruhrmetropole« und »Einkaufsstadt« darstellt, seit langem nicht mal mehr über einen Club, dem man hätte Konkurrenz machen können. Wogegen der nächstgelegene nennenswerte Jazz-club, das domicil in Dortmund – gut 40 km vom »Satiricon« entfernt –, bereits auf sein 25. Jubiläum zurückblicken konnte. In Essen war der Jazz stets durch Locations unterschied-lichster Couleur gewandert. An kaum einer war er für längere Zeit geblieben, nicht eine war für Veranstaltungen kleiner und mittlerer Größenordnung (bis ca. 250 Gäste), für clubartige und konzertante Aufführungen gleichermaßen geeignet gewesen. Welcher Essener könnte sich heute noch an all die Spielorte erinnern, an denen im Lauf der Jahrzehnte Jazz zu hören war! Grund genug, sie hier einmal Revue passieren zu lassen.

ANFÄNGE UND DIE »GROSSEN DREI«: LICHTBURG, SAALBAU, GRUGAHALLE

Interesse und Engagement für anspruchsvollen Jazz gab es in Essen schon bald nach dem Zweiten Weltkrieg. Ungefähr zeitgleich mit der Gründung eines Hot Club in Dortmund (1949) taten sich gegen Ende der vierziger Jahre auch hier die Jazzfans zum Hot Club Essen zusammen. Beide Clubs zählten zu den ersten ihrer Art im Ruhrgebiet. Wie der Journalist Norbert Brügger, Mitbegründer und zeitweilig Vorsitzender des Hot Club Essen, bestätigt,[3]

teilten die Mitglieder die Vorliebe für authentischen Jazz und suchten sich von solchen Clubs abzugrenzen, »die unter dem Deckmantel des Modewortes ›Jazz‹ lediglich ausgelassene Parties mit ›schräger Musik‹ veranstalteten.«[4]

Seit Anfang der fünfziger Jahre besuch-ten amerikanische Jazz-Stars auf Euro-patour die Stadt, die den Tourneeveran-staltern damals drei große Spielorte bie-ten konnte. So traten 1952 in der Licht-burg, Deutschlands größtem Kino (1200 Plätze), Louis Armstrong & His All Stars mit der Sängerin Velma Middleton, in späteren Jahren Stan Kenton, Benny Goodman u.v.a. auf. Der Saalbau, Essens »gute Stube« mit großem Saal (1500 Plätze) und Kammermusiksaal (400 Plätze), konnte das Duke Ellington Orchestra oder das Jimmy Giuffre Trio mit Paul Bley und Steve Swallow (1961) in jeweils angemessenem Rahmen prä-sentieren. Seit Mitte der siebziger Jahre jedoch wurde es in diesen beiden repräsentativen Häusern still in Sachen Jazz.

Eine Sonderstellung nahm aufgrund ihrer Raumkapazität (12 000 Plätze) die Grugahalle ein. Hier machten in den sechziger Jahren Norman Granz' JATP mit Ella Fitzgerald, Roy Eldridge und dem Oscar Peterson Trio halt oder auch die Buck Clayton All Stars mit Jimmy Wither-spoon, die Clara Ward Singers, Lucky Thompson und Martial Solal.[5] Von 1959 bis 1961 war der schmetterlingsförmige Bau Austragungsort der Essener Jazztage, aus denen 1964 die Ber-liner Jazztage hervorgingen. Bei der 1960er Ausgabe gastierten, unter künstlerischer Leitung

Andreas Kunze und Reiner Oldach vom »Satiricon«. Foto: Satiricon.

von Joachim-Ernst Berendt, das Trio Bud Powell/Oscar Pettiford/Kenny Clarke mit und ohne Coleman Hawkins,[6] das Michael Naura Quintett, Helen Merrill, das Dave Brubeck Quartet und das Quincy Jones Orchestra. In der Grugahalle, so erinnert sich Berendt, habe er »›geübt‹, wie man Festivals macht. Der Finanzchef der Essener Jazztage, Ralf Schulte-Bahrenberg, hatte dadurch viel Geld verloren«.[7] Da die Stadt Essen nicht bereit war, eine Ausfallbürgschaft zu übernehmen, wanderten die Jazztage nach Berlin ab. In der Folgezeit sah die Grugahalle nur noch selten Jazz-Konzerte – Anfang der siebziger Jahre etwa Ella Fitzgerald mit dem Tommy Flanagan Trio oder, gut anderthalb Jahrzehnte später, Al Jarreau. Freilich traten zum Abschluß der legendären Internationalen Essener Songtage (26.-29.9.1968) Jazz- und jazzverwandte Gruppen in der Halle auf, die zum Teil an den Tagen zuvor schon im Jugendzentrum (JZE) oder im Saalbau zu hören gewesen waren, darunter Schnuckenack Reinhardt, Edu Lobo, Rev. Fitzgerald Kirkpatrick, Peter Brötzmann und Nisse Sandström.[8]

Ansonsten gingen die ganz großen Jazz-Acts seit Mitte der siebziger Jahre in der Regel an der »Ruhrmetropole« vorbei. Die Lichtburg wurde bis zum Aufkommen der Multiplex-Konkurrenz durch das Cinemaxx so gut wie ausschließlich zum Vorführort von Hollywood-Streifen; der Saalbau wurde, weil zunehmend sanierungsbedürftig, unattraktiv; die riesige Grugahalle war mit Jazz kaum mehr annähernd zu füllen. Tourneeveranstalter plazierten ihre Jazz-Stars lieber in Köln und Düsseldorf. Allein in der Lichtburg gab es in jüngerer Zeit einen bescheidenen Neuanfang mit Klaus Doldinger's Passport (1995, 1998) – einmal im Doppel mit Barbara

Dennerlein –, doch die Konzerte zeigten nur, daß sich derzeit in Essen selbst von den populärsten Namen des deutschen Jazz gerade mal einige hundert Hörer anlocken lassen. Ebenfalls in der Lichtburg fand im März 1999, nach Redaktionsschluß dieses Bandes, eine »Jazzgala« zum Auftakt des Ruhrgebiets-Festivals »swingbeats – Jazz Podium Ruhr« statt, veranstaltet in Kooperation mehrerer regionaler Musikerinitiativen unter Federführung von J·O·E (Essen) und ProJazz (Dortmund) mit Mitteln des Landes und der Kultur Ruhr GmbH. Auf Lichtburg und J·O·E werden wir zurückkommen.

JAZZ IN KNEIPEN

Auf der Ebene unterhalb der drei großen Spielorte wird es unübersichtlich. Fangen wir ganz unten an: Als »echter« Jazzclub existierte Ende der sechziger bis Anfang der siebziger Jahre das Podium, das sich, stilecht in einem Keller versteckt, in der Innenstadt befand und in räumlicher Enge mal den seinerzeit unvermeidlichen Champion Jack Dupree, mal die eben gegründete Gruppe Kraftwerk präsentierte. Am Rande der Innenstadt lag das Kaleidoskop (später: Siggis Kalei), eigentlich eine Kneipe mit Disko, wo Gunter Hampel's Galaxy Dream Band und sogar Rahsaan Roland Kirk zu hören waren. Als Jazzkneipe geradezu legendär wurde gegen Ende der siebziger Jahre das Alexander in Rüttenscheid, unweit des heutigen »Satiricon«. Hier gab es Sessions mit regionalen Musikern, die sich damals u.a. aus dem Umkreis der Gruppen Noctet und Virgin's Dream rekrutierten. Die Chancen, dort auch den Mülheimer Helge Schneider an Klavier, Orgel, Saxophon, Trompete, Baß oder Schlagzeug zu erleben, standen allemal gut.

Nach Schließung des Alexander, Anfang der achtziger Jahre, war es mit Jazz in Essener Kneipen erst mal vorbei. Allenfalls das Café Click im Südviertel, das Live-Musik bot, mischte gelegentlich auch Jazz darunter. Immerhin wurde hier 1985 eine Live-LP der britischen Punk-Jazzer Xero Slingsby & The Works aufgenommen.[9] Erst Ende der achtziger Jahre führte, nur einige hundert Meter vom Click entfernt, der Bhf. Süd wieder regelmäßige Sessions ein, die sich für einige Jahre als fester Treff für regionale Musiker etablierten. Jede Freitagnacht, von 24 bis 3 Uhr, jammten hier Folkwang-Studenten, (Semi-) Profis und damalige »local heroes«, die inzwischen in ganz Deutschland – und nicht gerade als Jazzer – bekannt sind, wie Helge Schneider, (die Popette) Susanne Betancor oder Stoppok. Neben den Sessions veranstaltete der Bhf. Süd in loser Folge auch Konzerte mit Jazz und Ethno-Musik (z.B. Embryo, The Ethno Leaders mit Okay Temiz und Arto Tuncboyacian).

Doch ob Alexander, Click oder Bhf. Süd – nach Anwohnerbeschwerden über nächtliche Ruhestörung mußten sie alle über kurz oder lang ihre Sessions einstellen. Allein der Bhf. Süd bietet noch gelegentlich Jazzveranstaltungen am früheren Samstagabend. Die dort angesiedelten Sessions wanderten ins Platz (Innenstadt) ab, wo sie sich aber nicht lange halten konnten. Vergleichsweise unbehelligt von Beschwerden blieben kleine, wenig beachtete Auftritte im Restaurant Foyer (Südviertel) und im Kulturforum, einer Außenstelle der VHS mit Weinbistro im entfernt gelegenen Stadtteil Steele. Und in Werden, nahe der Folkwang-Hochschule, bemüht sich das Löwntal (!) seit Jahren um ein Jazzprogramm. Zu den Höhepunkten gehörte dort vor einigen Jahren ein Auftritt des Stafford James Trios (mit Onaje Allan Gumbs und Ronnie Burrage). Eine Sonderrolle unter den Kneipen spielte von Ende der achtziger bis Anfang der neunziger Jahre das Fritz im Vorort Kupferdreh, da hier ein eigener Veranstaltungssaal (ca. 120 Plätze) für Konzerte zur Verfügung stand. Das Jazzprogramm, bei dem u.a. Bennie Wallace, James Newton, Perry Robinson oder auch Klaus

Königs Penguin Liquid Orchestra auftraten, wurde von dem Essener Bassisten Bernd Zinsius betreut, mußte aber letztendlich mangels Einnahmen abgesetzt werden. Nicht unerwähnt bleiben sollen schließlich die Borbecker Dampfbierbrauerei und das inzwischen eingestellte Barrelhouse (im Hotel Assindia), die sich freilich so gut wie ausschließlich der Traditional-Jazzszene widme-(te)n.

INITIATIVEN, REIHEN

Ein großer, eigentlich recht schöner Saal (ca. 800 Plätze), der nur aufgrund ungünstiger Verkehrsanbindung und unzureichenden Parkplatzangebots kaum für Veranstaltungen genutzt wird, ist die Aula der ehemaligen Pädagogischen Hochschule. Anfang der siebziger Jahre war hier zum Beispiel das Dave Pike Set, später das Duo Joachim Kühn/Jan Akkerman mit der Revierband Virgin's Dream zu hören, doch bald geriet die Aula gleichsam in Vergessenheit. Zentraler gelegen sind dagegen das Jugendzentrum an der Papestraße (JZE) und das Folkwang-Museum, die beide über einen Saal von ca. 400er-Kapazität verfügen. Beide waren in den siebziger und achtziger Jahren Schauplatz von Jazz-Konzerten, die in der Regel von freien Initiativen (z.B. »Snap«), Vereinen (Kunstring Folkwang, Deutsch-Französisches Kulturzentrum), den Musikern selbst (z.B. Grubenklangorchester, Blue Box) oder auch von Privatpersonen wie dem Journalisten Sven Thielmann (Reihe »Jazz im Museum«) organisiert wurden.

Im JZE initiierte der Essener Komponist und Arrangeur Peter Herborn[10] 1984 in Zusammenarbeit mit dem Kulturamt die Konzertreihe »Jazz in Essen«. Sie startete mit einem Doppelkonzert, bei dem das Duo Theo Jörgensmann/Georg Gräwe und die amerikanische Fusionband Steps Ahead auftraten. Die Kombination einer regionalen bzw. deut-

Mal Waldron 1998. Foto: Walter Schnabel.

schen mit einer internationalen Band von in der Regel moderner Stilistik wurde Konzept der Reihe. Da das JZE als Veranstaltungsort von weiten Teilen des potentiellen Jazzpublikums auf Dauer nicht angenommen wurde, zog Herborn 1987 mit der Reihe ins Folkwang-Museum, wo er die Unterstützung des Kunstrings Folkwang fand. 1991 übergab er die künstlerische Leitung an mich, Berthold Klostermann. Schon im folgenden Jahr machten Sanierungsarbeiten im Museum einen erneuten Umzug erforderlich. Seitdem findet »Jazz in Essen« im Grillo-Theater statt, wovon noch die Rede sein wird. Mit 15 Jahren »auf dem Buckel« ist die Reihe heute das einzige über einen so langen Zeitraum bestehende, kontinuierliche Jazzangebot in der Stadt.

Ungefähr parallel zu »Jazz in Essen« traten im Laufe der achtziger Jahre freie Kultur-Initiativen und soziokulturelle Zentren als gelegentliche Jazzveranstalter auf den Plan. Bei ihnen war Jazz ein Angebot unter vielen, neben Kursen, Ausstellungen, Performance, Kabarett, Comedy, Disko, Avantgarde-, Rock- und Pop-Konzerten. Im Kunsthaus Essen, einem Atelierzusammenschluß bildender Künstler, der immer wieder mal – anfangs in Rüttenscheid, später in Rellinghausen – kleine Jazzveranstaltungen mit regionalen Musikern ins Programm genommen hatte, tat sich Mitte der neunziger Jahre der kurzlebige »Verein für akustische Kunst« (VakK) zusammen, der im Grenzbereich von Neuer Improvisationsmusik und experimenteller Avantgarde aktiv war. Essens größtes soziokulturelles Zentrum, die Zeche Carl, unternahm mehrfach Versuche mit Jazz-Konzerten, auch mal mit einer Reihe, verlegte sich dann auf Dauer aber eher auf andere Musikstile. Heute gastieren dort eher Pili Pili, Mari Boine und aktuelle Blues-Acts wie Lucky Peterson oder Michael Hill's Blues Mob als Jazz-Gruppen. Als weiteres soziokulturelles Zentrum kümmerte sich in den achtziger Jahren die Werkstatt Steele-Horst um Jazz und Ethno-Musik und bot neben Konzerten, etwa mit Albert Mangelsdorff solo oder Oriental Wind, auch Instrumental-Workshops und Kurse an. Nach mehrjähriger umbau- und umzugsbedingter Pause entstand sie unlängst in Steele unter dem Namen Grend (ca. 80-100 Plätze) neu und knüpft, klein aber fein, an ihr bewährtes Veranstaltungs- und Kursprogramm an. Kein soziokulturelles Zentrum, sondern eine private Initiative mit Kursen im Esoterikbereich (z.B. Obertonsingen) war die zwischen Essen und Kettwig gelegene Pierburger Schule, die um 1992 für kurze Zeit anspruchsvolle kleine Konzerte mit Improvisatoren aus dem Kreis um Theo Jörgensmann, Eckard Koltermann und Achim Krämer anbot.

Naheliegenderweise stellte der Studiengang Jazz der Folkwang-Hochschule sich seit seiner Gründung (1989) auch mit öffentlichen Konzerten vor. Konnte man damit anfangs noch ins Fritz gehen, wurden derlei Präsentationen, nachdem dort kein Jazz mehr stattfand, zumeist im hochschuleigenen Kammermusiksaal oder in der alten Aula angesetzt, da die repräsentativere neue Aula zu groß und ihre Akustik für P.A.-verstärkte Musik problematisch ist. Auf dem Campus blieben die Studierenden dann weitgehend unter sich. Auf dem Campus der Universität/GHS Essen befindet sich das KKC (Kunst- und Kulturcafé), das vom Kulturreferat des AStA für Veranstaltungen genutzt wird. Bald nach ihrer Gründung konnte die Musikerinitiative J·O·E (1995), unterstützt vom AStA, dort eine Jazzreihe etablieren, die während des Semesters regelmäßig sonntags regionale und überregionale Gruppen präsentiert.

Ganz vereinzelt gab es schließlich auch Jazz-Gastspiele im Aalto-Theater, Essens 1989 eröffnetem Opernhaus, und im Colosseum, Aufführungsort des Stella-Musicals »Joseph«. So fand im Aalto anläßlich eines Treffens der Kunst- und Musikhochschulen NRWs ein Doppelkonzert mit den Big Bands der Folkwang- und der Musikhochschule Köln statt. Bei anderen Gelegenheiten gastierten das Bundes Jazz Orchester (BuJazzO, Ltg. Peter Herbolzheimer), eine Gruppe um Herbie Mann oder auch eine All Star Band aus ehemaligen Mitgliedern des Duke Ellington Orchesters. Im Rahmen des Rheinischen Musikfestes 1993 konnte zudem die Reihe »Jazz in Essen« John McLaughlins gerade gegründetes Orgeltrio »The Free Spirits« auf die Aalto-Bühne bringen. Das Colosseum seinerseits wurde erstmals für Jazz genutzt, als das vom Initiativkreis Ruhrgebiet ausgetragene Klavier-Festival Ruhr 1998 zwei Konzerte mit den Quartetten von Dave Brubeck und Herbie Hancock dort plazierte.

Am Vorabend der Eröffnung des »Satiricon« gab es außer der vom Kulturamt veranstalteten Reihe »Jazz in Essen« im Grillo-Theater keinen verbindlichen Ort für modernen, aber ansonsten stilistisch offenen Live-Jazz. Traditional-Fans auf der einen, Avantgardehörer auf der anderen Seite wurden bedient, die einen im Barrelhouse und in der Dampfbierbrauerei, die anderen in der Pierburger Schule. Dazwischen tat sich eine Lücke auf, die von »Jazz in Essen« und sporadischen Einzelveranstaltungen in dieser Kneipe oder jenem Zentrum nicht annähernd überbrückt werden konnte.

DAS »SATIRICON« – DER ORT

Als Andreas Kunze und Reiner Oldach im Sommer 1993 den Verein »Theater im Girardet-Haus e.V.« gründeten, nahmen die Räumlichkeiten des »Satiricon« gerade Form an – im Untergeschoß des 1865 gegründeten Druck- und Verlagshauses Wilhelm Girardet, das 1988 in Konkurs gegangen war. Zu seinen besten Zeiten, d.h. vor dem Krieg, unterhielt der Verlag mehrere Tageszeitungen in Essen, Wuppertal und Düsseldorf; mit Druckaufträgen für Illustrierte des Bauer-Verlags und die deutschen Ausgaben amerikanischer Magazine wie »Playboy«, »Reader's Digest« und »Micky Maus« beschäftigte die Firma in den siebziger Jahren noch über 2000 Mitarbeiter. Dann ging es stetig bergab, bis der Konkurs auf einen Schlag 750 Menschen arbeitslos machte. Anfang der neunziger Jahre übernahm der Berliner Immobilienunternehmer Dietmar Otremba den Gebäudekomplex und baute ihn zu einem Geschäfts- und Dienstleistungszentrum für den attraktiven Wohn- und Einkaufsstadtteil Rüttenscheid um. Heute beherbergt das Girardet-Haus neben Ladenlokalen, Restaurants, Arztpraxen, Werbeagenturen, Büros, Disco, Seniorenresidenz und Hotel auch eine Musikschule, ein Atelier, eine Kunstgalerie – und das »Satiricon«. Macht Kultur sich doch allemal gut im Umfeld von Handel und Gewerbe für den (im großen und ganzen) gehobenen Bedarf – überdies ein Beispiel für gelungenen Strukturwandel im Ruhrgebiet.

Für rund 1,3 Millionen Mark integrierte die Grundstücksgesellschaft Girardetstraße b.R. auf ca. 600 Quadratmetern ein Theater von einer Kapazität für 200 Besucher, mit großem Saal, Probenraum, Foyer, Garderobe, Sanitärräumen und Büro in den Bau. Die Hauptbühne mißt zehn mal acht Meter; der Regieraum ist mit großem Mischpult und Lichtkonsole, der Saal mit einer P. A. bestückt. Der Aufgang vom geräumigen Foyer, in dem sich auch die Bar befindet, zum Theater-/Konzertsaal führt über ein erhöhtes, rondellartiges Podest, das sich als kleinere Bühne eignet und mit Licht sowie P. A. entsprechend ausgestattet ist. Damit stehen zwei Aufführungsmöglichkeiten unterschiedlicher Größe und unterschiedlichen Charakters zur Verfügung, wobei das rund 100 Plätze fassende Bar-Foyer einem intimen Club gleicht. Mit diesen beiden Raumsituationen bietet das Theater ein ideales Ambiente für Präsentationen vielfältiger Art – von der Lesung bis zum Schauspiel, von der Session über die Party bis zum Konzert. Daß das »Satiricon« im Untergeschoß des Girardet-Hauses ein wenig versteckt liegt, der Erstbesucher sich also an die Wegweiser halten muß, wird durch die hervorragenden räumlichen Gegebenheiten des Theaters selbst mehr als ausgeglichen. Und nicht zu vergessen: auf dem Gelände sind Parkplätze in ausreichender Zahl vorhanden – abends gebührenfrei.

DIE MACHER

Mit Andreas Kunze und Reiner Oldach, den Initiatoren des Trägervereins und zunächst gemeinsamen Geschäftsführern des »Satiricon«, taten sich zwei Theaterleute zusammen, die langjährige professionelle Erfahrung in ihrem Metier mitbrachten. Schauspieler Andreas Kunze war in der freien Essener Kulturszene seit langem bekannt wie der sprichwörtliche »bunte Hund«. Vor Jahren hatte er die Kultur- und Veranstalter-Initiative »Snap« mitbegründet, bis in die späten achtziger Jahre war er Mitglied, zeitweilig Vorsitzender des Kunsthauses Essen. Erste Bühnenerfahrungen hatte er beim Kamikaze Orkester gesammelt, einer Rock-Theater-Gruppe, aus der so manche später weit über das Ruhrgebiet hinaus bekanntgewordene Essener Pflanze hervorging: Rockkabarettist Piet Klocke,[11] Schauspieler Hinrich Schafmeister,[12] Theaterautor Sigi Domke[13] oder Jazzsänger Norbert Gottschalk.[14] Parallel zu Engagements am Schauspiel Essen und in freien Gruppen wirkte Kunze dann in TV-Produktionen[15] und Kinofilmen[16] mit. Schräge Comedy-Rollen, wie die als »Mutter« von Helge Schneider,[17] machten ihn zu einer veritablen Kultfigur der Off-Szene. Wegen seiner Verpflichtungen als Schauspieler zog Kunze sich bald aus der Geschäftsführung des »Satiricon« zurück und überließ diese allein seinem Partner Reiner Oldach, einem Regisseur

GIRARDETSTRASSE 2–38 · 45131 ESSEN · FON (02 01) 78 81 08
FON ▬▬▬ RESERVIERUNG (02 01) 79 75 39

Andreas Kunze und Reiner Oldach vom »Satiricon«. Werbepostkarte, Bild: T. Müller.

mit internationaler Theatererfahrung. Oldach hatte bei Peter Zadek am Schauspielhaus Bochum hospitiert, als Dramaturgie- und Regieassistent am Schloßtheater Moers und Grillo-Theater Essen gearbeitet, bevor er während jeweils längerer Aufenthalte in New York (Off Broadway) und Johannesburg tätig war.[18] Seine Johannesburger Inszenierung »The Kafka Experience« (1991) wurde ans National Theatre in Windhoek/Namibia eingeladen und ging anschließend auf Deutschlandtournee. Mit Becketts »Das letzte Band« brachte Oldach eine Inszenierung mit, die dann mehrfach im »Satiricon« aufgeführt wurde.

Kunze, der Mann mit der schrillen Bühnenpräsenz, und Oldach, der distanzierte Intellektuelle – naheliegend, daß der Traum vom eigenen Theater für dieses ungleiche Paar eng mit dem Wunsch nach Programmschwerpunkten in den Bereichen Satire/Kabarett/Comedy sowie Schauspiel verknüpft war. Überdies waren beide Jazzfans. Kunze hatte bei der Initiative »Snap« und im Kunsthaus Essen selbst Jazzveranstaltungen mit internationalen (z.B. Howard Johnson) und regionalen Gruppen durchgeführt. Jazz sollte daher die dritte Programmsäule des »Satiricon« werden. Das Theater war noch im Bau, als Kunze und Oldach sich an mich als künstlerischen Leiter der Reihe »Jazz in Essen« wandten, um ihr Vorhaben vorzustellen und Möglichkeiten einer Kooperation zu erörtern.

Schon beim ersten Ortstermin wurden die Chancen deutlich, die sich im »Satiricon« als Ergänzung zu »Jazz in Essen« boten: Mehr als vier, fünf Konzerte pro Jahr waren (und sind bis heute) im Grillo-Theater aus dispositionellen und finanziellen Gründen nicht zu realisieren; für Veranstaltungen mit weniger als 200 Hörern ist der Saal zu groß; Gruppen mit geringerem Publikumszuspruch, die in früheren Jahren – als »Jazz in Essen« im JZE, dann im Folkwang-Museum angesiedelt war – noch als »support« hatten auftreten können, kamen im Grillo nicht mehr unter, da Doppelkonzerte mehrfach die Dienstzeiten des städtischen Theaterpersonals gesprengt hatten. Hier konnten, soweit bezahlbar, nur noch Highlights präsentiert werden.[19] Unterhalb dieser Größenordnung hatte aktueller Jazz keinen festen Platz in Essen. Das »Satiricon« war geeignet, diese Lücke zu schließen. Dort tat sich die Möglichkeit auf, in kleinerem Rahmen ein zu »Jazz in Essen« komplementäres Programm zu gestalten. Binnen kurzem kamen Kunze, Oldach und ich überein, eine Reihe »Jazz im Satiricon« zu etablieren, die von mir künstlerisch betreut werden sollte.

DER DEZERNENT

Entscheidenden Anteil daran, daß die Reihe auch zustandekam, hatte Essens damals neuer Kulturdezernent, Dr. Oliver Scheytt, der im Herbst 1993 sein Amt antrat – zum goldrichtigen Zeitpunkt für das »Satiricon«. Der Sohn eines auch als Veranstalter von Konzerten mit sakraler und klassischer Musik rührigen Essener Kantors hatte vor dem Jurastudium einige Semester an der Folkwang-Hochschule Klavier studiert und nach dem juristischen Examen die kulturpolitische Laufbahn (beim Deutschen Städtetag) eingeschlagen. Unvergessen sind die Momente, da Scheytt sich nach dem Amtsantritt in kleineren Runden mit einem fetzigen »Dezernenten-Boogie« einführte. Zuvor hatte er bei diversen Gelegenheiten angekündigt, sich insbesondere der Förderung und Vernetzung in der Stadt vorhandener, jedoch unverbunden nebeneinander existierender kultureller Potentiale annehmen zu wollen. Als Beispiel hatte er, neben zeitgenössischem Tanz, immer auch auf den Jazz verwiesen.[20]

War doch »sein« Kulturamt, wenig später »Kulturbüro«, seit nahezu zehn Jahren Veranstalter von »Jazz in Essen«. An der Folkwang-Hochschule hatte sich der Diplomstudiengang Jazz mittlerweile den Ruf als weit und breit fortschrittlichster seiner Art erworben. Er konnte namhafte, teils international tätige Profis als Professoren bzw. Dozenten[21] vorzeigen und schickte bereits die ersten Dipl.-Jazzer in die »freie Wildbahn« professionellen Musikerdaseins. Ähnliches galt für die städtische Folkwang-Musikschule, wo ebenfalls renommierte Profis[22] Jazz unterrichten. Überdies wohnten nicht wenige freie Musiker in Essen. An Potential fehlte es in der Tat nicht. Nur war dieses, außerhalb der eigenen Übungsräume, kaum je in Essen zu hören. Spielmöglichkeiten fand mancher Essener Jazzmusiker eher in anderen Städten.

Als Kunze und Oldach dem Kulturdezernenten bei dessen Antrittsbesuch im noch nicht fertiggestellten Theater das Projekt »Jazz im Satiricon« unterbreiteten, war der bald dafür gewonnen: das »Satiricon« als Forum und Treffpunkt für die lokale und regionale Jazzszene, als Ort der Vernetzung des ansässigen Potentials und als Ergänzung des bestehenden Angebots um ein Programm, das sowohl jazzige Grundversorgung wie internationale Top-Acts umfassen sollte. Ohne sein Zutun hatte ein Projekt, das Scheytts kulturpolitischen Zielen entgegenkam, Konturen angenommen. Ausgezeichnete räumliche Bedingungen standen kurz vor der Vollendung; ein professionelles Team mit einschlägigen Erfahrungen, Medienkontakten und einem Konzept, das geeignet war, einen Bedarf im Kulturleben der Stadt abzudecken, stand in den Startlöchern. Und der künstlerische Leiter war Scheytt von »Jazz in Essen« her bekannt. Allein: für ein regelmäßiges, ambitioniertes und von Einnahmen weitgehend unabhängiges Programm fehlte es am Budget.

Nachdem er andere Kenner der Essener Szene, darunter Vertreter von Folkwang-Hochschule und -Musikschule, um Stellungnahmen gebeten hatte, setzte Scheytt sich im Rat der Stadt für eine Projektförderung ein und erreichte für 1994 die Bewilligung von 60 000 DM aus Stiftungsmitteln. »Jazz im Satiricon« konnte losgehen. Noch vor Eröffnung des Theaters lud er die Beteiligten sowie Folkwang-Angehörige, freie Musiker und Jazzjournalisten zu einem »Gesprächskreis Jazz« und brachte damit – wohl erstmals – Vertreter all derer an einen Tisch, die sich in der Stadt für zeitgemäßen Jazz engagierten. Nicht zuletzt dieser Runde verdankt das »Satiricon«, daß die städtische Folkwang-Musikschule kostenlos – gegen Benutzung von Theaterräumen – einen Stutzflügel zur Verfügung stellte.

Mittlerweile ist der Gesprächskreis zur festen Einrichtung geworden und kommt mehrmals im Jahr zu Ideen- und Erfahrungsaustausch, Rechenschaftsbericht und Vorstellung geplanter Aktivitäten zusammen. Denn der Themen sind mehr geworden. Schlossen sich doch Mitte 1995 knapp 100 Musiker – Profis, Folkwang-Studenten, Amateure – zur Jazz Offensive Essen (J·O·E) zusammen, die, Scheytt sei Dank, seit dem darauf-folgenden Jahr ebenfalls städtische Förderung erfährt. Die freilich wird weitgehend durch das dreitägige J·O·E-Festival aufgezehrt, bei dem die Initiative seit 1996 alljährlich im Januar mit jeweils rund 20 Bands einen Querschnitt der lokalen Jazzszene präsentiert.[23] Ort des Geschehens und jeweils völlig ausverkauft: das »Satiricon«. Der Förderbetrag für »Jazz im Satiricon« wurde 1995 auf 40 000 DM zurückgefahren, blieb seit-her aber konstant. Für das Jazzangebot wird er auch weiterhin unverzichtbar sein, da dem Theater kaum Einnahmen aus dem Ausschank zur Verfügung stehen – die Bar im Foyer wurde an ein Café/Bistro im Gi-rardet-Haus verpachtet.

DAS PROGRAMM

Das »Satiricon« eröffnete am letzten Januarwochenende 1994 mit einer Gala; in der folgenden Woche fand der erste Jazzabend statt: mit der Fred Wesley Group. »Besser hätte man die Ausrichtung des neuen Jazz-Angebots kaum auf den Punkt bringen können: Gute Musik mit Unterhaltungswert für (fast) alle, denen Jazz nicht nur Dixieland bedeutet«,[24] hieß es dazu in der WAZ, und die NRZ zog das »Fazit: auf so einen Veranstaltungsort und solche musikalischen Sahnehäubchen hat die Szene lange gewartet«.[25] Nicht weniger als zehn Konzerte verzeichnete der erste Programm-Leporello, der bis Ende März reichte – die meisten unter dem Motto »Jazz am langen Donnerstag«, da sie alternie-rend um 21 bzw. 23 Uhr begannen. In dieser Reihe spielten im Bar-Foyer die Stephan Bauer Band, Norbert Gottschalk & Band, René Marino Rivero (solo), Michael Gerbracht's Nighttime Band, Questar (NL) und die Baba Jam Band. Als sogenannte »Jazz Specials« gastierten außerdem, jeweils um 20 Uhr, das Tom Harrell/Mick Goodrick Quartett und Joachim Kühn (solo) im Theatersaal, wo – Auftakt einer kontinuierlichen Zusammenarbeit – wenige Tage nach der Eröffnung bereits das Wintersemester-Abschlußkonzert des Folkwang-Studiengangs Jazz über die Bühne gegangen war, aufgezeichnet vom WDR-Studio Essen.

Bis zur Sommerpause präsentierte »Jazz am langen Donnerstag« u.a. die Pata Horns, das Jan Klare/Tom Lorenz Quartett (heute: Das böse Ding), das Lee Konitz/Frank Wunsch Duo, das Perry Robinson Quartet sowie ein kleines Label-Feature mit Bands um Jan Kazda und Tom Mega, aber auch lokale Gruppen wie das Timber Trio oder das AOS-Ensemble. Daneben bot »Jazz Special« das Quartett des damaligen Shooting-Stars Joshua Redman, das Eddie Harris Funk Project und eine »Noche de Fla-menco«. Genug der Beispiele, um sich ein Bild zu machen von der stilistischen Bandbreite des Pro-gramms und der angestrebten Ausgewogenheit zwischen kaum bekannten und sehr bekannten, regionalen und internationalen, unterhaltenden und konzertanten Angeboten. Genug auch, um ein erstes Resümee zu ziehen und auf die bisherigen Erfahrungen zu reagieren.

DIE BEFRAGUNG

Mehr noch als den »Satiricon«-Machern lag ein solches Resümee dem Kulturdezernenten am Herzen. Ein knappes dreiviertel Jahr nach dem Amtsantritt konnte ihm an einem positiven öffentlichen Echo auf »Jazz im Satiricon« nur gelegen sein, vorzugsweise amtlich abgesichert. Auf Scheytts Ersuchen führte daher das Amt für Statistik bei vier Konzerten unterschiedlicher Stilistik im April und Mai 1994 eine Besucherumfra-ge durch. In einer kurz darauf veröffentlichten Broschüre,[26] die das komplette Tabellenmaterial enthält, wurden eingangs die Ergebnisse zusammengefaßt:

- Die Bereitschaft des Publikums, sich an der Umfrage zu beteiligen, war groß. Der typische Besucher der Jazz-Konzerte im »Satiricon« ist männlich, zwischen 30 und 40 Jahre alt, mit höherem Bildungsabschluß, lebt alleine und hat keine Kinder.
- Die Mehrheit des Publikums kommt aus Essen und reist mit dem Auto oder Motorrad an.
- Ein hoher Anteil des Publikums, insbesondere Männer, besucht häufiger Jazz-Konzerte. Das »eingefleischte« Jazz-Publikum ist 30 Jahre und älter.
- Die Mehrheit hat bereits Jazz-Konzerte in Essen besucht. Aber auch Jazz-Konzert-Besuche in anderen Städten sind üblich.
- Die Mehrheit kannte das »Satiricon« als Veranstaltungsort für Jazz-Konzerte noch nicht.
- Das Jazz-Publikum nutzt aktiv auch andere kulturelle Angebote, vor allem die Jazz-Konzert-Besucherinnen.
- Mund-zu-Mund-Propaganda, Veranstaltungskalender und Szeneblätter sind die wirksamsten Informationsquellen über Jazz-Konzerte im »Satiricon«.
- Insgesamt waren die Konzerte nach Meinung des Publikums ein voller Erfolg. Das »Satiricon« ist ein geeigneter Veranstaltungsort.
- Der Donnerstag als Veranstaltungstermin kommt beim Publikum gut an. Ein Konzertbeginn um 21.00 Uhr wird sehr positiv bewertet, der 23.00-Uhr-Termin ist dagegen eher nicht so günstig.
- Die Eintrittspreise im »Satiricon« werden in der Mehrheit als angemessen empfunden.
- Positive Kritik vor allem für die Atmosphäre und das Arrangement der Jazz-Konzerte.
- Negative Kritik vor allem für die Räumlichkeiten, die Gastronomie und die Belüftung der Räume.
- Gewünschte Jazz-Formationen (124 verschiedene Nennungen).[27]

In den zitierten demographischen Befunden sieht, wer je eine empirische Untersuchung des Jazz-Publikums zur Kenntnis genommen hat,[28] nur bestätigt, was er eh schon wußte. An Alter, Geschlechtszugehörigkeit, Bildungsgrad, anderweitigen kulturellen Interessen usw. unterschieden sich die Besucher nicht vom Jazz-Publikum andernorts. Auch daß die Befragung keinen reinen Jazzspielort, sondern das Jazzprogramm eines kleinen Theaters zum Gegenstand hatte, führte nicht zu signifikanten Unterschieden. Für das »Satiricon« waren selbst ortsspezifische Ergebnisse nur bedingt aufschlußreich. So zeigte ein Blick auf die Zahlen, daß negative Kritik an den Räumlichkeiten sich vor allem gegen die Bestuhlung im Theatersaal richtete, die den »Groove« hemme. Nur eine der erfaßten Veranstaltungen hatte dort stattgefunden: das Festival mit Tom Mega, Das Pferd und Jan Kazdas »New Strategies of Riding«. Zur letztgenannten Gruppe hätte wohl mancher gern getanzt, was im Saal nicht möglich ist; im Foyer wären die Bühne zu klein, die Umbaupausen zu aufwendig gewesen. Einwände gegen die Belüftung kamen offenbar von Nichtrauchern, die störte, daß im Foyer geraucht wird; solche gegen die Gastronomie (z.B. Getränkepreise) leitete das »Satiricon« an den Pächter weiter, der dann für Verbesserungen sorgte. Von den 124 Wünschen nach bestimmten Formationen konnten einige in der Folgezeit erfüllt werden (z.B. Peter Brötzmann, Klaus Doldinger, David

Programmblatt des »Satiricon« zum fünfjährigen Bestehen.

Friedman, Maria João, Toshinori Kondo, Charlie Mariano, David Murray, Joshua Redman, Ralph Towner), andere waren für den kleinen Rahmen des Theaters völlig abwegig (z.B. Herbie Hancock, Pat Metheny, Sonny Rollins). Unterm Strich sah das »Satiricon« allen Grund, sich bestätigt zu fühlen.

UND WEITER IM PROGRAMM ...

Daß dagegen der »lange Donnerstag« einer Korrektur bedurfte, zeigte der bloße Augenschein. Die Vorstellung, im Ballungsraum Ruhrgebiet wochentags um 23 Uhr eine nennenswerte Anzahl von Nachteulen mit Jazz locken zu können, hatte sich als blauäugig erwiesen; manch hervorragende Band, egal welcher Stilistik, fand gerade mal ein knappes Dutzend Hörer. Daß der »lange Donnerstag« nach der Sommerpause 1994 auf 21 Uhr festgesetzt wurde, änderte daran wenig. Bald begannen alle Wochentagskonzerte um 20 Uhr. Dafür wurde »Jazz 'round Midnight« eingeführt, wo bis heute an Samstagen um 23 Uhr, nach der Theatervorstellung, lokale und regionale Bands im Bar-Foyer auftreten – bei anfangs freiem, seit einiger Zeit geringem Eintritt. Diese Veranstaltungen sind durchweg gut besucht und werden auch von Gelegenheitshörern frequentiert, die am Samstagabend auf der Rüttenscheider Kneipenszene unterwegs sind und »bloß mal reinschauen« wollen.

Außer beim jährlichen J·O·E-Festival und den mittlerweile institutionalisierten Folkwang-Semesterabschlußkonzerten, die jeweils von diversen Combos sowie der Big Band der Hochschule bestritten werden und oft mit Prüfungen gekoppelt sind, wird das »Satiricon« gerade bei »Jazz 'round Midnight« zu dem, was es immer (auch) sein wollte: ein Ort für die lokale Jazzszene. Bei solchen Gelegenheiten wird es von Essener Musikern wirklich als Treffpunkt angenommen. Daß diese sich auch für das sonstige Konzertangebot interessieren, bleibt eher die Ausnahme. Viele kommen nur, wenn sie oder ihre Kumpels spielen. Das Gefühl, es könne nicht schaden, auch mal professionelle, internationale Bands live zu sehen, scheint nicht eben ausgeprägt, die Vorbehalte gegenüber einem Spielort, der kein Jazzclub ist, nicht ehrenamtlich geführt wird und nicht auch noch Sessions bietet, offenbar um so größer. Seit Gründung der J·O·E steht deren Forderung an die Stadt nach einem eigenen Club auf dem Wunschzettel ganz oben. Das »Satiricon« ist ein Theater; mehr Jazz hieße weniger Theater. Den Traum vom Haus der offenen Tür für Jazz kann es nicht erfüllen. Doch durch ein anspruchsvolles Konzept, das auf Professionalität und Kompetenz statt auf Ehrenamt und Clubstruktur setzt, hat es sich inzwischen weit über das Ruhrgebiet hinaus einen Namen gemacht – gerade auch als Spielort für Jazz.

Wann immer das »Satiricon« wirklich zugkräftige Künstler verpflichten konnte (etwa Joshua Redman, Eddie Harris, James Carter, Ray Brown, Abdullah Ibrahim), gingen telefonische Kartenvorbestellungen von weither ein: vom Niederrhein, aus dem Sauerland, selbst aus Frankfurt. Typischer als die Präsentation spektakulärer Highlights ist für das Jazzprogramm aber die kontinuierliche Arbeit auf hohem, dabei stets publikumsnahem Niveau. Die große Bühne, die »trockene« Akustik des Saals, das attraktive Bar-Foyer, die individuelle Betreuung der Künstler werden von diesen wie von Besuchern gleichermaßen geschätzt. Wobei es für Bands auf Tournee eine willkommene zusätzliche Annehmlichkeit bedeutet, daß das Hotel im Hause ist. Nicht selten waren auch »Stars«, so es ihnen weniger um Statussymbole ging als um Bequemlichkeit, Überschaubarkeit und kurze Wege, gern bereit, gewohnte und in der Regel vertraglich vereinbarte Mindeststandards zugunsten einer Fahrt mit dem Aufzug »vom Bett direkt auf die Bühne« hintanzustellen.

Auf lokaler bis regionaler Ebene sucht »Jazz im Satiricon« – neben der Kooperation mit hiesigen Bands, J·O·E und Folkwang – stets Berührungspunkte und gemeinsame Veranstaltungen mit anderen, zumeist nicht im Jazzbereich tätigen Partnern, etwa dem Deutsch-Französischen Kulturzentrum oder der Jüdischen Gemeinde Essen. So kamen Konzerte mit Jazz aus Frankreich (z.B. Nguyên Lê, Richard Galliano, Label Hopi Special) und Modern Klezmer Music (Kol Simcha/Basel) zustande und Besucher ins Theater, die die Jazzreihe bis dahin noch gar nicht kannten. Im Rahmen des deutsch-polnischen Kulturfestivals »Spotkania«, Ende 1996 initiiert vom Kulturbüro Essen, stand eine Begegnung herausragender Vertreter des polnischen Jazz (Zbigniew Namyslowski, Leszek Zadlo) mit regionalen Formationen (Joy, Folkwang Big Band). Bis zur Auflösung des »Netzwerks Neue Improvisierte Musik und Zeitgenössischer Jazz in NRW e.V.« war das »Satiricon« überdies mehrfach an Veranstaltungen jener landesweiten Initiative mit Sitz in Dortmund beteiligt.

Unregelmäßig, aber immer wieder, finden auch die Jazzredaktionen des WDR Köln und des Deutschlandfunks den Weg ins Theater, um Konzerte aufzuzeichnen. Mitgeschnitten und später gesendet wurden u.a. die »Satiricon«-Auftritte des Kenny Werner Trios (WDR), der Gruppe Another World und der Uli Beckerhoff Group feat. John Taylor (beide Deutschlandfunk). Ein WDR-Mitschnitt mit dem Mal Waldron Quartet, der bei Tutu Records als Live-CD erschien,[29] wurde geradezu euphorisch rezensiert:

»Irgendwie faszinierend: das aktuelle Quartett Mal Waldrons gilt bei nicht wenigen als eine der aufregendsten Livebands der Gegenwart, obwohl der Pianist zu den klassischen Vertretern einer längst verblichenen Bebop-Generation zählt [...] Auf der ersten Liveeinspielung des [...] Ensembles bündelt der letzte Begleiter Billie Holidays mit großer Souveränität die überschäumenden Kräfte.«[30]

»Live ›At the Satiricon‹ Oktober 1994 in Essen mitgeschnitten, hat Produzent Peter Wießmüller nun der Jazzöffentlichkeit dieses Ereignis zugänglich gemacht, [...] ein Quartett also, so hochgradig wie es nur geht: Mit allen musikalischen Wässerchen gewaschen und mit allen Salben geschmiert. [...] eines der besten Jazzensembles auf unserem Planeten.«[31]

»Das vorliegende Album ist die ausgezeichnet eingefangene Quintessenz eines einzigen Gastspiels in Essen. Das aber hatte es in sich: Waldrons Gruppe [...] präsentierte sich prächtig aufeinander eingespielt [...] Diese grandiose CD erinnert einen daran, warum Jazz einmal als die Live-Musik schlechthin galt.«[32]

DOCH NOCH EIN JAZZCLUB IN ESSEN?

Im Januar 1999 feierte das »Satiricon« sein Fünfjähriges. Im selben Monat ging dort die vierte Ausgabe des J·O·E-Festivals über die Bühne. Auf dem Programm stand – neben 15 Bands, Jam-Session und »Groove & Dance Night« mit DJ – auch eine Podiumsdiskussion zum Thema »Warum braucht Essen einen Jazzclub?« Die OB-Kandidaten von SPD und Grünen, Detlev Samland und Dorothea Herrmann, hatten ihre Teilnahme zugesagt. Im Editorial zum Programmheft gab die Initiative »sensationelle Neuigkeiten für die Jazzszene in Essen« bekannt: »Der Rat der Stadt stimmte dem

Vorhaben, im Sockelgeschoß der Lichtburg einen Jazzclub auszubauen, zu und stellt sogar beträchtliche Summen für den Ausbau zur Verfügung.«[33] Da das Festival nach Redaktionsschluß des vorliegenden Bandes stattfand, kann an dieser Stelle nicht über Standpunkte, Argumente und Ergebnisse der Diskussion berichtet werden. Die Position der J·O·E war in der Themenstellung eh impliziert. Soviel zur Ausgangslage: Nachdem das stadteigene Gebäude der Lichtburg, immerhin Deutschlands traditionsreichstes Filmtheater und in bester Innenstadtlage, unlängst vom Landeskonservator unter Denkmalschutz gestellt wurde und die Stadt von Erwägungen Abstand genommen hat, das Kino zur Philharmonie umzubauen, konzentrieren sich die Überlegungen darauf, es in seiner angestammten Funktion zu belassen, zu sanieren, technisch zu modernisieren sowie um kulturelle und gastronomische Angebote zu erweitern. Für einen Teil der Räumlichkeiten legte die J·O·E ein Nutzungskonzept vor, das als zentralen Bestandteil einen Jazzclub vorsieht. Gleichsam zur Einstimmung auf die Idee »Jazz in der Lichtburg« stellt die Betreiberin des Kinos, Marianne Menze, der J·O·E seit Herbst 1998 die kleine, gemütliche Filmbar für Sessions im 14-Tages-Takt zur Verfügung. Der Raum faßt rund 50 Personen, Klavier ist vorhanden, eine Ecke des Raums dient als Bandstand. Mit ihrer charmant-plüschigen Atmosphäre wird die Bar von Musikern und Jazzfans als regelmäßiger Treff begeistert angenommen.

Für den anvisierten Jazzclub geht es jedoch um einen Raum im Untergeschoß, der, je nach architektonischem Konzept, bis zu 450 Besuchern Platz bietet. Anläßlich eines Ortstermins, bei dem erstmals auch mehrere J·O·E-Mitglieder sich ein Bild von der Örtlichkeit machen konnten, wurden bereits Bedenken seitens der »Basis« laut. Da hieß es von vergleichsweise weit herumgekommenen Musikern, die mit ihren Bands so manchen Club von innen gesehen haben, der Raum sei für den Zweck »zu groß«, »völlig überdimensioniert«. Aus ihrer eigenen Spielerfahrung favorisierten sie eine Größenordnung für 100 bis 120 Besucher. Der Meinungsbildungsprozeß innerhalb der Initiative scheint noch nicht abgeschlossen zu sein.

Dem künstlerischen Leiter des Jazzprogramms im »Satiricon« steht es nicht an, in Sachen »J·O·E und Jazzclub« zum gegenwärtigen Zeitpunkt und an dieser Stelle seinen Kommentar abzugeben. Wer weiß: womöglich werden in Essen die Jazzkarten ja bald neu gemischt ...

ANMERKUNGEN

1 Berlin 1997, S. 317.

2 Der Spiegel, Nr. 42/1993, S. 268 und 270.

3 So in zahlreichen informellen Gesprächen mit dem Autor.

4 Rolf-Dieter Weyer: Jazz im Ruhrgebiet. Anmerkungen zu seiner Geschichte und zur heutigen Situation, in: Rheinisches Musikfest 1993: Essen, 21.-30. Mai, Westdeutscher Rundfunk Köln (Hg.), Mai 1993, S. 37.

5 ebd., S. 40.

6 CD: Bud Powell Trio/Coleman Hawkins with the Bud Powell Trio, The Complete Essen Jazz Festival Concert. Grugahalle, Essen, 2.4.1960 (Black Lion).

7 Joachim-Ernst Berendt: Das Leben – ein Klang. Wege zwischen Jazz und Nada Brahma, München 1996, S. 324.

8 Vgl. Henryk M. Broder u.a. (Hg.), Song-Magazin 1968 – für IEST 68, Essen 1968, S. 126.

9 Shove It (Paan Produktion).

10 Herborn, Mitbegründer der Gruppe Noctett, begründete, zusammen mit Thomas Hufschmidt, auch den Studiengang Jazz an der Folkwang-Hochschule, wo er 1990 zum Professor ernannt wurde. Veröffentlichungen: Subtle Wildness (Nabel), Acute Insights (JMT), Something Personal (JMT), Traces of Trane (JMT), Large One (Jazzline).

11 Aktuelles Erfolgsprogramm: »HipHop für Angestellte« (gleichnamige CD: WEA).

12 Filme: »Die Sieger«, »Der bewegte Mann«, »Harald«, »Comedian Harmonists« u.a.

13 Gründungsmitglied und Texter von »Herbert Knebels Affentheater«; eigene Stücke: »Freunde der italienischen Oper«, »Der Klomann und sein tanzender Sohn« u.a.

14 CDs: Light – Weight – Sight (Vierteljahrespreis der Deutschen Schallplattenkritik, 1989; Dr. Jazz), Two Sessions (Dr. Jazz), Favorite Songs (mit Frank Haunschild; Mons).

15 z.B. »A-Z Life-Show« (WDR).

16 z.B. Filme von Christoph Schlingensief, Peter F. Brinkmann, Peter Greenaway.

17 »Johnny Flash« (Werner Nekes), »Texas« (Helge Schneider).

18 Inszenierungen: »Die jüdische Frau«, »Dibbuk« (beide Essen), »Roem 4B4 – Das Eichmannexperiment« (Düsseldorf), »Report for an Academy« (New York), »The Kafka Experience« (Johannesburg) u.a.

19 Vom Umzug ins Grillo-Theater (Frühjahr 1992) bis zur Eröffnung des »Satiricon« traten bei »Jazz in Essen« u.a. auf: Lester Bowie's Brass Fantasy, David Murray Trio, Charlie Haden's Quartet West, Edward Vesala's Sound & Fury, Gonzalo Rubalcaba's Cuban Quartet, Jimmy Giuffre/Paul Bley/Steve Swallow, Roots. Für das Robin Eubanks Quartet und Ray Anderson's Alligatory Band etwa wäre ein kleinerer Saal angemessener gewesen. Die meisten der genannten Konzerte fanden noch mit »support acts« statt. Im Vorprogramm spielten: Christoph Lauer/Wolfgang Puschnig Quartett, Dieter Ilg Trio, Lucas Heidepriem Quartett, Tocando la Tierra, Jungle Pilots. Aus dem WDR-Mitschnitt eines Konzerts mit dem German Clarinet Duo, das im Vorprogramm zu Giuffre/Bley/Swallow auftrat, entstand die Live-CD: German Clarinet Duo, Hommage à Jimmy Giuffre (kip 7).

20 Für den Bereich Musik formuliert das Kulturdezernat u.a. folgende Zielsetzungen: »Verstärkte Zusammenarbeit der städtischen und nichtstädtischen Veranstalter mit dem Ziel einer deutlicheren Profilbildung der unterschiedlichen Veranstaltungsorte und -reihen« sowie »Kontinuierliche Förderung [...] des Jazz«. Stadt Essen, Kulturdezernat (Hg.), Die kulturpolitischen Leitlinien der Stadt Essen. Essen 1997, S. 19.

21 Professoren: Peter Herborn (Theorie, Komposition, Arrangement), Thomas Hufschmidt (Piano, Big Band), Uli Beckerhoff (Trompete, Combo), Hugo Read (Saxophon, Combo); Dozenten: Lauren Newton (später: Sylvia Droste, Gesang), Matthias Nadolny und Wollie Kaiser (Saxophon), Gunnar Plümer (Kontrabaß), Thomas Alkier (Schlagzeug) u.a.

22 Elisabeth Tuchmann (später: Céline Rudolph, Gesang), Remy Filipovitch (Saxophon), Peter Walter (Piano), Hartmut Kracht (Kontrabaß), Frank Samba (Schlagzeug) u.a.

23 Anläßlich des '97er Festivals legte die J·O·E ihre erste Compilation vor: J·O·E Volume 1: Jazz Offensive Essen. 2 CDs (zu beziehen über Tel.: 0201 – 834 44 51, Fax: 0201 – 834 44 49).

24 Sven Thielmann: Jazz findet eine neue Heimat, in: WAZ, 5. Februar 1994.

25 Markus Müller: Schnitzeljagd quer durch den Jazz, in: NRZ, 5. Februar 1994.

26 Stadt Essen; Der Oberstadtdirektor; Amt für Entwicklungsplanung, Statistik, Stadtforschung und Wahlen; Kulturamt (Hg.), Besucherumfrage im »Satiricon« 1994: Theater im Girardet-Haus in Essen-Rüttenscheid. Beiträge zur Stadtforschung 11, Essen, August 1994.

27 Ebd., S. 5-15.

28 z.B. die damals aktuelle, dem Essener Amt für Statistik aber offenbar nicht bekannte Untersuchung von Fritz Schmücker: Das Jazzkonzertpublikum. Das Profil einer kulturellen Minderheit im Zeitvergleich, Münster-Hamburg 1993.

29 Mal Waldron Quartet, Mal, Verve, Black & Blue: ›Live‹ at Satiricon (Tutu CD 888 170).

30 RK (Reinhard Köchl): Rezension: Mal Waldron Quartet, »Mal, Verve, Black & Blue«, in: Jazz thing, April 1996.

31 Willie Gschwender: Rezension: Mal Waldron Quartet, »Mal, Verve, Black & Blue«, in: Jazz Podium, Mai 1996.

32 M.Ki. (Mátyás Kiss): Rezension: Mal Waldron Quartet, »Mal, Verve, Black & Blue«, in: WOM-Journal, Juni 1996.

33 Jazz Offensive Essen, 4. Jazz Festival, Programm 22./23./24. Januar '99, Essen 1999, S. 3.

Al Cohn auf der Stadtgartenwiese.
Foto: Hans Harzheim.

Der »Stadtgarten« in Köln

JAZZSTRUKTURALISMUS –
NETZWERK & KONTEXTMASCHINE

von Felix Klopotek, Köln

EINLEITUNG

»Jazzstrukturalismus« – das mag dem einen oder anderen zu sehr nach modischem Theorem, zu sehr nach zeitgeistigem, trendgemäßem Schlagwort klingen. Tatsächlich ist es so, daß die theoretische Debatte über Jazz in Deutschland in erster Linie historisch vermittelt ist.[1] Die zeitlich-lineare Entwicklung des Jazz oder besser: die jeweiligen sozio-biographischen Entstehungsbedingungen der unterschiedlichen Jazzstilistiken etc. geraten eher in die Perspektive wissenschaftlicher Analyse, als die Untersuchung struktureller Merkmale.[2] Ein Anliegen resp. wissenschaftliches Vorgehen, das durchaus Sinn macht, denn zum einen hat der Jazz eine nun jahrhundertlange Geschichte vorzuweisen, die relativ spät anerkannt und erst noch später Gegenstand öffentlicher Förderung wurde, und zum anderen ist der Jazz selbst eine historische, historisierende Musik, eine Musik in der sich das jeweils Neue über sein Verhältnis zum Alten, bereits Kanonisierten zu legitimieren hat.

Hierin mag ein Grund liegen, weswegen Ikonoklasten wie Anthony Braxton oder Alexander von Schlippenbach, ja selbst Albert Ayler oder Peter Brötzmann, immer wieder Standards oder noch älter tradiertes Material aufgreifen (bzw. aufgegriffen haben) und in ihren radikalen Kontext einbinden.[3] Die Versionen der Standards und ihr Verhältnis zum »Original« (der »amtlichen« Ersteinspielung etc.) sind der Gradmesser für jazzmusikalische Innovation.[4]

Diese wiederkehrende Figur im Jazz: das Neue definiert sich durch das Alte nicht im Modus der Ablehnung, sondern in dem des Sich-Abarbeitens, ist allerdings ein Strukturmerkmal – und es stellt sich die Frage, ob eine (ausschließlich) historisierende Jazzforschung nicht ständig Gefahr läuft, solche Merkmale auf einer empirischen Ebene zu Anekdoten, zu nicht weiter kategorisierten Ereignissen zu reduzieren.

Deshalb soll der folgende Text über die Aktivitäten des Kölner Stadtgartens und der mit ihm nach wie vor verbundenen Initiative Kölner Jazz Haus (IKJH) diese nicht nacherzählen. Das haben andere viel ausführlicher getan,[5] nicht zuletzt die IKJH selber.[6]

Die Kölner Saxophon Mafia im Stadtgarten-Konzertsaal. Foto: Thomas Riehle.

Was auffällt, wenn man sich auch nur oberflächlich mit der Programmstruktur des Stadtgartens auseinandersetzt, ist, daß diese selbst strukturalistisch ausgerichtet ist: also darum bemüht ist, alle möglichen Formen zeitgenössischer Musik anschlußfähig und öffentlich kommunizierbar zu präsentieren. Um eine Historisierung, einer Fortsetzung der Jazzgeschichte in oben beschriebener Weise, geht es also offensichtlich nicht. So liegt es nahe, den Stadtgarten im Hinblick auf seine Positionierung gleichsam als Knotenpunkt in einem internationalen Netzwerk aus anderen Veranstaltern und Musiker-Initiativen zu untersuchen, mithin Strukturmerkmale dieser strukturalistischen Position herauszuarbeiten (um es pointiert auszudrücken).[7]

»Kontextmaschine« heißt in diesem Zusammenhang nichts anderes, als daß der Stadtgarten unablässig andere (musikalische, aber auch literarische, lokalpolitische etc.) Kontexte miteinbezieht, zuletzt den der nicht-akademischen, zeitgenössischen

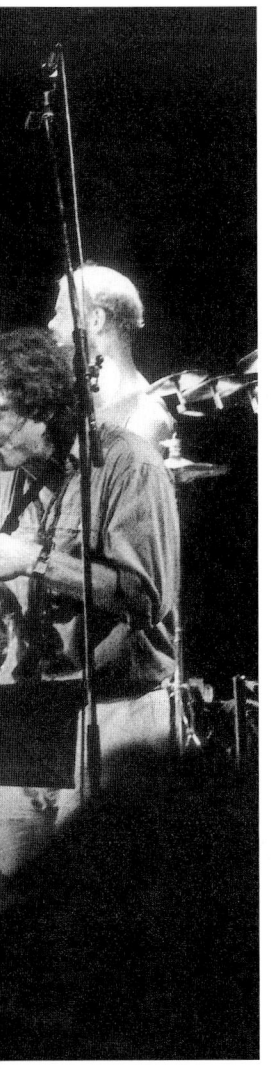

Elektronischen Musik. Das läuft über das Bereitstellen von Räumlichkeiten, die Schaffung von Öffentlichkeit bis zur Entwicklung eigener Ideen und der Überlegung, wie man welcher musikalischen Idee adäquat zum Ausdruck verhelfen kann. Damit erweitert und verändert der Stadtgarten seinen eigenen Zusammenhang wie den der inkludierten Musiker unaufhörlich.

Natürlich verdankt sich diese Positionierung einem historischen Prozeß, den die IKJH durchgemacht hat. Hier interessieren aber weniger die konkreten Daten und ihre Abfolge als die Transformation der Initiative von einer moralisch geprägten Musikervereinigung mit einer klar umrissenen primären Zielvorstellung zu einem funktionalen Instrument bei der Erringung eines (inter-)nationalen Renomees für den Stadtgarten.

Die folgende Untersuchung, die allenfalls eine Anregung für eine tiefergreifende Strukturanalyse sein kann, wird aus drei Teilen und, sagen wir, einer Coda bestehen. Zunächst wird noch einmal die Geschichte der Initiative bis zum Bau des Stadtgarten-Konzertsaales rekapituliert mit dem Ziel, den bereits angesprochenen Transformationsprozeß herauszustellen. Im zweiten Teil wird die durch diese Transformation generierte Struktur als Netzwerk beschrieben. Schließlich wird im abschließenden dritten Teil das Verhältnis dieses Netzwerkes, oder genauer: dieses Knotenpunktes in einem Netzwerk,[8] zu anderen Vernetzungen, Zusammenhängen und Kontexten angesprochen.

Der Schluß versteht sich nicht als Zusammenfassung im herkömmlichen Sinn. Vielmehr wird durch ein gänzlich fachfremdes Zitat versucht, von einer anderen Seite den Komplex zu beleuchten.

AUTONOME ENTWICKLUNGSLINIEN

»Die IKJH ist keine gesellschaftliche Bewegung und auch keine Sekte, sondern ein Zusammenschluß von Jazzmusikern, die alle in ihrem Beruf die gleichen Probleme haben ... In einem engeren Sinne sind damit jedoch in erster Linie die Aktivisten gemeint, d.h. diejenigen, die Hoffnungen und Wünsche formulieren und versuchen, diese umzusetzen, die bereit sind, dafür auch Zeit und Arbeit zu investieren.«

Al Cohn auf der Stadtgartenwiese.
Foto: Hans Harzheim.

Was Reiner Michalke, Mitgründer der IKJH und heute u.a. für das Programm des Stadtgartens verantwortlich, hier vor geraumer Zeit in einem Interview mitteilt,[9] mag überraschen – irgendwie stellt man sich die Zeit, in der die IKJH gegründet wurde und schließlich den Stadtgarten erkämpfte (1978-1986), politischer, idealistischer vor.

Rückblickend räumt auch Michalke ein, daß die kulturellen Auseinandersetzungen, etwa während des berüchtigten »Jazzkrieges« in Köln, stark politisch geprägt waren, also die IKJH mehr als nur eine berufsständische Vereinigung von vielen war:

»Das hatte begonnen als berufsständische Vereinigung aus dem Grund, weil die Leute, die in der IKJH zusammenkamen, Musiker waren und das Ziel hatten, mit Musik ihr Einkommen zu bestreiten. Diese Leute hatten und haben natürlich Gemeinsamkeiten, politische und ästhetische, die wir aber erst im Laufe der Zeit und der Zusammenarbeit festgestellt haben. Die gab es nicht per Akklamation. Daraus läßt sich ableiten, daß sich alle Bemühungen, aller Bewegungsdrang der Gruppe auch immer politisch formuliert hat. Die Gruppe hat nicht einfach nur gesagt, wir wollen jetzt unsere Interessen als Musiker durchsetzen, sondern wir wollen uns auch damit auseinandersetzen, was wir da überhaupt tun, welche soziale Folgewirkungen das hat; hat es überhaupt Folgen, kann man Einfluß erringen mit non-verbaler Musik? Alle diese Belange kommen zu den ursprünglich berufsständischen Absichten hinzu – besonders, wenn man nicht von vorneherein Erfolg hat. Das erste Ziel war, ein Haus zu finden, in dem man die gemeinsame Musik präsentieren kann. In dem Moment, wo man dieses Ziel nicht in relativ kurzer Zeit erreicht, sondern sich sogar Widerstände einstellen, kommt man zwangsläufig dazu, daran zu arbeiten, woher eigentlich diese Widerstände kommen: wie kann ich die auflösen? Und in diesem Kontext gab und gibt es weit über den berufsständischen Aspekt hinausgehende Bemühungen unserer Initiative.«[10]

1978 gründeten junge Kölner Jazzmusiker eine Initiative. Der Anlaß war gegeben und nötigte zum Handeln: »Köln, Ende der siebziger Jahre: Die Stadt hat eine Million Einwohner, davon mindestens 50 000 Studenten, über 2000 Kneipen, Diskotheken aller Schattierungen – und keinen einzigen Jazzclub ... Wer Jazz machen will, findet keine Übungsräume, keine Auftrittsmöglichkeiten, kaum Kontakt zu anderen Musikern, keinen Dialog mit dem Publikum. Aber: Köln hat zu diesem Zeitpunkt die einzige Musikhochschule der Bundesrepublik, die eine Fachrichtung ›Jazz‹ unterhält.«[11]

Es herrschte eine schwer zu übersehende Diskrepanz zwischen Urbanität auf der einen und Provinzialität (in bezug auf die Unterstützung junger Musiker) auf der anderen Seite. Die IKJH trat also an, dieses Defizit auszugleichen, was durchaus mit Verweisen auf die gesamtgesellschaftliche Situation passiert: Im Programmheft des von der IKJH organisierten »2. Kölner Jazz Haus Festivals« (1979) findet sich eine Anzeige der Bunten Liste sowie der Hinweis auf einen »Workshop mit der Feminist Improvising Group«.[12] Das Streben nach Autonomie verband sich mit einem konkreten Anliegen an die Politik, was wohl den selbstbewußten Eindruck der Initiative konstituierte.

Autonomie meint, daß die Musiker ihre Belange in allen Einzelheiten in die Hand nehmen: nicht nur, daß sie von der Stadt ein Haus fordern, das Übungs-, Kontakt- und Präsentationsräume bereitstellt, sie organisierten ihr eigenes Festival, gründeten mit Jazz Haus Musik ihre eigene Plattenfirma (1979), konnten sogar behaupten, ihren eigenen Jazz zu spielen,[13] waren parteipolitisch nicht gebunden, konnten somit ihre Informationspolitik selbst gestalten und

Bekanntmachung zur Aufführung von Carla Bleys Jazz-Rock-Oper »Escalator Over The Hill« am 8. Juni 1997 während der 2. Kölner MusikTriennale. Foto: Hyou Vielz.

Ornette Coleman & Prime Time am 26. März 1987 im Stadtgarten-Konzertsaal. Foto: Hyou Vielz.

gezielt auf die politischen Parteien zugehen. Die IKJH konnte ihrem Selbstverständnis nach aus der starken Position desjenigen agieren, der moralisch im Recht ist.

Besonders deutlich kam diese Position im sogenannten »Kölner Jazzkrieg« zum Ausdruck. Im Frühjahr 1979 konkurrierte die IKJH mit dem Jazzboard e.V., einem heterogenen Zusammenschluß um den legendären Kölner Impresario Gigi Campi, in dem unterschiedlichste, an Jazz (oft kommerziell) interessierte Personen zusammenkamen, mit dem Ziel, einen angemessenen Veranstaltungsort für Jazz zu finden: den Stadtgarten, eine Gastronomie in Kölns ältester Parkanlage am Rande der Innenstadt. Die Interessen von »Jazzveranstaltern« und »Jazzmusikern« waren so divergierend, daß eine gemeinsame Arbeit in Form eines Dachverbandes undenkbar erschien.

Im November fällte die kommunale Verwaltung »mit Blick auf die Sicherung einer kaufmännischen Wirtschaftsführung«[14] die Entscheidung, den Stadtgarten unter die Verantwortung des Jazzboard e.V. zu stellen. Am 6.3.1980 wurde diese Entscheidung dann vom Rat abgesegnet. Reiner Michalke faßt die Reaktion der IKJH darauf folgendermaßen zusammen:

Gerhard Veeck am Mischpult im
Stadtgarten. Foto: Hyou Vielz.

»Als dieses Jazzboard kam, war das der ›Klassenfeind‹, geradezu die Inkarnation des Gegners, den man idealtypisch braucht. Das war ja nicht die SPD – das waren Campi und andere, die Arbeitgeber von Musikern waren, die ganz andere Positionen vertraten, die mit einem dicken Mercedes durch die Gegend fuhren und eine andere Lebenshaltung drauf hatten. Als der Rat ihnen den Stadtgarten zudachte, haben wir eine Protestaktion ›Kölner Künstler‹ gemacht mit ›Floh de Cologne‹ und all solchen Gruppen. Die haben uns in diesem Kampf gegen das ›Herrschende‹ unterstützt.«[15]

Wie man heute weiß, hatte der Protest mittelfristig gesehen Erfolg. Obwohl sie im »Jazzkrieg« unterlagen, wollten die Musiker und Aktivisten der IKJH weiter (und erst recht!) aus der Haltung des moralisch Überlegenen handeln. Jedes erfolgreich veranstaltete »Jazz Haus Festival« wurde zum Plädoyer, daß der Bedarf an alternativen Aufführungsorten und -praktiken ungebrochen war. Die zunehmende Anerkennung Kölner Jazzer lieferte zusätzliche Argumente. 1982 glänzten die jungen Gruppen durch hohe Präsenz beim renommierten »Deutschen Jazz-Festival« in Frankfurt; und als vorläufiger Höhepunkt bekam die IKJH von der SWF-Jury unter Vorsitz Joachim-Ernst Berendts im gleichen Jahr den »Deutschen Jazz Preis« zuerkannt.[16] Darüber hinaus konnte die IKJH auf breite Unterstützung von anderen (Bürger-)Initiativen zählen.

Nicht zuletzt dieser Druck war es, der dazu führte, daß das Jazzboard ins Abseits geriet und 1983 ganz aus dem Rennen geschlagen war und seine Arbeit einstellte. Im Juni 1984 konnte die IKJH bereits das Restaurant des Stadtgartens eröffnen und mit dem Umbau der Anlage, ihrer Tauglichmachung für Konzerte, begonnen werden. Im September 1986 wurde der Konzertsaal eröffnet.

Autonomie stand auch hier wieder an oberster Stelle. Zwar ist der Konzertsaal zu 80% aus Landesmitteln finanziert worden, die IKJH als Betreiberin erhält keine direkten, regelmäßigen Subventionen. Vielmehr ist ein bis heute gültiges internes Finanzierungsmodell eingerichtet worden, das einen freien Konzertbetrieb unterstützt. Die IKJH vermietet die Gastronomie an eine Stadtgartenrestaurant-Betriebs-GmbH, die der IKJH 7% Umsatzbeteiligung bzw. mindestens 7000 DM monatlich bezahlt. So wurde im eigenen Haus der Sponsor selbst geschaffen.

Natürlich lief das nicht ohne inhaltliche Diskussionen ab, die, laut Michalke, auch noch bis heute latent anhalten: Setzt man sich damit auf Dauer nicht doch dem fundamentalen Widerspruch zwischen Gewinnstreben (Gastronomie) und kulturellen Zielen aus (ein Haus von Musikern für Musiker)? Oder sitzt die IKJH nicht doch am längeren Hebel, weil sie es ist, die die Gastronomie vermietet, also ungenehmen Gastronomen auch wieder kündigen kann? Jedenfalls ist der Preis für die Autonomie, daß man sich mit den Problemen, auch Vorwürfen auseinandersetzen muß, die man vorher bequem an die anderen, die etablierten Konzertveranstalter delegieren konnte.

Kommen wir zur ursprünglichen Fragestellung zurück: Wie verhält sich die IKJH und die Arbeit des Stadtgartens zu einer netzwerkhaften Struktur? Vor der Erringung des Stadtgartens stand dieser Gedanke der Kooperation nicht im Mittelpunkt – es ging um ein konkret formuliertes Ziel, das im Zusammenhang mit gesamtgesellschaftlichen Forderungen formuliert wurde, und dafür wurden Bündnispartner gesucht.

Zwar öffnete sich ab 1979 die Programmstruktur des »Jazz Haus Festivals«. Schon bei der zweiten Ausgabe, 1979, kann man die für den Stadtgarten später charakteristische Mischung aus allen möglichen avancierten Stilen sowie regionalen und internationalen Gruppen beobachten.[17] Aber die eigentliche Auflösung der eng umrissenen Forderung in ein Streben nach allen Seiten, ein Interesse für die verschiedensten Formen von Musik und den damit verbundenen Szenen konnte erst stattfinden, nachdem der Stadtgarten erstritten war und sich das kulturpolitische Interesse wieder diversifizieren konnte.

Nach einer Probe des »L'Orchestre de Contrebasses« am 12. Februar 1992 im Stadtgarten. Foto: Hyou Vielz.

»Nachdem die Folie Stadtgarten geschaffen war, haben sich die Schwerpunkte der Aktiven verlagert, und auch die Notwendigkeit im gesellschaftspolitischen Raum hat einen anderen Stellenwert bekommen. Der ursprüngliche Zweck der Gruppe war erreicht, so daß alle zu ihrer eigentlichen Arbeit zurückgekehrt sind, wobei ich dann dazu gekommen bin, für das Programm des Stadtgartens die hauptsächliche Verantwortung zu tragen. Das gemeinsame ästhetisch-politische Ziel hat sich wieder rückübersetzt auf die einzelne Arbeit, so habe ich zum Beispiel angefangen, Kommunalpolitik für die Grünen zu machen, was ich heute noch tue. Joachim Ullrich und Rainer Linke haben sich intensiv der Hochschulpolitik gewidmet etc. Aus dem gemeinsamen An-einem-Strang-Ziehen wurde wieder ein Einzelkämpfertum, das lag aber auch in der Natur der Sache.«[18]

NETZWERK

Vielleicht stellt sich an dieser Stelle ein Unbehagen ein. Wo findet in diesem Koordinatensystem der Konfliktführung das Ästhetische statt? Ging es bei den Auseinandersetzungen nicht um die Sache selbst, den alternativen Jazz? Die ästhetische Frage bleibt in der Tat ausgeklammert – und dadurch aber auch stets präsent.

In der Dokumentation der IKJH (IKJH 1986) findet sich kein einziges Statement, kein Manifest, auch keine Aussage eines Musikers zur eigenen Musik. Es geht allein um die Rahmenbedingungen: den Auftrittsort (Stadtgarten), seine Konzipierung, sprich Finanzierungsmodelle, die Einrichtung einer Gastronomie, die Kopplung von Politik und Kultur, die pädagogische Arbeit (Offene Jazz Haus Schule), das musikereigene Label (Jazz Haus Musik). Einzig einem »Fremden«, dem damaligen WDR Jazz-Redakteur Manfred Niehaus, wird es in einem Interview überlassen, zur Musik der jungen Jazzer etwas zu sagen: »Diese Kölner Gruppen haben einen speziellen Humor, eine spezielle Ironie, und die beruht einmal auf der Fähigkeit, verschiedene Stile zu mischen (dazu muß man die Stile ja erst einmal kennen und beherrschen). Ich denke da an Boury oder an Norbert Stein als Komponisten, an die Saxophon Mafia: Da hat man u.a. Frank Zappa im Hinterkopf, und da weiß man, was Mauricio Kagels Musiktheater ist.«[19]

Aber auch Niehaus kommt darauf zu sprechen, daß der eigentliche Kern, die Musik, nicht programmatisch thematisiert wird: »Die Jazz Haus Initiative versucht, in ihrer Arbeit für die Musiker völlig wertfrei zu arbeiten. Das ist ein Phänomen. Es ist nicht eine Clique, die auf ein bestimmtes ästhetisches Programm festgelegt ist, sondern es ist eine Gruppe von Leuten, die denselben sozialen Status haben und dieselbe Profession, wobei also die ästhetischen Konzeptionen und auch die Ergebnisse durchaus verschieden sind. Ich bewundere diese sicher nicht ganz einfach zu bewerkstelligende Toleranz unter den Musikern. Diese Toleranz scheint mir einer der Gründe zu sein, warum die Sache so lange gehalten hat und warum diese Initiative so effektiv arbeitet.«[20]

Auch Reiner Michalke kommt zu diesem Schluß, sieht aber gleichwohl darin auch Problematisches: »Wir haben versucht, Diskussionen über den Bereich der Ästhetik – wer spielt welchen Jazz? – auszuklammern und die ganze Bandbreite zuzulassen. Das hat den positiven Aspekt, daß über lange Jahre bis heute die IKJH ein sehr heterogener Kreis geblieben ist, wo sich selbst Free Jazz zu Hause fühlen kann. Auf der anderen Seite hat das Unterbleiben dazu geführt, daß auch eine bestimmte Kritik ausgeblieben ist, die den Focus auf bestimmte Qualitäten gerichtet hätte, die nun mal notwendig sind, wenn man über den kleinen Kreis einer lokalen Musikerinitiative hinaus nationale Anerkennung erreichen will. Da wäre eine inhaltliche Debatte hilfreich gewesen. Was Köln auszeichnet, zumindest war das vor Jahren so, ist ein starkes, ungemein kompetentes Mittelfeld, wo auffällt, daß die personellen Spitzen fehlen, weil die möglichen Spitzen sich selber zurückgenommen haben im Dienste der Sache und der Gruppe.«[21]

Die Fußballmannschaft der »Initiative Kölner Jazz Haus« in der Gründerzeit des Stadtgarten-Konzertsaals (1984).
Oben: Wollie Kaiser, Georg Ruby, Hans Steltner, Dieter Manderscheid, Raimund Kroboth, Hinrich Franck. Unten:
Hyou Vielz, Jochen Zöpf, Hans Schmitz, Dave Clarke, Armin Tretter, Joachim Ullrich. Foto: Meike Dannenberg-Vielz.

Aus dieser eigentümlichen Dialektik erklärt sich, wieso die Musik eben doch im Mittelpunkt steht: Ihr wird ein Eigenleben zugestanden, es findet keine Reduktion der musikalischen Aussage auf eine politische statt. Musik als verbindliche Haltung wird abgelehnt, das ästhetische Regelsystem wird als solches anerkannt.

Das bedeutet wiederum, daß eine größtmögliche Heterogenität entsteht und sich natürlich die Formel »europäischer Jazz + Zappa + Kagel« nicht durchhalten läßt. Free Jazz, freie Improvisation, findet im Gefüge der IKJH und damit auch des Stadtgartens ebenso Platz, wie die Anbindung an traditionellere Formen des Jazz oder an andere Genres wie Tanz oder Literatur. Diese gegenseitige Achtung führt schließlich zu einer Vermischung. Das zeigen nicht nur die Programme des »Jazz Haus Festivals« und die Veröffentlichungen des Jazz Haus Labels, das läßt sich bis in die aktuellen Verästelungen des alltäglichen Konzertbetriebes des Stadtgartens verfolgen. Hier steht keine Focussierung auf große Namen resp. Festivals im Vordergrund. Festivals jüngeren Datums[22] wie die jazzorientierte »Loopfactory« oder das kompromißlos-experimentell ausgerichtete »Jack Pohl stellt vor ...« verzichten bereits in ihrer Titelgebung bewußt auf eine Programmatik und finden als flexible kleinere Veranstaltungen mehrmals im Jahr statt, um eine Konzentrierung auf ein Ereignis zu verhindern.

Diese ästhetische Offenheit ist Motor für die Entstehung und Ausbildung eines Netzwerkes. Während es Gruppen resp. Initiativen mit einem klar konturierten inhaltlichen Kern darum geht, sich zu verwirklichen, geht die Arbeit der IKJH in die Breite. In ihren Festivals und in ihrer Arbeit im Stadtgarten manifestiert sich kein sendungsbewußter Gesamtwille. Vielmehr werden in kleinteiliger Arbeit sogenannte Programmschienen entwickelt, die die künstlerische Entfaltung der jeweils auftretenden Band fördern sollen. In diesem Sinn ist das Programm auch nicht historisch ausgerichtet, sondern auf die Schaffung möglichst vieler Strukturen, die Unterschiedliches für das Publikum nachvollziehbar präsentieren.

Konkret heißt das, daß in der Saison 1997/1998[23] 273 Veranstaltungen insgesamt stattfanden, wovon achtzig sogenannte Jazz-Konzerte (inkl. aller Spielarten Improvisierter Musik) waren,[24] 83 Konzerte mit anderer Musik (Weltmusik, Popmusik) und 22 Lesungen und öffentliche Diskussionen. Zudem fanden noch sechzig Parties (Hip Hop, Dancefloor Jazz, Drum'n'Bass) statt. Zum Vergleich: in der Saison 1996/1997 wurden 175 Veranstaltungen initiiert, mit der gleichen Anzahl von Jazz-Konzerten wie in der folgenden Saison. Außerdem muß berücksichtigt werden, daß in dieser Saison noch das Stadtgarten-Kino existierte, das danach einem Umbau zum Opfer fiel.[25] Die Zunahme der Veranstaltungen ging also nicht auf Kosten der Anzahl der Jazz-Konzerte, wohl aber auf Kosten von deren Präsenz im Gesamtbild des Stadtgartens.

Es gilt den Sinn von 273 Veranstaltungen zu vermitteln, die auch untereinander aufeinander verweisen, und sei es, daß sie als »Hochkultur« rezipiert werden, was freilich für die Parties nicht zutrifft, weshalb diese für viele immer noch einen Fremdkörper im Programmgefüge bilden.[26] Diesen Sinn zu vermitteln und diesen zu kommunizieren, ist eine der Hauptaufgaben in der kulturellen Tätigkeit der Programmacher geworden. Daß diese Zunahme und qualitative Dichte der Veranstaltungen sich der beharrlichen Arbeit an einem Netzwerk verdankt, ist von außen nicht so ohne weiteres nachvollziehbar – etwa nach dem Motto: Man sieht den Wald vor lauter Bäumen nicht. »Ganz wichtig beim Programmachen ist, den Spaß nicht zu verlieren, neues Material den Leuten zu präsentieren. Da kämpft man auch mit sich selbst. Denn eine Erfahrung der Vergangenheit ist, daß je mehr Arbeit ein Konzert produziert hat, desto weniger Leute kamen. Es ist sehr aufwendig, eine Gruppe von weit weg, die möglicherweise zum erstenmal in Köln spielt, zu veranstalten. Und die Reaktion des Publikums war dann meistens derart, daß kaum welche

Die Kölner Saxophon Mafia am 3. März 1997 im Stadtgarten. Foto: Hyou Vielz.

Pierre Charial am 7. Juni 1997 während der 2. Musik-Triennale im Kölner »Loft«. Foto: Hyou Vielz.

gekommen sind. Auf Dauer setzt das eine unangenehm schneidende Schere in den Kopf. Es ist nicht die Budgetfrage, die da zuschlägt, auch nicht die ästhetische Komponente. Es ist die Frage, wen interessiert das, wie weit kann der Egoismus des Programmachers gehen? Man muß sich immer wieder motivieren, die Neugierde auf aktuelle Musik bei sich zu entdecken und sie auch dem Publikum zu unterstellen.«[27]

Der Stadtgarten hat den Rahmen der Initiative längst verlassen, strebt also in den Worten Michalkes nach (inter-)nationaler Anerkennung und sucht sich Bündnispartner auf europaweiter Ebene.

Die Rückbindung an die IKJH ist aber immer noch gegeben. In zweierlei Weise: zum einen ist die Funktion und Position des Programmverantwortlichen von der IKJH legitimiert, was auf der anderen Seite heißt, daß der Programmverantwortliche seine Tätigkeit für die IKJH nachvollziehbar gestalten muß. Zum anderen wäre die Ausrichtung der Aktivitäten des Stadtgartens auf die internationale Ebene ohne das Rüstzeug, die Kontakte und Erfahrungen, die sich die Initiative in den Jahren ihrer direkten politischen Existenz angeeignet hat, schwer zu bewerkstelligen.

Daß also die ästhetische Frage offen blieb, sorgte für zwei Effekte, die sich gegenseitig stützten. Der Kopf blieb frei für dringendere organisationspolitische Dinge, und die Szene selber konnte sich durchdringen und enge Kontakte knüpfen, weil man nicht auf seinen jeweiligen ästhetischen Wahrheiten beharrte.

KONTEXTE

Eine entscheidene Frage für die Weiterentwicklung des Stadtgartens ist sicherlich diejenige, wie sich dieses Umfeld zu anderen Kontexten verhält.

Es ist offensichtlich, daß dieses gleichzeitig gewachsene wie hybride und sehr kompliziert organisierte Unternehmen nicht zu vergleichen ist mit den spontaneistischen Aktionen, wie sie zum Beispiel rund um Peter Kowalds »ort«[28] 1994/1995 stattfanden. Der Wuppertaler Bassist, Free Jazz Pionier und Weltenbummler Peter Kowald setzte darauf, daß die Akteure, Bildenden Künstler, Improvisatoren, Dichter, Anwohner, den zur Verfügung gestellten Raum in Besitz nehmen, um, in Abstimmung mit Kowald, dort ihre Konzerte, Happenings etc. zu veranstalten. Demgegenüber ist der Stadtgarten natürlich viel bürokratischer (was ein interessantes Paradoxon ist: daß nämlich mit der Zunahme der Veranstaltungen auch der Aufwand und die Anstrengung, diese zu organisieren, zunimmt).

Wenn der Stadtgarten also auf andere Zusammenhänge Bezug nimmt, dann sind diese selbst schon institutionalisiert, mithin gänzlich anders strukturiert als der situationistische »ort«.

Eine Zwischenstellung zwischen frei flottierendem Ereignis und verfestigter Institution nimmt das Loft in Köln ein. Der Name beschreibt Realität und ist zugleich Referenz. Zum einen ist das Loft eine ehemalige Fabriketage; zum anderen erinnert es schon in der Namensgebung bewußt an die amerikanische Loft-Bewegung der siebziger Jahre, als sich die Free Jazzer New Yorks in halb verfallene Lagerhäuser zurückzogen und Musician's Music spielten – ein Umfeld, zu dem weltberühmte Improvisatoren wie Sam Rivers, Anthony Braxton, Henry Threadgill oder auch Ornette Coleman zählten.

Seit 1989 gibt es so einen Ort für Musiker, die sich einer dezidiert radikalen Haltung verschrieben haben, auch in Köln. Hans-Martin Müller, ein renommierter Flötist klassischer Provenienz, veranstaltet in seiner Köln-Ehrenfelder Fabriketage seit 1989 Konzerte. Zudem haben die Tonmeister Ansgar Ballhorn und Wolfgang Stach dort ein Studio untergebracht, so daß die Möglichkeit zu Aufnahmen besteht. In den letzten 10 Jahren sind dort weit mehr Produktionen entstanden als im Stadtgarten. Ähnlich wie der »ort« ist das Loft, zumindest aus der Sicht Hans-Martin Müllers, gänzlich unkommerziell. Müller verdient keinen Pfennig daran, investiert vielmehr, um ein akustisch wie atmosphärisch zufriedenstellendes Ambiente zu erzielen. Anders als der »ort« ist das Loft aber auch kein Raum, der so ohne weiteres von Musikern, Künstlern etc. in Beschlag genommen werden könnte. Längst gruppiert sich um Hans-Martin Müller eine Gruppe von Musikern, die die mittlerweile auch überregional bekannte, da auf dem Festival in Moers regelmäßig vertretene, sogenannte »Loft«-Szene repräsentiert.

Der Pianist Hans Lüdemann (Mitte) bringt in seinem Gruppenprojekt »RISM« Rainer Winterschladen, Mark Feldman, Hayden Chisholm, Dré Pallemaets, Hartmut Kracht und Marc Ducret zusammen, hier am 14. März 1997 im »Loft«. Foto: Hyou Vielz.

Das Verhältnis zum Stadtgarten gestaltet sich dabei arbeitsteilig. Es liegt auf der Hand, daß das Loft flexibler, unkomplizierter agieren kann: Es stehen keine Arbeitsplätze zur Disposition, der Betreiber kann seinen Enthusiasmus voll zum Einsatz bringen. Konzerte, die für den Stadtgarten ein gewisses finanzielles Risiko mit sich bringen, und das sind nun mal hauptsächlich solche mit radikal Improvisierter Musik, können im Loft problemlos über die Bühne gehen. Allein schon, weil von vornherein klar ist, daß die Musiker nur gegen Eintritt spielen, während der Stadtgarten sich de facto dazu verpflichtet hat, Festgagen zu zahlen. Hinzukommt, daß die intime Atmosphäre des Loft dem Gestus vieler Improvisierender Musiker entspricht. Umgekehrt kann der Stadtgarten Konzerte und Festivals möglich machen, die sich das Loft logistisch und finanziell nicht leisten kann. Auch sind die Grenzen durchlässig: In Köln wirkende Musiker wie Georg Gräwe, Thomas Lehn, Frank Gratkowski oder Simon Nabatov spielen sowohl im Loft als auch im Stadtgarten. Gut möglich, daß im Bewußtsein einiger Rezipienten sich das Bild vom »guten«, weil intimeren, unkommerziellen Loft und vom »bösen« Stadtgarten eingeschlichen hat. Dabei wird übersehen, daß zwischen Stadtgarten und Loft ein reger Kommunikations- und Ideenaustausch stattfindet und man sich auf beiden Seiten bewußt ist, daß es um die Reichhaltigkeit und Bandbreite der Improvisierten Musik geht und nicht um die Profilierung als Veranstalter.

Ein zentraler Bezugspunkt für den Stadtgarten ist die Zusammenarbeit mit dem WDR. Gerade der WDR übernimmt die Rolle einer Kulturbehörde (was in diesem Zusammenhang nicht abwertend gemeint ist!), deren Koproduktion von Festivals und Konzertreihen diese überhaupt erst möglich macht und somit einen Kontext schafft, in dem der Jazz der Gegenwart sich entwickeln kann. Umgekehrt wird der WDR mit Material, mit künstlerischem Input versorgt, das dieser weiterverarbeiten kann und in seine beeindruckende Geschichte von Jazzproduktionen integrieren kann.[29] So hilft man sich gegenseitig, Ereignisse zu produzieren, die sowohl den Kontext des Stadtgartens wie den des WDR erweitern.

Andere Institutionen sind Veranstalter. Es mag naheliegend sein, daß diejenigen miteinander kooperieren, die auf der gleichen Ebene operieren. Tatsächlich ist es aber diese gleiche Ebene, die eine intensivere Zusammenarbeit zwischen Veranstaltern oftmals blockiert, weil die jeweiligen, veranstalterspezifischen Interessen sich im Wege stehen. Eine Komplementarität, wie die von WDR (Nachfrager von Konzerten) und Stadtgarten (Anbieter) ist zwischen Veranstaltern so nicht gegeben. Auch ein Zusammenschluß wie das European Jazz Network, das die Interessen koordinieren und angleichen will, kommt nur selten zu konkreten Ergebnissen. Gleichwohl ist der Stadtgarten an die Grenzen seiner Auslastung gestoßen. 273 Veranstaltungen in zehn Monaten heißt ja nichts weniger, als daß nahezu jeden Tag ein Konzert, eine Lesung oder Party stattfindet, nicht zu vergessen die Doppelbelegungen, wenn also jeweils ein Konzert o.ä. im Club des Stadtgartens, dem Studio 672, und im Konzertsaal zu hören ist. Da aber das Netzwerk weiter wuchert und der Kontext sich beständig erweitert, ist eine Erweiterung der Auftritts- resp. Veranstaltungsmöglichkeiten erforderlich – und wird auch angestrebt.

Für eine Dependance in Berlin, sicherlich einem der spannendsten Orte in Deutschland, was Entwicklungstendenzen in der experimentellen Musik angeht, konnte die Zusammenarbeit mit der Knitting Factory gewonnen werden, die ihrerseits seit geraumer Zeit daran arbeitet, auch in Europa Fuß zu fassen. Die New Yorker Knitting Factory ist einer der weltweit renommiertesten Auftrittsorte für zeitgenössischen Jazz und artverwandte Genres. Fast genauso alt wie der Stadtgarten (sie nahm den Konzertbetrieb 1987 auf) ist ihr Name untrennbar mit führenden Improvisatoren und Komponisten wie Charles Gayle, John Zorn, William Parker oder Marc Ribot verbunden. Sie bringt genügend Know-how, »Skills« und Kontakte mit, an denen sich der Stadtgarten zukünftig abarbeiten kann. Von einer Berliner Knitting Factory könnten also tatsächlich entscheidende, zukunftsweisende Signale an die Szene und aus der Szene heraus an ein interessiertes Publikum kommen.

Damit hätte der Stadtgarten nicht nur den Rahmen seiner Initiative verlassen, sondern auch den Rahmen Kölns, was Reiner Michalke begrüßt:

»Die ›Knitting Factory Berlin‹ könnte sehr viele Synergieeffekte mit sich bringen, weil Berlin eine interessante Stadt ist, in die sich kulturell zu investieren lohnt. Für unsere, Kölner, Sicht ist es besonders interessant, weil sich eine Achse bilden kann – von Berlin über Köln nach Amsterdam oder Paris oder London. Man darf die strategisch günstige Lage Kölns mitten in Europa nicht unterschätzen! Köln wäre also ein Zentrum in einem nun europäischen Netzwerk mit amerikanischer Beteiligung. Das Ziel, das ich dabei anstrebe, ist, den Begriff »Jazz« immer weiter in den Hintergrund zu drängen, an seiner Auflösung zu arbeiten und die Dinge, die Musiken, die es weiterhin gibt, durchlässiger, auch kompatibler zu gestalten. Eine dichtere Kommunikationsstruktur wäre die Folge. Das gilt für die Formen der modernen elektronischen Musik über alle Facetten der Improvisierten Musik, bis zur Traditionellen Musik aus Afrika, Asien und Südamerika.«[30]

ABSPANN

Das folgende Zitat verdeutlicht auf seine Weise, worum es heute geht, wenn man zu einem Punkt im Netzwerk geworden ist und das Streben nach Zielen zugunsten einer Produktion anschlußfähiger Ideen und Konzeptionen aufgegeben wurde.

Es ist gewissermaßen ein Fundstück, aufgelesen im Herbst 1998, erschienen in einem anders gelagerten Zusammenhang, nicht auf die hier thematisierte Transformation bezugnehmend (genaugenommen ignoriert es sie) – und doch gibt es einen Nexus, eine Scharnierstelle, die, ob sie jetzt von dem Zitierten explizit mitbedacht wurde oder nicht, ihre Wirkung tätigt.

Da wäre zunächst die Aktion »4 Plattenläden für Graz« (vgl. Gurk u.a. 1998). Der »steirische Herbst«, eine von Österreichs bedeutendsten, mit weltweiter Rezeption geadelten kulturellen Veranstaltung, lud anstelle von Galerien Kölner Plattenläden und die von diesen repräsentierten Musikgruppen nach Graz ein. Im Begleittext erwähnt Kurator Christoph Gurk einige der Umstände dieser Hausse avancierter Kölner Populärmusik:

»Seit den Anfangstagen der Elektronischen Avantgarde (Karlheinz Stockhausen) und der Blütezeit von Krautrock (Can) ohne eigenständiges Profil ist im Zentrum Kölns – zwischen Kneipe, Galerie, Redaktionsbüro, Club, Plattenladen – mittlerweile ein Umschlagplatz entstanden, auf dem die unterschiedlichsten Stilsegmente verschoben werden und changierende musikalische Emulsionen ausbilden.«[31]

Gibt es ein schöneres Schlußwort? Aber die Sache ist verflixt – gemeint ist natürlich nicht der zentral gelegene Stadtgarten, jedenfalls nicht in einer direkten Weise, und trotzdem wäre das gefeierte Verschieben von Stilsegmenten und das Changieren musikalischer Emulsionen ohne den Stadtgarten so nicht passiert. Der Knackpunkt des obigen Zitates liegt in den Worten »ohne eigenständiges Profil«, was heißen soll, daß von 1970 (Can) bis 1995 (Boom neuer Kölner Musik) die Stadt ohne nennenswerte Musik dastand. Sicher ignoriert das den ganzen avancierten Jazz oder auch Post-Jazz, wie er von 1978 und schon davor von Musikern aus dem Umkreis der IKJH gespielt wurde, und damit auch einen Großteil der Arbeit des Stadtgartens.

Aber das ist der Preis für das Netzwerk-Werden, daß nämlich die Geschichte zurücktritt hinter ein dichtes Bezugsfeld, das die je aktuellen Musiken (und damit ist bei weitem kein kommerzieller Ausverkauf gemeint) ermöglicht, indem es sie präsentiert und durch die Formen der Präsentationen auf sie einwirkt. Die Strukturen sind eben nicht darauf angelegt, einzelne zu binden und so etwas wie einen »Artist-in-Residence« hervorzubringen, was in Berlin ein existierendes Modell ist. Im Mittelpunkt stehen Flexibilität, eine Geschmeidigkeit in der Auseinandersetzung mit der jeweiligen Musik, die nicht primär dem Verwertungsinteresse unterliegt, und – es wurde bereits mehrfach erwähnt – die Bereitstellung von Möglichkeiten.

Daß das auf Kosten des Profils geht und die Musiker ihre Identität lieber in anderen Städten wie Berlin[32] finden, muß in Kauf genommen werden – daß sie über kurz oder lang wieder im Stadtgarten spielen werden, ist unvermeidlich.

ANMERKUNGEN

1 Vgl. Ekkehard Jost: Sozialgeschichte des Jazz in den USA, Frankfurt a.M. 1982; ders.: Europas Jazz 1960-1980, Frankfurt a.M. 1987; Wolfgang Knauer (Hg) Jazz in Deutschland, Hofheim 1996 – um nur drei, wenn auch besonders materialreiche, Beispiele zu nennen.

2 Wenngleich Ekkehard Josts berühmte Thematisierung des Free Jazz genau hier ansetzt, die allerdings durch den Bezug auf »den Jazz der sechziger Jahre« auch wieder einen historisierenden Aspekt in die Untersuchung hineinnimmt. Vgl. Ekkehard Jost: Free Jazz. Stilkritische Untersuchungen zum Jazz der Sechziger Jahre, Mainz 1975.

3 Nicht umsonst heißt die Parole des Art Ensemble of Chicago: »Great Black Music – From Ancient To Future!«

4 Davon abgesehen ist Jazz als Jazz, als seine eigene Form von dieser Historisierung erfaßt, was z.B. an Statements wie dem von Joachim Ullrich von der Kölner Saxophon Mafia deutlich wird: »Die Mafia sieht sich nicht als Jazzband, wir spielen eine zeitgenössische Musik, in der neben anderen Einflüssen eben auch der Jazz eine Rolle spielt ... der Begriff Jazz ist längst ein historisches Phänomen.« (zitiert nach Robert v. Zahn: Jazz in Köln seit 1945. Konzertkultur und Kellerkunst, Köln 1997, S. 227).

5 In erster Linie bei v. Zahn, Jazz in Köln, insbesondere die darin enthaltenen Kapitel über »Die Initiative Kölner Jazz Haus«, »Der Kölner Jazz-Krieg«, »Der Stadtgarten-Konzertsaal«.

6 Vgl. Initiative Kölner Jazz Haus (Hg.): Hier baut die Initiative Kölner Jazz Haus. Dokumente, Berichte, Interviews 1978-1986, Köln 1986.

7 Dazu paßt auch, daß derzeit (Dezember/Januar 1998/99) viel Zeit darauf verwendet wird, den Stadtgarten ständig auf dem aktuellsten Stand im Internet zu präsentieren. Schließlich ist das Nicht-Lineare des Internets besonders gut geeignet, die vielen (internen und externen) Verweise und Verbindungen (»links«) des Stadtgartens zu transportieren.

8 Schließlich ist der Stadtgarten im European Jazz Network organisiert, einem Zusammenschluß verschiedener Veranstalter und Initiativen wie dem BIM-Huis in Amsterdam oder dem Moods in Zürich.

9 Nachzulesen ist das Interview, das er zusammen mit einem anderen Aktivisten der Initiative, Dieter Manderscheid, gegeben hat in der Dokumentation der Initiative Kölner Jazz Haus, Hier baut, S. 118. Das Interview ist undatiert und wurde nach Aussage Michalkes Mitte der achtziger Jahre, wahrscheinlich 1984, geführt.

10 Interview mit Reiner Michalke, 18.1.1999.

11 Initiative Kölner Jazz Haus, Hier baut, S. 4.

12 Abgedruckt in v. Zahn, Jazz in Köln, S. 214 f.; dort findet sich ebenfalls ein Foto, das Mitglieder der Initiative bei einem »Friedensmarsch Kölner Jazz-Musiker« zeigt, ebd., S. 199.

13 Jedenfalls sind beim ersten Jazz Haus Festival 1978 ausschließlich junge Kölner Gruppen vertreten.

14 Zitiert nach v. Zahn, Jazz in Köln, S. 211.

15 Interview mit Reiner Michalke, 16.9.1996 (v. Zahn), zitiert nach v. Zahn, Jazz in Köln, S. 214. In dem Zitat scheint bereits durch, daß viel Polemik strategisch eingesetzt wurde, also mitnichten Selbstzweck oder rein moralische Äußerung war. Das Ziel, ein Haus zu erstreiten, dafür die Polemik und die durch sie angegriffenen Personen und Zusammenhänge als Mittel zum Zweck zu benutzen, ist evident.

16 Vgl. v. Zahn, Jazz in Köln, S. 217.

17 Am 21.10.1979 spielten z.B. das Alexander v. Schlippenbach Trio (Free Jazz!) mit Extempore, der Gruppe um Reiner Michalke, und der John Scofield Group zusammen, vgl. Initiative Kölner Jazz Haus, Hier baut, S. 194.

18 Interview Michalke, 18.1.1999.

19 Initiative Kölner Jazz Haus, Hier baut, S. 189. Übrigens tradiert Ulrich Kurth, Manfred Niehaus' Nachfolger als Jazz-Redakteur, noch zehn Jahre später die Formel: handwerkliche Kompetenz, Kenntnis der Jazzgeschichte, zappaesker Eklektizismus und Referenzen an die Neue Musik (Kagel), wenn er auf Niehaus bezugnehmend schreibt: »Längst existierte eine Art ›Kölner Stil‹. In der Folge des großen Aufbruchs im europäischen Jazz hatten sich Bands gebildet, die nicht mehr amerikanische Vorbilder imitierten, sondern sich schöpferisch mit ihren eigenen Wurzeln befaßten.« Ulrich Kurth: 10 Jahre Stadtgarten, in: Hans-Jürgen v. Osterhausen (Hg.): On Stage. 10 Jahre Stadtgarten Köln, Köln 1996, S. 10.

20 Initiative Kölner Jazz Haus, Hier baut, S. 190 f.

21 Interview Michalke, 18.1.1999.

22 Das letzte »Jazz Haus Festival« fand im Herbst 1995 statt.

23 Da der Stadtgarten zwei Monate Sommerpause hat, gibt es in einer Saison zehn Konzertmonate, von September bis Juni.

24 Der Anteil von Kölner Bands bzw. von Bands mit Kölner Beteiligung liegt bei knapp über 50%.

25 Die Zahlen wurden einer unveröffentlichten Dokumentation entnommen, die die IKJH zu ihrer Mitgliederversammlung am 8.12.1998 vorlegte.

26 Die Kritik, die Vera Brandes, eine der ›Unterlegenen‹ vom Jazzboard im Kampf um den Stadtgarten übt: »Was die da heute machen, ist am damaligen Maßstab gemessen 25mal kommerzieller als das, was wir jemals vorgehabt haben.« (zitiert nach v. Zahn, Jazz in Köln, S. 213), hat durchaus ihre Berechtigung, allerdings sollte nicht die andere Seite übersehen werden, daß die Anzahl der kommerziell unsinnigen Veranstaltungen ebenso hoch ist!

27 Interview Michalke, 18.1.1999.

28 Vgl. die detaillierte Dokumentation von Peter Kowald: Almanach der »365 Tage vor Ort«, Luisenstraße, Wuppertal; Köln 1998.

29 Einen Überblick über diese Synergien gibt Ulrich Kurth in seinem Aufsatz: »Schräge Töne«? Zeitgenössischer Jazz im Hörfunk, in: Jürgen Arndt und Werner Keil (Hg.): Jazz und Avantgarde, Hildesheim 1998, S. 54.

30 Interview Michalke, 18.1.1999.

31 Christoph Gurk u.a.: Einleitung, in: 4 Plattenläden für Graz & Musik aus Köln im Reinighaus, Publikation des »steirischen Herbstes 98« in: Kooperation mit SPEX, Köln 1998, S. 2.

32 Wie z.B. der Altsaxophonist Jan von Klewitz: »Irgendwann hat's mir gereicht in Köln, und es hat mich wieder nach Berlin gezogen. Das war gerade zu dem Zeitpunkt, als die Mauer fiel, und da ging es in Berlin richtig los! Vorher war so wenig los, die Jazzszene vor dem Mauerfall war viel kleiner als in Köln. Jetzt ist es umgekehrt, jetzt gehen die guten Leute nicht aus Berlin weg, um Musik zu machen, sondern die Musiker kommen z.B. aus Köln nach Berlin, weil dort bessere Studienmöglichkeiten sind.«, zitiert nach Angela Ballhorn: Jan von Klewitz, in: Jazzthethik 11/8, Münster, S. 20.

Johnny Griffin und Klaus Doldinger als
Gäste der WDR-Big Band. Foto: Ines Kaiser.

Initiativen und Sendereihen zum Jazz im WDR-Hörfunk

von Silvia Handke, Düsseldorf

Initiativen und Sendereihen, die sich den musikalischen Aktivitäten in Nordrhein-Westfalen widmen, gab es im WDR-Hörfunk insbesondere in den achtziger Jahren. Zu dieser Zeit reagierte man besonders sensibel auf alles das, was im direkten Umfeld des Senders geschah. Diese Sensibilität wurde hervorgerufen durch die Diskussion um die Regionalisierung des WDR. Es folgten konkrete Änderungen in der Programmkonzeption. Eine Sendereihe, die eng mit dem Projekt »Regionalisierung und Dezentralisierung des WDR« zusammenhing, war die »Musikszene West«. In allen Landesstudios des WDR wurden »Musikszene West«-Redakteure/innen eingesetzt, die die regionalen musikalischen Aktivitäten aller Stile und Richtungen beobachten und besser im Programm hörbar machen sollten. »Musikszene West« wurde 1984 als tägliche Hörfunksendung konzipiert, die im Wechsel aus Münster, Köln, Düsseldorf, Essen, Bielefeld und Dortmund übertragen wurde, von 1987 ab auch aus Siegen, Aachen und Wuppertal. Die »Musikszene West« sendete Ausschnitte bzw. Gesamtvorstellungen von Konzerten aller Stilrichtungen, zudem Musik mit Gruppen aus der Region, Beiträge und Berichte über das Musikleben. Es wurden auch CDs von den Landesstudios koproduziert und Konzerte und Festivals im Sendebereich finanziell mitgetragen (so z.B. im Jazzbereich das Ruhr-Jazz-Festival, das Bochumer Jazz-Festival etc.). Im Zuge der Umstrukturierung des 5. Programms zur Wortwelle wurde die »Musikszene«, die zuvor schon vom ersten in das fünfte Programm gewandert war, auf WDR 3 verlegt. Der Etat für Produktionen wurde gestrichen, die Sendezeit gekürzt, das Programm zentral aus Dortmund übertragen und inhaltlich verändert. Es richtete sich stärker national bis international aus und verlor damit weitgehend die pflegende Funktion für die regionalen Musikkulturen.

Ein Projekt, das sich ausschließlich Musikgruppen aus dem Sendegebiet widmete, war das Anfang der achtziger Jahre entwickelte Projekt »Stadtmusik«. Es war nicht ausschließlich auf Jazz und Folkmusik ausgerichtet, sondern schloß auch die Rockmusik mit ein. Eine Beschreibung des Projekts ist der Dissertation[1] der Autorin entnommen.

»noNett« beim Projekt »Stadtmusik ’82« in der »hifivideo ’82« Düsseldorf. Foto: WDR.

»Stadtmusik« entstand in der Musikabteilung des WDR-Hörfunks. Das Projekt umfaßte einen zwischen 1982 und 1987 jährlich stattfindenden Wettbewerb, Festivals an verschiedenen Orten Nordrhein-Westfalens und eine Sendereihe, die von Januar 1983 bis Dezember 1987 einmal wöchentlich ausgestrahlt wurde. Die Idee zu diesem Projekt hatte der damalige Hauptabteilungsleiter der Hörfunk-Musikabteilung: Alfred Krings. Er war auf die vielen jungen Rock-, Jazz- und Folkmusiker aus Nordrhein-Westfalen aufmerksam geworden, die den Sender täglich mit eigenproduzierten, zum Teil im Proberaum mühevoll erstellten Demonstrationskassetten bemusterten. So beschloß Alfred Krings gemeinsam mit Rudolf Heinemann, dem damaligen Programmgruppenleiter Unterhaltungsmusik des WDR-Hörfunks, einen Wettbewerb »Stadtmusik« zu veranstalten. Dadurch wollte der WDR:

– alle die Musiker und Musikerinnen in Nordrhein-Westfalen ansprechen, die eigenkomponierte Musik machen, unabhängig von den Zwängen der Musikindustrie,
– junge Begabungen fördern und einer breiten Öffentlichkeit vorstellen,
– Interessierten die Möglichkeit geben, eine halbstündige Demonstrationskassette mit Musiktiteln an den WDR zu schicken, um sich so einer Jury vorzustellen und
– die Besten auf einem WDR-Festival auf der »hifivideo ’82« in Düsseldorf präsentieren.

Im März 1982 wurde der Wettbewerb ausgeschrieben. Die Resonanz auf die Ausschreibung war unerwartet hoch. Bis Juni hatten sich bereits über 800 Bands mit Kassetten, Tonbändern und zum größten Teil selbstproduzierten Schallplatten beim Sender beworben. So erfreulich das Ergebnis auch war, es verursachte Probleme. Denn in der zur Verfügung stehenden Zeit war eine ernsthafte Beurteilung aller dieser Eingänge unmöglich. So wurden zunächst nur die eine Hälfte der Einsendungen bewertet und 30 Gewinner bestimmt. Weitere Gewinner sollten ein halbes Jahr später ermittelt und durch ein weiteres »Stadtmusik«-Festival vorgestellt werden.

In der Jury saßen Peter Herbolzheimer (Jazzmusiker), Manfred Schoof (Jazzmusiker), Rainer Prüss (Folkloregruppe Liederjan), Wolfgang Niedecken (Sänger der Rockgruppe BAP) und Heiner Müller-Adolphi (Redakteur des WDR).

> »(Was wir gehört haben), haben wir in unseren kühnsten Träumen nicht erwartet. ›Stadtmusik‹ ist plötzlich ein Markenzeichen geworden. Das Vertrauen der Musiker in den Rundfunk scheint größer als das in die Musikindustrie. Das bringt uns neue Verpflichtungen. Wir müssen als WDR diesem qualifizierten Nachwuchs Produktionen ermöglichen, wir müssen mit Hilfe der Kultursekretariate NRWs Auftritte besorgen. ›Stadtmusik‹ wird mit Sicherheit einen festen Programmplatz erhalten.«[2]

Die jungen Kellerbands schienen ihr eigenes Lebensgefühl zu artikulieren und nicht mehr das nachzuspielen, was der Musikmarkt ihnen vorgab. So bat man Hans Peter Reinecke vom Staatlichen Institut für Musikforschung Preußischer Kulturbesitz in Berlin, ein Forschungsprojekt zu erstellen zur Frage des soziokulturellen Hintergrundes und Umfeldes neuer Musikgruppen in Nordrhein-Westfalen. Ein Forschungsteam sollte die Gruppen während des Festivals auf der »hifivideo '82« betreuen und zur Einstellungsänderung durch die neue Chance befragen. Der WDR hoffte, durch die Untersuchungsergebnisse Aufschluß bekommen zu können über ein mögliches, der gegenwärtigen Dynamik der Jugendszene besser gerecht werdendes Konzept für Jugendprogramme.

Auf der »hifivideo '82« in Düsseldorf wurden täglich vier bis fünf »Stadtmusik«-Gruppen unterschiedlichster Stilrichtung einem Messepublikum vorgestellt. Die Konzerte wurden mitgeschnitten und abends in den Sendereihen »Open House« und »Show Mix« übertragen. Der WDR wollte mit der stilistischen Mischung das Blickfeld des Hörers erweitern, die Überzeugungskraft der Musiker testen und den Bands, die sich nicht nur stilistisch, sondern auch ihrer geographischen Herkunft nach voneinander unterschieden, ein Forum für gegenseitiges Kennenlernen bieten.

Die Mitarbeiter des Berliner Instituts lernten auf der Messe die Musiker persönlich kennen. Nach den Konzerten interviewten sie sie. Die aus den Gesprächen ermittelten Daten sollten Tendenzen aufzeigen und Grundlage für eine spezifische Hypothesenbildung sein. Allgemeingültige Aussagen konnten nicht getroffen werden. Der WDR wurde darauf hingewiesen, daß er dieser Nachwuchsszene eine ständige Plattform bieten müsse.

> »Eine Verdichtung des Raumes zwischen der Musikproduktion (den aktiven Musikern) und der Musikkonsumtion (den Hörern) wäre eine wünschenswerte Folge. Der WDR würde die Funktion eines Mentors übernehmen, d.h. eine Verbindung herstellen zwischen den Kulturmachern von ›unten‹ und dem breiten Publikum. Er wäre damit an der Basis und könnte an den sich ständig verändernden Entwicklungen teilnehmen. Gleichzeitig fördert er auch die kulturelle Basisarbeit, die ›industrieunabhängig‹ entsteht. Für die Hörer bedeutet dies, daß sie die Gruppen, die sie bereits kennen (z.T. auch bei Auftritten erlebt haben), im

Hörfunkprogramm wiederfinden, Selbstdarstellungen ›ihrer‹ Gruppen bekommen und so mit einbezogen werden in die musikalische Kulturarbeit. Sie – die Hörer – können darüber hinaus motiviert werden, selbst Musik zu machen. Die Sendeanstalt wäre Initiator und Multiplikator für aktive Freizeitgestaltung. Folgte bisher das Medium Rundfunk in relativ festgeprägten Normen einer allgemein anerkannten (und auch befolgten Kultur), bietet sich ihm hiermit die Chance zu etwas Neuem. Der Rundfunk kann Wertvorstellungen vermitteln, die, von den Gruppen musikalisch umgesetzt, identisch sind mit den aus der Spontaneität des sozialen Lebens entspringenden Idealen. Ideale, welche Befürchtungen, Wünsche und Erwartungen zum Ausdruck bringen, aber auch Bereitschaften, aus denen sich vieles über das Geschehen von morgen ablesen läßt.«[3]

Das Festival hatte die Initiatoren der »Stadtmusik« sehr zufriedengestellt. Der Hauptabteilungsleiter Alfred Krings äußerte sich begeistert:

»Es ist faszinierend, was ich hier an Neuem gehört habe. Da kann ich getrost zwei Drittel der Industrieproduktionen junger Musiker zur Seite legen. Denn sie klingt anders, als uns die Industrie vormacht, sie hat auch andere Textinhalte. Ich habe schon lange nicht solche durchweg kraftvolle, direkte, originelle und unbekümmert freche Musik gehört.«[4]

Der Redakteur Achim Sonderhoff versuchte, die Einmaligkeit der »Stadtmusik« dadurch hervorzuheben, daß er noch einmal mit Nachdruck auf die Mißstände verweist, die zur Entstehung des Projekts geführt haben:

»Experimente im bundesdeutschen Rundfunk sind seit einer Reihe von Jahren seltene Ausnahme. Sie widersprechen auch dem Konzept des Unterhaltungsradios, das sein Publikum mit Rock und Pop und portionierter Information über den Tag hinweg begleiten soll. Wer die Programme deutscher Sender vergleicht, erkrankt an Magazinitis; die sich in den Ätherwellen tummelnden Moderatoren machen das, weshalb sie so heißen: sie mäßigen und relativieren. Nicht mehr die Macher bestimmen das Programm, sondern die Einschaltquoten. Sind sie hoch, wird gejubelt, rutschen sie ins Minus, wird nachgedacht und nivelliert. Auf dem Altar dieser Mediengötzen sind zu Beginn der achtziger Jahre überall Zielgruppenprogramme geopfert worden. Am ärgsten hat es junge Menschen getroffen, Sendungen für sie sind entweder zusammengestrichen oder ganz gekippt. Vom frühen Morgen bis zum späten Abend jagt ein Magazin nach dem anderen um die Gunst der Hörer. Anspruchsvolle Titel zwar, aber inhaltliche Gleichheit: Rock und Pop und portionierte Information. Zeit zum Zuhören wird nur den Hörern der sogenannten ernsten Programme zugestanden. Wer fundierte Informationen sucht, muß sie auf der Sendeskala seines Radios eben suchen.«[5]

»Stadtmusik« sollte Rundfunk im Aufwind sein – Initiator einer neuen Musikszene. In der Ausschreibung waren den Gruppen bereits Studioproduktionen versprochen worden. Auch Heiner Müller-Adolphi hatte schon auf die Wichtigkeit hingewiesen, im Sinne des Kulturauftrags die Talente kontinuierlich und systematisch zu fördern.

Zum Jahreswechsel 1982/83 entstand die Redaktion »Stadtmusik«. Heiner Müller-Adolphi wurde verantwortlicher Redakteur. Im Januar 1983 begannen wöchentliche »Stadtmusik«-Produktionen. Die Gruppen sollten Studioarbeit kennenlernen und sendefähiges Material erstellen. Am Ende der Produktion erhielten sie eine Demonstrationskassette. Zudem hatten die Musiker das Recht, gegen 20% der Produktionskosten dem WDR die Produktion abzukaufen. Das war dann sinnvoll, wenn eine Plattenfirma die produzierten Bänder pressen und veröffentlichen wollte.

Am 4.1.1983 begann die »Stadtmusik«-Sendereihe, die jeden Dienstagabend zwischen 20.00 Uhr und 21.00 Uhr auf WDR 2 innerhalb der »Pop Session« ausgestrahlt wurde. Die »Stadtmusiker« wurden im Studio interviewt und musikalisch vorgestellt. Die meisten Sendungen wurden live übertragen. Es wurde keine spezielle Zielgruppe angesprochen. Die Gruppenprozesse in den Bands wurden ebenso besprochen wie die soziale Situation und die praktischen Probleme der Gäste, ihre Szenenverbundenheit und die musikalische Verarbeitung ihrer Umwelt. Wenn die Gruppen bereits eine Schallplatte produziert hatten, wurden Probleme geschildert und Perspektiven eröffnet. Schließlich wurde die Resonanz durch »Stadtmusik« getestet und Verbesserungsvorschläge entgegengenommen. Die Sendungen sollten den Musikern in erster Linie dazu verhelfen, sich einem breiteren Publikum bekannt zu machen. Sie wollten aber auch eine realistische Zielperspektive vermitteln, Karrieregedanken relativieren und Unstimmigkeiten im musikalischen Konzept bewußt machen.

Die Informationen der »Stadtmusik«-Sendungen entsprachen über weite Strecken den Erkenntnissen der Voruntersuchung und des von jeder Gruppe entworfenen Portraits. Das war bedingt durch die ähnliche Interviewform (offene Fragen) und die gleichartigen Fragenkomplexe.

Die meisten »Stadtmusiker« kamen aus dem städtischen Ballungsgebiet der Rhein-Ruhr-Schiene. Viele Jazzmusiker stammten aus Köln, viele Rockmusiker aus dem Ruhrgebiet. Viele Gruppen waren miteinander verflochten. Kaum ein Musiker war (noch) in seinem bürgerlichen Beruf tätig. Der größte Teil der begeistert Musizierenden studierte – oft Musik(pädagogik). Fast alle Musiker hatten einen semi-professionellen Status: Sie arbeiteten mit professionellem Anspruch, konnten aber von dem Geld, das sie mit der Band verdienten, nicht leben und mußten zusätzlich jobben. Die Musiker nutzten alle Auftrittsmöglichkeiten. Auffallend war die räumliche Verteilung der Veranstaltungsorte. Die Kölner Jazzszene hatte durch einige private Veranstalter und vor allem durch die kulturpolitischen Aktivitäten der »Initiative Kölner Jazz Haus« (IKJH) die Möglichkeit, vor Ort in Kneipen, Clubs und im »Stadtgarten« (Jazz Haus) aufzutreten. Im Ruhrgebiet dagegen häuften sich die Festivals. Wahrscheinlich versuchte man dort, durch ein überregional größer organisiertes Musikangebot der räumlichen Dezentralisation ent-

Das Projekt »Stadtmusik '82« in der »hifivideo '82« Düsseldorf. Foto: WDR.

gegenzuwirken. In weiter abgelegenen Gebieten wurden die Auftrittsmöglichkeiten für Musiker immer schlechter. Hier blieben oft nur Kneipen und das nächste Uni-Fest.

Je größer der Amateurstatus einer Gruppe und je abgelegener ihr Heimatort war, desto eher war sie in einer regionalen Musik-Initiative organisiert und orientierte sich an der Szene. Je professioneller aber die Gruppe war, desto isolierter arbeitete sie und desto mehr verlor sie den Kontakt zu ihrem regionalen Umfeld.

Einige der »Stadtmusik«-Gruppen hatten Schallplatten auf eigene Kosten produziert. Sie vertrieben sie in Eigenregie bei Konzerten und benutzten sie als Demonstrationsmaterial bei Plattenfirmen und Veranstaltern.

Die »Stadtmusiker« musizierten aus Spaß. Sie waren spontan, suchten einen persönlichen Freiraum und wollten ihre Ideen verwirklichen. Zu diesem Zweck waren sie unterschiedlich kompromißbereit, sich auch kommerziell auszurichten. Viele sahen keinen Gegensatz zwischen Kunst und Kommerz. Sie behaupteten, daß kommerzielle Musik nicht zwangsläufig minderwertig sei. Alle wollten gutes Handwerk leisten. Das musikalische Spektrum reichte vom originellen Popschlager bis zu ungewöhnlichen Formen der Improvisationsmusik, von außereuropäischer Folklore bis zum Country-Rock. 1983 wurden mit den Gewinnern der verbliebenen Einsendungen drei »Stadtmusik«-Festivals in Münster, Bochum und Duisburg veranstaltet.

Im Oktober 1983 erschien ein vorläufiger Text zum Forschungsprojekt der Berliner Wissenschaftler, der auf der Grundlage von zwölf narrativen Interviews erstellt worden war. Er faßte das von den Musikern Gesagte in Kategorien zusammen und gab einen Einblick in das Leben der »Stadtmusik«-Gruppen.

Die kommunale Kulturförderung der »Stadtmusiker« lief über die Initiative des Sekretariats für gemeinsame Kulturarbeit Wuppertal, an das sich 20 Partnerstädte angeschlossen hatten. Bis September 1983 wurden 40 Konzerte mit Gruppen aus den ersten beiden »Stadtmusik«-Durchgängen veranstaltet.

1984 wurde ein weiterer Wettbewerb ausgeschrieben, ebenso 1986 und 1987. Die »Stadtmusik«-Festivals integrierten sich 1985 in das »Rheinische Musikfest« Duisburg. 1986 wurden drei Veranstaltungsreihen in Witten, Köln und in Kirchsohl am Biggesee durchgeführt, 1987 in Köln, Arnsberg und Mülheim/Ruhr. Ab 1985 wurden die Konzerte nicht mehr stilistisch gemischt, sondern an einzelnen Tagen nach Stilrichtungen getrennt vorgestellt, da dadurch die Resonanz des Publikums größer war. Die Konzeption des Projektes änderte sich nicht wesentlich. 1987 verließ Heiner Müller-Adolphi die Unterhaltungsmusikabteilung. Ende des Jahres lief das Projekt aus. Mit der Auflösung von »Stadtmusik« wurde das Geld, das für die Produktionen bereitgestellt wurde, anteilmäßig der Jazzabteilung, der Abteilung Unterhaltungsmusik und der Abteilung Volksmusik überschrieben.

In einem Zeitraum von 5 Jahren wurden ca. 70 Rockmusikgruppen, 30 Folkgruppen und 40 Jazzgruppen aus Nordrhein-Westfalen beim WDR produziert und in Sendungen vorgestellt (vgl. die Tabelle »Jazzgruppen beim Projekt ›Stadtmusik‹« im Anhang). Im WDR-Studio wurden über 800 Musikbänder produziert, auf den Festivals zusätzlich ca. 300 Musiktitel mitgeschnitten.

Der verantwortliche Jazz-Redakteur Manfred Niehaus ersetzte den Jazzteil der »Stadtmusik« durch die 1988 neu eingeführte Konzert-, Produktions- und Sendereihe »Jazzforum«, die sich ausschließlich um Jazzmusiker in NRW kümmerte. Die Konzerte wurden im Kölner Stadtgarten, in der Kölner Musikhochschule und an anderen Orten Nordrhein-Westfalens mitgeschnitten. Manfred Niehaus, seit 1977

Lala Njava am 17. Mai 1996 bei einer WDR-Veranstaltung des Rheinischen Musikfests im Kölner Stadtgarten. Foto: Hyou Vielz.

Jazz-Redakteur beim WDR, hatte immer schon Jazzmusiker aus dem Sendegebiet in Konzerten vorgestellt und beim WDR produziert. Er, selbst Komponist, erklärt sein Engagement für die heimische Musikszene folgendermaßen:

»Das Wort Regionalisierung habe ich nie benutzt. Das lag in gewisser Weise daran, daß ich Parteireiter war. Ich war selber einer der kleinen Künstler aus dem Land. Ich habe versucht, Leuten wie mir das zu verschaffen, was sie brauchten. Ich wollte ihnen eine Möglichkeit geben.«[6]

1990 übernahm Ulrich Kurth die Jazz-Redaktion. Er führte die Reihe »Jazzforum« weiter. 1995 verknüpfte er sie mit dem Jazzteil der Veranstaltungsreihe »Wildcard« des Kölner »Stadtgarten«. In dieser Veranstaltungsreihe wurden ganz junge Jazzbands aus Nordrhein-Westfalen vorgestellt, die unterschiedliche Stilistiken pflegten und aus dem Umfeld der Musikhochschulen Köln und Essen stammten oder aus der freien Szene.[7] Die Veranstaltungsreihe »Wildcard« wurde im Sommer 1998 eingestellt, ebenso die Sendereihe »Jazzforum«. Bis zur Programmstrukturreform 1995 wurde das »Jazzforum« mit den Konzertmitschnitten, Produktionen und anderen Beiträgen einmal wöchentlich ausgestrahlt, donnerstags im WDR 1 zwischen 21.10 Uhr und 22.00 Uhr. Danach wurden Beiträge des »Jazzforum« im WDR 3 übertragen in »Musik zum Kennenlernen«, insbesondere donnerstags zwischen 15.00 Uhr und 16.30 Uhr oder in der Sendereihe »Bandstand«, freitags abends im WDR 5, nach der Programmstrukturreform des WDR 3 im März 1998 auch in der täglichen Sendereihe »Das Konzert«, zwischen 20.05 Uhr und 22.00 Uhr bzw. zwischen 21.00 Uhr und 23.00 Uhr auf WDR 3. Einen Überblick der für das »Jazzforum« mitgeschnittenen Konzerte und Produktionen gibt eine Tabelle im Anhang.

Außer den durch die Projekte »Stadtmusik« und »Jazzforum« präsentierten regionalen Jazzmusikern gibt es zahlreiche andere Jazzmusiker, die aus Nordrhein-Westfalen kommen oder dort wirken, die in den verschiedensten Besetzungen ein- oder mehrfach vom WDR produziert wurden oder deren Konzerte mitgeschnitten wurden.

Auch bei im Sendegebiet mitgeschnittenen nationalen und internationalen Jazz-Festivals wurden und werden heimische Bands vorgestellt, und natürlich beim jährlich stattfindenden »Rheinisch-Westfälischen Musikfest«, einer Veranstaltung des WDR.

Ulrich Kurth nennt an interessanten, in Nordrhein-Westfalen wirkenden Musikern zum Beispiel den Komponisten und Arrangeur Peter Herborn, den Saxophonisten Frank Gratkowski, den in Köln studierenden Neuseeländer Hayden Chisholm, den in Köln lebenden Posaunisten Nils Wogram, den Klarinettisten Claudio Puntin, die Saxophonisten Steffen Schorn und Paul Heller, den Schlagzeuger Jochen Rückert und Musiker der Wuppertaler Free Jazz-Szene wie Bernd Köppen (Klavier), Peter Kowald (Baß), Hans Reichel (Gitarre), Eckard Koltermann (Saxophon), Georg Gräwe (Klavier) und Theo Jörgensmann (Klarinette). Zudem den Saxophonisten Peter Brötzmann, den Schlagzeuger Thomas Witzmann, den Violinisten Ali Maurer, den Posaunisten Radu Malfatti, den Klangtüftler und DJ Frank Schulte, den Gitarristen Jürgen Sturm, den Saxophonisten Heribert Leuchter, den Schlagzeuger Paul Lovens, Norbert Stein mit seinen verschiedenen Pata-Orchestern, die Mitglieder der Kölner Saxophon Mafia und den Gitarristen Werner Neumann. Aufmerksam wurde der WDR auch auf den in Köln lebenden russischen Pianisten Simon Nabatov.

Ein Musiker besonderer Art, mit dem die WDR-Jazz-Redaktion seit 1987 zusammenarbeitet, ist Klaus König. König, der in Haan bei Düsseldorf lebt, ist ein Ausnahmemusiker, da er nicht einer traditionellen Jazzband entstammt, sondern von seiner Ausbildung her Komponist der Neuen Musik ist. Über einen Zeitraum von acht Jahren schrieb er einen Zyklus von fünf jazzorchestralen Suiten, von denen die letzten drei in einer direkten Koproduktion mit dem WDR entstanden sind. Auch die ersten beiden liegen als Studioproduktionen des WDR vor, wurden jedoch als Live-Version auf CD veröffentlicht. Den ersten großen Erfolg erzielte König mit der zweiten Suite »At The End Of The Universe: Hommage à Douglas Adams«. Aufgeführt und mitgeschnitten wurde die Suite bei den Berliner Jazztagen 1990. Für die dritte Suite, die im Anschluß an die Berliner Jazztage in direkter Koproduktion mit dem WDR und Enja Records entstand, wählte König eine quasi oratorische Form. Er engagierte Jay Clayton und Phil Minton als Gesangssolisten und für die Produktion beim WDR eigens den Montreal Jubilation Gospel Choir. Thema dieser Suite ist das Hohe Lied Salomons. König engagierte für jede Suite ein anders zusammengesetztes Jazzorchester. Die 4. Suite »Time Fragments« präsentierte König 1994 anläßlich der 1. Triennale in Köln. Mit seiner 5. Suite »Reviews« hat er den Suitenzyklus abgeschlossen. Er sammelte hierzu alle Kritiken und Besprechungen, die zu den ersten vier Suiten erschienen waren und stellte daraus ein Libretto als fließenden Text zusammen, eine Art Metacollage. Die Zusammenarbeit mit Klaus König und dem WDR wird weiter fortgesetzt.

Aufnahme von Klaus Königs »The Song of Songs« am 21. November 1992 im Rahmen einer WDR-»Nachtmusik«

Daß Köln ein attraktiver Wirkungskreis für Jazzmusiker ist, zeigt sich auch daran, daß ein so bekannter Jazzmusiker wie Charlie Mariano inzwischen seinen Wohnsitz in Köln hat. Der Standortvorteil von Köln hat dazu geführt, daß viele internationale Musiker in die Domstadt gekommen sind und hier auch die Szene mitbestimmen. Es ist demnach schwer zu bestimmen, was regionale Jazzmusiker und Jazzaktivitäten sind und was nicht. Es gibt ein übergreifendes Miteinander von Musikern, die in Nordrhein-Westfalen wirken, und welchen von außerhalb. Die Frage ist auch, ob Initiativen des WDR, die gar nicht in erster Linie auf die heimische Szene ausgerichtet sind, durch ihre Projektorientiertheit nicht wieder die Szene beeinflussen und bestimmen. So hat es zum Beispiel für die Konzertreihe »Jazzmeeting WDR«, die zum Teil auf die internationale, zum Teil auf die deutsche Szene ausgerichtet ist, ein übergreifendes Miteinander von Musikern inner- und außerhalb Nordrhein-Westfalens gegeben.

In einer Mutationsphase zwischen 1980 und 1985 wurde das ehemalige Tanz- und Unterhaltungsorchester des WDR zur WDR Big Band umgewandelt. Es hat sich zu einem hochrangigen Jazzorchester entwickelt. Wichtige amerikanische Musiker sind eingekauft worden. Dabei unterliegt das Klangprofil des Orchesters einem ständigen Wandel. Es schließt auch Elemente zeitgenössischer und folkloristischer Musik mit ein. Die Produktionen und Aufnahmen der WDR Big Band wurden bis zur Programmstrukturreform im WDR 1 unter dem Titel »WDR Big Band« gespielt, dann im WDR 5 in der Sendereihe »Bandstand«.

Nach Meinung von Bernd Hoffmann[8] gibt auch die WDR Big Band eine starke Initialzündung in die nordrhein-westfälische Jazzszene hinein und hat massiv zum Standortvorteil Kölns beigetragen. Der liegt auch darin, daß die Jazztradition Kölns seit den Jazzkursen an der Kölner Musikhochschule ab 1958 immens gewachsen ist. Europäische und amerikanische Musiker sind wegen des Standortvorteils in Köln ins Land gekommen, einige sind dort geblieben und haben die Jazzszene mitbestimmt. Mitglieder der WDR Big Band wirken als Dozenten an Musikhochschulen in Nordrhein-Westfalen. Absolventen dieser Kurse tragen die Impulse weiter ins Land, dessen Grenzen die Jazzpraxis längst nicht mehr kennt.

Das Projekt »Stadtmusik '82« in der »hifivideo '82« Düsseldorf. Foto: WDR.

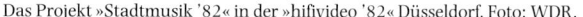

ANHANG: JAZZ-GRUPPEN BEIM PROJEKT »STADTMUSIK«

Alte Leidenschaften – Bielefeld
Axel Fischbacher Group – Düsseldorf
Blow Up – Unna
Dioko – Weilerswist
Dr. Jazz Ambulance – Siegburg
Drümmele Maa – Dortmund
Erhard Hirt – Münster
Freetime – Köln
Fritz Krisse Trio – Detmold

Glatter Wahnsinn – Duisburg
Günter Wiesemann Group – Hattingen
Hinrich Frank Band – Köln
Hugo Keupert Band – Köln
Inner Atem – Oberhausen
Köln Big Band – Köln
Kölner Saxophon Mafia – Köln
Leenen/Kirchner Duo – Düsseldorf
Naima – Dormagen
noNett – Köln
Optimistic Farts – Köln
Orjinal – Köln
Point – Duisburg
Quarto di litro – Köln
Quatre Portes – Münster
Remark – Düsseldorf
Rigo Winterstein Swingtett Düsseldorf
Rolf Momsen Septett – Willich
Salsa Picante – Ratingen
Schmidt-Thönes-Lakatos – Köln
Shaft – Köln
Silvia Droste's Voicings – Dortmund
Supersession – Krefeld
Thomas Gebhardt – Bergisch Gladbach
Transition – Köln
Vier – Dortmund
440 Hertz – Köln
Voxtrott – Detmold
Wittek-Kaiser-Manderscheid – Köln

TABELLE DER FÜR DAS »JAZZFORUM« MITGESCHNITTENEN KONZERTE UND PRODUKTIONEN

3 Combos der International Association Of Schools Of Jazz

440 Hertz

Achim Kaufmann Trio

Alexandra Naumann Quintett »Lessa«

Andy Lumpp Trio

Astrid Oelerich Quintett

Atlanta-Band

Backyard Moon

Balthasar Thomas/Zony Pagano Quartett

Bass Pur

Bea Klein Quintett

Biggi Vinkelo Trio

Blechbläser Quintett Ingo Luis

Blue 7

Bruno Leicht And His Three Lights

Christian Finger/Ingo Senst/ Hans W. Wanning/Uwe Plath

Christoph Adams Trio

Christoph Eidens Quartett

Claudius Valk/ Tim Sund

Delbroux Bass Society

EBU Big Band

Elephant Talk

Fleisch (Studioproduktionen)

Florian Ross Quintett

Fortune News

Frank Chastenier Trio

Frecc Frecc

Fritz Krisse Special Project

Gabriel Pérez Group

Gelb

Gerry Hemingway Quintett

Greenfish

Harem 4

Heiner Rennebaum Quintett

Jan von Klewitz Quartett

Jazzworkshop Euroconnexion

Joachim Schönecker Quartett

Johannes Ludwig Heinen

Landes Jugend Jazz-Orchester NRW

Lines In Space

Loth & Heuser

Lothar van Staa Quartett

Lunx

Marko Piludu Quartett

Martin Gjakonowski's Kebop Sextett

Martin Kastenholz/Uwe Kropinski

Matthias Schubert/Sebastian Grams/ Jochen Rückert/Ulla Gramsch

Mitschnitt der Big Band der MHS Köln

Nadja Schubert Quartett

National Youth Orchestra

Nicolas Simion Quartett

Novatnik'44

Oboes & All That Jazz feat. Natasha Pederson

Out Of Print

Permanent Flow

Peter Fulda Trio

Pischen/Boleben/Salendo

Roger Hanschel/Ernst Reijseger

Salz

Sax No End (Studioproduktion)

Sax Port (Studioproduktion)

Schäl Sick Brass Band

Sebastian Gramss' Octology

Simone Sonnenschein Quartett

Sketches

Steve Klink Quartett

Strange Meeting

String Thing

Susanne Schneider/Dirk Bell

The Atmosphere Orchestra

The Soundfield Orchestra (Auftragsproduktion)

The Streetfighters Doublequartet

Thomas Rückert Trio

Thorsten Wollmann

Tome XX

Trio Bon Voyage

Trio Lehnert/Schilgen/Wichert

Unfinished Business
Villa Kunterbunt
Vorläufiges Amtliches Endergebnis
Walerie Kühl/H. P. Salentin
Wiesemann/Leis Duo

Wolfgang Braun Bass Stations
Wolfgang Puschnig's Hommages
Young Improvisers Pool
Zikzak

Die »Schäl Sick Brass Band«. Werbekarte.

ANMERKUNGEN

1 Silvia Handke: Präsenz und Dynamik regionaler Musikkulturen in den Sendekonzepten des WDR-Hörfunks. Kassel 1997. Beiträge zur rheinischen Musikgeschichte Bd. 158.
2 Heiner Müller-Adolphi: »... und das ist nur der Anfang! ›Stadtmusik '82‹ – Musikkultur von Unten«. Unveröffentlichtes Manuskript von Achim Sonderhoff vom Oktober 1982, S. 3 f.
3 Staatliches Institut für Musikforschung Preußischer Kulturbesitz Berlin (Hg.): »›Stadtmusik '82‹: Zur Frage des sozio-kulturellen Hintergrundes neuer Musikgruppen in NRW«. Unveröffentlicher Bericht der Voruntersuchung des Berliner Forschungsteams (Projektgruppe »Stadtmusik«) von der hifivideo in Düsseldorf im August 1982. Berlin 1982.
4 Alfred Krings: »... und das ist nur der Anfang! ...«, S. 5.
5 Achim Sonderhoff: »... und das ist nur der Anfang! ...«, S. 1 f.
6 Zitat aus einem Interview mit Manfred Niehaus am 11.12.1992 für die Dissertation: Präsenz und Dynamik ...
7 Nach einer Information von Dr. Ulrich Kurth. Gespräch mit der Autorin am 25.11.1998.
8 Bernd Hoffmann im Gespräch mit der Autorin am 27.9.1998.

Carla Bley am 11. Mai 1984 im
Kölner Funkhaus. F.: Hyou Vielz.

Jazz-Produktionen im WDR-Hörfunk

von Manfred Niehaus, Köln

Beim Aufbau der Organisationsstrukturen im Rundfunk nach dem Zweiten Weltkrieg, zunächst im NWDR, ab 1956 im WDR, wurde die Jazz-Redaktion nicht in die Musikabteilung, sondern in die Hauptabteilung »Unterhaltung/Wort« eingegliedert, die des weiteren für die »bunten Abende« und für die verschiedenen Formen des Kabaretts zuständig war. Der damalige Leiter dieser Abteilung, Peter Kottmann, hatte 1957 die Idee, das Orchester Kurt Edelhagen vom SWF Baden-Baden zum WDR nach Köln zu holen. Es ging dabei aber nicht in erster Linie um Jazz, obgleich das Orchester Edelhagen damals schon zu den führenden Jazz-Ensembles in Europa zählte, sondern Hauptanlaß waren die ständigen Auseinandersetzungen mit der Musikabteilung des WDR über den möglichen oder nicht möglichen Einsatz des Tanz- und Unterhaltungsorchesters des WDR (Ltg. Adalbert Luczkowski, später Werner Müller) bei den »bunten Abenden« der Abteilung Unterhaltung/Wort, die als öffentliche Veranstaltungen in wechselnden Orten des Sendegebietes, meistens Samstagabend, stattfanden. Kurt Edelhagen kam also 1957 mit seinem Orchester, in dem einige international bekannte Jazzmusiker waren, nach Köln. Die Verträge der Musiker unterschieden sich allerdings wesentlich von den Verträgen, welche die Musiker der anderen WDR-Klangkörper hatten. Es wurde lediglich Kurt Edelhagen als Subunternehmer unter Vertrag genommen, der seinerseits mit den Musikern seines Orchesters separate Verträge abschloß. Das Orchester, das auf großen Bällen auch zum Tanz aufspielte, zu »bunten Abenden« kam es selten, qualifizierte sich immer stärker als wichtige europäische Jazz Big Band. In veranstaltungsfreien Zeiten konnte man auch eine Reihe von Studioproduktionen machen, in denen am Sound des Orchesters gefeilt und experimentiert werden konnte. Dann veranstaltete man aber auch im Sendegebiet und auf einigen internationalen Konzertreisen, zum Beispiel nach Moskau, Jazz-Konzerte, in denen renommierte Gastsolisten und die Solisten aus dem eigenen Orchester herausgestellt werden konnten. Die Produktionen und Konzertmitschnitte mit diesem Orchester und seinen Solisten, die manchmal auch in kleineren Besetzungen zusammen spielten, bildeten das Hauptkontingent für das Jazzprogramm des WDR-Hörfunks und wurden noch ergänzt durch gelegentliche Mitschnitte von Auftritten durchreisender Stars im Kölner Jazzclub »Subway« und bei Festivals (»Balver Höhle«, Moers, Essener, später Berliner Jazztage).

Arto Lindsay während des Rheinischen Musikfests am 2. Juni 1987 in Köln. Foto: Hyou Vielz.

In der Saison 1977/78 wurde die Jazz-Redaktion als selbständige Abteilung in die Hauptabteilung Musik eingegliedert. Der Verfasser dieser Zeilen übernahm damals die Leitung dieser neuen Abteilung.

Das Orchester Kurt Edelhagen war bereits 1972 aufgelöst worden; die schon erwähnte Vertragssituation machte das möglich. Das Orchester, das sich immer als Teil der Avantgarde im Jazz gesehen hat und das sich dank der wirtschaftlichen Absicherung durch den WDR das auch leisten konnte, sah sich damals an einem gewissen Endpunkt angekommen, von dem aus man sich fortan als Revivalband hätte sehen müssen. Ein anderer, äußerlicher Grund für die Auflösung mag gewesen sein, daß die »bunten Abende« nicht mehr im Programm waren.

Die bisher an die Arbeit des Edelhagen-Orchesters gebundenen Produktionsmittel standen zur Disposition; sie sollten dem Jazz erhalten bleiben. Als öffentliche Veranstaltung der Jazz-Redaktion des WDR wurde die Konzertreihe »Jazzmeeting WDR« eingerichtet. Die ersten beiden Konzerte im Herbst 1977, die im großen Sendesaal des WDR stattfanden, präsentierten noch illustre Namen, nämlich das Orchester Woody Herman und ein Soloprogramm mit Cecil Taylor u.a., um auf die neue Unternehmung aufmerksam zu machen. Sinn und Zweck dieser Konzertreihe war es jedoch, Neuheiten, Besonderheiten in der Jazzentwicklung aufzuzeigen, Ereignisse am Rande, Begegnungen mit anderen Musiktraditionen, daher der Name »Meeting«, vorzuführen. Das konnte unabhängig von kommerziellen Ergebnissen geschehen. Es war auch nicht immer der große Saal zu füllen. Manches brauchte auch den kleineren Rahmen, den Saal der Comedia Colonia oder später dann den Kölner Stadtgarten (»Jazz Haus Initiative«) mit 50 bis 100 Zuhörern.

Die Reihe »Jazzmeeting WDR« fand nicht nur in Köln statt, sondern an verschiedenen Orten im Sendegebiet, immer da, wo sich am Ort ein Kulturamt als Partner bereit fand, den Saal und einen gestimmten Flügel zur Verfügung zu stellen und die örtliche Werbung durchzuführen. Der WDR übernahm die Honorare der Musiker (und die Reisekosten etc.), die Kommune durfte die Eintrittsgelder behalten. Das 100. Jazzmeeting fand am 10. Juni 1988 in der Stadthalle in Neuß mit dem Kölner Rundfunkorchester statt. Der englische Jazzmusiker Graham Collier und der deutsche, in den USA lebende Karl Berger hatten eigens für dieses Konzert Stücke für ihre Ensembles und symphonisches Orchester geschrieben. Pro Saison gab es also etwa 10 solcher »Jazzmeeting WDR«-Konzerte. Um einen Eindruck von der stilistischen Vielfalt der Reihe zu geben, seien hier die Konzerte aus der ersten Hälfte des Jahres 1989 aufgelistet:

11.1. Köln, Stadtgarten: Eric Watson, Klavier, John Lindberg, Baß
18.1. Köln, Aula der Pädagogischen Hochschule: Tony Oxley Celebration Orchestra
24.1. Wuppertal, Börse: Bobby Burri Quartett
17.2. Unna, Stadthalle: Tom van der Geld – David Friedman Quartett, Michael Riessler Bläserquintett
22.2. Köln, Stadtgarten: Duo Michael Riessler – Frank Köllges, Die Franck Band
21.3. Köln, Stadtgarten: Gabriele Hasler »Das Projekt«
8.4.   Bielefeld, Rudolf-Oetker-Halle: Mike Mantler »Many Have No Speech« mit Matthias Frey, Norbert Gottschalk und den Jungen Sinfonikern Bielefeld
11.5. Unna, Stadthalle: George Gruntz Concert Jazz Band
12.5. Köln, Stadtgarten: Stafford James – James Reynolds Quintett, Eckard Koltermann Projekt
26.5. Viersen, Festhalle: Sunda Swing, David Lopato Group
15.6. Bielefeld, Alte Ravensberger Spinnerei: Klaus Königs Pinguin Liquid Orchestra mit Gästen aus den USA
18.6. Unna, Stadthalle: Paul Horn – David Friesen, Lajos Dudas Trio.

Es finden sich also große und kleine Besetzungen, deutsche und internationale Gruppen, bekannte und wenig bekannte Namen. Von den 16 Ensembles des Jazzmeeting-Jahrgangs 1989 kamen übrigens sieben aus Nordrhein-Westfalen.

Neben diesen öffentlichen Konzerten »Jazzmeeting WDR« gibt es aber auch noch Mitschnitte von Jazz-Konzerten anderer Veranstalter und bei Festivals sowie Studioproduktionen. Letztere sind besonders für experimentelle Ansätze geeignet. Die Entscheidung, ob eine Produktion in der Öffentlichkeit vor Publikum oder in der Abgeschlossenheit des Studios abgewickelt wird, hängt davon ab, ob die Künstler die Atmosphäre und den Druck der Öffentlichkeit und des Einmaligen, nie Wiederkehrenden brauchen oder nutzen wollen oder die »Ruhe« und die Perfektion des Studiobetriebes bevorzugen.

In der Reihe der Studioproduktionen, in den ersten 10 Jahren meiner Tätigkeit – bis 1987 – waren es 133 Produktionen, dominieren erste Versuche mit jungen Gruppen aus Nordrhein-Westfalen, darunter auch Projekte in ungewöhnlichen Besetzungen. Der Bassist Eberhard Weber spielte mit vier Bratschern des Kölner

Manfred Niehaus, Benny Carter und Dietrich Schulz-Köhn am 8. Januar 1986. Foto: unb.

Rundfunk Sinfonieorchesters zusammen, die Berliner Saxophonistin Sibylle Pomorin ließ ihr Quartett von 8 Violoncellisten begleiten. Hier mußte der Redakteur als Dirigent einspringen. Zahlreiche Studioproduktionen entstanden in Zusammenarbeit mit z.T. musikereigenen Plattenlabels und sind auf Platte bzw. CD erschienen.

Eine öffentliche Veranstaltung besonderer Art ist die »Nachtmusik im WDR«, Samstagabend von 22.00 bis 23.00 Uhr, die live über den Sender geht. Gerade dieser Rahmen bietet sich für besondere Projekte an, sofern sie eine Stunde ausfüllen. 1989 zum Beispiel gab es vier »Nachtmusiken« der Jazz-Redaktion, damals alle in der Aula der Kölner Musikhochschule veranstaltet:

28.1.   Giorgio Gaslini Quintett

25.2.   The Directors (Thomas Witzmann und Ali Maurer)

1.4.   Globe Unity Orchestra *und* London Jazz Composers Orchestra (zusammen etwa 30 Musiker)

11.11.   *Jazz symphonisch:* die Big Band der Musikhochschule Köln und ein Hochschulorchester, Ltg. Jiggs Whigham

Insgesamt war die Leitidee bei der Programmauswahl für diese Konzerte und Produktionen, das Angebot der Plattenindustrie und des gängigen Musikbetriebes, die ja auch kommerzielle Rücksichten zu nehmen hatten und die auf große Namen und bewährte Spielarten setzten, zu *ergänzen* durch besondere, ausgefallene, individuelle, einmalige Musikereignisse.

Parallel zur Arbeit der Jazz-Redaktion wurde 1981 die Reihe »Stadtmusik« eröffnet, die in einem Wettbewerb fördernswerte Nachwuchsgruppen ermitteln, in Studioproduktionen erproben und in Konzerten und Sendungen bekannt machen wollte. Das Interesse galt nicht nur Jazz-Gruppen, sondern auch allen möglichen Formen der Rockmusik. Nicht ohne Absicht spielte der Titel »Stadtmusik« auf den Begriff der »City Folklore« an. Verantwortlicher Redakteur war Heiner Müller-Adolphi. 1988 wurde diese Produktionsreihe wieder eingestellt bzw. durch die Produktionsreihe »JazzForum« abgelöst, die sich ausschließlich um junge Jazz-Gruppen kümmert, die freilich oft die Grenzen des Jazz zum Rock oder zur experimentellen E-Musik hin überschritten.

Das Tanz- und Unterhaltungsorchester des WDR wurde 1980 in WDR Big Band umbenannt, und das war wohl auch eine Richtungsentscheidung des zuständigen Redakteurs Heiner Müller-Adolphi, das Orchester solle sich im Wesentlichen mit Jazz-Produktionen beschäftigen und so in gewisser Weise die Arbeit des Edelhagen-Orchesters fortsetzen. Als Arrangeure wurden in der Folgezeit Bill Holman, Bob Brookmeyer, Peter Herbolzheimer, Manfred Schoof, Karl Berger, Django Bates und viele andere verpflichtet.

Bei sehr vielen dieser jazzorientierten Produktionen wirkte Mel Lewis, selbst einst ein renommierter Bigbandleader, als Schlagzeuger mit. Die Redaktionsarbeit von Heiner Müller-Adolphi wird heute von Wolfgang Hirschmann weitergeführt.

Nach meinem Ausscheiden beim WDR, 1990, übernahm Dr. Ulrich Kurth die Leitung der Jazz-Redaktion. Die Organisationsstrukturen im WDR haben sich seither manchen Wandlungen unterzogen. Die Tendenz geht wohl dahin, die sogenannten »Fachredaktionen« abzuschaffen bzw. zugunsten größerer Teams aufzulösen, die gemeinsam die musikalische Farbe einer Welle, WDR 1, WDR 2, WDR 3 etc. erarbeiten sollen. Ob und wie sich das auf die Produktionen des WDR auswirkt, bleibt abzuwarten.

ANEKDOTEN

Januar 1979, Malteserkeller in Aachen, Johnny Griffin Quartett, Mitschnitt des Auftritts. Ich komme gegen 18.00 Uhr zum Soundcheck. Johnny Griffin begrüßt mich freudestrahlend: »Scuse me, are you the piano-player?« »No, sorry.« Eine halbe Stunde später kam er dann; es war, wenn ich mich recht erinnere, Francis Coppieters.

Dezember 1980, Musikhochschulaula in Detmold, Produktion und Jazzmeeting »OM« (eine Schweizer Rockjazzgruppe) mit Gästen. Nach einer ersten Probe diskutierten die Gäste, Trilok Gurtu, Perkussionist mit indischem Background, Othello Liesmann, Violoncellist mit besonderer Erfahrung in Neuer Musik, und Andreas Wiedemann, Hornist und Blasorchesterfachmann, darüber, wie viele Möglichkeiten es für Jazzmusiker gibt, eine Quintole zu spielen. Man einigte sich bald auf vier Grundmodelle, die Trilok auf einem Bierdeckel notierte:

Anfang der neunziger Jahre im großen Sendesaal des WDR, Anthony Braxton und Misha Mengelberg arbeiten an einem Charlie-Parker-Projekt, Konzert *und* CD. Tonmeister Ansgar Ballhorn moniert, daß ein Thema im Zusammenspiel nicht gut zusammen war. Darauf Misha Mengelberg:

Toots Thielemans im Kölner Funkhaus. Foto: Hans Harzheim.

»Jetzt versuchen wir schon seit Jahrzehnten, die Zwänge der abendländischen Musikkultur hinter uns zu lassen, und dann kommst Du jetzt mit sowas!« Sie haben dann Ansgar zuliebe doch noch eine zweite Version des Themas gespielt, die auch nicht ganz zusammen war, aber ebensoviel Kraft und Lebendigkeit hatte wie die erste.

Jazz-Stars. Nie wieder! Gato Barbieri, 1982 Konzert im großen Sendesaal. Schon die Vorverhandlungen waren schwierig. Er komme nur, wenn es zwei Konzerte gebe; die Berliner Festwochen hingen mit dran. Nur den Berlinern zuliebe habe ich die Sache dann durchgezogen. Es kamen dann Papiere mit detaillierten Vorschriften, der Künstler und seine Gattin müßten von einer Limousine bestimmten Typs am Flughafen abgeholt werden, getrennt von den anderen Musikern. Die anderen Musiker dürften keinesfalls im gleichen Hotel wohnen usw., usw. Zugegeben, Gato Barbieri spielt ganz gut Saxophon. Das Schlimme war die mitreisende Gattin. Beim Soundcheck wünschte sie schon mal ganz andere Mikrofone. Gato Barbieri brachte sein eigenes Mikro mit. Der Bassist der Truppe war noch nicht da; er käme mit einer anderen Maschine, ein gewisser Herr Clark, müsse extra abgeholt werden. Hoffentlich bringt er seinen Baß mit. Ich schickte meinen Mitarbeiter, Bernd Hoffmann, zum Flughafen, der ist selber Bassist, hätte Herrn Clark notfalls seinen Baß leihen können. Bernd Hoffmann brachte, als wir gerade beim Soundcheck an Madame Barbieri verzweifelten, einen guten alten Bekannten mit, Jean-François Jenny-Clark aus Paris. Ich kannte ihn aus der Gruppe »New Phonic Art« mit Vinko Globokar und aus der Produktion von Stockhausens »Aus den sieben Tagen« von 1968. Jean-François übersah die Lage sofort; er fragte mich, ob ich eine oder zwei Flaschen Champagner hätte. Natürlich, immer! Er entführte Madame nebst Champagner in die Garderobe, und wir konnten in Ruhe arbeiten. Bernd Hoffmann spielte für ihn den Soundcheck. Beim Konzert gab es noch ein Problem, der Star hatte kein Verständnis dafür, daß die Namen seiner Mitmusiker angesagt werden sollten. Jean-François konnte mir da auch nicht helfen. Er wußte selbst nicht, wie seine Kollegen hießen. Sie hatten ja noch nie zusammen gespielt. Erst eine Minute vor dem Auftritt hatte ich die drei Namen zusammen; heute habe ich sie wieder vergessen, leider.

Michel Portal auf die Frage, was denn für ihn der Unterschied zwischen Jazz und Neuer Musik sei: »Wenn ich Neue Musik spiele, wohne ich in einem guten Hotel.«

Cecil Taylor hat die Angewohnheit bzw. den Ehrgeiz, das Publikum eine halbe bis dreiviertel Stunde auf sich warten zu lassen. Das macht er immer so, hatte mir Gabi Kleinschmidt gesteckt, die Konzertagentin, die alle diese exquisiten und extravaganten Jazzmusiker durch Europa schleust. Also sagte ich Cecil Taylor, das Konzert fange um halb acht an. Kurz nach acht erschien er in der Hotelhalle, wo ich auf ihn wartete. Wir gingen die paar Schritte bis zum Funkhaus zu Fuß. Als er die Leute sah, wie sie ohne alle Hast in den Sendesaal strömten, war er etwas irritiert. Wir unterhielten uns noch ein wenig über seine und meine Katzen, daß jede einen völlig anderen Charakter habe. Dann fragte ich ihn, ob das Konzert eine Pause haben solle. »It depends«, meinte er. Wenn das erste Stück so an die 40 Minuten dauert, macht er eine Pause, wenn es an die 50 bis 60 Minuten dauert, spielt er noch ein kurzes Stück darauf, und es gibt keine Pause. Pünktlich viertel nach acht, wie alle Jazzmeetings, begann das Konzert; Cecil Taylor betrat mit seinem Ensemble das Podium. Das erste Stück dauerte übrigens 85 Minuten (Cecil Taylor Sextett, 10.6.1978, Köln, großer Sendesaal des WDR).

Anekdoten wie diese belegen zumindest eines: der Jazz, so lange er noch produziert wird, ist eine lebendige Sache, die sich nicht in Schemata packen läßt.

Zwei Nestoren: Benny Carter (links) gab im Januar 1988 zu
Ehren Dietrich Schulz-Köhns (rechts) ein Konzert im Rit-
tersaal auf Schloß Gracht bei Erftstadt. Foto: Christoph
Andrykowski

Eine Jazz-Institution: Dietrich Schulz-Köhn

von Heinz Protzer, Bad Krozingen

EINLEITUNG

Nach Erscheinen des Buches »Die Evergreen Story – 40mal Jazz«,[1] das auf eine langjährige Sendereihe von Dietrich Schulz-Köhn beim Westdeutschen Rundfunk in Köln zurückgeht, schreibt ein Kritiker »schließlich ist der Autor selbst ein Evergreen der deutschen Jazzpublizistik«.[2] Andere sehen in »Dr. Jazz« Dietrich Schulz-Köhn einen »in der Geschichte des Jazz immens bewanderten Kritiker« oder einen »der profiliertesten Kenner der amerikanischen und europäischen Jazzszene«[3], immer wieder apostrophiert als langjähriger Freund vieler Größen des Jazz.

Gerade die ungezählten Gespräche mit den Protagonisten einer Musik, die 1988 während einer Dokumentation in Darmstadt als »Sound des 20. Jahrhunderts« herausgestellt worden ist, eben die zahlreichen Begegnungen in über sechs Jahrzehnten mit Jazzmusikern, Historikern, Promotern auf dem Gebiet der modernen Musikkultur, ja, mit allen großen Jazzpublizisten in Amerika und Europa, in West und Ost, haben Dietrich Schulz-Köhn zu einer Art Jazz-Institution werden lassen.

Als der WDR Köln den Jubilar am 8. Januar 1988, anläßlich seines 75. Geburtstages, in Schloß Gracht in Liblar bei Köln ehrte, gab der eigens aus den USA angereiste Nestor des *amerikanischen* Jazz, Benny Carter (mit dem Trio André Persiany), für seinen Freund Dietrich Schulz-Köhn ein Konzert. Über vier Jahrzehnte hatte Schulz-Köhn im Musikland Nordrhein-Westfalen vor allem als Hörfunkjournalist für den Jazz gewirkt. Als schließlich der Nestor der *deutschen* Jazzgeschichte mit der Vollendung des 80. Lebensjahres das Mikrofon abgab, hatte er annähernd 45 Jahre lang als vielseitiger Publizist und Buchautor, als Moderator und Organisator, als Produzent und Herausgeber ganzer Schallplattenreihen, als Pädagoge und Hochschullehrer – exakt seit dem Winter des Jahres 1947 – für die Musik gelebt, stets rastlos und kreativ tätig, ein Innovator für das Musikland Nordrhein-Westfalen.

Der »Jazzexperte« Dietrich Schulz-Köhn hatte bereits vor dem Zweiten Weltkrieg die Jazzmetropolen jenseits der Grenzen Deutschlands aufgesucht und seit 1947 über die Landesgrenze von NRW hinaus gewissermaßen alte Bande genutzt und neue geknüpft, vor allem zu Freunden und Vertretern der nationalen Musikszenen in Frankreich, in den Benelux-Staaten, aber auch – im »europäischen Uhrzeigersinn« – in Großbritannien und Nordeuropa (vor allem in Schweden) sowie in Mittel- und Osteuropa einschließlich der Sowjetunion und Rußlands.

Der Autor dieses Beitrags beruft sich auf ausgewählte Publikationen über Dietrich Schulz-Köhn. Doch stehen vor allem persönliche Unterlagen, Dokumente u.a. aus der Sammlung Schulz-Köhn zur Verfügung. Dazu gehören auch bislang ungedruckte autobiographische Skizzen, Exposés sowie nur als Manuskript vorliegende Abhandlungen und die Kopie einer Studie »Die Nazis und der Jazz«, auch als Teil einer Ringvorlesung an der Staatlichen Musikhochschule Köln gehalten (1983). Sie hatte er ebenfalls als Antrittsvorlesung vorgelegt bei der Hochschule der Künste (HdK) in Berlin anläßlich der Ernennung zum Honorarprofessor (18.10.1991).

Ferner galt es zahlreiche (private) Rundfunkmitschnitte von Sendungen Schulz-Köhns auszuwerten (WDR, DLF), darunter Aufnahmen der neunteiligen Sendereihe »Dr. Jazz erinnert sich« (Januar bis September 1984). Endlich hat der Mitarbeiter Schulz-Köhns in nicht gezählten Gesprächen in den Jahren 1988 bis 1995 sachbezogene Antworten auf sachbezogene Fragen gesucht und erhalten.

PRIMUS ODER SECUNDUS INTER PARES

Dem heute 86jährigen Jazzspezialisten »Dr. Jazz« des Westdeutschen Rundfunks ging in allen Jahrzehnten seines Wirkens in Nordrhein-Westfalen der Ruf voraus, als Allroundtalent immer nach Universalität und Internationalität gestrebt, immer wieder – wie ein Pfadfinder – in einer scheinbar orientierungslosen Zeit als Anreger, als Innovator gewirkt zu haben.

Im Nachhinein ergeben sich eigenartige Konstellationen, vor allem vor seiner Tätigkeit in NRW. Einen primus oder secundus inter pares, einen ersten oder zweiten unter Gleichen, durfte man den 1912 in Sonneberg/Thüringen geborenen Lehrersohn Dietrich Schulz[4] schlechthin nennen. Da wählte der junge Student in seltener Kombination die Fächer Sprachen (Englisch/Französisch) sowie Musik und Volkswirtschaft, besuchte als Philologiestudent 1933 England, 1936 und 1937 Frankreich und lernte bereits in der Mitte der dreißiger Jahre die Musikszenen in beiden Ländern kennen. In England traf er auch die Jazzmusiker Louis Armstrong, Duke Ellington, Cab Calloway und andere, in Frankreich die Jazzexperten Hugues Panassié und Charles Delaunay, aber auch den Gitarristen Django Reinhardt.

Während des Musikstudiums wird Schulz-Köhn 1932/33 Mitglied der ersten deutschen Jazzklasse unter Professor Mátyás Seiber am Hoch'schen Konservatorium in Frankfurt am Main. Den angehenden Volkswirt an der Universität Königsberg stellte die »Telefunken Platte« (Deutsche Grammophon) in Berlin als PR- und Marketing-Spezialisten ein. Mit seiner Doktorarbeit »Die Schallplatte auf dem Weltmarkt« (1939/40) dürfte Schulz-Köhn möglicherweise als erster oder zweiter Doktorand in Europa das noch junge Medium Schallplatte untersucht haben.

Als erster und einziger Referent sprach der Student Dietrich Schulz im Olympiajahr 1936 – für die Deutsche Grammophon Gesellschaft – über die Jazzmusik (drei Termine im Berliner Delphi-Palast).[5] Als »Präsident« stand er auch in Königsberg einem der ersten Hot Clubs in Deutschland vor und schrieb für Brunswick die legendären 47 Porträts über amerikanische Jazzgrößen[6] sowie in der schwedischen Musikzeitschrift »Orkester Journalen« über den Musiker Jimmie Lunceford (1939).[7] Zum Primus unter den deutschen Jazzjournalisten wurde Schulz-Köhn ferner während seiner Frankreichreisen noch aus anderen Gründen. Als erstes deutsches Mitglied des berühmten Pariser Hot Club de France (November 1935) lieferte er beim Mitbegründer des HCF, Charles Delaunay (Sohn des bekannten Malerehepaars Robert und Sonja Terk Delaunay) für die erste Jazz-Diskographie der Welt Aufnahmedaten zu deutschen Plattenproduktionen ab.

Darüber hinaus entwickelte sich Dietrich Schulz-Köhn während des Krieges zu einem »outcast« im übertragenen Sinne. Bekannt und oft publiziert wurde die ambivalente Rolle als deutscher Offizier in Frankreich. So trat er – in Soldatenuniform zum ersten Mal in seinem Leben 1943 in Nîmes hinter ein Mikrofon, um die Musik von Django Reinhardt vorzustellen.[8] So kam es 1945 schließlich zu der von der Weltpresse aufgenommenen Begegnung eines deutschen Emissärs mit seinem Gegenüber der U.S.-Army im Niemandsland vor St. Nazaire in Westfrankreich.[9]

Wohl als erster und einziger Kriegsgefangener in Frankreich hielt der rastlose Missionar für die Jazzmusik in einem eigens für ein Gefangenenlager gegründeten Jazzclub Vorträge über die während der Nazizeit verpönte amerikanische Musik.

Kontrovers diskutiert bis in die neunziger Jahre wurde endlich die Mitarbeit des deutschen Offiziers Schulz-Köhn an den sogenannten »Mitteilungen«, einer Fanpostille, 1943 herausgegeben für Jazzfreunde an allen Fronten von Hans Blüthner (Berlin), Gerd P. Pick (Berlin, später Kanada) und ihm selbst. Als einer der ersten unter Gleichen übernahm er die Berichterstattung zur Lage des Jazz in Amerika und Europa.[10]

Als der Spätheimkehrer im Juli 1947 Hannover erreichte und ab Herbst 1947 in mehreren Aktionen seine beachtliche Plattensammlung (ca. 4000 Schellackplatten) von Magdeburg über die Zonengrenze schleppte, wurden Voraussetzungen für die Karriere eines Hörfunkjournalisten (eigentlich auch eines ersten deutschen Diskjockeys) geschaffen. Aber der Jazzexperte gründete vor seiner Tätigkeit in NRW noch rasch den HCH (Hot Club Hannover) und bald darauf den Düsseldorfer Hot Club (HCD), später auch Clubs in anderen Städten Nordrhein-Westfalens, gewissermaßen erste Standbeine für eine urbane Subkultur des Landes, für den Jazz in Kellern und Clubs – nach 1945.

Ausschnitt aus der amerikanischen Frontzeitung »The Stars and Stripes« vom 2. März 1945. Der Abschnitt über Dietrich Schulz-Köhn brachte diesen, als ein Exemplar in deutschen Hände fiel, in Schwierigkeiten. Sammlung Heinz Protzer.

Übersetzung der Schulz-Köhn betreffenden Zeilen aus den »Stars and Stripes« vom 2. März 1945. Der Oberfähnrich der Wehrmacht fertigte diese Fassung noch am 22. April 1945 für die Festungskommandantur von St. Nazaire, Bretagne, an.

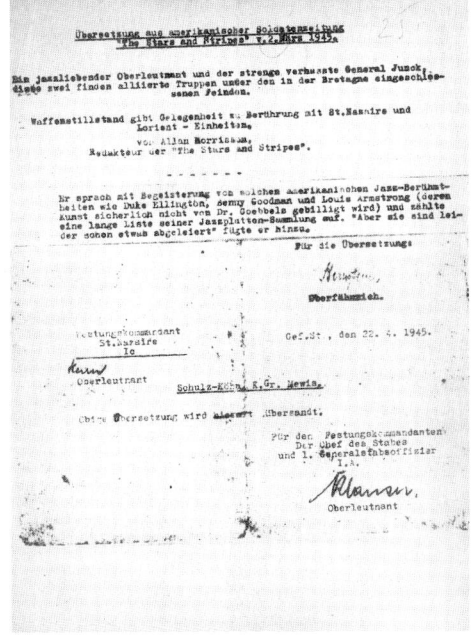

Als Schulz-Köhn schließlich als Sachbearbeiter der Music Section bei der Britischen Militärregierung in Düsseldorf tätig wurde, reiste er ständig nach Köln zu Gesprächen in der Universität, in der Musikhochschule und im damaligen (N)WDR. Hier traf der noch unbekannte Jazzspezialist auf den bekannten Abteilungsleiter für die Unterhaltungsmusik, Peter Kottmann,[11] der den Plattensammler und Musikexperten für den Funk gewann und eine erste Sendung am 26. April 1948 vorschlug (Sprecher: Peter René Körner). Die einmalige Karriere des Funkjournalisten begann. Sie endete erst mit dem 80. Geburtstag am 28. Dezember 1992.

Damit bleibt Schulz-Köhn ein Nestor der jüngeren Musik- und Rundfunkgeschichte in Deutschland, zugleich jener Generation angehörend, die vor allem nach 1946 zur Verbreitung des Jazz beitrug. Über den Äther vermittelten den Jazz für Deutschland u.a.: Joachim-Ernst Berendt (Baden-Baden), Werner Götze und Jimmy Jungermann (München), Werner Wunderlich und Manfred Miller (SWF), Ingolf Wachler (Bremen), Dieter Zimmerle (Stuttgart), Carlo Bohländer (Frankfurt) sowie Schulz-Köhn (Köln, WDR/DLF/Deutsche Welle). Nachforschungen ergeben, daß diese Träger einer Jazzkultur in Deutschland wie in anderen Ländern vornehmlich als Plattensammler oder Diskographen begonnen haben, zum Beispiel Charles Delaunay (Frankreich) und Horst H. Lange, oder als Bibliographen, wie Carl Gregor Herzog zu Mecklenburg (Hechingen).[12]

Programm eines Vortrags mit Musik im »Theater an der Berliner Allee« in Düsseldorf am 16. Mai 1961. Sammlung Heinz Protzer.

DIE SCHALLPLATTE ALS SCHICKSAL

Zum Sammler wurde Schulz-Köhn nach eigenen Angaben während seiner frühen Frankreichreisen. Auf eigenartige Weise wurde er zugleich zweimal Zeitzeuge für die Entwicklung der Schallplatte, so in den zwanziger und dreißiger Jahren und vor allem gegen Ende der vierziger Jahre. Eher zufällig fand er Mitte der dreißiger Jahre die erwähnte Anstellung in der Schallplattenindustrie. Die Befähigung für die Tätigkeit als beratender Experte erwarb er sich als Student in wenigen Jahren. Er verfolgte die Entwicklung des Jazz in Amerika und Europa anhand von Publikationen, abonnierte bereits früh ausländische Magazine (Melody Maker mit Jazz Record, England; Jazz-Tango Dancing, später Le Jazz Hot, Frankreich; Orkester Journalen, Schweden; und andere mehr). Sie dienten dem jungen Sammler als Informationsquellen. Auf dieser Basis verfaßte er die Musiker-Porträts (s.o.) und sprach 1936 im Delphi-Palast, allerdings beobachtet durch Berichterstatter einer gleichgeschalteten Presse.[13]

Die Schallplatte als Schicksal: Dietrich Schulz-Köhn zog mit Platten im Gepäck in den Krieg, erweiterte seine Diskothek – wohl als einer der ganz wenigen

Sammler – durch Plattensendungen aus dem neutralen Ausland. Über Schallplatten sprach er vor deutschen Soldaten und französischen Jazzfreunden. Um Schallplattenaufnahmen mit Benny Goodman und Count Basie feilschte er als Unterhändler und gelangte damit in die Gazetten des feindlichen oder neutralen Auslands, darunter in die U.S.-Soldatenzeitung »Stars and Stripes«. »Swing-Doc« nannten ihn auch vor dem Zweiten Weltkrieg Sammlerfreunde im In- und Ausland, jedoch auch Kritiker und Feinde im Deutschen Reich.

Die Schallplatte als Schicksal? – Nach dem Krieg durfte sich der Besitzer einer stattlichen Plattensammlung nicht nur der Britischen Militärregierung im Düsseldorfer Stahlhof andienen, sondern auch beim WDR Köln vorstellen.

Während er bereits als Rundfunkjournalist tätig war, arbeitete er von 1949 bis 1953 für die Industrie, nämlich als erster deutscher Label-Manager bei der amerikanischen Decca – verantwortlich für den sogenannten Matrizenaustausch zwischen den Überseefirmen und Europa (Brunswick-Label in Hannover[14]). In dieser Zeit der Begegnungen mit amerikanischen Musikern organisierte Schulz-Köhn, vor allem im Auftrag der Plattenindustrie, die ersten Besuche in Deutschland von Louis Armstrong, Duke Ellington, Woody Herman, Harry James u.a. Zugleich produzierte er selbst erfolgreiche Plattenaufnahmen auch mit deutschen Musikern: Hans Koller, Jutta Hipp, Albert Mangelsdorff, inzwischen Langspielplatten im 33er Format (Brunswick-Coral). Gewissermaßen als Nebeneffekt entstanden höchst informative »liner notes«, also Texte für die Rückseiten der Plattenhüllen (covertexts). Um die Kosten für das Label zu begrenzen, übersetzte der sprachenkundige Herausgeber seine Texte selbst.

Weil er als Label-Manager bis 1953 für die Industrie tätig blieb, kündigte ihn der WDR in Köln fortan nur unter dem Pseudonym »Dr. Jazz« an, ein »nickname« wohl, doch ebenso ein bleibendes »Markenzeichen«.[15]

Die Schallplatte als Schicksal? – Über die notwendige kreative und innovative Tätigkeit beim Rundfunk soll später berichtet werden. Am Ende der (alten) Schallplatte mögen abschließende Hinweise auf den Sammler Schulz-Köhn erlaubt sein und sein Einfluß auf ganze Generationen von Sammlern in NRW, in Deutschland und Europa Erwähnung finden.

Die nur hundert Jahre andauernde Ära der Schallplatte hat nicht nur zahlreiche Privatsammler (German Collectors) hervorgebracht, sondern auch Diskotheken für öffentliche Institutionen, an den Universitäten und Hochschulen, an Bibliotheken angeschlossene Sammlungen, in Archiven und bei den Rundfunkanstalten. Das Medium Schallplatte, die konservierte Musik, hat auf erstaunliche Weise eben das ganze 20. Jahrhundert geprägt.[16] In diesem Zusammenhang spielen gewiß auch andere Tonträger eine Rolle, doch oblag und obliegt es den Vermittlern, Musiken allgemein und den Jazz im besonderen zu verbreiten. Als Medium für ein Medium hat hier seit den zwanziger Jahren der Rundfunk den wichtigsten Part übernommem und zur Verbreitung und Installierung des Jazz – auch im Ballungsraum NRW – beigetragen. Seine Moderatoren haben Versionen beschafft, vorgestellt und kommentiert, diskographisch zugeordnet; sie haben Platten ausgewählt, soziokulturelle und musikhistorische Hintergrundinformationen zubereitet, oft auf schulmeisterliche Art und Weise, doch auch das besondere Hörerlebnis zustandegebracht.

Für sein Wirken auf diesem Feld im Musikland Nordrhein-Westfalen brachte der Dr. Jazz reiche Erfahrungen ein. Sein Umgang mit der Schallplatte, ob Schellack oder Vinyl, ob Single oder V-Disc oder LP, klingt mit dem Ende der achtziger Jahre aus. »Ein Omen«, schrieb zu seinem 80. Geburtstag die Presse, wenn mit der Rundfunktätigkeit des Dr. Jazz just auch das Zeitalter der alten Schallplatte seinem Ende entgegengeht.[17]

VIER JAHRZEHNTE BEIM RUNDFUNK

18.00 Nachr., Wetter
18.05 Soeben eingetroffen
Neue Jazzplatten – vorgestellt von Dietrich Schulz-Köhn

Dr. Dietrich Schulz-Köhn alias Dr. Jazz
Viele deutsche Jazzfans kennen seine Stimme schon seit April 1948. Damals begann Dr. Dietrich Schulz-Köhn seine Rundfunk-Karriere beim NWDR in Köln. Zuvor hatte sich der 1912 in Thüringen geborene Musikfreund als Drummer, Posaunist und später gar als Betreuer eines Jazz-Platten-Labels einen Namen gemacht. Es folgten erste Vorträge, Zustimmung und Interesse der Fans auf der einen Seite und Ablehnung durch die Nazis auf der anderen. Krieg, Gefangenschaft und die Zeit danach verstrickten den promovierten Doktor mehr in seine große Berufung: den Jazz.
18.30 Echo des Tages
19.00 Nachr., Wetter
19.05 Gedanken

Ausschnitt aus einer Hörfunkprogrammzeitschrift zu »Soeben eingetroffen«. Sammlung Heinz Protzer.

Anläßlich seines 65. Geburtstages, nach rund 30 Mikrofonjahren, allerdings nicht wegen der Erreichung der Altersgrenze, erwartete der WDR Köln von seinem freien Mitarbeiter einen Lebens- bzw. Tätigkeitsbericht und einen Rechenschaftsbericht. Unter dem Titel »Zum Jubiläum« listete der Dr. Jazz – nach einem kurzen autobiographischen Abriß – seine eigentlichen Tätigkeiten beim WDR auf:

»Programmgestalter, Manuskript, Sprechen, Ansage von Jazz-Konzerten, Interviews, Leiter von Diskussionen, Moderator, Aufnahmen von Festivals.« Ein solcher Katalog umschreibt exakt die Tätigkeitsfelder eines – damaligen – Hörfunkjournalisten (free lance) seit den vierziger bis zu den siebziger Jahren. Bemerkenswerterweise war Schulz-Köhn nicht für eine zum Sender gehörende eigene Jazz-Redaktion tätig, da die Senderleitung Jazzprogramme eher als »Anhängsel« einer Abteilung für Unterhaltungsmusik duldete – und zwar bis 1977, als endlich ein fachkompetenter Redakteur sein eigenes Ressort aufbauen konnte.[18]

Die Musikhörer beklagten, so Schulz-Köhn, besonders in den fünfziger Jahren, die alte Programmpolitik, weil wichtige Jazzsendungen zu oft nach Mitternacht (1.00 bis 2.00 Uhr) ausgestrahlt wurden. Doch förderte wohl das alte Organisationssystem beim WDR in einem höheren Grade Kreativität und Flexibilität, wenn es um die Erfindung von Sendereihen und um ihre Plazierung zu günstigen Sendezeiten ging. Wenn die erste Sendereihe, nämlich »Der Jazz-Almanach« (Manuskript: Schulz-Köhn), nur samstags von ein bis zwei Uhr nachts gesendet werden konnte, zum Leidwesen vor allem vieler Eltern von jungen Jazzfans, lief die langlebige Sendung »Jazz-Informationen« u.a. von 1957 bis 1978 auch zur Hauptsendezeit von 19.00 bis 19.30 Uhr auf WDR 3. Der Innovator Schulz-Köhn dürfte allein über 20 Sendungen erfunden, geplant, moderiert oder auch gesprochen haben:

Aus der Diskothek des Dr. Jazz – Aus der Welt des Blues – Die »Music-Box« von Dr. Jazz – Jazz-artiges ... und -unartiges – Jazz für Anfänger – Jazz zur Diskussion gestellt – Jazz für Fortgeschrittene – Jazz-Globus – Jazz intim – Jazz informativ – Jazz mit dem Orchester Kurt Edelhagen – Jazz von Studio zu Studio –

Jazz zur blauen Stunde – Jazz Jamboree – Frisch eingetroffen! – Nur für Fans etc. (nicht chronologisch). Seit 1959 gab es mehr und mehr Sendungen zu den Jazzszenen in Europa, vielleicht weil »die plagiatorische Epoche des deutschen Jazz zu Ende ging«.[19]

Zwei »Evergreens unter den Sendungen« des Dr. Jazz sollten exemplarisch behandelt werden, nämlich die »Evergreen Story« sowie »Die Rauhe Rille des Dr. Jazz«. Konnte die oben genannte Sendereihe »Jazz-Informationen« als langlebigste Reihe der deutschen Jazzgeschichte über 20 Jahre Hörer finden, erreichten auch die zuletzt erwähnten Sendungen längere Laufzeiten, die »Rauhe Rille« sogar die Dauer von 1978 bis 1992. An die hundert Evergreens (Jazzstandards) hatte Schulz-Köhn bereits am Anfang seiner Rundfunktätigkeit zusammengestellt[20] und sich über Jahrzehnte mit dem soziokulturellen oder musikhistorischen Hintergrund einzelner Kompositionen beschäftigt, die *composers* und die Verfasser der *lyrics* aufgespürt und die wichtigsten Versionen eines Jazzsongs archiviert, und zwar vor allem für Informationen, die sich primär die Sammler unter seinen Hörern, überwiegend in der Sendung »Die Rauhe Rille«, wünschten. Das Evergreenthema behandelte Schulz-Köhn auch in mehreren Sendungen beim Deutschlandfunk und bei der Deutschen Welle. So fanden schließlich »Begegnungen« zwischen dem Moderator und den Hörern statt, und das nicht nur via Äther und in einer langen Briefkorrespondenz, sondern ganz persönlich an jenen »Treffen der Rauhen Rille«, die seit 1989 alljährlich an unterschiedlichen Plätzen im Raum Köln stattfanden, Veranstaltungen zum Gedankenaustausch, übrigens mit Teilnehmern aus mehreren Nachbarstaaten.[21]

Als Resümee ergeben sich nach dieser Retrospektive auf die »Jazz-Institution« mit dem Status eines freien Mitarbeiters bei den Rundfunkanstalten weitere, bemerkenswerte Ergebnisse: Schulz-Köhn blieb offen für andere Aktivitäten in der Musikszene des Landes NRW. Nur: mit dem »Markenzeichen« Dr. Jazz stellten sich bei den Hörern merkwürdige Assoziationen ein: Sie verglichen den Vermittler beim Rundfunk mit dem Jazz-Doc im bekannten Standard von Joe Oliver und Walter Melrose »Doctor Jazz Stomp« (1927). »Hello Central – give me Doctor Jazz ...«, lautet die erste Verszeile. Gesucht wird ein Heiler vom Blues. Sieht man im Blues gar ein psychosomatisches Phänomen, avanciert der Doctor Jazz zur Metapher für den Geist und die heilende Wirkung der Musik.[22]

BERATER, GUTACHTER, ORGANISATOR

Die Untersuchungen zur Vita von Dietrich Schulz-Köhn lassen die These zu: Ein Allroundtalent sucht und findet im Streben nach Universalität bislang unbekannte Tätigkeitsfelder. Das Zeitalter der Experten oder Spezialisten entwickelt Mechanismen eigener Art. Einen Experten befragt man, er soll beraten oder neuartige Vorhaben gutachtlich begleiten wie Urteile gutachtlich absichern oder gar Entscheidungshilfen bereitstellen. Die Tätigkeiten von Dietrich Schulz-Köhn vor und nach dem letzten Krieg in der Schallplattenindustrie implizieren sozusagen auch eine intensive Beratung der Produzenten und die Erstellung von Expertisen mancher Art. Berater, Gutachter und Organisator in Sachen Jazzmusik blieb der in NRW ansässige Schulz-Köhn bis zum Anfang der neunziger Jahre.

»Wo Schulz-Köhn auftaucht, gründet er zuerst einen Jazzclub«, persiflierte einmal der Jazz-Vermittler sich selbst im Kreise von Freunden.[23] Er leitete nicht nur um 1934/35 einen Hot Club in Königsberg, sondern förderte ähnliche Einrichtungen in Berlin, in Magdeburg, Leipzig und Breslau. Er wurde Mitglied des Pariser Clubs (s.o.), organisierte Clubs im Gefangenenlager (s.o.) und Jazzclubs vor allem in NRW. Diese Keller oder Clubs blieben vorerst auch jene Stätten, in denen die zahlreichen Amateure übten oder spielten. Hier traten jedoch, wie Wanderprediger, die Experten mit ihren Schallplatten auf und informierten, führten ein, leiteten an und gingen in die Clubgeschichte ein. Wenn sich nach fünf, zehn oder mehr Jahren Jubiläen einstellen, ruft man die Berater der ersten Stunde oder die Mitbegründer zurück mit der Bitte, in Festschriften zu publizieren. Dabei entstehen Kabinettstücke, Essays oder historische Rückblicke, aber auch kritische Äußerungen von Chronisten zur Entwicklung der Jazzszene. Schulz-Köhn erwies sich hier eben nicht nur als Geburtshelfer für Jazzclubs, sondern sozusagen als Chronist des deutschen Jazz, Zeitzeuge und Berichterstatter zugleich (vgl. die Bibliographie: »Kleinere Veröffentlichungen«).

Die Beraterfunktionen weiteten sich im Laufe der Jahrzehnte aus: Berater und Organisator für Studiengänge an Hochschulen und Akademien (s.u.); Mitbegründer und Mitglied der Deutschen Jazz-Föderation (DJF seit 1951); Initiator einer europäischen und internationalen Jazz-Föderation;[24] Berater und Gutachter, Jurymitglied bei Jazz-Festivals (Niederlande), Beobachter bei den ersten deutschen Festivals in Frankfurt am Main (1953-1955), hier auch als Berichterstatter und Kritiker tätig. Beratungs- und Organisationsaufgaben übernimmt Dr. Jazz auch für die Düsseldorfer Amateur-Festivals und bei den Ruhrfestspielen in Recklinghausen. Sogar in Plagiatsprozessen sprach Schulz-Köhn als Gutachter, so in einem Verfahren gegen einen bekannten Autor in Münster, und er nahm, zusammen mit seinem Kollegen Joachim-Ernst Berendt vom Südwestfunk, als zweiter deutscher Kritiker am jährlichen Kritiker-Poll der US-Zeitschrift »Down Beat« teil an der Wahl der weltbesten Jazzmusiker.

Beide Jazzexperten organisierten 1957, im Auftrage der Botschaft der Vereinigten Staaten in Bonn-Bad Godesberg, die weithin beachtete, wohl größte Wanderausstellung der USA in Europa: »Jazz in USA«. Beide Experten planten endlich um 1952 eine Zeitschrift »Jazz – die Zeitschrift für Jazzmusik«, die aber nur als sogenannte Null-Nummer vorgelegt wurde und nicht weiter erschien.[25]

Ungezählt und kaum fixierbar nach Orten und Zeiten bleiben die organisatorischen Bemühungen von Schulz-Köhn bei Konzerten, nicht nur bei den Rundfunkanstalten, sondern außerhalb der Funkhäuser – flächendeckend in ganz Nordrhein-Westfalen und darüber hinaus. Exemplarisch seien die »Konzerte für die Jugend« mit dem Orchester Kurt Edelhagen in mehreren Städten von NRW genannt (Begleitung und Ansage: Dietrich Schulz-Köhn). Zuletzt waren es noch kleinere Konzerte vor nur wenigen hundert Zuhörern, aber die Bandleader und Orchesterleiter suchten wie selbstverständlich Schulz-Köhn als Ansager. Kuriosum: Jede Stadt, jede größere Gemeinde im Raum Köln-Bonn-Bergisches Land rechnete es sich noch Anfang der neunziger Jahre zur Ehre an, für Gastkonzerte (Big Band der Musikhochschule Köln, Trad-Jazz, z.B. mit Acker Bilk aus England, moderne Ensembles aus der ehemaligen DDR mit Ernst Ludwig Petrowsky, On the Roads-Bands aus Deutschland und Europa) den schon längst als »Emeritus« bekannten Dr. Jazz als Ansager zu gewinnen.[26]

PÄDAGOGE UND HOCHSCHULLEHRER

Daß bereits der Student Schulz-Köhn pädagogische Fähigkeiten zeigte, bezeugen – unabhängig voneinander – Zuhörer seit seinen Vorträgen im Berliner Delphi-Palast (1936) sowie Musikfreunde und Clubmitglieder seit der Zeit in Königsberg und Berlin.[27] Auch Musikfreunde in Uniform sowie Zivilisten in Frankreich (Marseille)[28] erinnern sich daran, daß Schulz-Köhn, sichtlich einem Impetus folgend, mitten im Kriege anhand von Platten die amerikanische Jazzmusik »lehrte« oder – später – Sendungen beim WDR mit dem Titel

Dr. Dietrich Schulz-Koehn

24 Auerstrasse   Cologne N   Germany

Visitenkarte von Dietrich Schulz-Köhn. Sammlung Heinz Protzer.

»Jazz für Anfänger« oder »Jazz für Fortgeschrittene« didaktisch und methodisch ausrichtete. Bezeichnend dafür sind Ankündigungen bestimmter Sendungen in den fünfziger und sechziger Jahren. So hieß es an einem Dienstag,
dem 23. Juli:

»Jazz für Anfänger von Dr. Dietrich Schulz-Köhn. Eine Sendung für Neulinge
und Gegner mit Diskussionen, praktischen Beispielen und viel Musik aus
allen Gebieten des Jazz. Heute: wir erläutern Fachausdrücke wie beat, timing
[...] Musikalische Beispiele von Count Basie, Louis Armstrong«.[29]

So kam es zu dem »Etikett«: Jazzpädagoge. Doch spricht für eine besondere Flexibilität,
daß Dr. Jazz nach einer ersten Welle von Sendungen mit pädagogischer Ausrichtung
die Information mit reduzierter Belehrung und Kommentierung folgen läßt, so – nach
Reinhard Fark – bereits ab 1959 zum Beispiel in der Reihe »Jazz-Globus«.[30]

Hinter dem Schulkatheder stand Schulz-Köhn später, nachdem sich im Land NRW der
Jazz als Lehrfach langsam in Schulen, Akademien und Hochschulen etablieren konnte.
Als Vorreiter für das Thema Jazzmusik in Unterricht und Lehre stellten sich bereits um
1948 die sogenannten Werkstatt-Veranstaltungen – auch an Universitäten – mit ihm
als Referenten heraus.[31] Als Folge solcher Bemühungen ergab sich die besondere Rolle
Schulz-Köhns bei der Einrichtung von Jazzkursen, so zum Beispiel an der Staatlichen
Hochschule für Musik in Köln mit der Gründung eines Jazzkursus unter der Leitung
von Kurt Edelhagen (Dozent für die Geschichte des Jazz und der Stilformen: Schulz-
Köhn, 1958-1961). Die Jazzkurse an der Remscheider Akademie (»Musische Bildungsstätte Remscheid«) rief das Trio Bruno Tetzner, Glen Buschmann und Dietrich Schulz-
Köhn ins Leben, hier mit der Zielsetzung, in mehrwöchigen Kursen primär Amateur-
musiker auszubilden.[32]

Schulz-Köhn wurde schließlich im hohen Alter als Honorarprofessor an die HdK
(Hochschule der Künste) in Berlin berufen (1990) und verpflichtet, über mehrere
Semester Vorlesungen zu halten und Studenten zu betreuen. Vor allem wegen seiner
vielfältigen pädagogischen Bemühungen ehrte das Land NRW Dietrich Schulz-Köhn
mit der Verleihung des Verdienstordens 1. Klasse der Bundesrepublik Deutschland
(1985), und das schließt gewiß die Anerkennung des publizistischen Werkes des Jazz-
pioniers und Jazzpädagogen mit ein.

Die 250. Sendung der »Jazz-Informationen« am 4. Februar 1963: Franz-Josef Schwarz (Jazz-Redakteur),
Karl Heinz Bender (Sprecher) und Dietrich Schulz-Köhn. Foto: WDR.

AD FONTES – ZU DEN QUELLEN

»Um an die Quellen zu gelangen, muß man gegen den Strom schwimmen.« Dieser Aphorismus des Polen Jerzy Lec läßt nicht nur an die Bemühungen zum Beispiel der Altertumswissenschaften oder Archäologie denken, sondern auch an die Historiker aller Epochen. Um Klarheit, Eindeutigkeit und Objektivität sollte ebenso ein Musikhistoriker bemüht sein, ganz besonders auf dem Felde der noch jungen Improvisierten Musik. Zu ungenau, unscharf und von Legenden bestimmt schwillt seit sieben Jahrzehnten die Jazz-Literatur an.[33]

Parallel zu den Plattenaufzeichnungen seit 1917, den wahren Dokumenten der Jazzmusik, entwickeln die Jazz-Autoren neue Methoden. Die Ergebnisse einer »oral history«, einer ursprünglich in den USA verbreiteten Forschungsrichtung, besitzen nur bedingt historischen Wert. Es bleibt Chronistenpflicht, den »Sound des 20. Jahrhunderts« auch an seinen Quellen aufzusuchen, alte Spielstätten vielleicht, oder in Instituten und Archiven Amerikas nachzuforschen. Der Jazzforscher Schulz-Köhn mußte auch nach dem Kriege reisen – viermal in die Staaten (1957, 1961, 1968, 1974), zum Beispiel bis Kalifornien, Louisiana, Philadelphia, St. Louis, Chicago, New York, Newport und Boston, einmal bis Kanada (Toronto). Zweimal erreichte er Südamerika und die Karibik (1974, 1976), von Brasilien bis Kuba. Die letzten Unternehmungen galten dem Studium und der Erforschung der südamerikanischen »volkstümlichen Musik«, auch der sogenannten Latin Music, ein Phänomen, meint Schulz-Köhn, weil sich von Argentinien bis Mexiko, im sogenannten hispanischen Raum, Schwarz und Weiß unter ähnlichen Bedingungen begegneten, sich aber keine Jazzmusik wie in Nordamerika entwickeln konnte.[34]

Auf den Wegen durch Nordamerika standen naturgemäß die Besuche zahlreicher Institute und Institutionen im Vordergrund mit vielfältigen Begegnungen mit Musikern und Komponisten, mit Forschern und Kritikern, mit Kollegen von Funk und Fernsehen, mit Journalisten und Autoren. Es blieben vor allem die geknüpften Verbindungen und Freundschaften für die Fortsetzung der Arbeit in NRW. In ständigem Kontakt blieb Schulz-Köhn zum Beispiel mit Gunther Schuller (Autor, Komponist, Dirigent), mit André Previn (Dirigent, Komponist), Leonard Feather (Kritiker, Jazzspezialist, Autor), mit dem Musikerehepaar Jimmy und Marian McPartland, mit Oscar Peterson in Kanada, Dave Brubeck (damals in Kalifornien), mit Lionel Hampton und George Wein (Impresario von Festivals in Newport, New York und New Orleans) sowie mit anderen Größen des Jazz. Als beständigste Korrespondentin stellte sich die 1955 emigrierte, damals größte deutsche Jazzpianistin, Jutta Hipp, heraus. Seit den sechziger Jahren informiert Jutta Hipp, seit Jahrzehnten in New York u.a. als Künstlerin (Malerin) tätig, mit zahlreichen clippings, Programmen und Fotos Schulz-Köhn über die gegenwärtige Jazzszene in den USA, vornehmlich im Raum New York – Materialien, die der Jazzjournalist für seine Informationen bei Rundfunk und Presse verwenden konnte.[35]

Ein Botschafter des Jazz, der von Deutschland nach Nordamerika reiste, von Ost nach West also – ad fontes! – erfuhr auch im Gastland USA Beachtung: »Dr. Jazz aus Deutschland sucht den Ursprung des Jazz in Amerika«, lautet die Überschrift eines Artikels in der deutschsprachigen »Sonntagpost« in Chicago (25.6.1968). Vorher, 1961, hatte ihn schon ein Kenneth Hufford in der berühmten Berklee School of Music in Boston angetroffen und über den Dozenten an der Staatlichen Hochschule für Musik in Köln in »The Christian Science Monitor« berichtet (24.10.1961).[36]

BOTSCHAFTER UND CHRONIST DES JAZZ

Der selbsternannte Botschafter und Chronist des Jazz sah sich im Laufe der Jahrzehnte in einer Art Doppelfunktion, wenn er Musik aus dem Westen in den Osten vermittelte und Musik aus dem Osten, zum Beispiel über den Deutschlandfunk und über die Deutsche Welle, bis nach Südamerika und Japan. Zugleich suchte er ständig die persönliche Begegnung auch mit Kollegen und Freunden im Osten, in der ehemaligen DDR sowie in allen Staaten Osteuropas. Schulz-Köhn reiste zwei-dreimal im Jahr in die DDR, bezeichnenderweise zu den Messen nach Leipzig, wo es zu wichtigen Begegnungen mit Musikern, Journalisten und Jazzologen kam. Im Jahre 1965 suchte er Prag auf und wurde Mitglied des dortigen Jazzclubs. Mit Günter Boas vom Dortmunder Jazzclub trat er als ein Abgesandter des Westens bereits 1956 beim Festival in Halle auf.[37] Er folgte Einladungen eines »Evangelischen Vortragsdienstes« und hielt in Magdeburg einen Vortrag mit dem Thema »Die religiöse Musik der amerikanischen Neger (!)« am 25. April 1960.

Dietrich Schulz-Köhn am 17. September 1967 im Rheinpark Köln. Foto: Wolfgang Weiß.

Über die Ostgrenze der ehemaligen DDR hinaus reiste »Dr. Jazz« zu Festivals in Polen und in den Baltischen Ländern, ja, bis in die Sowjetunion bzw. nach Rußland, wo seine Rundfunksendungen noch regelmäßig empfangen werden konnten. Zwei wichtige Verbindungen blieben fortan bestehen, und zwar zum polnischen Jazzologen Roman Waschko und zu Wladimir Feiertag in Leningrad/St. Petersburg. Beide erwähnen Schulz-Köhn in ihren Publikationen, Roman Waschko in seinem Buch »Jazz« und Wladimir Feiertag in seiner »Jazz-Enzyklopädie«.[38] Beide reisten später nach Erftstadt und Köln, Feiertag moderierte beim WDR Köln sogar Sendungen zum Jazz in Rußland.[39] Die Begegnungen Schulz-Köhns mit den Jazzfreunden in der DDR – vor der Deutschen Einheit – gerieten leicht in die Nähe einer »konspirativen« Tätigkeit; das konnte bislang noch nicht hinreichend untersucht werden. Immerhin sandte ein bekannter Jazzforscher und Autor aus Mitteldeutschland eines seiner Werke an Dr. Jazz mit der Widmung:

»Für Dieter, mit hoher Wertschätzung und herzlicher Dankbarkeit für all die vielen Aktivitäten, literarischen Zeugnisse, über den Äther und nicht zuletzt in freundschaftlichem Gespräch vermittelten Einsichten und Ermutigungen mit den allerbesten Wünschen von B.«[40]

Damit wird die oben genannte Doppelfunktion bestätigt, wenn der Funkmoderator nicht nur den Jazz des Westens vorstellte, sondern – aufgrund seiner persönlichen Erfahrungen – die Jazzszene in den östlichen Ländern »vermittelte«, im doppelten Sinne Botschaften bereithielt. Bemerkenswert auch, daß gegen Ende seiner Rundfunktätigkeit der Jazzexperte und Chronist nun noch zahlreiche Besucher in seinem Domizil empfangen konnte. Da kamen die Studenten oder Doktoranden, die Kollegen von öffentlichen Institutionen (Hochschulen und Funkhäusern), vor allem um Gespräche zu führen, aber auch um die Sammlung Schulz-Köhn zu sichten und zu nutzen. Es kamen die Autoren aus Ost und West: Mike Zwerin (Paris), Michael Kater (Toronto), Wladimir Feiertag (St. Petersburg), Roman Waschko (Warschau), Jean Louis Delaunay (Paris) oder die deutschen Jazzologen und Autoren: Wolfgang Muth, Annette Hauber, Christian Kellersmann, Bernd Polster, Bernd Hoffmann,

Robert v. Zahn und andere. Schließlich stellten sich die Professoren vom Grazer Institut ein, um die – inzwischen erfolgte – Überführung der Sammlung Schulz-Köhn nach Österreich vorzubereiten.[41]

Mit einem persönlich gehaltenen Brief an seine Freunde in aller Welt (Juli 1994) hat sich der »Dr. Jazz« Schulz-Köhn verabschiedet und das Ende seiner Tätigkeiten bekanntgegeben. Gelegentlich fungiert der Nestor des deutschen Jazz noch als Stichwortgeber für einzelne Artikel zur Jazz-Geschichte in der Kölner Zeitschrift »Golf Report« (seit 1994). Geschwächt durch Krankheiten, lebt Dietrich Schulz-Köhn seit dem Sommer 1998 in Marburg. Er ist noch einmal selbst zur Quelle geworden.

SCHLUSS

Der mitteldeutsche Jazzforscher und Autor Bert Noglik stellt in seinem Buch »Klangspuren«[42] zur theoretischen Auseinandersetzung mit der sogenannten ernsten Musik fest, sie genieße »öffentliche Anerkennung und staatliche Förderung, zählt mithin zum kulturellen Selbstverständnis der Gesellschaft«. Das gelte nicht so für den Jazz und die Improvisierte Musik. Selbst der Jazzkritik hafte die Aura des Feuilletonistischen an. »Auf der anderen Seite wurden wesentliche Beiträge zur Jazz-Literatur von Publizisten geleistet, die nie die Weihen akademischer Rituale erfahren haben.«

Nur halbwegs trifft eine derartige Charakterisierung auf Dietrich Schulz-Köhn zu, der zwar die Weihen akademischer Rituale erfahren hat, sich jedoch mit Leidenschaft eher als Journalist für die Verbreitung eines neuen Sounds in unserem Jahrhundert und insgesamt für die Anerkennung der improvisierten Musik eingesetzt hat. Wie die meisten Jazzologen und Journalisten oder Autoren seiner Zeit erwies sich Schulz-Köhn auch als »Grenzgänger« zwischen einer etablierten Wissenschaftsdisziplin und einem außerhalb dieser liegenden Untersuchungsfeld. Auf diesem Feld gehört Schulz-Köhn zu jenen Pionieren in Nordrhein-Westfalen, in Deutschland, in Europa und anderswo, die allesamt zu einer endgültigen Behandlung der Jazzmusik auch durch die traditionelle Musikwissenschaft beigetragen haben.[43]

Dietrich Schulz-Köhn und Kurt Edelhagen in den sechziger Jahren. Sammlung Heinz Protzer.

BUCHAUTOR, ÜBERSETZER, JOURNALIST –
ANMERKUNGEN ZU EINER BIBLIOGRAPHIE

Als Journalist konnte sich Dietrich Schulz-Köhn 1939, im Jahre seiner Promotion, noch nicht bezeichnen, allenfalls als Korrespondent, im Sinne eines »beginners«; aber der PR-Mann verfaßte schon in den dreißiger Jahren seine Musikerporträts sowie weitere Beiträge für die Schallplattenindustrie und korrespondierte zugleich mit Magazinen im Ausland, in erster Linie wegen diskographischer Beiträge. Zu größeren eigenständigen Publikationen kam es erst nach dem Krieg. Der Buchautor Schulz-Köhn veröffentlichte zunächst 1951 eine kleine Schrift »Wesen und Gestalten der Jazzmusik«, ganze 32 Seiten stark, eher ein Heftchen im sogenannten Reclam-Format, doch eine präzise Studie zur Jazzmusik, zu ihren Stilen und Musikern – bereits mit Hinweisen auf wichtige Schallplatten-Aufnahmen als Vorstufe zu einer Diskographie. Wie diese kleine Schrift zu einer Art »Bibel« für die nach Information hungernden Musiker und Fans in der Nachkriegszeit hat werden können, berichtete kurz nach der Wiedervereinigung Deutschlands der Saxophonist Ernst Ludwig Petrowsky, einst »Doyen« des Jazz in der DDR, anläßlich eines Konzerts im Bürgerhaus von Hürth bei Köln (1990). Petrowsky kam in der Konzertpause auf Dietrich Schulz-Köhn im Zuhörerraum zu und erzählte, er und seine Freunde hätten in den fünfziger Jahren Westdeutschland aufsuchen dürfen und die Schrift »Wesen und Gestalten der Jazzmusik« erworben, in Einzelblätter aufgelöst, zwischen den Schuhsohlen durch den Eisernen Vorhang gebracht, den Text in der DDR hektographiert und insgeheim unter Freunden verbreitet.

Unter den umfangreicheren Werken verdienen noch drei Publikationen eine Erwähnung, zum Beispiel die »Kleine Geschichte des Jazz« von 1963. Auch hier leistete Schulz-Köhn vorwissenschaftliche Arbeit, und das wiederum als primus, denn kein deutscher Autor hatte bislang eine wirkliche Geschichte des Jazz zustandegebracht.

Eine zweite wichtige Arbeit blieb leider zu wenig beachtet, nämlich die Übersetzung der Anthologie des britischen Herausgebers Ken Williamson »This is Jazz«, London 1960, übersetzt und neu herausgegeben von Dietrich Schulz-Köhn mit dem deutschen Titel »Das ist Jazz« (1963). In der deutschsprachigen Jazz-Literatur suchen wir bis heute vergebens nach einer solchen Anthologie mit zahlreichen Arbeiten von bekannten Jazz-Autoren aus aller Welt, u.a. von Stanley Dance, Marian McPartland, Berry Ulanov, Net Hentoff, aber auch von André Hodeir aus Frankreich sowie von Leonard Feather aus den USA mit seinem herausragenden Beitrag über die bekannten Vokalistinnen Ella Fitzgerald, Billie Holiday und Sarah Vaughan. Nach Leonard Feather fügt Schulz-Köhn einen eigenen Aufsatz ein: »Glanz und Elend der Big Band«.

Schließlich löste sich der Autor einmal von seinem Jazz-Syndrom und veröffentlichte 1969 in bibliophiler Ausstattung (Preis auf der Buchmesse 1970) »Vive la Chanson«, eine Geschichte des Chansons in allen Kulturnationen.

Berichte und Veröffentlichungen *über* den Jazzexperten erscheinen in der Bibliographie in gesonderter Auflistung. Sie reichen von den kritischen Abhandlungen über seine Auftritte im Delphi-Palast 1936 und den Reportagen über den Unterhändler Schulz-Köhn von 1945 in der »feindlichen« Presse (s.o.) bis zu den Veröffentlichungen über Dr. Jazz seit den achtziger und neunziger Jahren.

Vier Publikationen seien hier zum Schluß genannt, zunächst das Buch von Mike Zwerin »La Tristesse de St. Louis« (englische Ausgabe von 1985, deutsche Übersetzung

1988), eine Darstellung des Jazz in Europa, vor allem während des letzten Krieges. Obgleich Mike Zwerin Schulz-Köhn interviewen und auf Dokumente zurückgreifen konnte, bleibt die Darstellung des Chronisten ungenau, nicht überzeugend geordnet und leider auch fehlerhaft. Schlüssige Urteile zum Leben und zum Werk von Schulz-Köhn sind nicht zu erkennen.

Zu solchen schlüssigen Urteilen über die Mitarbeit des Offiziers an den sogenannten Mitteilungen im Jahre 1943 (s.o.) gelangte in letzter Zeit der Kölner Autor Bernd Hoffmann in einem Vortrag auf einer Tagung in Darmstadt, veröffentlicht mit den Reproduktionen der »Mitteilungen« im Darmstädter Band 4 mit dem Titel »Jazz in Deutschland«, 1996.

Auch der deutschstämmige Michael Kater, Musiksoziologe und Historiker in Toronto, konnte Schulz-Köhn mehrmals besuchen und Gespräche aufnehmen. Sein umfangreiches Werk von 1992: »Different Drummers« (deutsch: »Gewagtes Spiel« 1995) seziert und analysiert die Jazzmusik in Deutschland der dreißiger und besonders der vierziger Jahre. Die Tätigkeiten Schulz-Köhns füllen mehrere Seiten, sachliche Fehler treten kaum in Erscheinung, bemerkenswert ist der »wissenschaftliche Apparat«, also der Anhang mit Quellenangaben auf 61 Buchseiten. Immer wieder beschäftigt sich der Autor mit *beiden* deutschen »Jazzpäpsten« oder »Doyens«, also mit Joachim-Ernst Berendt und Schulz-Köhn. Dr. Jazz nennt er schließlich ein »Rätsel« (enigma). Nachdem er würdigende und kritische Äußerungen eingeholt hat, bleibt ein schlüssiges eigenes Urteil zum Hörfunkmoderator beim Kölner WDR aus.

Die Bezeichnung »enigma« aus dem Werk von Michael Kater übernahm der große Publizist, Kritiker und Produzent Leonard Feather in Kalifornien, und zwar in seiner kurzen Rezension des Kater-Buches. In 18 Zeilen seiner rund 50 Zeilen langen Buchbesprechung in der »Los Angeles Times« vom 9. Januar 1992 hebt Feather nochmals Katers Bericht über den deutschen Offizier in Frankreich heraus. »Sine ira et studio« schreibt Feather endlich: »The power of Jazz as a symbol of opposition was pervasive«. Feather geht anschließend auf die von Kater beschriebene Hamburger Widerstandsszene ein.

Zum Schluß sei auf einen seltsamen Ausriß aus dem »Bulletin du Hot-Club de France«, No 1, Paris, 2.10.1947, S. 11, verwiesen. Nach Schulz-Köhns Angaben handelt es sich hier um das Protokoll einer Sitzung aller Jazzclubs in Frankreich mit dem Hinweis auf eine ehrenrührige Tat des Jazzexperten und Diskographen Charles Delaunay, der seinem Freund Schulz-Köhn Briefe und Pakete mit dem Briefkopf des Hot-Club Paris ins Gefangenenlager geschickt hatte. Der Protokolltext dieses »Ehrengerichts« lautet: »Essai de justification de l'emploi d'un papier à entête du Hot-Club pour envoyer de colis au prisonnier allemand Dietrich Schulz«. (Vorsitz: Hugues Panassié, der sich nach dem Kriege als Bebop-Gegner aufspielte und Charles Delaunay attackierte. Vgl. die Darmstädter Dokumentation, S. 341, und »Die Evergreen Story«, S. 101.)

ANMERKUNGEN

1 Dietrich Schulz-Köhn: Die Evergreen Story – 40mal Jazz. Unter Mitarbeit von Heinz Protzer. Weinheim/Berlin 1990.

2 Rezension von Adrian Wolfen, in: Jazzthetik, 2/1991, S. 47.

3 Aus der Buchwerbung des Quadriga Verlages, Weinheim 1990.

4 Den Mutter-Namen »Köhn« nimmt Dietrich Schulz 1938 an.

5 Sendung beim WDR Köln »Dr. Jazz erinnert sich« vom 6.6.1983.

6 Vgl. die Bibliographie.

7 Vgl. die Abbildung in: Klaus Wolbert (Hg.): That's Jazz. Der Sound des 20. Jahrhunderts, Darmstadt 1988, S. 337.

8 That's Jazz, S. 340.

9 Schulz-Köhn führte dem Kriegsgegner französische Zivilisten zu und fragte nach Jazzplatten. Vgl. die Bibliographie: Berichte von Borneman, Stearns, Zwerin, Kater.

10 Einer Notiz im Archiv Schulz-Köhn darf man entnehmen, daß auch der Düsseldorfer Jazzfreund Werner Daniels während des Krieges eine »Musikalische Feldpost« verfaßte (1940-1943) und insgeheim verbreitete. Vgl. auch Schulz-Köhn im Gespräch mit Karl Heinz Bender in der WDR-Sendereihe »Dr. Jazz erinnert sich«, 6.6. und 4.7.1983. Zuletzt analysierte die »Mitteilungen« schlüssig Bernd Hoffmann (vgl. die Bibliographie).

11 Vgl. über Peter Kottmann: Dieter Thoma: Salto rückwärts und andere Geschichten aus meinem Leben, Bergisch Gladbach 1997, S. 280 ff.

12 Hierzu: Carlo Bohländer: Jazz – Geschichte und Rhythmus, Mainz 1979, S. 85.

13 »Swing-Swing, lieb Mütterlein«, gegen Schulz gerichteter Artikel in: Das Schwarze Korps, 16. Juli 1937. Vgl. Horst H. Lange: Jazz in Deutschland, Berlin 1966, S. 73.

14 Vgl. in: Rüdiger Bloemeke: Roll over Beethoven. St. Andrä-Wörden 1996, S. 48 ff.

15 Dazu Schulz-Köhn selbst in seinem Bericht an den WDR 1978 (vgl. die Bibliographie): »Zum Jubiläum«.

16 Franz Rudolf Zankl (Hg.): 100 Jahre Schallplatte. Von Hannover in die Welt, Hamburg 1987.

17 Heinz Protzer: Mitteilungen an die Presse, 28.12.1992.

18 Der Komponist Manfred Niehaus übernahm 1977 den Aufbau einer Jazz-Redaktion beim WDR Köln.

19 Zitat von Michael Naura in: Jürgen Wölfer: Lexikon des Jazz, München 1993, S. 257.

20 Manuskripte zu den Evergreens seit 1948 im Archiv Schulz-Köhn.

21 Die Sendung »Die Rauhe Rille« führt seit 1993 Werner Wunderlich vom Hessischen Rundfunk fort, jetzt unter dem Titel »Jazz gewünscht?«.

22 Vgl. Schulz-Köhn, Evergreen Story, S. 132.

23 Tischgespräch mit Freunden am 31.12.1992, Erftstadt-Liblar.

24 Schulz-Köhn bezeichnet sich selbst als Gründungsmitglied der »European Jazz-Federation« (später: »International Jazzfederation« mit Sitz in New York), in: Zum Jubiläum, S. 5.

25 Mit Abbildung bei Friedrich Herzfeld: Musica Nova. Die Tonwelt unseres Jahrhunderts, Berlin 1954, S. 142.

26 Quelle: Tagebuchartige Notizen wegen seiner Verpflichtungen seit 1988 (Archiv Schulz-Köhn).

27 Vgl. Lange, Jazz in Deutschland, S. 73 ff.

28 Die Mitteilung eines französischen Zivilisten aus Marseille hat Schulz-Köhn in seinem Archiv unter »Hörerpost« abgelegt. Vgl. auch das Vorlesungsmanuskript von 1983 »Die Nazis und der Jazz«, S. 123.

29 Zeitschrift »Hör Zu!«, hier ohne Jahresangabe. WDR.

30 Reinhardt Fark: Die mißverstandene Botschaft. Publizistische Aspekte des Jazz im soziokulturellen Wandel, Berlin 1971, S. 168 ff.

31 Vgl. Robert v. Zahn, Jazz in Köln seit 1945, Köln 1997, S.15 f.

32 Handreichung: Landesarbeitsgemeinschaft Musik NRW, Lehrgänge der Studios und Referate, Musische Bildungsstätte Remscheid, hier: 1960.

33 Vgl. Carl Gregor Herzog zu Mecklenburg, International Jazz Bibliography, Straßburg/Baden-Baden 1969.

34 Vgl. Schulz-Köhn, Zum Jubiläum, S. 6, sowie ders., Evergreen Story, S. 68 ff.

35 Schulz-Köhn hat die noch anhaltende Korrespondenz mit Jutta Hipp seit 1990 seinem Mitarbeiter überantwortet.

36 Vgl.: H. J. Liebertz: Jubiläum und Reise in die Jazz-Heimat. Ein Artikel vor der dritten Amerikareise, in: Kölner Stadt-Anzeiger, 19.4.1968.

37 Blues for Halle, in: LDZ (DDR), 17.12.56.

38 Roman Waschko: Jazz Od Frontu I Od Kuchni, Krakow 1962, S. 48 f. Die Enzyklopädie von Wladimir Feiertag soll 1996/97 erschienen sein (Auskunft: Schulz-Köhn, 28.12.1997).

39 Bericht durch Schulz-Köhn im Tischgespräch am 31.12.1992 im Beisein von Kollegen aus der ehemaligen DDR.

40 Bert Noglik: Klangspuren. Wege improvisierter Musik, Berlin 1990.

41 Damit ging die Sammlung Schulz-Köhn endgültig für NRW verloren. Keine Hochschule, keine Kommune, keine Rundfunkanstalt konnte die Überführung nach Österreich verhindern.

42 Noglik, Klangspuren, S. 314.

43 Ebd., S.314/315.

BIBLIOGRAPHIE

1. Umfangreichere Werke

Die Schallplatte auf dem Weltmarkt (Diss.), Berlin 1940.

Jazz in der Schule. Unter Mitarbeit von Walter Gieseler, Wolfenbüttel 1959.

Django Reinhardt. Jazzbücherei Band 6, Wetzlar 1960.

Stan Kenton. Jazzbücherei Band 9, Wetzlar 1961.

Kleine Geschichte des Jazz, Gütersloh 1963.

Das ist Jazz. (Übersetzung von: Ken Williamson (Hg.): This is Jazz, London 1961.) Ins Deutsche übertragen von Dietrich Schulz-Köhn, Balve 1963.

Vive la Chanson. Kunst zwischen Show und Poesie, Gütersloh 1969.

Let's swing (mit Dave Kamien). Jazz zum Mitmachen, Köln 1969.

Die Evergreen Story – 40mal Jazz. Unter Mitarbeit von Heinz Protzer, Weinheim/Berlin 1990.
I Got Rhythm – 40 Jazzevergreens und ihre Geschichte. (Taschenbuchausgabe der »Evergreen Story«), München 1994.

2. Kleinere Veröffentlichungen

44 Brunswick-Monatsbeiträge vom September 1935 bis September 1939. Neuauflage, Düsseldorf 1985.

Brunswick-Broschüre »Wir stellen vor«, 1936. Im ganzen 47 Musikerporträts, Berlin 1936.

Mitteilungen. Fanpostille im Krieg 1943, zusammen mit Gerd P. Pick und Hans Blüthner.

Wesen und Gestalten der Jazzmusik, Kevelaer 1951.

Kann man Jazz lehren? In: Resonanzen 1962. Musische Bildungsstätte Remscheid, 1962.

7. Rundbrief der Landesarbeitsgemeinschaft Musik NRW.

Musikkunde in Beispielen. Beiblätter für die Hand des Lehrers zur Schallplatte LPEM 19352, Deutsche Grammophon Gesellschaft in Zusammenarbeit mit dem Pädagogischen Verlag Schwan (Hg.). 44 Seiten Text, Düsseldorf 1959.

3. Beiträge für Lexika o.ä.:

Bertelsmann: Das aktuelle Lexikon, Gütersloh 1956.

Charles Delaunay: Hot Discography und New Hot Discography, Paris 1936 und 1948.

Carl Gregor Herzog zu Mecklenburg: International Jazz Bibliography, Straßburg, Baden-Baden 1969.

Carl Gregor Herzog zu Mecklenburg: Stilformen des Jazz (Vorwort: Dietrich Schulz-Köhn), Wien 1973.

Jazz im besetzten Frankreich (1940-1945), in: Klaus Wolbert (Hg.): That's Jazz. Der Sound des 20. Jahrhunderts. (Interview mit Annette Hauber), Darmstadt 1988, S. 335 ff.

Le Jazz en Allemagne. Jazz Hot, Paris o. J.

15 Gebote für den Jazz, in: Jazz Podium, 9/1952, S. 4.

Der Jazz – sein Publikum und die Technik, in: Jazz Podium, 11 (VIII) 1959, S. 261 f.

Hannover als Jazzstadt. (Hot Club Hannover 1955).

U.S.-Informationsdienst in Deutschland (Hg.): Katalog zu einer Ausstellung. Text u.a. von Dietrich Schulz-Köhn: Die Kommerzialisierung der Jazzmusik, S. 25 f., o. O., 1957.

Zahlreiche Veröffentlichungen in Zeitschriften und Zeitungen, z.B. in: Kölnische Rundschau.

Rezensionen vor allem in: Jazzforschung/Jazz Research, Institut für Jazzforschung an der Hochschule für Musik und darstellende Kunst in Graz und Internationale Gesellschaft für Jazzforschung (IGJ). Hier befindet sich auch die Sammlung Schulz-Köhn als Stiftung seit 1997/98.

Als unveröffentlichte Manuskripte liegen noch in Maschinenschrift vor: Zum Jubiläum – für den WDR Köln, März 1978. – Die Nazis und der Jazz. Vorlesungen von 1983 und 1991. – Die Kunst der Ballade, Studie für Evergreen Stories. 31.10.1989.

(Alle Manuskripte im Privatarchiv Heinz Protzer, Bad Krozingen).

4. Sekundärliteratur

Rüdiger Bloemeke: Roll over Beethoven, St. Andrä-Wörden 1996.

Ernest Borneman: The Jazz Cult, in: Eddie Condon und Richard Gehman (Hg.): Eddie Condon's Treasury of Jazz, New York 1956.

Reinhard Fark: Die mißachtete Botschaft. Publizistische Aspekte des Jazz im soziokulturellen Wandel, Berlin 1971.

Eric Hobsbawm: The Jazz Scene, New York 1993.

Bernd Hoffmann: Die Mitteilungen. Anmerkungen zu einer Fanpostille, in: Jazz in Deutschland, Darmstadt 1996 (= Darmstädter Beiträge zur Jazzforschung, 4).

Michael Kater: Gewagtes Spiel. Jazz im Nationalsozialismus, Köln 1995.

Christian Kellersmann: Jazz in Deutschland 1933-1945, Hamburg 1990.

Horst H. Lange: Jazz in Deutschland, Berlin 1966.

Bernd Polster: Swing Heil. Jazz im Nationalsozialismus, Berlin 1989.

Herbert Relinger: Dr. Dietrich Schulz-Köhn-Stiftung (Graz), in: Jazzforschung/Jazzresearch, Heft 17, Graz 1985, S. 255.

Marshall Stearns: The Story of Jazz, New York 1958, S. 201 – deutsch: Die Story vom Jazz, München 1959 (übertragen von Hanns Krammer, Einleitung von Ernst-Joachim Berendt; das 23. Kapitel des Originals fehlt).

Roman Waschko: Jazz Od Frontu I Od Kuchni, Krakow 1962.

Robert v. Zahn: Jazz in Köln seit 1945. Konzertkultur und Kellerkunst, Köln 1997.

Mike Zwerin: La Tristesse de St. Louis – Swing unter den Nazis, Wien 1988.

5. Artikel in Zeitungen und Zeitschriften über Schulz-Köhn (eine Auswahl):

Ernest Borneman: Now Germany has a Doctor Jazz. Melody Maker, May 12, 1951.

Marc Crawford: Jazz in Europe (Arbeitstitel) mit einem Beitrag über Dietrich Schulz-Köhn, New York 1996. Archiv Jutta Hipp, New York.

Leonard Feather: How Jazz survived during Third Reich, in: Los Angeles Times, January 9, 1992.

Reiner Kobe: Balsam und Medizin, in: Rheinpfalz, 28.12.1992.

Reiner Kobe: Dietrich Schulz-Köhn – achtzig Jahre alt, in: Freiburger Jazzhaus Journal, 2/1993.

Marshall Stearns: The conquest of Jazz. Frei nach dem 23. Kapitel in »The story of Jazz« (s.o.), in: Saturday Review, January 14, 1956.

Roman Waschko: Muzyka Niepowazna – Dr. Jazz. (Übersetzt von Frau Urban, DLF), in: Warschauer Express vom 30./31. 8. 1985.

N. N.: Herr Dr. Dietrich Jazz, in: WDR Print, Mai 1983.

Blues for Halle. Bericht über Günter H. Boas und Dietrich Schulz-Köhn, in: LDZ, 17.12.1956.

Bulletin du Hot-Club de France, No 1, Paris, 2.10.1947, S. 11.

Videofilm »Swing under the Swastika«. Yorkshire Television, London 1988 (mit einem Film-Interview).

Vor 1946:

Das Schwarze Korps: Swing-Swing, lieb Mütterlein. (Anti-Swing Artikel nach den Vorträgen von Dietrich Schulz im Berliner Delphi-Palast 1936). Berlin, 16.7.1936.

Nazi Chiefs at Nazaire and Lorient are Colorful Figures, in: The Stars and Stripes, 4.3.1945 (Bericht über Schulz-Köhn in Frankreich; Archiv Schulz-Köhn).

Jan Garbarek und Nana Vasconcelos am 13.
November 1990 im Kölner Sendesaal des
Deutschlandfunks. Foto: Harald Rehmann

Jazz im Deutschlandfunk

von Karsten Mützelfeldt, Köln

Während beim Begriff »Jazz« ungeachtet aller definitorischer Defizite fast jeder Musik-Interessierte ungefähr weiß, was damit gemeint oder eben nicht gemeint ist (Erfahrungen aus vielen Jahren Rundfunkarbeit erlauben diese optimistische Einschätzung), sorgt ein anderer Begriff seit geraumer Zeit für sehr viel größere Verwirrung – der des DeutschlandRadios. Deshalb vorweg eine Klärung:

Das seit fünf Jahren unter diesem Namen operierende DeutschlandRadio strahlt zwei Programme aus. Für das eine vor allem auf umfassender Information basierende Programm sorgt der aus Köln sendende Deutschlandfunk, während DeutschlandRadio Berlin (ein Zusammenschluß aus dem früheren RIAS und DS Kultur) ein kulturorientiertes Metropolen-Programm produziert.

Bei einer bundesweiten Umfrage der Schallplattenindustrie 1997 bezüglich der Jazzprogramme innerhalb des ARD-Hörfunks belegten die Sendungen des Deutschlandfunks (DLF) Platz zwei in der Beliebtheitsskala. Das mag angesichts des generellen Images, ein besonders auf Qualität setzender Sender zu sein, nicht allzu sehr überraschen; von einer Institution, der gelegentlich bescheinigt wird, eine Art »radiophone Süddeutsche Zeitung« zu sein, darf getrost auch eine niveauvolle und seriöse Auseinandersetzung mit dem Jazz erwartet werden. Dementsprechend heißt es in einer im Programmheft vom November 1996 abgedruckten Selbstdarstellung:

>»Die Jazzsendungen des Deutschlandfunks wollen nicht allein Musik dokumentieren und vorstellen, sondern vielmehr vermitteln, auswählen helfen, transparent machen. Unser Programm soll Wegweiser sein – durch die verwirrende Vielfalt der Improvisierten Musik heute.«

>Tatsächlich hatte diese Musik seit Gründung des DLF 1962 einen hohen Stellenwert. Dennoch kann von einer alle Facetten und Stilbereiche Improvisierter Musik umfassenden Vermittlung, verbunden mit dem DLF-typischen Informationscharakter und einem vergleichsweise hohen Wortanteil, erst seit 1989 gesprochen werden. Die Neustrukturierung des Jazzprogramms ist dabei vor allem mit dem Namen Harald Rehmann verbunden, seit 1986 Redakteur der Musik-Abteilung und seit 1989 Jazz-Redakteur. Unter seiner Verantwortlichkeit gewannen die Sendungen an Profil und Renommée und zählen heute zu den meistgehörten in der deutschen Radio-Landschaft.

>Der erste Jazz-Redakteur im DLF war Hans-Gerhard Müller, der die Redaktion von 1962 bis zu seinem krankheitsbedingten Ausscheiden 1981 leitete. Als regelmäßige Sendeflächen existierten *Studio Jazz* (dienstags und donnerstags, 23.10-23.58 Uhr) und *Jazz zur Nacht* (mittwochs, 2.05-3.00 Uhr). Moderiert wurden diese Sendungen von »festen freien« Mitarbeitern wie Ulrich Olshausen (später Jazz-Redakteur des Hessischen Rundfunks), Rainer Blome, Hans

Petrik, Michael Wallossek und Dietrich Schulz-Köhn. Eine Besonderheit ab 1965 war die Doppel-Moderation (zweimal im Monat) von einem Berufsmusiker und einem »Laien«, von Albert Mangelsdorff und dem populären Moderator und Showmaster Max Schautzer. Dabei gab es neben der Vorstellung von Plattenneuheiten Berichte über Jazzfestivals und andere Kurzbeiträge. Eine damals entscheidende Rolle bei der Auswahl der Musik spielten die Interessen der DLF-Hörerschaft in der DDR. Mit anderen Worten: es wurden vorzugsweise Alben präsentiert, die im Osten nicht zu bekommen waren. Eigene Konzertmitschnitte gab es zu Zeiten Müllers noch nicht, statt dessen aber Übernahmen von anderen Rundfunkanstalten über den Programmaustausch. Dazu zählten u.a. die Aufzeichnungen der Berliner Jazztage, einem zu großen Teilen von ARD-Geldern getragenen Festival, an dessen Finanzierung sich auch der DLF seit der Festival-Gründung 1964 beteiligt. Öffentliche Veranstaltungen nutzte der Sender vor allem als Präsentationsforum, u.a. während der Bundesgartenschau in Bonn 1979 (u.a. mit Albert und Emil Mangelsdorff, Manfred Schoof, Joachim Kühn, Klaus Lenz, Leo Wright).

In den achtziger Jahren wurde der Jazz als ein Ressort unter vielen vom Leiter der Unterhaltungsmusik Walther Krause betreut. Neu hinzu kam die Sendereihe *Jazz direkt* (montags, 23.10-24.00 Uhr), keine Aufzeichnung, sondern – nomen est omen – eine Direktübertragung von Konzerten aus dem Kölner »Subway«, was wesentlich zum überregionalen Bekanntheitsgrad des Clubs beitrug. Für *Jazz zur Nacht* war nun Redakteur Rüdiger Hambach verantwortlich, während die Jazz-Ausgaben der Sendereihe *Konzert im DLF* gegen Ende der achtziger Jahre von Walther Krause, Katinka Strassberger und Harald Rehmann bearbeitet wurden, bevor letzterer durch eine Programmreform 1989 zum alleinigen Leiter der Jazz-Redaktion avancierte.

Mit ihm bekam das Jazzprogramm ein neues Gesicht, mehr Gewicht und auch mehr Sendezeit. Zu den bereits existierenden Reihen *Klang-Horizonte* (montags, 1.05-2.00 Uhr, moderiert u.a. von Michael Engelbrecht), *Jazz zur Nacht* (dienstags, 1.05-2.00 Uhr, Moderation u.a. Karsten Mützelfeldt) und *Jazz live* (dem früheren *Konzert im DLF*, montags 21.05-22.00 Uhr) kamen drei Neuheiten hinzu, die sich mit zu den beliebtesten (und gelegentlich auch kopierten) Jazzsendungen in Deutschland entwickeln sollten:

> *Jazzfacts. Neues von der Improvisierten Musik* (alle zwei Wochen freitags, 22.05-22.50 Uhr: Magazin mit Neuvorstellungen, Festivalberichten, Buchrezensionen, Kurzportraits vornehmlich deutscher Nachwuchstalente, Konzertdaten, Spezialprojekten, Labelportraits etc., moderiert von Harald Rehmann und Karsten Mützelfeldt).

> *Jazzfacts* (an den übrigen Freitagen, ebenfalls 22.05-22.50 Uhr: anspruchsvolle Musiker-Portraits oder Sachthemen-Features mit einigen der bundesweit renommiertesten Autoren, u.a. Bert Noglik, Karl Lippegaus, Bernd Hoffmann, Michael Engelbrecht, Peter Niklas Wilson, Hans-Peter Zachary, Karsten Mützelfeldt).

> *Milestones. Klassiker der Jazzgeschichte* (einmal im Monat dienstags, 1.05-2.00 Uhr: journalistisch aufbereitete Vorstellung eines epochemachenden Werkes der Jazzhistorie, moderiert von Autoren der *Jazzfacts*-Portraits).

Parallel zur Zunahme an Sendezeiten verstärkte der DLF deutlich seine Aktivitäten in der Szene. Neben Veranstaltungen im eigenen Sendesaal (die sich vor allem den deutschen, holländischen, englischen, skandinavischen und osteuropäischen Szenen widmeten) begann die Zusammenarbeit mit einigen führenden Clubs, unter ihnen das »Jubez« in Karlsruhe, »K 9« in Konstanz, der »Werkhof« in Lübeck, in NRW das »Forum Maximum im Rex« in Wuppertal, das »Satiricon« in Essen, das Dortmunder »Domicil«, die »Alte Schmiede« in Düsseldorf, die »Brotfabrik« in Bonn sowie die beiden Kölner Veranstaltungsorte »Loft« und »Stadtgarten«. So häufig wie keine andere ARD-Anstalt in den neunziger Jahren lieferte und kofinanzierte der Kölner Sender den deutschen Beitrag für das alljährlich stattfindende Jazz Festival der EBU, dem Verbund der öffentlich-rechtlichen Rundfunkanstalten Europas. 1990 wurde die »Franck Band« nach Le Mans geschickt, 1993 der Pianist Holger Mantey nach Perugia, 1997 der Perkussionist Christoph Haberer nach Espoo, 1998 das Quartett des Posaunisten Nils Wogram nach Wien und 1999 die Gruppe »Das Böse Ding« nach Karlovary. Außerdem nahm die Unterstützung deutscher Festivals zu. Mittlerweile beteiligt sich der DLF finanziell, außer am Berliner JazzFest und der ebenfalls in Berlin stattfindenden Veranstaltung »Jazz Across The Border«, auch an den Festivals in Leverkusen und in Viersen. Über den Programmaustausch wurden in den letzten Jahren Konzerte von den Festivals in Moers, Pori, Skeppsholmen, Kopenhagen, Warschau, Leipzig, JazzBaltica/Salzau, Frankfurt, Nürnberg, Hoogstraaten, Den Haag und den jeweiligen Schauplätzen der EBU-Festivals gesendet. Neu ist auch das Engagement für die improvisierende Jugend: Mehrfach zeichnete der Sender die im Rahmen der Leverkusener Jazztage veranstaltete »European Jazz Competition« auf, Europas renommiertesten Nachwuchswettbewerb; und seit 1997 ist der DLF auf Initiative des Musik-Abteilungsleiters Wolf Werth Förderer und Medienpartner der Bundesbegegnung »Jugend jazzt« (während DeutschlandRadio Berlin »Jugend musiziert« unterstützt).

Diese Aufzählungen dokumentieren auf ihre Weise einen Gedanken, der die Philosophie des Senders generell und damit auch die des Jazzprogramms bestimmt: die vorrangige Berücksichtigung des nationalen *und* des europäischen Kulturlebens – ein besonderes Ohrenmerk, das sich aus dem Sendeauftrag und aus der Tatsache ergibt, daß der DLF als einziger ARD-Sender bundesweit und darüber hinaus in allen europäischen Nachbarländern zu empfangen ist. So finden sich etwa im Magazin mit *Neues von der Improvisierten Musik*, in den *Jazzfacts*-Portraits und -Features sowie in der Reihe *Jazz live* ein überdurchschnittlich hoher Anteil an europäischen Beiträgen. Das Ende der achtziger Jahre gelegentlich verfolgte Konzept, in *Jazz zur Nacht* sich zunächst eine Stunde der deutschen Musiklandschaft zu widmen, um sich dann anderen Ländern zuzuwenden, wurde aufgrund der zunehmenden Internationalisierung der Szenen aufgegeben. Daß der Blick gen Amerika nicht fehlen darf, versteht sich von selbst, allerdings weniger aus der Tatsache heraus, daß die USA das »Mutterland des Jazz« sind, sondern weil von dort aus nach wie vor entscheidende Impulse kommen. Auch der fortschreitenden Globalisierung der Musiksprache wurde Rechnung getragen durch die Einführung der Sendereihe *Worldmusic live* (während Redakteur Leo Gehl mit *Blues zur Nacht* und *Blues live* auf die jüngste Renaissance des Blues reagiert). Weitere Sendereihen mit geringerem, aber konstantem Anteil an Improvisierter Musik sind *Midnight Blue* (freitags, 1.05-2.00 Uhr) und *Klassik – Pop – et cetera* (samstags, 10.05-11.00 Uhr). Auch die Zwischenmusiken in gesellschaftspolitisch orientierten Magazinen wie *Journal am Vormittag*, *Deutschland heute* oder *Eine Welt* haben inzwischen eine zunehmende Jazz-Färbung erfahren.

Mit dieser Entwicklung, die vor zehn Jahren ihren Anfang nahm, setzt sich der DLF deutlich von einem bundesweiten ARD-Trend ab – einem Trend zur Reduzierung von Sendeflächen und zur fortschreitenden Formatierung der Programme. Daß der Deutschlandfunk als werbefreier Sender auch weiterhin frei vom allseits grassierenden Quoten-Denken ist, kommt der Kultur nur zugute – und damit auch dem Jazz.

Kurt Edelhagen. Foto: WDR.

Ein fiktives Gespräch über das Orchester Kurt Edelhagen

mit dem Bassisten Jean Warland, den Saxophonisten Bubi Aderhold und Wilton Gaynair, den Pianisten Francis Coppieters und Bora Rokovic, dem Posaunisten Jiggs Whigham, dem Trompeter Rick Kiefer, dem Arrangeur Jerry van Rooyen und dem Bandleader Kurt Edelhagen

von Bernd Hoffmann, Köln

In der Big Band-Geschichte des Landes Nordrhein-Westfalen nimmt das Orchester Kurt Edelhagen eine zentrale Stellung ein. Niedergeschlagen hat sich dessen Arbeit für den WDR in mehreren tausend Aufnahmen, die heute im Schallarchiv des Kölner Funkhauses als ein großartiges musikalisches Erbe des deutschen Jazz gehütet werden.

Im April 1957 begannen die Orchesterproben. Erste Einspielungen im großen Sendesaal datieren vom 28. Mai des Jahres. Im Überblick der Aufnahmen bis zum Sommer 1957 wird das Bemühen des Bandleaders deutlich, ein eigenständiges, neues Orchester-Repertoire zu schaffen. Bandmitglieder wie der Trompeter Jimmy Deuchar, der Pianist Francis Coppieters, der Bassist Johnny Fischer, der Schlagzeuger Stuff Combe u.a. komponierten und arrangierten; zudem verpflichtete Edelhagen die Jazzkomponisten Rob Pronk, Francy Boland, Heinz Kiessling, Bora Rokovic und Jerry van Rooyen.

Der in Herne geborene Bandleader gehörte zu den wenigen westdeutschen Orchesterleitern, die bereits Anfang der fünfziger Jahre der nationalen Jazzszene wesentliche Impulse gaben, beginnend mit der Big Band-Arbeit für AFN Frankfurt, ab 1949 beim Sender Nürnberg und seit Mitte 1952 für den Südwestfunk Baden-Baden. Die Qualität der Formation zeigte sich auf einigen internationalen Festivals (Salon du Jazz in Paris) und veranlaßte das Nachrichtenmagazin »Der Spiegel« zu seiner Titelgeschichte: »Eisgekühlter Hot. Bis die Lippen bluten: Jazz-Kapellmeister Edelhagen«, ein Beitrag, der die Band-Arbeit des Orchesterleiters zwischen Big Band- und Tanzmusik-Repertoire darstellt. Auch die Uraufführung des »Concerto for Jazz Band and Symphonic Orchestra« des Komponisten Rolf Liebermann oder die Darbietung des »Ebony Concerto« Strawinskys zeigten früh Edelhagens Bestreben, der improvisierten Musik durch betont seriöse Arbeit Respekt zu verschaffen.

Die folgenden Zitate sind Ergebnisse meiner journalistischen Begleitung der heutigen WDR Big Band. Diese international anerkannte Formation steht in historischem Zusammenhang zum Orchester Kurt Edelhagen, auch wenn beide Big Bands institutionell nicht vergleichbar sind. Vom Blickwinkel der künstlerischen Qualität und

Kurt Edelhagen im Großen Sendesaal des Kölner Funkhauses. Foto: Hans Harzheim.

instrumentaltechnischen Entwicklung kann die heutige Big Band als »Fortführung« der Edelhagen-Tradition beim WDR verstanden werden.

Die Gespräche mit den Musikern, die mit Kurt Edelhagen gearbeitet haben, fanden Anfang 1991 statt und waren die Grundlage meiner Sendung zum 10. Todestag des Bandleaders, der am 9. Februar 1982 in Köln verstorben ist.

Jean: Im Jahre 1956 wurde ich von einem französischen Bandleader engagiert. Bei ihm waren Kenny Clarke am Schlagzeug und ein paar andere gute Jazzmänner, darunter mein Freund Jean-Louis Chautemps, ein sehr guter französischer Tenorist. Jean-Louis berichtete mir eines Tages freudestrahlend von einem Angebot aus Deutschland, von einem bestimmten Kurt Edelhagen, der sollte ein internationales Jazzorchester aufbauen. Jean-Louis hatte ein Angebot bekommen. Mein Angebot würde nur wenig später eintreffen, davon war ich fest überzeugt, aber Edelhagen ignorierte mich. Das war meine erste »Begegnung« mit Kurt Edelhagen. Und bald sprachen wir über diese Band; Mitglieder waren zum Teil alte Freunde, Francis Coppieters und Stuff Combe, der Bassist Johnny Fischer aus Wien. Das Orchester fing mit Arrangeuren wie Rob Pronk und Francy Boland an. Langsam gewöhnten wir uns daran, die Sendung des WDR in Brüssel regelmäßig zu hören, denn da spielte eine europäische Band, wie es vorher noch keine andere zu hören gab.

Bubi: Das war damals ein guter Saxophonsatz, im April 1957: Franz von Klenck und Derek Humble – Alt, Jean-Louis Chautemps und ich – Tenor, Eddie Busnello – Baritonsaxophon. Ich hatte Kurt im Dezember 1948 kennengelernt, wir waren mit dem Orchester Joe Wick unterwegs, und diese Band platzte in Frankfurt. Da kam eines Abends Edelhagen in den Laden und schlug uns ein Engagement vor: dem Trompeter Fred Bunge, Arne Hülphers, Posaunist Erich Well und mir. Seine Band war schon bekannt durch AFN. Harmonisch beschritt diese Band einen interessanten Weg, erschien uns musikalisch ausgereifter. 1950 gingen wir mit dem Orchester nach Nürnberg, zwei Jahre später schon zur nächsten Station, Baden-Baden, und schließlich folgten 1957 nur drei Musiker Kurts Formation nach Köln. Die Kölner Band gab sich viel aggressiver, vor allem durch die vielen ausländischen Kollegen.

Francis: Edelhagen hatte von mir über Hazy Osterwald gehört, und so kam ich im April 1957 nach Köln. Für mich war diese Aufgabe sehr interessant, allein schon, weil ich viele Kollegen von anderen europäischen Städten her kannte, aber auch, weil ich nun schreiben konnte, was ich wollte. Der Ruf des Orchesters basierte auf der Begeisterung der damals jungen Musiker; Edelhagen hat es immer verstanden, sich mit begeisterten jungen Musikern zu umgeben.

Jean Warland. Foto: Hans Harzheim.

Rick: Der Kurt traf mich während seines Urlaubs in einem Münchner Hotel und bot mir eine Stelle als Leadtrompeter an: »Komm mit nach Köln. Ab Januar kannst Du bei mir als Satzführer spielen.« »Gut, aber ich muß Max (Greger) Bescheid sagen und habe nichts in der Hand.« »Wenn ich das sage, ist das wahr.« Aber ich schien ihm nicht ganz zufrieden, so nahm er vom Hoteltisch eine Serviette, schrieb einen Vertrag darauf, und ich ging nach Köln.

Jiggs: Das Orchester Edelhagen war in Amerika schon früh ein Begriff – und damals gab es noch die ganz große Trennung zwischen europäischer und amerikanischer Jazzmusik. Das war eine Rarität in Europa, eine Jazzband in Deutschland, die gegroovet und geswingt hat.

Bubi: Wie das in Deutschland so ist, so ein Orchester fand nie seine eigene Linie. Da hieß es: »Spiel doch mal Skyliner, oder spiel doch mal wie Glenn Miller, oder mach doch mal Kenton!« Da ist keiner auf die Idee gekommen, spiel doch mal wie Edelhagen. Aber, die Repertoirelinie der Band – wie man sie von Basie und Kenton her kennt –, die ist erst hier in Köln entstanden durch die ständige Arbeit einiger erstklassiger Arrangeure.

Jerry: Edelhagen wollte mit seiner Kölner Band nicht mehr amerikanische Orchester kopieren, denn er war hier immer auf der Suche nach Arrangeuren: Sein Trompeter Jimmy Deuchar hat viel für ihn geschrieben, Francy Boland, Rob Pronk, später Bora Rokovic, die arrangierten nicht wie amerikanische Musiker, und auch ich habe einiges für dieses Orchester instrumentiert.

Francis: Was das Publikum angeht, so schlug die Begeisterung hohe Wellen. Sie sahen und hörten ein internationales Orchester mit Deutschen, Engländern, Belgiern, Franzosen, auch einem Italiener, einem Schweizer und einem Österreicher, also eine Sensation, zumal es Auftritte beim Fernsehen gab.

Rick: Bei der »Battle of the Big Bands« (der Big Bands von Edelhagen, Thad Jones-Mel Lewis und Kenny Clarke-Francy Boland am 7. September 1969) im Kölner Sartory-Saal waren wir die beste Band. Besonders die Amis bei Edelhagen wollten den Musikern von Thad Jones und Mel Lewis die Qualität dieser Big Band demonstrieren.

Francis: Vergessen Sie nicht die Schallplatten-Industrie, die in Köln beheimatet war und auf großen Touren lief. Kurt hat bei diesen Produktionen auf saubere Arbeit gesetzt, er hat lange gefeilt an den Aufnahmen. Das hat ihm immer sehr gefallen.

Bora: Präzision war keine Vergewaltigung. Es war halt drin in diesem Orchester. Da ist ein Klangkörper entstanden, der bis zum heutigen Tage unvergleichbar ist. Das Orchester hat das Repertoire aus eigenen Kräften geschaffen: Das ist der große Unterschied zwischen Edelhagen und den anderen Formationen.

Bora Rokovic. Foto: Hans Harzheim.

Jerry: Ich war oft dabei im Studio und hatte nicht den Eindruck, daß er jedes Stück dreiundzwanzigmal aufnehmen wollte. Aber er war schon ein Perfektionist, verlangte Präzision, und dagegen kann man nichts sagen. In meinem Umgang mit Jazzmusikern habe ich gelernt, daß ein zu häufiges Wiederholen problematisch wird: Die Spannung und die Frische bleiben auf der Strecke.

Jiggs: Edelhagen hat uns auf Perfektion getrimmt. Manchmal war es meiner Meinung nach zuviel. Es hat Zeiten gegeben, in denen wir ein Stück vier bis fünf Stunden gearbeitet und aufgenommen haben. Nach dem 20. Take sagt man dann auch: »Muß das noch sein?« Wenn aber ein Solo in Ordnung war, wurde daran nicht mehr herumkorrigiert. Das wiederum spricht sehr für ihn.

Edelhagen: Präzision heißt ja bei mir nicht, daß ich mich bewerbe, gemeinsam im Verein mit Krupp das Präziseste herzustellen, sondern daß ich einen gewissen Ausdruckswillen habe und daß ich diesen Ausdruckswillen so bis ins Letzte gehend versuche zu realisieren, wie es nur überhaupt möglich ist.

Jean: Derek Humble war natürlich einer meiner großen Helden, ein unvergleichlicher erster Leadsaxophonist – der immer zu spät zur Probe kam. Eines Montags brachte Edelhagen ein neues Francy Boland-Arrangement mit: das später (durch die Clarke-Boland-Band) so berühmte »Sax no end« mit dieser wunderschönen Saxophonpassage. Edelhagen erkannte die Schwierigkeit des Stücks, und so fing der Saxophonsatz an, ohne Derek diese lange Stelle zu proben. Sie übten ca. 20 Minuten, aber Derek war noch immer nicht an seinem Platz. Da ging Posaunist Otto Bredl an die Studiotür und sagte den Saxophonisten: »Wenn ich Derek sehe, hört mit dem Üben auf. Wir wollen ihn etwas überraschen.« Schließlich kam Humble und setzte sich zu den anderen Saxophonisten. Edelhagen zählte ein, und in dieser langen Unisonopassage, gespielt von den fünf Saxophonisten, war kein einziger Fehler zu hören. Derek spielte alles genial vom Blatt – und von dieser Qualität gab es viele in diesem Orchester. Alle Instrumentalisten hatten dieses hohe Niveau.

Wilton: 1964, bei meinem Eintritt in die Edelhagen-Band swingte das Orchester besonders gut, und das Spielen bereitete viel Freude. Das Orchester kam gerade aus Rußland zurück. Wir fuhren für drei Wochen in die Schweiz, traten mit den Blue Angel-Girls aus Paris auf und spielten für sie »Chinatown«. Im Saxophon-Satz saßen Derek Humble, Karl Drewo, Heinz Kretschmar und Bubi Aderhold. Edelhagen wollte später diese Kombination mehrfach auflösen. Doch ich riet ihm, die Besetzung nicht zu zerstören, denn sie hatte einen wirklich phantastischen Sound.

Edelhagen: Was man mir nicht ohne weiteres abnehmen mag, weil ich äußerlich sehr ruhig erscheine, ist die Tatsache, daß ich doch sehr emotional bedingt bin, sehr von den Gefühlen abhängig. Ich hab das schon

Wilton Gaynair. Foto: Hans Harzheim.

sehr früh gemerkt und habe mich darin geübt, meinen Emotionen nicht soviel Raum zu geben, wie ich es gerne getan hätte, und deswegen bin ich in den Ruf gekommen, ein kühler Mensch zu sein. Außerdem, wenn man ständig mit so vielen Individualisten zu tun hat, ist man doch mehr oder weniger gezwungen, gewisse Richtlinien zu finden, eine faire, kühle, nüchterne Basis, auf der alle gleich behandelt werden. Daß sich das teilweise in der Musik niedergeschlagen hat, läßt sich gar nicht verleugnen. Im Grunde liegt mir das Kühle und Nüchterne gar nicht, im Grunde liegt mir das Rauschhafte, das Schöne, das Jubilieren, die maßlose Freude auch in der Musik.

Wilton: Wir haben neben der Tätigkeit als Jazz-Big Band einige Fernseh-Sendungen gemacht, die bei uns nicht besonders beliebt waren. Für »Varieté-Zauber« haben wir Tage und Wochen in diesem Bunker gesessen und Varieté-Musik gespielt, und das war für uns alle nicht sehr toll.

Jerry: Ich habe viele Jahre für Edelhagen geschrieben. Noch kurz vor der Auflösung der Band begannen die Arbeiten für die Olympiade (August 1972 in München). Dieter Reith, Peter Herbolzheimer und ich hatten die Idee, jede Mannschaft eines teilnehmenden Landes, die bei der Olympiade einmarschierte, kurz mit ihrer Musik zu begrüßen. Daraus wurde eine Show von fast anderthalb Stunden. Natürlich war das eine Riesenarbeit, aber wir haben das so auf die Bühne gebracht.

Jiggs: Für eine konventionelle Big Band kamen mit der Rockmusik 1968 die schwe-

Jiggs Whigham. Foto: Hans Harzheim.

ren Zeiten. Edelhagen versuchte, in die kommerzielle Szene zu kommen, als Konkurrenz zu Max Greger und den anderen Dancebands. Dazwischen gab es immer wieder Zeiten, in denen es gut weiterlief. Aber trotzdem ist diese Band auseinandergegangen, am 31. Dezember 1972. An diesem Tag haben wir unsere Kündigung vom WDR und von Kurt erhalten. Die wahren Hintergründe habe ich eigentlich nie verstanden.

Francis: Wir waren im Grunde genommen alle Angestellte der Firma Edelhagen, weil nur Kurt Edelhagen feste Verträge mit dem WDR hatte. Wir hatten unsere Dienste aber praktisch jeden Tag im WDR gehabt.

Jean: Kurt wurde danach noch zu Produktionen des Tanzorchesters beim WDR eingeladen, um einmal im Monat eine Produktion herzustellen. Er brachte seine eigenen Arrangeure mit, und wir spielten Tanzmusik unter Kurt Edelhagen. Für den Kurt war das eine sehr schöne Sache. Seine Gesundheit war nicht mehr so

Karl Drewo, Peter Herbolzheimer und Kurt »Bubi« Aderhold. Foto: Hans Harzheim.

Rick Kiefer. Foto: Hans Harzheim.

wie früher, und mir erschien es wie eine kleine Wiedergutmachung, ein bißchen Freude, um einige Musikanten wiederzusehen, die zum Teil in seinem Orchester gewesen waren.

Bora: Und zum Schluß möchte ich nur eins nach diesen 15 Jahren sagen, in denen dieses Orchester gearbeitet hat: Kurt Edelhagen ist nicht vom Orchester wegzudenken. Das ist der Name dieses phantastischen Orchesters. Kurt Edelhagen und das Orchester sind eine deutsche Legende, nicht eine Legende vom Krieg oder von der Politik, sondern eine Legende in der Musik.

QUELLEN:

Eisgekühlter Hot. Bis die Lippen bluten: Jazz-Kapellmeister Edelhagen, in: Der Spiegel, Hamburg 1952, 6. Jg., Nr. 43 vom 22. Oktober, S. 27.
Interview mit Kurt Edelhagen, 18. Juni 1964 und 5. Juni 1970.

Personenregister

Kursive Seitenzahlen verweisen auf Bildunterschriften. Nicht erfaßt sind Namenslisten, Adressenanhänge, Bibliographien, Anmerkungen, Danksagung und Vorwort.

Michalke, Reiner 105, 291, 293, 295, 297, 300, 303
Micus, Stefan 198
Middleton, Velma 274
Miller, Harry 250
Miller, Manfred 332
Miller, Sing 152
Miner, Milgrew *266*
Mingus, Charles 185, 199, 248
Minton, Phil 106, 110, 314
Mintzer, Bob 236
Mitchell, Grover 235
Mobley, Hank 104
Moholo, Louis 239
Monk, Thelonious 184
Moreira, Airto 109
Morgan, Lee 185
Morris, Butch 253
Morton, Jelly Roll 46, 75, 83, 176
Moss, David 106
Motian, Paul 106
Mouzon, Alphonse 195
Müller, Hans-Gerhard 349
Müller, Hans-Martin 113, 301
Müller, Werner 169, 321
Müller-Adolphi, Heiner 113, 309 f., 312, 325
Mulligan, Gerry 107, 110, 138
Murray, David 255, 284
Muth, Wolfgang 340
Mutterer, Horst 149

Nabatov, Simon 112, 117, 237, 302, 314
Nadolny, Matthias 102, 196, 199
Namyslowski, Zbigniew 285
Napiraj, Sam 209
Nass, Karl Heinz 95, 186
Naura, Michael 38, 44, 50, 119, 186, 232, 275
Nay, Joe 198
Nelson, Louis 55, 151, 153
Nendza, André 110
Nett, Dieter 251
Neumann, Werner 314
Newton, James 276
Newton, Lauren 121
Nguyên Lê 102, 285
Nichols, Red 70
Niebergall, Buschi 101
Niedecken, Wolfgang 309
Niehaus, Manfred 23, 100, 264, 297, 312, *324*

Niescier, Angelica 99
Niesters, Helmut 112
Nimsgern, Frank 102
Njava, Lala *313*
Noehles, Karl 84
Noglik, Bert 255, 341, 350
Norvo, Red 231
Nowak, Frank 151
Nyolo, Sally 223

Odges, Brian 196
Ogata, Atsushi 119
Oldach, Reiner *275*, *280*, 279–281
Oliver, Joseph »King« 149, 335
Olshausen, Ulrich 349
Ørsted-Pedersen, Nils-Henning 220
Ortmann, Peter 236
Osby, Greg 200
Osterloh, Klaus *143*, 235
Ostermann, Heinz 191
Osterwald, Hazy 355
Ostwald, Ossi 209
Otremba, Dietmar 279
Owens, Calvins 180
Oxley, Tony 112

Paik, Nam June 244, 248
Pallemaets, Dré *301*
Palmieri, Eddie 121
Panassié, Hugues 66, 330, 343
Panke, Werner 195
Panzer, Gerd 243
Parizek, Dusan 195
Parker, Charlie 48, 81 f., 167, 228, 245
Parker, Evan 108, 193, 243, 253
Parker, Maceo 107
Parker, William 302
Pascoal, Hermeto 119
Pauer, Fritz 196
Paul, Klaus B. 233
Persiany, André 49, 329
Person, Houston *220*
Persson, Åke 185
Peterson, »Lucky« 121, 278
Peterson, Marvin »Hannibal« 199
Peterson, Oscar 47, 117, 182, 232, 274, 339
Petrik, Hans 349
Petrowsky, Ernst Ludwig 253, 342
Petrucciani, Michel *108*, 117
Pettiford, Oscar 118, 182 f., 185, 275

Pfeifer, Bernhard 86
Pfuhl, Meinhard 170
Philips, Barre 120
Pia Maria 101
Pick, Gerd P. 331
Pike, Dave 104, 193, 195, 277
Pilz, Michel 101, 105
Pizzarelli, Buck *216*, 235
Plümer, Gunnar 102, 106, 207–209, *211*, 212, 215–218, 223
Poindexter, Norwood »Pony« 192
van Poll, Jack 191
Polster, Bernd 340
Pomorin, Sibylle 324
Ponty, Jean-Luc 120
Poole, Billie 167
Portal, Michel 327
Powell, Bud 182, *183*, 184, 275
Pratt, Jimmy 185
Preßler, Franz Georg, s. Fatty George
Pretschner, René 109
Previn, André 339
Pronk, Rob 49, 101, 353–355
Prüss, Rainer 309
Puntin, Claudio 314
Purnell, Alton 151

Rabold, Rolf 84
Rafat, Judy 235
Rahn, Eckart *165*
Ramsey, Bill 47, 235
Randell, Freddy 86
Rasch, Ulrich 254
Rau, Johannes 17
Rauschtenberger, Dietrich 245, 256
Rava, Enrico 106
Read, Hugo 106, 192, 196, 200
Red, Louisiana 102
Reding, Josef 140
Rediske, Johannes 103, 185
Redman, Joshua 282, 284
Rehmann, Harald 349 f.
Reichel, Hans 108, 243, 252 f., 255, 314
Reinecke, Hans Peter 309
Reinhardt, Django 330 f.
Reisner, Eddy 84
Reith, Dieter 164, 357
Reitz, Uwe *152*
Reys, Rita 184
Ribbert, Heino *147 f.*, 149
Ribot, Marc 302

Taylor, Art 198
Taylor, Cecil 108, 197, 255, 323, 327
Taylor, John 239, 285
te Poehl, Heinz *229*, 230 f., 233
Tetzner, Bruno 20, 146, 337
Texier, Henri 112
Thielemanns, Jean Toots 113, *326*
Thielmann, Sven 277
Thigpen, Ed 20, 109
Thomas, Gary 200
Thomas, Hans 209, 212
Thompson, Gail 239
Thompson, Lucky 181, 274
Thompson, Sir Charles 184
Threadgill, Henry 301
Timmons, Bobby 185
Tippett, Julie und Keith 106, 108, 249
Toan, Danny 199
Towner, Ralph 120, 192, 284
Träger, Michael 254
Tretter, Armin 106, *298*
Tristano, Lennie 81, 199, 228
Trovesi, Gianluigi 106, 121
Trunk, Peter 20, 43, 101, 164, *165*, 182, 186, 193, 261
Turner, Joe 191
Twittenhoff, Wilhelm 66
Tyner, Alfred McCoy 54, 121

Ulanov, Berry 342
Ullrich, Joachim 106, 296, *298*
Ulmer, James »Blood« 109, 121
Urbaniak, Michal 249
von Uslar, Jochem 221

Valente, Caterina 161, 164
Valentine, Kid Thomas 55
Valk, Claudius 100
Vaughan, Sarah 342
Veeck, Gerhard 106, *294*
Vetter, Klaus 190
Vielz, Hyou *298*
Viera, Joe 109, 200, 235 f.
Villaroel, Manuel 180
Villmow, Michael *168*, 169
Vollmer, Ulli 53
Vortmann, R. 50
Vostell, Wolf 248

Wachler, Ingolf 332
Wagemann, Rolf 116

Waldick (Dr.) 75
Waldron, Mal *165*, *277*, 285
Wallace, Bennie 223, 276
Waller, Thomas Wright »Fats« 154
Wallossek, Michael 350
Walton, Cedar 271
Wanning, Hans 120
Ward, Clara 182, 274
Warland, Jean 166, 353, *355*
Waschko, Roman 340
Waters, Benny 152, 234
Watts, Trevor 108, 239
Weber, Eberhard 323
Weber, Horst 46
Weber, Marek 66
Webster, Ben 153
Wechlin, Peter *150*, 151
Wehner, Heinz 28
Weichert, Rainer 115
Weide, Heidemarie 218
de Weille, Benny 86
Wein, George 339
Weiß, Volker 209
Weiss, Klaus 20
Weiss, Martin 100
Weiss, Peter 102, 109, 111
von Weizsäcker, Ernst-Ulrich 253
von Welck, Matthias 105
Well, Erich 355
Wellek, Albert 185
Welsh, Alex 51, 182
Wendland, Gerhard 232
Weniger, Peter 124
Wenseler, Robert J. 33, 46
Werner, Kenny 285
Werth, Wolf 351
Weskamm, Klaus 40
Wesley, Fred 282
West, Hedy 195
Westbrook, Kate 239
Westbrook, Mike 119, 239
Weston, Randy *112*
Wewelsiep, Ulrich 254
Wheeler, Kenny 109, 112
Whigham, Jiggs 54, 121, 164, 208 f., *221*, 223, 235, 324, 353, *358*
Whiteman, Paul 93
Whittle, Mary Ann 210
Wiberny, Karlheinz »Heiner« 101, 116, 193, 209
Wick, Joe 32, 191, 355
Widmann, Rainer 249, 250, 255 f.
Wiedemann, Andreas 325

Wießmüller, Peter 285
Wilkins, Ernie 162
Willett, Ralph 28 f.
Williams, Nelson 86, 182
Williams, Tony 264
Williamson, Ken 342
Wilson, Cassandra 116, *238 f.*, 240
Wilson, Peter Niklas 350
Wilson, Ron 47
Wilson, Teddy 154
Winterschladen, Rainer *301*
Witherspoon, James »Jimmy« 184, 274
Witte, Peter 202
Witzel, Rainer 106
Witzmann, Thomas 314, 324
Wörg, Hans-Günther 235
Wogram, Nils 107, 112, 314, 351
Wolfe, Ben *222*
Wolff, Horst 227
Woode, James Bryant »Jimmy« 166
Woods, Philip »Phil« Wells 117
Wright, Frank *127*
Wright, Leo 350
Wrobel, Engelbert 137, 153, *154*, 235
Wucher, Diethard 215, 217
Wunderlich, Werner 35 f., 182, 332
Wunsch, Frank 282

York, Pete 109

Zacharias, Helmut 86
Zachary, Hans-Peter 350
Zadeh, Aziza Mustafa *124*
Zadek, Peter 280
Zadlo, Leszek 285
Zappa, Frank 297 f.
Zardis, Chester 55, 152
Zawinul, Joe 110, 185, 208, 223, 240, 247
Zeitschel, Jochen »Mecky« 208
Zerlett, Helmut 110
Zimmerle, Dieter 111, 137 f., 186, 332
Zinsius, Bernd 277
Zoepf, Jochen *298*
Zoller, Attila 185 f., *229*, 230, 247
Zorn, John 106, 108, 302
Zschotkelt, Alfons *147*
Zwerin, Mike 340, 342

Jazz in Köln seit 1945 – das ist die Geschichte einer Musik- und Lebens-
kultur, die heute ein wesentliches Stück Kölner Identität ausmacht. Das Buch
schildert detailliert und dicht illustriert die Geschichte eines Ringens um
Anerkennung und um den Einzug in die große Konzertkultur. Es beleuchtet
aber auch die Emanzipations- und Häutungsprozesse, die wiederholt den
Rückzug zur Kellerkunst nach sich zogen. Die wechselvolle Entwicklung des
Jazz führte in Köln durch ein Hin und Her von internationalen Erfolgen und
tiefgreifenden Rückschlägen, von Open-Air-Festivals und privaten Kleinst-
veranstaltungen zur schillernden Szene von Jazz, Improvisierter Musik und
Aktueller Musik von heute. Es ist die Geschichte von internationalem Jazz in
Köln und des Jazz von Kölnern.

Robert von Zahn
Jazz in Köln seit 1945
Konzertkultur und Kellerkunst
Gebunden, 264 Seiten,
240 Abblidungen, mit einer CD
ISBN 3-924491-81-X
68,- DM

Emons Verlag Köln